ライヒャルト

ゲーテ時代の指導的音楽家

滝藤早苗 著

Johann Friedrich Reichardt

慶應義塾大学出版会

Dem Andenken meines Bruders Minao gewidmet

ライヒャルト　目次

結論 349

ライヒャルト

ゲーテ時代の指導的音楽家

【図 1】ヨハン・フリードリヒ・ライヒャルト
ライプツィヒ『一般音楽新聞』第 16 巻（1814 年）
の表紙に掲載されたものと同一の銅版画

序論

ヨハン・フリードリヒ・ライヒャルト（Johann Friedrich Reichardt, 1752–1814）は、フリードリヒ二世（Friedrich II, 1712–1786）をはじめとする三人のプロイセン国王の宮廷楽長を務めた音楽家であるが、今日の日本では一般にほとんど知られていない。たとえ彼の名を書物に発見することがあっても、その内容は、ヨハン・ヴォルフガング・フォン・ゲーテ（Johann Wolfgang von Goethe, 1749–1832）の友人の一人として、あるいは、フランツ・シューベルト（Franz Schubert, 1797–1828）以前に活躍したリート作曲家として、ゲーテの伝記やドイツ・リート史に彩りを添える程度のことであろう。しかし、ひとたび当時の北ドイツの知識階層と音楽の関連について注目すると、ゲーテのみならず極めて多くの文化人たちが、ライヒャルトと親交を結んでいた事実に驚かされることになる。たとえば、イマーヌエル・カント（Immanuel Kant, 1724–1804）やヨハン・ゲオルク・ハーマン（Johann Georg Hamann, 1730–1788）、ヨハン・ゴットフリート・フォン・ヘルダー（Johann Gottfried von Herder, 1744–1803）などの哲学者たち。カール・フィーリップ・モーリッツ（Karl Philipp Moritz, 1756–1793）やフリードリヒ・フォン・シラー（Friedrich von Schiller, 1759–1805）、ジャン・パウル（Jean Paul, 1763–1825）などの作家たち。さらにもっと若い世代のシュレーゲル兄弟（August Wilhelm Schlegel, 1767–1845; Friedrich Schlegel, 1772–1829）やノヴァーリス（Novalis, 1772–1801）、ルートヴィヒ・ティーク（Ludwig Tieck, 1773–1853）、ヴィルヘルム・ハインリヒ・ヴァッケンローダー（Wilhelm Heinrich Wackenroder, 1773–1798）、エルンスト・テーオドール・アマデーウス・ホフマン（Ernst Theodor Amadeus Hoffmann, 1776–1822)、クレーメンス・ブレンターノ（Clemens Brentano, 1778–1842)、アヒム・フォン・アルニム（Achim von Arnim, 1781–1831）などのドイツ・ロマン派の詩人たち。つまり、彼らと音楽の関係をテーマとして調査すると、必ず目にすることになるのがライヒャルトの名前であり、彼が当時の北ドイツの音楽界を牽引していたキーパーソンであったことが明白になるのである。

たとえばライヒャルトは、宮廷楽長としての仕事のほかに、ゲーテと協力してリートやジングシュピールなどの声楽曲を多数制作し、ホフマンをはじめとするロマン派の詩人たちに音楽の世界を教えた。また、ギービヒェンシュタインのライヒャルト邸はロマン派の詩人たちの社交の場になっていて、詩人たちの創作にも刺激を与えている。彼はヴァッケンローダーの『芸術を愛する一修道僧の心情の吐露 *Herzensergießungen eines kunstliebenden Klosterbruders*』や、アルニムとブレンターノによる民謡集『少年の魔法の角笛――古いドイツの歌 *Des Knaben Wunderborn. Alte deutsche Lieder*』の出版に深く関わり、それを援助した。そして、ドイツ語圏初の本格的な音楽評論家として、自ら編集した雑誌や新聞などに意見を次々と発表し、当時の一般市民の音楽教育にも貢献している。歴史に名を残した音楽家たちの中で、これほどまでに多方面から、ドイツの文化や文学に影響を及ぼした人物はいるであろうか。

しかし、そうであるならば、今日ライヒャルトの評価が高くないのはなぜか。その理由の一つは、彼が作曲家として成功した分野が、民謡調リートをはじめとする極めて単純な有節リートであった点にある。民謡調リートとは、民謡を手本とした素朴な旋律を持つ歌曲で、歌手でなくても誰にでも容易に歌えて、なおかつ伴奏も、歌の助けになる程度の控えめなものであった。[1] ライヒャルトはイタリア・オペラを作曲するために宮廷に雇われた楽長であり、当然のことながら、そのような簡単な音楽しか作れなかったのではなく、詩の意味や言葉のリズムを重視し、詩人の目指すものを徹底的に再現するという理念のもとに、単純な形式にこだわったのである。しかし、シューベルトやローベルト・シューマン（Robert Schumann, 1810–1856）、フーゴー・ヴォルフ（Hugo Wolf, 1860–1903）などの音楽的表現に富んだドイツ・リートを知っている今日の我々にとって、ライヒャルトの有節リートは、芸術作品として鑑賞するには何か物足りない。彼の書いたジングシュピールも、北ドイツ発の「歌つき芝居」から発展したものであり、[2] 同じ時代に作られた音楽性豊かなヴォルフガング・アマデーウス・モーツァルト（Wolfgang Amadeus Mozart, 1756–1791）の《後宮からの逃走 *Die Entführung aus dem Serail*》や《魔笛 *Die Zauberflöte*》などのジングシュピールと比較すると、少々華やかさに欠けるように感じられる。このように詩や台本を重視して音楽的には控えめなものを目指す傾向は、ライヒャルトの作品に限らず、十八世紀後半の北ドイツの声楽の特徴でもある。一般的な西洋音楽史においては、ウィーンの音楽がこの時代の主流とみなされ、ライヒャルトらによる北ドイツの音楽はローカル文化としての扱いしか受けないが、その一要因は、この抑制のきいた音楽表現にある。[3]

また、ライヒャルトは音楽批評の分野の発展に大いに貢献したにもかかわらず、彼の評論家としての功績は、彼の弟子のホフマンやシューマンの活動の陰に隠されてしまった。[4] この批評活動の一環としてライヒャルトは、パレストリーナ様式による教会音楽の保護の必要性を訴え、ゲオルク・フリードリヒ・ヘンデル（Georg Friedrich Händel, 1685–1759）のオラトリオの普及のために尽力したが、それも十九世紀のアントーン・フリードリヒ・ユストゥス・ティボー（Anton Friedrich Justus Thibaut, 1772–1840）やフェーリクス・メンデルスゾーン＝バルトルディ（Felix Mendelssohn-Bartholdy, 1809–1847）の華々しい活躍によって、[5] 忘却の彼方へ追いやられた。

さらに、今日の日本でライヒャルトが注目されない原因の一端は、ベッティーナ・ブレンターノ（Bettina Brentano, 1785–1859）とロマン・ロラン（Romain Rolland, 1866–1944）の言説にある。彼らは、ルートヴィヒ・ヴァン・ベートーヴェン（Ludwig van Beethoven, 1770–1827）の音楽の熱狂的な心酔者であった。ベッティーナの夫アルニムは、結婚前はライヒャルトと親交を結び、リートやリーダーシュピール[6]などの共同制作にも積極的な姿勢を見せていたが、彼女はライヒャルトのことが気に入らなかった。[7]そもそも、彼女にとって最も疎ましかった作曲家はカール・フリードリヒ・ツェルター（Carl Friedrich Zelter, 1758–1832）[8]であった。彼女はアルニムの勧めで、ツェルターに和声学を学んだことがあったが、その保守性にひどく反発を感じ、彼のことを「俗物」と呼んで痛烈に批判した。[9]ベッティーナがライヒャルトとツェルターの二人を啓蒙主義の音楽家として断固拒否したのは、ベートーヴェンの音楽をゲーテに理解させるのに、邪魔な存在と感じたからである。つまり、ゲーテがベートーヴェンの音楽の価値を認めようとしないのは、友人のライヒャルトやツェルターに責任があると誤解したのである。彼女は『ゲーテと一少女の往復書簡 *Goethe's Briefwechsel mit einem Kinde*』（一八三五年）で、ベルリンの音楽家たちを十把一絡げにし、あろうことか「犬」に喩えて、「ツェルターがライヒャルトに、ライヒャルトがフンメルに、フンメルがリーギニに、そしてリーギニが再びツェルターにというふうに、彼らは皆、互いに向かって突如襲い掛かる」と述べた。そして、彼らが互いに噛みつき合うのは勝手であるが、ベートーヴェンのように偉大な人のことは、干渉せずに静かにしておいてもらいたいと主張している。[10]

彼女に勝るとも劣らない熱烈なベートーヴェン支持者のロランは、彼女の『ゲーテと一少女の往復書簡』をもとにして、一九三〇年に『ゲーテとベートーヴェン *Goethe et Beethoven*』論を展開した。ロランもまた、主にツェルターのことを「音楽を捏ねまわす男」や「完全な俗物」、「ベルリンの犬」などと呼んで、さんざんに悪玉扱いした。[11]しかも、日本における「ゲーテと音楽」に関する研究では、特に一九八〇年ごろまでロランの『ゲーテとベートーヴェン』を参照することも多く、[12]これらを介してベッティーナの中傷が日本にも広く紹介された。ロランはライヒャルトについては、さほど否定的な評価をしていないが、ライヒャルトもツェルターと同種のリートを書き、ゲーテの友人であった作曲家として、まとめて扱われる運命にあった。以上のようにライヒャルトの功

【譜例 1】ライヒャルト《眠れ、可愛い子よ、眠れ》

績は、一八〇〇年前後のドイツ文化を知る上で非常に重要であるにもかかわらず、後世における音楽史の記述によって主流から外され、ベッティーナの誤解に基づく中傷により汚されて、音楽研究の側からも文学研究の側からも、とりわけ脚光を浴びぬままになっているのである。

　とはいえ、ライヒャルトのリートの中には《眠れ、可愛い子よ、眠れ *Schlaf, Kindchen, schlaf*》【譜例1】や《森はもう色づいている *Bunt sind schon die Wälder*》など[13]のように、今日もなおドイツで民謡のように歌い継がれているものもあり、彼が長く過ごしたギービヒエンシュタインの邸宅跡地は、「ライヒャルトの庭園 Reichardts Garten」という名の市民公園として、ハレ市民の憩いの場となっている。近隣にはライヒャルト通りもあり、マルティーン・ルター大学（ハレ＝ヴィッテンベルク）では、「ヨハン・フリードリヒ・ライ

【図2】ギービヒェンシュタイン城とザーレ川（筆者撮影）
「ライヒャルトの庭園」はギービヒェンシュタイン城の裏手にある

ヒャルト」という名の学生合唱団が活躍している。ハレ出身のヘンデルや、市内のマルクト教会のオルガン奏者であったヴィルヘルム・フリーデマン・バッハ（Wilhelm Friedemann Bach, 1710–1784）が暮らしていた住宅は、現在「ヘンデル・ハウス」、「W. F. バッハ・ハウス」として博物館になっているが、その一部がライヒャルトのための展示コーナーとして使用されている。[14]

一九九二年には、バリトン歌手のディートリヒ・フィッシャー＝ディースカウ（Dietrich Fischer-Dieskau, 1925–2012）が、『美しき夢のすべてが実を結ぶとは限らぬからとて――三人のプロイセン国王の宮廷楽長ヨハン・フリードリヒ・ライヒャルト *Weil nicht alle Blütenträume reiften. Johann Friedrich Reichardt Hofkapellmeister dreier Preußenkönige*』を著し、[15] ライヒャルトのリートを録音したCDも制作している。[16] また、「ヘンデル・ハウス」財団とマルティーン・ルター大学が中心となり、一九八九年九月にはライヒャルトの没後一七五年とフランス革命二〇〇年を記念して、二〇〇二年十一月には彼の生誕二五〇年を祝って研究発表会が開催された。[17] そして、二〇〇二年の研究発表の成果は、ゲーテの生誕二五〇年（一九九九年）にすでに行なわれたコロキウムの成果とともに、記念論文集として出版された[18]。二〇一四年には、ライヒャルトの没後二〇〇年の記念に、「ヘンデル・ハウス」で特別展示や演奏会などが催されている[19]。

このようにドイツでは、細々とではあるがライヒャルトの遺産の保護や研究が進められている。その中で、今日もなお影響力を持っているのが、音楽学者ヴァルター・ザルメン（Walter Salmen, 1926–2013）による研究である。一九六三年に出版された『ヨハン・フリードリヒ・ライヒャルト論――ゲーテ時代の作曲家、著述家、楽長、行政官 *Johann Friedrich Reichardt. Komponist, Schriftsteller, Kapellmeister und Verwaltungsbeamter der Goethezeit*』は、ライヒャルトの生誕二五〇年を機に再版された[20]。ライヒャルトに関するテーマが論じられる際に、最もよく参照され、引用されるのがこの論文である[21]。ザルメンの研究においては、ライヒャルトの伝記的事項の調査や音楽作品の分析にとどまらず、彼の音楽批評家としての活動も重視されている。また、《ドイツ音楽の遺産 *Das Erbe deutscher Musik*》シリーズの第五八巻（一九六四年）、第五九巻（一九七〇年）には、ライヒャルトの《ゲーテのリートとオード、バラード、ロマンス集 *Göthe's Lieder, Oden, Balladen und Romanzen*》（一八〇九―一八一一年）が収められているが、この編集を担当したのもザルメンである[22]。

一方、日本におけるライヒャルト研究はほとんど進んでおらず、この五〇年を振り返ってみても、学術論文が数本執筆されるにとどまっている[23]。また、「ゲーテと音楽」をテーマとする研究論文にライヒャルトが登場したとしても、ゲーテのリートやジングシュピールを作曲した音楽家として紹介されるだけで、ライヒャルトの批評家としての活動やロマン派の詩人たちに及ぼした影響などがクローズアップされることはない[24]。それゆえに本書は、日本で初めてライヒャルトについて総合的に論ずることを目指した。本書もザルメンの論文のほか、これまでの多くの研究を参考にしているが、可能な限り原典に遡って先行研究を見直しながら[25]、ライヒャルトの音楽観を中心に新事実の発見を試みた。彼は作曲家であり著述家でもあるため、一次資料は楽譜のみならず、書籍や雑誌、新聞に書いた自伝や批評文、文学作品、そして友人知人と交わした手紙などになる。彼の残した楽譜や音楽批評、著書は、大半が当時出版されたままになっており、十数年前まで個人で資料収集するには限界があった。しかし、今日では世界各国の図書館や資料館により、貴重な古い資料がインターネット上に公開されて資料収集が格段に容易になり、ライヒャルトの総合的な研究も可能になった。ただし、楽譜に関しては、インターネット上に公開されているものはごく一部にとどまり[26]、いまだに入手困難な状態である。特にライヒャルトの楽譜は、彼の死後に競売にかけられて各地に散らばったため、そのまま消失してしまったものもある。今回の研究では、ライヒャルトの音楽作品の解釈ではなく、彼の音楽観や思想の分析に重点を置いたが、彼が作曲家である以上、その音楽を知ることは必須であるため、楽譜資料の収集にも力を入れた。ドイツでは、ハレの「ヘンデル・ハウス」財団の附属図書館にまとまった楽譜資料が存在し、また日本では、東京音楽大学の村田千尋教授が個人でリートやジングシュピールの楽譜を多数収集していらっしゃるため、協力していただいた。

さらに、今回の研究で最も重視した点は、ライヒャルトの音楽活動や思想を考察するだけにとどまらず、それらが、彼と同時代に生きたドイツ知識階層の価値観にいかなる影響を及ぼしたのか、可能な限り究明することである。なぜならライヒャルトは若いころから、音楽によって民衆を教育して、調和のとれた社会を形成したいという高邁な理想を抱いており、彼の音楽作品や批評の多くは、民衆教育を目的として書かれていたからである[27]。彼は何かを発信する際に、いつもその効果を予め意識していて、自分が周囲に与える影響というものを最大の関心事としていた。本研究で当時のドイツにおける音楽観として注目したいのは、主にゲーテやジャン・パウル、そしてホフマンを中心とするロマン派の詩人たちの思想である。ゲーテとライヒャルトは、ジングシュピールやリートなどの分野で共同制作による作品を多数残しており、ゲーテの見解に全く触れずに、ライヒャルトの音楽について語ることは不可能である。ジャン・パウルはライヒャルトと同様に、ロマン主義の音楽思想の形成のために大いに貢献したという点において重要であり、ホフマンやシューマンの音楽批評にも刺激を与えた。そして、ロマン派の詩人たちのうちでホフマンを中心に据える理由は、何よりも彼がライヒャルトの弟子であったことにある。またティークやヴァッケンローダーが、対象とする音楽作品のタイトルにも作曲家の名前にも触れずに、極めて形而上的な音楽論を展開したのに対して、ホフマンは音楽批評の対象となる作品を明らかにしているため、ライヒャルトの論評と比較しやすいという利点もある。

たしかに、すでにザルメンの『ライヒャルト論』でも、ロマン派の詩人たちがライヒャルトと親しく交流し、音楽的価値観の形成の上で彼の感化を受けたことが指摘されている。しかし、その情報は不正確な場合があり、指摘の多くも根拠があまり明確にはされておらず、あくまでも可能性の示唆にとどまっている。たとえば、ヴァッケンローダーがライヒャルトと出会った時期と場所は、『ライヒャルト論』では一七九二年のギービヒェンシュタインとなっているが、遅くとも一七八九年のベルリンであると考えられ、もっと早かった可能性もある。[28] また、ジャン・パウルとライヒャルトの出会いについても、『ライヒャルト論』では一七九八年のライプツィヒの見本市でのこととされているが、両者はすでに一七九六年のホーフの演奏会で知り合っている。[29] さらに、ザルメンはライヒャルトとホフマンの師弟関係にも疑念を抱いている。ブロックハウスの『教養層のためのドイツ一般実用百科事典 *Allgemeine deutsche Real-Encyclopädie für die gebildeten Stände*』（第五版、一八一七年）の「ホフマン」の項目には、彼が学んだ音楽教師について次のように記されている。

ホフマンに通奏低音と対位法について指導した教師は、ケーニヒスベルクではオルガン奏者のポドビエルスキーであった。のちのベルリンでは宮廷楽長のライヒャルトであり、ライヒャルトは誠実にこの同郷人の面

【図3】E. T. A. ホフマン

倒を見た[30]。

ザルメンは、「二人の音楽家兼著述家は出会ってすぐに、打ち解けた関係になった」であろうと認めながらも、「ただこの関係が、一八一七年のブロックハウス百科事典の第五版から読み取れるほど、進展したのかどうかは疑わしい」と述べている[31]。しかし、ゲルハルト・アルロゲンが指摘しているとおり、この百科事典の文章はホフマン自身が書いたものであるため、当然彼らの師弟関係は成立していたと言える[32]。なおかつホフマンは、『スポンティーニのオペラ《オリンピア》についての追記 *Nachträgliche Bemerkungen über Spontinis Oper Olympia*』の中で、ライヒャルトのことを「我々の先生」と呼んでおり[33]、そのほかの批評文の中でも、恩師への敬意を示す言葉を多数記している。つまり、『ライヒャルト論』で指摘されている以上に、ライヒャルトはロマン派の詩人たちと親しい人間関係を築いており、その影響力は大きかったのではなかろうか。

さらにザルメンは、「ライヒャルトはドイツ・ロマン派の支援者になったが、しかし彼自身がこの若々しい思潮に同調することは全くできなかった」と主張している[34]。実際、ライヒャルトの音楽作品を「ロマン的[35]」と言えるかどうかという点では、彼の友人たちの間でも評価が分かれたが、彼がロマン派の思想に全く理解を示さなかったと断言することは、はたして可能であろうか。なぜなら、ライヒャルトの音楽観には、かなり早いうちからロマン主義的傾向が見られるからである。しかも彼は、ヴァッケンローダーやティークに先駆けて、一七八二年にはすでに器楽が自律性のある表現芸術であることを認めていた[36]。ただし、それを論ずる上で明らかにする必要があるのは、そもそも音楽における「ロマン的」とは何であり、ロマン主義の音楽思想とはいかなるものかという点である。一般の音楽美学史などでは、ロマン派の音楽観の特徴として第一に指摘されるのが、「器楽へのひたすらな偏愛」や「器楽優位の思想」である。(37)つまり、ロマン派の詩人たちは、器楽は言葉を使わずに感情の表出ができるので、あらゆる芸術の中で最も優れており、器楽こそが本来の音楽であると考えていたというのが、今日の定説である。たしかに、ティークとヴァッケンローダーは、「交響楽」を器楽が最終的に到達する最高の勝利とみなし、ホフマンはベートーヴェンを「純粋にロマン的な作曲家」であるとして、(39)彼の器楽を絶賛した。しかし、本当に彼らは器楽のみをひたむきに愛し、声楽を器楽より劣ったものと考えていたのであろうか。ライヒャルトの音楽観がロマン主義的かどうか判断するためにも、この点を明白にすることが肝要である。また、一口にロマン派の音楽観と言っても、ヴァッケンローダーらによる十八世紀末の見解と、シューマンらによる一八三〇年代の考え方とでは、違いがあって当然であろう。

以上のようなことに重点を置きながら、本書では、ライヒャルトの音楽に関する活動や思想を中心に論考したい。まず第一章では、ライヒャルトの生涯における豊かな人間関係や、多種多様な音楽活動について概観しておく。第二章以降では、オペラやリート、宗教音楽、器楽の領域にそれぞれ分類して考察を進め、ライヒャルトの音楽観のみならず、彼と同時代に生きたドイツ知識階層の見解にも目を向けながら、両者を比較する。そして、それらの共通点や相違点を明らかにした上で、最終的に、ライヒャルトという音楽家にはどのような影響力があったのか、論証したいと思う。

第一章

ライヒャルトの豊かな音楽生活

第一節　ライヒャルト略伝

(1)　プロイセンの宮廷楽長になるまで

プロイセン州の州都であったケーニヒスベルク（現ロシア領カリーニングラード）[1]は、ハーマンやヘルダー[2]、カントなどの思想家を輩出した都市として有名であるが、一七五二年十一月二十五日、ヨハン・フリードリヒ・ライヒャルトはこの地で産声を上げた。母カタリーナ・ドロテーア・エリーザベト（Katharina Dorothea Elisabeth Reichardt, geb. Hintz, 1721–1776）は帽子製造業の親方の娘で、「美しく礼儀正しい」女性であり、父ヨハン（Johann Reichardt, um 1720–1780）はリュートを主とする楽器奏者で、私的なレッスンやアマチュア奏者たちとの共演などで一家の生計を立てる、独立した音楽家であった。[3]当時のケーニヒスベルクでは、芸術の中でも特に音楽が愛されていて、貴族などの裕福な家庭では愛好家たちのためのプライベートな演奏会が催され、楽器の個人指導をする教師の需要もそれなりにあった。そのため、父ヨハンのように独立した音楽家であっても、何とか糊口を凌ぐことはできたのである。[4]ハーマンも弟子の一人で、父ヨハンの亡くなる一七八〇年までリュートを習いにライヒャルト家に通っていた。ハーマンはライヒャルト家に自由に出入りするうちに、息子のヨハン・フリードリヒのことも気に入り、その二十二歳年下の友人が人生の節目を迎えるたびに、親身になって面倒を見た。[5]

ヨハン・フリードリヒには二人の姉マリーアとヨハンナ、二歳年下の妹ゾフィーがおり、末の弟は生まれて一年足らずで死亡したために、彼はライヒャルト家唯一の男子として育った。(6) 父ヨハンは、その一人息子を鍵盤楽器やヴァイオリンの名手にしたいと考えて、幼いころから彼に音楽の英才教育を受けさせた。ヨハン・フリードリヒはクラヴィーアを、初めはヨハン・フリードリヒ・ハルトクノッホ（Johann Friedrich Hartknoch, 1740–1789）、のちにカール・ゴットリープ・リヒター（Carl Gottlieb Richter, 1728–1809）のもとで学び、ヴァイオリンをフランツ・アーダム・ファイヒトナー（Franz Adam Veichtner, 1741–1822）から習っている。(7) そして彼は八歳になると、父親に連れられてリガ（現ラトビア領）からダンツィヒ（現ポーランド領グダニスク）までの範囲を演奏して回り、その様子は、かのモーツァルト一家さながらであった。ライヒャルト父子が巡った地域は、故郷からそう遠くない場所に限られていたが、ヨハン・フリードリヒも各地で「神童」と称えられた。(8)

しかし、ライヒャルト家の友人や知人の中には、こうした成り行き任せの生活を送るヨハン・フリードリヒの将来を心配する者もいた。周囲からの強い勧めもあって、ライヒャルトは十五歳の時にケーニヒスベルク大学の法学部へ進学することになる。初めて親元を離れた彼は、法学の勉強よりも自由奔放な生活のほうに魅力を感じて、時には女性をめぐって決闘騒ぎを起こし、演奏家にとって命の次に大切な手を負傷したこともあったという。(9) 彼の学生生活を支えたのは、詩学の教授ヨハン・ゴットリープ・クロイツフェルト（Johann Gottlieb Kreuzfeld, 1745–1784）やハーマン、カントといった優れた人物たちであった。この三人はいずれも、ライヒャルトの人生の案内人のような役割を果たした。クロイツフェルトは、ライヒャルトとは七歳しか年が離れていなかったが、民謡の知識があり、彼にドイツ人としての民族意識を目覚めさせた点で影響力があった。(10) ゲーテがヘルダーの思想に触発されて、民謡における単純で素朴な美に注目し始めたのは、一七七〇年のストラスブールでのことであったが、ちょうど同じころ、ライヒャルトは遠く離れたケーニヒスベルクの大学で民謡について学び、その価値を意識するようになった。一七五五年からケーニヒスベルク大学で講義をしていたカントは、ライヒャルトを子供のころから知っていて、彼に大学へ行くように強く勧めた一人であり、ライヒャルトも在学中はカントの講義に積極的に通っていた。カントは、音楽というものは「感覚の美しい遊びの芸術」であって「一時的な印象」しか与えず、「詩とは異なり熟慮すべきものを後に残さない」ため、「文化というよりは娯楽」でしかないと考えていた。[11] それゆえにカントは、ライヒャルトが音楽家になることには反対であった。

結局、三年間の学生生活で音楽家になる夢を捨てられなかった彼は、ケーニヒスベルクやその周辺だけでは、活動の範囲が狭過ぎると感じ始めて、一七七一年からの三年間、職業を探しながらダンツィヒやベルリン、ライプツィヒ、ドレスデン、プラハ、ハンブルクなど各地を転々とした。この職探しの旅により彼が得た最大の収穫は、極めて多くの音楽家や知識人たちと知り合えたことであった。プロイセン王国の中心であるベルリンやポツダムでは、ベルリン楽派の音楽家たち、たとえばヨハン・ゼバスティアン・バッハ（Johann Sebastian Bach, 1685–1750）の弟子で、音楽理論家のヨハン・フィーリップ・キルンベルガー（Johann Philipp Kirnberger, 1721–1783）や、宮廷楽団のコンサートマスターのフランツ・ベンダ（Franz Benda, 1709–1786）[12]、宮廷楽長のヨハン・フリードリヒ・アグリーコラ（Johann Friedrich Agricola, 1720–1774）などを訪ねて表敬した。ベルリン楽派とは、十八世紀半ばから後半にかけて、フリードリヒ大王の宮廷と関係し、その音楽生活に積極的に貢献した音楽家たちの総称である。またライプツィヒでは、ジングシュピールの発展上重要な功績を残した作曲家ヨハン・アーダム・ヒラー（Johann Adam Hiller, 1728–1804）や、その弟子で歌手のコロナ・シュレーター（Corona Schröter, 1751–1802）[13] らと出会っている。ハンブルクでは、J. S. バッハの息子で、かつてはフリードリヒ大王のチェンバロ奏者であったカール・フィーリップ・エマーヌエル・バッハ（Carl Philipp Emanuel Bach, 1714–1788）[14] や、詩人のフリードリヒ・ゴットリープ・クロプシュトック（Friedrich Gottlieb Klopstock, 1724–1803）、マティーアス・クラウディウス（Matthias Claudius, 1740–1815）などと交流を深めた。[15]

ここで少し、ライプツィヒの音楽家ヒラーが、ライヒャルトの人生において果たした重要な役割について触れておきたい。ライヒャルトはヒラーのことを「良き父親」と呼び、[16]心から敬慕していた。一七七一年の秋にライプツィヒに到着した時、ライヒャルトは無一文の状態であったが、ヒラーと楽譜出版業のブライトコプフ家が、親身になって彼を世話した。[17]ハンス・ミヒャエル・シュレテラーのライヒャルト伝によれば、ライヒャルトはヒラーについて、「経験豊かで実直なヒラーが、私のことを格別の愛と善意で受け容れてくれた。そして数日後にはもう、私はこの極めて親切な家族の一員として可愛がられた」と語っている。[18]また、ブライトコプフ家は大変社交的で、毎晩のように客たちと機知に富む会話やゲームに興じ、時には音楽や寸劇を楽しむこともあった。二代目のヨハン・ゴットロープ・イマーヌエル（Johann Gottlob Immanuel Breitkopf, 1719–1794）は、ライヒャルトの借金の肩代わりをするなど、経済面でも彼を援助した。そして、息子のベルンハルト・テーオドール（Bernhard Theodor Breitkopf, 1749–zwischen 1810 und 1820）も友情に厚い人物であったので、彼のライプツィヒでの芸術生活は幸せなものになった。[19]

【図4】ヨハン・アーダム・ヒラー

同年九月八日、ライヒャルトは無一文の状態から脱却するために、ヒラーとブライトコプフの協力により公開コンサートを開催している。当時のライヒャルトはまだ作曲家というよりも、鍵盤楽器やヴァイオリンの名手として主に演奏活動に力を入れていた。ブライトコプフが宣伝用のポスターを印刷し、[20]コンサートでは、ライヒャルトがクラヴィーア協奏曲やヴァイオリン協奏曲のソリストを務め、その伴奏をヒラーのオーケストラが請け負った。この催し自体は、大成功というわけにはいかなかったが、その後の活動の切っ掛け作りに役立った。[21] ライヒャルトの楽器演奏の技術は卓越していて、特に彼のヴァイオリンは素晴らしかったという。イギリス人の音楽学者チャールズ・バーニー（Charles Burney, 1726–1814）[22]は、「ケーニヒスベルクのライヒャルト氏は偉大なヴァイオリン奏者で、即興的な演奏や、とても純粋かつ容易に奏でる重音奏法が、特に優れている」と褒め称えている。[23]

ヒラーは「ジングシュピールの父」とも呼ばれるが、作曲家としてだけではなく、ライプツィヒの音楽界にとって殊に重要な存在であった。[24] 注目に値するのは、彼がゲヴァントハウス管弦楽団の設立に大きく関わっており、このオーケストラの初代カペルマイスターであったことである。[25] そのほかにも、彼は美学者として『音楽における自然の模倣について *Abhandlung über die Nachahmung der Natur in der Musik*』などの論文を執筆し、音楽ジャーナリストとして、近代の音楽雑誌の典型となった『音楽週報 *Wöchentliche Nachrichten und Anmerkungen, die Musik betreffend*』（一七六六―一七七〇年）を刊行している。また教育者、特に歌唱の教育者としては、若者たちに歌を教える声楽学校を創設している。初めは少年を対象としていたが、間もなく青少年の男女のための音楽学校に規模を拡大した。一七七五年には、音楽学校の生徒たちと愛好家や職業音楽家などから構成される「音楽実践協会」を設立し、年間三〇回のコンサートを催している。ライヒャルトのライプツィヒ時代の恋人であったコロナ・シュレーターや、プロイセン宮廷で活躍したゲルトルート・エリーザベト・マーラ＝シュメーリング（Gertrud Elisabeth Mara-Schmeling, 1749–1833）[26]も、ヒラーの指導した歌手であった。[27] そして、こうした様々な教育的実践からは、ドイツ教育史上初の教育用声楽作品が誕生し、それらは十九世紀に至るまで影響力を持っていた。のちに彼は、一般の学校における歌唱の授業も改善しようと考え、一七九二年に『全国各地の学校のための簡約な歌唱指導書 *Kurze und erleichterte Anweisung zum Singen für Schulen in Städten und Dörfern*』を出版している。[28] さらに、一七八九年から一八〇一年までの間は、聖トーマス教会のカントルも務めていた。

このように教育者としても優れた能力を持ち、先見の明を備えていたヒラーは、ライヒャルトの才能もいち早く見抜き、彼に声楽の作曲家として生きる道を勧めたのである。のちにライヒャルトは『ベルリン音楽新聞 *Berlinische musikalische Zeitung*』（一八〇五年）に、当時を思い出しながら次のように記している。

ケーニヒスベルク大学で学びライプツィヒに赴くと、初めにヒラーから勧められたのは、全力で音楽に打ち込むこと、そして音楽の演奏よりも作曲に、それも特に声楽の作曲に専念することであったが、その勧めは必然的に大きな意味を持つものになった。(29)

厳しい人生行路の道標となるような人物や、優れた助言者を探し求めて放浪していた若きライヒャルトにとって、ヒラーのアドバイスは非常に貴重であり、その後の活動における心の支えとなった。ライヒャルトの将来を見据えた上で、彼に演奏家でも器楽の作曲家でもなく、声楽の作曲家の道を選択させたヒラーの功績は極めて大きいと言えよう。

また、この職探しの旅におけるもう一つの重要な出来事、ヘルダーの編集した論文集『ドイツの本質と芸術について *Von deutscher Art und Kunst*』（一七七三年）との出会いについても言及しておきたい。ライヒャルトがヘルダーの存在を知ったのは、書物を通してであった。彼がこの旅の最後に訪れたのはダンツィヒであるが、そこで世話になったアイヒシュテット家の書庫でそれを見つけた。シュトゥルム・ウント・ドラング運動のマニフェストともみなされているこの論文集は、五つの論文から成り、最初の二つ（『オシアンと古代諸民族の歌についての往復書簡からの抜粋 *Auszug aus einem Briefwechsel über Ossian und die Lieder alter Völker*』と『シェイクスピア論 *Shakespeare*』）がヘルダーの執筆したもので、三つ目はゲーテの『ドイツ建築について――エルヴィーン・フォン・シュタインバハの霊に *Von deutscher Baukunst. D. M. Ervini a Steinbach*』であった。『オシアン』と『ドイツ建築について』はそれぞれ、ライヒャルトの民謡観や宗教音楽観に大きく影響を与えた論文である。[30] 当時のライヒャルトは、音楽家としての生き方に悩み落胆していたが、彼自身の言葉によれば、ヘルダーの論文集は「私に強烈な印象を与え、私の内面形成において、いわば決定的な新時代を画してくれた」という。[31] こうした書物との出会いが契機となって、ライヒャルトが生涯をかけて取り組むことになる民謡と宗教音楽という「二つの軸」が、次第に彼の視野へと入ってきたのである。[32]

以上のように彼はこの旅で、声楽の作曲家として生きること、民謡と宗教音楽に注意を払うことなどの重要な人生の目標や、豊富な人脈を手に入れられたにもかかわらず、結局病気のために、職探しという当初の目的を果たせぬまま三年間に及ぶ旅を終えることになった。両親や友人からは、故郷で控えめな幸せを見つけることを勧められる。そして、一七七五年にはラグニット（現ロシア領ネマン）へ宮廷秘書官として赴任し、ライヒャルトは音楽家としての夢を諦めたかのような生活を送っていた。[33] ところが、宮廷楽長のアグリーコラが死亡したことを知るや、ラグニットの官職を捨ててアグリーコラの後継に立候補することを思いつく。そして、宮廷楽団のコンサートマスターのベンダによる助言と支援が功を奏したこともあり、[34] ライヒャルトはオペラ《雅やかな宴 *Le feste galanti*》の作曲で、フリードリヒ大王にその才能を認められて、一七七六年、宮廷楽長に就任するのである。[35]

(2) フリードリヒ大王の宮廷における楽長の仕事

フリードリヒ大王は少年時代から音楽に親しみ、フルートの腕前はかなりのものであったと伝えられているが、[36] このように音楽好きな国王のもとで、ライヒャルトはどのような楽長生活を送ることになったのであろうか。第

2項では、プロイセン宮廷におけるオペラ上演に注目しつつ、楽長ライヒャルトが直面することになった様々な仕事上の問題について述べたい。

フリードリヒ大王はフルート音楽のみならずオペラへの関心も強く、一七四〇年の王位継承後すぐに多額の資金を導入して、イタリア・オペラをベルリンで育成することに力を入れている。(37) まずは第一級の歌手を集めるために、初代宮廷楽長のカール・ハインリヒ・グラウン（Carl Heinrich Graun, 1704–1759）をイタリアへ派遣した。当時、ベルリンでのオペラ上演のために集められたソリストたちは、大抵イタリア人であり、中でもオペラ・セリアの主役を手中に収めたのはカストラートであった。(38) 楽団の編成もそれに劣らず豪華で、宮廷楽長の兄のヨハン・ゴットリープ・グラウン（Johann Gottlieb Graun, 1703–1771）やヨハン・ヨーアヒム・クヴァンツ（Johann Joachim Quantz, 1697–1773）(39)、ベンダ、C. Ph. E. バッハなどの名手がメンバーであった。また、大王は建築家ゲオルク・ヴェンツェスラウス・フォン・クノーベルスドルフ（Georg Wenzeslaus von Knobelsdorff, 1699–1753）にオペラ劇場の建設を任せた。この劇場こそが、今日「リンデンオーパー」の名で知られるベルリン州立歌劇場の前身であり、当時は王立イタリア宮廷歌劇場と呼ばれた。建物の完成は一七四三年であるが、待ち切れなかった大王は、建設途中にもかかわらず、前年にC. H. グラウンの《クレオパトラとカエサル *Cleopatra e Cesare*》をここで上演させている。そしてその後も、大王とこの劇場のためにイタリア語のオペラを作曲し続けることが、宮廷楽長グラウンの主な仕事になった。(40)

啓蒙専制君主の典型とも仰がれたフリードリヒ大王は、宮廷生活におけるほかの多くの活動と同様に、音楽活動のあらゆる点において、自らの音楽上の趣味を満足させるために徹底的な管理を行なった。大王は音楽を、純粋な気晴らしや義務から逃避する手段と考えていたにもかかわらず、政治や外交、軍事上の措置や策略と全く同様に細心の注意を払って統制しようとした。(41) それゆえに、イタリア宮廷歌劇場もプロイセン的秩序をもって運営された。事実上、すべての新作オペラは宮廷楽長のグラウンによって作曲されて、不足した場合はドレスデンの宮廷楽長ヨハン・アードルフ・ハッセ（Johann Adolph Hasse, 1699–1783）の作品によって補塡された。大王は、グラウンが作曲した台本の内容に批判を加え、時にはフランス語の散文で自ら台本を執筆した。また、本来アリアの作曲に口出しすることは歌手たちの特権であったが、大王の気に入らないアリアがあると、作曲し直すようにグラウンに命ずることもあった。このような大王による厳しい監視や趣味の強要によって、グラウンの自発的創造性は往々にして制約を受けざるを得なかった。グラウンの次に宮廷楽長になったアグリーコラは、一層、大王の掣肘に悩まされることになった。それは、大王が自分の若いころの価値観に固執し、ハッセやグラウンの作品を優先して、すでに時代遅れになりつつあったイタリア様式に従わせようとしたからである。(42)

さて、二十三歳のライヒャルトがアグリーコラの後任として宮廷楽長に選ばれる切っ掛けとなったのは、彼が大胆にも大王に直接提出した一曲のオペラ・セリアであった。この《雅やかな宴》というオペラは、大王が好んでいたハッセやグラウンのオペラを模倣したもので、台本も一七四七年にすでにグラウン自身が大王のために作曲したものと同じであった。(43) ライヒャルトが楽長に就任すると、家族はもちろんのこと、故郷の友人知人たちも彼の栄誉を称えたが、歓喜や希望に満ちた時間はほんの少しだけで、その後は厳しい現実が待っていた。宮廷楽長としてのライヒャルトの仕事は、前任者たちと同様に祝祭や謝肉祭の時に必要な音楽作品を準備すること、宮廷のオーケストラや歌手たちに稽古をつけて、演奏の際の指揮をすること、国内外で歌手をスカウトすることなどであった。国王の厳しい統制下にありながらも、初めのうちはライヒャルトも使命感に燃えていた。たとえば、団員の高齢化が進んでいたオーケストラの稽古で、彼は従来の正確で統一感のある演奏では満足できずに、旅先のドレスデンで聴いた、音の強弱による非常に繊細なニュアンスづけを、団員たちに教え込もうとした。(44) また、舞台上からはこれまでの古びた流儀を一掃しようとして、カストラートに女役を歌うことをやめさせた。クリストフ・ヴィリバルト・グルック（Christoph Willibald Gluck, 1714–1787）を尊敬していた彼は、[45]アリアの作曲ではプリマドンナの歌唱能力に合わせることはせずに、芸術上の要求を優先させた。しかし、この大胆な若き改革者の熱意は空回りし、彼は短期間に多くの敵を作った。なぜならオーケストラ団員も歌手も、そして誰よりも大王がそれを望まなかったからである。[46]大王は、自分が若いころから知っていて、親しんでいるものを維持させることが第一であると考え、古いものの復活も新しいものの導入も完全に拒否した。[47]

大王はライヒャルトを思い通りにしようと、その仕事に絶えず干渉した。たとえば、彼が楽長に就任した年の出来事である。ロシア帝国の皇太子パーヴェル・ペトロヴィチ（のちの皇帝パーヴェル一世、Pavel I, 1754–1801）とヴュルテンベルク公の娘ゾフィー・ドロテーア（Sophie Dorothea, 1759–1828）の婚約がベルリンで盛大に祝われることになり、彼は大王からこの祝典のための音楽を作る依頼を受けた。しかし、指定されたテキストは、大王自身がフランス語で書き、宮廷詩人のアントーニオ・ランディ（Antonio Landi, 1725–1783）がイタリア語に直したものであり、しかも音楽は、大王が鼻歌で歌った主題に基づいたものでなければならなかった。もちろん作曲の過程はすべて監視されていて、オーケストラの強弱記号をつけることも自由にはできなかった。[48]謝肉祭用のオペラを準備する時もこれと同様であり、作品のテーマ決めから、配役、リトルネロ[49]の仕上げ、上演の際のテンポの選択まで、すべてにおいて大王の許可が必要であった。禁止事項も多々あり、短調を使用してはならず、伝統的なアリア形式を変更することは許されなかった。[50]

しかし大王は結局、どんなに荒々しく命じようと、ライヒャルトを完全に自分の趣味どおりに従わせることができなかった。それゆえライヒャルトには、既存のオペラを歌手たちに合わせて作り直すこと、そしてそれを上演することと以外のすべてを禁じた。つまり、ライヒャルトは大王の在位中、ハッセやグラウンの書いたイタリア・オペラを謝肉祭のために切り貼りして修繕するだけで、完全にオリジナルのオペラ作品を公に発表することはできなかったのである。[51] ライヒャルトが一七八三年の謝肉祭のためのオペラ《スラ *Sylla*》に自分で曲をつけたいと申し出ると、大王はその請願書の余白に、「そなたはオペラを作曲してはならない。オペラというものを理解していないか、正しく作らないかのどちらかである。そなたは、私の命じたことだけをすればよい」と書いたという。[52]

こうしたフリードリヒ大王による絶対的な支配は、宮廷の音楽生活を停滞させて、生産的な発展を妨げた。当時のベルリンのオペラを取り巻く環境がほかの都市と大きく異なっていた点は、音楽に夢中になる貴族が少なかったこと、市民たちもほとんど興味を示さなかったことである。そのせいで、歌劇場の平土間席はしばしば空いたままであり、それはオペラの出演者たちにとっても望ましくない状況であった。拍手喝采という観客たちの公然たる意思表示も皆無に等しく、ライヒャルトはベルリンでは、特別に創作意欲の湧くような雰囲気を感じることはなかった。[53] 彼は『フランス語オペラ《ティムール》と《パンテイア》に関する観衆への報告 *An das musikalische Publikum, seine französischen Opern Tamerlan und Panthée betreffend*』(一七八七年)の冒頭で、当時のことを思い出しながら次のように語っている。

私が一二年前から指揮しているベルリンのイタリア歌劇場が、先王(フリードリヒ大王)による治世の最後の数年間で非常に堕落し、もはやどのような側面から考えても、その歌劇場には芸術家にとっての真の価値がなかったということは、誰でも知っている。[54](括弧内筆者)

ライヒャルトは閉塞感の漂う宮廷の仕事にはもはや満足できず、次第に宮廷の外に活動の場を求めるようになる。その結果、完全に宮廷での仕事は後回しになり、臨時雇いの音楽家のように時々宮廷に赴いては、歌手たちの能力に合わせてアリアを書き直し、すでに時代遅れになりつつあったハッセやグラウンのオペラを、気乗りのしないまま演奏した。

当時のライヒャルトは、宮廷楽長の職を放棄したいと思ったこともあったに違いない。なぜなら彼は、経済的に独立した音楽家への強い憧れの気持ちを持っていたからである。宮廷楽長になる前の一七七三年二月十三日に、職探しの旅で訪れたドレスデンからクロイツフェルトに宛てて次のような手紙を送っている。

私は日増しに分かってきたのですが、音楽を生業とするには、分別がなく悪趣味であることの多い上流階級のわがままに、どれほどひどく振り回されることでしょう。もし、私が心底から敬愛している非常に価値の高い芸術を、私の雇い主の気に入るようにして社交の楽しみのために空しく演奏し、芸術と私自身を娯楽の手段へと貶めるならば、それは無責任ではないでしょうか。[55]

ライヒャルトは音楽家が経済的理由や主従関係といったあらゆる束縛から解放されて、自由に創作できる環境を手に入れたいという夢を抱いていたが、当時はまだ音楽家の地位は非常に低く、王侯貴族などの上流階級に仕えなければ生活していくのに困難な時代であった。結局ライヒャルトは、生涯宮廷楽長としての地位は維持しつつ、実際の活動の場は宮廷の外に探すという道を選んだ。[56] つまり、宮廷での仕事はパンのためであり、リートやジングシュピールなどの作曲や、執筆活動に従事することで、自らの芸術家としての情熱を守ろうとしたのである。[57]

私生活では一七七七年にベンダの娘のユリアーネ（Juliane Benda, 1752–1783）と結婚し、三人の子供を授かったが、第三子の誕生の際に妻を亡くしている。[58] そして、妻の他界した同じ年の一七八三年に、未亡人のヨハンナ・ヴィルヘルミーナ・ドロテーア・アルベルティ（Johanna Wilhelmina Dorothea Alberti, 1754–1827）[59] と再婚している。彼女には前夫との間に三人の子がいて、新たにライヒャルトとの間に五人の子をもうけたため、ライヒャルトは全部で一一人の子供たちの父親になった。

(3) 宮廷外の活動に向けられた情熱

フリードリヒ大王の治世は一七八六年まで続くが、ライヒャルトは宮廷での仕事は二の次にして、リートやジングシュピールの創作のほか、音楽批評などの著述業にも力を入れて、ドイツ内外の知識人たちとの交流を優先させた。第3項では、彼が情熱を傾けた宮廷外の仕事に注意を向けるが、彼の活発な音楽活動を理解する上でキーワードとなるのは、「民衆教育」と「旅行」、「人脈作り」である。

すでに職探しの旅を始めた一七七一年ごろから、ライヒャルトには、音楽によって民衆を教育したいという理想があった。[60] 彼だけでなく、当時のドイツの知識人たちは、ジャン＝ジャック・ルソー（Jean-Jacques Rousseau, 1712–1778）の『エミール *Emile*』における教育思想の影響を受けて、人間愛や徳性に基づいた教育に多かれ少なかれ関心を抱いていた。汎愛主義を主唱したヨハン・ベルンハルト・バーゼドウ（Johann Bernhard Basedow, 1724–1790）やスイスの教育家として有名なヨハン・ハインリヒ・ペスタロッチ（Johann Heinrich Pestalozzi, 1746–1827）が活躍したのも同じ時代であり、ライヒャルトはこの二人とも交流があった。[61] また、ライヒャルトがライプツィヒ逗留中に世話になったヒラーも、「ドイツ国民に歌を教える」ために声楽学校を開設し、当時の代表的な汎愛主義教育家の一人である。[62] ライヒャルトは、音楽によって「できる限り多くの善行に寄与したい」という崇高な倫理観に基づいて、音楽は「耳に心地よく」響くだけでなく、人類の道徳教育に役立たなければならないと考えた。[63]さらに、音楽はこの世の最高の利益であり、上流階級のためだけのものではないとも感じていて、音楽を身分制度の制約から解放し、皆の共通の財産としてどのような人にも近づきやすいものにしようとした。[64] つまり、彼にとっての民衆教育とは、倫理的内容の濃い歌などによる道徳教育と、音楽自体の素晴らしさを伝える音楽教育の両方の意味を持っていた。

それゆえに彼は、誰にでも容易に歌える単純で素朴なリートや、その種の歌をたくさん含んだジングシュピールを作曲することに力を入れている。また創作活動だけにとどまらず、音楽の専門知識を持った案内人として、当時の音楽文化を先導する役目も担おうとした。十八世紀後半まで王侯貴族たちの閉鎖的な娯楽であった音楽が、次第に市民たちに開放されると、音楽を提供する作曲家と享受する聴衆の間を仲介する者が必要になった。その需要に応じて、彼は音楽評論家として社会に貢献しようとしたのである。この批評活動に関しては、ライヒャルト自身の人生においても、作曲家としての活動と同程度か、あるいはそれ以上に重要であるため、本章第二節で改めて詳述したい。

さらにライヒャルトは、市民の音楽生活を充実させるために、一七八三年にパリの「コンセール・スピリテュエル」を手本にして、ベルリンで同名の公開演奏会を開始した。ヨーロッパでは公開の演奏活動は、十七世紀からすでにいろいろな場所で始まっていたが、営利事業としての演奏会は十八世紀初頭から徐々に発達していった。一七二五年に設立されたパリの「コンセール・スピリテュエル」は、十八世紀全体を通じて最も有名になった演奏会企業体の一つである。市民たちにも音楽という財産を分け与えるという新しいスタイルの公開演奏会は、フランスやドイツの各地で催されたが、ライヒャルトによるものもこうした流れの中で誕生したのである。(65) 公開演奏会の導入により、彼は自分自身の作品を発表するチャンスを手に入れただけでなく、新旧の優れた音楽家の名作をベルリンの一般市民たちに紹介することで、彼らの音楽への関心を高めようとした。このように、宮廷外における彼の音楽活動の多くは、民衆教育の理想に基づいていた。ライヒャルトは当時の文化人としては非常に進歩的な考えの持ち主で、行動力も抜群であったが、彼の本業はあくまでもプロイセン国王の宮廷楽長であった。

つまり、国王に仕える者としてはかなり個性的な人物であったと言え、当然のことながら宮廷の中には彼の活動を快く思わない人も多かった。

一七八三年以降、ライヒャルトは何度も宮廷を離れ、再び各地を旅して回る生活を送るようになる。彼は大の旅好きで、生涯に国内外を問わず実に多くの地域を旅行した。宮廷楽長の仕事は、謝肉祭の時期を除けば長期間拘束されるものではなかったので、仕事の合間に家族を連れて旅行することも可能であり、長期間外国に滞在する場合には、休暇届けを出すこともあった。旅行は、窮屈なベルリンの宮廷からの逃げ道になっただけでなく、彼の芸術的視野を広げ、創作意欲を高める役割も果たした。彼が旅する時はいつも、行きも帰りも目的地にたどり着くまでの間、可能な限りいろいろな都市を回った。最初は、若いころの職探しの旅で訪れる機会を逸してしまったイタリアの諸都市やウィーン（一七八三年）に行き、さらにロンドンやパリ（一七八五年）にも足を伸ばしている。イタリアでは、ジョヴァンニ・ピエルルイージ・ダ・パレストリーナ（Giovanni Pierluigi da Palestrina, 1525–1594）をはじめとするルネサンス時代の教会音楽に興味を持ち、ロンドンではヘンデルの作品に、パリではグルックの作品に触れる機会を得た。[66] またライヒャルトは、エルンスト・ルートヴィヒ・ゲルバー（Ernst Ludwig Gerber, 1746–1819）の『音楽史・人名辞典 *Historisch-biographisches Lexicon der Tonkünstler*』によると、なかなか見栄えのする人物であったようである。[67] 性格は、すでに彼の広範囲におよぶ活動履歴が証明しているように、積極的で活動的で、人付き合いの上手な社交家であった。それゆえに、パーティーなどの集まりにも進んで参加し、交際範囲も大変広かった。人との会話から多様な知識が得られると考えていたために、フランス語や英語、イタリア語、スペイン語、ラテン語など多くの言語を習得しようと心掛けていたという。[68] 彼は訪れたそれぞれの土地の音楽事情を視察しながら、芸術家や知識人たちと交流し、多種多様な文化に触れて見聞を広めた。

こうしてライヒャルトの心はベルリンの宮廷からますます離れていき、ロンドンやパリなど、国外で成功する道を模索し始めるが、それもなかなか難しかった。一七八六年に、パリの音楽界での成功を夢見て再びベルリンから離れていた彼は、フリードリヒ大王の訃報を聞いて、急遽宮廷に戻ることになった。新しい領邦君主フリードリヒ・ヴィルヘルム二世（Freidrich Wilhelm II., 1744–1797）は、引き続きライヒャルトを宮廷楽長に任命し、大王の埋葬式のためにカンタータの作曲を依頼した。[69] 新王のもとでは、宮廷の音楽的状況は大きく改善されて、彼にも自由な創作活動が許されることになる。ライヒャルトは、かねてから尊敬していたグルックの作品を手本に、オペラ《アンドロメダ *Andromeda*》や《ブレンヌス *Brenno*》を作曲し、本格的にオペラ改革を進めた。そして宮廷外の音楽活動も続行し、一七八八年には三度目のパリ旅行へ、一七九〇年には二度目のイタリア旅行へ出かけている。フリードリヒ・ヴィルヘルム二世の宮廷楽長を務めた一七八〇年代後半は、彼の創作活動も執筆活動も順調で経済的にも恵まれていたため、彼の人生が最も波に乗っていた時期であった。

ヴァイマルのゲーテやヘルダーとの親交が深まったのもちょうど同じころであった。ライヒャルトはゲーテの友人兼音楽アドバイザーになり、この二人の友情からはたくさんのリートや、ジングシュピールが生み出された。[70] ここで少し、ゲーテを中心としたヴァイマルの人々と、ライヒャルトの出会いについて注目してみたい。ライヒャルトはこれまで、窮屈なベルリンの宮廷からの逃げ道を求めて、宮廷外の多くの知識人たちとの交流を図ってきたが、ゲーテとの出会いも偶然によるものではなく、彼が積極的にその詩人との接触を求めて行動し続けた成果であった。彼はゲーテのみならず、ヘルダーやシラーといった当時のドイツを代表する文化人たちと親しくなるために、芸術の香り漂うヴァイマルへ頻繁に通っている。彼が初めてヴァイマルを訪れたのは一七七一年のことで、アンナ・アマーリア公妃（Anna Amalia, 1739–1807）にダンツィヒで作曲したチェンバロ・ソナタ（変ロ長調）を献呈する目的であったが、[71] 当時ゲーテはまだヴァイマルに招聘されていなかった。二度目の訪問は一七八〇年八月のことで、一七七七年にユリアーネ・ベンダと結婚したことにより、ヴァイマルの宮廷楽長エルンスト・ヴィルヘルム・ヴォルフ（Ernst Wilhelm Wolf, 1735–1792）が姻戚となったため、その伝手を頼った。[72] しかしこの訪問では結局、以前からライヒャルトに冷淡な態度を取っていたヴォルフとの仲を改善することも、ゲーテの友情を勝ち取ることもできなかった。[73] 一七八三年には、イタリア諸都市とウィーンを訪れた旅の帰りにヴァイマルへ立ち寄り、翌年の夏にも、カール・アウグスト公（Karl August, 1757–1828）に随伴してハルツ山地にいたゲーテのもとを訪れている。[74] また、一七八六年の六月にはフランクフルトのゲーテの母親のもとを訪問し、クリスマスから二週間ほどの間は再びヴァイマルで過ごしている。この時ゲーテはイタリアを旅行中で、ヘルダーも『人類歴史哲学考 *Ideen zur Philosophie der Geschichte der Menschheit*』の仕事に没頭していたため、彼らの仲は進展しなかった。[75]

このようなライヒャルトのたゆみない努力が報われるのは、一七八九年のことであった。ゲーテは彼を四月二十三日の午後に自分のところへ呼び、数日間にわたって集中的に、音楽やその周辺の問題について活発に議論した。[76] ゲーテは、ライヒャルトが作曲家として彼の詩に音楽という自由な翼を与えられるだけでなく、芸術や人間に関する本質的な諸問題について対等に討論できることを知り、非常に喜んだ。そして同年五月八日付けのカール・ルートヴィヒ・フォン・クネーベル（Karl Ludwig von Knebel, 1744–1834）宛ての手紙には、「ライヒャルトの御蔭で、私は嬉しかった。私たちが昨日試聴した彼の詩篇曲はなかなか立派な作品である」と書いている。[77] ライヒャルトは、すでに一〇年ほど前からゲーテの詩に興味を示して作曲していたが、[78] ゲーテとの友情が深まったことにより、リートのみならずジングシュピールなどの舞台作品にも意欲的に取り組んだ。早くも一七八九年七月二十九日には、彼ら二人による作品《クラウディーネ・フォン・ヴィラ・ベラ *Claudine von Villa Bella*》がベルリンの王立劇場で初演されることになった。[79] ライヒャルトはゲーテとの共同制作に対して大いに期待し、その翌年には《ゲーテの作品のための音楽 *Musik zu Göthe's Werken*》全六巻の作曲計画を発表している。ゲーテもライヒャルトの音楽には大変満足していた[80]。また一七九一年にゲーテは、ライヒャルトの推薦によってヴァイマル宮廷劇場の監督に任命され、ますます音楽の専門家の助言を必要とするようになった。

さて、当時ベルリンのフリードリヒ通りにあったライヒャルトの住まいは、多くの知識人や芸術家たちの集う社交の場になっていた。その集いに参加する客たちの歓談からは、学ぶことが非常に多かったので、若い芸術家たちが我先に仲間入りしたがった。ティークとヴァッケンローダーはギムナジウム時代に、ライヒャルトの義理の息子アウグスト・ヴィルヘルム・ヘンスラー（ライヒャルトの二番目の妻ヨハンナの連れ子）と知り合った。この若い二人は、ライヒャルト自身ともすぐに親しくなり、この社交の場に自由に出入りするようになった[81]。ルードルフ・アナスタージウス・ケプケによれば、「芽生えつつある詩人としての能力を陶冶するのに、宮廷楽長ライヒャルトの家以上に優れた学校となるところは、恐らくベルリンにはどこにもなかったであろう」という[82]。この芸術家サロンの客の一人にモーリッツがいたが、ティークとヴァッケンローダーは、ライヒャルトの仲介によって彼と知り合い、一七八九年に芸術アカデミーで行なわれた彼の公開講座に通うことになった[83]。

【図5】ルートヴィヒ・ティーク

ティークは元来あまり音楽に関心がなく、ヴァッケンローダーとの友情によってこの芸術に目覚め、それを本格的に知るようになったのはライヒャルトのもとを訪れるようになってからのことであるという[84]。ライヒャルトはティークに発声の訓練をし、オペラの世界を教えるために、王立国民劇場に自由に入場できるようにするなど、積極的に彼の面倒を見た。こうしたことが功を奏し、音楽はティークの人生や作品において大きな意味を持つようになった[85]。一方、音楽家に憧れていたヴァッケンローダーは、ギムナジウム時代以来、ライヒャルトの友人でアマチュア合唱団ベルリン・ジングアカデミーの創立者のカール・フリードリヒ・ファッシュ（Carl Friedrich Fasch, 1736–1800）のもとで、本格的な指導を受けていた。[86]また、ライヒャルトからもクラヴィーアの演奏テクニックや和声法、対位法などの音楽の基礎を学んでいる。[87]ヴァッケンローダーは小規模なアリアやデュエット曲、合唱曲なども作曲し、ティークの台本で《子羊 *Das Lamm*》という牧人劇風ジングシュピールを創作することも計画していた。[88]カンタータの作曲にも取り組んでいたが、なかなか自分の満足できる作品には仕上がらなかったようである。クラヴィーアの腕前は大したもので、学生生活を送ったエアランゲンでは、ある音楽の集まりでフランツ・ヨーゼフ・ハイドン（Franz Joseph Haydn, 1732–1809）の協奏曲を演奏するよう依頼されたこともあったという。[89]

以上のように、一七八〇年代の後半は宮廷の内外を問わずライヒャルトの音楽活動は順調そのもので、彼の努力が実って豊富な人脈も手に入れることができたが、一七九〇年の末には早くもその順風満帆な人生に陰りが出始める。彼は重病を患い、しばらく公の場に出られなくなったため、フリードリヒ・ヴィルヘルム二世が謝肉祭に彼のオペラ《オリンピア祭 *L'Olimpiade*》の上演を望んでいたにもかかわらず、それも中止せざるを得なくなった。ライヒャルトが宮廷の仕事を休んでいる間に、普段から彼のことを妬ましく思っていたライバルたちは、ここぞとばかりに影響力を持つようになった。これに腹を立てたライヒャルトは一七九一年、国王に辞表を提出し、ハレ近郊のギービヒェンシュタインにある農場を借りて住むことにした。彼は都会での生活と名声を諦めて、田舎で自分自身を見つめ直すつもりであった。[90]とりあえず辞表の件は保留となり、ライヒャルトには一七九一年十月から三年間の有給休暇が与えられて、これで一旦一五年働いた宮廷を離れることになった。しかし、三年後の一七九四年十月二十八日には結局、彼は国王からの一通の短い手紙によって突然解雇されることになるのである。その経緯については、本節第5項で改めて取り上げることにしたい。

(4)「ロマン派の宿泊所」とその客たち

ギービヒェンシュタインのライヒャルト邸は、特にドイツ・ロマン派の詩人たちの文化的、精神的な拠り所となったため、今日では、ハンス・シュルツの論文『ゲーテとハレ *Goethe und Halle*』（一九一八年）やエーリヒ・ノイスの著書（一九三二年）のタイトルに基づいて、「ロマン派の宿泊所 Die Herberge der Romantik」や「ギービヒェンシュタインの詩人たちの楽園 Das Giebichensteiner Dichterparadies」と呼ばれている。[91] 第4項では、ライヒャルトのこの魅力ある住まいと、そこに集った芸術家や知識人たちとの人間関係の論述に重点を置きたい。

ライヒャルトは一七九四年の初夏に、一七九一年以来借りていたギービヒェンシュタインの農場を購入することを決意している。[92] 二〇八九ヘクタールの広大な農場で、金額は九三〇〇ターラーであったが、パトロンのアンハルト＝デッサウ侯夫人ルイーゼ（Luise, 1750–1811）が二〇〇〇ターラーを都合してくれたという。[93] ギービヒェンシュタインはザーレ川のほとりに位置し、中世に建てられたギービヒェンシュタイン城の一部が今も残る景勝地で、ライヒャルトの邸宅はとりわけその庭が美しいことで有名であった。ルソーの「自然へ帰れ」という理想を具現したようなイギリス式の庭園で、「何の気取りもない単純なもの」[94] であったが、ライヒャルトはこれを完成させるために莫大な費用を投入している。デッサウ・ヴェルリッツの庭園やヴァイマルのイルム河畔の庭園を手本とし、[95] 特に自然の美しさを重視した。フランス式庭園における左右対称で幾何学的なものは取り入れず、[96] 当時流行していた庭園装飾建築、たとえば古代ローマの遺跡を思わせるような人工的な廃墟や、東洋風の仏塔や橋なども一切置かなかった。[97] ライヒャルトは造園の才能も遺憾なく発揮し、庭を彩る草木の種類からそれを植える位置に至るまで、すべて自分で指定して、当時の「自然に対する感性を目に見える形にした［……］パラダイス」を実現させた。[98] また、庭園には野ウサギや山ウズラ、ナイチンゲールが棲んでいたが、彼は庭園内の小動物

【図6】ザーレ河畔のギービヒェンシュタイン
（1800年ごろの出版物に掲載）

【図7】ライヒャルトの庭からの眺め
（左側にギービヒェンシュタイン城、右側にザーレ川が見える）

に銃などで危害を加えることを客たちにも禁じていた[99]。家屋の部分で特徴的なのは、庭園に面した広間があり、一つの窓と三つの大きなガラスのドアによって家の内部と外部とが自然に繋がったスペースになっていた点であり、眺めも非常に美しかったという[100]。この庭園について、ライヒャルトの娘婿で学者のヘンリック・ステフェンス（Henrik Steffens, 1773–1845）やライヒャルトの甥のヴィルヘルム・ドーロ（Wilhelm Dorow, 1790–1846）は、以下のような感想を述べた。

この神聖な場所では、静かで平穏で牧歌的な落ち着きが支配していた。それはあたかも、その所有者の落ち着きのない変化の多い人生が、気持ちを和らげる手段を見出したかのようであった[101]。

ライヒャルトの庭園は、恐らく彼の人生と精神の最も美しいコンポジションであろう。そこに、抗いがたく魅了する素晴らしい趣味が支配しているだけでなく、そこからさらに、極めて美しいギービヒェンシュタインの景色が眺められるのである。もし彼自身がすべて木も植えて整えたということを知れば、その庭園がいかに美しく詩的であるか容易に推測できる[102]。

こうした魅力に吸い寄せられるように、ギービヒェンシュタインの邸宅にはたくさんの知識人や芸術家たちが集った。客たちの中には、ティークやヴァッケンローダーのみならず、ヨハン・ハインリヒ・フォス（Johann Heinrich Voss, 1751–1826）、アルニム、C.ブレンターノ、ジャン・パウル、ノヴァーリス、ゲーテ、フリードリヒ・シュライアーマッハー（Friedrich Schleiermacher, 1768–1834）、ステフェンス、ヴィルヘルム・グリム（Wilhelm Grimm, 1786–1859）[103]などがおり、当時ハレの近くのヴェッティン城に住んでいたプロイセンの王子ルイ・フェルディナント（Louis Ferdinand, 1772–1806）[104]もライヒャルト邸を訪れたことがあった。客たちは思い思いに、その美しい庭で詩や小説の着想を得たり、学問や芸術について自由に意見交換をしたりして、充実した時を過ごした。

ライヒャルトの家庭では毎日のように音楽会が行なわれた。その際には、ライヒャルトの作曲したリートだけにとどまらず、パレストリーナやレオナルド・レオ（Leonardo Leo, 1694–1744）などによるイタリアの古い教会音楽や、J. S. バッハのコラール、ヘンデルの《メサイア *Messiah*》の一部、各地の民謡などが披露され、時には集いの客も一緒に歌った。ライヒャルトは歌がとても上手く美声の持ち主であったというが、彼の七人の娘たちの合唱も客に大変好評であった。[105]このように家庭音楽会で新旧の優れた音楽を紹介し、客とともに歌うことも、ライヒャルトの民衆教育という理想や理念に基づいたものであった。また、この音楽会では、ライヒャルト家の御者や使用人たちが楽器で参加することもあったが、[106]そうした楽器の演奏よりも歌が重視されていることは明白であった。それはライヒャルトが「あらゆる集いの最高の目的は楽しみにあるが、この目的を素早く確実に、そして皆に対して達成できるものは、歌以外にない」と考えていたからである。[107]十九世紀に入ると産業革命により市民生活にゆとりが生まれて、ドイツ各地で、食事やおしゃべりをしながら詩の朗読やコーラスを楽しむ私的な集いが増加し、それが合唱サークルへと発展することも多かった。ベルリン・ジングアカデミーも、初めは歌う茶会程度の規模であったものが、十九世紀におけるバッハの復興運動の一翼を担うことになり、ドイツの合唱運動に大いに貢献することになった。また、一八〇九年にツェルターが結成したリーダーターフェルは、男性合唱の嚆矢とも言われるが、その後各地に類似の合唱団が多数作られた。[108]ライヒャルトの家庭音楽会は、その流行の先駆けとして重要である。ゲーテもギービヒェンシュタインでこの楽しいコーラスの集いを体験し、それを手本にして一八〇七年に「家庭小楽団」による音楽会を開始している。[109]

次に、ギービヒェンシュタインのライヒャルト邸を訪れた客たちの中でも、特にティークとヴァッケンローダー、ジャン・パウル、アルニム、ブレンターノの五人の詩人たちと、ライヒャルトの交流について目を向けたい。

既述のとおり、ティークとヴァッケンローダーの二人は、ギムナジウム時代にはベルリンのライヒャルト宅に出入りしていたが、一七九二年にギムナジウムを卒業すると、ティークは、ギービヒェンシュタインに移り住んだライヒャルトを追うように、ハレのフリードリヒ大学に進学した。それに対して軍事参議官、法務大臣という高級官僚の息子であったヴァッケンローダーは、厳格な父の管理のもとで家庭教師による準備教育を受けるために、ベルリンに残ることになった。しばらく離れ離れになった友人同士は、文通によって近況を知らせ合ったが、その手紙の中にもライヒャルトの名前がたびたび登場する。たとえば、ティークが書いた同年六月十二日付けの手紙には、ライヒャルトの妻の誕生パーティーの様子や、ギービヒェンシュタインの美しい自然が事細かに描写されている。[110] 八月六日にはヴァッケンローダーがティーク宛ての手紙で、親戚とともにハレ方面に旅行することになったと喜んで知らせ、次のように述べている。

僕がハレで君のほかに、誰に会いたいかって。ライヒャルトの家族以外にいないでしょう。この家族を僕は心から愛しているし、尊敬しています。――ああ、僕らはライヒャルト家のロマン的な庭園をどんなふうに散策し、ギービヒェンシュタインの岩から僕らの眼下に広がる景色をどんなふうに眺めるのでしょう。僕はもうそれを脳裏に描いています。[111]

この手紙だけでも十分に、ヴァッケンローダーがライヒャルト家と親しかったことの証明になるが、彼の短い生涯においてライヒャルトが果たした最も重要な役割は、彼の代表作である『芸術を愛する一修道僧の心情の吐露』を世に送り出す手助けをしたことである。一七九六年の初夏、ドレスデンへの旅の途上でヴァッケンローダーはティークに、密かに書き溜めた原稿の存在を打ち明けている。さらにティークがギービヒェンシュタインを訪れて相談すると、ライヒャルトはまず、その原稿の中から『芸術を愛する一修道僧による、我々の畏敬すべき祖先アルブレヒト・デューラーへの追慕 *Ehrengedächtniß unsers ehrwürdigen Ahnherrn Albrecht Dürers. Von einem kunstliebenden Klosterbruder*』を選んで、自ら編集していた雑誌『ドイツ *Deutschland*』に掲載した。[112] この『ドイツ』という雑誌は、自由主義的な共和制を求める政治色の強いものではあったが、ドイツ固有の優れた新しい芸術を紹介するという役割も担っていた。また、ケプケによれば、この『芸術を愛する一修道僧の心情の吐露』という個性的なタイトルも、ライヒャルトが考案したものであるという。[113] そして早くも同年秋に、この作品は、雑誌『ドイツ』と同じ出版社ウンガーから世に送り出されることになった。ヴァッケンローダーが夭折したのは、そのわずか一年数か月後の一七九八年二月のことであるが、それと同じ年にティークは、ライヒャルトの再婚相手ヨハンナの妹アマーリエ（Amalie Alberti, 1769–1837）と結婚し、ライヒャルトとは二十一歳年の差のある義弟になっている。[114]

ジャン・パウルがライヒャルトと初めて会ったのは、一七九六年九月にホーフの市庁舎で行なわれた演奏会でのことであった。当時宮廷楽長の職を失っていたライヒャルトは、ホーフには製塩所長として訪れていた。ライヒャルトのほうから声をかけ、演奏会の後には彼の滞在先をジャン・パウルが訪れている。ワインを片手に語らううちに、二人はすっかり打ち解けた。ライヒャルトが妻に宛てた手紙（一七九六年九月五日付け）には、「ただちにジャン・パウルはギービヒェンシュタインへ来なければ」と書かれているが、[115] それが実現したのは二年後の一七九八年のことであった。五月初頭にライプツィヒで行なわれた見本市で再会したこともあり、ライヒャルトは改めてジャン・パウルをギービヒェンシュタインに招待している。[116] ジャン・パウルは七月十六日から二十日まで、「高貴な人間性と植物いっぱいの自然と音楽の贈り物に囲まれて、とても楽しく過ごした」が、よほどそこが気に入ったようで、同月二十八日には別の訪問先からまたギービヒェンシュタインへ戻ってきている。そして彼は、友人のクリスティアン・オットー（Christian Otto, 1763–1828）に宛てた手紙に、「ほどよい勾配のある彼の庭は、ただひたすらに美しく、ライヒャルト自身はただひたすらに親切で思いやりのある人です」と記している。[117]

ジャン・パウルは、祖父も父親もプロテスタント教会のカントル兼オルガン奏者であったため、幼いころから賛美歌や日曜日ごとに演奏されるカンタータを聴き、教会音楽に親しんでいた。聖歌隊の美しい歌声や父親の弾くオルガンの響き、町中に鳴り渡る鐘の音など、こうした教会での日常の出来事が原体験となって、彼の音楽観は形成された。[118] 父親は、自ら進んで幼い息子に音楽の知識や演奏の技術を伝授することはなかったが、息子が十三歳になった時にようやく、カントルのメルヒオル・グレースル（Melchior Größl）のところへ音楽を学びに行かせている。しかし、ジャン・パウルはその授業に満足できず、すぐにグレースルのもとに通うのをやめてしまい、それ以後は、「たとえば話すことによってドイツ語を学ぶのと同様に、たくさん即興演奏し、楽譜どおり楽器を弾くことで、音楽の文法や通奏低音を学んだ」という。[119] つまり、彼の豊富な音楽の知識や、クラヴィーアの演奏技術などはほとんど自己流で覚えたものということになる。

【図8】ジャン・パウル

独学で音楽を習得するために、ジャン・パウルは多数の書籍や雑誌、新聞などを読み漁り、熱心に研究に励んだ。[120] たとえば、ヨハン・ゲオルク・ズルツァー（Johann Georg Sulzer, 1720–1779）の『芸術総論 *Allgemeine Theorie der schönen Künste*』や、クリスティアン・フリードリヒ・ダーニエル・シューバルト（Christian Friedrich Daniel Schubart, 1739–1791）の『音楽美学

の理念 *Ideen zu einer Ästhetik der Tonkunst*』[121]、ハインリヒ・クリストフ・コッホ（Heinrich Christoph Koch, 1749–1816）の『簡約音楽中辞典 *Kurzgefaßtes Handwörterbuch der Musik*』、フリードリヒ・ロホリッツ（Friedrich Rochlitz, 1769–1842）のライプツィヒ『一般音楽新聞 *Allgemeine musikalische Zeitung*』など比較的広く知られるものや、エルンスト・クラドニ（Ernst Chladni, 1756–1827）の『音響学 *Akustik*』[122]やイグナーツ・フェルディナント・アルノルト（Ignaz Ferdinand Arnold, 1774–1812）の『新米音楽監督 *Der angehende Musikdirektor*』、ヨハン・ヤーコプ・エンゲル（Johann Jacob Engel, 1741–1802）の『音楽的絵画について *Über die musikalische Malerei*』などにも目を通しており、枚挙にいとまがない。注目に値するのは、『新米音楽監督』はライヒャルトに献呈された作品であり、『音楽的絵画について』はライヒャルトがジャン・パウルに紹介したものだという点である。[123]また、一七九八年の夏にジャン・パウルがギービヒェンシュタインを訪問した際には、ライヒャルトは自分の所有しているハーマンの著書をすべてジャン・パウルに貸しており、ライヒャルトが間接的にではあるが、十八世紀北ドイツの思想家ハーマンと新しい時代の作家ジャン・パウルの仲介役を果たしている。[124]さらにジャン・パウルは、『音楽芸術雑誌 *Musikalisches Kunstmagazin*』をはじめとするライヒャルトの著書や雑誌、新聞などの批評も、ほとんど読破していたと考えられており、[125]ジャン・パウルにとってライヒャルトは最も親しい音楽家の友人であった。

さらにギービヒェンシュタインは、アルニムとブレンターノによる民謡集『少年の魔法の角笛』の誕生にもゆかりのある土地となった。フリードリヒ大王の侍従を務めていたアルニムの父親ヨーアヒム・エルトマン（Joachim Erdmann von Arnim, 1741–1804）は、一七七六年から一七七八年までは王立イタリア宮廷歌劇場の支配人の職に就いていたため、ちょうど一七七六年に宮廷楽長に就任したライヒャルトとは交流があった。息子のアルニムは一七九八年五月に、ハレのフリードリヒ大学で法学と自然科学の勉強を開始し、翌年、初めてギービヒェンシュタインのライヒャルト邸を訪問している。[126]それ以降、ライヒャルトはアルニムにとって父親のような友人となり、実の父よりも彼の生涯に大きな影響を与えることになった。ライヒャルト自身も民謡収集家であり、若い時分の職探しの旅（一七七一―一七七四年）以来、訪れた様々な土地の民謡を集めていたため、アルニムはこのころすでに彼のもとで民謡について学び、少しずつ民謡収集も始めていたと考えられる。ハレでの学生生活（一七九八―一八〇〇年）はそれほど長くなかったにもかかわらず、アルニムにとってよほど印象深かったようであり、当時の思い出はその後の作品にいろいろな形で表れている。自伝的小説『ホリンの愛の生活 *Hollins Liebeleben*』（一八〇二年）には、ライヒャルトや彼の娘たちをモデルとした人物を登場させており[127]、『角笛』にはハレの製塩労働者たち（ハローレン）の歌を掲載している[128]。

アルニムがブレンターノと運命の出会いを果たしたのは、一八〇一年のゲッティンゲン大学でのことであるとされている[129]。それから間もなく、アルニムは教養を積むために、兄とともに主にフランス、イギリスを中心としたヨーロッパ周遊の旅（一八〇一―一八〇四年）に出ており、一八〇二年には、途中でブレンターノと合流してライン地方を旅し、友情を深めた。また、この時すでに将来の伴侶となるベッティーナにも出会っている。パリを訪れた際には、ちょうど生涯最後のフランス旅行に出ていたライヒャルトとも再会し、一八〇三年三月五日以降しばらく彼らは行動をともにした。ライヒャルトの『パリからの私信 *Vertraute Briefe aus Paris geschrieben in den Jahren 1802 und 1803*』の中に、アルニムは「我々の大変愛すべき、感情豊かで賢明なA」として登場する[130]。

アルニムは、一八〇四年に教養旅行から戻ると、ライヒャルトとリーダーシュピールなどの共同制作を行なっている。翌年には、ライヒャルトの編集していた『ベルリン音楽新聞』に五回にわたり『民謡について *Von Volksliedern*』という論文を発表し、民衆文芸に対する自分の見解を明らかにしている[131]。また『角笛』の編纂においても、ライヒャルトの協力を強く求め、彼が以前から収集していた民謡の一部を譲り受けた[132]。この民謡集はゲーテに献呈されたが、第一巻の最後にはアルニムの論文『民謡について』が「宮廷楽長ライヒャルト氏に寄せて」という形で掲載され、一八一八年に書かれた「読者に向けた第二の後書き」ではライヒャルトに対する謝辞が述べられている。[133] このようにアルニムは、ライヒャルトを父親のように慕って親交を深めたため、彼らの仲はブレンターノに疎外感を抱かせるほどであった。[134]

ブレンターノが、いつライヒャルトと知り合ったのかは不明であるが、一八〇四年十一月二十五日のライヒャルトの誕生日には、アルニムだけでなくブレンターノも、ギービヒェンシュタインを訪れている。その翌日、ブレンターノは妻のゾフィー（Sophie Mereau-Brentano, 1770–1806）[135] 宛ての書簡で、この時の誕生パーティーの様子を次のように記している。

> 食後にライヒャルトの召使いたちが、自らの思いつきから、ドアの前でヴァルトホルン・リートを何曲か演奏しました。その後間もなくして話題は歌唱に関することになり、さらにアルニムはライヒャルトと《ゼメリ山 *Semelisberg*》というリートについて話しました。アルニムには、僕がそのリートを知っていることが分かっていて、僕はそれを歌わなければなりませんでした。[136]

パーティーの際、ブレンターノとライヒャルトは初対面であった可能性が高く、[137] しかもこの二人の仲は、アルニムとライヒャルトの関係ほどには密でなかったと考えられる。それは、ブレンターノやアルニム、ライヒャルトが書き残した複数の手紙から読み取ることができる。たとえば、一八〇八年一月にブレンターノはアルニム宛ての書簡で、ライヒャルトの性格上の短所を指摘して、「おかしな話ですが、僕はライヒャルトのことを心底好きにはなれません。彼は虚栄心からよく見境がなくなるようです」と告白している。[138] それにもかかわらず、ギターの即興演奏の名手で歌うことの好きであったブレンターノは、美しいリートや素朴な民謡、古い教会歌などによって、ロマン主義的な響きや雰囲気に満たされたライヒャルトの周辺から、決して離れようとしなかった。[139]

以上のように、ギービヒェンシュタインのライヒャルト邸は、この五人の詩人たちをはじめとする多くの人々にとって、離れがたい魅力ある場所であった。ライヒャルト自身にとっても、そこでの生活は年を経るごとにますます価値のあるものになっていった。彼は『ウィーンへの旅路で書かれた私信 *Vertraute Briefe geschrieben auf einer Reise nach Wien und den Oesterreichischen Staaten zu Ende des Jahres 1808 und zu Anfang 1809*』の一八〇八年十一月十日付けの手紙の中で、ギービヒェンシュタインについての思いを次のように綴っている。

> たとえ私がどこから帰ろうと、極めて実り多い地域の真ん中に位置する、この愛すべきロマン的な場所は、いつも新しい魅力を感じさせてくれるように思う。［……］私は、この世にもっと美しい住まいは望まない。たとえ神が、私たちのためにそれを守って下さり、三年前に戦争や人生の転換によって無慈悲にも壊わされてしまった、穏やかで楽しい喜びを再び与えて下さるとしても、私はそれを望まない。[140]

こうした言葉からも読み取れるように、ギービヒェンシュタインの住まいは、ライヒャルトの後半生において掛け替えのない存在であり、彼はそれを何があっても手放そうとはしなかった。

(5)　フランス革命支持者からプロイセン愛国者へ

ライヒャルトは、フランス革命の勃発からナポレオン・ボナパルト（Napoléon Bonaparte, 1769–1821）の台頭、そしてその後のナポレオン戦争に至るまでの激動の時代を生きたが、彼の場合は、歴史に翻弄されるというよりは、政治ジャーナリストとしてこれに積極的に関わろうとして、自ら身の破滅を招いてしまうのである。ここでは、彼がその一連の歴史的事件にどのように関与していったのか注目してみたい。

一七九一年十月にフリードリヒ・ヴィルヘルム二世から与えられた三年間の休暇中に、ライヒャルトは四度目のフランス旅行（一七九二年）に出かけているが、すでに以前の封建国家はブルジョア革命によって打倒されて、これまでに訪れたフランスとは随分様子が違っていた。パリの音楽界で評価されたいという彼の夢はどこかへ行ってしまい、政治的好奇心が非常に強くなった。彼は、ドイツでもできるだけ早く共和制が導入されることを期待して、自分の著書や雑誌でも革命の理想を掲げたが、この活動が命取りになる。[141] ライヒャルトがフランス革命に同調しているという噂は、宮廷のライバルたちを喜ばせ、それはまたたく間に宮廷中に広まった。ライヒャルトはジャコバン派であるという作り話がまことしやかに囁かれ、危険が家族にまで及んだため、一時ライヒャルト一家はプロイセンの国外へ避難しなければならなかった。[142] 一七九四年初頭には三年前に提出した辞表、すなわち年金つき退職の請願書が保留のままになっていたこともあり、ライヒャルトは再度国王と直接交渉している。その結果、宮廷楽長の仕事は謝肉祭の時期のみで、後はギービヒェンシュタインに滞在していてもよいことになる。ところが、それから一年も経たないうちに、彼は突然国王からの一通の短い手紙（一七九四年十月二十八日付け）によって解雇された。[143] その直前まで国王の命に従い、自作のオペラ《アンドロメダ》の上演のために準備していたライヒャルトは、何の猶予も補償もないままいきなり宮廷を追い出されたわけである。やはり、その一番の理由は、彼の抑制のきかない政治的な発言にあった。突然の解雇に焦った彼は、何度も国王に請願書を送ったが何の効果もなかった。[144]

フランス革命に同調したことで、彼は宮廷楽長の職だけではなく、ゲーテやシラーとの友情も失ってしまう。ゲーテは一七九五年の『年代記 *Tag- und Jahreshefte*』に、「ライヒャルトは憤懣やる方なく、革命に身を投じた。［……］彼は音楽の面では我々の友であるが、政治の面では我々の敵であった」と書いて、彼の態度を非難した。

なぜならゲーテは、「あらゆる暴力的な革命を嫌って」いて、「その際には手に入るのと同じくらいたくさんの良いものが、破壊されてしまう」と考えていたからである。[145] そして一七九六年にライヒャルトが、シラーの『ホーレン *Horen*』に匿名で掲載された『ドイツ避難民閑談集 *Unterhaltungen deutscher Ausgewanderten*』を、ゲーテの書いたものと知らずに批判したことが発端となって、いわゆる「クセーニエン論争」が始まった。[146] ゲーテとシラーは『詩神年鑑 *Musenalmanach*』に文壇風刺詩『クセーニエン *Xenien*』を書いて、ライヒャルトを攻撃した。[147] 全九二五篇のうち、少なくとも七六篇の二行詩でライヒャルトは叩かれたが、[148] たとえば、その中には次のようなものがあった。

様々な調教
貴族的な犬たちは、乞食に唸る。一匹の真の
民主主義的なスピッツは、絹の長靴下に向ってわんわん吠える。[149]

トリック
雑誌は必ず匿名で書け。そうすれば、お前は頬を膨らませて
自分の音楽を褒めることができるし、それには誰も気づかない。[150]

このように『クセーニエン』は、政治ジャーナリストとしてのライヒャルトのみならず、音楽家としての彼までも槍玉に挙げる結果となったため、ライヒャルトも黙ってはおらず、自分で編纂していた政治雑誌『ドイツ』において反撃に出た。しかし、次第に読者たちの中からライヒャルトに同情する声が高まり始め、彼らはこの不毛

な争いに終止符を打った。ライヒャルトに味方したのは、彼の恩師のカントや友人のジャン・パウル、フォスらであった。ジャン・パウルは、「ひどく私の心が痛んだのは、ゲーテが、善良なライヒャルトのように親しい人のことを平然と打ちのめしたということである」と感想を述べている。[151]

一七九六年の秋には次第に事態も好転し、ライヒャルトは恩赦を受けて、ハレ近郊のシェーンベックの製塩所長に任命された。[152] そして一七九七年の末に、フリードリヒ・ヴィルヘルム二世が他界し、二十七歳のフリードリヒ・ヴィルヘルム三世（Friedrich Wilhelm III., 1770–1840）が王位を継ぐことになる。新王は音楽に関心がなかったが、ルイーゼ王妃（Luise, 1776–1810）は音楽を愛し、ライヒャルトを家庭教師にした。[153] 若い国王夫妻はライヒャルトに好意的で、翌年、再び彼を宮廷楽長の地位に戻した。今回は形だけの名誉職で、実際に彼が宮廷のオペラ上演で指揮台に立つことは許されなかったが、彼は新王の自由で穏やかな宮廷に満足していた。そして楽長就任の少し前から、徐々に、ライヒャルトはベルリンの文化的生活の中心へと戻りつつあった。このころ彼は、ファッシュが一七九一年に創立したアマチュアの合唱団ベルリン・ジングアカデミーとの結びつきを深めている。また、ウィリアム・シェイクスピア（William Shakespeare, 1564–1616）の『テンペスト *The Tempest*』を翻案したジングシュピール《精霊の島 *Die Geisterinsel*》の作曲でも大成功を収め、宮廷でのオペラ制作も順調で、彼の《ロズモンダ *Rosmonda*》は大変人気があった。ギービヒェンシュタインの彼の邸宅には、相変わらず多くの知識人や芸術家たちが集い、新しい客も増えていった。既述のとおり、ギービヒェンシュタインでの生活は、ライヒャルトにとって必要不可欠なものとなっていたので、フリードリヒ・ヴィルヘルム三世の楽長時代は、ベルリンとギービヒェンシュタインを行き来する生活が続くことになった。

このころ、ベルリンのライヒャルトのもとを訪れたのがホフマンである。ライヒャルトと同じケーニヒスベルクで生まれ、同じ大学で学んだが、ホフマンは法律家の道に進んでいる。しかし、いつまでも音楽家になる夢を諦めきれず、一七九八年に初めて訪れたベルリンで、ライヒャルトのもとへ弟子入りすることになった[154]。序論ですでに述べたとおり、ホフマンはブロックハウスの『教養層のためのドイツ一般実用百科事典』に書いた自己紹介文の中で、最も影響を受けた音楽教師として、クリスティアン・ヴィルヘルム・ポドビエルスキー（Christian Wilhelm Podbielski, 1740–1792）[155]とライヒャルトの二人の名を挙げて、後者は「同郷人」であるホフマンに対して「誠実に面倒を見てくれた」と書いている[156]。ホフマンとライヒャルトの間で交わされた書簡は残っておらず、彼らが知り合った経緯などに関する記録は一切ないが、ホフマンの音楽に関する小説や評論には、ライヒャルトの名前や音楽作品、自分で編纂していた音楽雑誌名などが頻繁に登場し、両者の音楽的価値観に類似性も多々見られるため、ホフマンが彼から学んだことは少なくなかったと考えられる[157]。また、ホフマンがベルリンに滞在していたのは一七九八年八月末から一八〇〇年の初夏までであり、当時ライヒャルトは主に夏はギービヒェンシュタイン、冬はベルリンで暮らしていたことから、彼らがこの二年間の冬の時期に、親交を深めたのではないかと推測できる[158]。

その後ホフマンは、ポーゼン（現ポーランド領ポズナニ）の裁判所の司法官試補に任命された。法律家と音楽家の二足の草鞋を履いた彼は、一八〇一年にゲーテの台本『戯れ、策略そして復讐 *Scherz, List und Rache*』を三分の一の長さに縮めた上で、音楽をつけている。この台本は、かつてゲーテがチューリヒの作曲家フィーリップ・クリストフ・カイザー（Philipp Christoph Kayser, 1755–1823）[159]とともに、オペラ・ブッファに匹敵する新しいドイツ・オペラを創始しようとして書いたものであった。ホフマンから総譜を受け取ったライヒャルトは、それに好意的な評価を与えた[160]。そしてその総譜は、ライヒャルトと親しかったジャン・パウルによって、六月四日にゲーテに届けられている[161]。その際にジャン・パウルは、「いくらか短縮した箇所がありますが、あなたの芸術はホフマンの限界を許して下さるでしょう。ライヒャルトやそのほかの専門家たちの判断によって、彼はあなたの作品に音楽をつけるという勇気を持ちました」という推薦状を添付した。[162] 九月十一日にジャン・パウルが再度、「この作品の若き情熱的な作曲者は、あなたの言葉をとても不安になりながら、かつとても期待して待っています」[163] という手紙を送っているにもかかわらず、結局ゲーテは何の反応も示さなかった。この《戯れ》は、一八〇一年の秋から一八〇二年の春にかけて、カール・デベリン（Carl Döbbelin, 1763–1821）[164] の率いる劇団によって何度か上演されたが、残念なことに台本と楽譜は焼失して残っていない。のちにホフマンは、ライプツィヒ『一般音楽新聞』に寄稿したベートーヴェンの劇付随音楽《エグモント *Egmont*》に対する批評（一八一三年）の中で、《戯れ》について「無名の名手による上手くできた音楽」であったと回想している。[165] 大器晩成型であったホフマンは、作曲家としても作家としても、名声を得るにはまだ時間を要した。ホフマンの代表作とも言えるオペラ《ウンディーネ *Undine*》がベルリンで初演されるのは、ライヒャルトの死後の一八一六年のことである。

「クセーニエン論争」から五年の時を経て、ライヒャルトはゲーテとの和解を試みた。彼は一八〇一年一月二十五日に、大病を患っていたゲーテに見舞いの手紙を書き、[166] 二月五日にはゲーテから礼状をもらっている。[167] そして、その翌年から一八〇五年までの間にゲーテは、ギービヒェンシュタインのライヒャルト邸を少なくとも五度訪れている。初回は、一八〇二年五月二十二日から二十四日までの三日間である。[168] ゲーテの本来の目的は、ヴァイマル宮廷劇場の監督として、ギービヒェンシュタインの近隣の町バート・ラウホシュテットを訪問することであった。一七九一年以来、ヴァイマルの宮廷劇団が夏の間そこで客演していたが、劇場が新設されたため、六月二十六日にモーツァルトの《皇帝ティトゥスの慈悲 *La clemenza di Tito*》で柿落しをする予定であった。[169] ゲーテは一八〇二年の『年代記』に、ギービヒェンシュタインでの思い出について、「忘れられないのは、ライヒャルトが随分前に作曲した私のリートを、彼の長女が美しい声で感情豊かに披露するのを聴いたことである」と書いている。[170] その後ライヒャルトは、五月二十七日にバート・ラウホシュテットからヴァイマルに帰るゲーテに同行し、六月二日までヴァイマルに滞在している。[171] また、バート・ラウホシュテットの新劇場の柿落しにも行き、ようやくゲーテとの友情を取り戻すことができた。ゲーテもよほどギービヒェンシュタインが気に入ったようで、同年の七月十七日から二十日まで再びライヒャルト邸に逗留している。[172]

三度目の訪問は、一八〇三年五月五日からの五日間であった。ゲーテは、当時ちょうど執筆中であった『庶出の娘 *Die natürliche Tochter*』の第一幕を朗読し、ライヒャルトの家族とともに楽しんでいる。[173] ライヒャルトはゲーテの訪問を名誉なこととして非常に喜び、庭園内のゲーテが好んだ場所に「ゲーテの腰掛」を置き、「ナイチンゲールの石碑」を建てた。[174] 四度目は一八〇四年八月二十五日であり、ゲーテはハレを訪問した後に短時間、ギービヒェンシュタインに滞在している。[175] 五度目は一八〇五年七月のことである。ライヒャルトがアルニムに宛てた七月二十三日の手紙には、ゲーテが二週間ギービヒェンシュタインとハレに来ており、病気のためバート・ラウホシュテットで湯治する必要があると書かれている。[176] 一八〇六年十月にはナポレオン軍の進攻のため、ギービヒェンシュタインの邸宅も占拠されてしまうので、恐らく一八〇五年夏の訪問が最後になったのではないかと考えられる。このように、ライヒャルトは「クセーニエン論争」以後、ゲーテとの友好関係は一応修復できたが、シラーとの仲については、彼が一八〇五年に他界したために、結局しこりを残したままになってしまった。また、ゲーテとの友情も以前どおりというわけにはいかなかった。なぜなら、ゲーテはすでに、ライヒャルトに代わる新しい音楽家の友人ツェルターを見つけていたからである。[177]

さて、ライヒャルトは一八〇二年に最後のフランス旅行に出かけている。パリでの期待以上の待遇に気をよくしたものの、[178] ナポレオンの統治下で芸術の質が落ちたこと、また、芸術のみにとどまらず、革命によって失われたものが少なくないことを感じ、フランス崇拝の気持ちは消失してしまった。彼は、万人の平等というのは見せかけだけであり、この革命は身分制社会の秩序を乱して貧困を招いただけで、あらゆる点において無意味であっ

【図 9】ゲーテの腰掛とナイチンゲールの石碑（筆者撮影）

たことを痛感したのである。[179] また、フランスの若き英雄ナポレオンが、自ら統領政府の第一統領となり軍事独裁への端緒を開いたことは、ライヒャルトのみならず、フランス革命の思想に同調していた多くの知識人たちを失望させた。パリにいたグスタフ・フォン・シュラープレンドルフ伯（Gustav von Schlabrendorf, 1750–1824）は、ナポレオンを批判して『ナポレオン・ボナパルトと統領政府下のフランス国民 *Napoleon Bonaparte und das französische Volk unter seinem Consulate*』を著した。ライヒャルトはこれを密かにパリから持ち帰り、出版の手助けをしている。[180] その後、この著書はヨーロッパ各国の言語に翻訳されて、大きな影響力を持った。なお、兄と教養旅行に出ていたアルニムは、パリでライヒャルトと再会し、シュラープレンドルフ伯とも知り合っている。この最後のフランス旅行を切っ掛けに、ライヒャルトの中では次第にプロイセンへの祖国愛が強まったため、熱烈な愛国者アルニムと彼は、プロイセンのために役立ちたいという点においても意気投合した。

一八〇六年十月のイェーナ＝アウアーシュテットの戦いは、プロイセン王国の歴史にとっても、またライヒャルトの人生にとっても非常に大きな出来事であった。会戦の開始時期が迫ってくると、ギービヒェンシュタインの客たちの顔ぶれも、芸術家や学者からプロイセン軍将官に変わり、話題も芸術から政治へと変化した。アルニムは九月九日付けの手紙で、祖国のための二つの計画についてライヒャルトに相談している。一方は、愛国的な政治雑誌『プロイセン人 *Der Preuße*』を発行することであり、もう一方は、アルニムが改作した九つの民謡『戦争の歌 *Kriegslied*』を「フリーゲンデス・ブラット」[181]の形で印刷することである。アルニムは九つの歌のうち、ライヒャルトがメロディをつけて前年の『ベルリン音楽新聞』に掲載した一曲をハレで流行らせたいと考えていた。彼の提案を喜んだライヒャルトは、もう一つ別の『戦争の歌』にも音楽をつけて印刷させようとしている。[182]

戦争が始まると、ライヒャルトはすでにナポレオンから要注意人物とみなされていたため、ギービヒェンシュタインの邸宅もナポレオン軍により占拠されて、財産も略奪された。[183] ライヒャルトの家族はベルリンへ逃げたが、彼自身は祖国愛から戦闘に積極的に参加している。プロイセンがイェーナ＝アウアーシュテットの戦いで惨敗を喫したのち、国王フリードリヒ・ヴィルヘルム三世は廷臣や家族とともにケーニヒスベルクへと逃亡したが、それと同時に、ロシアの援軍を引き込んでフランスに奪われた国土を回復しようと計画していた。ナポレオン軍との戦いは東プロイセンで続けられ、ライヒャルトは総元帥カルクロイト伯（Friedrich Adolf von Kalckreuth, 1737–1818）の秘書として、一八〇七年春にダンツィヒの防衛戦を体験している。ダンツィヒがナポレオンに譲渡されると、[184] ライヒャルトは自分の故郷でもあり、当時プロイセンの臨時首都にもなっていたケーニヒスベルクに向かい、さらに国王に従ってメーメル（現リトアニア領クライペダ）まで行った。しかし、かなり重い病気に罹ったために一度ケーニヒスベルクに戻っている。[185] アルニムは戦闘には参加しなかったものの、国家に忠誠を尽くして臨時首都のケーニヒスベルクまで来ていた。ライヒャルトとは戦時中も文通を継続し、帰りはケーニヒスベルクで落ち合った。そして一八〇七年秋に、アルニムはライヒャルトとともにギービヒェンシュタインへと戻り、十月には、二年ぶりにブレンターノとギービヒェンシュタインで再会を果たしている。[186]

この一連の戦争が原因で仕事も財産もすべて失ってしまったライヒャルトは、同年十一月にはアルニムとブレンターノとともに、ヴァイマルのゲーテを訪問している。その目的は職探しであったが、ゲーテをはじめとするヴァイマル宮廷の人々は誰も、完全に零落したライヒャルトを助けようとはしなかった。[187] アルニムとブレンターノはその後すぐに、『角笛』の続編を準備するために、カッセルのグリム兄弟のもとへ赴いた。[188] ライヒャルトも少し遅れてその年の暮れにカッセルへ行き、フランスの衛星国ヴェストファーレンのジェローム・ボナパルト王（Jérôme Bonaparte, 1784–1860）の命に従って劇場総支配人の職に就いている。[189] アルニムとブレンターノは、ライヒャルトの劇場総支配人としての仕事に対して大いに期待していた。カッセルの音楽事情はひどいものであったが、ライヒャルトも初めのうちは、これまでのベルリンの宮廷での経験を生かして問題を巧みに解決した。しかし、現実は甘くなく、次第に観衆の求める期待に応えられなくなっていく。カッセルの人々が求めたものは、時代遅れになった北ドイツの音楽ではなく、ウィーンの洗練された音楽やフランスの大規模なオペラ、イタリアの軽快な娯楽音楽であった。ライヒャルト自身の舞台作品は観衆に受け容れられず、その仕事に十か月で限界を感じて辞職している。[190] 彼はイタリア・オペラのための歌手との契約という表向きの理由をつけてウィーンへと向かい、再びカッセルに戻ることはなかった。その旅の途上に、ライヒャルトは久しぶりにギービヒェンシュタインを訪れて、荒廃して変わり果ててしまった我が家や、見る影もなく凋落した家族たちの貧困生活を目の当たりにしている。[191]

ライヒャルトにとってウィーンへの旅行は二度目でこれが最後となったが、晩年のハイドンのもとを訪問し、ベートーヴェンと再会して、貴重な時を過ごしている。[192] ギービヒェンシュタインに戻ると早速、彼は旅先での体験をテーマに、書簡体の旅行記『ウィーンへの旅路で書かれた私信』を執筆して生活難から逃れようとした。多少の経済的効果はあったものの、この本の内容について、彼はゲーテをはじめとする多くの友人知人から批判を受けた。[193] その理由は、フランス革命に幻滅を感じたライヒャルトが、これまでの態度を一変させて、保守的な立場から身分制社会を擁護する発言をしたことにある。彼は、王侯貴族が身分の低い者たちに圧力を加えるような特権を要求しないという条件で、身分制社会に賛同し、過去から断絶することなく優れた身分制社会を作り上げた皇帝ヨーゼフ二世（Joseph II., 1741–1790）のことを賛美している。[194]

アルニムは一八〇九年九月二十九日のベッティーナ宛ての手紙に、「彼がウィーンについての私信を出版します。もし彼が自分自身に損になることをしようというのでなければ、彼の行き先は二つしかありません。見当はずれと退屈の二つです」と記し、「天才的な紀行文作家」と揶揄した。[195] ブレンターノもまた、十二月二十二日に義弟で友人のフリードリヒ・カール・フォン・サヴィニー（Friedrich Carl von Savigny, 1779–1861）に宛てた書簡に、

【図10】ライヒャルトの墓（筆者撮影）

「ライヒャルトの『ウィーンについての私信』にざっと目を通そうとすると、アドレス・カレンダーをめくっている時のように、あらゆる知り合いの名前が出てくるでしょうから、君たちにとって面白いかも知れません」と皮肉を書いた[196]。一八一〇年にライヒャルトはヴァイマルに行ったが、ゲーテはこの旅行記のことでかなり気分を害していた。そして、これがゲーテと会う最後の機会になった。その後ライヒャルトはベルリンを訪れているが、彼の大変惨めな様子は、ツェルターが同情するほどであったという[197]。

一八一一年には年金を受給できるようになって生活は安定したものの、ギービヒェンシュタインを訪れる客の数もめっきり減り、ライヒャルトの名声は一気に消えていった。さらに彼は、胃腸病を患ったために休養を要し、ますます閉鎖的になっていった。一八一二年の秋から一八一三年の春にかけて、彼は二人の娘婿ステフェンスとカール・フォン・ラウマー（Carl von Raumer, 1783–1865）[198]を頼ってブレスラウ（現ポーランド領ヴロツワフ）[199]に滞在している。彼はブレスラウで解放戦争[200]の準備に積極的に参加し、ステフェンスの依頼により、義勇軍の編成を考える軍務を担当した。

ステフェンス自身は二〇〇名の学生たちから成る義勇軍の将校としてその戦闘に加わったが、ライヒャルトにはもはや戦地に赴く元気は残っていなかった。そして一八一四年六月二十七日に、彼は胃疾患のためにギービヒェンシュタインにて永眠した。葬儀には少数の友人のみが参列し、その中には音楽批評家ロホリッツと音楽家カール・レーヴェ（Carl Loewe, 1796–1869）の姿があったという。[201] ロホリッツが編集していたライプツィヒ『一般音楽新聞』の第一六巻には、ライヒャルトの追悼文が掲載されていて、彼の肖像画がその表紙を飾っている。[202] ライヒャルトには多額の借金があったため、一八一七年には遺品が競売にかけられて楽譜や書籍などが各地に散らばった。[203] 現在、彼の墓はギービヒェンシュタインの聖バルトロメーウス教会の敷地内にある。

以上のようにライヒャルトの人生は、ナポレオン戦争の余波も受けて、その晩年は淋しいものであったが、彼は決して孤高の芸術家タイプではなかった。宮廷楽長という型にはまらない彼の個性的で独創的な活動がそれを物語っているが、生涯を通じて活発に行動し続けることにより、周囲に強く影響を及ぼしたいタイプの人物であったと言えるであろう。彼は民衆教育という理想を抱きながら、作曲家として、音楽評論家として、作家として、ある時は政治ジャーナリストとして全社会を新しい人生の理想へと導こうとしたのである。したがって、ロホリッツが追悼文の最後に記した「我々の時代があるのも、匿名で書かれたいくつかの批評も含めて、彼の名前を冠した尊敬すべき多くの貢献の御蔭である」[204] という言葉は、彼の六一年の生涯への最高の賛辞であったに違いない。

第二節　音楽評論家としての活動

ライヒャルトの音楽評論家としての活動の成果は、彼の功績の中で最も重要なものの一つである。グルックやヘンデルの音楽を北ドイツでも普及させ、イタリア・ルネサンスの教会音楽の紹介に努め、盟友ヨハン・アーブラハム・ペーター・シュルツ（Johann Abraham Peter Schulz, 1747–1800）による民謡調のリートを有名にし、ベートーヴェンなどの有望な新人たちの名を世に広めることに貢献した。ホフマンやシューマンに先立って、作曲家でありながら音楽評論の分野でも活躍したことから、ライヒャルトはエルヴィーン・クロルにより「近代音楽批評の祖」と呼ばれている。[205] つまり、彼はドイツ語圏初の本格的な音楽ジャーナリストであった。

話し好きで自分の意見を公表することに積極的であったライヒャルトは、二十二歳の時から文筆活動を始めていた。著述家としての彼の活動は、詩の創作から、政治的な雑誌記事の執筆まで多岐にわたっていたので、ここでは主要なものをいくつか選び出して整理しておきたい。自伝はまとまった形では残していないが、自伝的教養小説『のちにグリエルモ・エンリコ・フィオリーノと呼ばれる有名な作曲家ハインリヒ・ヴィルヘルム・グルデンの生涯 *Leben des berühmten Tonkünstlers Heinrich Wilhelm Gulden nachher genannt Guglielmo Enrico Fiorino*』を書いている。ただし、一七七九年に青春時代を描いた第一部が出版されただけで、未完に終わった。その後かなりの時間を経て、彼は自伝の続きを断片的にではあるが、『ベルリン音楽新聞』第一巻（一八〇五年）やライプツィヒ『一般音楽新聞』第一五巻（一八一三年）、第一六巻（一八一四年）に執筆している。また、C. Ph. E. バッハやヘンデル、ファッシュ、シュルツ、ハーマンなど、歴史に残る人物たちの伝記も多数著している。さらに、歌劇や喜劇の台本の創作や作詞にも挑戦しているが、ザルメンによれば、彼にはその分野の能力は不足していたという。[206]

当時流行していた書簡体を取り入れた旅行記には、『音楽に関する注意深い旅人の書簡 *Briefe eines aufmerksamen Reisenden die Musik betreffend*』全二巻（一七七四年、一七七六年）をはじめとして、『フランスについての私信 *Vertraute Briefe über Frankreich*』全二巻（一七九二―一七九三年）、『パリからの私信』全三巻（一八〇四年、第二版一八〇五年）、『ウィーンへの旅路で書かれた私信』全二巻（一八〇九年）がある。『音楽に関する注意深い旅人の書簡』

は音楽ジャーナリストとしての初仕事で、その第一巻は、彼がラグニットで宮廷秘書官をしていたころに出版された。三年間におよぶ職探しの旅で、彼が故郷の教師や友人たちに宛てた手紙に基づいて執筆されており、ベルリン楽派の音楽家たちとの出会いやその音楽の思い出が綴られている。フランス関係のものは二種類あるが、いずれも彼の政治的見解が目立つ。政治のみならず音楽の面においても、ライヒャルトのフランス崇拝の気持ちが次第に消失していく過程が読み取れる。身分制社会を擁護する発言が物議を醸した『ウィーンへの旅路で書かれた私信』では、ウィーンの音楽家たちとの記念すべき体験が詳細に描かれており、そのような様々な記述から彼の最終的な音楽観を知ることができる。いずれの旅行記も、個々の音楽家やその作品に対するライヒャルトの見解が明確に示されているため、音楽評論としても十分に価値のあるものである。

ライヒャルトが自ら編集し、執筆もしていた音楽関係の雑誌や新聞は、『音楽芸術雑誌』全二巻（一七八二年、一七九一年）や『音楽年鑑 *Musikalischer Almanach*』（一七九六年）、『ベルリン音楽新聞』全二巻（一八〇五―一八〇六年）などである。また一七九一年からは、楽譜商を営む友人のフリードリヒ・ルートヴィヒ・エミリウス・クンツェン（Friedrich Ludwig Aemilius Kunzen, 1761–1817）とともに『週刊音楽新聞 *Musikalisches Wochenblatt*』を編集しているが、翌年七月から『月刊音楽誌 *Musikalische Monathsschrift*』として発行している。[207] ライヒャルトはこれらの雑誌や新聞に、最新の作品に対する論評だけでなく、国内外の音楽事情のレポート、過去の巨匠たちの伝記、詩や寓話、新旧の優れた楽曲や民謡の楽譜なども掲載した。政治雑誌には『フランス *Frankreich*』（一七九五―一八〇〇年）や『ドイツ』（一七九六年）があるが、それらにも音楽に関する記事を掲載し、リートの楽譜などを付録として添付している。そのほかにも、『ドイツの喜歌劇について *Über die deutsche comische Oper*』（一七七四年）のように単独で出版した論文や、ロホリッツが編集していたライプツィヒ『一般音楽新聞』をはじめとする新聞や雑誌などに投稿した記事を合わせると、彼の書き残したものの数は膨大になる。

このように、著述家としてのライヒャルトの活動の幅は広かったが、一番彼の性に合っていたのは音楽批評の分野であった。中でも、『音楽芸術雑誌』は当時の多くの芸術家や知識人たちに愛読されただけでなく、音楽の根本問題に対するライヒャルトの基本姿勢が明示されているという点で重要である。自らも音楽批評に携わっていたシューバルトは、この雑誌を高く評価して次のように絶賛している。

ライヒャルトの『音楽芸術雑誌』が、［……］完全に啓蒙されたヨーロッパで現在発行されている音楽雑誌の中で、最も優れているということは明白である。幅広い専門知識や高尚な趣味、深い判断力、卓越した文体などにおいて、この芸術雑誌は大いに傑出している。［……］ドイツの音楽家よ、しっかりした音楽の勉強もせずに、基礎のない単なる下手なヴァイオリン弾きやクラヴィーア弾き、手回しオルガン弾きに落ちぶれたくないなら、こっちに来てこの知識の泉から学びなさい。[208]

ライヒャルトは作曲家でありながら音楽について多くを語ったが、元来、当時の北ドイツには音楽評論や音楽理論を好む傾向があった。トーマス・バウマンによれば「批評こそが、ベルリンが地方性から抜け出し、全ドイツの音楽文化に影響を及ぼすことに貢献した一領域である」という。[209] クヴァンツの『フルート演奏試論 *Versuch einer Anweisung die Flöte traversiere zu spielen*』（一七五二年）や、C. Ph. E. バッハの『クラヴィーア奏法試論 *Versuch über die wahre Art das Clavier zu spielen*』全二部（一七五三年、一七六二年）などの実践的理論書のほかにも、キルンベルガーの『純粋作曲技法 *Die Kunst des reinen Satzes in der Musik*』（一七七一―一七七九年）やフリードリヒ・ヴィルヘルム・マールプルク（Friedrich Wilhelm Marpurg, 1718–1795）[210]による数々のジャーナリスティックな著作など、多くの音楽家が作曲のみならず文筆活動にも精を出した。この様子をバーニーは、次のように観察している。

この都市（ベルリン）には事実また、実践的な音楽家よりも多くの理論的な音楽家がいる。そしてそのことは恐らく趣味を洗練させることも、空想家たちを熱狂させることもなかった。[211]（括弧内筆者）

ライヒャルト自身もこの傾向に関して、ドイツの北部と南部の文化の差として気づいていた。彼は『ベルリン音楽新聞』第一巻（一八〇五年）の序文で、フリードリヒ大王からフリードリヒ・ヴィルヘルム三世までの治世におけるベルリンの音楽事情について論じており、その冒頭に「前世紀後半に正確な楽曲作法と真の様式を持つ楽派が誕生したベルリンは、その時以来、同時に厳しい芸術批評においても傑出していた」と書いている。[212]また、一八〇八年から一八〇九年にかけて訪れたウィーンでは、北ドイツとは異なり、人々が「ゲーテやシラー、ヴィーラント」の文学などについて、あまり「真剣に面白く議論」しないことに驚いている。その理由について、ウィーンでは「批評的文書の権威が重要ではない」からであると分析している。加えて、「本を入手するのがそれほど容易ではなく」、「北ドイツの病である読書熱に罹った者にとっては、ここで読書するには幾分困難を伴う」という点にも言及している。[213]さらに、彼がライプツィヒ『一般音楽新聞』に執筆した自伝の一部では、「ウィーンとベルリンの音楽の大きな違い、それぞれの片寄り方の大きな違いについて、考察せずにはいられないであろう」と述べ、両者を比較した。彼によると、この二つの都市は共通してイタリアから影響を受けているにもかかわらず、ベルリンはフリードリヒ大王の決然とした孤立した態度によって、イタリアとの交流が少なかったのに対して、ウィーンは絶えず交流を続け、宮廷や貴族たちがイタリア音楽の受け容れに積極的であったという。[214]また彼は、両都市が生んだ天才作曲家としてC. Ph. E. バッハとハイドンの名を挙げ、ウィーンと比べてベルリンでは、学者や著述家による音楽理論や批評が盛んであったことも指摘している。[215]

ライヒャルト自身が音楽批評の分野に関心を持ったのは、故郷のケーニヒスベルクで世話になった哲学者カントの影響が大きかった。たしかに、カント自身は音楽に関心がなく、『判断力批判 *Kritik der Urteilskraft*』に記されていることからも明白なように、彼は音楽を「感覚の美的な遊びの芸術」に過ぎないとみなし、「文化というよりも娯楽」であると考えて、純粋な器楽の力を信用しなかった。(216) カントによれば、芸術の中で最高の地位を占めるものは、そのほとんどが天才の御蔭を被っている詩であるという。音楽も、仮に感覚的刺激や感動ということを問題にするならば、芸術における位置は詩の次位を占める。なぜなら、語る芸術として詩に最も近い存在である音楽は、詩と自然に結びつくだけでなく、「概念に関わりなく、ただ感覚のみを通じて語る」芸術だからである。しかしカントは、感動は芸術における本質的なものではないと考えていたため、「一時的な印象」しか与えず、「詩とは異なり熟慮すべきものを後に残さない」音楽を、単なる娯楽とみなした。(217) つまり、芸術の価値を文化的側面から評価し、構想力や悟性といった心的能力の拡張に基準を求めるならば、音楽の価値は芸術のうちで最下位だというのである。さらに、楽器の演奏は時に騒々しく感じられて、聴きたくない人の「自由を侵害する」ことがあり、見たくなければ目を背ければよい絵画などと違って、音楽は「押しつけがましい」芸術であるとも思っていた。(218)

カントはこのような音楽観を持っていたために、幼いころから成長を見守ってきたライヒャルトが音楽家になることに反対し、大学へ行くように勧めている。一方、ライヒャルトはカントの講義に積極的に出席し、彼のもとで学ぶうちに、世界を批判的かつ哲学的に見る目を養うことができた。つまり、ライヒャルトはカントの音楽観からではなく、哲学的世界観から、音楽という一つの分野にこだわらずに、音楽を芸術という美の体系の中で捉えることを教わった。(219) そして彼は一七八二年に、『音楽芸術雑誌』第一巻によって本格的に音楽批評を開始することになる。

一七九〇年にカントの『判断力批判』が出版されると、ライヒャルトはこれを集中的に勉強している。中でも、「芸術」と「天才」について書かれた部分に強く心を打たれ、彼は音楽批評を続けていく決意を新たにしている。[220] そして、一七九一年の『音楽芸術雑誌』第二巻ではカントに対して感謝の意を表し、芸術を一段高い視点から考察して時代の指標となるような音楽批評を書けるようになったのは、彼の御蔭であると述べている。[221] さらに、音楽は「文化というよりも娯楽」に過ぎないという、カントの厳しい言葉も、現実を再認識させるものとして、ライヒャルトには重く感じられたと推測される。なぜなら、以前からライヒャルトは上流階級のわがままのために、「芸術と私自身を娯楽の手段へと貶める」ことにやる方ない憤懣を感じていたからである。[222] そして、その後すぐに彼は宮廷に辞表を提出し、ギービヒェンシュタインへ移る準備を開始している。

彼が目指した音楽批評とは、音楽美について追究するだけでなく、自分の音楽観や理想とする音楽を民衆に教えて、音楽生活の主導的な役割を果たすことであった。彼は若いころから、ドイツの音楽界には専門家による教育的批評が必要であると考えていた。それゆえに、彼の評論的な著作においては、多くの点で民衆教育のための努力が見られる。彼にとって民衆教育は、優れた音楽によって民衆の情操を教育することであると同時に、皆の共有財産である音楽の素晴らしさを教えて民衆の意識を改革し、音楽自体の価値を引き上げることも意味していた。つまり、彼の批評活動は音楽を単なる特権階級の「娯楽」から、庶民たちの「文化」、あるいは芸術へと高めることも目指している。折しも市民階級の台頭により、音楽の質にも変化が見られ、彼の掲げたこの目標は、ちょうど当時の社会から求められていることに上手く適合した。それまで音楽は、宮廷で王侯貴族たちが楽しむ閉鎖的な娯楽であったのに対して、次第に劇場が市民に開放されて、公開演奏会などの制度も整ってくると、音楽を提供する側と享受する側の橋渡しをする役割が必要になった。すなわち、音楽の専門知識を持った案内人としての音楽評論家の需要が高まったのである。ライヒャルトはまさしくこの音楽の案内人の先駆者であった。[223] そして、このような彼の活動は、ホフマンやシューマンにも多大な影響を与え、彼らは十九世紀の音楽文化を先導する役目を担うことになった。

ザルメンはライヒャルトの批評の長所は専門知識の豊富な点、短所は攻撃的な点であると見ており、特に初期や中期の彼の批評は攻撃性が強いという。彼は演奏されるに相応しい作品や、末永く聴かれるに値する作品を厳密に選定し、完璧と思われる音楽だけを当時や後世の人々に推奨しようとした。また、同時代に活躍していた音楽家のみならず、歴史に埋もれた作曲家の優れた作品を発掘し、紹介することも彼の使命であると考えていた。彼がパレストリーナらによるイタリア・ルネサンス期の教会音楽や、ヘンデルの作品の普及に努めたのも、このような使命感に燃えていたためであった。彼の自由奔放で明け透けな論調は当時の音楽家たちから恐れられていたが、その専門的判断力は高く評価され、信頼性もあると考えられていた。[224] そのため、ライヒャルトに才能を認められることは一流の証でもあり、コンスタンツェ・モーツァルト（Constanze Mozart, 1762–1842）も夫亡き後に、息子を音楽家として売り込むため、はるばるウィーンからギービヒェンシュタインのライヒャルトのもとを訪ねたのである。[225] たしかに、ライヒャルトは今日の視点からすれば不可思議と思われるような批判もしているが、当時彼が知り得たものは、ウィーン古典派の音楽でさえもごく一部であり、中には総譜ではなく、クラヴィーア編曲版しか手に入らなかった作品もあったことを、考慮しなければならないであろう。[226]

さてここで、十九世紀初頭の音楽批評において、重要な表現となる「ロマン的」という言葉に注目しておきたい。ライヒャルトはハイドンやモーツァルト、ベートーヴェンらの音楽を「ロマン的」と捉えている。今日の西洋音楽史においては、彼らは古典派の作曲家として分類されているために奇異な印象を受けるが、ホフマンをはじめとする若い世代の評論家や著述家たちもまた、ウィーン古典派の音楽を「ロマン的」であると解釈し、さらにはウィーン古典派に限らず、様々な音楽作品に対して「ロマン的」という言葉を頻繁に使用している。[227] 一八〇二年のコッホの『音楽辞典 *Musikalisches Lexikon*』には、「ロマン的」という見出しがないのに対して、同著者がまとめた五年後の『簡約音楽中辞典』には、「ロマン的」という見出しが現れる。[228] ライヒャルトは『パリからの私信』（一八〇二―一八〇三年）で、すでにモーツァルトやハイドンの音楽を「ロマン的」と形容していることから、彼がこの言葉を比較的早期に音楽に適用した人物の一人であり、少なくとも一八〇九年に音楽批評活動を始めたホフマンより、この語の使用が早かったことは明らかである。[229]

本来「ロマン的」という言葉は、ロマン語で書かれた騎士の冒険物語に由来していて、「冒険的」、「空想的」、「荒唐無稽な」という意味を持ち、一七九〇年代には流行語になった。文芸上の用語として用いられるようになったのは、フリードリヒ・シュレーゲルが論文『ギリシア文学の研究について *Über das Studium der griechischen Poesie*』（一七九五年脱稿、一七九七年出版）で、無限を追究し、空想性に富み、個性的かつ内面的な傾向を持つ近代文学の特性を、この言葉によって表現したのが切っ掛けであると考えられている。[230] シュレーゲルが十八世紀末の最も重大な傾向と呼んだものに、フランス革命とゲーテの『ヴィルヘルム・マイスターの修業時代 *Wilhelm Meisters Lehrjahre*』、ヨハン・ゴットリープ・フィヒテ（Johann Gottlieb Fichte, 1762–1814）の『全知識学の基礎 *Grundlage der gesamten Wissenschaftslehre*』の三つがあるが、[231] このことからも明白なように、文芸の世界では当初、ロマン主義は古典主義の一翼を担う形で登場した。しかし、次第に「ロマン的」なものの性格は「古典的」なものと相容れなくなる。シラーが『素朴文学と情感文学 *Über naive und sentimentalische Dichtung*』（一七九五―一七九六年）で両者に対立する要素を見出し、シュレーゲル兄弟が雑誌『アテネーウム *Athenäum*』（一七九八年創刊）などで、「ロマン的」という概念を「古典的」と対立させて用い、「ロマン的」なものをより重視するようになると、両者の差異が明確に意識されるようになった。

このように文学では、「ロマン的」という言葉は「古典的」の対概念として用いられたが、音楽では「古典的」

という言葉よりも、「ロマン的」という言葉のほうが早くから使用されていた。前出のコッホの『簡約音楽中辞典』（一八〇七年）には「ロマン的」という項目はあっても、「古典的」という項目はまだ存在しない。[232] ライヒャルトの『ウィーンへの旅路で書かれた私信』においても、「古典的」という言葉は文学についての発言に限定して現れ、音楽には使用されていない。[233] アルノ・フォルヒェルトはその理由を、当時の人々がまだ過去の音楽に古典的芸術の全盛期を見つけられず、手本とみなすべき作品を思い浮かべられなかったことにあると見ている。[234] ティークはそれを『芸術の友のための芸術幻想 *Phantasien über die Kunst, für Freunde der Kunst*』の中で、「我々が所有するような音楽は、明らかにあらゆる芸術の中で最も若い。音楽はまだ、経験自体が極めて浅く、真の古典期を体験していない。偉大な巨匠たちが、音楽の領域における個々の部分は開拓したものの、全体を包括した者は誰もいないし、また同じ時期に、幾人かの芸術家が自分たちの作品に完全無欠の一全体を表現したこともなかった」と説明している。[235] つまり、音楽においては、まず「ロマン的」という概念が文学から転用されて、その後に「古典的」という概念が構築される歴史が始まるのである。「古典的」という概念を構築するプロセスは、歴史上のある期間が音楽における全盛期として美化できるかどうか探し求める過程を意味していた。[236]

ライヒャルトの場合も含めて、音楽における「ロマン的」という言葉は、その意味が完全に明瞭であったことは一度としてない。コッホの一八〇七年の『簡約音楽中辞典』には、「並はずれて偉大なものや冒険的とさえ言える性格が、魅力的なものによって美化されている、それがロマン的なものの本質を成す」とあるが、[237] 実際は、もっと多様で幅広い意味を持つ言葉として使用されている。ロマン派の音楽観において音楽、特に器楽は、言葉に語り得ないものを表現できるがゆえに、芸術の中でも極めて優れたものとみなされる。そのため、音楽は感情そのものが表出されたものであり、音楽という芸術自体が「ロマン的」なものと考えられた。[238] またライヒャルトは、単に「魅力的な、偉大な」という意味合いで音楽を形容することもあれば、ウィーン古典派による新しい時代の傑作を、過去の（たとえばベルリン楽派による）秀作から区別するためにこの言葉を使用することもある。[239] ただし、十九世紀初頭に音楽に対して「ロマン的」という言葉が使用された場合、一つだけ明確なのは、音楽上の様式とは全く関係がなく、音楽の表現する内容が「ロマン的」と感じられるかどうかの問題だということである。つまり、今日の音楽史におけるロマン主義音楽[240]と、この時代の発言に基づいた「ロマン的」な音楽とは必ずしも一致しない。それゆえに、ライヒャルトにとっては、ウィーン古典派の音楽に加えてC．Ph．E．バッハの作品が「ロマン的」であるということになる。また、ライヒャルトと同様に「ロマン的」という表現を音楽に用いた詩人たちのうち、たとえばヴァッケンローダーにとってはライヒャルトの作品が、ホフマンにとってはJ．S．バッハの作品が「ロマン的」ということになるのである。[241]

音楽への「ロマン的」という言葉の適用が早かったことからも分かるように、ライヒャルトには音楽評論家に必要な、音楽を上手く言葉で表現する才能や時代を先取りする能力が備わっていた。さらに、彼は的確な比喩表現の発想にも長けていたが、その具体的な例については、第二章以降において随時紹介していきたい。彼のアイディアは、十九世紀にホフマンをはじめとする多くの評論家や著述家たちによって模倣されて、一種の流行を作り出した。

ホフマンはバンベルクに滞在していた一八〇九年に、ライプツィヒ『一般音楽新聞』の編集者ロホリッツに宛てて、小説『騎士グルック *Ritter Gluck*』を送り、音楽の著述家、評論家としてデビューした。[242] こうしてホフマンは、ライヒャルトが積極的に取り組んでいた音楽評論家としての活動も、引き継ぐことになった。ライヒャルトは一八〇九年の『ウィーンへの旅路で書かれた私信』を最後に、主立った音楽関連の書物は残していないが、[243] 奇しくもホフマンはそれと同じ年に、専門知識を持った案内人として音楽評論の仕事を開始したのである。ホフマンは生涯に三度ベルリンで暮らしている。最初の滞在時にライヒャルトのもとを訪ねたが、二度目の時（一八〇七—一八〇八年）には、ライヒャルトはベルリンから離れていた。そして、ようやく三度目で、ホフマンは文学界でも音楽界でも注目されて歴史に名を残すことになったが、彼が一八一四年九月末にベルリンに到着した時、すでに三か月前にライヒャルトは他界していて、この世にいなかった。

しかし、ホフマンは最期までライヒャルトから受けた恩を忘れていない。同年十二月の『ベルリンの音楽事情についての手紙 *Briefe über Tonkunst in Berlin*』には、「私は長い間ベルリンを留守にしていたが、久しぶりに悲しい気持ちで歌劇場内へ入った。何と多くの素晴らしい芸術の巨匠たちが、もはやいなくなってしまったのであろう」とあり、彼はその巨匠たちの一人として、ライヒャルトの名を挙げている。[244] また、その後ベルリンで書いた音楽批評にもライヒャルトが時折登場し、特に一八二一年の『スポンティーニのオペラ《オリンピア》についての追記』では、自分がライヒャルトの弟子であることについて言及し、ライヒャルトを「我々の先生」と呼んでいる。[245] 次の引用文は、ホフマンがその恩師に対して述べた賞賛の言葉である。

> ライヒャルトのように、豊かな音楽の知識と深遠な思想、刺激に敏感な生き生きとした精神を、完璧な美的教育に結びつける作曲家はめったにいなかった。彼は詩に音楽の飾りをつけようとする時に、その詩の中へ入り込んで完全に解釈するだけでなく、同時に神のように上から俯瞰してそれを意のままに支配した。[246]

この言葉から読み取れることは、ホフマンがライヒャルトにおける声楽の作曲家としての才能のみならず、彼の批評活動に対しても尊敬の念を抱いていたことである。

一八〇〇年以降、ホフマンがライヒャルトと対面したという記録は残っていないため、両者がともに過ごした時間は、それほど長くなかったと推測される。しかし、ヴァルター・ハーリヒが、ホフマンをライヒャルトの音楽批評の完成者と呼んでいるように、[247]ホフマンはその短い時間に彼から実に多くのことを学んだようである。なぜなら、ホフマンの批評文には、ライヒャルトから受け継いだ音楽的価値観が明確に表れているからである。ライヒャルトの音楽批評活動はカントから刺激を受けており、同時代の民衆の教育を目的としたものであったが、それだけにとどまらず、十九世紀の評論家たちの良き手本になっている。第二章以降では、ホフマンがどのような点を恩師から受け継ぎ、発展させ、そして完成させたのかという点にも目を向けながら、ライヒャルトの音楽活動の影響力について論証したい。

第二章
ライヒャルトとオペラ

第一節　イタリア・オペラとフランス・オペラ[1]

(1)　グルックとの邂逅

ライヒャルトが宮廷楽長の職に就くことの決まっていた一七七五年の暮れに、ポツダムで初めてフリードリヒ大王に謁見した際の出来事である。大王の熱愛するハッセのオペラが話題にのぼったが、ライヒャルトは不注意にも、ハッセとグルックを比較して後者に敬意を表したため、その態度が大王の逆鱗に触れてしまった。大王はライヒャルトの言葉を遮って、「グルックは全く歌など書いていないし、オペラ・セリアというジャンルを全く理解していない」と罵倒したという[2]。これにも懲りずにライヒャルトは、宮廷楽長に就任してからもしばらく、グルックと同様にオペラにおける演劇性を重視した改革を推し進めようとしたが、大王や宮廷音楽家たちと激しく衝突して挫折している。それ以来、ライヒャルトは高まっていたグルック熱をやむを得ず鎮静しなければならなかった。しかし、次の国王フリードリヒ・ヴィルヘルム二世のもとでは、ようやく自由な創作活動が許されて、グルックの作品を手本とした本格的な改革を開始することになる。まず第1項では、十八世紀のドイツにおけるオペラの発展や上演の実態を確認した上で、ライヒャルトとグルックの出会いについて詳述する。そして第2項で、ライヒャルトが行なったオペラ改革とはどのようなものであったのか考察したい。

第一章第一節第2項で触れたように、フリードリヒ大王はイタリア・オペラの保護育成に力を入れていたが、これはベルリンの宮廷に限ったことではなかった。一七七二年にバーニーは、ドイツの諸都市を旅行し、当時のオペラについて次のように報告している。

実際にドイツ人は音楽の分野でかなり進んでおり、国民の中には優秀な作曲家が少なからずいる。それゆえに、なぜ彼らが母国語で独自の作品を書いて作曲しないのか、そして、どうしても翻訳作品が必要であるというのであれば、なぜこの翻訳に新しい音楽をつけないのか、私は不思議に思わずにはいられない。(3)

バーニーの指摘は、当時のドイツがまだ完全にイタリア・オペラに束縛されていたことを表している。

そもそもオペラは、ルネサンス末期の一六〇〇年ごろのフィレンツェで、ヴェルニオ伯ジョヴァンニ・デ・バルディ（Giovanni de' Bardi, 1534–1612）の邸宅に集まって文化運動をしたカメラータによって作り出された。(4) 彼らは古代ギリシアの音楽、特にギリシア悲劇を研究し、それらを模範として音楽の新しい形式や様式を生み出そうとしていたのである。その後オペラは、フィレンツェからヴェネツィア、ローマ、そして少し遅れてナポリへと広がり、それと同時にヨーロッパ各国に普及し、発展していく。フランスでは、ジャン＝バティスト・リュリ（Jean-Baptiste Lully, 1632–1687）やジャン＝フィーリップ・ラモー（Jean-Philippe Rameau, 1683–1764）が宮廷バレエとオペラを結びつけ、イギリスでは、ヘンリー・パーセル（Henry Purcell, 1659–1695）が種々の国民様式を融合させて、それぞれ独自のスタイルを作り上げた。当然ドイツでも、民族固有のオペラを求める動きはあった。一六二七年には、ハインリヒ・シュッツ（Heinrich Schütz, 1585–1672）によるドイツ語オペラ《ダフネ *Daphne*》の最も古い上演記録があり、その後しばらくは北部を中心とした各地（たとえば、ブラウンシュヴァイクやヴァイセンフェルスの宮廷や、ハンブルク、ライプツィヒなど）で、ドイツ・オペラの創作に力が入れられた。[5] 特にハンブルクのゲンゼマルクト劇場では、一六七八年に柿落しが行なわれて以来、たゆみない努力が続けられた。しかしその甲斐もなく、民族固有のオペラはなかなか定着しなかった。なぜなら、絶対王制下のフランスでは、君主がオペラ制作の強力な支援者になり得たが、ドイツでは封建領、教会領、自由都市が多数分立しており、しかも三十年戦争によって国全体が疲弊していて、芸術に投資する経済的余裕がなかったからである。十八世紀に入って経済的、文化的に復興の兆しが見られるようになっても、ドイツ・オペラは発展せず、一七三〇年代以降、イタリア・オペラがドイツ各地の劇場を席捲し、ゲンゼマルクト劇場も一七三八年には閉鎖されてしまった。[6]

ベルリンのほか、特にウィーン、ミュンヘン、ドレスデン、シュトゥットガルトなどで、宮廷人たちは呆れるほどにイタリア趣味に溺れた。たとえば、選帝侯フリードリヒ・アウグスト二世（Friedrich August II., 1696–1763）のいたドレスデンの宮廷では、歌手の中で一流のものはイタリア人のカストラートで、歌手たちの発声法もオーケストラの調律も、なるべくイタリア式に近づけなければならなかった。[7] 宮廷楽長のハッセはドイツ人ではあったが、イタリアでニコラ・ポルポラ（Nicola Porpora, 1686–1768）とアレッサンドロ・スカルラッティ（Alessandro Scarlatti, 1660–1725）に師事したナポリ派の作曲家であった。[8] フリードリヒ大王は一七四二年と一七四五年にドレスデンを訪れているが、二回ともハッセのオペラを観て大変感激し、ベルリンのイタリア宮廷歌劇場でもハッセの作品を頻繁に上演させている。[9] また、十八世紀のイタリア・オペラに欠かせないのは、ウィーンで活躍したローマ人ピエトロ・メタスタージオ（Pietro Metastasio, 1698–1782）の存在である。メタスタージオは当時を代表する台本作家で、多作の彼は、ほんの短期間のうちに数幕のオペラをいくつも書き上げたという。[10] ハッセやグラウンのほかにも、メタスタージオの台本に作曲することに専念していた作曲家たちは多かった。

このように、イタリア趣味に傾いていたのはプロイセンの宮廷だけではなかったが、フリードリヒ大王に仕えていた時のライヒャルトは、次第に楽長としての仕事内容や宮廷の閉塞した音楽的状況に、魅力を見出せなくなっていった。そんな折にバイエルン継承戦争が原因で、一七七八年三月から一七七九年十二月までの間、宮廷のオペラ上演が休止になった。イタリア宮廷歌劇場の出演者のうち相当数が、ベーレン通りにあったカール・テーオフィール・デベリン（Karl Theophil Döbbelin, 1727–1793）の私設劇場へ移ったことから、ライヒャルトも自分の作品をベルリンで上演する夢を叶えるために、それに続いた。デベリンの劇場は、のちにフリードリヒ・ヴィルヘルム二世による芸術改革の一環として、王立国民劇場に格上げされることになるが、この重要な舞台でライヒャルトのメロドラマ《ケファロスとプロクリス *Cephalus und Prokris*》が一七七九年二月二十五日に初演された。[11] またそれだけにとどまらず、この劇場はグルックの作品を初めてベルリンで紹介したり、ドイツ固有のオペラのジングシュピールを上演したりする場所にもなり、ライヒャルトのその後の活動に大きな影響を与えることになった。[12]

窮屈な宮廷からしばらく離れたかったライヒャルトは、一七八三年に長期休暇を取り、初めてイタリア諸都市とウィーンを訪れている。ウィーンに滞在したのは数週間であったが、その際に皇帝ヨーゼフ二世に謁見している。[13] ヨーゼフ二世は、宮廷で上演するオペラを自ら選び、進んで指揮をすることもあるほど音楽を愛好していたため、ライヒャルトの来訪を大層歓迎した。ライヒャルトの『音楽芸術雑誌』第一巻（一七八二年）にもすでに目を通していて、特に彼が選りすぐりの作曲家たちによる実践的な作品を批評した点を褒めた。その理由は、ヨーゼフ二世はもはや理論の面においては、ウィーンのヨハン・ヨーゼフ・フックス（Johann Joseph Fux, 1660–1741）が『パルナス山への階段 *Gradus ad Parnassum*』で残した功績で十分であると考えていたことにあった。[14] 皇帝とライヒャルトは、『音楽芸術雑誌』のほかに、ハイドンやグルックなどウィーンで活躍した音楽家たちのことや、当時ウィーンで流行していた管楽合奏の「ハーモニー」についても話題にし、随分長い間、活発に議論したという。[15] しかし、ライヒャルトにとって「このウィーン滞在での最高の収穫」は、皇帝から賞賛されたことよりも「グルックと親交を結べたこと」であった。[16] かねてから尊敬していたグルックとの邂逅によって、ライヒャルトのオペラに対する意欲は大いに刺激されて、グルックは生涯にわたって彼の創作活動における模範となるのである。

グルックは、十八世紀後半にウィーンとパリで活躍したオペラの改革者として名高く、オペラにおける演劇性を回復させて、劇と音楽がより有機的に結びついた音楽劇を求めた。当時のオペラ・セリアは、ライヒャルトがフリードリヒ大王の宮廷で感じていたとおり、アリアを中心とした歌手たちの競演になっていて、劇は音楽を引き出すための切っ掛けに過ぎないという様相を呈していた。つまり、作品全体が歌手の虚栄心に媚びて、詩的な価値を捨て去り、ドラマの意味と流れを犠牲にして音楽的過剰に陥っていたのである。一七六九年にウィーンで出版された《アルチェステ *Alceste*》の序文では、グルックが台本作家ラニエーリ・デ・カルツァビージ（Ranieri de' Calzabigi, 1714–1795）とともに目指したオペラに関する理念が披露されている。

私は《アルチェステ》の作曲に取り掛かった際、決意したことがある。歌手たちの道理にかなわない自惚れや、作曲家たちのあまりにも弱腰な態度から音楽が乱用されて、イタリア・オペラは非常に長い間歪められ、あらゆる芝居の中で最も華麗で美しいものは、この上なく滑稽で退屈なものに変えられてしまった。しかし、私はそうした音楽の乱用をすべてやめて、音楽を全く純粋な状態に保ちたいのである。音楽の本来の任務とは、感情を表現したり場面に変化を与えてドラマに奉仕することであり、話の筋を中断したり、役に立たない無駄な装飾によって興をそぐことではない。私は音楽を再びその本来の任務へ連れ戻そうと思っている。[17]

グルックにとって、音楽は芝居のために存在しなければならず、当然台本も、従来のような「優美な描写方法や過剰な比喩表現、常套句的な冷えきった教訓」の多用されたものに代わって、内容豊かなものでなければならなかった。その点、カルツァビージの台本は「心からの言葉や力強い感情の動き、魅力ある場面展開、常に変化に富む話の筋」が特徴になっているという。かくいう彼も、以前はメタスタージオの台本を用い、時代の趣味に合わせた様式でオペラを書いていたが、改革後は、彼の意図を完全に理解してくれるカルツァビージの助けを借りて、オペラの様々な要素をただ一つの筋に向かわせることに専念した。[18]また、このような考えは、当時の芸術における古典主義の理念と一致するものであった。この理念によれば芸術表現というものは、ある作品を構成する個々の要素の勝手気ままな主張ではなく、諸要素が調和のとれた均衡を保ちながら、全体として落ち着いた「美しい単純性」に達していなければならない。グルックも「単純性と真実、自然らしさは、あらゆる芸術表現における偉大な根源である」と主張している。[19]

さて、ウィーンで出会った「偉大なる改革者」グルックは、ライヒャルトの自伝によれば、彼のことを期待以上に丁重に迎えてくれたという。[20]卒中の発作が原因で衰弱していたため妻が常に横についていたが、グルックとの会話は楽しく内容豊かであった。皇帝と同様にグルックも、ライヒャルトの『音楽芸術雑誌』第一巻を賞賛した。ライヒャルトはこの雑誌で、《アルチェステ》の一場面にグルックとリュリがつけた音楽の譜例を掲載して両者を比較することで、グルックがリュリよりもいかに優れた作曲家であるかを明確に示そうとした。[21]グルックは、ライヒャルトの評価に大変満足し、しかもライヒャルトがこれを劇場では聴いたことがなく、楽譜のみから正しく理解し判断したことを、「優秀な証」として捉えた。また、パリでの経験についても語り、ライヒャルトにパリ行きを強く勧めた。しかも、親友で詩人のデュ・ルレ（François-Louis Grand Leblanc du Roullet, 1716–1786）に連絡し、パリで上演されたグルックの作品すべてを鑑賞できるように頼んでおくという約束までしている。ライヒ

【図 11】ジョゼフ・デュプレシによるクリストフ・ヴィリバルト・グルックの肖像画

ャルトによれば、「彼はパリとそこに住む人々についてすっかり知り尽くしていた」という。[22] グルックは、このベルリンからの客を気に入り、ジョゼフ・デュプレシ (Joseph Duplessis, 1725–1802) が描いた自分の肖像画の模写を思い出のために贈呈している。[23] それだけにとどまらず、グルックが頭の中だけで作曲し、結局記譜しなかったクロプシュトックのオード《死に寄せて *An den Tod*》やオペラ《ヘルマンの戦い *Hermannsschlacht*》の中からの一曲を、自らの年老いて衰えた舌でライヒャルトに歌って聴かせた。[24] 特に、グルックのオードは限られた知識人にしか公開されていないものであった。グルックは普段から、頭の中で完全に作曲してしまってから楽譜に書くという方法をとっており、これらの作品もいつまでも記譜しなかったために、クロプシュトックは「この素晴らしい作品が失われてしまうかも知れない」ことを心配していたという。[25] ライヒャルトはグルックの許可を得て、聴いた歌を譜面に書き留めていて、これがグルックの作品の保存に繋がった。[26]

ライヒャルトはグルックの強い勧めに従って、一七八五年に初めてパリを訪れている。グルックはライヒャルトのパリ滞在のために、約束どおりデュ・ルレと連絡を取り、自分のオペラをいくつか観られるように取り計らってくれたという。その恩恵を被り、彼は二か月の滞在中に七つの作品を観ることができた。そのうちグルックのオペラは《アウリスのイフィゲニア *Iphigénie en Aulide*》と《アルミード *Armide*》であった。[27] 芸術の都パリにおけるオペラ三昧の豊かな音楽生活は、ベルリンでは体験できなかったものであり、彼を強く惹きつけ魅了した。

特に、グルックのオペラ作品の上演に魅せられて、彼は足繁く劇場へ通った。彼はこの時の感動を、次のように表現している。

私はグルックのオペラに接して、想像もしていなかった新たなオペラ様式を知った。それは、偉大さや真の芸術的価値という点において、イタリアやドイツ、イギリスで見聞きしたり、思い浮かべたりできる、すべてのものを果てしなく凌駕している。それゆえに、その比類のない真の正歌劇については、グルックのオペラの筆舌に尽くしがたいほど素晴らしく完璧なパリ上演を観なければ、知ることすらできないのである。私は新しい芸術生活を送り、パリやその正歌劇の虜になっていた。(28)

このようにパリで、グルックの「比類のない真の正歌劇」を体験することによって、ライヒャルトは「新しい芸術生活」を手に入れている。グルックの作品の「高貴な真実と力」、「真の悲劇性」といった非常に強力な印象が、ハッセやグラウンなどの、次第に時代遅れになりつつあった「楽聖たち」を背後へと追いやった。つまりライヒャルトは、グルック自身の協力によって、「この偉大なマイスター」の新しい「自然の言語」や人間的な感情世界、新しいオペラ様式を、パリでしっかりと学ぶことができたのである。(29)

既述のとおり、ライヒャルトはウィーンでグルックに対面する随分前から、すでに彼に偉大さを感じ崇拝していた。フリードリヒ大王の宮廷楽長に就任したばかりのころは、グルックに倣ってプロイセン宮廷におけるオペラを改革しようとして失敗し、大王の掣肘に悩まされることになった。しかし、グルックと実際に会い、パリで彼の作品に触れたことでかつての情熱に再び火がついた。ライヒャルトは新しい音楽の手法を取り入れて、正歌劇のみならず、ジングシュピールやリートなどの創作にも打ち込んでいる。こうしてグルックという「導きの星」のもとで彼は成長し、その「力強い魔力」に一生涯従うことになった。[30]

(2) ライヒャルトのオペラ改革

フリードリヒ大王の近くにいては、グルックを模範にしたオペラで成功できる見込みはなかった。それゆえにライヒャルトの心は、ますますベルリンの宮廷から離れていき、国外での成功を望むようになった。彼はグルックのオペラを堪能したパリ滞在中（一七八五年）に、謝肉祭用のオペラを準備する目的で一度ベルリンに帰ったが、謝肉祭が終わるやいなや、再び休暇を取ってパリへ戻っている。それは、ライヒャルトの二つのフランス語によるオペラ《ティムール *Tamerlan*》と《パンテイア *Panthée*》が、パリで上演される予定であったからである。[31]《ティムール》は、ライヒャルトがグルックのオペラを手本にして書いた最初の作品で、一七八五年から一七八六年にかけてパリとハンブルクで作曲された。グルックの影響が最も分かりやすい形で表れているのは、序曲の部分である。当時、オペラの序曲は「シンフォニア」と呼ばれていたが、この言葉が意味する内容はかなり曖昧であった。オペラやオラトリオ、カンタータなど、大規模な声楽曲の冒頭に置かれる導入的な曲のみならず、途中で演奏される器楽の間奏曲も「シンフォニア」であり、それとは別に、独立した器楽曲であるソナタやカンツォーナ、そしてオーケストラ組曲の第一曲目も「シンフォニア」であった。つまり、オーケストラで演奏される曲の部分や全体を「シンフォニア」と呼んでいたわけであるが、作曲家の意識においても、オペラの序曲はコンサート用の器楽曲と大きな違いはなかった。[32]グルックはこれを改めて、序曲はオペラの不可欠な一部でなければならないとして、「序曲は、これから演じられる芝居の筋について観客に心の準備をさせるものであり、いわばその内容を要約するものでなければならない」と述べている。[33]ライヒャルトも以前は、コンサート用シンフォニーとオペラの序曲の区別をしていなかったが、《ティムール》において初めてこの作品専用の序曲をつけた。[34]《ティムール》のパリでの上演は、当初は一七八六年の春に予定されていたが、様々な要因が重なって秋に延期になり、それもさらに先延ばしにされて結局実現しなかった。もう一つの作品《パンテイア》も同様に上演されていない。[35]

パリへの進出という最初の挑戦は失敗に終わったが、一七八六年八月十七日にフリードリヒ大王が他界したことで、ライヒャルトにはベルリンで芸術上の新しい可能性が開かれることになった。なぜなら新王フリードリヒ・ヴィルヘルム二世は、引き続き宮廷楽長として雇用したライヒャルトに対して、大王とは異なり、宮廷での音楽活動の自由を与えたからである。九月九日に大王の埋葬式が行なわれると約一年間の服喪期間に入り、宮廷内でオペラ上演などの活動が休止されて、その間に、新王によるベルリンの芸術生活の改善が急速に進められた。まずデベリンの私設劇場が、翌年の八月一日に王立国民劇場に昇格した。[36]王立宮廷歌劇場も全面的な修繕が命じられて、内装がトリノやリヨンの劇場の視察をもとに一新された。そして、新しい宮廷詩人にはフィリストリ・ダ・カラモンダーニ（Filistri da Caramondani, 1760–1811）が任命されて、いよいよベルリンの芸術生活の輝かしい新時代が始まったのである。新王は宮廷楽長の方針を邪魔したり、新しい音楽に偏見を抱いたりすることもなく、多種多様なスタイルの作品の作曲や上演を許可したので、ライヒャルトはグルックを手本として、独自のオペラ改革を本格的に推し進めた。[37]

新体制のもとで最初に作られたイタリア・オペラは《アンドロメダ》であり、[38]改装されたばかりの宮廷歌劇場で初演された。この作品に国王は大変に満足し、稽古にもすべて臨席した。グルックの「新しいオペラ様式」を導入し、「フランスとイタリアの正歌劇の長所を一つに結びつけた」力作で、[39]ベルリンの聴衆にとっては、オーケストレーションやレチタティーヴォ、合唱などが、従来のものとは違っていて新鮮であった。そして、「このオペラで大いに注目すべき点は、ほぼすべての合唱が舞踏と一体化されていたこと」であり、ライヒャルトは早くもこの作品で総合芸術の実現を目指している。[40] 次作《プロテシラオス *Protesilao*》は、ヨハン・ゴットリープ・ナウマン（Johann Gottlieb Naumann, 1741–1801）との共作であった。[41] ナウマンは一七八八年から一七八九年にかけて客演のオペラ指揮者兼作曲家を務め、成功した前作の《メデア *Medea*》に続いて、この作品の制作依頼を受けた。しかし、時間が足りなかったため、宮廷楽長の協力を得ることになったが、二人は犬猿の仲で話し合いは全くなされなかった。それゆえに、ナウマンの作曲した部分は壮大で豪華、ライヒャルトの部分はより単純なグルックの様式要素を重視したものになった。[42]

ライヒャルトの書いたイタリア・オペラの中で最も成功した作品は、一七八九年十月十六日の王妃フリーデリーケ・ルイーゼ（Friederike Luise, 1751–1805）の誕生日に初演された《ブレンヌス》である。ライヒャルト自身が、「私はこのオペラの着想を得てこれを仕上げるにあたり、ほかのどの作品の時よりも一層自分の考えに従い、自分の力を頼りにして、高貴な歌芝居のための偉大なる新時代の到来を信じた」と書いているように、[43] 彼は従来のイタリア・オペラ趣味から一段と自由になり、芸術的成熟の段階に入っている。さらに彼は、ベルリンでのイタリア・オペラの流行を、そろそろ終わらせたいとさえ考えていたのである。一七九七年の小論『高貴な音楽の友に *An die Freunde der edlen Musik*』では、《ブレンヌス》を書いた当時を思い返しながら、次のように告白している。

当時すでに、［……］たとえ本格的なドイツ・オペラを創作したとしても、イタリア・オペラの場合と同様に良い配役ができるほど、十分にドイツ人歌手たちがいた。それゆえに、イタリア・オペラを完成度の高いものにすれば、それと同時にドイツ・オペラにとっても新しい太陽が昇るように思われた。かの極めて偉大なドイツの詩人は、すでに、ベルリンの王立歌劇場のために本格的なドイツ・オペラを創作することを明言していた。私はこのように期待に満ちた中で、オペラ《ブレンヌス》を作曲した。[44]

ライヒャルトは国王から、優れた歌手の自由な使用を認められて、オペラの登場人物にそれぞれ個性的な特色を与えられるようになった。主役を歌ったのは、当時、最もよく知られていたドイツ人のバス歌手ルートヴィヒ・フィッシャー（Ludwig Fischer, 1745–1825）であった。(45) 一般のイタリア・オペラが高声部を重視していたのに対し、この作品では特徴的なバス・パートで一線を画した。フィッシャーを用いたことでこの作品の魅力が増し、大いに賞賛を受けた。女性の大役には、マーラ＝シュメーリングを想定していたというが、彼女は実際にはこのオペラを歌っていない。(46) ただし、重要なのはライヒャルトがドイツ人歌手にこだわって、この作品を書いたということである。そのほかには、凱旋入城の場面にガスパーレ・スポンティーニ（Gaspare Spontini, 1774–1851）を想起させる勇壮な音楽が用いられているが、ライヒャルトによれば、これは彼の父親も参加した七年戦争で、ケーニヒスベルクの部隊が出陣する様子を思い出しながら作曲したという。(47)

フリードリヒ・ヴィルヘルム二世の楽長時代最後の作品は《オリンピア祭》で、国王の依頼に従って謝肉祭のために書いたが、ライヒャルトが重病に罹ったために、途中で稽古ができなくなった。それゆえに、一七九一年十月三日の二人の王女たちフリーデリーケ（Friederike, 1767–1820）とヴィルヘルミーネ（Wilhelmine, 1774–1837）の婚礼祝祭で初演されている。(48) このオペラの台本はメタスタージオによるが、ライヒャルトはかつて、メタスタージオのアリアは「優れた音楽的詩情」が少なく、その内容は「生き生きとした感情に基づかない、単なる思いつきであることが多い」と批判していた。また、彼の退屈な詩によって、作曲家の「才能が自由に飛翔する空間」が制約されてしまうとも述べていた。(49) しかし、ライヒャルトは二度目のイタリア旅行の体験から見解が変わったようである。『週刊音楽新聞』の批評によれば、彼はメタスタージオの台本を用いても、「全体の統一や部分の調和、贅沢ではない豊かさ、高貴な単純性、美しい表現」などを特色とするオペラの創作が可能であることを示し、

「この作品で、真の芸術家が目指す最高の目的、すなわち完璧さに到達した」という。[50] このオペラにはグルックを手本とした舞踏の部分があるが、ザルメンは、ウィーンの軽快さやパリのエレガントさが欠けていると指摘している。[51]

その後、フランス革命の思想を支持していたライヒャルトに対して、宮廷内で嫌がらせが続き、一七九四年には宮廷楽長の職も解かれてしまう。一七九七年にフリードリヒ・ヴィルヘルム三世が即位すると、ライヒャルトは宮廷楽長に復職するが、それは単なる名誉職に過ぎなかった。彼が指揮台に立つことはなく、宮廷楽長の職務の大半はフリードリヒ・ハインリヒ・ヒンメル（Friedrich Heinrich Himmel, 1765–1814）が遂行した。それでも一八〇一年の謝肉祭には、新王から舞踏シーンの多い三幕物を作曲してほしいという依頼を受けて、《ロズモンダ》を書いている。ヒンメルはライヒャルトに敵愾心を燃やして、自身の《ヴァスコ・ダ・ガマ *Vasco da Gama*》で対抗しようと考えていたが、《ロズモンダ》の人気には勝てなかった。ライヒャルはこの作品の成功によって、国王から一五〇〇ターラーの報奨金をもらっている。[52] ツェルターはこの作品の二度目の上演を観て、かなり興奮しながら、これ以上良いものは聴いたことがないと叫んだという。[53] しかし、一八〇六年にはナポレオン軍によるベルリン占領が原因で、宮廷歌劇場は事実上存続できなくなった。一時はパン倉庫として使用されていたこともあったが、一八一一年六月十八日にようやく宮廷歌劇場とシャウシュピール・ハウス（国民劇場の新名称）の二つが、「王立劇場群」という繋がりのもとに統合されて、当時、国民劇場の監督であった俳優のアウグスト・ヴィルヘルム・イフラント（August Wilhelm Iffland, 1759–1814）が総監督になった。[54] したがって、この《ロズモンダ》が、宮廷歌劇場のためにライヒャルトが作曲した最後のイタリア語オペラとなった。また、一八〇八年にはカッセルのジェローム・ボナパルトのもとで、フランス語の喜歌劇《幸運な難破船 *L'heureux naufrage*》を書いているが、[55] その後の作品はすべてドイツ語によるものである。既述のとおり、彼はすでに《ブレンヌス》を作曲した一七八九年ごろから、本格的なドイツ・オペラの創作にも意欲を見せているが、この点に関しては本章第二節で取り扱うことにしたい。

ここで、ライヒャルトが作曲家としてベルリンの宮廷で手掛けたイタリア・オペラの改革について総括するならば、彼は地道な努力によって十分な成果を上げることができたと言えるであろう。なぜなら彼は、フリードリヒ大王の愛したハッセやグラウンによる古いタイプのイタリア・オペラを宮廷から一掃し、《ブレンヌス》を頂点とした自作のオペラで、グルックの精神を広めることに成功したからである。当然のことながら、すべてはフリードリヒ・ヴィルヘルム二世の協力があったからこそ達成できたわけであるが、こうして閉塞感のあったベルリンの音楽界にも、ようやく新しい風が吹くようになった。

しかし、ライヒャルトのオペラ改革は、作曲家としての活動だけでは終わらない点が非常に重要である。音楽ジャーナリストとして彼は、自ら編集した多くの音楽雑誌や新聞で、グルックのオペラ作品を紹介し批評することで、オペラ改革の精神が世に広く浸透するように尽力している。すでにその決意表明は、グルック自身からも高く評価された『音楽芸術雑誌』の第一巻（一七八二年）で行なわれている。

グルックの見事な歌は、彼を賞賛する人たちの中でも、そのごく一部の人にしか完全には理解されておらず、共感も得ていないが、今後私は、より一層多くの彼の歌を読者や歌手の皆に紹介するつもりである。(56)

この宣言どおりにその第二巻（一七九一年）では、《アルチェステ》第三幕のアリアの一部を掲載し、それを調性や拍子、リズム、伴奏、繰り返し、朗誦、メロディ、和声、転調など、音楽的な様々な要素から分析して批評している。それだけにとどまらずライヒャルトは、グルックの作品をいまだに十分理解せずに公然と批判する人々に対して、積極的に働きかけたいと述べ、さらに強くグルックの理念を普及させることへの決意を固めている。[57]これについてシューバルトは、「この号（第七号）において、（ライヒャルトは）激情に駆られながらも誠実に、グルックの作品の特徴づけをし、この偉大なるグルックの粗捜しをする厚かましい知ったかぶり屋から彼を擁護している」（括弧内筆者）とライヒャルトの姿勢を評価している。[58]そのほかにも『フランスについての私信』や『パリからの私信』、『ウィーンへの旅路で書かれた私信』などの旅行記では、ライヒャルトがパリやウィーンで見聞し、体験したグルックにまつわる出来事が、つぶさに報告されている。[59]また、一八〇五年と一八〇六年にベルリンの王立国民劇場で、《タウリスのイフィゲニア *Iphigénie en Tauride*》と《アルミード》が上演されたため、『ベルリン音楽新聞』にはそれに関連する記事や批評文が何号にもわたって掲載されている。中でも小論『グルックの《タウリスのイフィゲニア》と《アルミード》について *Etwas über Glucks Iphigenia in Tauris und dessen Armide*』では、オペラの歴史とグルックの功績に関して、彼の包括的な見解が示されている。[60]

音楽ジャーナリストとしての活動以外にも、ライヒャルトは様々なことを試みた。フリードリヒ大王が去った後の宮廷では、それまで不可能であったグルックのオペラを上演することを提案し、[61]知識人や音楽愛好家たちの集まりなどでは、自ら進んでグルックのアリアを歌って紹介した。彼は美しく澄んでいてよく通るテノールの声の持ち主で、実際にコンサートで披露するほどの歌唱力があったと伝えられている。[62]また、『ウィーンへの旅路で書かれた私信』によると、当時ライヒャルトはグルックの伝記も執筆する予定であった。彼は資料収集に奮闘し、特にグルックの青春時代の調査には、彼の親戚や友人たちに情報提供を拒まれて苦労したようである。しかし、結局のところ資料の一部が紛失したことなどもあり、粉骨砕身の努力も空しく、そのグルック伝は完成しなかった。[63]ライヒャルトがグルックの他界した折に詠んだ、『この上なく高貴な抒情的音楽劇の創作者、騎士グルックの死に寄せて *Auf den Tod des Ritter Gluck's. Des Schöpfers des höchsten lyrischen Schauspiels*』という追悼の詩は、『音楽芸術雑誌』第二巻に掲載されている。[64]

以上のようなライヒャルトの活動は、先行研究においても高く評価されており、「彼によってプロイセンの首都は十九世紀半ばまでグルックの芸術の中心地であり続けた」とみなされている。[65] しかも当時、グルックのオペラはベルリンのみならず、コペンハーゲンやストックホルムなどの北ヨーロッパの都市でも上演されていたため、ライヒャルトによる「この宣伝活動の影響力はスウェーデンにまで及んだ」という見解さえある。[66] しかし、この発言には少々誇張があることを指摘しなければならない。たしかに、グルックのオペラの芸術的価値を、多くの人々に認めさせたいというライヒャルトの意気込みは非常に強いものであったが、彼一人の努力によって、北ヨーロッパでもグルックのオペラが受容されたわけではないからである。そもそもライヒャルトが音楽批評活動を開始する以前から、北ヨーロッパにはグルックを受け容れる土壌があった。

グルックは、一七五二年にウィーンを本拠として活動を開始する前に、イタリアの巡回歌劇団に加わってヨーロッパ各地を巡演していたことがある。一七四八年十一月から一七四九年四月までは、ピエトロ・ミンゴッティ（Pietro Mingotti, um 1702–1759）の一座の楽長としてコペンハーゲンに滞在していた。そのような縁があり、また一七七〇年代のコペンハーゲンでは頻繁にオペラの様式に関することが議論されていたために、グルックのオペラは、コンサート形式による断片的な上演ではあったが、コペンハーゲンでも紹介されて有名になった。グルックのオペラ改革を支持する動きは、ストックホルムのグスターヴ三世（Gustav III, 1746–1792）の宮廷でも起こった。その理由は、演劇やオペラに関心のあったグスターヴ三世が、パリの音楽アカデミーと繋がりを持っていた点にあり、次第にグルックの作品は、ストックホルムの劇場で上演されるオペラの基準となった。[67] ライヒャルトがグルックの普及活動に本格的に取り組み始めた時期は一七八〇年代後半であり、コペンハーゲンやグスターヴ三世の庇護のもとで、グルックの作品が盛んに上演されていた時期（コペンハーゲンは一七七〇年代、ストックホルムは一七七〇年代から八〇年代にかけて）よりも遅い。[68] また、ライヒャルトは一七九三年にストックホルムを訪れているが、それはグスターヴ三世が暗殺された後のことである。[69] したがって、ライヒャルトが北ヨーロッパにおけるオペラ上演に、直接影響を及ぼしたと主張するのは難しい。

ライヒャルト本人によるこの活動への評価はもう少し謙虚であり、『ベルリン音楽新聞』によれば、ベルリンやラインスベルク、コペンハーゲン、ストックホルムで活躍したヨーゼフ・マルティーン・クラウス（Joseph Martin Kraus, 1756–1792）やヨハン・ペーター・ザーロモン（Johann Peter Salomon, 1745–1815）、シュルツ、ベルンハルト・アンゼルム・ヴェーバー（Bernhard Anselm Weber, 1764–1821）などの「高貴な芸術上の同胞たち」とともに、ドイツや北ヨーロッパにグルックの精神を広められたことを、彼は誇りに感じていたという。[70] しかし、北ヨーロッパへの影響力の件は差し引くとしても、ドイツにおける、特にジャーナリズムの分野での、ライヒャルトによる宣伝効果は絶大であったと考えられる。なぜなら、第一章第二節でも述べたように、彼は近代音楽批評の草分け的存在であったからである。彼の書いた多くの新聞記事や雑誌記事、書籍は、当時の知識人や芸術家たちに広く読まれていて、中でも『音楽芸術雑誌』はウィーンのヨーゼフ二世やグルックの目にも留まったほどであった。また、『音楽史・人名辞典』（一七九〇―一七九二年）の執筆者ゲルバーは、約二〇年の時を経て新版（一八一二―一八一四年）を発行しているが、新旧両版の「グルック」の項を比較すると、大きな変化が見られる。ゲルバーによると、旧版の発行以来、グルックの伝記に補足できるものを探していたが、新たに補足した部分の多くはライヒャルトによって提供された情報に依拠しているという。[71] つまりこれは、当時グルックに関する情報の収集や発信において、ライヒャルトの右に出る者はいなかったことの証明となるに違いない。

グルックは《パリスとヘレネ *Paride ed Elena*》の序文（一七七〇年）で「自分を真似る人がいない」と不満を述べているが、[72] 彼のオペラ改革の精神は、ライヒャルトら「高貴な芸術上の同胞たち」に受け継がれて世に広まることになった。その改革の精神は、まさしくライヒャルトのオペラの理想と一致し、彼はグルックを真に偉大な作曲家として心から崇拝していた。それゆえに、一八〇一年に友人で哲学者のクリスティアン・ゴットフリート・シュッツ（Christian Gottfried Schütz, 1747–1832）がライヒャルトに《アルチェステ》の作曲を提案した時に、彼はグルックの作品と同じ題材であるという理由から丁重に断ったのである。[73] ライヒャルトにとってグルックはオペラ創作における模範であり、理想そのものであって、乗り越えるべき対象ではなかった。彼のギービヒェンシュタインの邸宅には、グルック本人から贈呈された彼の肖像画がライヒャルト家「最高の誇り」として飾られていたという。[74]

(3)　理想のグルック像を作り上げた功績

前項で考察したように、グルックのオペラ改革の精神に賛同したライヒャルトは、プロイセン宮廷でグルックを手本とした自作のオペラで改革を推し進め、それと同時に音楽批評家としても、グルックの作品を紹介し論評することで、その改革思想が世に広く浸透するように努めた。このようなライヒャルトの活動や、彼と志を同じくした仲間たちの地道な努力が実を結び、プロイセンの首都は「グルックの芸術の中心地」となった。[75] 当時のベルリンの上演記録によれば、一七九五年二月二十四日の《タウリスのイフィゲニア》の初演以来、一八〇五年五月二十日には《アルミード》、一八〇八年四月二十日には《オルフェオとエウリディーチェ *Orfeo ed Euridice*》、一八〇九年十二月二十五日には《アウリスのイフィゲニア》、一八一七年十月十五日には《アルチェステ》が、いずれもフランス語からドイツ語に翻訳された形で初演され、その後も大変人気のレパートリーになった。最も上演回数の多いものは《タウリスのイフィゲニア》で、一八八四年二月二十五日までの間に二〇一回も取り上げられている。[76] 北ドイツにおけるグルックの支持者には、ゲーテやシラー、ヘルダー、クリストフ・マルティーン・

ヴィーラント（Christoph Martin Wieland, 1733–1813）などのヴァイマル宮廷の知識人たちのほか、ジャン・パウルやロマン派の詩人たちなど、ライヒャルト邸の客たちがいる。そのほかにも、ベルリンの哲学者カール・ヴィルヘルム・フェルディナント・ゾルガー（Karl Wilhelm Ferdinand Solger, 1780–1819）やゲオルク・ヴィルヘルム・フリードリヒ・ヘーゲル（Georg Wilhelm Friedrich Hegel, 1770–1831）も、理想的なオペラ作曲家の一人にグルックの名を挙げている。[77]

グルックのオペラは、北ドイツ、特にベルリンで十九世紀の半ば過ぎまで、長期にわたり多くの人々から愛された。しかし、このような現象は他の地域に見られない異例なことであり、彼のオペラは、ウィーンでは早くも十八世紀末に時代遅れになっていた。それでは、いかなる理由からグルックは北ドイツで支持され続けることになったのであろうか。第3項では、この点を考察するにあたり、ライヒャルトの音楽批評活動による波及効果について具体的に調査したい。なぜならベルリンでの現象の背後には、グルックの作品とは直接関係のないある種の民族感情が隠れており、彼の批評活動にこそ、この問題を解く手掛かりがあると考えられるからである。また、ホフマンは音楽批評家としてもライヒャルトの後を継いだが、ここでは両者の著作や批評文を比較することにより、影響関係を明らかにする。ホフマンがデビューを果たした最初の作品は『騎士グルック』であり、グルックは彼にとっても尊敬に値する大作曲家の一人であった。[78]

ホフマンの批評文には、ライヒャルトの自伝や『音楽芸術雑誌』の記事からの引用箇所が多数ある。たとえば、ホフマンが一八二〇年十月に『音楽と音楽的著作のための一般新聞 *Allgemeine Zeitung für Musik und Musikliteratur*』のために書いた『この新聞の出版に際して思いついた偶然の考え *Zufällige Gedanken bei dem Erscheinen dieser Blätter*』では、ライヒャルトがフリードリヒ二世の宮廷楽長であったころの出来事が、彼の自伝からいくつか引用されている。それは、ハッセやグラウンのオペラの価値しか認めようとしなかったフリードリヒ二世に、ライヒャルトがグルックの作品の一部を聴かせて激怒させたことなどである。[79] また、この『偶然の考え』と、その八か月後に書かれた『《オリンピア》についての追記』では、グルックが最後に創作したとされるオペラ《ヘルマンの戦い》についてのエピソードが用いられている。[80] このオペラは、グルックの頭の中ではほぼ完成していたにもかかわらず、楽譜に記録されなかったために、消失してしまった幻の作品である。グルックが記譜することを躊躇していた理由は、戦闘的な力強さを出すのに既存の楽器だけでは満足できなかったことにある。前述のように、ライヒャルトは『音楽芸術雑誌』第一巻でこの点に言及し、グルックとウィーンで面会した際には、グルック自身の歌声でこのオペラの一部を聴いている。[81] この時の体験については、ライヒャルトの自伝でも詳しく語られているが、ホフマンはこれをライヒャルトから直接聞いた可能性もあるだろう。

ライヒャルトによってホフマンに伝えられたグルックの作曲法、すなわち頭の中で完全に作曲してから楽譜に書くという方法は、ホフマンにとって理想のものになった。ホフマンはこのようなオペラの創作過程について、「輝かしく武装したミネルヴァ」が「ユピテルの頭から生まれた」という比喩を用いながら、たびたび語っている。彼は、モーツァルトの《ドン・ジョヴァンニ *Don Giovanni*》の序曲や、スポンティーニによる《ヴェスタの巫女 *La Vestale*》以降の作品も、グルックと同様の方法で作曲されていると感じていた。[82] また、この創作方法に関しては、ホフマンが『ゼラーピオン同人作品集 *Die Serapions-Brüder*』の枠物語の中で提唱した詩作の理念、すなわち「ゼラーピオン原理」との類似性が指摘できるであろう。この原理によると、詩人は創作したものを頭の中から外に出す前に、「それを実際に自分自身の心の目でも見たのかどうか十分に吟味」しなければならない。そして、「自分の内面に生まれた像を、その形や色、光、影などあらゆるものとともに、しっかりと把握し」、「それによって本当に自分の心が燃え立つのを感じて」、ようやく「その作品を外の世界に持ち出す」ことができるという。[83] つまりホフマンは、詩人や音楽家の内面に浮かんだものを、完璧な状態にしてから外界に出すのが詩作であり、作曲であると考えたのである。

さらに、ホフマンはオペラ史におけるグルックの位置づけに関しても、強くライヒャルトの感化を受けている。まず、ライヒャルトによるオペラ史の解説に注目すると、イタリア・オペラについての言及が非常に少ないのが特徴である。『音楽芸術雑誌』では、スカルラッティやアントーニオ・サッキーニ（Antonio Sacchini, 1730–1786）、アントーニオ・サリエーリ（Antonio Salieri, 1750–1825）などの作品について少し触れているだけで、しかもサッキーニとサリエーリはグルックの影響下にあった作曲家である。その理由は明白であり、彼の当時の目標は、ベルリンのオペラ界をイタリア・オペラの支配から自由にし、ドイツ独自のオペラを確立することにあったからである。(84) ライヒャルトにとって重要なのは、ドイツ人であるグルックがフランスでいかなる偉業を成し遂げたのか示すことであった。彼は同雑誌で、リュリとグルックの関係について、《アルチェステ》の一場面における両者の音楽を相互に比較することで、「いかにグルックの音楽が限りなく真実に近く、美しく作曲されているか」を示そうとした。そして、リュリの表現は「美しさのない真実」であり、「表現の美しさと真実」はグルックによって、「より一層調和した形で」実現されたと指摘した。さらに彼は、「グルックのみがフランス人たちの国で、リュリを追い出しにかかることができた」と付け加えている。(85) また、ラモーとグルックの関係についても触れ、グルックは初めのうちラモーらの作品を手本としていたが、そこからすぐに離れてしまい、「それらの作品が彼の中に残した感情や追憶から、演劇のために非常に効果のある新しいスタイルを作り出した」と述べている。(86) そして、『ベルリン音楽新聞』に掲載された小論『グルックの《タウリスのイフィゲニア》と《アルミード》について』では、リュリ、ラモー、グルックの三者の関係を明らかにし、グルックの功績を称えた。それによると、グルックの先人であるリュリとラモーは、たしかにデクラマツィオーンや劇の取り扱い方の点でこそ優れていたが、遅れてパリに登場したグルックが、「あらゆる部分において完璧であり、真に節度のある英雄的かつ抒情的ドラマ」によって模範を示し、このジャンルの完全な理想化を目指したという。[87]

ホフマンも『《オリンピア》についての追記』でオペラの歴史をまとめる際、発祥地であるイタリアのオペラについてはほとんど説明していない。また、グルックをオペラ・セリアの改革者というよりは、ドイツ人でありながらパリで大成功した作曲家として位置づけている。[88] もちろんホフマンも、グルックがイタリア・オペラにおける演劇的要素を軽視する傾向に危機を感じて、行動を起こしたことについては言及している。[89] しかし、それよりもグルックがフランス音楽界に与えた衝撃の大きさを重視して、彼のことを「リュリやラモーが築いた音楽の城を、巨大な力で揺さぶりひっくり返した劇音楽の大改革者」と表現している。[90] そして、ホフマンはリュリとラモーについて、「音節の強弱のみならず音の高低の差にも忠実な、完全に正確なデクラマツィオーンにおける功績」は評価すべきであるとしながらも、そのオペラは「我々には空虚で単調で、ドラマの点においても全く精彩を欠いたように感じられる」と述べている。[91] それに対して、グルックは「この上なく格調の高い音楽を、あらゆる音楽の本質と条件に従って大変力強く摑み取り、その結果、彼自身の内面から真の音楽的ドラマが、見事に輝く彗星のように出現した」という。ホフマンが、リュリやラモーの作品と比較してグルックのオペラを優れていると感じた点は、主にメロディの美しさとオーケストラの表現の豊かさであった。[92]

このように、ホフマンのオペラ史におけるグルックの位置づけは、ライヒャルトの見方をそのまま踏襲している。パリで大成功したドイツの作曲家という英雄像は、愛国心の強いドイツ人であれば誰しも抱きそうなイメージであるが、実際このような考え方は、ライヒャルトが『音楽芸術雑誌』を出版した一七八〇年代、九〇年代のドイツではまだ一般的でなかった。[93] ライヒャルトと同世代であっても、ヨハン・ニーコラウス・フォルケル（Johann Nikolaus Forkel, 1749–1818）のような保守派の音楽家は、グルックのオペラを受け容れられなかった。[94] グルックが活動の拠点としていたウィーンでは、彼がパリから戻った時にはオペラ・ブッファが大流行していて、彼のオペラ・セリアはすぐに過去のものになってしまった。そもそもイタリアは、当初からグルックの存在は無視していた。フランスのグルック支持派は、フランスのグルック支持派は、リュリやラモーのオペラの流れを汲む作曲家だからこそ、彼を受け容れたが、反対派は、王妃マリー・アントワネット（Marie Antoinette, 1755–1793）の斡旋の御蔭で得をした作曲家と思っていただけであろう。[95] グルックのオペラ様式は、彼の死後ごく一部の作曲家にしか継承されず、グルックはあまり永続的な名声を持たなかった。[96] それゆえに、ベルリンで十九世紀の半ば過ぎまでグルックの作品がオペラ・セリアの模範として愛され続けたということは異例なのである。

フランスのオペラ界を揺るがしたドイツの英雄というイメージは、ナポレオン戦争を体験したベルリンの愛国者たちにとって、非常に受け容れやすいものであったに違いない。しかもグルックは、長期にわたりドイツの歌劇場を支配していたイタリア・オペラの改革者でもある。ライヒャルトの作り上げた理想のグルック像は、一八一四年にライヒャルトが他界した後も、ホフマンの音楽批評によって受け継がれ、広められた。カール・ダールハウスは、「グルックのオペラの影響力は、ジャーナリズムを伴わなければ考えられなかったであろう」と発言している。[97] つまり、グルックのオペラ改革がウィーンでもパリでもなく、ベルリンという土地でいつまでも支持された背景には、芸術や文化に関する議論を好む北ドイツのジャーナリスティックな傾向とナショナリズムがあった。そして、この二つを結びつけたのがライヒャルトであり、彼の音楽批評活動は、グルックの作品を後世に伝える極めて大きな役割を果たしたと言える。

第二節　ドイツ・オペラ

(1) 北ドイツとウィーンのジングシュピールの違い

ライヒャルトは宮廷楽長に就任する以前から、ドイツの喜歌劇であるジングシュピールに関心を持ち、生涯に多数の作品を残している。彼のジングシュピールは、オペラ・セリアの場合と同様に今日上演される機会に恵まれないが、ゲーテやシラー、シェイクスピアの文学と結びついているという点からも、オペラ史上において十分注目に値するものである。現代の我々が「十八世紀のジングシュピール」と聞いてすぐに思い浮かべるのは、モーツァルトの作品であるが、もともとジングシュピールはドイツ北部で生まれたものであり、しかも、ドイツ南部（ウィーン）のものとは性質が幾分異なる。第1項では、まず北ドイツのジングシュピールが発展した経緯と、ウィーンのそれとの相違点を確認しておきたい。そして第2項と第3項では、ライヒャルトの作品の歴史的な位置づけを検証し、彼の理想としたドイツ・オペラ像を明らかにすることを目的とする。

十八世紀前半に、イタリアでは「インテルメッゾ」という一種の幕間劇からオペラ・ブッファが発展し、それに続いてフランスではオペラ・コミック、イギリスではバラッド・オペラと、各国で独自の喜歌劇の分野が誕生した。正歌劇と同様に喜歌劇においても、ドイツでは依然としてイタリアの勢力が強く、民族固有のオペラを求める動きはその勢いに負けてしまった。ところが一七六〇年代になると、ハンブルクのゲンゼマルクト劇場のオペラとは違う種類のものであったが、ライプツィヒにおいてドイツ・オペラが復活の兆しを見せる。それは、興行師のハインリヒ・ゴットフリート・コッホ（Heinrich Gottfried Koch, 1703–1775）と詩人のクリスティアン・フェーリクス・ヴァイセ（Christian Felix Weiße, 1726–1804）、作曲家でライヒャルトの恩師でもあるヒラーの三人の協力によるものであった[98]。コッホは、半年ごとにライプツィヒで開催される見本市の客を、何とか上手く自分の劇場に誘い込む方法はないかと思案し、短くて簡単なドイツ語の歌が挿入された楽しい芝居であれば、観客を動員するのに理想的であると考えた。それゆえに、彼は挿入歌の部分について、「すべてはリートのように単純であり、観客が皆、歌いたければ一緒に歌えるようなものでなければならない」と主張している。[99] 台本作家のヴァイセも、単純で歌いやすく親しみやすい有節歌曲こそが、新しいジャンルには最適であると信じていた。また、彼はパリ滞在中に知ったオペラ・コミックから刺激を受けて、牧歌的な題材や感傷的な作法に基づいた台本作りに傾倒していた。[100] 彼ら三人組の作品の中で最も流行した《狩り *Die Jagd*》の台本も、オペラ・コミック作品の翻案である。[101] そして、作曲家のヒラーはヴァイセの歌の理念を音楽的に表現することにかけては、ほかのいかなる作曲家よりも卓越しており、ヴァイセの歌詞に、万人に歌いやすく楽しい旋律をつけた。ヒラーの歌はドイツ民謡風の素朴な節回しになっていることが多く、その中には実際に民謡のように歌われたものもある。彼ら自身もまた、自分たちの作った歌がいずれ民謡になると信じていた。[102]

しかし、ヒラーがジングシュピールを作曲する際には、俳優の歌唱能力の限界という制約が常にあったことも、考慮に入れなければならない。コッホの劇団は、歌劇団というよりはまさに劇団であり、俳優には職業的な歌唱の訓練を受けている者はほとんどいなかった。それゆえにヒラーは、必然的に挿入歌を誰でも歌えるような単純なものにせざるを得なかったが、歌唱能力の高い俳優がいる場合には、高貴な登場人物などにイタリア・オペラのアリア風の旋律を歌わせることもあった。彼は、たとえば国王と農民の娘のように、身分の異なる人物が皆一律に、同じような民謡調のリートを歌いながら登場するのは好ましくないと考えていたために、歌の種類に違いを与えることによって、登場人物の性格づけを行なった。[103] このような「民族的な諸様式や諸種目の様式の混在ないし使い分け」は、その後のジングシュピールにおける一般的な傾向となり、モーツァルトの《魔笛》にもこの特徴が認められる。[104]

コッホ、ヴァイセ、ヒラーの三人組による作品には、《狩り》のほかに《変身した女たち、別名、大騒動、第一部 *Die verwandelten Weiber, oder: Der Teufel ist los, erster Theil*》や《宮中に召されたロットヒェン *Lottchen am Hofe*》、

《田舎の恋 *Die Liebe auf dem Lande*》などがある。フランスのオペラ・コミックを手本に、彼らがライプツィヒで作り上げたオペラ様式がドイツ中に伝播するのに、それほど時間はかからなかった。この歌を交えた散文喜劇は人々の大喝采を博し、毎晩劇場を満席にすることができたため、各地の巡回劇団は彼らの作品を進んで上演した。そうすることで多くの劇団が破産から救われたのである。[105]

彼らのジングシュピールに魅了されたのは、あまり耳の肥えていない庶民だけではなかった。ゲーテはライプツィヒでの学生時代（一七六五―一七六八年）に、たびたびブライトコプフ家の息子たちと、コッホのオペラ上演を観に行った。ゲーテは『詩と真実 *Dichtung und Wahrheit*』の中で、その思い出について次のように語っている。

働き盛りであった地方税務官ヴァイセは、陽気で親切で愛想もよく、私たちから敬愛されていた。たしかに、彼の脚本を模範的なものと認めるつもりは毛頭なかったが、それなのにその作品には心を奪われた。彼のオペラは、ヒラーの軽やかなメロディによって生気を与えられて、私たちをたくさん楽しませてくれた。[106]

興味深いのは、ゲーテが作曲家ヒラーのオペラではなく、作家ヴァイセのオペラと表現している点である。なぜなら、当時のゲーテにとってジングシュピールは芝居であり、音楽はそれに添えられた副次的なものであったことが分かるからである。この経験に加えて、フランクフルトで鑑賞したオペラ・コミックや、オリヴァー・ゴールドスミス（Oliver Goldsmith, 1730–1774）の『ウェイクフィールドの牧師 *The Vicar of Wakefield*』に挿入されたバラードなどに触発されて、[107]一七七三年に、ゲーテは初めてのジングシュピール『エルヴィーンとエルミーレ *Erwin und Elmire*』（一七七五年完成）の執筆に取り掛かっている。[108]

また、ヴァイマルのアンナ・アマーリア公妃も彼ら三人組のジングシュピールを好んだため、コッホの劇団は彼女の宮廷で幾度かの冬を過ごしている。彼らの代表作《狩り》の初演（一七七〇年）もヴァイマルで行なわれた。[109] コッホは一七七一年にベルリンへ移り、その年の初めに他界したフランツ・シュフ（Franz Schuch der Jüngere, 1741–1771）の劇場を買収しているが、[110] ベルリンでもすぐに当たりを取り、当時すでに活動を開始していたデベリンの劇団にとって最強のライバルとなった。コッホが軽快な喜劇を上演したのに対し、デベリンは主に真面目な悲劇などを扱って張り合っている。[111] コッホのジングシュピールがフリードリヒ大王の理解を得るのは困難であったが、妹のアンナ・アマーリア王女（Anna Amalia, 1723–1787）は、「ヒラーの遊び心のある愛らしい音楽」を大変気に入っていたという。[112]

さらにライヒャルトも、ライプツィヒ滞在中（一七七一―一七七二年）にヒラーのジングシュピールに熱中し、新しい視点から劇音楽を理解した。彼は『ドイツの喜歌劇について』（一七七四年）の中で、師匠のヒラーに敬意を表して、「私の意見では、ヒラー氏は作中人物たちの描写や設定において、ほかの国のどのような喜歌劇の作曲家よりも優れている」と述べている。[113] 続けて、ヒラーの名人芸とも言えるジングシュピールの作曲法については、「彼はリートやアリアの主題を、いわばその歌詞から引き出すように作曲した後に、その主題からすべてを作り出す。あるいはより厳密に言うならば、その主題からすべてが自然と彼に与えられるのである」と説明した。[114] ライヒャルトは、『音楽に関する注意深い旅人の書簡』でも、このヒラーの作曲法について言及し、ヒラーの場合は一つのアリアに多種多様な思いつきを詰め込まずに、とても自然にその主題を繰り返し、その主題に含まれているものからすべてを引き出すと書いている。[115]

このようにジングシュピールは、北ドイツにおいて、イタリア・オペラから独立したドイツ語圏特有の芸術として誕生した。北ドイツのジングシュピールでは、その後もフランスのオペラ・コミックの影響を受けて、田園的な情景描写や感傷的な場面設定が多かった。本来ジングシュピールは市民たちの娯楽であり、劇場は日常の生活や仕事から離れて、視覚的、聴覚的美を堪能する場であったため、題材もオペラ・セリアのような神話よりも、現実の市民生活に起こり得るような出来事や、牧歌的な物語、メルヒェンなどが好まれ、のちにはロマン的な色彩も付け加えられるようになった。また、歌はイタリア・オペラのような専門的な技術を必要とする難しいアリアよりも、一般市民が誰でもすぐに覚えて歌えるような、民族色の濃い比較的単純な形のものが優先された。[116] なお、「ジングシュピール」という語は、十八世紀初頭には、どのような種類の音楽劇に対しても使われていた。すなわち、オペラと呼ぶことのできる音楽劇全般を指す言葉として用いられ、現在のような狭義の概念はなかった。イタリア語の「オペラ *opera*」という呼称がドイツ文化圏で一般化したのは一七二〇年ごろのことであるが、それが一つの切っ掛けとなり、十八世紀後半から十九世紀前半にかけて「ジングシュピール」という用語は、対話に音楽が挿入された、通常では明るい内容を持ったドイツの喜歌劇を指すようになった。[117]

ヒラーに続いて、この分野で活躍した北ドイツの作曲家には、ライヒャルトのほかにアントーン・シュヴァイツァー（Anton Schweizer, 1735–1787）や、ゲオルク・ベンダ（Georg Benda, 1722–1795）、ヨハン・アンドレ（Johann André, 1741–1799）などがいる。[118] ライヒャルトはライプツィヒ滞在中に、《ヘンスヒェンとグレートヒェン *Hänschen und Gretchen*》と《アモルの覗きからくり *Amors Guckkasten*》の二作品を書いているが、ヒラーの影響が色濃く、特に代表作の《狩り》が手本となっている。[119] 前者は、すでにケーニヒスベルクの学生時代に作曲され始めていたが、ライプツィヒでようやく完成した。後者は、ヒラーの弟子でのちにベートーヴェンの師となったクリスティアン・ゴットロープ・ネーフェ（Christian Gottlob Neefe, 1748–1798）の助言が切っ掛けとなって作られた。[120] バーニーは、これらの作品について「天賦の才に全く不足はない」と高く評価している。[121]

さて、今度はウィーンのジングシュピールに目を向けてみたい。ドイツ北部で生まれたジングシュピールは、巡回劇団によって、次第にオーストリアを含むドイツの南部にも普及したが、特にウィーンでは、当時流行していた多種多様な文化を吸収しながら、北ドイツのジングシュピールとは少し違ったものに発展していった。ウィーンのジングシュピールに影響を与えたものとして第一に挙げられるのが、イタリアのコメディア・デラルテの流れを汲んだ地方色豊かな道化芝居、すなわちウィーン民衆劇である。この道化芝居の中には台詞の一部が歌われるものもあり、形の上でもジングシュピールと似ていた。[122] ハンスヴルストなどの道化役が主役を演ずる即席の茶番劇は、ドイツの北部でも十七世紀後半から十八世紀半ばにかけて流行していたが、ヨハン・クリストフ・ゴットシェート（Johann Christoph Gottsched, 1700–1766）らによる演劇向上のための改革運動によって、道化たちは完全にドイツから追い出されてしまったかに見えた。しかし、ウィーンの民衆劇は一七五二年の即興の禁止令によって打撃を受け、その後宮廷劇場からも追放されたものの、数多くの芝居小屋で成長を続けたのである。[123] モーツァルトの《魔笛》には、この超自然的な魔法の世界と現実の人間世界が織りなす、夢幻劇の特徴が最も強く表れている。台本作家のエマーヌエル・シカネーダー（Emanuel Schikaneder, 1751–1812）はウィーン民衆劇で活躍していた人物で、演出家、役者、歌手としても上演に関わっていた。[124]

ウィーンのジングシュピールに影響を与えた第二、第三の要素は、フランスのオペラ・コミックとイタリアのオペラ・ブッファである。一七五〇年代と六〇年代のウィーンでは、オペラ・コミックが非常に流行した。グルックも宮廷劇場支配人のジャコモ・ドゥラッツォ伯（Giacomo Durazzo, 1717–1794）の勧めで、フランスのオペラ作曲法を学び、一七五八年から一七六四年にかけて、八つのオペラ・コミックを作曲している。[125] そもそも北ドイツのジングシュピールもオペラ・コミックの翻案から出発しているので、ウィーンのジングシュピールは直接的、間接的にフランスから影響を受けていることになる。また、ウィーンの人々の多くは、民衆劇への傾倒からも分かるように喜劇を好み、グルックが一七六〇年代にオペラ改革を進めた時も、彼の作品よりもオペラ・ブッファに興味を示した。彼の《パリスとヘレネ》がウィーンで失敗に終わったのも、オペラ・ブッファの人気が原因とされている。[126] 当時、イタリア・オペラを贔屓にしていたヨーロッパの諸都市では、喜歌劇と同時に正歌劇も上演したが、皇帝ヨーゼフ二世は喜歌劇のほうを好み、ヨーロッパに並ぶもののないほどのオペラ・ブッファ団を組織して、いかなる出費も惜しまなかったという。[127] ウィーンのジングシュピールは、このように様々な様式や文化を背景に発展し、やがてウィーンが、ドイツ固有のオペラであるジングシュピールの中心地となっていくのである。

本章第一節第2項で触れたように、フリードリヒ・ヴィルヘルム二世によって、ベルリンに王立国民劇場ができたのは一七八七年のことであったが、ウィーンではその一一年も前（一七七六年）に、皇帝ヨーゼフ二世によって、ドイツ語によるオペラ創作を鼓舞するための劇場改革が行なわれていた。[128] 宮廷劇場の一つであるブルク劇場が国民劇場になり、一七七八年にはさらに「国民ジングシュピール」という付属のオペラ団が結成されて、二月十七日にイグナーツ・ウムラウフ（Ignaz Umlauf, 1746–1796）の《坑夫たち *Die Bergknappen*》でデビューを飾った。[129] 一七八二年には、モーツァルトの《後宮からの逃走》を上演して一定の成果を得たが、[130] このオペラ団は長続きせず、その翌年には解散している。その後、ジングシュピールを奨励するヨーゼフ二世の願望は、もう一つの宮廷劇場であるケルントナートーア劇場で叶えられることになった。すでにオペラ・ブッファで名声を得ていたカール・ディッタース・フォン・ディッタースドルフ（Carl Ditters von Dittersdorf, 1739–1799）は、この劇場で一七八五年から一七八八年までの間に次々とジングシュピールを発表し、特に彼の《薬屋と医者 *Der Apotheker und der Doktor*》（一七八六年）は空前の大成功を収めた。[131]

北ドイツとウィーンのジングシュピールの違いは、モーツァルトの《後宮からの逃走》の制作過程を追うことによっても明らかになる。若くしてオペラ作曲家としての経験を十分に積んでいた彼は、この作品において、様々なジャンルの要素や国民様式を組み合わせている。この台本は、クリストフ・フリードリヒ・ブレッツナー（Christoph Friedrich Bretzner, 1748–1807）の書いた『ベルモントとコンスタンツェ、別名、後宮からの逃走 *Belmont und Constanze, oder: Die Entführung aus dem Serail*』[132] の翻案であった。この改作にあたって、モーツァルトはウィーンの王立劇場の俳優で台本作家でもあるヨハン・ゴットリープ・シュテファニー（Johann Gottlieb Stephanie, 1741–1800）の協力を得ている。もともとブレッツナーの台本は、典型的な北ドイツのジングシュピール、すなわち単純な歌曲の挿入された喜劇であったため、モーツァルトとシュテファニーの二人は、語りによる対話の部分の多くを、独唱やアンサンブルによる数々の音楽に変えた。こうした変更によって、モーツァルトはそれぞれの登場人物の性格づけや関係性を、音楽によって描写できるようになった。[133] つまり「歌つき芝居」ではなく、真の音楽作品としてのオペラを書くことが可能になったのである。また《魔笛》においても、多種多様な要素が取り入れられている。すでに述べたように、この作品の非現実的な魔法の国は、まさしくウィーン民衆劇の世界である。対話の部分がレチタティーヴォではなく語りであることや、パパゲーノの自己紹介のアリア〈おいらは鳥刺し *Der Vogelfänger bin ich ja*〉など、歌いやすい民謡調が用いられている点は、北ドイツのジングシュピールと類似している。その一方で、タミーノやパミーナのアリアはイタリア・オペラからの影響を思わせ、夜の女王のアリア（特に第二幕の〈地獄の復讐が我が胸にたぎる *Der Hölle Rache kocht in meinem Herzen*〉など）に至っては、コロラトゥーラによる超絶技巧が駆使されていて、到底、北ドイツのコッホの劇団員たちの手に負えるものではなかった。

十八世紀末以降、ウィーンのジングシュピール、特にモーツァルトの作品はヨーロッパの各地で上演されて、大きな反響を呼んだ。中でも《魔笛》はジングシュピールの最高峰とされ、十九世紀におけるロマン派オペラの発展に、多大な影響を与えることになった。[134] 北ドイツのコッホが目指したジングシュピールが、単純な歌の挿入された楽しい芝居、すなわち演劇的作品であったのに対して、ウィーンでモーツァルトが発展させたジングシュピールは、庶民に親しみやすい要素を残しながらも、歌やオーケストラによる表現の可能性を追求した音楽的作品であったと言える。

(2) ゲーテとの共同制作

ライプツィヒ滞在中の二作品に続くライヒャルトのジングシュピールは、一七七五年に書かれた《木こり、別名、三つの願い事 *Der Holzhauer, oder: Die drei Wünsche*》である。次の《蹄鉄工 *Der Hufschmied*》は一七七九年にハンブルクで初演され、一七八七年九月三日にはベルリンの王立国民劇場でも上演されたが、成功しなかった[135]。一七八〇年に創作された《恋はただ楽しいだけ *Liebe nur beglückt*》も成功作とは言えないが、フリードリヒ大王の宮廷楽長としての仕事に不満を感じていた彼が、次第にデベリンの私設劇場との結びつきを強め、ジングシュピールの分野に意欲的に取り組み始めたころの作品である。台本も自分で執筆している[136]。彼は『音楽芸術雑誌』第一巻（一七八二年）で、ドイツの優れた作曲家や劇作家がジングシュピールのために力を尽くしていないという現状を指摘し、これを打開しなければ、真のジングシュピールは誕生しないと主張した[137]。そうした彼が、次作のリブレットとして選んだのは、ゲーテによるものであった。ライヒャルトはヒラーのジングシュピールを理想としながら、いよいよゲーテとの共同制作を開始することにな

【図 12】ヨハン・ヴォルフガング・フォン・ゲーテ

る。

第一章第一節第3項で述べたように、ライヒャルトが度々ヴァイマルを訪問したのちに、ようやくゲーテに受け容れられたのは一七八九年四月のことである。[138] ライヒャルトはゲーテの信頼を得たことで、真のジングシュピールの発展のために力強い協力者を見出すことができた。ゲーテが生涯にオペラの台本を多数執筆していることは、あまり知られていないが、彼はこの時までにすでに、『エルヴィーン』（一七七五年）や『クラウディーネ・フォン・ヴィラ・ベラ』（一七七五年）、『リラ *Lila*』（一七七六年）、『イェーリとベーテリ *Jery und Bätely*』（一七七九年）、『漁師の娘 *Die Fischerin*』（一七八一年）、『戯れ、策略そして復讐』（一七八四年）などを書いている。[139] つまり、ゲーテも台本作家の立場から、母国語によるオペラの発展を目指して努力していたところであった。ライヒャルトと親交を結ぶ前は、チューリヒの作曲家カイザーと協力しながら、「ヴァイマルという偏狭な社会だけでなく、ドイツ全体を念頭に置いて」、《戯れ》の初演のために準備していた。[140] しかし、ゲーテは様々な問題に突き当たり、その計画は暗礁に乗り上げてしまった。それゆえに、彼がライヒャルトを受け容れた背景には、カイザーに代わる新しい協力者とであれば、あらゆる問題を解決できるに違いないという思いもあった。

一七八九年ごろのライヒャルトは、宮廷楽長としてイタリア・オペラを書きながらも、より本格的なドイツ・オペラの創始に意欲を見せていた。フリードリヒ・ヴィルヘルム二世は先王とは異なり、彼の創作活動を束縛せず、宮廷劇場の優れた歌手を自由に使用させていた。優秀なドイツ人歌手の数が増えてきたこともあって、ライヒャルトは従来の巡回劇団による「歌つき芝居」よりも、「王立」の劇場で上演できるほど質の高い、イタリア・オペラに匹敵するようなジングシュピールを目指そうとしていた。それだけに、彼はゲーテとの共同制作に対して大いに期待して、[141] 一七九〇年に《ゲーテの作品のための音楽》全六巻の作曲計画を発表している。この楽譜出版の予告記事には、「互いに創作し合ったこの二人の作品よりも、詩と音楽が美しく密接に結びつくことは決してないであろう」と書かれていた。[142]

彼らの共同制作による作品のうち、ここではジングシュピールに限って紹介すると、第一作目は《クラウディーネ》である。この作品は、一七八九年四月二十三日における両者の面会の際にはすでに完成しており、この時にゲーテは《クラウディーネ》を試聴している。[143] そして早くも七月二十九日には、ベルリンのシャルロッテンブルク宮殿内の劇場で初演され、八月三日の王太子（のちの国王フリードリヒ・ヴィルヘルム三世）の誕生日にも、王立国民劇場で上演されている。両公演とも観客の反応は今一つであったというが、イタリア・オペラの創作を本来の職務とした宮廷楽長がジングシュピールを作曲し、それが「王立」の劇場で上演されたということは、当時としては一大事件であった。[144] たしかに、一七八六年にフリードリヒ・ヴィルヘルム二世が即位してからは、すでに王立国民劇場でモーツァルトのジングシュピール《後宮からの逃走》が上演されたという事例もあるが、[145] このようなことは、フリードリヒ大王の時代には許されなかった大胆かつ革新的な試みだからである。その後《クラウディーネ》は一七九九年までの一〇年間、王立国民劇場の演目であり続け、一七九五年五月三十日にはヴァイマルでも上演されている。[146] この時までゲーテのジングシュピールは、いくつかの例外的なケースはあるものの、[147] 基本的には「ヴァイマルという偏狭な社会」でのみ楽しまれてきたが、プロイセンの宮廷楽長であるライヒャルトとの協力により、ベルリンの王立国民劇場でも上演されることになったのである。

《クラウディーネ》に続くゲーテとの舞台企画は、一七九〇年に作曲された《エルヴィーン》である。一七九三年以降ベルリンで何度も披露されたが、この作品に関しては、劇場だけでなく演奏会形式による公演も多いことが特徴的で、その都度喝采を博した。[148] 一七九八年にはハレの催しで《エルヴィーン》が演奏され、それを聴いたある人物は、「完全にゲーテの精神において、しかもゲーテ的な単純さでもって作曲されていた」と、作曲家と詩人の双方が歓迎するような言葉で賞賛している。[149] 一七九九年のゴータの劇場カレンダーでも、この作品におけるゲーテとライヒャルトの協力態勢が過剰なまでに褒め称えられている。

（ライヒャルトは）ゲーテの可愛らしいオペレッタ《エルヴィーンとエルミーレ》に極めて美しい音楽を提供した。ゲーテの詩の才能とライヒャルトの音楽の才能とが、これ以上ないほどにぴったりと結びついていて、ゲーテが知らず知らずのうちにこの芸術家の手助けをしているようである。ゲーテが言葉で感動させる能力があるのと同様に、ライヒャルトは単純な音楽で感動を与えられる点において偉大である。(150)（括弧内筆者）

このように、《クラウディーネ》と《エルヴィーン》によるゲーテとライヒャルトの試みは、それ相応の反響を巻き起こしたが、そもそも両者のジングシュピール観には多少の隔たりがあった。ゲーテも初めのうちはライヒャルトと同じく、ヒラーのジングシュピールやフランスのオペラ・コミックに触発されて、一七七五年に『エルヴィーン』の第一稿を完成させている。しかし、ゲーテは一七八六年にイタリア旅行へ出かける少し前から、オペラ・ブッファに非常に強い関心を抱いて、ドイツ語によるイタリア風喜歌劇、つまり内容も形式もオペラ・ブッファに倣った新しい種類のジングシュピール確立のために意欲を燃やすようになった。(151) そのため、すでに執筆していたジングシュピールの台本を改作することを思い立ち、散文の対話部分をレチタティーヴォにするために韻文に修正し、すべてオペラ・ブッファを手本に改めた。『エルヴィーン』と『クラウディーネ』の改作も、イタリア滞在中の一七八七年初頭からほぼ一年かけて行なわれた。(152) ライヒャルトは両作品ともこの第二稿に作曲しているが、彼自身はヒラーを手本とし、単純で親しみやすいメロディによって特徴づけられる喜歌劇を目指していたために、ゲーテが当時求めていたオペラ・ブッファ風ジングシュピールとは理想が異なっていた。ドイツ語によるレチタティーヴォに関しても、ライヒャルトは次のような所見を述べている。

我々の言語の性質が、一つの作品をすべてレチタティーヴォで歌い通すには全く向いていないことは、我々の間では皆知っている。イタリア人の言語は情熱的な抑揚に富んでいて、その話しぶりはしばしばそのまま記譜できるほどで、イタリア人が、普通の芝居におけるすでに抑揚の誇張された語り口をレチタティーヴォにするには、ほんの少しの変更で済んだ。(153)

それゆえにライヒャルトのつけた音楽には、ゲーテの新しい見解に彼が妥協した点と妥協できなかった点の両方が認められる。《クラウディーネ》では、対話の部分はゲーテの求めたレチタティーヴォではなく、朗誦風（デクラマツィオーン）にして対処している。その理由は、ゲーテが本来散文であった対話を韻文に直したために、劇中にレチタティーヴォで語るには長過ぎる部分が多かった点にある。しかも、ベルリンでの初演時にはこのデクラマツィオーンに対応できる俳優がいなかったため、再び散文に戻して上演した。(154) また、「長くて回りくどいアリア」よりも「感じのよい自然で感動的な歌曲」を重視し、「崇高さと粗野な素朴さ」の均整のとれた統一を目指すべきである、というのがライヒャルトの主張であったため、(155) 彼はアリアよりも単純で歌いやすいリートを多く挿入している。たとえば、第二幕のルガンティーノのリート〈ある若者はかなり生意気であった *Es war ein Buhle frech genug*〉では、スイスの民謡の旋律を取り入れている。また、第一幕のルガンティーノと浮浪者たちの合唱つき歌曲〈女の子たちと仲良くやっていく *Mit Mädeln sich vertragen*〉はリートではないが、十九世紀には学生たちの古い酒宴の歌として親しまれた。(156) ライヒャルトは一箇所だけゲーテに妥協して、ダ・カーポ・アリアを入れている。(157)

《エルヴィーン》では、対話の部分はゲーテの要求どおりレチタティーヴォにしているが、ライヒャルトはこ

【譜例 2】ライヒャルト《すみれ》

※「ホルン五度」の指摘は筆者による。原曲は変ロ長調。

の長過ぎる対話部分を短く削るなど、ゲーテの台本を独自の裁量で改変して扱った。また、このジングシュピールにもライヒャルトはたくさんのリートを挿入した。たとえばそれは、第一幕でローザとエルミーレ、ヴァレリオの三人が歌う〈すみれが牧場に咲いていた *Ein Veilchen auf der Wiese stand*〉や、第二幕でエルミーレの歌う〈ありのままの私を見て下さい、聖なる人よ *Sieh mich, Heil'ger, wie ich bin*〉[158]などである。前者の《すみれ *Das Veilchen*》は、すでに一七八三年以前に単独のクラヴィーア伴奏つきリートとして作曲されており【譜列2】、それが三重唱に編曲された。今日ではモーツァルトの音楽でよく知られているが、当時はライヒャルトのつけた民謡調の旋律のほうが有名であった。

《エルヴィーン》の後は、ゲーテの依頼により一七九一年に《イェーリとベーテリ》が誕生している。当初ライヒャルトは、ゲーテのすべてのジングシュピールの台本に作曲する予定であったが、結局《イェーリ》が最後の作品となった。[159]《イェーリ》は、創作後すぐに上演された《クラウディーネ》や《エルヴィーン》とは異なり、初演までに一〇年の年月がかかった。恐らくその理由は、ライヒャルトが楽長職を解かれたこと、また「クセーニエン論争」によって両者が対立したことなどにあると考えられる。ところが《イェーリ》は、一八〇一年三月三十日にベルリンで初演されて以来、ライヒャルトの死後もなお一八二五年十二月二十六日まで舞台に掛けられた。[160]ベルリンだけでなくヴァイマル（一八〇四年六月九日から一八一九年まで）やライプツィヒ、ブレスラウ、ハンブルク、ハレなどでも上演されて大成功を収めたのである。[161]中には、「とりわけライヒャルトの愛らしい音楽の御蔭で好意的に許されているものの、一般庶民がこの古いジングシュピールにおいて観るのは、娯楽的で取るに足らないものしかない」という批判の声もあったが、[162]《イェーリ》が多くの聴衆から拍手喝采を受けたことは注目に値するであろう。成功の要因の一つとして挙げられるのは、ゲーテの台本がライヒャルトの求めるものにより近かった点である。《イェーリ》には民謡的な要素がふんだんに散りばめられており、また対話の部分も散文であった。[163]

ゲーテは第二次スイス滞在中の一七七九年に、この物語を思いついた。彼は、当時人気のあったスイスというテーマを用いて牧歌的な雰囲気を醸し出しつつ、自然における純粋で単純な高貴さは不変であることを独自の方法で表現した。ライヒャルトは、ゲーテの素朴な詩に効果的なメロディをつけようと考えて、スイスやフランスの民謡の旋律をもとに作曲した。[164]序曲にも、ゲーテ自身は望んでいなかったというが、民謡の《小鳥ならば *Wenn ich ein Vög'lein wär'*》をテーマとして使用している【譜例3】。ライヒャルトは、《イェーリ》に従事していた当時、フランスのヴォードヴィルを手本とした「リーダーシュピール」という新しいジャンルを確立しようと考えていた。これについては後述するが、挿入される歌がすべて民謡調リートや単純な有節歌曲だけから成る歌芝居であり、ヒラーのジングシュピールにおける単純さや素朴さ、親しみやすさといった要素をさらに突き詰めた

【譜例3】ライヒャルト《イェーリとベーテリ》序曲

ものである。そして、ちょうどこの《イェーリ》がリーダーシュピールへの橋渡しの役割を果たす作品となり、ライヒャルトも、「私は、ゲーテによる非常に愛らしいスイスの小品《イェーリとベーテリ》を［……］部分的にこのリーダーシュピールの方法で作曲した」と述べている。[165] 彼はテキストの変更や部分的な省略を行なって、リーダーシュピールの構造に合うように台本を直し、それをティークに手伝わせている。[166] オーケストラも節度のある伴奏に終始し、リズムも同じ繰り返しが多い。挿入される歌にもコロラトゥーラのような技巧的表現はないが、旋律は心地よく分かりやすいものであり、すぐに民衆に歌われるようになった。たとえばそれは、ベーテリが第一節を歌い、イェーリが第二節を少し変奏して歌うリート〈水はさらさらと流れ、とどまりはしない *Es rauschet das Wasser und bleibet nicht stehn*〉や、トーマスの歌う短調の有節リート〈怠け者の羊飼いがいた *Es war ein fauler Schäfer*〉などである。ベルンハルト・ザイフェルトの指摘によると、この二つのリートのうち前者からは、ライヒャルトがヒラーの築いた基盤の上に立っていることが分かるが、彼には自由さがあるという。それは、オーボエによる伴奏が歌声部の旋律を示唆したり、旋律も単なる繰り返しではなく少し変奏されていたりする点であり、ヒラーには見られない傾向である。[167]

以上のように、ライヒャルトがゲーテとともに目指した真のジングシ

ュピール の中で、最も成功した作品は《イェーリ》であったが、その後、この二人の協力によってオペラが誕生することはなかった。つまり、彼らが共同制作を行なった時期は、一七八九年から一七九一年までの約二年間に限られる。しかし、ともに母国語によるオペラの発展を目指していながら、彼らの協力態勢が短期間しか続かなかったのはなぜであろうか。ここで、その理由を考察してみたい。まず考えられるのは、ライヒャルトの作曲にゲーテが不満であったという可能性である。ゲーテは晩年の一八二九年四月八日に昔を振り返りながら、一八一四年にこの世を去ったライヒャルトの音楽について感想を述べている。ヨハン・ペーター・エッカーマン（Johann Peter Eckermann, 1792–1854）が《クラウディーネ》を一度劇場で観てみたいが、どの作曲家の音楽がよいかと尋ねたところ、ゲーテは次のように答えた。

ライヒャルトがよいであろう。たしかに、その音楽は素晴らしい。ただし、オーケストラの部分の作曲が時代遅れ趣味で、やや出来が悪い。この点にいくらか手を加えて、オーケストラの部分を少し強化充実させる必要があるだろう。我々のリート〈キューピッド、やんちゃで我儘な少年 *Cupido, loser, eigensinniger Knabe*〉などはこの作曲家の手に掛かって、特に見事な出来栄えであった。[168]

〈キューピッド、やんちゃで我儘な少年〉はゲーテが好んだリートで、[169] これを賞賛しているということは、ゲーテはライヒャルトの音楽には概ね満足していたと言える。彼が唯一不満であったのはオーケストレーションである。なぜなら、晩年のゲーテはモーツァルトの音楽を理想としており、ライヒャルトの控えめなオーケストレーションは、もはや物足りないものになっていたからである。ただし、確認しておかなければならないのは、モーツァルトが初めから彼の理想の作曲家であったわけではないという点である。ゲーテは一七八五年に初めて《後宮からの逃走》を観ているが、すぐにモーツァルトのオペラの真価を理解できたわけではなかった。[170] ゲーテは一七九一年以来、二七年もの長きにわたってヴァイマル宮廷劇場の監督を務め、その間にようやく、モーツァルトの芸術の素晴らしさを知ったのである。既述のとおり、モーツァルトのジングシュピールは、ライヒャルトが手本とした北ドイツのものよりも、歌やオーケストラの役割を重視した音楽的作品であった。それゆえ、晩年のゲーテはライヒャルトのオーケストレーションに、モーツァルトに匹敵する表現の豊かさや充実した着想が欠けている点を残念に思ったのであろう。

共同制作をしていた当時のゲーテは、ライヒャルトのつける音楽に十分魅力を感じていた。そもそもゲーテは、最初にライヒャルトの《クラウディーネ》を試聴し、それが気に入ったために、カイザーに代わる作曲家としてライヒャルトを受け容れたのである。一七八九年六月十五日と二十九日にライヒャルトに宛てて書いた手紙で、ゲーテは《クラウディーネ》がベルリンで上演されることへの期待感を示し、また一七九〇年二月二十八日の手紙では、《エルヴィーン》が作曲されたことを大いに喜んでいる。[171] つまり、この二人によるジングシュピールの共同制作が、たった二年間で終了してしまった理由はほかにある。当然、ライヒャルトの楽長解任や「クセーニエン論争」も原因の一部と考えられるが、その真の理由は、ゲーテ自身がスランプに陥り、台本を執筆できなくなったことにあった。

彼らの共同企画には、ゲーテの依頼によりライヒャルトが作曲を開始していたにもかかわらず、実現しなかったものがある。それは、アレッサンドロ・カリオストロ（Alessandro Cagliostro, 1743–1795）の有名な「首飾り事件」（一七八五年）を題材にした《大コフタ *Der Großkophta*》（ジングシュピールとしてのタイトルは《欺かれた人々 *Die Mystifizierten*》）である。[172] ライヒャルトにとって、この新作は本格的なドイツ・オペラの誕生を意味し、彼は台本の完成を大いに期待していた。ゲーテにとっても、いよいよ「ドイツ全体」を相手に、自分の夢を実現できる時が到来したはずであった。ところが、彼はオペラ・ブッファ風のジングシュピールに対する意欲と失望のジレンマに陥っていた。なぜなら音楽が加わらなければ、台本は読み物としての価値のない、言葉の芸術としての要素を端から放棄したものに感じられたからである。[173] たしかに、オペラ・ブッファのテキストは極めて詩形が単純で、内容も単調になることは回避できない。話し言葉によって筋を展開していく「歌つき芝居」に比べて、レチタティーヴォによる対話では自ずと語ることのできる量が制限される。彼はオペラ・ブッファに魅力を感じながらも、詩人として言葉の芸術へのこだわりを捨て切れず、この作品をオペラとして仕上げようという意欲を次第に失っていった。[174]

彼は一七九〇年十一月八日のライヒャルト宛ての書簡で、「(オペラの台本を書くには) イタリア人の高貴な手本に従って、詩作の上でのあらゆる良心や羞恥心はかなぐり捨てなければなりません」(括弧内筆者) と書いている。[175] これは、詩人としての自尊心を失ってまで、オペラにこだわる必要があるのだろうかという心情の吐露である。彼は結局、オペラ・ブッファの形式では芸術性の高いものは書けないと判断し、ライヒャルトに何の相談もなく、一七九一年に『大コフタ』の台本を喜劇に変更してしまった。[176] その後、ゲーテはモーツァルトの《魔笛》に関心を持ち、一七九五年に『魔笛第二部 *Der Zauberflöte zweiter Teil*』を書き始めたが、それも未完に終わっている。[177] そしてライヒャルトもまた、ゲーテとの共同制作の後はしばらくオペラの作曲をしていない。

(3)　ドイツ・オペラ発展のための諸々の試み

ライヒャルトがフリードリヒ・ヴィルヘルム三世のもとで、宮廷楽長に復職したのは一七九八年のことであったが、それと時を同じくして、彼の中で再びドイツ・オペラに取り組む意欲が高まった。彼はこの年に、イタリア・オペラの中で最も成功した作品《ブレンヌス》(一七八九年) のコンサート用編曲版を出版しているが、ドイツ語でも歌えるように、イタリア語の歌詞に訳詞を添えている。[178] さらに、ライヒャルトはこの作品を国王の前で、宮廷歌劇場で活躍するドイツ人歌手たちに母国語で披露させて、イタリア語よりも素晴らしく上演できることを証明しようと計画していた。それは、ドイツ・オペラの発展のために、国王という力強い味方を得ようと考えたためである。[179] この計画自体は上手くいかなかったが、ライヒャルトはそのほかにもドイツ・オペラの水準を向上させるために、様々なことに取り組んでいる。その一つが、《イェーリ》で近づくことのできた「リーダーシュピール」という新しいジャンルへの挑戦であった。[180]

ライヒャルトは、ジングシュピールもリーダーシュピールも民衆の教育、すなわち道徳の促進や強化、良き趣味の形成などに役立つべきであると考えていた。なぜなら、彼にとって芸術とは、単なる退屈しのぎや娯楽のためのものではなく、むしろ「純粋で自由な思想を持つ高貴な人間」の教育を目的とするものであり、さらには全民衆の品性を高め、社会生活に調和を与えてくれるものであったからである。[181] 彼の作品が一般市民に幅広く受け容れられるためには、特殊な能力を持つ者や専門の教育を受けた者にしか歌えないようなアリアよりも、素人がすぐに覚えて簡単に口ずさめるような民謡調の歌のほうが有益であった。[182] たとえば《イェーリ》では、ライヒャルトの作曲した印象的で単純な旋律が、ゲーテの書いた芸術的で道徳的な台本を普及させるのに役立った。また、彼は自身の舞台作品の楽譜を、家庭で容易に演奏できるようにクラヴィーア編曲版にして販売するという工夫などにより、実際に劇場へ足を運べない人でも彼の作品に近づけるようにした。[183] 既述のとおり、ヒラーは「ジングシュピールの父」であっただけでなく、当時の代表的な汎愛主義教育家の一人でもあったが、ライヒャルトは音楽による民衆教育という思想においても、彼を模範としていた。[184]

また、ライヒャルトは生涯に何度もフランスを訪れているが、そこでヴォードヴィルを大変気に入り、「この心地よく娯楽的なジャンルをドイツでも流行らせよう」と考えた。[185] ヴォードヴィルとは、時事や人物を風刺したポピュラーソング入りの軽喜劇のことで、年の市の添え物であり、オペラ・コミックもこのヴォードヴィルから始まった。語源は、十五世紀の北フランス、ノルマンディーのヴィールという谷間地方（Val-de-Vire）で歌われた風刺的流行歌、あるいは「街の歌 voix de ville」であると言われる。ライヒャルトは、「大勢の聴衆の歌唱教育のみならず、彼らの生活の楽しみにさえ影響を及ぼすことができるのは、極めて心地のよいリートのみである」[186]との見解から、ヴォードヴィルのような控えめで音楽つきの小芸術こそが民衆教育に役立つとみなして、「リーダーシュピール」という新しいジャンルを創始した。これは新しいジャンルと言っても、ジングシュピールに挿入される歌の部分がすべて民謡調リートや単純な有節歌曲だけから成っているものであり、ジングシュピールをさらに単純化したものである。『リーダーシュピールについて *Etwas über das Liederspiel*』という小論の中でライヒャルトは、「私がこの作品《愛と忠誠 *Lieb' und Treue*》をリーダーシュピールと名づけたのは、リートが、いや、ただリートのみがこの作品の音楽的内容を成していたからである」（括弧内筆者）と説明している。[187]ライヒャルトは三つのリーダーシュピールを作っており、台本もすべて彼自身が書いた。[188]ただし、物語の筋はリートの内容から限定されて、全体としてはそれぞれのリートが内容の乏しい筋によって緩く結びつけられた形になるため、当然のことながらドラマチックな緊張感を出すことはできなかった。さらに彼には、すでに発表済みのリートを挿入して、一般に広めようという密かな野心もあったようである。

最初の作品《愛と忠誠》は、一八〇〇年三月三十一日にベルリンの王立国民劇場で初演された。三作品の中で最も人気があり、ベルリンでは、初演から一八一六年四月二十四日までの間に全部で三八回上演されている。[189]この成功についてライヒャルトは次のように報告している。

ただ心地よい印象を与えることだけに狙いを定めた、この小品の成功は、あらゆる期待をはるかに超えていた。ベルリンの聴衆が皆、夢中になって、ただただ拍手喝采を送るのをこれまで一度も見たことがなかった。当時、いくつかのベルリンの新聞はこの小品の初演について詳細に報道した。聴衆が皆、これらのささやかなリートや歌手たちの素朴な歌唱に拍手喝采を送り、その全体の柔らかな趣にはっきりと心地よさを感じてくれたことで、私には満足であった。(190)

ベルリン以外にはブレスラウやケーニヒスベルク、ブレーメン、シャフハウゼン、ハンブルクなどで上演され、テュービンゲンでも一八一六年ごろまで観客たちを楽しませた。この作品は、もともとライヒャルト家の家庭内の祝い事のために創作されたという。それゆえに、台本も彼の家庭生活を反映させたものになっており、家族の気に入っていたリートや民謡が意図的に挿入されている。たとえばそれは、ゲーテの《野ばら *Heidenröslein*》【譜例4】や《狩人の夜の歌 *Jägersnachtlied*》（原詩の題は『狩人の夕べの歌 *Jägers Abendlied*』）【譜例5】、《歌手 *Der Sänger*》、ヨハン・ガウデンツ・フォン・ザリス＝ゼーヴィス（Johann Gaudenz von Salis-Seewis, 1762–1834）の《最後の願い *Letzter Wunsch*》、スイス民謡《雨はやんだばかりだ *s'ist no nit lang, daß g'regnet hot*》などである。(191) また、オーケストラ伴奏についてライヒャルトは、「全体をただ心地よく柔らかな趣に整えるほかに、それぞれのリートの目的に最も適したものを見出すことを自分の義務と考えていた」と述べている。その発言どおり、《狩人の夜の歌》の伴奏は、二本のヴァルトホルンのみによる極めて簡素なものである。そして作品の冒頭では、序曲の代わりに有名なリートのメロディが管楽器によって演奏されるが、その歌詞は歌われないものの、歌詞の内容が作品全体と関連の深いものになっている。(192)

残りの二作品《万歳 *Juchhei!*》と《芸術と愛 *Kunst und Liebe*》は、かなり不評であった。《万歳》は情感的な第一作目とは異なり、コミカルな性格を持つ愛国的なエピソードで、「Juchhei!」で終わる愉快な軍歌がいくつか挿

【譜例 4】ライヒャルト《野ばら》

※和音記号の記入は筆者による。

Du wandelst jetzt wohl still und mild
Durch Feld und liebes Tal,
Und ach, mein schnell verrauschend Bild
Stellt sich dir's nicht einmal?

Des Menschen, der die Welt durchstreift
Voll Unmut und Verdruß,
Nach Osten und nach Westen schweift,
Weil er dich lassen muß.

Mir ist es, denk' ich nur an dich,
Als in den Mond zu sehn,
Ein stiller Friede kommt auf mich,
Weiß nicht wie mir geschehn.

【譜例 5】ライヒャルト《狩人の夜の歌》

※和音記号の記入は筆者による。

入されている。タイトルは、劇場監督の勧めにより《歓喜 *Der Jubel*》に変更されて、一八〇〇年六月二十一日から七月三日までの間に三回上演されている。[193] 全体の枠組みは精彩を欠いていて、いわばまとまりのないリートの羅列で、ライヒャルト自身も認めているように、第一作目ほどには反響を巻き起こすことはできなかった。[194] 楽譜も、劇場での上演より、リート集のように家庭内でクラヴィーアを弾きながら歌って楽しむ目的で用いられた。《芸術と愛》が創作されたのは一八〇三年であったが、上演されたのは一八〇七年十一月三十日の一度だけであった。[195] ゲーテのリート《少女 *Das Mädchen*》や《青年 *Der Jüngling*》、《イタリア *Italien*》、《新しき愛、新しき生 *Neue Liebe, neues Leben*》、《同盟の歌 *Bundeslied*》、《孤独 *Einsamkeit*》なども挿入されたが、[196] この作品が喝采をあびることはなく、結局リーダーシュピールで好評であったのは《愛と忠誠》のみにとどまった。また、部分的にリーダーシュピールの手法が使われているという点を考慮すれば、これに《イェーリ》での成功を加えてもよいかも知れない。

さて、リーダーシュピールでは、ジングシュピールの単純化という方向性を示しながらも、それと同時にライヒャルトは、より本格的なドイツ・オペラの制作にも取り組んでいる。彼のジングシュピールの中で最も重要な作品に、一七九八年に完成した《精霊の島》がある。この台本はシェイクスピアの『テンペスト』の翻案で、元来はモーツァルトやディッタースドルフのために、フリードリヒ・ヴィルヘルム・ゴッター（Friedrich Wilhelm Gotter, 1746–1797）が書いたものであった。フリードリヒ・ヴィルヘルム三世への忠誠宣誓の行なわれた同年七月六日に、当時、王立国民劇場の監督を務めていた俳優イフラントによって初演された。この作品は大成功を収めて、ベルリンのみならずライプツィヒやデッサウ、ハンブルクなどでも舞台に掛けられた。次から次へと新しい作品が誕生し、短期間のうちに忘れられていく中で、《精霊の島》は一八二五年八月九日までベルリンの劇場のレパートリーに残り、全部で五八回上演された。[197] カール・アウグスト公もこの作品を大層気に入り、一八〇一年にはヴァイマルでも人気が出た[198]。

このジングシュピールで評価に値するのは、カール・マリーア・フォン・ウェーバー（Carl Maria von Weber, 1786–1826）の《魔弾の射手 *Der Freischütz*》（一八二一年）と同様に、序曲が作品全体に現れる様々なテーマを先取りしている点である[199]。たとえば、冒頭のニ長調の軽快なテーマは、精霊たちの合唱（第一幕第一場）で再現され、その次に現れる嵐のテーマは、序曲でも何度も繰り返されて存在感があるが、第一幕第五場の「地の精キャリバン」のアリアや、それに続く船員たちの合唱にも伴奏として用いられて、このテーマとともに第一幕が終了する。また、八分の六拍子によるニ長調のオーボエ・ソロのテーマやそれに続く弦楽器によるニ短調のテーマは、第一幕第三場と第五場の「空気の精エアリエル」の登場とともに使用されている[200]。当時の批評も、彼の序曲を次のような言葉で絶賛した。

その序曲は聴衆を魅惑し、完全にライヒャルトの偉大な感受性に基づいて創作されている。まるで、無数の光輝に満ちた姿が不可思議な領域において動いているのが見えるようである。あらゆる現象を伴う精霊の世界が、我々の近くへと引き寄せられている。一言で言えば、それはシェイクスピアによる真の嵐へのこの上なく美しい解説であり、極めて輝かしい導入である[201]。

登場人物たちの歌はほとんどが単純で素朴なメロディから成るが、ザイフェルトも指摘しているように、その多くが通作歌曲である[202]。ミランダの歌では時々装飾に富む華やかなコロラトゥーラが出現する。たとえば、それは第二幕第四場のロンドや第一二場のアリアである。また、民謡調のリートもいくつか挿入されているが、その例としては第二幕第一〇場でオロンジオとステファノが酒に酔いながら歌う〈妻たちは好き勝手にあっちで暮らせ

ばいいさ *Mögen unsre Weiber doch dort nach Willkühr hausen*〉[203]や、第一二場のフェルナンドのロマンス〈我が国の太陽のように優しく、輝かしく *Sanft und herrlich, gleich der Sonne meines Landes*〉などが挙げられる。前者は通作歌曲であり、後者は牧歌的なホルンの前奏がついたA–B–A′の三部形式になっていて、五節から成る詩節のうち一―二節はAの旋律、三節のみBの旋律、四―五節はAを変奏したA′の旋律で歌われる。第二幕第一三場のミランダとフェルナンドの二人が歌うリート〈ああ、愛とは何であるか *Ach, was ist die Liebe*〉は成立が古く、台本作家のゴッターがライヒャルトに《精霊の島》の第一稿を示した際に、ライヒャルトがテキストの下に鉛筆書きでこのメロディを書き込んだのが始まりである。それはすでに有名で人気のあったメロディであったが、ライヒャルトは最終的にこのリートをそのまま採用した。その理由は、オペラの中に知っている歌が挿入されていて、上手い歌手や器楽の伴奏によって演奏されることは、観衆を心地よくさせる効果があると、彼が考えていた点にある。[204]

この《精霊の島》が大成功した理由は、彼のこれまでの作品と同様に北ドイツのヒラーの路線を維持しつつも、民衆劇やオペラ・ブッファ、オペラ・コミックなど様々な流れを汲んだウィーンのジングシュピールの精神にも適応していたことにある。つまりこの作品では、民謡の素朴さや語りの部分の役割が尊重されているのと同時に、《魔笛》やそれに類するオペラが扱うスペクタクルや魔法的要素が存分に取り入れられているのである。[205]また、その序曲も作品全体の雰囲気を伝えるだけでなく、オペラの中に次々と現れるテーマを具体的に先取りしている点が斬新であった。アウグスト・ヴィルヘルム・シュレーゲルは《精霊の島》の音楽をリハーサルで聴き、「とても素晴らしくロマン的であると思う」と絶賛している。[206]この言葉が示唆しているように、ライヒャルトは十八世紀末に早くもロマン派オペラの成立に向けて大きな一歩を踏み出しており、この作品はホフマンの《ウンディーネ》（一八一六年）やウェーバーの《魔弾の射手》に先立つものとして、非常に重要であると言える。

その後もライヒャルトはドイツ・オペラの創作を続けて、一八〇一年にはアウグスト・フォン・コツェブー

（August von Kotzebue, 1761–1819）の台本による《魔法の城 *Das Zauberschloss*》を作曲し、この「魔法オペラ」は翌年の一月二日から八日までの間に四回ベルリンで上演されている。[207] また、カッセルの劇場総支配人をしていた一八〇八年には、カルロ・ゴッツィ（Carlo Gozzi, 1720–1806）の寓話劇『青い怪物 *Das blaue Ungeheuer*』をライヒャルト自身が翻案し、その作曲にも着手している。この作品が本格的に上演されることはなかったが、同年ウィーンで行なわれたロプコヴィッツ侯（Franz Joseph Maximilian von Lobkowitz, 1772–1816）の私的なコンサートでは、このオペラの一部が披露され、特に二重唱は好評で何度も聴衆のアンコールに応えることになったという。[208]

ウィーン滞在中にも、ライヒャルトはドイツ・オペラ《ブラダマンテ *Bradamante*》を創作している。このハインリヒ・ヨーゼフ・フォン・コリン（Heinrich Joseph von Collin, 1771–1811）の台本[209]をめぐっては、誰が曲をつけるかでベートーヴェンと争うことになった。ベートーヴェンとコリンは友人関係にあり、一八〇七年にはベートーヴェンがコリン作の悲劇『コリオラン *Coriolan*』のために序曲を作曲し、詩人に献呈している。[210] 彼は引き続き、『ブラダマンテ』の作曲依頼も受けたが、詩人との意志疎通が上手くいかなかった。そして結局、その作曲者として白羽の矢が立ったのは、詩人と知り合ったばかりのライヒャルトであった。[211] その後、ライヒャルトは驚くほど短い期間でこの舞台作品に音楽をつけて、一八〇九年二月二十五日に完成させた。ロプコヴィッツ侯の好意によりウィーンの劇場で上演される予定であったが、フランス軍の侵攻が原因でそれは実現しなかった。[212] それにもかかわらず、ベートーヴェンはこのことをいつまでも根に持っていたようである。[213]

一八一一年には、シラーのバラードをもとにしてザームエル・ゴットリープ・ビュルデ（Samuel Gotlieb Bürde, 1753–1831）が書いた台本『潜水者 *Der Taucher*』に付曲している。[214] 三月十八日にベルリンの王立宮廷歌劇場で初演されたものの、「音楽にはこの作曲家から期待できるような、力強さや個々に美しい箇所もいくらかあったが、退屈な部分も少なくなかった」と酷評された。その主な原因は数人の手が入った台本にあったようで、「それは長過ぎて、大変多くのレチタティーヴォと盛り上がりに欠ける部分を含んでいたので、作曲家にとってかなりの負担になっていた」という。この「ロマン的オペラ」は二十四日の二度目の上演では客の入りが非常に悪かったため、すぐに打ち切られて、代わりにスポンティーニの《ヴェスタの巫女》が取り上げられた[215]。これは、ベルリンのオペラ界にスポンティーニやルイージ・ケルビーニ（Luigi Cherubini, 1760–1842）、エティエンヌ＝ニコラ・メユール（Etienne-Nicolas Méhul, 1763–1817）といった新しい勢力が台頭し、ライヒャルトがその作曲家たちの背後へと追いやられてしまったことを象徴する出来事でもある。この《潜水者》がライヒャルトの最後のオペラ作品になったが、彼にはまだ、ティークの『シャクンタラー *Sakuntala*[216]』に取り組みたいという意欲が残っていた。しかもそれは、これまでのナンバーオペラをやめて、リヒャルト・ワーグナー（Richard Wagner, 1813–1883）が実現したような、各幕の音楽が途切れることのない新しいオペラを創始するという、大胆かつ壮大な計画であった。しかし、彼の体力はすでに限界に達しており、序曲といくつかの場面の構想が練られただけでこの計画は頓挫した[217]。

一七九八年以降、ライヒャルトはドイツ・オペラの発展のために尽力したが、それは二つの方向性を示していた。一つは、ジングシュピールをさらに単純化したリーダーシュピールの創始である。成功した作品は《愛と忠誠》のみにとどまるが、リーダーシュピールはその後も一つの音楽ジャンルとして定着し、作曲され続けた。ライヒャルトの存命中には、ヒンメルやB. A. ヴェーバーもリーダーシュピールに興味を示し、台本作家としてはコツュブーが人気であった[218]。一八一六年には、シューベルトの連作歌曲《美しき水車小屋の娘 *Die schöne Müllerin*》（一八二三年）の先駆けとされる、ルートヴィヒ・ベルガー（Ludwig Berger, 1777–1839）のリーダーシュピール《美しき水車小屋の娘》が誕生した。これは、エリーザベト・フォン・シュテーゲマン（Elisabeth von Staegemann, 1761–1835）のサロンで、常連客たちが自ら演じるために共作したものである[219]。一八二九年には、メンデルスゾーンが両親の銀婚式を祝って《異国からの帰郷 *Die Heimkehr aus der Fremde*》を作曲している。本来は、家庭内で演奏するために書かれたが、一八五一年から一八六四年までの間ベルリンの劇場でも上演された。[220] また一八九〇年には、エンゲルベルト・フンパーディンク（Engelbert Humperdinck, 1854–1921）が家族を喜ばせるために、《ヘンゼルとグレーテル *Hänsel und Gretel*》をリーダーシュピールの形式で作曲し、一八九三年にメルヒェン・オペラに書き換えている。[221] つまりリーダーシュピールは、元来ライヒャルトの《愛と忠誠》がそうであったように、家庭やサロンなどの小さな集まりで、ささやかな楽しみを提供するものとして生き残り、さらに連作歌曲やメルヒェン・オペラへと発展していく要素をも内包していたと言えるのである。

ライヒャルトの示したもう一つの方向性は、ロマン派オペラへの挑戦である。彼は多数のドイツ・オペラを書いたが、最も成功したのは《精霊の島》であった。その後に作曲されたオペラは上演の機会に恵まれず、たとえ上演されても好評を博すことはなかったが、一八〇六年以降の彼の境遇を考慮すると同情すべき点も多い。ともあれ、《精霊の島》は一七九八年の初演以来二七年間上演され続けて、十九世紀の新しいドイツ・オペラの成立に先鞭を着けたと言っても過言ではない。また、《精霊の島》と並んでゲーテの《イェーリ》も、リーダーシュピールの手法を用いた作品として、オペラの歴史において重視されるべきであると考える。ライヒャルトはハッセやグラウンの作品を模倣することからオペラの作曲を始め、グルックやヒラーを手本として成長しながら、イタリア語やフランス語、ドイツ語による様々なオペラを生み出した。さらに、より本格的なドイツ・オペラを求めて努力し、実現こそしなかったものの、晩年にはワーグナーの手法にまで考えが及んでいた。彼のオペラ観について考察することは、十八世紀後半から十九世紀半ばまでのドイツのオペラ史を追うことと共通し、大変興味深いと言える。しかし彼の場合、取り留めもなく多種多様なものに興味を示しているようでいて、オペラに対する基本的な姿勢は揺るぎがない。それは、オペラでは演劇のパトスと音楽の効果的な単純さとを上手く調和させ、素朴さと崇高さのより均整のとれた統一を目指すべきであるという考えであった。

第三節　北ドイツにおけるライヒャルトの作品への評価

ライヒャルトの友人や知人の間では、彼のリートに魅力を感じていた者は多かったが、彼のオペラやジングシュピールに対する意見は割れていた。第三節では、ライヒャルトの弟子でもあったホフマンや「ロマン派の宿泊所」の客たちが、どのようなオペラ観を持ち、ライヒャルトの作品をどのように評価したのか調査する。そして最終的には、彼らのオペラに関する価値観にライヒャルトの作品が及ぼした影響についても考察したい。

ホフマンがライヒャルトのもとを訪れたのは、一七九八年から一八〇〇年までのベルリン滞在期であると考えられるが、そのころのベルリンでは、ライヒャルトとゲーテの共同制作による《クラウディーネ》が一七九九年二月二十日まで王立国民劇場で上演されていた(222)。また、一七九八年七月六日にはライヒャルトの新しいジングシュピール《精霊の島》が、一八〇〇年三月三十一日にはリーダーシュピールの第一作目《愛と忠誠》が初演されて、いずれも大成功を収めた。ホフマンがベルリンを去った後も、一八〇一年二月六日にはライヒャルトの最後のイタリア・オペラ《ロズモンダ》が、三月三十日には《イェーリ》が初演されている(223)。

ホフマンは、ライヒャルトを生涯で最も影響を受けた音楽家の一人とみなし、彼のリートを絶賛したにもかかわらず、オペラに関してはあまり積極的に評価していない。ベートーヴェンの劇付随音楽《エグモント》に関する批評文（一八一三年）の冒頭で、ホフマンはライヒャルトの名前は伏せているものの、彼の《クラウディーネ》を批判して次のように述べている。

> たとえば、ある音楽の巨匠はゲーテによるかなりの数の心地よいリートを、非常に適切な方法で作曲し、このようにして『ヴィルヘルム・マイスター』の中の歌は真に古典的なものになった。しかし、非常に控えめで愛らしい《クラウディーネ・フォン・ヴィラ・ベラ》はまさしくその作曲家の手によって作られたが、その音楽は失敗に終わった。評者がこのことを自由気ままに言えるのも、聴衆がとうにこの作品について注意を払わなくなり、忘れてしまっているということで判決を下しているからである。

それに加えてホフマンは、ライヒャルトがゲーテの『リラ』や『エルヴィーン』も作曲していたことを知らなかった。[224] また、ほかの批評文でも、《ブレンヌス》や《ロズモンダ》、《精霊の島》についてはタイトルを挙げるだけにとどまり、ゲーテとの共同制作で最も成功した《イェーリ》や、リーダーシュピールの代表作《愛と忠誠》に関しては、タイトルにさえ言及していない。[225]

ただし、『スポンティーニのオペラ《オリンピア》についての追記』の中でホフマンは、ライヒャルトのバレエ音楽について賞賛している。作品名は明らかにしていないが、《ロズモンダ》を観た可能性がある。この作品は、フリードリヒ・ヴィルヘルム三世から舞踏シーンの多いものにしてほしいとの依頼を受けて作曲され、大変好評であった。[226] ホフマンはライヒャルトの舞踏音楽について、次のように述べている。

> 優れたバレエ音楽を書くことは、恐らく多くの人が考えているほど容易なものでは全くないが、ライヒャルトの舞踏は、グルックの見事なものに次いで真に高等な舞踏音楽の手本とみなし得る。この分野において最近の音楽は、我々の師匠（ライヒャルト）のバレエに匹敵し、さらに弟子たちの研究に十分に役立つようなものを、恐らく何も提示できないであろう。[227]（括弧内筆者）

このようにホフマンは、ライヒャルトがグルックから直接的に、あるいは間接的に学んだ舞踏音楽を絶賛したが、それにもかかわらず彼にとってライヒャルトのオペラは、やはり何か物足りないものであり、それに心を奪われることはなかったようである。

ホフマンは芸術論『詩人と作曲家 *Der Dichter und der Komponist*』で、「真のオペラなど実際にはほとんどないに等しい」と嘆いているが[228]、あえて彼の考える「真のオペラ」を現実世界に探すとすれば、グルックやモーツァルト、そしてスポンティーニのオペラということになる。既述のとおり、ホフマンにとってグルックは尊敬に値する偉大な作曲家のうちの一人であった。彼はライヒャルトの感化を受けて、グルックをオペラ・セリアの改革者というよりも、パリでリュリやラモーの牙城を揺るがし、大成功を収めたドイツの英雄とみなしている[229]。また、《アウリスのイフィゲニア》のピアノ編曲版に対する批評では、作品論を展開していく中で、グルックのオペラの理念と構造における「高貴なる単純性」を繰り返し絶賛している[230]。モーツァルトも、ホフマンの音楽観に多大な影響を与えた作曲家の一人であるが、多くの作曲家たちの中でもモーツァルトは別格であった。彼はモーツァルトを敬愛するあまりに、自分の三番目の「ヴィルヘルム」という名前を「アマデーウス」に変えたほどである[231]。また、モーツァルトの作品のうち、《ドン・ジョヴァンニ》はホフマンにとって特別な存在であり、彼は音楽小説『ドン・ジューアン *Don Juan*』を書いている[232]。ホフマンによれば、モーツァルトのオペラにおける功績は、「イタリア人の忘我の境に入るほど魅惑的な歌」と「ドイツ人の力強い表現、つまり器楽がいつの間にか獲得した豊かさ」を結びつけたことにあるという[233]。さらに、オーケストラの部分も歌と同様に、オペラ全体の特徴を捉える必要があることを示したのもモーツァルトであった[234]。

ホフマンは、グルックを音楽のソフォクレス（Sophokles, 497/496 v. Chr.–406/405 v. Chr.）、モーツァルトを音楽のシェイクスピアと呼び、「モーツァルトは新しい道を切り開き、ロマン的なオペラの比類なき創始者となった」と主張している。[235] 彼にとって、グルックの悲劇オペラは模範として適切な「真の音楽ドラマ」であり、「古典的」であるのに対して、モーツァルトの「独創的な想像力」が作り上げた天才的作品は、手本とするのは難しいが、「ロマン的」な魅力があった。[236] ホフマンの言う「古典的」なオペラや「ロマン的」なオペラとは、今日の西洋音楽史による「古典派オペラ」や「ロマン派オペラ」の分類とは異なっている。前章ですでに触れたように、十八世紀末から文学の世界では「ロマン的」という言葉は「古典的」の対概念として用いられたが、音楽では「ロマン的」のほうが早くから使用された。ライヒャルトはこの言葉を一八〇二年ごろから音楽に適用し、「古典的」を用いるのは文学を話題にする時に限られていた。[237] ホフマンは音楽に「ロマン的」のみならず、「古典的」という表現も適用した点で新しいが、その使用法は非常に曖昧で一貫性がない。[238]

さらに、ホフマンは「少なくとも軽率であるがゆえに真の芸術には不相応である」と、ジョアッキーノ・ロッシーニ（Gioacchino Rossini, 1792–1868）を舌鋒鋭く批判し、十九世紀の「新しい」イタリア・オペラを攻撃の対象としていたにもかかわらず、スポンティーニの円熟期のオペラには高い価値を見出していた。なぜならホフマンは、スポンティーニが「グルックやモーツァルトの作品から、これ以上ないほどに決定的な影響を受けた」と確信していたからである。[239] たしかに彼は、スポンティーニがイタリアやフランスのオペラの手法も取り入れていることを認めている。しかし、それはホフマンにとって瑣末なことであり、スポンティーニが、主にドイツの伝統に忠実な音楽家であると感じられることこそが重要であった。ホフマンは、スポンティーニのフランス語オペラ《オリンピア *Olympie*》の台本をドイツ語に翻訳しており、ドイツ語版は一八二一年五月十四日にベルリンで上演された。[240]

その約一か月後の六月十八日には、ウェーバーの《魔弾の射手》が同じくベルリンで初演されている。ナポレオン戦争を通じて、ナショナリズムの気運が高まっていたこともあり、この作品は聴衆から熱狂的に受け容れられ、ドイツのオペラ界に金字塔を打ち建てた。[241] イタリア人のスポンティーニがベルリンの音楽総監督に就任したことに対して反感を抱いていた愛国者たちは、これをスポンティーニに反撃する絶好の機会と捉えた。[242] このスポンティーニ派とウェーバー派の争いで、ホフマンはまさに両極の狭間にあり、苦しい立場に追い込まれている。なぜなら、ウェーバーはホフマンの友人で、かつて《ウンディーネ》のために好意的批評を書いており、その御蔭もあって、ホフマンは作曲家として名を成すことができたからである。[243] それにもかかわらず、ホフマンはウェーバーの《魔弾の射手》に対して批評文を書かないまま、その翌年他界した。[244] ホフマンがなぜその作品について何も意思表明しなかったのかは謎のままであるが、恐らく彼は一八二一年の初演時に、《魔弾の射手》を優れたオペラと思えなかったのではないかと推測できる。というのも、もしホフマンがそれを気に入れば、すぐにでも批評を書いて賛辞を惜しまなかったはずだからである。相手が友人であり、その上借りがあるゆえに一層酷評もできなかったと考えられる。

ライヒャルトの義弟であるティークも、ホフマンと同様にライヒャルトのオペラに十分には満足できなかった。ティークは、ライヒャルトと協力してオペラを制作しようとしたことが二度あった。すでに紹介したように、ライヒャルトの晩年に進められたジングシュピール《シャクンタラー》の創作計画は、ライヒャルトの体力がすでに限界に達していたために、序曲といくつかの場面の構想が練られただけで頓挫してしまった。[245] これよりもずっと前の一七九八年にも、二人は共同でオペラの制作を開始していた。ライヒャルトは、イフラントとともにベルリンの王立国民劇場のために新しいオペラを提供しようと考えて、台本をティークに任せた。初めはすべてが順調に進んでいたが突然計画が立ち消えになり、ライヒャルトは結局、コツェブーの台本による《魔法の城》を作曲することになった。[246] この計画が実現しなかった理由の一つは、芸術上の根本的な問題において、ティークとライヒャルトの意見が対立したことにあった。ティークはもとより彼の音楽を高く評価しており、「ライヒャルトの作品全体には、想像力と情緒が感性を刺激する、高度に成功した箇所がある」と感じていた。また、《クラウディーネ》や《エルヴィーン》には「魅力的な」部分も多く、特にゲーテのリートでは、ライヒャルトが曲をつけた後に、「偉大な巨匠でさえも同じ詩に別のメロディを定着させることはできない」と考えていた。しかし、ティークは次のような点をライヒャルトの弱みとみなしていた。

我が友は『マクベス *Macbeth*』の魔女たちの場面に見事な音楽をつけたにもかかわらず、彼には音楽における本来の意味での劇的な表現の才能がないようであった。さらに幻想的なものを解する能力も乏しく、ポエジーにおける幻想性へのセンスはほぼ完全に欠けていた。(247)

ライヒャルトが一八〇〇年に創始したリーダーシュピールについても、ティークは《イェーリ》のリーダーシュピール形式への改作に協力していたにもかかわらず、厳しく批判している。一八〇一年ごろにライヒャルトに宛てて書いた手紙では、彼の既存の優れたリートを無理につなげて台本を作成しても、本来のリートの魅力が失われてしまうと述べた上で、「一体なぜ小規模なリートにとどまろうとしないのですか」と諫めている。(248)

ティークはモーツァルトの熱狂的な崇拝者であった。一七八八年以来、ベルリンの王立国民劇場ではウィーンのジングシュピールが上演されて、一般的にはディッタースドルフのほうが人気を博していたが、ティークはモーツァルトを気に入った。(249) L. A. ケプケの伝記によれば、一七八九年にモーツァルトがベルリンに招かれた際に、二人は劇場で偶然出会い、会話を交わしたことがあったという。(250) ティークは、ドレスデン滞在期（一八一九―一八四一年）に執筆した短編小説のうちの一つ『音楽の悩みと喜び *Musikalische Leiden und Freuden*』（一八二四年）で、初めてモーツァルトのオペラに接した時のことを回想している。

モーツァルトの《ドン・ジョヴァンニ》が初演された時、私は劇場へ無理矢理連れて行かれた。それは作曲されたばかりで、かの偉人の名声も、のちに比べればドイツではまだ確たるものにはなっていなかった。そのことを私は特に、ある非常に尊敬されている音楽家から感じ取った。というのも彼は、この作品の間違った趣味について、上演の最中やその後でずっと批判し続けたからである。しかし私はすでに序曲の間に、はたとあらゆる感覚が目覚めたような気がした。音楽を聴いて理解したという初めての驚きの感情を、私は描写できない。(251)

「ある非常に尊敬されている音楽家」とはライヒャルトのことであり、このティークの証言から、ライヒャルトが《ドン・ジョヴァンニ》のベルリン初演時(一七九〇年)には、まだモーツァルトのオペラに理解を示していなかったことが分かる。ただし、ライヒャルトもその一〇年後には、オペラ作曲家としてのモーツァルトの偉大さに気づかざるを得なくなる。(252)

さらにティークは『音楽の悩みと喜び』の中で、ロッシーニらによるイタリア・オペラを拒絶し、グルックのオペラに理想を感じて「グルックの偉大な様式、彼の高貴な修辞法、彼の深い情緒が私の心を奪った」と述べている。(253) ここまでは、ほぼホフマンと価値観を共有しているが、スポンティーニに関しては、彼の抜群の才能と《ヴェスタの巫女》における功績を認めながらも、《フェルナンド・コルテス *Fernand Cortez*》以降の作品では楽器や歌声が騒々し過ぎると批判している。(254) その一方で彼は、ウェーバーが《魔弾の射手》のベルリン初演で大成功を収めたことを暗示しながら、「大いに尊敬されるマリーア・ウェーバーによって、我々が極めて素晴らしい未来を期待できることは幸いである。これまでの立派な業績に、彼が将来さらに、どれほど多くのことを達成できるかが実によく示されている」と賞賛した。[255] ティークは、一八二五年からドレスデンの宮廷歌劇場で文芸部員を務めており、そのころウェーバーと親しくなった。ティークの家庭で行なわれていた朗読会にはウェーバーも参加して、彼らは互いに刺激を与え合う、良き友人同士であった。[256]

ジャン・パウルもまた、ライヒャルトのオペラには満足できなかった一人である。一八〇〇年の秋に、彼はベルリンの王立国民劇場でライヒャルトのオペラ《ティムール》を観ている。このオペラは一七八五年から一七八六年にかけて、パリでの上演のために書かれたものであったが、結局その目標は達成されなかった。それゆえ、一八〇〇年十月十六日のプロイセン王太后フリーデリーケ・ルイーゼの誕生日に初演されて、ようやく日の目を見た作品である。[257] ジャン・パウルは十一月六日のヘルダー宛ての手紙で、「ライヒャルトの新しい（ガリア風の）オペラ《ティムール》が上演されましたが、これを聴いていない人には特に面白い話ではないかも知れません。たしかに、聴いても興味の持てない箇所がいくらかありました」と批判した。[258] さらに五日後の手紙では、その理由について、「ライヒャルトは、聴衆をただ驚かせるだけではなく、あらゆる美しい感情へといざないます。しかし、彼はすべてを予め計算しているので、聴衆も楽しみながら一緒に予測するのです」と書いている。[259] このように、ジャン・パウルは《ティムール》には満足できなかったが、彼がこれ以外のライヒャルトのオペラを観たかどうかは不明である。

ジャン・パウルの音楽観にも触れておくと、彼にとっての音楽の三巨匠はハイドン、グルック、モーツァルトであった。彼は小説『生意気盛り *Flegeljahre*』（一八〇四—一八〇五年）の第二巻で、「ドイツの偉大な三和音」としてハイドンをアイスキュロス（Aischylos, 525 v. Chr.–456 v. Chr.）に、グルックをソフォクレスに、モーツァルトをエウリピデス（Euripides, 480 v. Chr.–406 v. Chr.）、あるいはシェイクスピアに喩えている。[260] ハイドンには、器楽やオラトリオの作曲家として親しんでいて、グルックの作品は、《アルチェステ》や《タウリスのイフィゲニア》をベルリンで観て知っていた。モーツァルトの音楽については、実際に彼がクラヴィーアで演奏して楽しんでおり、オペラでは《ドン・ジョヴァンニ》や《魔笛》に感銘を受けて、そのクラヴィーア編曲版を徹底的に研究している。[261] 彼はそのほかにも、G. ベンダのメロドラマやヴェンツェル・ミュラー（Wenzel Müller, 1767–1835）のウィーン風ジングシュピール、ヨーゼフ・ヴァイグル（Joseph Weigl, 1766–1846）の《スイスの家族 *Schweizerfamilie*》、メユールの《エジプトのヨセフ *Joseph en Egypte*》などを観ているが、結局ヴァイグルのようなセンチメンタルな音楽よりも、グルックの影響を受けたメユールのような真面目な作品が好みであった。[262] ジャン・パウルのオペラに関する見解は、ホフマンの場合と似ている。彼はスポンティーニのオペラにも理解を示しており、《ヴェスタの巫女》を気に入っていた。フォスの証言によるとマンハイムでの上演中、「ジャン・パウルの目からは涙が溢れ出て、彼の頬や額は微笑みで晴れやかになったり、しわが寄ってこの上なく陰鬱な感じになったりしていた」という。[263] また、ウェーバーとは知り合いであったが、彼らが互いに理解し合うことはなかった。ゲオルク・シューネマンが指摘しているように、オペラの分野では、ジャン・パウルの心はグルックとモーツァルトのもとにあった。それゆえに彼らの影響下にある作品のみが、ジャン・パウルを感動させることができたのである。[264]

その一方で、ライヒャルトのジングシュピールを好む人々もいた。ヴァッケンローダーがそのうちの一人である。一七九三年二月にヴァッケンローダーは、ライヒャルトの《エルヴィーン》がコンサート形式で演奏されたのを聴いている。ティークに宛てた書簡には、「特に、最近コンサートで聴いたライヒャルトの《エルヴィーンとエルミーレ》に、僕はどれほど感激したことか。この作品ではどのアリアも皆、心の奥底から表現されていて、どの音色においても愛や高貴な感情、あるいはロマン的熱狂が漲っています」と書き、この作品を絶賛している。[265] また彼は、当時のベルリンでまだ新しかったウィーンのジングシュピールについては、その短い生涯のうちに決定的な判断を下せなかったようである。一七九二年十二月二十日から一七九三年一月七日までの間に書かれたティーク宛ての手紙では、ジョヴァンニ・パイジエロ（Giovanni Paisiello, 1740–1816）の《セヴィリアの理髪師 *Il barbiere di Siviglia*》に出演した歌手ゴットフリート・クリスティアン・ギュンター・カーゼリッツ（Gottfried Christian Günther Kaselitz, 1759–1818）の演技を批判して、「もし僕があらゆるこうした戯画的誇張を厳しく非難するなら、一体ディッタースドルフや（時としてモーツァルトも）、そのほかの新しい音楽について何と言えばよいのでしょうか」と自問している。[266] ヴァッケンローダーは、モーツァルトの《ドン・ジョヴァンニ》を一七九二年四月四日に、ディッタースドルフの《迷信による騙し *Betrug durch Aberglauben*》と《けちん坊ヒエロニムス *Hieronymus Knicker*》を、それぞれ一七九三年の一月二十七日と五月十八日に鑑賞した。[267] ディッタースドルフの作品に関しては、ヴァッケンローダーもティークと同様に、あまり高く評価していない。[268] しかし、《ドン・ジョヴァンニ》のベルリン初演で感動したティークと異なり、ヴァッケンローダーはすぐにはモーツァルトの崇拝者になれなかった。

アルニムとブレンターノもライヒャルトのジングシュピールに理解を示している。彼らは、歌われる部分がすべて民謡調の歌から成るリーダーシュピールを特に好んだ。アルニムは、ロマン派の詩人たちの中でもティークに次いでライヒャルトと親しい間柄にあり、[269] 一八〇四年には、ライヒャルトと共同でリーダーシュピールを制作しようと計画していた。アルニムが考えていた物語は、必ずしも歴史に忠実ではないが、古いドイツの王族アスカーニエン家の末裔で、最後のブランデンブルク辺境伯オットーを主役にしたものであり、その芝居の中でゲーテや自分の詩が挿入歌として歌われる予定であった。結局それは完成しなかったが、この時に作曲された多数のリートのうち一二曲が、歌曲集《イタリアやフランス、ドイツの吟遊詩人 *Le Troubadour italien, français et allemand*》（一八〇五―一八〇六年）に収められている。[270] 中でも《朝の挨拶 *Morgengruß*》はライヒャルトの『ベルリン音楽新聞』（一八〇五年）でも紹介された。[271] また、アルニムは一八〇五年の二月と三月に、ライヒャルトの最後のイタリア・オペラ《ロズモンダ》の稽古を見学している。愛国心の非常に強い彼には、そもそもイタリア・オペラやフランス・オペラのような「外国のもの」は気に入らなかったにもかかわらず、ブレンターノに宛てた書簡で、この「美しい音楽」は「絶妙な悲劇的感銘を与える見事な作品」であり、「踊りの精たちが僕のそばや脇を通り過ぎて行きました」と好意的な感想を述べている。(272)

アルニムはモーツァルトの音楽を好み、一八〇二年七月九日に書いたブレンターノ宛ての手紙では、民謡のように優れた「極めて単純なメロディ」を書くことのできる音楽家として、シュルツやライヒャルトとともにモーツァルトの名前を挙げている。(273) また彼も、ディッタースドルフのジングシュピールの価値は認めていない。『少年の魔法の角笛』に付録として掲載した論文『民謡について』では、「医者と薬屋、つまり詩人と音楽家の喧嘩」という表現を用いて、空前の大成功を収めたディッタースドルフの《薬屋と医者》(一七八六年)を暗に批判している。アルニムは新しく創作された歌も、優れたものであればいずれ民謡になると考えていた。しかし、ディッタースドルフのように文学的に価値のないものにまで音楽をつけて、国民的な歌を作ろうとしても無駄であり、「軽薄な種類の歌」から真の民謡になるものは生まれてこない、と彼は主張した。なぜなら、「美しい詩であってもメロディが悪ければ歌い継がれることはなく、また、美しいメロディであってもひどい詩であれば、初めは耐えられても仕舞いには笑われることになる」からである。(274) アルニムの理想としたオペラは、「美しい詩」と「美しいメロディ」を持ち、さらにそのメロディは人々に歌い継がれるために誰でも歌えるものでなければならなかった。そして、その究極の形は、ライヒャルトが目指していたリーダーシュピールのようなものになる。それゆえ、アルニムがモーツァルトのオペラについて語る際にも、彼の念頭にあったのはコロラトゥーラによる技巧的なアリアではなく、民謡調の単純なリート風のアリアであったに違いない。(275)

ブレンターノは、ライヒャルトがカッセルで劇場総支配人をしていた時期も彼のそばにいた。そのため、当時制作中であり、のちに本格的に上演されることのなかったジングシュピール《青い怪物》の序曲を、オーケストラの試演で聴くことができた。ブレンターノはライヒャルトの演奏の様子に感銘を受け、この序曲をとても気に入っている。台本は、ゴッツィの寓話劇からの翻案でライヒャルト自身が書いたが、当時はまだ完成しておらず、ブレンターノがたびたび相談に乗っていた[276]。好印象であった序曲に対して、台本は不出来であると感じられたようで、ブレンターノはその不満を一八〇八年三月一日付けの手紙でアルニムに伝えている。それに続けて彼は、日ごろ感じていたライヒャルトの音楽の傾向についても意見を述べている。

たしかにライヒャルトは、リーダーシュピールが示しているような軽快で従順な世界においては大いに才能がありますが、ロマン的なものにおいては全く資質を欠いています。そもそも僕が感じているように、すでに彼のポエジーに対する見解からも、彼の音楽は芸術の新しいロマン的一歩を踏み出さないし、そのうちに踏み出すこともないであろうということが分かります。彼は、常に繰り返されるいくつかのメロディでしか、その一歩に近づけませんでした。その一方で、モーツァルトやパエール、ヴィンターは、手本としては不適当ですが、彼らは無意識のうちにその一歩を踏み出しました[277]。

ブレンターノはここで、ライヒャルトの音楽の価値を認めないと主張しているのではない。彼は、ライヒャルトの「常に繰り返されるいくつかのメロディ」、すなわち有節リートや、その延長線上にあるリーダーシュピールには十分に満足している。しかし、モーツァルトの音楽にはあってライヒャルトの音楽にはないものを繊細に感じ取り、それを「ロマン的一歩」という言葉で表現しているのである。

すでに本章第二節第2項で触れたように、ゲーテもライヒャルトのジングシュピールに不満であったわけではない。カイザーに続く協力者として、ライヒャルトには大いに期待していた。ただし、モーツァルトの音楽を理想とした晩年のゲーテは、ライヒャルトの控えめなオーケストレーションを物足りなく感じ、「少し強化充実させる必要がある」と思っていた。[278] グルックのことも、彼はオペラ作曲家として高く評価していた。一七八一年の秋には、カイザーをウィーンのグルックのもとへ送って勉強させようと計画しており、リブレットにおける文学的水準の問題で悩んだ際には、グルックのオペラ改革の精神について研究している。[279] ケルビーニの《水汲み男 *Der Wasserträger*》は、「題材が極めて完璧で、音楽なしでも一つの戯曲として上演できるし楽しく見られる」という理由から、ゲーテの好んだ作品であった。彼はヴァイマル宮廷劇場の監督時代に、一八〇三年から一八一六年までこれをレパートリーにし、全部で二六回上演している。[280] また、十九世紀に活躍した若い作曲家たちの中では、ジャコモ・マイヤベーア（Giacomo Meyerbeer, 1791–1864）を高く買い、『ファウスト第二部 *Faust. Der Tragödie zweiter Teil*』の作曲者として適任であるとみなしている。なぜなら、彼であれば「長い間イタリアで暮らし、自分のドイツ的性質とイタリア的様式を結びつける」ことができると考えたからである。[281] それに対して、ロッシーニやスポンティーニのイタリア・オペラには理解を示さなかった。ゲーテは《ヴェスタの巫女》について、「音楽があまりに騒々しく思われて、すぐに疲れてしまうということを否定できない」と発言している。[282] さらに、ゲーテはウェーバー自身とその音楽を徹底的に嫌い、《魔弾の射手》の成功については、台本作家ヨハン・フリードリヒ・キント（Johann Friedrich Kind, 1768–1843）の功績であると述べている。[283]

このように、ホフマンや「ロマン派の宿泊所」の客たちによるオペラ観は様々であったが、そこにはいくつかの共通点が見出せる。それは、ライヒャルトのオペラを支持する者もしない者も、グルックやモーツァルトのオペラを高く評価している点、オペラの価値を判断する際の基準は、大抵の場合「ロマン的」要素の有無にあった点などである。[284] 既述のとおり、A. W. シュレーゲルもライヒャルトの《精霊の島》を絶賛した際に、「とても素晴らしくロマン的であると思う」と言っている。[285] また、「ロマン的」という言葉を用いなくても、ティークやゲーテは、ライヒャルトのオペラに「音楽における本来の意味での劇的な表現」が欠けていると感じ、オーケストラの部分の「強化充実」を求めていることから、自由で豊かな音楽的表現こそが、「ロマン的」なオペラに必要な要素であると考えられる。そして、ブレンターノの手紙（一八〇八年三月一日付け）からの引用文が端的に示しているように、モーツァルトのオペラの場合は、音楽的表現の点で非常に優れていたために、彼らのほとんどがこれを十分に「ロマン的」とみなし、賞賛に値すると感じたのである。ホフマンがモーツァルトを「ロマン的なオペラの創始者」と捉えていた点についてはすでに言及したが、今日の音楽史において「古典派オペラ」に分類されるモーツァルトの作品を「ロマン的」であるとする解釈は、ギービヒェンシュタインの多くの客たちに共通するものであったことが分かる。[286]

それでは、オペラにおける自由で豊かな音楽的表現、つまり「ロマン的」要素とは具体的に何を指すのであろうか。たしかに、ライヒャルトの作品は北ドイツの「歌つき芝居」から発展したもので、音楽よりも詩の言葉を重視したものであり、詩よりも音楽を優先させたウィーンのオペラとは対照的であった。また、ライヒャルトもホフマンと同様に、モーツァルトの功績は、器楽が獲得した表現の豊かさをオペラに応用した点にあるとの見解を示している。[287] さらに、ロマン派の音楽観において器楽は、言葉による制約がないために「最もロマン的」であるとみなされている。[288] しかし、オペラにおける「ロマン的」要素というのは、器楽の表現力だけを指しているのではない。なぜなら、ロマン派の詩人たちの多くは歌の旋律の美しさも重視しているからである。ホフマンの場合は明確に、「表現力に富んだ歌えるメロディがなければ、器楽などによるどんな彩りも、単なるきらきら光る飾りに過ぎない」と述べている。そして、「イタリア人の忘我の境に入るほどの魅惑的な歌を、ドイツ人の力強い表現、つまり器楽がいつの間にか獲得した豊かさと結びつける」役割を担ったのがモーツァルトであると考えていた[289]。つまり、モーツァルトのオペラの支持者たちにとっては、イタリアの美しい歌とドイツの器楽の表現力のバランスのよい結びつきが重要であり、声楽と器楽の調和こそが、オペラにおける「ロマン的」要素ということになる。

また、「ロマン派の宿泊所」の客たちの多くが、何の迷いもなくモーツァルトのオペラに理解を示した理由は、彼らの年齢にも関係があると思われる。彼らのほとんどが一七七〇年以降の生まれであり、その青春時代にはすでにドイツ北部でも南部のオペラが上演されていた。モーツァルトとほぼ同世代のゲーテやライヒャルトにとって、彼のオペラは全く新鮮なものであり、その価値を認めるまでに時間を要した。特に、自分たちこそがドイツのオペラを確立するに相応しいと自負していたゲーテやライヒャルトが、ドイツ南部の強力なライバルの出現に戸惑い、衝撃を受けたことは容易に想像できるであろう。ライヒャルトのように同じ作曲家という立場であれば、なおさらであり、彼は長い間モーツァルトを器楽の作曲家とみなし、声楽の作曲家であるとは認めようとしなかった[290]。しかし、ロマン派の若い詩人たちにとって、モーツァルトはもはや北ドイツのライバルではなく、ドイツを代表する「我々の」天才作曲家であった。

たしかにライヒャルトの作品であっても、アルニムのように民謡調による単純で素朴なものを好み、リートの延長線上にリーダーシュピールのようなオペラがあると考えた者にとっては、十分に「ロマン的」な魅力のあるものであった。しかし、モーツァルトのオペラに音楽的表現の豊かさを感じていた人々にとっては、ライヒャルトの作品は何か物足りないものに思われ、それが直接彼らのオペラ観の形成に役立つことはなかったであろう。つまり、ライヒャルトはオペラの分野においては、若い世代への影響力という点から見れば、彼自身の作品よりも、教育や批評などの多岐にわたる活動によって大いに貢献したと言える。たとえば、後輩たちに音楽の知識を伝授し、オペラに触れる機会を作ったことなど、第一章でも触れたようなライヒャルトの様々な教育的配慮も忘れてはならない。また、音楽批評の活動においては、グルックのオペラ改革の精神を普及させ、パリで大成功したドイツの英雄というイメージを作り上げた点が、彼の最大の功績である。特にこの点において、ホフマンに与えた影響は計り知れず、ライヒャルトが果たした役割は極めて大きい。

第三章

ライヒャルトとリート

第一節　リート作曲家としての活動

(1)　リート史上における第二次ベルリン・リート派の位置づけ

ライヒャルトは作曲家として、正歌劇やジングシュピールのような舞台作品のみならず、宗教音楽や器楽など様々な分野の作品を創作したが、彼が本領を発揮できたのはやはりリートの分野であり[1]、およそ一五〇〇曲にものぼる彼の歌曲は、シューベルトやシューマン、ヨハネス・ブラームス（Johannes Brahms, 1833–1897）、ヴォルフらのロマン主義的作品に先立つものとして、リート史上極めて重要であると考えられる。しかし、そもそもリートという分野が、オペラや交響曲のような大規模な音楽作品に比べると、ささやかで控えめな芸術であるために、音楽史の大きな流れを概観する際にはあまり重視されない。また、シューベルト以降のロマン主義リートが語られることはあっても、それ以前のリートは、シューベルトのレベルに達していないものとして芸術的価値が軽く見られることが多い。たとえば、十八世紀半ばから十九世紀初頭にかけての音楽史を中心に論じた『古典派音楽小史――グルックからベートーヴェンまで』においてさえ、ライヒャルトの作品は次のように扱われている。

ライヒャルトはゲーテのバラード『魔王 *Erlkönig*』を過度に単純化して作曲しているが、レーヴェやシューベルトがこの詩をもとにして行なった作曲に照らしてみれば、まじめに受け取られるものではない。ライヒャルトのしたことはバラードとしての「人物描写」を際立たせるために強弱の差（父をフォルテ、子をピアノで）をつけ、魔王を一つの音に絞っていることぐらいである。またテンポとリズムの統合した動きを別とすれば、音楽的に生み出された雰囲気は何もなく、馬の速駆けを思わせるものすらない。このような遠慮深い様式では抒情詩を、ましてや劇的バラードを引き立てるものはほとんどない。(2)【譜例6】

ところが、十九世紀前半の北ドイツでは、この「まじめに受け取られるものではない」とされるライヒャルトのリートが支持されていたために、シューベルトのリートがなかなか受容されなかったのも事実である。したがって、第1項ではまずリート作曲家としてのライヒャルトが、ドイツ・リートの歴史においてどのような存在であったのか、その正しい位置づけを確認しておきたい。

ベルリン楽派の活動領域は、各種の器楽や声楽の作曲のほか、楽器の演奏による音楽の実践や理論書の執筆など多岐にわたっており、その活動をリートの創作に限定して問題にする時には、彼らを第一次ベルリン・リート派と呼ぶことがある。このグループには、クリスティアン・ゴットフリート・クラウゼ（Christian Gottfried Krause, 1719–1770）を中心として、マールプルクやクヴァンツ、ヨハン・ゴットリープとカール・ハインリヒのグラウン兄弟、F．ベンダ、キルンベルガー、C．Ph．E．バッハらがいる。これに対して、ライヒャルトにシュルツとツェルターを加えた三人(3)を第二次ベルリン・リート派と呼び、前者と区別している。

第一次ベルリン・リート派の中心的人物であるクラウゼは、シュレージエン（現ポーランド領シロンスク）地方出身の弁護士で音楽の専門家ではなかったが、一七五二年に出版した主著『音楽的な詩について *Von der musikalischen Poesie*』で博愛的な啓蒙主義の諸理念を展開し、自ら編集した《メロディつきオード集 *Oden mit Melodien*》

※地の文、父親、息子の声のメロディ

〜

※魔王の声のメロディ

〜

【譜例6】ライヒャルト《魔王》

全二巻（一七五三年、一七五五年）によってその理念の実現を試みた。[4] 以下に、彼の《オード集》第一巻の序文の一部を引用する。

我々ドイツ人は、今や至るところで音楽を学んでいるが、いくつかの大きな都市ではオペラのアリア以外聴こうとしない。しかし、そうしたアリアでは、簡単な諧謔歌のような歌、つまり、誰の口でも難なく調子に合わせて発声できて、クラヴィーアやほかの楽器の伴奏がなくても歌えるような歌は主流ではない。もし我々の作曲家がリートを作る際に、鍵盤を用いず、さらに低音を加えなければならないことを考えずに、自ら歌いながら作曲するならば、歌うという趣味は我々の国ですぐに広まるであろうし、至るところで満足感や社交の楽しみをもたらすであろう。[5]

この引用文からも分かるように、十八世紀半ばのドイツで流行していた歌はイタリア・オペラのアリアであり、それは装飾過多で素人が誰でも容易に歌えるものではなかった。アリアにおいては、音楽上の華やかな技巧のみが追求されて、詩の内容は二の次であった。つまり、当時の歌は音楽の添えられた詩というよりは、詩の添えられた音楽だったのである。[6]

そこで第一次ベルリン・リート派は、ドイツにおける新しいリートを目指し、歌における詩の復興と復権を成し遂げるために、力を結集させた。彼らの要求した点は、歌詞を重視することのほかに、アリアのような過剰な装飾を排除し、誰でも難なく歌うことのできる単純で容易な有節形式のリートにすること、[7] また、通奏低音の使用はやめてオブリガート演奏にし、メロディをバスから解放することなどである。[8] こうして彼らにより、リートの単純化が強力かつ意識的に推し進められ、またリートにおける主人は詩であるとされて、音楽は支配的位置から仕える側へと引き戻された。そして、まだこのころは合理主義的な啓蒙思想の影響が色濃かったため、リートは人々の道徳的教化の役割を担わされた。節度のある暮らしに満足する模範的な生活態度や、社交的で礼儀正しい理想的な人間像を広めるのに、リートが役立つと考えられたのである。彼らの規範となったのは、十八世紀のドイツに対してあらゆる面で文化的優位を保っていたフランスであった。[9] 第一次ベルリン・リート派の主張は、リートにおける詩の力を復活させたという点では、リート史上において非常に重要な役割を果たしたことになるが、結局、合理主義という古い理念に戻ってしまったという点では、あまり進歩が見られない。ヘルマン・アーベルトはこうした彼らの活動を「新しいものと古いものの奇妙な混合物」と呼んでいる。[10] ようやくリートにおける権利を取り戻した詩人たち、たとえば、アナクレオン派のフリードリヒ・フォン・ハーゲドルン（Friedrich von Hagedorn, 1708–1754）などは、現世を肯定した人生の悦楽を歌い、ブレーメン寄与派のクリスティアン・フュルヒテゴット・ゲラート（Christian Fürchtegott Gellert, 1715–1769）などは、宗教的で教訓的な詩を書いた。そして自分たちの詩が、より広い範囲に普及し、より多くの人々に愛されるよう、作曲され歌になることを望んでいた。一方、作曲家たちはクラウゼの主張に基づき、デクラマツィオーンの詳細な部分に至るまで、詩による厳格な支配に従った。それゆえ十九世紀のロマン主義リートのように、音楽家が詩を自らの精神に従って解釈し、詩の世界を自由に発展させることは考えられなかった。つまり、第一次ベルリン・リート派の理想のもとでは、詩人の側にも音楽家の側にも、自由な心情の吐露という要素が欠けていた。

このような合理主義の精神に基づいた主張には満足できなかったライヒャルトやシュルツらの若い世代は、一七七〇年代に理性の支配への反動として広がった、文学運動のシュトゥルム・ウント・ドラングの影響も受けながら、第二次ベルリン・リート派として新たな展開を目指すことになった。彼らは、リートにおける主人はあくまでも詩人であるという点では、第一次ベルリン・リート派に従ったが、その一方で合理主義的束縛を排除し、音楽家による自由な活動の余地を要求した。リートの形式は、基本的には以前と同様に有節形式であったが、多少自由に変奏が加えられたり通作されたりすることもあった。また、通奏低音による伴奏が次第に廃れていき、伴奏のすべての音が記譜されるようになったため、まずは歌声部の音が伴奏中に含まれる二段譜表のリートが、そして歌声部から伴奏が独立することによって三段譜表のリートが現れ始めた。

第二次ベルリン・リート派の主張は、シュルツの《民謡調によるリート集 *Lieder im Volkston*》第一巻（再版、一七八五年）の序文によく表れている。

これらのすべてのリートにおいて、私は技巧を要するものではなく、むしろ大衆に好まれるような歌を作る努力をし、今後もそうするつもりである。つまり、歌唱の訓練をしていない愛好家であっても、全く声が出ないというのでなければ、容易に真似して歌え、覚えられるような歌を作るのである。結局私は、我々のリート詩人たちの歌詞の中から、こうした大衆歌に向いていると思うものしか選ばなかった。そして、メロディをこの上なく単純で分かりやすいものにすることに専念し、それどころか、あらゆる方法で聞き覚えのあるような装いに整えた。なぜなら私は経験から、このような装いがリートの素早い普及にどれほど役立つか、さらにはどれほど必要であるのか知っているからである。こうした聞き覚えのあるような装いが、民謡調のリートでは大事である。

この序文における重要な言葉は、「聞き覚えのあるような装い」であるが、シュルツは別の箇所でこれを「わざとらしさがなく、技巧を抑えた［……］一言で言えば民謡調の装い」という表現に置き換えて説明している。彼は、メロディにこの「聞き覚えのあるような装い」を与えて、「リートの良い歌詞を一般に広める」ことが肝要であり、「それがリート作曲家の最終目的である」と考えていた。[11] 以前クラウゼが目指した誰でも歌える旋律は、フランスの社交の歌に基づいていたが、シュルツが主張した民謡調のリートは、ドイツ固有の民謡を手本としている。それは、ヘルダーらによる民謡の新時代、つまり包括的な民謡の収集と編纂の時代の開始と時期を同じくしていた。また、同じころに北ドイツで急激な発展を見せたジングシュピールも、リートの普及に大いに役立っている。[12] 当時のジングシュピールには、有節形式の歌が多く含まれていたが、作曲家は実際の舞台経験から、どのような歌が民衆に受容されやすいか知ることができ、作られた歌は舞台で具体的な形で披露されるため、幅広い層への普及が可能であった。実際、ライヒャルトは自作のリートを広める目的で、ジングシュピールの挿入歌にしている。既述のとおり、ジングシュピールの作曲家たちは、自分たちの作った歌が街の歌となり、いずれは民謡となることを望んでいた。

そして、第二次ベルリン・リート派が、クロプシュトックやクラウディウス、ゲッティンゲン森林同盟の詩人たち、ゲーテ、シラーといった、当時のドイツ文学界を代表する人気のある詩人たちの作品と、深く結びついていた点も特筆に値する。第二次ベルリン・リート派の表現方法は、あくまでも詩に忠実であり、相変わらずリートの主導権は詩人にあった。それにもかかわらず彼らのリートが音楽的であるのは、アーベルトも主張しているように、彼らの扱っていた詩が「音楽的な抒情詩」だからである。このような「音楽的詩人」の登場は、ドイツ詩において全く新しいことであった。[13] 詩人たちは依然として自分たちの詩が作曲され、歌われることを念頭に置きつつ、情感溢れる美しい抒情詩を書いた。クラウゼらが合理主義思想に基づく教訓的道徳的な効果をリートに求めたのに対して、ライヒャルトらは、自由な感情のほとばしりを詠んだ詩を扱い、その内に秘められている詩人の気持ちを再表現することを目標にした。

十九世紀のリートに関しては先行研究も多く、一般的にも広く知られているため、ここではその主な特徴を述べるにとどめるが、シューベルトやシューマン、ブラームス、ヴォルフらの登場により、いわゆる「芸術リート」が発展した。[14]「リートを音楽的芸術作品に昇格させようという考え」[15]が原動力となり、ほかの音楽の分野と同様にリートにおいても、高度な音楽的表現の可能性を追求しようとしたのである。また、十九世紀においてリートがかつてないほどに発達した理由は、それがロマン主義の理念を最も鮮明に代表していたためである。[16]第二次ベルリン・リート派にとって詩の世界は絶対であり、音楽は詩に従属しなければならなかったが、新しい世代の作曲家たちは音楽によって詩を高め、詩の世界を自由に発展させようとした。有節歌曲だけでなく、それに変奏を加えたものや通作歌曲も頻繁に作られるようになる。さらには、《美しき水車小屋の娘》、《冬の旅 *Winterreise*》など、文学的にも音楽的にも全体で一つのまとまりを成すように構成された連作歌曲も登場した。伴奏の役割も変化する。十八世紀まで伴奏は、歌のパートに奉仕するものでしかなかったが、十九世紀に至ってついにパートナー的存在となった。シューベルトのリートにおいては、「はっきりした特徴ある楽想が、固有のものとして伴奏にあり、個性を際立たせ、リート全体を通して続き、心理的なあるいは本質的に叙景的な役割を引き受ける」。[17]ヴァルター・ヴィオーラは、これは「ピアノ音楽の発展において達成されたものが、今やロマン主義リートへ有効的に応用された」ためであると言っている。[18]また、リートの発展とともに、それを演奏するのに相応しい技術と才能を持った職業演奏家が必要になる。それは、たとえばシューベルトの友人で歌手の、ヨハン・ミヒャエル・フォーグル（Johann Michael Vogl, 1768–1840）などの存在である。十八世紀のリートが万人のための、もしくは家庭演奏のための音楽であったのに対して、十九世紀のリートは家庭を離れ、コンサート会場へとその活躍の場を移した。そしてようやくリートは、ほかの音楽の分野に匹敵する高度な芸術的表現が可能なものと認められるようになるのである。

以上のように、十九世紀にシューベルトが登場するまでは、リートは主に北ドイツを中心に発展した分野であり、作曲家のリートに対する考え方も十八世紀のベルリン・リート派と十九世紀のロマン派とでは、随分異なっていた。ベルリン・リート派は、オペラのアリアから音楽的表現の過剰な部分を排除し、詩を非常に重視した、誰にでも歌える単純なリートを理想とした。また、民謡調を取り入れることによって、リートの普及に尽力した。それに対して、ロマン派の音楽家たちは詩の内容を重視しつつも、形式を拡大し、伴奏に歌のパートナーの役割を与えることによって、再び音楽的表現の可能性を広げようとしたのである。当然のことながら高度な音楽性を追求することに伴い、リートは誰でも歌えるものから離れていくことになる。このように両者の間にはリートの理想に大きな違いがあるが、単純な有節形式のリートを目指したライヒャルトの作品は本当に、シューベルトのものに比べると芸術的に劣ったものであり、注目に値しないものなのであろうか。

ヴィオーラはベルリン・リート派の作品を「技巧を抑えた創作リート」と呼んでいる。[19] たしかに北ドイツの作品は、シューベルトらによる「芸術リート」とは違うものであるが、民謡との対比では、両者はともに特定の個人の創作によるリートであるという共通点がある。[20] そして、「芸術リート」が音楽的表現の豊かさを追い求めた「創作リート」であるのに対して、北ドイツの作品はそれを極力抑制した「創作リート」であった。ベルリン・リート派が活躍していた当時、リート以外の音楽分野では多様な進展が見られたにもかかわらず、リートにおいては有節形式という基本原型が保持され続けた。しかし、その単純性だけを指摘して、この時代のリート作曲家に芸術的能力が欠けている、もしくは芸術的能力があるのに「下等な」種目であるリートに対して努力を惜しんでいる、と考えるのは不当である。[21] ヴィオーラの考えでは、むしろ才能豊かな作曲家たちがリートという分野に限っては、最も単純な形式に固執したとみなすべきであるという。グルックやハイドン、モーツァルトのような偉大な作曲家たちでさえ、リートを書く時には単純性を意識していたことに関して、ヴィオーラは次のように説明している。

こうしたことすべては、あの単純さが単なる限定に依拠しているだけではなく、意識的な自己制限にも起因していることを意味している。芸術性豊かな諸形式を用いる能力のある人が、リートには意図的にそれを使用しなかった理由は、彼の考えるリートというジャンルの本質に、それらの諸形式が合わなかったことにある。意識的な素朴さが、このジャンルから要求されているように思われたのである。[22]

つまり、「技巧を抑えた創作リート」は、作曲家がジャンルの本質を考えた上で意識的に芸術性を削ぎ落とした結果、生まれてくる。しかもフリードリヒ・ブルーメは、「ハイドンとモーツァルトの歌曲は、あまり重要ではないし、このジャンルにおいてはベートーヴェンも、この高貴な小芸術に適合した音色を見いだすことはごく稀であった」と述べている。[23] したがって、この「技巧を抑えた創作リート」を完成に導いたライヒャルトら第二次ベルリン・リート派は、「意識的な素朴さ」におけるマイスターと言っても過言ではないのである。

(2)　二度の転機

第2項では、ライヒャルトの人生における種々の出来事が創作に与えた影響も視野に入れながら、彼の作品における多様性について考察したい。前項では、第二次ベルリン・リート派による音楽の主な特徴は、有節形式を用いた単純な民謡調であることを確認したが、実際ライヒャルトの歌曲は、子守唄のような素朴なものから、ヴォルフの「朗誦リート」[24]を思わせるようなものまで多種多様であり、民謡調に限定されるわけではない。マックス・フリートレンダーは、ライヒャルトのリートの創作期を次のように三つに分類している。まず、第一期は一七七三年から一七七五年にかけて、彼が三年にわたる職探しの旅を経験し、フリードリヒ大王の宮廷楽長に就任する前の時代。第二期は一七七九年から一七九〇年ごろにかけて、シュルツの影響で民謡調のリートを書いた時代。そして、第三期は一七九四年以降、より一層熱心にゲーテやシラーの詩に従事した時代である。[25] 先行研究では、解釈の違いによりそれぞれの創作期の開始年に差はあるが、ライヒャルトが民謡調のリートを多作した時期を中心として前後に一つずつ別の創作期を置き、全創作期を三つに分類するという点では一致している。[26] つまり、先行研究に従えば、リート作曲家としてのライヒャルトには二度の転機があったことになる。

第一創作期においてライヒャルトはまだ、主に第一次ベルリン・リート派の基盤に立っていたが、グルックの影響を受けていた点が唯一、ほかの作曲家たちとの大きな違いであった。[27] ただし、ライヒャルトのこの時期の作品は、リートの型が十分に定まっておらず旋律も器楽的で、第二創作期以降ライヒャルトが重視することになるデクラマツィオーンも、適切さに欠ける箇所が多々見受けられるという。[28] リート作曲家としてのライヒャルトの最初の転機、すなわちこのような若年期のリートから脱却し、民謡調のリートを数多く書き始めた切っ掛けの一つは、ベンダの娘ユリアーネとの結婚(一七七七年)であると考えられる。当時すでに宮廷楽長であったライヒャルトは、フリードリヒ大王の掣肘に悩まされ、自由な芸術活動が抑圧された窮屈な環境に辟易していたため、音楽の才能に恵まれたこの女性の存在が、大きな刺激となったに違いない。彼女は優れた歌手であると同時にクラヴィーア奏者でもあり、作曲家でもあった。フォルケルの『ドイツ音楽年鑑 *Musikalischer Almanach für Deutschland*』では、「彼女は父親譲りの高貴で感動的な流儀で、非常に表現豊かに歌うという評判である。また、様々な感じのよいリートも作曲した」と紹介されている。[29] ライヒャルト自身も『音楽に関する注意深い旅人の書簡』第一巻の第二書簡で、彼女がいかに優れた歌手であったか生き生きと描写し、第九書簡では、彼女の「熟練した危な気ない」クラヴィーアの演奏や、「着想が豊富で温かな感情のこもった」作曲について報告している。[30]「詩神年鑑 *Musenalmanach*』やフォスの『詩神年鑑』、彼女自身の作品集《リートとクラヴィーア・ソナタ *Lieder und Clavier-Sonaten*》などで楽曲を発表していて、その魅力的で素朴なメロディは、当時の北ドイツにおける多くの家庭で親しまれていた。[31] こうしたユリアーネの活動に触発されて、ライヒャルトは単純で素朴なリートの領域へとたどり着いたが、皮肉なことに彼女の早過ぎる死（一七八三年）もまた、ライヒャルトのリートを発展へと導いた。ライヒャルトは彼女との間に、ヴィルヘルム（一七八三年死亡）、ルイーゼ（Louise Reichardt, 1779–1826）、ユリアーネという三人の子供を授かったが、妻を喪い子育てに直接関わるうちに、子守唄や子供のための歌に、より自然でより相応しい「慈悲深い音」を見つけることができたのである。

また、一七七〇年以来続いていたリューネブルク出身の作曲家シュルツとの友情も、ライヒャルトを民謡調のリートの世界へといざなった。ライヒャルトの仲介により、一七七六年にシュルツがベルリンにある王立フランス劇場の音楽監督に任命されたことで、二人の距離はますます縮まった。ライヒャルトとシュルツも初めのうちは、リートの分野に限らず音楽全般において、ベルリン楽派が正当とみなす音楽にとらわれていた。ライヒャルトは子供のころから、ヴァイオリンのF．ベンダ、クラヴィーアのC．Ph．E．バッハとしてこの両者を崇拝しており、シュルツはキルンベルガーの弟子で、師の理論書『和声法の基本原理 *Die wahren Grundsätze zum Gebrauche der Harmonie*』の編集を手伝っている。しかし、ライヒャルトもシュルツもホーエンツォレルン家に仕えるうちに、その合理主義や啓蒙主義に基づいた思想や、自由な創作が妨げられる抑圧された環境に耐えられなくなった。そして、文学運動のシュトゥルム・ウント・ドラングの影響も受けながら、次第にベルリン楽派（第一次ベルリン・リート派）から距離を置き、真の自然さを持つ単純で控えめな音楽を目指すようになったのである。[32] その後も二人の友情は続く。シュルツは、王立フランス劇場が一七七八年までしか存続しなかったため、一七八〇年からはラインスベルクでフリードリヒ大王の弟ハインリヒ（Heinrich, 1726–1802）の楽長を務めた。ライヒャルトは一七八二年にその地のシュルツを訪問し、一七八四年にはリューネブルクのシュルツの両親に会っている。また、ライヒャルトが一七九四年に宮廷楽長の職を突然解かれて、貧困にあえいでいた時も、多くの知人が彼から離れていく中でシュルツは誠実なままであり続けた。[33] シュルツが他界した一八〇〇年とその翌年のライプツィヒ『一般音楽新聞』には、ライヒャルトによって執筆されたシュルツの伝記が掲載されている。[34]

このように、音楽の才能に恵まれた妻ユリアーネや義理堅い友人シュルツの感化を受けて、一七八〇年ごろ(第二創作期)からライヒャルトの作品は、「静かで家庭的な喜び」のために書かれた、[35] 民謡調の有節リートが中心になってくる。それと同時に、彼自身の考えるリートの定義も明確になった。リートで重要なのは魂の込められた表現力に富むメロディであり、それは伴奏なしでも歌えるようなものでなければならなかった。また、デクラマツィオーンを適切なものにしようとする努力も見られ、詩の言葉を非常に重視した作曲方法が取られている。ライヒャルトのリートには、子供や若者のための歌や子守唄なども多く、それらは学校や市民サークルなどで歌われ、教育者や母親たちにも人気があった。特に、名声のある宮廷楽長が作曲したものとして、彼の歌曲は高く評価されたという。[36]

こうした作品の中には、《眠れ、可愛い子よ、眠れ》【譜例1・七頁】や《起きてごらん、私の愛しい人 *Wach auf, meins Herzens Schöne*》など、[37] 今日もなお民謡のように人々に歌い継がれているものもあり、彼が十八世紀後半の民謡調リートにおいて真のマイスターであったことが、すでに実証されている。また、ライヒャルトは一七八〇年からゲーテの詩にも関心を示し始め、第二創作期には《狩人の夜の歌》【譜例5・一一七頁】や《五月の歌 *Mailied*》、《すみれ》【譜例2・一〇八頁】、《野ばら》【譜例4・一一七頁】など、[38] 単純で歌いやすい有節リートを多数作曲している。これらの親しみやすい民謡調リートは、十九世紀においてもロマン派の詩人たちをはじめとする多くの人々に長く愛された。中でも《狩人の夜の歌》は、フリートレンダーによって「単純さと情緒の豊かさにおいて大衆的なリートの模範である」と賞賛されている。[39] この作品は八分の六拍子のニ長調の曲であるが、わずか八小節の長さで転調も一切なく、均一なリズムによる旋律と主和音と属和音のみによる和声は、考えられ得る限りの単純さを保っている。のちにリーダーシュピール《愛と忠誠》の挿入歌として用いられた際には、二本のヴァルトホルンによる伴奏が新たにつけられた。

ライヒャルトのリート創作における第二の転機は、ゲーテとシラーに出会ったことである。ライヒャルトが足繁くヴァイマルに通い、一七八九年にようやくゲーテの信頼を勝ち得た経緯については、すでに述べたとおりである。シラーとの交流の開始時期については不明であるが、シラーが一七八九年にはすでにライヒャルトを知っていたことは確かである。しかし、ゲーテとは異なり、シラーはライヒャルトの人柄がどうも気に入らなかったようである。同年四月三十日付けのシャルロッテ・フォン・レンゲフェルト（Charlotte von Lengefeld, 1766–1826）宛ての手紙では、ライヒャルトのことを「鼻持ちならない人物」や「厚かましい人間」とみなし、「天のお導きで偶然に彼と出会い、私は彼との付き合いに耐えなければなりませんでした」と書いている。[40] このようにシラーは、ライヒャルトの人柄に対して不信感や嫌悪感を抱いていたが、それとは裏腹に彼の音楽の才能は高く買っていたようである。一七九五年七月十日付けの書簡では、シラーのほうから、当時まだ編集作業中であった『詩神年鑑』に掲載するために、ゲーテや自分の詩に曲をつけてほしいとライヒャルトに依頼している。[41] シラーが、自分の抒情詩の作曲者としてライヒャルトを選び、その楽譜を自分の雑誌に掲載しようと決意したのは、当然、シラーがライヒャルトを一流のリート作曲家とみなしていたからであると考えられる。

ライヒャルトは喜んでこの依頼を引き受け、早速七月二十日にゲーテの『恋人の近くに *Nähe des Geliebten*』などいくつかの詩に曲をつけて返送している。[42] そして、その後数週間はシラーとライヒャルトの間で、リートにおける言葉と音楽の関係について、内容豊かな文通が続くことになった。しかし彼らの手紙からは、ライヒャルトがシラーの詩を作曲するにあたり、これまでの方法では解決できない新たな問題が生じたことが分かる。たとえば、シラーは八月三日に、自作の『踊り *Der Tanz*』にも曲をつけるよう頼んでいる。そして、「この作品のための音楽はきちんと舞踏を表現するものであってほしいが、ただし、より一層観念的な方法を考えて仕上げてもらいたい」、また「哲学的なものへと移行する箇所では」単に朗誦的にしてほしい、と注文をつけている。[43] ライヒャルトは八月二十六日に、『踊り』以外の三つの詩『歌の力 *Die Macht des Gesanges*』（シラー）、『恋愛歌 *Minnelied*』（フリードリヒ・ハウク [Friedrich Haug, 1761–1829]）、『春 *Frühling*』（ゾフィー・メロー）には曲をつけて送っている。[44] その一方で、それに添付した手紙には、『踊り』の音楽が完成していない理由として、「非音楽的な様式（朗誦）を用いるとかなり変化に富んだ感じになり、統一感が出ない」（括弧内筆者）こと、『詩神年鑑』に掲載するには、あまりに大きな楽曲になるのではないか」と案じていることなどを記している。また、シラーの『歌の力』についても、有節リートとして歌う場合に、詩節によってはアクセント上の不都合が生じる箇所があることを指摘している。[45] たしかに、ヴィオーラも言及しているように、シラーの詩に内在する音楽性についての一般的な見解は分かれている。彼を音楽的な詩人とみなす者がいる一方で、ヘーゲルのように、シラーの詩は歌う目的で書かれていないため、作曲するには不適当との所見を表明する者もいる。[46] つまり、ライヒャルトがこのような非リート的で作曲困難なシラーの詩や、詩人自身の要望に応えるためには、従来の単純な有節形式だけでは対処できなくなったのである。

ライヒャルトは一二五人もの詩人の作品に曲をつけている。ゲッティンゲン森林同盟による詩に好んで作曲したシュルツとは違い、ライヒャルトの場合は一定の期間、ある詩人の作品に集中的に曲をつけることはあっても、特定の詩人に執着することはなかったが、ゲーテが彼にとって特別な存在であったことは否定できない。[47] 彼は、一七九〇年代半ば（第三創作期）から一層積極的にゲーテの詩に従事し、シラーの詩への作曲も開始しているが、それと同時にこれまでのような民謡調のリートが次第に減少していく。その理由は、シュルツの方法だけでは、ゲーテの抒情的な詩の深みやシラーの独創性に富んだ詩を表現し尽くせなかったためである。[48] たしかに、同じゲーテの詩による作品であっても《狩人の夜の歌》や《野ばら》などには民謡調リートが適切であったが、《プロメテウス *Prometheus*》【譜例7】や《ラプソディー *Rhapsodie*》、《エウプロシュネーから *Aus Euphrosyne*》のように、表現内容が時間的にも空間的にも拡大されると、ライヒャルトのいわゆる「朗誦曲 Deklamationsstücke」と呼ばれるものが、重要な役割を果たすことになる。[49] つまり彼は、デクラマツィオーンを第一に考え、詩の意味はもちろんのこと言葉の自然な言い回しや詩の韻律を重んじ、それに忠実であろうとしたのである。[50] ジャック・マディソン・スタインは、この朗誦曲をシューベルトやヴォルフの芸術に匹敵すると見ている。[51]

また、第三創作期への移行に伴って形式や伴奏にも変化が見られた。あくまでも有節歌曲が基本であったが、それに変奏を加えたものや通作歌曲の可能性も模索されるようになった。[52] 楽譜の書法も、これまでは歌声部を伴奏中に含む二段譜表が大半であったが、次第に歌声部と伴奏を分けて表記する三段譜表が増えていった。村田千尋の研究によれば、ライヒャルトのリートで三段譜表が初めて現れるのは一七七九年であるが、本格的に用いられるようになるのは一八〇〇年と考えるべきであるという。[53] 彼の全リートのうち二段譜表の作品が七〇パーセントを占めており、一八〇〇年以降も三段譜表の使用は必要な場合に限られるが、それでも、三段譜表によってようやく歌声部から伴奏が独立し、歌声を引き立てながらも、独自に歌詞内容の表現にも関わることができるようになった。たとえば、《狩人の夜の歌》のような民謡調リートでは、伴奏は歌の旋律を含んだ和音を響かせていたが、ゲーテの《美しい夜 *Die schöne Nacht*》やシラーの《理想 *Die Ideale*》(第二稿)[54] などになると、伴奏は旋律とは全く異なったものを奏でている。これらの曲に見られるように、ライヒャルトの場合は伴奏が独立したと言っても、まだアルペッジョやアルベルティ・バスなどの分散和音に依拠していることが多く、低音部は非常に単

【譜例7】ライヒャルト《プロメテウス》

【譜例 8】ライヒャルト《憩いなき恋》（第二稿）

【譜例9】ライヒャルト《霊の挨拶》

純であることがしばしばである。ただし、ゲーテの《憩いなき恋 *Rastlose Liebe*》（第二稿）【譜例8】や《ヨハンナ・ゼーブス *Johanna Sebus*》、シラーの《少女の嘆き *Des Mädchens Klage*》などになると大きな変化が現れる。《憩いなき恋》では、伴奏が休みなく燃えさかる恋心の激しさを、《ヨハンナ・ゼーブス》では、細かな音の動きが荒れ狂う水のうねりを表現しており、前奏や間奏が非常に効果的に使われている。《少女の嘆き》では、最初と最後に現れる素早い動きの分散和音によって、少女の混乱した心の様子が表現されている。また形式や伴奏と同様に、和声にも変化が見られた。第二期の民謡調リートはほとんど主要三和音だけで構成され、《すみれ》【譜例2・一〇八頁】に見られるように、ところどころに「ホルン五度」[55]の効果的使用によって、牧歌的な味つけが施されていたに過ぎない。それに対して第三期のリートでは、三和音にとどまらず変化和音までもが使用され、彼の和声的表現の幅は格段に広がった。分かりやすい例としては、ゲーテの《霊の挨拶 *Geistes-Gruß*》【譜例9】などが挙げられる。

　以上のように彼の作品は、ゲーテやシラーの詩の世界に触れて大いに発展した。こうして新たに獲得された表現の豊かさは、もはやベルリン・リート派の「技巧を抑えた創作リート」や「意識的な素朴さ」という枠を超えて、十九世紀の「芸術リート」のそれに近いとさえ感じられるのである。[56] ただし、その音楽表現の多様性が、はたして「芸術リート」におけるものと同質であるかという点に関しては、慎重に判断すべきであろう。

(3) ライヒャルトにとってのリートの理想

第3項ではライヒャルトのリート観に注目し、彼が理想としたリート像について考える。また、第三創作期の作品が示した様々な変化が、リート史においてどのような意味を持つのかという点についても、彼自身による「リート」の定義をもとに考察したい。

全般的にライヒャルトのリートは抒情的ではあるが、静かで、抑制がきいた控えめな優雅さが魅力である。それは彼が、詩の言葉が持つ抑揚やリズムなどを重視した、出しゃばり過ぎない節度のある音楽をつけることで、詩の内容をより強く人々の心に訴えかけるものにしようとしているからである。したがって、彼のリートが実際に歌われる際に極めて重要なのは、聴き手にすべての詩の言葉と内容がはっきりと伝わることである。そのために、彼は一七八〇年に出版された《ゲーテとビュルガー、シュプリックマン、フォス、トムゼンによるオードとリート集 *Oden und Lieder von Göthe, Bürger, Sprickmann, Voß und Thomsen*》の「序文代わりの良きアドバイス」で、詩の言葉を重視した自分の作曲法と、その作品を歌う際の注意点について述べている。

いつでも私のメロディは、詩を繰り返し読むことから生じるのであり、私はそれを探し出すのではない。それに続いて行なうすべてのことは、次のようである。文法的、論理的、感情的、音楽的な力点が互いによく結びついていて、メロディが一つの詩節だけでなく、すべての詩節において正しく語り、心地よく歌っていると感じられるようになるまで、私は部分的な修正を加えながらメロディを繰り返し、書き留めない。演奏の際にそれを聴き手に十分に分かってもらいたいならば、歌い手は予め歌詞をよく読まなければならない。そして、自分が正しい表現で朗読していると感じるまで読まなければならず、歌うのはそれからである。[57]

この引用文から分かることは、彼が詩を繰り返し朗読して自然に生まれる旋律を書き留めるという作曲方法をとっていること、[58]すべての詩節に合った旋律を追求しようという姿勢から、有節形式を前提としていること、詩の内容だけでなく、言葉の持つ抑揚やアクセントのような音声上の問題も含めて、詩に相応しい音楽をつけようとしていることなどである。そして、歌い手はこうした作曲過程をよく知った上で、詩の言葉を大切にして歌わなければならないのである。彼のこのような作曲法には、第二章で紹介したグルックやヒラーの方法に非常に似た点がある。ヒラーのリートやアリアの主題も詩から自然と与えられたものであり、グルックも文学を重視して納得のいくまで頭の中で作曲し、記譜するのは最後であった。さらに両者は、作品における控えめな美しさや単純性、全体の統一を目指しており、こうした点がライヒャルトに受け継がれている。

ライヒャルトが詩を重視した理由は、音楽が「詩の目指すものを徹底的に再現すること[59]」、詩が語る感情や気分全体を音楽で暗示することが、リート作曲家の使命であると考えていたからである。それは、詩の内容を追いながら忠実に音楽で再現し、音画の手法で描写するのとは違って、詩によって喚起された「感情の表出」を意味していた。これについてライヒャルトは、「リートとは、ある種の感情を単純で分かりやすく音楽的に表出するものでなければならない」と言及している。[60]また、その際にはあまり細部にこだわらずに全体を分かりやすく単純に、そして特徴的に表現することも、彼にとって極めて重要な作曲上の課題であった。たとえば、一七八二年に出版された《ウーツとクライスト、ハーゲドルンによるオードとリート集 *Oden und Lieder von Uz, Kleist und Hagedorn*》の序文には、次のような記述がある。

個々の表現をおろそかにしても、全体が的確に捉えられていて効果的でありさえすれば、作曲家にとって、偏ってはいるが特別な利益がある。真実が何にも勝ると考える作曲家は、このようなリートにおいてのみ流れるように美しいメロディを生み出し、全体の印象に満足できるのである。［……］私は、こうした考えが先にあって、意図的にリートのメロディをより美しいものにしたのではない。むしろ、それ自体がすでに歌や演奏に適したメロディであるウーツやハーゲドルンの歌詞から、たやすくメロディが思い浮かんだことによって、私はこうした見解に至った。[61]

このように、彼は部分よりも全体のまとまりを重視した。つまり、詩の細部に拘泥して一つ一つの言葉を音楽で説明しようとするのではなく、むしろ、詩が喚起した感情を音楽によって表出しようとしていた。そして、そうすることで音楽は詩に貢献できると考えていたので、作曲という行為は副次的なものでも、不必要なものでもなかった。それゆえに、彼のリートは、詩と音楽が統一されて初めて完璧な作品になった。[62] これについてライヒャルトは、「極めて完璧な詩の韻律構造やリズムは、新たに加わった音楽のリズムによって初めて、それ自体が最高の力と効果を手に入れる。それらはただ一つになって心を奪い、うっとりさせ、魂をこれ以上ないほど素晴らしい高揚へと高めるが、他方ではまた、破滅の淵へと沈めることもある」と言っている。[63] 彼にとって、リートにおける詩と音楽の結びつきは、「一度知ったら、もはや歌詞なしでは旋律が、旋律なしでは歌詞が思い浮かべられない」ほど緊密であり、自然でなければならなかった。[64]

また、ライヒャルトによれば、作曲家は自己を限定して詩に奉仕しなければならず、音楽によって過度な装飾を試みたり、伴奏を際立たせたりすることで、詩の言葉から聴き手の注意を逸らしてはならなかった。[65] 既述のとおり、彼は詩人との相互作用における音楽家の重要な役割を認識していたが、音楽によって詩に過剰な負担を掛けることは避けた。彼の音楽はほどよく控えめで、詩の近くに寄り添うこと、それ以上は何も望まなかった。フォスやヘルダー、ゲーテなどに見られる「音楽的な詩」が問題になる時には、この傾向が殊更強まった。そもそも「音楽的な詩」を書いた抒情詩人たちの多くは、自分の作品が実際に歌になることを想定して内容豊かな詩を創作したので、すでに作曲家の最も近いところにいた。そして、先に引用した一七八二年の《オードとリート集》の序文にも明記されているように、ライヒャルトは意図的に美しいメロディを探そうとしたのではなく、詩人たちの生き生きとした表現や、視覚より聴覚に基づいた言葉から、自然と流れ出るメロディに多くの着想を得たのである。[66] このようにライヒャルトの作曲は、自己限定に基づき、元来詩の持っている音楽性を最大限に生かす方法であったので、彼の音楽は自ずと、詩人の個性や特徴を際立たせることになった。それゆえに、ザルメンは彼のことを、個々の詩人をそれぞれ特有な方法で扱うことに尽力した最初の作曲家の一人と呼んでいる。[67]

　さて、ライヒャルト自身も主張しているように、彼のリートは大抵「民謡が歌える声であれば誰でも楽しめるように」作曲され、「小さなサークルの静かで純粋な楽しみのために」書かれたものであり、[68] 職業歌手が多数の聴衆を前にコンサートで披露するための工夫はされていない。それゆえに旋律は、特に優れた歌い手でなくても、家族の団欒や仲間同士の社交の場など、どこかに集まったすべての人々が一緒に、家財道具である「クラヴィーアに合わせて」簡単に歌えるような性質のものであった。また、これはライヒャルトの作品に限ったことではないが、当時のリート譜には「合唱で歌うことも可」と記されていることがあり、しかも同じ歌曲集の中に、独唱曲と合唱曲とが混在することもよくあった。[69] このような注釈つきの曲では、旋律に加えて伴奏として単純な四声の和音がつけられているので、独唱曲としても合唱曲としても歌うことが可能であり、場合によっては、独唱用の旋律を皆で斉唱することもできる。どのような歌唱方法をとるにせよ、重要なのはリートを皆で楽しむことであり、その時々の必要性に合わせて臨機応変に独唱や斉唱、合唱が歌い分けられたと考えられる。リートは仲間同士の集いに不可欠であり、人々は皆で声を合わせて歌うことによって気分を高揚させ、一体感を感じることができた。たとえば、フランス革命以前から、自由と平等は理想の輝きを伴った社会生活の目標であったため、《集いの楽しみのためのリート集 *Lieder geselliger Freude*》の中のフォスとライヒャルトによる一曲にも、「我々は皆、名誉ある人間だ。皆で飲もう。ここではパトロンだって師匠だって専門家だって、特別扱いされません。ここではすべてが平等だ」という詩句が見られる。[70] 仲間とともにこうしたリートを歌うことは、この理想を促進し、希望を持って生きる一つの手段となった。そして、ベルリンという都市自体、ファッシュのジングアカデミーや、その弟子のツェルターのリーダーターフェルに代表されるように、合唱運動の大変盛んな地域でもあった。

このように誰にでも参加できる歌を目指すことは、ベルリン・リート派の「リートの大衆化」という理念に沿うものであった。そして、この理念には、ベルリン・リート派の持つ啓蒙主義的、教育的傾向が強く反映されていると考えられる。[71] すでに第一章第一節第3項でも触れたように、ライヒャルトも一七七一年の職探しの旅のころから、高貴な倫理感に基づいた汎愛主義的な教育願望を持っていて、音楽による民衆教育の理想を追求し、プロイセンにおける教育改革を目指そうとしていた。そして、汎愛主義教育運動の代表者のバーゼドやスイスの教育家のペスタロッチ、ライプツィヒのヒラーなどと交流を持ち、音楽教育によって、子供たちを祖国に役立つ民衆に育てることに尽力した。[72] ライヒャルトにとって音楽は娯楽ではなく、社会生活に調和を与えてくれるものであり、音楽美は宗教や道徳への架け橋でもあった。したがって彼は、良いリートを民衆へ普及させる意図をもって、単純な民謡を手本に、教会歌や賛美歌の調子も受け継いだたくさんの倫理的なリートを書いた。《集いの楽しみのためのリート集》の序文では、ドイツには良い歌が欠けているが、「この歌曲集を正しく使用すれば、恐らくドイツの良い歌がより一層広まるだけでなく、真の道徳心や人間性を得ることにもなるであろうと期待している」と述べている。[73]
リートを教育に利用し、誰にでも歌えることを前提とするためには、詩の内容を明解にすることはもちろんのこと、旋律の音域をなるべく狭くし、音の飛躍も極力回避して音程の単純化を図らなければならない。また、リート全体の形式も単純であるべきであるが、この第3項の冒頭で引用した一七八〇年の《オードとリート集》の「序文代わりの良きアドバイス」で語られた言葉からも分かるように、ライヒャルトにとって有節形式は自明の前提となっていた。[74] そして、歌いやすさという観点から考えれば、伴奏楽器の役割も重要である。しかし、ライヒャルトの歌において核となるのは、魂の込められた表現力に富むメロディであり、それは伴奏がなくても歌えるものでなければならなかった。[75] それゆえ彼は、「楽器の伴奏は、どうしても必要な場合でも歌を補助するだけで、それ以上のものであってはならない」と要求している。[76] つまり、伴奏楽器であるクラヴィーアは旋律が際立つように背景を形成して、旋律を和声的に「支え」、誰にでも歌えるように歌声部を「強化」することが主要な仕事であった。[77] 音楽評論家のロホリッツが指摘しているように、ライヒャルトのリートの場合、明らかに伴奏には技巧の優れたクラヴィーア奏者は不要であった。[78] しかし彼に限らず、第二次ベルリン・リート派のほぼすべてのリートにおいて、伴奏はこの範囲を越えるものではなく、独自の生命も価値も持っていなかった。[79] また、ライヒャルトは伴奏楽器をクラヴィーアに限定してはいない。たとえば、一七九七年の《集いの楽しみのためのリート集》の第二巻ではヴァイオリンやチェロのほか、リートの特徴に合わせて、場合によってはクラリネットやオーボエ、フルート、ヴァルトホルンなどを伴奏楽器に使用している。[80] 次の引用文は、このリート集の前書きの一部であるが、ライヒャルトが伴奏に歌を誘導し支える役割を強く望んでいたことが明確に示されている。
今日、楽しい祝宴には、食事時に音楽によって一座を陽気にするために、楽器奏者が呼ばれることがよくある。［……］もしこの楽器奏者たちが、昨今人気のある楽しいリートの旋律を演奏したら、一座の中の歌いたくてたまらない人々がこれらのリートを歌い始めるのに、十分な刺激になったり、励ましになったりするであろう。そして、楽器による旋律の演奏や和声的な支えによって、伴奏がないと歌いたくない多くの人にも、一緒に歌う勇気を与えるであろう。(81)

ライヒャルトをはじめとして、第二次ベルリン・リート派の作曲家たちが、民謡を手本とした「民謡調」をリートの理想としたことは既述のとおりであるが、それは「民謡調」が、ドイツの良い詩や思想を歌によって民衆に普及させるという目的に、上手く適合したからである。また、それだけにとどまらず、彼らが「民謡調」のリートを作曲した根底には、民衆文学である民謡を民族の所産として尊重する精神や、音楽を真の民族性と一体化させることによって、創作によるリートもいずれは民謡になり得るという考え方があった。第一章第一節第1項で述べたように、ライヒャルトはケーニヒスベルク大学で、詩学の教授クロイツフェルトから民謡について学び(82)、一七七四年には、ヘルダーの『オシアンと古代諸民族の歌についての往復書簡からの抜粋』を読んで、深く感銘を受けている(83)。このようなことに感化されて、ライヒャルトは各地を旅行するたびにその土地の民謡を収集し、自ら出版していた『音楽芸術雑誌』などに発表したり、ギービヒェンシュタインの自宅に集う客たちに披露したりしている(84)。また舞台作品においても、ヒラーのジングシュピールに倣って民謡的要素を多く取り入れることで、民謡の再評価に貢献した。ライヒャルトは、民謡はなるべく手の加えられない状態で紹介される必要があると考えていたため(85)、彼の作品では、民謡が巧みな編曲によって全体に溶け込んでいるというよりは、可能な限り原形をとどめた形でそのまま組み込まれている。たとえば、リーダーシュピールの《愛と忠誠》には、ドイツ民謡《小鳥ならば》が登場人物たちによって歌われるという設定で、そのまま挿入された(86)。

ライヒャルトにとって音楽は聴くために存在するものであり、紙の上に書かれたままでは効果が発揮されず、音楽は演奏されなければならなかった[87]。つまり、それが民謡や民謡調のリートであっても同様であり、彼はこの点に関して以下のように発言している。

これらの民謡の多くも、効果を発揮するためには、歌詞を音読するだけでは不十分であり、さらに歌う必要がある。このことは、そもそも詩と呼ばれるすべてのものにとって不可欠な条件である。そして最近流行りの気取った態度から唇や歯を閉じたままにせず、何よりもまずしっかり心の奥から流れ出るように、とても自由かつ純粋に歌わなければならない。快活で生き生きとした自然人たちや芸術の心を持つ明朗な人々の、美しく魅力的な音色とメロディを歌わなければならない[88]。

また、ライヒャルトは創作活動における民謡の重要な役割について、次のような所見を表明している。

たしかに民謡というものは、真の芸術家が芸術の迷路に入り込んだと感じ始めた時に注意を向ける、船乗りにとっての北極星のようなものであり、そこから極めて多くのことに気づき、利益を得ることができる[89]。

つまり彼は、民謡こそが詩人と音楽家が方向を定めるための導きの星であり、芸術が「人為」的な方向へ逸れるたびに常に回帰すべき「自然」であるとして称揚しているのである。このような民謡観はライヒャルトのみならず、同時代の多くの文化人にも見られ、特にロマン派の詩人たちにとって、民謡をはじめとする民衆文学は重要な役割を果たすことになった[90]。

ライヒャルトはこのような民謡観を持ち、民謡を手本とした単純で素朴な有節歌曲を理想としていた。それにもかかわらず、本節第2項で考察したようにライヒャルトの音楽がゲーテやシラーなどの詩と結びつく時には、全体が通作されたり、朗誦曲のスタイルが用いられたりする場合があった。また、伴奏も歌声部の支え以上の役割を担うことがあり、シューベルトの場合と同じように、伴奏が歌声部から独立して、歌詞の内容の表現に関わってくることがあった。ここで、ライヒャルトのリート観に照らしつつ、彼の第三創作期に見られる様々な発展について考察しておきたい。

ハインリヒ・ヴィルヘルム・シュヴァープは、こうした形式や伴奏に見られる変化は、リートに対する作曲家自身の作品意識の芽生えと関連していると考えている。つまり、ライヒャルトにリートを芸術作品とみなす考え方が生じたことによって、「芸術リート」誕生の兆しを見ているのである。[91] このような見解はシュヴァープに限らず、従来の多くの研究にも見られ、ザルメンも第三創作期における伴奏部の発展したリートについて、「ライヒャルトは、のちのシューベルトと同質の歌を先取りしつつ、一つの伴奏音型を保ちながら展開していくリート、ほぼロマン的とも言える霊感による情緒豊かなリートに達している」（傍点筆者）と述べている。[92] こうした見解に共通するのは、ライヒャルトがリートに作品意識を抱いたとされる時期に多少のずれはあるものの、[93] それ以降、彼が万人のためのリートから脱却し、限られた人々のためにリートを作り始めたという解釈である。その解釈は、知識階層、特に音楽に精通した者であれば、これまでの有節形式で非常に単純なリートには満足できずに、より芸術性の高い精巧な作品を望んだに違いないという推測に基づいている。内容豊かな歌詞、自由な形式、歌声部から独立した伴奏、これらがそろったことでライヒャルトの第三創作期のリートに「芸術リート」の先駆けを見ているのである。

しかし、はたしてライヒャルト自身は本当に有節リートには満足できず、芸術性を高めるためにリートに新しい形を望んでいたのであろうか。一七九六年の時点においてもなお、ライヒャルトによるリートの理想は次のようであった。

リートとは、民謡が歌える声であれば誰でも楽しめるように、ある種の感情を単純で分かりやすく音楽的に表出するものでなければならない。簡単に全体の見通せる小品であるだけに、一層非の打ちどころのない完璧なまとまりが必要とされるに違いない。その本来の価値は歌の統一性の中にあり、楽器の伴奏は、どうしても必要な場合でも歌を補助するだけで、それ以上のものであってはならない。

このリートの定義は、『音楽年鑑』の第五章「新しいドイツ・リート」に記されている。その章で彼はさらに続けて、ハイドンやモーツァルトのリートについても言及しているが、それらは自分のリートの定義に鑑みて、全く「ドイツのリートではない」と批判している。[94] また、同じ年にライヒャルトは、同時代の作曲家のリートを集めて《集いの楽しみのためのリート集》を出版したが、その歌集にはハイドンやモーツァルト、ディッタースドルフのリートを採用しなかった。そしてその理由は、彼らが「リート本来の性質に従って作曲していない」ことにあるとした。[95] 一八〇五年には、ベートーヴェンの歌曲《アデライーデ *Adelaide*》に関して、その詩の扱い方やデクラマツィオーンの不適切な点、全体が通作されている点などを批判した匿名の記事を、自ら編集していた『ベルリン音楽新聞』に掲載している。[96] ジングシュピールの分野においては、挿入される歌の部分がすべて民謡調リートや単純な有節歌曲だけから成るリーダーシュピールを一八〇〇年に創始し、その後数年間にわたり創作活動を続けている。[97]

さらに、一八一〇年に出版された『ウィーンへの旅路で書かれた私信』で、彼はゲーテの詩に曲をつける場合を例に挙げながら、次のように自分の作曲法について総括している。

> 作曲とは、詩の極めて近くに寄り添い、詩をリズミカルな歌や音楽的な朗誦の魔力、さらには優れたハーモニーの力によって強化し、この上なく生気に満ちたものにすること以外の何ものでもない。この唯一の詩人をよく把握し理解して、それと同時に感覚と感情で音楽に従事する者だけが、こうした作曲法を十分に心得ており、詩が作られ詠まれた時の感覚で楽しむのであろう。真の意味での民謡調で書かれた単純なリートは、当然のことながら一般に容易に理解され、愛された。[98]

こうした自己限定に基づいた詩への奉仕というのは、ライヒャルトが若いころから抱いていた考えであり[99]、シュルツの見解にも共通し、第二次ベルリン・リート派の理念を代表するものであった[100]。つまり、ライヒャルトは第三創作期においても、「誰にでも歌える」有節リートの理想の追求やそれによる民衆の教育という目標を諦めず、音楽の詩への奉仕という姿勢も崩していないのである。それゆえに、ライヒャルトの第三創作期の作品について考える時も、彼が掲げたリートの定義を忘れてはならない。ただし、そうであるならば、彼の第三創作期における有節変奏形式を用いたものや通作によるもの、伴奏の役割を拡大させた作品、朗誦曲の存在はどう解釈すればよいのであろうか。

まず、ライヒャルトの主張する「リート」の概念に従って、「リート」とそれ以外の歌曲を細かく分けて考えてみたい。なぜなら、オードやバラード、ロマンス、朗誦曲、そして歌（Gesang）などを「リート」の対象から除外すれば、それらは「リート」の概念に縛られずに済むはずだからである。ライヒャルト自身もそれを意識しており、たとえば、ゲーテの《エウプロシュネーから》を含む作品集は《ロマン的歌曲集 *Romantische Gesänge*》、自由な形式の曲が多いシラーの詩による作品集は《シラーの抒情詩集 *Schillers lyrische Gedichte*》であり、タイトルに「リート」という言葉を使用していない。また、ライヒャルトはシラーの『オルレアンの処女 *Die Jungfrau von Orleans*』の一部「ヨハンナのモノローグ *Monolog der Johanna*」に二種類の音楽をつけている。一つはメロディの美しい歌として、一つは朗誦曲として作曲し、後者には「ダンツィヒのミス・マリア・マクレーンのために」という献辞が添えられている。[101] つまりこの事例から、彼が朗誦曲を万人のためではなく、限られた人々のために書いていたことが明らかになる。オードに関しても、彼は一七七四年にクロプシュトックと知り合って以来、高貴な歌であるオードとそれ以外の歌を明確に区別している。オードの崇高さが理解できるのは知識のある一部の人だけとみなし、尊敬していたグルックに倣って、ライヒャルトもクロプシュトックのオードを限られた人々にしか公開しなかった。[102]

第二章で考察したように、彼は一八〇〇年ごろから、リーダーシュピールによってジングシュピールのさらなる単純化を推し進めると同時に、《精霊の島》のような本格的なドイツ・オペラの制作にも取り組んだが、これと同様のことが歌曲の分野についても言えるのではないだろうか。つまり、「リート」では「誰でも歌える」単純な有節形式の理想を追求し、それ以外の歌では様々な試みを通じて、独唱歌曲の可能性を模索しているのである。ただし、「リート」以外の歌においても、詩に寄り添い「詩人の目指すものを徹底的に再現」しようとする姿勢や、可能な限り有節形式を用いようとした点では、「リート」の場合と同じである。ライヒャルトはオードに関しても、「最も難しいのは、すべての詩節に共通するただ一つの旋律で、オード全体を、言葉の持つ本来のアクセントを生かした歌にすることである」と述べている。[103]

また、第三創作期にはライヒャルトが「リート」として書いたものの中にも、有節変奏形式を用いたものや通作によるもの、伴奏の役割を拡大させた作品が存在するが、やはりこの種の「リート」も、ライヒャルトは自分の考えた「リート」の定義に照らして作曲している。つまり、「リート」において重要なのは音楽よりも詩であり、音楽は詩から醸し出される「感情を表出」し、細部にこだわらずに全体を特徴的に表現し、詩人の意図を再現しなければならなかった。形式や伴奏に見られる変化は、その目的を達成する上でやむを得ず生じた結果に過ぎず、彼自身が単純な有節リートを芸術的に向上させるために、形式の拡大を求めたわけではない。彼にとって単純な有節リートは未完の「芸術リート」ではなく、「リート」の究極の形であった。どうしてもそれが困難な場合にのみ、形式を拡大することを自分に許したと考えられる。ライヒャルトは部分にとらわれずに、全体を把握することの重要性、すべての詩節を象徴するただ一つの旋律を見つけることの難しさについて言及しているが、それは、日本の芸術に喩えるならば、俳句や短歌を作る難しさにも似ているかも知れない。限られた文字数や条件の中で、芸術性の高い凝縮された美を表現することは、散文を用いて説明的に叙述するのとは違った技が必要である。ヴィオーラやブルーメが述べているように、民謡調のリートや単純な有節リート、すなわち「技巧を抑えた創作リート」においては、ライヒャルトは自ら求めた理想や理念、そして民衆に密着した世界言語という美学的要請を十全な形で実現できた成功者であった。[104]

たしかに、ライヒャルトの第三創作期の作品の中には、「リート」以外のものも含めれば、ロマン主義の「芸術リート」に繋がる要素が多く見られ、シューベルトによる「芸術リート」の先駆性が感じられるものもあるかも知れない。また、実際にシューベルトはライヒャルトの朗誦曲《イフィゲニアのモノローグ *Monolog der Iphigenia*》を写譜して持っており、研究していたとも言われている。[105] それゆえに、ライヒャルトがロマン主義の「芸術リート」に直接影響を与えた面もあったであろう。しかし、ライヒャルト自身のリート観から考えると、詩へのアプローチの仕方がシューベルトとは異なっているため、両者のリートは相容れない別種のもの、似て非なるものであるということを主張したい。ヴァルター・デュルは、シューベルトが《糸を紡ぐグレートヒェン

Gretchen am Spinnrade》を作曲した一八一四年に「芸術リート」が誕生したとしているが[106]、奇しくもライヒャルトはその年に他界した。もしライヒャルトが長命を保ち、シューベルトのリートを聴く機会があったとしても、彼はそれを「リート」としては評価しなかったであろう。なぜなら、シューベルトのリートはライヒャルトの概念からすれば、真の「リート」ではないからである。つまり、ライヒャルトは十九世紀の「芸術リート」の先駆者ではなく、むしろ、十八世紀の北ドイツにおける詩を尊重した「リート」の完成者とみなされるべきなのである。

第二節　北ドイツの同時代人たちのリート観

(1)　リートの大家としてのライヒャルト

一八一六年四月十七日、シューベルトはゲーテに、友人ヨーゼフ・エードラー・フォン・シュパウン（Joseph Edler von Spaun, 1788–1865）の手紙を添えて、ゲーテの詩による歌曲集の清書譜を送付した。一八二五年六月六日にも、カッピ・ウント・ディアベリ社から出版されたリートの楽譜を、直筆の手紙を添えて献呈している。しかし、いずれの場合もゲーテは返信せず、ただ一八二五年六月十六日の日記に「ウィーンのシューベルトから、私のリートにつけた作曲の送付」とのメモを残しただけであった[107]。

一八二〇年の四月半ばに、ヴァイマルの若き音楽家ヨハン・クリスティアン・ローベ（Johann Christian Lobe, 1797–1881）はゲーテに対し、ツェルターのリートについて「彼の音楽のスタイルは、シュルツやライヒャルトのそれに極めて似かよっていて、今や時代遅れである」と指摘した。この時ローベは、実験的にいくつかの歌曲の伴奏だけを弾いて、ゲーテに聴かせている。そして、ライヒャルトやツェルターによる、詩人の意向を徹底的に再現しようとしたリートと、ウェーバーらによる新しい傾向の歌曲、つまり伴奏が歌声部とともに感情を語る音楽を比較し、後者のほうが優れていることを証明しようとした[108]。これまでの考察からも明らかなように、第二次ベルリン・リート派の作品と十九世紀の「芸術リート」は、全く違う種類のものであった。たしかに、ライヒャルトやツェルターの作品にも、新しい時代を予感させる要素が多く見られるが、彼らの詩を扱う姿勢は「芸術リート」の作曲家たちのそれと根本から異なっている。ゲーテはローベの演奏を聴いて、世界の進歩や音楽の最近の傾向を認めながらも、ローベの主張は聞こえがよいが理想に過ぎないとして、受け容れようとはしなかった。それでは、ゲーテは一体なぜ、シューベルトの作品をはじめとする十九世紀の「芸術リート」に対して、拒絶的な態度を示したのであろうか。また、ゲーテよりも若い世代の詩人たちは、新しい傾向の歌曲をどのように感じていたのであろうか。第1項ではこうした疑問点を明らかにするために、ライヒャルトと同時代に生きた北ドイツの知識人たちのリート観を考察したい。

ゲーテは一七七〇年にストラスブールでヘルダーと邂逅し、彼の民謡尊重の精神に大いに感化された。ゲーテ自身も民謡研究に取り組み、民謡の持つ民族性やリズム、音楽性から霊感を与えられて、優れた文学作品を次々と生み出した。また、ヘルダーは「民謡の本質は歌であり、絵画ではない。［……］民謡は観るのではなく、聴かなければならない。つまり魂の耳で聴かなければならない」と述べ[109]、民謡は眺めるものではなく、音声にして初めて価値の生ずるものと考えていた。本章第一節第3項で考察したように、ライヒャルトも同様な見解を持ち、民謡のみならず創作されたリートも声に出して歌われるべきであると主張している。ゲーテもこの点に関してはヘルダーやライヒャルトと同意見であった。ゲーテは一八二七年五月三日のエッカーマンとの対話で、スコットランドの国民的詩人ロバート・バーンズ（Robert Burns, 1759–1796）の詩が、民謡をもとに書かれ、多くの人々に歌い継がれていることについて語っている。ゲーテによると、ドイツの場合はヘルダーなどの努力により民謡がようやく忘却から救い出され、その後詩人たちが民謡に基づいた詩作を行なったが、そのほとんどが民衆に歌われることもなく、印刷されて図書館の中で眠っているという。ゲーテは自作の詩がそうならないためにも、バーンズの詩のように、節をつけて歌われ伝承されることを願っていた。[110]

ゲーテは自作の詩が民謡のように歌われることを想定し、詩それ自体が極めて音楽的になるよう心掛けていたために、リートの作曲の際には音楽家が勝手に振る舞うのではなく、詩を尊重し、詩の醸し出す音楽性を最大限に生かすことを望んでいた。つまり、リートの作曲において音楽家は詩人の意向に従い、音楽は詩と一体となるべきであると考えていたのである。[111] それゆえにゲーテは、詩の芸術性を重んずる第二次ベルリン・リート派のライヒャルトやツェルターの音楽を好んだ。

私はある詩を作曲しようと思うと、前もって詩の言葉の意味に入り込み、その状況をありありと思い描いてみる。それから暗記してしまうまで声に出して読み上げる。すると、繰り返し朗読することによって自然と旋律が生まれてくる。[112]

これは、ツェルターが自分の作曲法について語ったものであるが、ライヒャルトの作曲法もこれと全く同様であり、詩を繰り返し朗読し、詩の音楽性から自然と生まれる旋律を書き取るという方法であった。[113] 彼らは、詩の言葉が持つアクセントやリズム、描写された状況や感情など、すべてに適合するようなメロディが生まれてくるまで詩を何度も朗読し、音楽家自身が詩人になりきろうと努力するのである。

さらに、詩人と作曲家の関係について、ツェルターは一八〇三年七月十五日のゲーテ宛ての手紙で、「音楽家とは、恐ろしいほどに詩人の下へ位置づけられており、それに加えて詩人の芸術の力すべてを必要とします」と述べている。[114] ライヒャルトもまた、作曲家は自己を限定して詩に奉仕しなければならず、音楽によって過度な装飾を試みたり、伴奏を際立たせたりすることで詩の言葉から聴き手の注意を逸らしてはならない、と考えていた。このような彼らのリート観は、まさにゲーテのそれと一致するものであった。ゲーテは一八二〇年五月十一日付けの書簡で、ツェルターの音楽を次のような言葉で賞賛している。

私は君のつけた曲を聴くとすぐに、それが私の詩と一体であるように感じます。その音楽は、まるで風船に入れる水素ガスのように、風船を高みへと浮上させるのです。ほかの作曲家においては、彼らがいかに詩を解釈したのか、そしてそれを素材に何を作ったのかということに、まず注意を払わなければなりません。[115]

また同様に、ゲーテはライヒャルトのつけた音楽にも完全に満足しており、ライヒャルトの他界後一一年が経った一八二五年においてもなお、「ライヒャルトは非常に天分豊かな人物であった。私のリートに彼がつけた曲は、私の知っているこの種のものの中で、比類なき最高の出来栄えである」と絶賛している。[116] つまり、ライヒャルトやツェルターの作るリートは、詩と音楽が一体となってほしいというゲーテの望みを、過不足なく満たしてくれるものであった。

つまり、ゲーテがシューベルトのリートに興味を示さなかったのは、この二人のリート観が全く異なっていたためであった。たとえば、シューベルトはゲーテの『魔王』を、当時はまだ新しかった通作歌曲として作曲し、そのメロディと伴奏を非常にドラマチックなものにした。しかし、ゲーテはこの詩には、「人の耳を惹き、誰でもすぐに覚えられるような、特徴はあるけれども分かりやすく、かつ調和のとれたメロディ」がつけられることを望み[117]、ライヒャルトやツェルターらが作曲したような有節形式による単純な音楽を期待していた。民謡のように自作の詩が民衆に歌い継がれることを望んでいたゲーテにとって、特別な訓練を受けた歌手にしか歌えないようなメロディや、技巧の優れたクラヴィーア奏者にしか弾けない伴奏は必要なかったのである[118]。

それでは、ゲーテよりも二十七歳若いホフマンは、どのようなリート観を持っていたのであろうか。音楽評論家としての彼は、当時はまだ理解されることの少なかったベートーヴェンの器楽の価値を認めたことで、よく知られている。それだけにリートの分野においても、ゲーテとは異なり、十九世紀の新しい「芸術リート」にすぐに共感できたのではないかという期待が持てる。しかし残念なことに、ホフマンが書き残したものの中には、シューベルトの作品に関する記述を見つけることはできない。それが意味することは、彼がシューベルトのリートを全く知らなかったか[119]、あるいは知っていても賞賛に値しないとみなしたかのどちらかであろう。

シューベルトの最初の「芸術リート」《糸を紡ぐグレートヒェン》が作曲されたのは一八一四年のことであるが、彼の音楽が世に広く紹介されるまでには時間を要した。リートの最初の公開演奏会が催されたのが一八一九年二月二十八日、楽譜の出版が実現したのが一八二一年の春であり、こうして少しずつシューベルトはウィーンの楽壇で評価されるようになったが[120]、ホフマンはその翌年の六月二十五日には他界している。また、ホフマンがシューベルトのリートを知っていたと仮定しても、次のような理由から、彼はすぐには理解を示すことができなかったと推測できる。シューベルトが好み、「芸術リート」の特徴の一つとも言える通作について、ホフマンは次のような意見を述べている。

リートを通作で作曲するとテキストからドラマチックな性質が失われ、リートでなくなってしまう場合があるので、評者にとって通作は大変好ましくないものであるが、それが流行したのも恐らく、全体を捉えられずに細部にこだわっている愚か者の、単なる一時しのぎに過ぎなかったのであろう。[121]
つまりホフマンは、リートは有節形式でなければならず、作曲家は細部にこだわらずに全体を捉えなければならないと主張しているのであり、これはゲーテやライヒャルト、ツェルターの見解と完全に一致している。[122]

ホフマンが第二次ベルリン・リート派と見解をともにした理由の一つとして考えられるのは、彼がライヒャルトの弟子であったことである。ホフマンは同郷の師ライヒャルトに対して一方ならぬ敬意を抱き、彼を生涯で最も影響を受けた音楽家の一人とみなしていた。特にリートの分野で「真に偉大で確実な地歩を占めた」ライヒャルトには、「心地よく素晴らしい歌曲をもっとたくさん作ってほしい」と考えていた。[123] そして、ライヒャルトのリートの作曲法を賞賛し、「彼は詩に音楽の飾りをつけようとする時に、その詩の中へ入り込んで完全に解釈するだけでなく、同時に神のように上から俯瞰してそれを意のままに支配した」と表現している。[124]

また、ホフマンはベートーヴェンのことを、「今や誰も器楽作曲家の第一人者であることに異議を唱えないであろうと思われる巨匠[125]」と大絶賛したにもかかわらず、リートに関しては、ベートーヴェンよりもライヒャルトのほうが優れていると感じていた。つまり、ホフマンが賞賛したのはベートーヴェンの器楽であって、声楽の領域においても彼が優れた作曲家であると主張しているのではない。ホフマンは批評文『ベートーヴェンの交響曲第五番 *Ludwig van Beethoven, 5. Sinfonie*』の中で、その点について明確に述べている。

ベートーヴェンは純粋にロマン主義的な（まさしくその理由から真に音楽的な）作曲家であり、それゆえに、彼は声楽ではほとんど成功しないということになるのかも知れない。声楽は、漠然とした憧憬を許容せず、無限の国で感じられた情緒ではなく、言葉によって示された情緒のみを表現するものだからである。[126]

「漠然とした憧憬」や「無限の国で感じられた情緒」を表現する器楽の世界においては、ベートーヴェンに比肩し得る者はいないが、それが許されず「言葉によって示された情緒のみを表現する」声楽の世界においては、ライヒャルトのほうが優れた能力を発揮するのである。ホフマンは、単純な形式の中に詩人の感情を高度に表現するリートの大家として、ライヒャルトに尊敬の念を抱いていた。

たとえば、ゲーテの悲劇『エグモント』にベートーヴェンがつけた音楽に関する批評の中で、次のように指摘している。

このリート（《喜びと悲しみに満ちて *Freudvoll und leidvoll*》）ではメロディの点においても、拡大解釈し過ぎであり、扱い方もあまりにオペラ的であるように思う。ライヒャルトがつけた音楽は、この上ない単純さの中に、極めて深い心の奥底からの感情を表現していて、ずっと良い。ベートーヴェンの作品の最後は、ほとんどアリアのようになってしまっている。[127]（括弧内筆者、【譜例12と13】）

ホフマンはこの劇中歌において、ベートーヴェンがアリアとリートを混同している点を特に批判している。なぜなら、ホフマンはアリアとリートを対極にあるものとして、明確に区別しているからである。彼によると、「アリアでは言葉は、単に感情を象徴的に表すものに過ぎない。休むことのない、極めて微妙な感情の変化を伝えることができるのは、ただ音楽のみである」。それに対してリートでは、「まさに詩人は内面に感じられたものをすべて言葉で把握し、伝えることを目指しており、その結果、感情のあらゆる瞬間を明確に表現するために、しばしば多くの詩節を必要とする」という。[128] それゆえに、アリアとリートでは詩人と作曲家の役割が逆転する。

もう一つの劇中歌《太鼓が鳴り響く *Die Trommel gerühret*》【譜例11】についても、「その歌は、オペレッタのために書いたのであれば傑作である。演劇のためであるならば、評者の意見では、あまりに装飾過多である」と述べ、その理由は「演劇の中でのリートは、我々が生活の中で歌うのと同様に、実際にリートでなければならない」点にあるという。[130] つまり、登場人物が歌うというのは、それが前提となっているオペラとは異なり、演劇の中では我々が普段の生活において歌うのと同じ行為であるため、その歌はアリアであってはならず、誰でも容易に歌える単純なリートでなければならないのである。ただし、説明を補足するならば、ホフマンは決してこの劇音楽全体の芸術的価値を否定してはおらず、クレールヒェンの二つの歌がリートとして作曲されていない点を批判している。

実際に、ライヒャルトとベートーヴェンによるこの二つの歌を比較してみると、[131]《太鼓が鳴り響く》につけられた両者の音楽は対照的である【譜例10と11】。ライヒャルトの作品は、有節形式で書かれていて完全な民謡調である。「元気よく」という指示書きにも表れているように、ニ長調で八分の三拍子の、付点リズムの特徴的な快活なメロディである。それに対して、ベートーヴェンは第一詩節をヘ短調で、第二詩節をヘ長調（二時ニ短調に転調）にして通作で作曲し、全体を四分の二拍子の勇ましい行進曲風に仕上げている。ホフマンの指摘どおりオペラ調であり、オーケストラの伴奏も含めて非常に印象的な音楽である。ゲーテの脚本によると、この歌は、クレールヒェンとブラッケンブルクが糸巻きをしながら一緒に歌う軍歌である。ブラッケンブルクは、クレールヒェンとエグモントの交際を知りながら、彼女に思いを寄せている青年である。思い悩むブラッケンブルクを元気づけるために二人で歌うという場面設定であるため、[132] アリアよりもやはり民謡調の音楽のほうが物語の筋に即していると考えられる。

【譜例 10】ライヒャルト《太鼓が鳴り響く》

【譜例 11】ベートーヴェン《太鼓が鳴り響く》(3)

【譜例 11】ベートーヴェン《太鼓が鳴り響く》（2）

【譜例 11】ベートーヴェン《太鼓が鳴り響く》（1）

《喜びと悲しみに満ちて》【譜例12と13】において両者の音楽に共通する点は、長調で四分の二拍子の曲であるということ、「憧れつつ恐れつつ揺れる苦悩に langen und bangen in schwebender Pein」の部分で一時短調に転ずることである。ライヒャルトは主調の変ホ長調から平行調のハ短調に、ベートーヴェンは主調のイ長調から同主調のイ短調に一時転調させている。また、原詩の最後の二行「幸せなのはただ恋する心 Glücklich allein ist die Seele, die liebt」を繰り返し用いている点も類似している。ただし、ベートーヴェンの場合は歌詞をかなり自由に使っていて、完全な再現ではないが全体を二度繰り返している。両者の大きな違いはメロディと伴奏にある。ライヒャルトのメロディは極めて単純で歌いやすいものであり、伴奏はアルベルティ・バスに似た分散和音形式に終始している。ベートーヴェンは同じ歌詞を二度使用しているにもかかわらず、メロディのほうは次々と展開されていき、同じ旋律が現れることはない。伴奏は歌と掛け合いになる部分もあり、伴奏も音楽を構成する一部として非常に重要な役割を果たしている。この曲もオペラ調であり、戯曲として上演する場合には、特別に歌の訓練をした女優か演技のできるオペラ歌手が必要になるであろう[133]。

ライヒャルトがゲーテの『エグモント』に曲をつけたのは一七九一年のことであった。彼ら二人が共同制作を集中的に行なった時期（一七八九―一七九一年）には、ジングシュピールのみならず劇付随音楽も多く作曲された。《エグモント》もそのうちの一つであり、最も成功した作品であったが[134]、その楽譜は、前出の二曲のクレールヒェンの歌以外すべて消失してしまった。一方、ベートーヴェンが『エグモント』に作曲したのは一八〇九年の秋から翌年の春にかけてであり、ウィーン宮廷劇場の支配人ヨーゼフ・ハルトル・フォン・ルクセンシュタイン（Joseph Hartl von Luchsenstein, 1760–1822）から依頼を受けたためであった。ルクセンシュタインは、シラーとゲーテの作品を一つずつ（『ヴィルヘルム・テル *Wilhelm Tell*』と『エグモント』）選択し、新しく音楽をつけてウィーンで紹介する計画を立てていた。『エグモント』のウィーン初演は一八一〇年五月二十四日にブルク劇場で行なわ

【譜例 12】ライヒャルト《喜びと悲しみに満ちて》

れたが、ベートーヴェンの音楽は初演に間に合わず、四回目の六月十五日の公演から使用されたという[135]。

ベルリンの王立劇場の上演記録（一七八六年十二月五日から一八八五年十二月三十一日まで）によると、『エグモント』は全部で一三四回上演されているが、そのうち一八〇一年二月二十五日から一八一九年十月二十五日までの一五回の上演はライヒャルトの音楽によるもので、およそ二〇年間の中断を挟んで、一八四一年一月二十日から一八八五年十月十一日までの一一九回の上演はベートーヴェンの音楽によるものであることが分かる[136]。ベートーヴェンのほうが上演回数も圧倒的に多いが、ホフマンやゲーテの存命中には、ライヒャルトのほうが親しまれていたと考えられる。一八一三年二月二十七日にはツェルターが、ゲーテに宛てた手紙の中で、次のようにライヒャル

【譜例 13】ベートーヴェン《喜びと悲しみに満ちて》（2）

【譜例 13】ベートーヴェン《喜びと悲しみに満ちて》(1)

トの音楽を絶賛している。

上演はひどいものでしたが、ライヒャルトがこの悲劇の第三幕と第四幕の幕間のために書いた間奏曲は卓越しています。彼はリート《喜びと悲しみに満ちて》のメロディをもとに、第三幕と第四幕の間に演奏する変奏曲を作りました。それを初めて聴いた時、私は恍惚としてしまいました。[137]

《喜びと悲しみに満ちて》のメロディはホフマンのみならず、[138]ツェルターをも魅了した。全体の楽譜が消失してしまったことはライヒャルト研究の上で損失であるが、多くの人を虜にしたと考えられるこのリートの楽譜が残っていたことは、せめてもの幸いである。

このように、ホフマンはリートの作曲においては、ベートーヴェンよりもライヒャルトに軍配を上げたが、ホフマンの考えるリートの作曲法は次のようであった。

詩の深い意味から刺激を受けて、作曲家は、いわば焦点を絞るようにして感情のあらゆる瞬間を把握しなければならず、メロディはそこから輝き出る。アリアでは言葉が内なる感情を象徴的に表すものになったように、リートではメロディの響きが、詩自体に込められている感情の様々な瞬間すべての象徴となる。したがって、詩人の意志に完全に適ったリートを作曲するためには、作曲家が詩の意味を深く理解するというよりは、むしろその詩を書いた詩人になりきることが恐らく必要であろう。

リートでは詩人の言葉が絶対的な存在であり、音楽家はそこから何か新しいものを創造するのではなく、詩に感激した瞬間に、そこから自然と輝き出てきたものを書き留めるのである。ホフマンはこれを、「完全武装したミネルヴァがユピテルの頭から飛び出してくるのと同じ」と説明している。[139] つまり、リートのメロディは詩から直接完全な姿で溢れ出てくるもので、詩と音楽は一体と感じられるほど、分かちがたいものである必要があった。

ホフマンによると、優れた詩においては「その単純でわずかな言葉の中に深遠な意味が存在することが多い」が、こうした詩につけられる音楽は、「極めて単純で、華美な装飾や不自然な転調がなく」、「歌いやすい」有節形式のものでなければならないという。[140] また彼は、『クライスレリアーナII *Kreisleriana*』の中の『男爵ヴァルボルンに宛てた楽長クライスラーの手紙 *Brief des Kapellmeisters Kreisler an den Baron Wallborn*』で、「時おり私には、リートというものは一つのオペラ全体であるかのように思われます」と語っている。[141] 彼にとってリートとは、アリアの対極的関係にあるだけでなく、オペラ全体に匹敵するほど、短い歌のうちに多くのドラマ性を含んだものであった。彼は通作を嫌い、その理由を「リートを通作で作曲するとテキストからドラマチックな性質が失われ、リートでなくなってしまう」点にあるとしていたが、彼の理想としたリートは、高度な単純性の中にドラマ性を内包した歌曲、つまり第二次ベルリン・リート派の目指していた、詩の言葉を尊重する簡素な有節リートに、極めて近いものであった。そして、そのようなリートを創造できる作曲家として、彼はライヒャルトとツェルターの名を挙げ、「真の守護霊ゲーニウスの持ち主」として賞賛している。[142]

さて第一章第一節第4項で述べたとおり、ギービヒェンシュタインのライヒャルト邸では毎日のように歌の音楽会が行なわれたが、それを楽しんだ客たちの中にも当然、彼のリートの強力な支持者たちがいた。それは、ゲーテに加えてティークやジャン・パウル、アルニム、ブレンターノらであった。ティークもホフマンと同様に、リートの分野においては、ベートーヴェンよりもライヒャルトのほうがはるかに優れた音楽家であると考えていた。ティークの短編小説『音楽の悩みと喜び』によれば、リート作曲家は詩の部分にこだわり過ぎて全体を台なしにしないように、有節形式で作曲しなければならず、また、言葉のリズムやアクセントに正しくメロディをつけて、不自然な転調はすべきではないという。[143] そして、有節リートの「繰り返される単純さに、静かな変化を与えることは歌手に委ねられて」おり、「これらの反復される音楽を愛することで、いとも簡単にそれに多様性を感じることは、我々の生まれつき持つ音楽的センス」である。それにもかかわらず、「優れたベートーヴェンのような天才音楽家の中にも、（有節形式では）新しい着想を十分に表現できないのではないかと恐れる人がいる」（括弧内筆者）として、ティークは次のようにベートーヴェンのリートを批判している。

彼は一つの主題を落ち着いて聴かせて、我々に喜びを感じさせることは滅多になく、むしろ最初の主題をほとんど聴かせないうちに、第二、第三の主題へと我々を無理矢理引っ張っていき、その極めて美しい印象さえも壊してしまうことがよくある。さらに、彼が作曲したゲーテのリートに注意を向けてみると、何という落ち着きのなさ、何というひどい朗誦、何という雑な歌詞の省き方であろうか。私はこの優秀な人物やほかの幾人かの音楽家に、不当な評価を下したいのではない。しかし、これらの格調高い歌詞の大多数につけられたライヒャルトのメロディは、私にとても馴染んでいて、これらの詩、特に昔の詩を、別のメロディでは思い出せないし歌うことができない。[144]

ティークがこの短編小説を出版したのは一八二四年のことであり、ライヒャルトが他界して一〇年の時が流れていたが、ティークのリートに対する感覚は、ギービヒェンシュタインで音楽を楽しんだ当時のままであったようである。

一七九六年以来ヘルダーと親交を結んでいたジャン・パウルは、ライヒャルトとともに民謡に夢中になり、第二次ベルリン・リート派の民謡調リートに関する理念からも大いに影響を受けている。ライヒャルトの音楽の中でも、ゲーテの詩につけられた《イタリア》や《五月の歌》を好み、[145]さらには小説『生意気盛り』（一八〇四―一八〇五年）にも彼のリートを登場させた。第三巻の第三五番「緑玉髄 *Chrysopras*」でヒロインのヴィーナが歌うリートが、ライヒャルトの《最後の願い》である。このリートはザリス＝ゼーヴィスの詩によるもので、ライヒャルトのリーダーシュピール《愛と忠誠》（一八〇〇年）で劇中歌としても用いられた。[146]ジャン・パウルは、ヴィーナに切ない恋をしている公証人ヴァルトに、「とても真実味があって、とても心がこもっていて、とても深みがあると感じた」と感想を述べさせた上で、このリートに次のような注釈をつけている。

ライヒャルトのリート集の一〇頁に掲載されている。このリート集には、初回よりも一〇回目のほうがよく心に響く作品がいくつかあり、大抵の場合、詩人と作曲家が互いにとってのエコーになっている。[147]

ジャン・パウルは、ライヒャルトのほかにはツェルターのゲーテ歌曲《嘆き *Klage*》（涙とともにパンを食べたことのない者は）や《狩人の夕べの歌》を聴き、中でも気に入っていたのは《神と踊り子 *Der Gott und die Bajadere*》であったという。[148]また、アルニムとブレンターノのリート観については本章第三節で詳述するが、両者は自分たちの民謡集『少年の魔法の角笛』（一八〇五―一八〇八年）に対する協力を、ライヒャルトに強く求めた。

(2)　北ドイツにおける第二次ベルリン・リート派の影響力

ホフマンやギービヒェンシュタインの客たちの多くは、十九世紀に入ってもなおライヒャルトのリートを好んだが、それは、彼らがたまたまライヒャルトの弟子や友人、知人だったからであろうか。ライヒャルトの近くにいたがゆえに、特別に第二次ベルリン・リート派の影響を強く受けただけなのであろうか。第2項では、調査の対象をライヒャルトの周辺から少し広げたい。

次に引用するのは、一八二〇年代にライプツィヒ『一般音楽新聞』に書かれた、シューベルトのリートに対する手厳しい批判である。

フランツ・シューベルト氏は本来のリートを書いていないし、また、それを書こうともしていない。［……］彼の作品は、むしろ形式にこだわらない歌であり、せいぜい狂想曲や幻想曲としか呼べないほど自由気ままなものもある。[149]

フランツ・シューベルトの作品《魔王》は転調が極めて多く、非常に奇抜ではあるが、評者の見解によれば、ライヒャルトやツェルターのレベルに達していない。この曲は、若きメンデルスゾーン＝バルトルディの熟練した力強いピアノ伴奏でバーダー氏によって歌われた。[150]

最初の批評が一八二四年六月二十四日、次の批評が一八二八年一月十六日に掲載されたものであり、当時すでにライヒャルトもホフマンもこの世にはいなかったが、彼らの死後もなお北ドイツにおいては、シューベルトのリートがなかなか受け容れられなかったことが分かる。ここでは、シューベルトの歌曲は真の「リート」ではなく、形式の自由な「歌 Gesang」に過ぎないとみなされている。当時考えられていた真の「リート」とは、H. Ch. コッホの『音楽辞典』によれば以下のようになる。

いくつかの詩節から成り、歌うために書かれた抒情詩のことを一般的にリートと呼ぶ。それと結びつくメロディは各詩節において繰り返されて、それと同時に、声帯が丈夫でよほど柔軟性を欠くというのでない限り、誰でも技術的な訓練など気にせずに歌えるという性質を持つ。(151)

こうした定義は、第二次ベルリン・リート派が目指していたリートの理想に一致する。つまり、彼らの価値観に基づくと、シューベルトのリートは真の「リート」ではないということになるのである。

ライヒャルトやツェルターによる素朴で控えめな有節形式のリートを好み、十九世紀の新しい歌曲に不満を感じていたのは、彼らの周囲にいた限られた人々だけではなかった。ヘーゲルもまた、彼の『美学講義 *Vorlesungen über Ästhetik*』の中で通作歌曲を批判している。

多くの作品では、詩節が改まるごとに新しいメロディが始まり、拍子やリズム、さらには調すら先行するものと異なっていることがよくある。もしそのような本質的な変更が実際に不可避であるならば、なぜ詩自体も韻律やリズム、韻の交錯などの点で詩節ごとに変化しなくてよいのか、その理由が全く理解できない。(152)

その趣旨は、詩は全体を通じて一定の韻律を保ち一定の押韻を組み合わせるのに、音楽が詩の内容の変化に応じて旋律の形を変えていくのは好ましくないということである。つまり、ヘーゲルもリートに関しては、第二次ベルリン・リート派と同様の価値観を持っていた。彼らにとって真のリートとは、詩節ごとに反復される簡素なメロディが豊かな詩の世界を象徴する有節リートであった。

北ドイツでは、十九世紀になってからも第二次ベルリン・リート派の影響力が大きかったことは、シューベルトの友人レーオポルト・フォン・ゾンライトナー（Leopold von Sonnleithner, 1797–1873）の回想からも明らかになる。それによると、「北ドイツは、初めのうちシューベルトにほとんど注意を払わなかった。北ドイツの人々は、ライヒャルトやツェルターらの有節リートだけしか評価しようとしなかった」という。[153] ゾンライトナーのこの言葉を最も端的に態度で示したのが、ライプツィヒの楽譜出版社ブライトコプフ・ウント・ヘルテル社である。ゲーテやライヒャルト、ホフマンなどと交流のあったこの出版社は二度、シューベルトの依頼を断っている。最初は一八一七年春のことであり、ウィーンから《魔王》の清書譜が届いたが、当時ライプツィヒではまだ誰もシューベルトのことを知らなかった。そのため、楽譜を返却する際に、誤ってドレスデンの音楽家フランツ・アントーン・シューベルト（Franz Anton Schubert, 1768–1824）のもとへ送ってしまった。[154] 二度目は一八二六年八月十二日のことであり、今度はシューベルト自身の手紙が添えられて、リートのみならずいくつかの器楽曲も一緒に届いた。すでに一八二一年春、シューベルトはカッピ・ウント・ディアベリ社から、初めて楽譜を自費で出版し、その後は順調にいくつかの出版社とも契約していた。また、一八二五年六月九日には、プロイセン宮廷歌劇場の歌手アンナ・ミルダー＝ハウプトマン（Anna Milder-Hauptmann, 1785–1838）[155] が演奏会を成功させて、ベルリンでもシューベルトのリートが話題になっていた。それにもかかわらず、今回もまたブライトコプフ・ウント・ヘルテル社は、シューベルトの依頼を断ったのである。ようやくシューベルトの希望が叶ったのは、一八八四年から一八九七年にかけて、ブラームスらの編集により《シューベルト全集》（旧全集）が出版された時のことであった。[156]

その一方で、北ドイツにおいてもシューベルトのリートの価値を認めようとする動きが次第に現れ始めた。比較的早くから、『ドレスデン夕刊新聞 *Dresdner Abendzeitung*』がウィーンでの演奏会評などを掲載していたが、[157] 恐らく北ドイツでの最初の大きな成功は、前出のミルダー＝ハウプトマンによるベルリンでの演奏会であろう。[158] 演奏会の二日後の一八二五年六月十一日の『ベルリン新聞』の批評では、ミルダー＝ハウプトマンの「真に熟練し、心の籠った感動的な」歌声と、シューベルトの作品《ズライカⅡ *Suleika*》と《魔王》が賞賛された。

ウィーンのフランツ・シューベルトは、工夫に富んだ転調の多い歌曲を作る音楽家である。〔……〕たしかにこの作品《ズライカⅡ》はリートの形式を逸脱し、この美しい詩の五つの詩節が通作で作曲されているが、詩のオリエントな精神は音楽的にも見事に解釈され、再現されている。〔……〕《魔王》は極めて独創性に富み、悲劇的な厳粛さのある曲に仕上げられており、非常に難しいピアノ伴奏では、オーケストラのような三連符の音型が終始鳴り響いている。夜と戦慄、嵐と驚愕とが、この夜景画の中で身震いするほど幻想的に描かれている。(159)（括弧内筆者）

当時シュタイアーにいたシューベルトは、父からの手紙でこのことを知ったが、彼の反応は至って冷静であった。父への返信で彼は、「ズライカが好意的に受け容れられたことはとても喜ばしい」としながらも、「ただし批評自体を読んで、何かそこから学ぶべきことがあるかどうか知りたいと思いました。というのも、その批評家に適切な理解力が欠けていれば、たとえその判断が好意的であっても同時に物笑いの種になり得ますし、そのようなことは全く珍しくないからです」と書いている。(160)

一八二〇年代後半の北ドイツでは、シューベルトのリートに限らず通作歌曲自体を受け容れる態勢が、徐々に整いつつあった。アードルフ・ベルンハルト・マルクス（Adolf Bernhard Marx, 1795–1866）が編集していた『ベルリン一般音楽新聞 *Berliner allgemeine musikalische Zeitung*』では、評者は従来の「リート」と通作歌曲の違いに言及し、後者を「最近ようやく我々のところでも目立つようになった形式であり、歌（Gesang）と呼ばれる」と書きながらも、ウェーバーの通作歌曲を賞賛している。ウェーバーの通作歌曲は、「あらゆる瞬間において詩人に忠実に付き添っていて、それだからと言って音楽の根本理念を諦めたり、詩人の個々の考えを散漫にしたりしない」点において、この上なく優れているという。[161]

しかし、この批評が書かれたのは一八二五年七月十三日であり、ミルダー＝ハウプトマンによるシューベルトのリート演奏会が成功してから、およそ一か月後のことであるが、まだこのリート批評にはシューベルトの名は出てこない。さらに数か月後の十二月二十一日の同紙には、「若き作曲家シューベルトは、倦まずたゆまずリートを書き続けている。彼の一連の初期作品、特に《魔王》はある種の当たりを取ったが、その聴衆も次第に少なくなっているように思われる」という記事が掲載されている。[162] やはりシューベルトのリートの価値が北ドイツで認められるにはまだ時間を要した。[163] ただし、彼が批評家の好意的な評価を手放しでは喜ばなかったことからも明らかなように、恐らく彼自身もこのようなことは覚悟の上だったであろう。なぜなら、ライヒャルトはウィーンでも名の通った作曲家であり、シューベルトは北ドイツのリートをよく知っていたからである。一八一五年にシューベルトは、ライヒャルトの朗誦曲《イフィゲニアのモノローグ》を自分用に写譜しており、様々な面においてライヒャルトを手本にしていたとさえ言われている。[164]

さらに十九世紀半ばにおいてもなお北ドイツでは、ライヒャルトのリートを惜しむ声があったことの証明として、メンデルスゾーンの言葉を引用しておきたい。彼がライヒャルトの娘ヨハンナ・ステフェンス（Johanna Steffens, 1784–nach 1848）に宛てた一八四七年の手紙である。ある晩ライプツィヒで、過去の巨匠たちの作品を披露する歴史コンサートが開催されて、ハイドンの交響曲の後にライヒャルトの二つのリート《憩いなき恋》【譜例8・一五九頁】と《すみれ》【譜例2・一〇八頁】、その後さらにモーツァルトの《すみれ》が演奏された。最も大きな反響を呼んだ作品はライヒャルトの《すみれ》であり、滅多にないほどの歓声が湧き上がって歌手たちはアンコールに応えた。聴衆の中には涙をこらえきれない人もいたという。

私はそのリートだけを、二回と言わず一晩中聴いていられるような気分でした。ほかのどの国にもないような、完全に正真正銘のドイツ・リートです。しかも、今日の私たちのリートは、（ライヒャルトのリート）より優れたものではありません。場合によっては規模が大きくなることもあり、より複雑で手が掛かっていて、精巧に作られていることは確かですが、そのぶん芸術性が高いというわけではありません。別に良くなっているわけではないのです。ライヒャルトのリートは幸いなことに、永久に残ります。あなたのお父上の精神が今日もなお生き続け、影響力のあることを再発見すれば、あなたは嬉しいに違いありません。[165]（括弧内筆者）

メンデルスゾーンはツェルターの弟子であり、ゲーテとも親しく、なおかつこの手紙はライヒャルトの娘に宛てて書かれたものであるという点も考慮すべきであるが、それでもなお、このメンデルスゾーンの報告は、北ドイツで長い間第二次ベルリン・リート派の影響が残ったことを表していると言える。

第三節　『少年の魔法の角笛』とライヒャルト

(1)　『角笛』第一巻完成までの経緯

アルニムとブレンターノの二人によって編纂された『少年の魔法の角笛』は、ヘルダーの『民謡集 *Volkslieder*』（一七七八―一七七九年）に倣いながら、ドイツ民族の持つ文学的遺産を紹介する目的で、古い歌謡や童謡、俗謡、教会歌などを古書の研究や聞き取り調査によって集めたものである。全体は三巻構成になっており、第一巻は一八〇五年に、第二巻と第三巻は一八〇八年に出版された。歌の選択基準や編者による書き換えなどの点で多くの問題を残したものの、この民謡集がその後のドイツの詩人たちに与えた影響は計り知れない。たとえば、ハインリヒ・ハイネ（Heinrich Heine, 1797–1856）は『ロマン派 *Die Romantische Schule*』で、アルニムとブレンターノの功績を次のような言葉で称えている。

【図13】アヒム・フォン・アルニム

> 私はこの本をどれほど賞賛しても、賞賛し尽くせない。この本の中には、ドイツ精神の極めて魅惑的な花々が咲き乱れている。そしてドイツ民族を愛すべき側面から知りたい者には、これらの民謡を読んでほしい。[166]

この民謡収集活動には、グリム兄弟をはじめとして多くの協力者がいたが、ライヒャルトが大きく関与していたという事実はほとんど知られていない。したがって第三節では、特に親しい関係にあったライヒャルトとアルニムの友情に注目しながら、この活動へのライヒャルトの貢献度について考察したい。

第一章第一節第4項ですでに述べたように、アルニムがギービヒェンシュタインのライヒャルト邸を初めて訪問したのは、一七九九年のことであった。彼はこのころからすでに、ライヒャルトのもとで民謡について学び、少しずつ収集も開始していたと考えられる。一八〇一年には、ゲッティンゲン大学でブレンターノと出会い、その後間もなく、兄とともにヨーロッパ周遊の旅に出ている。そして、この教養旅行中（一八〇一―一八〇四年）にアルニムとブレンターノの間で交わされた文通から、次第に二人で民謡を収集するという目標が定まっていく。彼らの往復書簡の中で、具体的に民謡集出版の話題が登場するのは、ようやく一八〇五年二月十五日のブレンターノの手紙においてであるが[167]、すでに一八〇二年七月九日の時点で、アルニムにはある壮大な夢があった。それは「ポエジーのための言語・声楽学校」を創設することである。『角笛』とは何の関係性もないような大計画であるが、その根底にある考え方は、民謡収集に対するそれと部分的に一致するため、ここでは少しアルニムのこの学校創設計画について触れておきたい。

まず彼の考える詩と音楽の関係について理解しなければならないが、彼によれば「詩と音楽とは、ポエジーの木のごく普通の二本の枝であり、それらは互いに緊密に接木されて」いて、それゆえ同じ木に「詩の赤いバラ」や「音楽の白いバラ」が開花する状態であるという。つまり、彼にとって詩も音楽も本来ポエジーという一つのものであり、そこから枝分かれして生まれたものなのである。彼が使命として感じていたのは、この「ポエジーの木」に咲いた「バラの花々」を、害虫や冷気、熱風などのあらゆる打撃から守って、育てることであった。そして、彼の夢は「詩人と音楽家が自然に内在する言語を、より一層理解し聞き取れるようになるために、詩の言語と音楽の言語をより優れた満足できるものにすること」であり、それを実現するために「ポエジーのための言語・声楽学校」の創設を提案した。また、アルニムは民衆教育に役立つ理想の詩人をゲーテとみなし、教育活動の第一段階として、優れた作品の普

【図 14】クレーメンス・ブレンターノ

及を目的とした「民衆のための印刷所の設置」も考えている。一方、理想の音楽家に関しては、次のような見解を示している。

シュルツやライヒャルト、モーツァルトなどの極めて単純なメロディは、新たに発明された楽譜記号によって、リートとともに民衆のもとへもたらされ、次第に民衆は、高尚で素晴らしいメロディを理解する心と歌う声を手に入れています。(168)

さらに彼は、「印刷所の利益」を学校の運営資金に当てることや、建設場所は「可能であればライン瀑布のそばにあるラウフェン城」にしたいということなど、具体的な点についても言及している。たしかにこの壮大な計画の目的は、ドイツの詩や音楽を通じて民衆を教育し、それと同時にその優れた詩や音楽を保護することにあったが、彼は「普遍的なドイツ語」を確立させる必要性についても語っており、最終的には共通する文化や言語を通じて民衆を結束させて、ドイツ統一への準備をするという意図もあったと考えられる。(169)

以上が、アルニムの学校創設計画のあらましであるが、彼がここで問題としている「音楽」とは、詩と結びついたものであり、それゆえに声楽であることは明白である。しかもこの手紙で、民謡に倣って多くの詩を書いたゲーテの名や、民謡調リートを創始したシュルツやライヒャルトの名を挙げていることなどから、(170)アルニムの考えていたのは、声楽の中でも単純で素朴なリート、あるいは民謡であったと判断できる。さらにそれを裏打ちする出来事は、一八〇四年に集中的に行なわれた、ライヒャルトとのリーダーシュピールの共同制作である。これについては第二章第三節ですでに述べたが、リーダーシュピールとは、ライヒャルトが一八〇〇年に創始した新しいジャンルであり、挿入される歌がすべて民謡調リートや単純な有節歌曲だけから成る歌芝居であった。それゆえに、未完で終わったにせよ、リーダーシュピールを創作しようと考えたこと自体がすでに、アルニムが民謡調リートの支持者であることを証明していると言える。さらに彼はリートの作曲について、「当然のことながら特別な技巧を示すためや、訓練のため、生まれつき恵まれた喉を持った人のためにそれを作曲する必要はなく、むしろどんな人の喉でも歌えるものにしなければなりません」と述べている。[171] このようにアルニムのリート観は、ライヒャルトの見解と似通っており、彼の設立したかった学校とは、換言すれば民謡調リートや民謡のための学校ということになるであろう。しかも彼が使命として感じていたのは、「ポエジーの木」に咲いた詩や音楽の「バラの花々」をあらゆる危険から防護することであった。つまり、それは将来民謡となり得るようなリートや、民謡自体を守ることである。たしかに、彼はまだ民謡収集による民族的遺産の保護という考えには至っていないが、すでにそれに非常に近い位置にいたとは言えないであろうか。

結局、この学校創設計画は実現されなかったが、ゲーテの『ヴィルヘルム・マイスターの遍歴時代 *Wilhelm Meisters Wanderjahre*』における「教育州」の教育理念に類似している点も見過ごしがたい。「教育州」では、子供たちの人格を陶冶するために、ある種のエリート教育が行なわれており、その教育手段の一つとして音楽が重要な役割を果たしている。ゲーテの考えた音楽教育における最終目標は、子供たちを自分で作曲のできる詩人に育て上げることである。[172] つまり、自分で詩も音楽も作れることは、ゲーテが理想とした詩人の姿であり、彼は詩と音楽の融合を目指していた。ゲーテと比較して、アルニムの計画はまだかなり漠然としてはいるが、アルニムはこの時まだ二十一歳で、しかもゲーテより約二〇年も早く同様なことを考え、人生の目標にしようとしていたのである。それには当然、リートにおける詩と音楽の融合を早くから唱え、音楽による民衆教育を目指していたライヒャルトの影響もあるであろう。また、アルニムがこの計画を立てたのは旅先のチューリヒであり、そこはペスタロッチの生まれ故郷であったので、彼はペスタロッチの教育活動にも大いに触発されている。[173] アルニムは一八〇三年四月四日のブレンターノ宛ての手紙でもなお、この学校創設計画を「僕の人生の希望であり、眼下に広がるパノラマである大計画」と呼び、パリで出会ったシュラープレンドルフ伯が彼の計画に理解を示してくれたことを、喜んで報告している。[174] このようなことからも、アルニムがかなり真摯にこの件に取り組んでいたことが窺い知れる。

さて、アルニムの壮大な計画に呼応するようにして、ブレンターノも一八〇三年二月六日ごろに、かねてから考えていた自分の計画を表明している。

あらゆる国々の素晴らしい蔵書や真の詩芸術を一緒に収集しよう。すべての民衆本や民謡、僕らの古き良き小説や詩を再び印刷させよう。自分たちで根本から作り上げる芝居の座長になって、生き生きと活動し互いに敬愛し合おう。[175]

ただし、この時点では収集の対象がまだ絞られていない。四月三十日にはブレンターノが再度、自分たちの創作した未発表の詩を一緒に出版しようと誘い、五月五日にはアルニムもこれに同意して、『リート仲間のリート集 *Lieder der Liederbrüder*』というタイトルを提案している。[176] 共同でリート集を出版するというこの企画は、民謡の収集活動とは別のものであるが、「創作リート」と「民謡」の違いこそあれ、「二人で」一緒に「リート集を出版する」という共通点もあり、次第に『角笛』の計画に収斂されていくことになる。また、この『リート仲間のリート集』が楽譜つきで出版される予定であったことや、[177] アルニムの詩と音楽の関係性についての見解などから、『角笛』に関しても、初めから楽譜つきの民謡集が想定されていた可能性は高いと言える。

一八〇四年の夏にアルニムが長い教養旅行からベルリンに戻ると、秋にはブレンターノがハイデルベルクからアルニムのもとを訪れて、民謡収集の計画がより一層具体的な形になった。第一章第一節第4項ですでに言及したように、十一月二十五日のライヒャルトの誕生日には、アルニムだけでなくブレンターノも、ギービヒェンシュタインを訪れている。[178] ライヒャルトの民謡に対する考え方に共鳴していたアルニムは、この民謡集への彼の協力を大いに期待し、次のように述べた。

たしかにあなた自身、現代の音楽家たちの誰よりも古いドイツ民衆歌謡のために尽力し、それをその価値に相応しく読者層に紹介し、それどころか（リーダーシュピールにして）上演までした。ただし高貴なものは、どんなものでも飽きるということはない。それゆえに、あなたは喜んで再び私と一緒に、高貴で素晴らしく優れた目的のために取り組んでくれるであろう。[179]（括弧内筆者）

アルニムがライヒャルトとの親交を深めたために疎外感を抱いていたブレンターノは、一八〇五年二月十五日のアルニム宛ての書簡で、「ライヒャルトの作風は、僕自身にとって最も好ましいというわけではありません」と批判している。[180] それに対してアルニムは二十七日の手紙で、ライヒャルトは一協力者であり、自分にはブレンターノ以外の人物と民謡の編集をする意志はないことを明確に表明した。また、ライヒャルトのリートについて不満を口にするブレンターノに対して、「ライヒャルトの作品は、あらゆる民謡に起こっている現象と同様に、時とともに少し磨きがかけられて、真の民謡になり得るようなものであり、彼がそのような作曲のできる数少ない音楽家の一人であることに、君もいずれは気づくでしょう」と説明した。[181] そして、アルニムの言葉どおり、ブレンターノも次第にライヒャルトのリートの魅力に気づき、それに理解を示すようになっていくのである。[182]

一八〇五年五月には、今度はアルニムがハイデルベルクのブレンターノのもとを訪れて、民謡集の編集作業も大詰めを迎えた。アルニムはハイデルベルクに赴く前に、ギービヒェンシュタインを経由している。なぜなら、ライヒャルトがアルニムに自分の所有している民謡を提供すると言ったからである。アルニムは三月二十五日のブレンターノ宛ての手紙に、「自分で民謡を収集していたライヒャルトが、ギービヒェンシュタインにあるたくさんの民謡を僕に譲ると約束してくれました。『優雅な少年鑑』の二巻分に掲載された多くのメロディは、彼の作曲によるものです。その少年鑑には、非常に広範囲な世界のこの上なく美しい古い歌謡が、いくつか含まれています」と書いている。[183] アルニムは、ブレンターノのもとに夏の終わりまで滞在し、民謡集の完成に向けて尽力した。ライヒャルトも七月二十三日にハイデルベルクのアルニムに宛てて手紙を送っており、その最後には、「ブレンターノ家の皆さまにもどうぞよろしく。どうか皆さまには、あなたをあまり長くそちらに引き留めないでと心からお願いして下さい。それから、あのお貸しした民謡を持って、新たに別のものを受け取りに来て下さい」と記している。[184]

そして同年秋に民謡集が『角笛』第一巻として完成し発行されると、ただちにアルニムはハイデルベルクからライヒャルトのもとへ向かった。ギービヒェンシュタインではアルニムの到着を待ちわびていて、早速『角笛』の朗読会が行なわれた。ちょうどそのころ、デンマークの詩人アダム・エーレンシュレーガー（Adam Oehlenschläger, 1779–1850）がライヒャルト邸を訪れていて、その著書に「ライヒャルトは朗読が上手く、特に『魚に説教する聖アントニウス』の朗読が素晴らしかった」と記している。[185] ライヒャルトは歌だけでなく、朗読の技術もかなりのものであったという。[186] その後アルニムは、クリスマスと年末年始をギービヒェンシュタインで過ごし、翌年一月にライヒャルトと一緒にベルリンへ戻った。[187]

(2) アルニムの論文『民謡について』とその民謡観

一八〇五年にアルニムは、ライヒャルトの編集していた『ベルリン音楽新聞』に五回にわたり、『民謡について』という論文を発表している。[188] 本来これは、アルニムが同年一月に『リート仲間のリート集』の前書きとして執筆したものであり、それをライヒャルトが新聞に載せるために要約している。[189] 民謡集が完成すると、アルニムはライヒャルトの勧めに従って、ハイデルベルク滞在中の七月にこの『民謡について』全体を書き直し、さらに「読者に向けた後書き」も添えて『角笛』に付録として掲載した。[190] 第2項ではまず、アルニムのこの論文の内容について考察し、彼の民謡に対する見解を明らかにする。また、ライヒャルトとゲーテによる『角笛』評を紹介することによって、この三者の民謡観の類似性を指摘したい。そして、『角笛』第二巻、第三巻の完成とその後のことにも目を向ける。

アルニムは民謡を収集する際に、職業歌手ではない一般の人たちが口ずさむ方言交じりの歌に、より一層魅了され、「一〇〇年を経た民衆の歌はどれも、内容もメロディも、通常は両方とも上手くできている」と感じている。[191] また、民謡だけにとどまらず、民衆文芸の一つである民衆劇も高く評価し、芸術として創作された演劇は、真の民衆劇からすればグロテスクな影に過ぎないという。[192] つまり、彼は芸術家の生み出すものよりも民衆文芸のほうが優れているとみなしている。ところが近代ドイツにおいては、これまでの間違った教育、並びに民衆本の規制や禁止という軽率な行為によって、民衆文芸が減少の一途をたどり、民謡とは何であり、将来何が民謡になり得るのか予見することさえも難しくなってきているという。[193] それゆえに、彼はそれが消滅してしまう前に保護しようと考えているのである。

彼によれば、民謡に限らず民間に伝承されているものは、イアーソーンが探し求めた「金羊毛皮」[194] にも喩えることができ、「それは我々の民族全体の富であり、民族自体に内在する芸術を形にしたもの」であるという。それに続けて彼は、次のように主張している。

長年転がり続けながらも磨滅することなく、ただ色とりどりに輝くように磨かれて、ダイヤモンドのような固さを保ち続けているものすべてを皆に伝えたい。それらにできたあらゆる裂け目や断面は、比較的新しいが極めて偉大な民族であるドイツ人全般を記念するもの、つまり過去の墓碑や、現代の喜ばしい記念碑、未来における人生の道標を表している。(195)

彼はここで「未来における人生の道標」という表現を使っているが、別の箇所では、民衆の歌は船乗りにとっての「羅針盤」のようなものであり、「それがしっかりと安定した動きで、我々をはるか遠くまで導いてくれる」と語っている。(196)既述のとおりライヒャルトも、民謡を船乗りにとっての「北極星」に喩えて、芸術家が迷った時に最も多くの利益を与えてくれる導きの星であると考えており、(197)この点において二人の見解は一致していると言える。

アルニムは民謡における詩とメロディの結びつきは大変強いとみなし、ヘルダーやゲーテ、ライヒャルトと同様に、詩は黙って読むのではなく、声に出して歌うべきであると考えていた。彼は、「至高の生の似姿、あるいは至高の生それ自体」とも言える言葉は、人間の声で歌われて初めてその意味を明らかにできるとも説いている。(198)また、ある時アルニムは、教養人たちがライヒャルトのメロディで、ゲーテのミニョンの歌「君よ知るや南の国」(《イタリア》)を歌うのを聴いて感銘を受けた。ところがその後に、誰かがゲーテの『漁師 *Der Fischer*』をただ独り静かに読んでいるのを目にして残念に思い、「あたかもその素晴らしい考え(皆で詩に節をつけて歌うこと)が、水中へと半ば引き入れられ、半ば沈むのを見ているようで、空気を吸うことも許されないように」(括弧内筆者）感じたという。[199] ゲーテの詩のように文学的価値が高く、音楽に適したものは積極的に声に出して歌うべきであり、そうすることで、創作による詩もいずれは民謡になるというのがアルニムの見解である。しかし、第二章第三節でも言及したとおり彼は、ディッタースドルフの作品のように程度の低いジングシュピールから民衆の歌を作ろうとしても、そうした「軽薄な種類の歌」からは民謡は生まれてこないと考えた。なぜなら、詩とメロディのうちどちらかの質が悪ければ、結局、長期にわたって歌い継がれることはないからである。[200] つまり、将来民謡になるような歌においては、詩もメロディも両方とも優れていなければならなかった。

アルニムは、音楽は古代の異教世界においては彫塑と、近代のキリスト教世界においては絵画と非常に近い関係にあったであろうと述べている。このように古代芸術と近代芸術を相対立する両極とし、前者は彫塑的であり後者は絵画的であるとみなす見解は、十九世紀初頭のロマン主義の芸術観において広く見られるものである。[201] 彼もこれに従っていると考えられるが、この点についての言及はかなり遠慮がちである。しかし、アルニムが独自の所見として強調したかったのは、音楽がドナウ川沿いの地域では舞踏と、ライン川沿いの地域では言葉と緊密に結びついているという点である。彼は、民謡において詩とメロディは切っても切れない関係にあると主張したが、その傾向はライン川沿いの地域で最も強いというのである。しかも、詩と音楽はもともと一体であったが、諸芸術の中から一つのもので満足しようとした人たちの誤解から二つに分かれてしまい、音楽から詩が生まれたという。アルニムはこの二つを、隠れん坊して戯れ合う子供たちや、また、一つの同じ深皿から仲良く食事する「コウノトリとキツネ」の関係に喩えている。[202] そして『角笛』の出版にあたり、民謡のメロディに関して次のような見解を述べた。

知識の欠如から、私が民謡における最良のメロディの多くを伝えられないのは非常に悲しいことである。なぜなら、もしかすると本来どの民謡にもついている優れたメロディは、ただ一つしか存在しないかも知れないからである。そのメロディをいずれ耳にすることになるかどうかは誰にも分からないが、誰でも耳をそばだてて聴くことはできるであろう。(203)

ただし、彼はこの『民謡について』を執筆した一八〇五年の時点では、まだ楽譜つき民謡集の出版を諦めておらず、その努力は『角笛』第二巻、第三巻の編集時にも続けられることになる。

次に、一八〇五年末に『ベルリン音楽新聞』に掲載されたライヒャルトの『角笛』評について触れたい。当時すでに、ヘルダーの『民謡集』に刺激されて、たくさんの民謡集が出版されていたが、ライヒャルトは『角笛』をヘルダー以来の秀逸な作品として絶賛した。彼は、フリードリヒ・ニコライ（Friedrich Nicolai, 1733–1811）が一七七七年から一七七八年にかけて編集した、楽譜つきの民謡集『優雅な小年鑑 *Eyn feyner kleyner Almanach*』などに言及しつつも、それらをあまり重視していない。というのもニコライの編集目的は、当時民謡風の詩作を目指していたゴットフリート・アウグスト・ビュルガー（Gottfried August Bürger, 1747–1794）を風刺することにあり、厳格な原典研究に基づく収集ではなかったからである。ライヒャルトは、この民謡集のためにたくさんのメロディ（伴奏なし）を提供しており、当然、ニコライの編集目的を知っていた。(204) さらに彼は、『角笛』がヘルダーの民謡集に比べて「より純粋で目的に適っている」と主張している。なぜなら、ヘルダーの民謡集には民謡を模倣して創作されたものや、一般的な詩歌選に入れたほうがよいようなもの、本物の民謡であっても大幅に手が加えられたものが多いが、それに対して『角笛』では、大抵の読者に理解できない方言や、韻律に関することなどの最低限の修正にとどまっているからであるという。(205) また、アルニムやブレンターノはヘルダーの民謡集をはじめとして、既存のいくつかの民謡集を参考にしているが、その中には当時の有名作曲家によるメロディや民謡本来のメロディがつけられたものがあった。ライヒャルトは、アルニムとブレンターノにも「優れた音楽家とも連携しつつ、この民謡集のためのメロディも一緒に探し紹介したい」という高邁な願望があることを伝えている。(206)

ライヒャルトはこの論評に加えて、「時勢に最もよく合う」という理由から、『角笛』に収められた『戦争の歌』にメロディをつけて掲載している。(207) この詩は、三十年戦争の時にユリウス・ヴィルヘルム・ツィンクグレーフ（Julius Wilhelm Zinkgref, 1591–1635）が農民傭兵たちから聴いたリートに基づいていて、アルニムが近代的に改作したものである。(208) ライヒャルトがつけたヘ長調のメロディは、四分の四拍子で書かれていて非常に単純なものである。しかし、そうした素朴な民謡調の中にも、調性の面ではト短調を経由してハ長調に一時転調する部分を入れるなどの工夫が見られ、快活なメロディからも、兵士たちの勇ましく行進する様子が眼前に浮かぶようである。彼は、民謡に新たに曲をつける際には、大抵の人が「古くから伝わる民謡本来のメロディであると思う」(209) ように作曲することを心掛けていたが、この《戦争の歌》でもそれに成功していると言えよう。

また、『角笛』はゲーテに献呈されており、ゲーテも『イェーナ一般文学新聞 *Jenaische allgemeine Literatur-Zeitung*』において、この民謡集について大変好意的な評を記し、次のような言葉を残している。

> この本は、生き生きとした人たちが住むすべての家の、窓辺や鏡の下、あるいはいつも歌集や料理の本があるような場所に置いておき、どんな時でも開けるようにしておくべきである。［……］しかし、一番良いのは音楽の愛好家や大家のピアノの上に置いておくことである。そうすればこの本に収められた詩に、伝承されている、よく知られたメロディが正しくつけられるか、もし神が望まれるのなら、新しい優れたメロディが詩から誘い出されてつけられるであろう。(210)

この言葉から、ゲーテも民謡は節をつけて歌われるべきであり、常に人々の生活のそばにあって歌い継がれるべきであると思っていたことが明白になる。また、アルニムやライヒャルトと同様に、民謡のメロディは伝承されているものが一番であるが、新たに作曲する場合には、詩から自然と流れ出るメロディを書き留めることが望ましいと考えていたようである。そして、この作曲法は民謡に限らず、ゲーテが自作の詩に曲がつけられる際に期待していた方法と全く同様である。

ゲーテとライヒャルト、そしてアルニムの民謡観を理解する上で重要なのは、彼らが民謡尊重の精神に基づいた創作もまた、民謡になり得ると許容している点である。ゲーテは民謡から霊感を与えられてたくさんの美しい抒情詩を書き、さらに自作の詩がメロディにのって歌い継がれることを期待していた。ライヒャルトは民謡を手本とした「民謡調の装い」を持つメロディをつけて、ドイツの優れた詩を民衆に普及させることに貢献しようとした。アルニムは、ドイツ民族の持つ本来の遺産を守るために古い歌謡を収集したが、その際比較的気軽に民謡に手を加えた。三者はともに民謡の持つ本来のメロディを尊重したが、それが失われている場合には、詩は歌われなければならないという見解から代替のメロディをつけることを厭わなかった。さらには、民謡尊重の精神から新たに作られた代替のメロディも、将来民謡になり得るとみなしていた。本来、創作されたものはどれほど「民謡調の装い」を凝らしていようとも、厳密に言えば「創作リート」であり、「民謡」ではないが、彼らの民謡観からすれば、民謡調のリートも「時とともに少し磨きがかけられて」いずれは民謡になり得るのである。[211] アルニムが行なった民謡の書き換えは、民謡を可能な限り純粋な姿で後世に残そうとする人たちにとっては許しがたい行為であり、彼らは、修正された詩は『角笛』の編者の創作であると非難した。[212] その後『角笛』は、アントーン・ビルリンガー（Anton Birlinger, 1834–1891）とヴィルヘルム・クレツェーリウス（Wilhelm Crecelius, 1828–1889）によって、より古いものに還元された形で新たに出版されている。[213] このように、アルニムによる民謡の書き換えは批判を受けたが、こうした民謡観はゲーテやライヒャルト、アルニムのみならず、ほかの多くの同時代人も持っていた共通の感覚であり、十八世紀後半から十九世紀前半におけるドイツ文学や音楽を理解する上で、看過できない重要な問題であると考えられる。[214]

さて、『角笛』第一巻の出版までは、ライヒャルトの協力のもとにすべてが円滑に進んだが、それから第二巻と第三巻が完成する一八〇八年までの間には、イェーナ＝アウアーシュテットの戦いでの惨敗（一八〇六年十月）という、歴史的な大事件があった。第一章第一節第5項で述べたとおり、当時の一連の戦闘によってライヒャルトは、豊かなギービヒェンシュタインでの生活だけでなく、財産も職業も失ってしまう。一八〇七年十一月に、アルニムとブレンターノは、職探しに奔走するライヒャルトに伴ってヴァイマルのゲーテを訪問した後に、カッセルのグリム兄弟のもとへ行き、『角笛』の第二巻と第三巻の準備に取り掛かっている。[215]そして翌一八〇八年は、アルニムとブレンターノ、そしてその妹のベッティーナの三人の活動にとって節目の年となった。なぜなら、ようやくハイデルベルクに集結して、[216]後期ロマン派の機関紙『隠者新聞 *Zeitung für Einsiedler*』の発刊も実現し、『角笛』第二巻、第三巻を完成させることができたからである。ジェローム・ボナパルト王のもとで劇場総支配人を務めることになったライヒャルトは、グリム兄弟とともに遠く離れたカッセルから彼らの活動を見守った。[217]ライヒャルトは一八〇八年三月九日に、アルニムに宛てて次のような手紙を送っている。

あなたの手元にある私の作品はすべて、お好きなように使っても構いませんし、もしさらに私の作品が必要であれば、催促して下さい。場合によっては、『魔法の角笛』の中の多くのリートに、私がつけた民謡調のメロディもどうぞ使って下さい。大抵の人はその一部を古くから伝わる民謡本来のメロディであると思うでしょう。[218]

ライヒャルトがこのような協力的態度を示したにもかかわらず、『角笛』を刊行したハイデルベルクの出版業者ヨハン・ゲオルク・ツィマー（Johann Georg Zimmer, 1777–1853）は、面倒な楽譜の印刷を引き受けたがらなかった。[219] それゆえに、結局『角笛』第二巻、第三巻の出版においても、民謡集に楽譜をつけるという彼らの夢は果たせなかった。[220]

その後ライヒャルトは、カッセルの劇場総支配人の仕事も上手くいかず、旅行記『ウィーンへの旅路で書かれた私信』では、物議を醸すような政治的発言をして、アルニムとブレンターノを失望させている。それにもかかわらず、一八一〇年にアルニムはライヒャルトと最後の共同制作を行なっている。それはまず、アルニムの長編小説『ドロレス伯爵夫人の貧困と富裕と罪と償い *Armut, Reichtum, Schuld und Buße der Gräfin Dolores*』に添付する歌曲を選択することであった。[221] 全部で八曲が選ばれたが、ライヒャルトの作品は《朝の挨拶》を含む四曲で、彼の娘ルイーゼの作品が一曲、アントーン・ハインリヒ・フォン・ラジヴィウ侯（Anton Heinrich von Radziwill, 1775–1833）[222] の作品が二曲、ベッティーナの作品が一曲であった。[223] そのほかにも、この小説と関連してリーダーシュピールの上演なども企画されていたという。ただし、その翌年三月十一日にアルニムがベッティーナと結婚すると、ベッティーナはライヒャルトを嫌っていたために、この二人の友人も疎遠になってしまった。[224]

アルニムとライヒャルトの共同制作が最も集中的に行なわれたのは、レナーテ・メリングも指摘するように、一八〇四年から一八〇六年にかけての二年間であったと言える。[225] 一八〇六年の秋に始まった一連の戦争がライヒャルトの人生を完全に変えてしまわなければ、もっとアルニムとの共同制作による作品も誕生したかも知れない。しかし、その二年間は『角笛』の誕生にとって非常に重要な時期であり、この民謡集にライヒャルトが与えた影響は多大であったと断言できる。一八一四年にライヒャルトが他界したのちも、アルニムはライヒャルトから受けた恩に報いようとしている。同年七月二十八日の『フォス新聞 *Vossische Zeitung*』（第九〇号）に掲載された追悼の辞では、とりわけライヒャルトの政治ジャーナリストとしての活動を賞賛し[226]、『角笛』の「読者に向けた第二の後書き」（一八一八年九月二十日）では、その出版に協力した作曲家の筆頭にライヒャルトの名前と、それに続いて娘のルイーゼの名前を挙げている[227]。また、一八二七年二月十三日にはティークに宛てた手紙の中で、次のようにライヒャルトの生涯を振り返っている。

彼は自分の生き方と同じように、あまり深く考えずにたくさんのものを作曲しました。しかし、彼の音楽と同様に彼の生涯では、そのような些細なことを十分に埋め合わせしてくれる、愛や寛大、怒り、喜びの心の澄んだ深さに驚かされることがよくあります。彼が共感できたのは、いずれも改革を好む作曲家たちの考えであり、彼によってようやく、魂のこもったリートのための道が切り開かれました[228]。

さらにその翌年の七月末には、ギービヒェンシュタインのかつてのライヒャルト邸を訪れて、彼のことを偲んでいる。思い出のたくさんある庭と屋敷は、当時すでに法律顧問官フリードリヒ・アウグスト・シュメルツァー（Friedrich August Schmelzer, 1759–1842）のものになっていたが、その新しい所有者はなるべくその庭園をライヒャルトの時代のままに保つようにしていた[229]。七月二十九日にアルニムは妻のベッティーナに、「ライヒャルトの墓参りをした時、悲しみのあまりに僕の心臓は危うく止まりそうでした。［……］庭園で僕が腰掛にしていた石がまだありました。しかし、その前の木々が育ってしまって、もはや（ザーレ）川を眺めることはできませんでした」（括弧内筆者）と書き送っている[230]。そして、このギービヒェンシュタインの訪問が切っ掛けとなって、彼はライヒャルトの功績について何か書き残そうと考えたが、結局それは完成せずに断片のまま残されることになった[231]。

アルニムはその三年後、五十歳になる五日前に他界しているが、ギービヒェンシュタインでライヒャルトとともに過ごした若き日々の思い出は、最期まで決して忘れることのできない貴重なものであったようである。

第四章

ライヒャルトと宗教音楽

第一節　「真の教会音楽」をめぐる問題

十九世紀のドイツにおいては、J.S.バッハの宗教曲の復興運動やカトリック教会音楽の改革を目指すセシリア運動など[1]が起こり、「真の教会音楽」とは何かという問題が一つの大きなテーマとして取り上げられた。しかし、すでに十八世紀後半においてドイツの知識人たちは、当時の新しい教会音楽を批判し、それをいかに改善すべきか議論を戦わせていた。この課題に真剣に取り組んだ人々の中心にいたのがライヒャルトであるが、第一節では、彼がどのようにしてこの問題に関わることになったのか、その経緯を明らかにしたい。

一七五〇年にバッハがこの世を去り、プロテスタント教会音楽の歴史において、十八世紀後半は衰退の時代とみなされている。とはいえ、バッハの死後も弟子たちがその伝統を守り、彼の音楽の普及に尽力した[2]。たとえば、ヨハン・フリードリヒ・ドーレス（Johann Friedrich Doles, 1715–1797）は、一七五九年からライプツィヒの聖トーマス教会のカントルを務め、バッハの教会音楽の偉大さを伝授するために努力を惜しまなかった。彼は、バッハが語ったとされる、「教会音楽は単に知力を養うだけではなく、感情に訴えなければならない」という言葉も後世に伝えている[3]。一七八九年には、ドーレスの指揮でバッハの二重合唱モテット《主に新しき歌を歌わん *Singet dem Herrn ein neues Lied*》が演奏されたが、それをベルリンに向かう途中のモーツァルトが、偶然耳にしたという話はよく知られている。[4] また、ゴットフリート・アウグスト・ホミリウス（Gottfried August Homilius, 1714–1785）もバッハの音楽を後世に伝えることに貢献した弟子の一人であり、ドレスデンの三つの主要な教会（聖十字架教会、聖母教会、ゾフィー教会）におけるオルガン奏者や音楽監督を歴任した。彼は、十八世紀後半の代表的な教会音楽の作曲家でもあり、約一〇曲の受難曲、約六〇曲のモテット、約一八〇曲のカンタータを書いた。[5] それらの楽譜の大量の写しが現存しており、彼の音楽が十九世紀に入ってもなお大変人気があったことの証明となっている。しかし、こうしたバッハの後継者たちのあらゆる努力も空しく、当時のプロテスタント教会音楽の衰退を嘆く声は強かった。

一方、カトリック教会音楽は、アントーニオ・カルダーラ（Antonio Caldara, 1670–1736）の協奏ミサ曲[6]から、ゲオルク・ロイター父子（Georg Reutter der Ältere, 1656–1738; der Jüngere, 1708–1772）やフランツ・イグナーツ・アントーン・トゥーマ（Franz Ignaz Anton Tuma, 1704–1774）、F．J．ハイドンとその弟のミヒャエル（Michael Haydn, 1737–1806）、そしてモーツァルトまで途切れることのない道が続いていて、新しい旋律法やリズム法、楽器の主題的用法、交響曲的書法など、こうした古典派様式の特徴がゆっくりとミサ曲の中へ導入された。[7] 宗教音楽はほかの音楽分野に比較すると非常に保守的であり、その背景には教会音楽をまだ典礼の一部として、あるいは少なくとも礼拝の飾りとして考える見方があった。しかし、新しい自律的な曲種である交響ミサ曲[8]が誕生し、音楽が典礼の機能から解放されると、作曲家たちは古くからの流儀や技法を放棄し、古典派様式のあらゆる手立てを動員してミサの典礼文を独自に解釈した。そして演奏場所も、教会よりもコンサートホールのほうが相応しくなり、歌声部やオーケストラの扱いがよりオペラに近づいて、この曲種とともに教会音楽がその本来の枠からはみ出すことになった。

また、十八世紀にはカトリックの地域でもプロテスタントの地域でも、教会建築への意欲が高まった。北ドイツよりも南ドイツの建築により輝かしい表現を見出せるのは、仕事に従事した建築家の責任ではなく、それに投資した資力に起因するものであった。ベネディクト会、シトー修道会、アウグスティノ修道会のような古くからの教団や、比較的新しいイエズス会やテアティノ修道会などの豊かな富によって、城館さながらの修道院が建てられ、ドイツ各地に立派な教会や聖堂が多数誕生した。たとえば、メルクのベネディクト会修道院やフルダの大聖堂、ウィーンのカール教会、ヴュルツブルクの司教館とその附属教会、新教ではドレスデンの聖母教会などが、この時代に建設されたものである。これらの建築物の壮麗さは篤い宗教心からというより、外観の美しさを求めた結果であり、教会建築の世俗化が促進された。(9) こうして、教会音楽がオペラのように、教会が宮殿のように豪奢になって、聴覚的にも視覚的にも教会のいわゆる宮廷劇場化が進むと、「真の教会音楽」はどうあるべきかという問題が人々の関心を引き、特にドイツ北東部ではハーマンやヘルダーを中心として、古い教会音楽の復興を求める動きが始まったのである。(10)

ハーマンは、伝統的にルター派の多いザクセンやテューリンゲンより早い時期に、北東部で表面化した教会音楽の悲惨な状況を訴えて、一七六二年に『公開書状による教会音楽についての嘆きの詩 *Klaggedicht, in Gestalt eines Sendschreibens über die Kirchenmusik*』を執筆している。(11) この作品は書簡体の形式を取っていて、「外国に居住」し、Kというイニシャルを持った「ある利発な女性」に宛てて書かれている。ハーマンは当時の教会音楽を「惨めなもの」と感じ、「神を賛美するオードでエヴァとは別の楽園の乙女のことが描かれていても、ドイツの熟練した歌手は不適切であると思わなかったのか」と問題提起している。(12) 聖書には、「あなたがたは神と富とに兼ね仕えることはできない」(13) とあるにもかかわらず、神に仕えるべき教会音楽が「この世の趣味に迎合しようと媚びている」という現状を、彼は見過ごすことができなかった。(14) また、自己の主張が正しいことを証明するために、同時期に活躍したフランスの思想家で、音楽にも造詣が深かったルソーの見解について言及し、「ルソーは［……］

フランス語圏内の人民に対して、教会音楽でいくらか手柄を立てたいと主張することを認めようとしなかった」と述べている。[15] ルソーは、カストラートを教会音楽から排除することも提案しているが、[16] ハーマンは、この問題に対しては明確に賛否を表明していない。しかしハーマンがカストラートの声を、教会音楽の「神聖さ」には相応しくない、「卑しいもの」と感じていたことは確かである。彼が理想とした教会音楽については、次のような発言から明らかになる。

神は、過度に正当性を追求した美しい音調や、肉の脂のようにこってりとした合唱よりも、むしろ小さなため息や抑えられた涙による真剣さのほうを選ぶ。[17]

私自身の感情は、感じのよい歌のメロディにはあまり満足できず、責任を負わされたあの（ゆっくりした）テンポの、道徳的に美しい音楽のほうが満足できる。[18]（括弧内筆者）

つまり、ハーマンはオペラのような美しいアリアや重厚な合唱ではなく、道徳的に優れた内容を持つ、神に仕えるためのゆったりとした音楽を理想としていたことになる。また彼は、「普段の生活で歌うようなあまりにも世俗的なメロディは、そのような集会（礼拝）のためには、いくつかの理由から正当と認められない」（括弧内筆者）と補足している。[19]

ヘルダーは、この問題をさらに突き詰めて検討した。『神学研究に関する書簡 *Briefen, das Studium der Theologie betreffend*』（一七八〇―一七八一年）の第四六書簡では、「繊細な感情や遊びに満ちた、愛らしく女性的なメロディ」などの目立つ頽廃した教会音楽を批判し、次のように述べている。

ルターが書いた賛美歌集の前書きや、さらに彼が折に触れて音楽について述べていること、彼が音楽を神学と並んで、つまり第二の神学としていかに賞賛しているかということを読みなさい。そして、もしこの概念に従うならば、我々の礼拝音楽は新たにどのようなものになり得るのか言いなさい。[20]

そして、一七九三年に執筆した『ツェツィーリア *Cäcilia*』では、この問題提起に対して自ら次のような答えを出している。まず、マルティーン・ルター（Martin Luther, 1483–1546）と同様に歌によって神を賛美することを重視し、「聖なる音楽の極めて根本的な土台は、恐らく神を賞賛する歌、すなわち賛美歌である。賛美歌は人間にとって自然なものであると言いたい」と主張している。[21] さらに、歌の中でも合唱に注目し、「神聖な音楽の基礎は合唱である」という結論を得るに至った。[22] こうした見解には、彼が一七七〇年に訪れたイタリアで、実際に耳にした教会のア・カペラ音楽が影響していると考えられる。彼によれば、神聖な音楽は「完全に純粋な流れの中で」響かなければならず、ただ「その単純さにのみ」依拠すべきであるという。[23] また、教会音楽にオペラの要素が少なからず入り込んでいるという状況に対しては、以下のような見解を示した。

教会音楽は、決してドラマチックではあり得ない。そして教会音楽がドラマチックであろうとすれば、全くその目的を果たし損ねてしまう。［……］ドラマチックなものと教会音楽は互いに、目と耳の違いとほとんど同じくらい異なっている。[24]

つまり、器楽伴奏の導入によってオペラ化した礼拝音楽は、教会に集う人々の信仰心に悪影響を及ぼすため、音楽を簡素ではあるが敬虔な心に支えられた本来のあるべき姿に戻そうというのが、ヘルダーの望みであった。そしてそれは、礼拝の場での賛美歌の歌唱を積極的に奨励し、自らも賛美歌を作曲したルターの考えに立ち返ることを意味していた(25)。

ハーマンやヘルダーを中心とした、古い教会音楽の復興を求める動きは、ライヒャルトをも巻き込んでいった。第一章第一節でも触れたように、ハーマンとヘルダーの二人は、ライヒャルトの生涯において重要な役割を果たした。ハーマンは、ライヒャルト家とは家族ぐるみの親しい付き合いがあり、一七八八年にこの世を去るまで、友人としてライヒャルトを精神的に支え続けた。たとえば、ライヒャルトが職探しの旅を病気のために途中で諦めた時、フリードリヒ大王の宮廷楽長に就職した時、そして幼い息子を亡くした時、ハーマンは家族のように悲しみ、喜び、彼を励ましている(26)。また、シュトゥルム・ウント・ドラングの先駆者として理性に対する感情の復権を目指したハーマンは、思想面においても若きライヒャルトを魅了した。ハーマンによって、ライヒャルトは感情の力を高く評価し、信仰の真の価値を認識できるようになったのである。一方、ライヒャルトがヘルダーと出会ったのは、一七八〇年のヴァイマル訪問の際であった。また、一七八六年のクリスマスから新年にかけてヴァイマルに滞在した折にも、ライヒャルトは、自分の作品に対する助言を求めて、積極的にヘルダーとの接触を試みている(27)。それはライヒャルトが、ヘルダーほど自分の仕事について正しく批判してくれる人物はいないと考えていたためであった(28)。既述のとおり、ヘルダーの編集した論文集『ドイツの本質と芸術について』（一七七三年）も、ライヒャルトの民謡観や宗教音楽観に大きく影響を与えている。

こうした二人の師の案内により、ライヒャルトは自然と教会音楽の復興運動へと導かれていった(29)。そしてこの「真の教会音楽」をめぐる論争は、当時の幾人かの指導的音楽家たち、たとえばヒラーやシュルツ、ファッシュ、ツェルターなどを巻き込み、そしてロマン主義の時代においてもヴァッケンローダーやティーク、ホフマン、メンデルスゾーン、ティボー、カール・フォン・ヴィンターフェルト（Carl von Winterfeld, 1784–1852）、カスパー・エット（Casper Ett, 1788–1847）、カール・プロスケ（Carl Proske, 1794–1861）など[30]、彼らの活動の中で続けられることになるのである。

第二節　ライヒャルトにとっての「真の教会音楽」

(1) パレストリーナの教会音楽の再発見

「真の教会音楽」をめぐる論争においてライヒャルトの果たした重要な役割は、一七八三年に初めて訪れたイタリアで、パレストリーナの教会音楽を再発見したことである。従来の教会音楽史研究においては、ティボーの論文『音芸術の純粋性について *Ueber Reinheit der Tonkunst*』（一八二四年）が重視されることはあっても、ライヒャルトの活動が脚光を浴びることはなかったが、ザルメンも指摘しているように、ライヒャルトとともにパレストリーナ・ルネサンスが始まると言っても過言ではない[31]。そしてこれは、グレゴリオ聖歌とパレストリーナ様式の音楽を模範としてカトリック教会音楽の改革を目指すセシリア運動へと繋がっていき、十九世紀後半に最盛期を迎えることになる。

ライヒャルトは一七八三年と一七九〇年にイタリア旅行に出かけているが、すでにそれ以前にも、著書や雑誌などで当時の教会音楽の問題点について言及している。たとえば、『音楽に関する注意深い旅人の書簡』第一巻（一七七四年）では、教会音楽と劇場音楽を作曲する際の違いを述べた上で、教会音楽の理想の作曲家としてC．H．グラウンの名を挙げている[32]。第二巻（一七七六年）では、マクデブルクのヨハン・ハインリヒ・ロレ（Johann

Heinrich Rolle, 1716–1785）による作品《アベルの死 *Der Tod Abels*》の批評の中で、教会に相応しい「高貴で厳粛な音」や、歌における「音の層の厚いしっかりした和声や単純性、威厳」の重要性について言及した。[33] また、一七七八年に執筆したジョヴァンニ・バッティスタ・ペルゴレージ（Giovanni Battista Pergolesi, 1710–1736）の《悲しみの聖母 *Stabat Mater*》の音楽批評では、「合唱だけが教会にとって相応しいように思われる。合唱だけが、教会内で当然感じられなければならない敬虔や畏敬の念を、集まった民衆たちに抱かせる」と発言している。[34] つまり、ライヒャルトはヘルダーに先んじて、教会音楽における合唱の重要性を主張していたことになる。

『音楽芸術雑誌』第一巻（一七八二年）では、冒頭の『若い芸術家たちに *An junge Künstler*』で、教会音楽に限らず「広い範囲でほとんど当たり前のようになっていた芸術家の腐敗や芸術の衰退」を嘆いている。[35] また、表紙にはヘルダーの『民謡集』から『音楽の力 *Gewalt der Tonkunst*』を掲載し、本文中には『神学研究に関する書簡』の第四六書簡の一部を引用している。既述のとおり、ヘルダーはこの第四六書簡で、当時の頽廃した教会音楽を批判し、ルターの賛美歌に対する考えに立ち返ることの必要性を主張したが、ライヒャルトはこれを引用することで、自分がヘルダーと同意見であることを公表したかったのであろう。[36] そのほかにも「真の教会音楽」の具体例として、レオナルド・レオやシュルツの合唱曲、キルンベルガーのデュエット曲、ヘンデルの《メサイア》からアリアの一部などを楽譜とともに紹介し、[37] また、教会音楽に相応しい模範的な歌詞の例として、クロプシュトックの宗教的叙事詩『救世主

【図 15】ジョヴァンニ・ピエルルイージ・ダ・パレストリーナ

Messias』などを挙げている。[38] しかも彼は、イタリアにはベル・カントによる華やかなオペラだけでなく、アントーニオ・ロッティ（Antonio Lotti, 1667–1740）やフランチェスコ・ドゥランテ（Francesco Durante, 1684–1755）、レオなど「極めて丹念、かつ熱心に仕事をした作曲家たち」による、優れた宗教音楽が存在することを指摘しており、すでにイタリアの古楽に関心を示している。[39] ただし、一七八二年の時点ではまだ、彼はパレストリーナの音楽には全く注目していない。『音楽芸術雑誌』第一巻の巻末には索引があるが、そこにはパレストリーナの名前は見られない。[40]

ライヒャルトがパレストリーナという教会音楽の真の模範的作曲家を見つけたのは、翌年のイタリア旅行でのことである。その際、彼は複数の都市を訪れているが、中でもフィレンツェ、ヴェネツィア、ローマ、ナポリを賞賛している。当時のドイツの作曲家たちは大抵、オペラの修業のためにイタリアへ赴いたが、彼はオペラには目もくれず、パレストリーナの作品を中心としたイタリア・ルネサンス期の教会音楽に夢中になった。[41] なぜならライヒャルトは、過去の「楽聖」たちの音楽に崇高で偉大な単純性を感じ、その究極の美に心を奪われてしまったからである。そして、ついに彼はミラノやローマ、ナポリの図書館で、純粋な「真の教会音楽」の理想を発見したのである。北方からイタリアを訪れた者の中で、彼は、流行のオペラ・ブッファよりも古い教会音楽を重視した初めての音楽家の一人であった。[42] このイタリア旅行では、宮廷楽長としてベルリンのオペラのために歌手を募ることもなく、自身の音楽作品のために新たな着想を得ることもなかったが、パレストリーナやそのほかの「過去の巨匠たち」の合唱曲を知ることで、彼の宗教音楽観が確固たるものになった。一七九一年の『音楽芸術雑誌』第二巻では、彼がジングシュピールや有節リートにおいて主張したのと同様に、教会音楽においても単純性へ回帰することの必要性を強調している。

「偉大なる大胆さと和声の豊かさ」（傍点筆者）を持ったパレストリーナの作品は、ライヒャルトに「雷鳴のように」衝撃を与え、「満ち潮のように」圧倒的力を見せつけて、その時まで彼の理想の教会音楽作曲家であったグラウンを押しのけた[43]。パレストリーナは、今日では一般に、イタリア・ルネサンスの卓越したポリフォニーの名手として知られているが、ライヒャルトにとっては、大胆に和音を操る和声の大家であった。ポリフォニーとは各声部が旋律線の横の流れを主張しながら、対等の立場で絡み合っていく様式であるが、彼は各声部の縦の関係、すなわち和声の響きを重視していたことになる。ライヒャルトはパレストリーナについて、次のように述べている。

彼は、我々の知るところとなった、崇高で厳粛な教会様式における最も偉大な作曲家である。彼の教会様式の主な特色は、大部分が協和音から成る、力強くしばしば大胆な連続性にある。また、そのとても明確な印象は、メロディの装飾やリズムの多様性によって変えられたり、弱められたりはしなかった[44]。

パレストリーナは、個々の和音の力強さが影響を与える「偉大で、高貴な単純さを持つ様式[45]」によって、荘重で神聖な雰囲気を作り出し、ライヒャルトをその虜にした。しかもこの種の音楽は、彼の経験によれば、「すべてにおいてとても遅い動きが想定されている」ので、それが守られなければ「その偉大な特質は失われてしまう」という。各声部における旋律線の横の流れは、大抵の場合互いに離れているが、近づいたり交差したりすることがあっても、それぞれ大いに異なった性格を持つため、ゆっくりとした動きによって常に明確に認識できるようになっている。各声部の縦の関係でも、遅いテンポによって「各々の和音の持つすべての効果が発揮」され、和声の豊かさが一層引き立てられるのである[46]。

パレストリーナのみならず、十七世紀から十八世紀にかけて活躍したパレストリーナ様式の後継者たちのことも、ライヒャルトは高く評価していた[47]。こうしたイタリアの「楽聖たち」への偏愛ぶりはかなりのもので、彼らこそが「真に偉大な作曲家たち」であった。たとえば、ライヒャルトは『週刊音楽新聞』で何号にもわたって、ゲルバーの『音楽史・人名辞典』全二巻（一七九〇年、一七九二年[48]）に欠けている、過去のイタリア人作曲家たちの情報を補足している[49]。中でも、フランチェスコ・フェオ（Francesco Feo, 1691–1761）とレオの二人をライヒャルトは賞賛している。ライヒャルトによれば、フェオは「これまでにイタリアにいた最も偉大な教会音楽作曲家たちの一人」であり、レオは「今世紀で最も重要な作曲家」で、「彼ほど自分の生きた時代に普遍的で多様な影響を与えた者はいなかった」という[50]。

このように、ライヒャルトが教会音楽の理想と考えたものは、パレストリーナ様式で書かれたア・カペラの合唱曲であったので、彼は基本的に教会内で楽器を使用することに反対した。オルガンだけは特例であり、「堂々とした豊かさと高貴な統一感」のあるオルガン音楽を「理想化された器楽」とみなした。それでも、主役はやはり歌であって、オルガンの使用は賛美歌や単純な宗教合唱曲の伴奏に限定すべきであると考えていた[51]。彼にとって、教会音楽における歌は威厳に満ちてはいるが華美ではなく、畏敬の念を抱かせる高貴な印象を持っていなければならなかった。なぜなら、本当に崇高なものだけが究極の美として、感覚的に経験可能な世界を越えて精神を感動させ、高揚させるからである。彼は、「偉大で高貴な単純さを持つ様式」によって我々が敬虔な心を刺激され、世俗的な日常から解放されて、「我々自身を越えて、予期できないほど高揚する感情」（傍点筆者）を抱くことを、宗教音楽の本来の目的とした[52]。

さて、ライヒャルトのこのようなロマン主義的で形而上的な発言は注目に値するであろう。ロマン派の詩人たちは非常に宗教的な音楽観を持っていたが、ライヒャルトも同様であった。彼は一七八二年の『音楽芸術雑誌』第一巻では、本来「芸術の起源と目的は神聖なもの」であり、「あらゆる高度な芸術は、原初は至るところで人間が神々と交わす言語であった」（傍点筆者）と述べている。[53] ただし、「神聖なもの」と言っても、この時点ではキリスト教だけではなく、古代の多神教をも意識した表現であることを指摘しておきたい。また、同雑誌の小論『教会音楽 *Kirchenmusik*』では、「我々のすべての行為や努力の最終的で最上の目的」が「我々の心を醇化すること」にあるならば、「この目的をより一層確実に、普遍性をもって理想的に達成できる」のは音楽であり、教会音楽であると述べている。[54] たしかに、彼はこのような宗教的な音楽観を初めから抱いていたわけではなく、一七七〇年代にはまだ、音楽の目的を「心」や「悟性」に働きかけることや、心を揺り動かす「感動」にあると考えていた。[55] しかし、様々な経験を通じて、彼の啓蒙主義的な思想が次第に宗教性を帯びていったのである。特に重要な体験は、一七八三年にパレストリーナなどのイタリアの古楽を再発見したことである。それにより、一七九一年の『音楽芸術雑誌』第二巻では、「真の教会音楽」こそが「音楽の最高の目的である」と悟るに至っている。[56] このころから、彼の関心は次第に古代の異教的なものから、キリスト教的なものに移行していく。[57]

最終的に彼は、一八〇九年の『ウィーンへの旅路で書かれた私信』で、「古代人たちはそれ（近代的な音楽）を知らなかったし、それどころか全く思いつきもしなかった」（括弧内筆者）と述べている。[58] ライヒャルトのこの発言は、A. W. シュレーゲルが一八〇八年の春にウィーンで行なった「演劇芸術と文学に関する講義 *Vorlesungen über dramatische Kunst und Literatur*」から影響を受けている。[59] シュレーゲルは、以前（一八〇一―一八〇四年）ベルリンでも「文芸と芸術に関する講義 *Vorlesungen über schöne Literatur und Kunst*」を行なっており、[60] このベルリンとウィーンの二つの講義で、古典古代とロマン的近代の趣味や芸術の差異を様々な例を用いて明白に示し、古代文芸の精神は彫塑的であり、近代文芸の精神は絵画的であることを説明した。[61] また、ベルリンの講義では、古代文芸は「音楽のリズムの部分」と、近代文芸は旋律や「和声の部分とより多く比較され得る」という点に触れて、絵画と同様に音楽を、近代のキリスト教世界の所産とする見解を明らかにした。[62] ライヒャルトはシュレーゲルの行なった古代芸術と近代芸術の明確な特徴づけやその考え方を、喜んで受け容れようとした。なぜならライヒャルトは「随分前から」、「音楽の起源と本質は全く精神的で宗教的でロマン的である」とみなし、「近代的な音楽の成立や本質の体系について」考察してきたが、その体系のための「新しく堅固な基礎」をシュレーゲルの思想が与えてくれたと確信したからである。(63)

つまり、ライヒャルトは一七八二年の時点では、音楽の起源は古代にあるとしていたのに対して、一八〇九年の時点では、古代には旋律的で和声的な近代の音楽は存在せず、音楽の起源は近代にあると意見を修正しているのである。ただし、ライヒャルトが一八〇九年に初めてシュレーゲルの見解を知り、ロマン主義の芸術観に関心を持ったということではない。ライヒャルトがシュレーゲル兄弟と出会ったのは一七九〇年代半ばであり、それ以来、兄弟とは親しく交流していた。(64) ライヒャルト自身も語っているように、彼は音楽が「精神的で宗教的でロマン的である」という点については「随分前から」注目していたが、それがいつごろからなのか、時期を特定するのは困難である。というのも、ライヒャルトの発言においては、ロマン主義の先駆的な特徴がかなり早いうちから表れるからである。たとえば、形而上的な要素はすでに一七八二年に見られ、彼は芸術には「人間を不出来な自己や時代、現世から超越させる」力があると述べている。(65) また既述のように、一七九一年には「我々自身を越えて、予期できないほど高揚する感情」を引き出すことが、宗教音楽の本来の目的であると考えており、(66) このような見解は、ヴァッケンローダーの宗教的な音楽観にも近似するものである。なお、ライヒャルトの音楽美学思想やその変遷については、第五章第三節で詳しく論じたいと思うが、彼がパレストリーナの音楽を再発見して以来、キリスト教的なものに関心を持つようになり、彼の音楽思想が次第にロマン主義的特徴を示し始めるのは確かである。このように、パレストリーナの教会音楽を知ったことは、「真の教会音楽」の発見だけでなく、彼自身の音楽的価値観の転換にも大きく作用したと考えられるのである。

(2) 宗教音楽家としてのヘンデルとバッハ

ライヒャルトは、イタリアの古楽の楽譜やヨーロッパ各地の民謡を収集することによって、自分の生きた時代のみならず古い時代にまで遡って芸術の原理を追究しようとしたため、音楽の歴史にも強い関心を示していた。一七九七年には近代音楽史の執筆を計画し、最晩年の一八一四年にはそれを完成させようと努力している[67]。結局、ライヒャルト自身の死によってこの計画は頓挫したが、それでも、書き残された多数の論評から彼の音楽史観を読み取ることができる。ただし、その考え方にはかなり偏りがある。既述のように、彼は最終的に古代には、旋律や和声を持つ近代的な音楽はなかったという見解に至ったが、中世の音楽にもほとんど興味がなく、それについて言及することはあっても、その考えは非常に個性的であった。たとえば、彼はグレゴリオ聖歌について、『音楽芸術雑誌』の第一巻で次のように述べている。

> キリスト教会の最初の歌は恐らく民謡だったのであろう。たとえば、モラヴィア兄弟団など、分離独立した様々なキリスト教団体でいまだによく行なわれているように、有名な民謡のメロディに宗教的な言葉をつけたか、または宗教的な詩句に大衆好みのメロディを新たにつけたかのどちらかであった。［……］その後何世紀かを経て、心からの篤い信仰が変じて冷静で美しく飾られた礼拝となった時、つまり真に感受性豊かな民衆たちの快活な歌が、厳粛にふるまう司祭の口から歌われた時、その自然なメロディの生き生きとした流れは不快なものにならざるを得なかった[68]。

彼の歴史的探究心を強く刺激するのはルネサンス期以降の作品で、イタリアの図書館で見つけたパレストリーナによる教会音楽はルネサンス後期のものである。音楽以外の芸術においても同様であり、子供のころから関心のあった絵画の分野では、ラファエロ・サンティ（Raffaello Santi, 1483–1520）やレオナルド・ダ・ヴィンチ（Leonardo da Vinci, 1452–1519）、ミケランジェロ・ブオナローティ（Michelangelo Buonarroti, 1475–1564）の描いたイタリア・ルネサンスのものや、ドイツであればハンス・ホルバイン（Hans Holbein der Jüngere, um 1497–1543）やアルブレヒト・デューラー（Albrecht Dürer, 1471–1528）の作品が彼の興味を引いた。[69]

このようにライヒャルトは、現代の視点に立てば、かなり偏向した歴史的音楽観を持っていたことになるが、西洋音楽史というものがまだ体系化されていない十八世紀後半において、これは至極当然のことであろう。特筆に値するのは、ライヒャルトが当時すでに、J. S. バッハとヘンデルの音楽史上の意義に注目している点である。ライヒャルトは、十七世紀末から十八世紀前半にかけて活躍した作曲家のうち、バッハとヘンデルの二人を別格と考え、彼らの音楽について多くのことを書き残している。その一方で、同時期のほかの作曲家たち、たとえばアントーニオ・ヴィヴァルディ（Antonio Vivaldi, 1678–1741）やラモー、ゲオルク・フィーリップ・テーレマン（Georg Philipp Telemann, 1681–1767）などの作品に対しては、かなり厳しい評価を下している。[70]

今日の通説では、バッハの音楽は彼の死後間もなく忘れ去られ、一八二九年にメンデルスゾーンが実現した《マタイ受難曲 *Matthäus-Passion*》の歴史的蘇演が、その再評価を促したとされているが、そのバッハ・ルネサンスを待たずして、ライヒャルトが早くからバッハの音楽に関心を持っていたという点は興味深い。また、ヘンデルの場合も、生前大英帝国の首都ロンドンで比類なき名声を博していたとはいえ、ライヒャルトの活躍した当時、つまり没後数十年を経た時代まで、その人気が維持され続けたとは思えない。[71] したがって、第2項では主に宗教音楽家としてのバッハとヘンデルの存在について着眼し、ライヒャルトが彼らの音楽についてどのような見解を抱いていたのか考察したいと思う。[72]

ライヒャルトがリヒターの演奏によって、バッハの作品を初めて知ったのは八歳の時であった。「当時の最も偉大な鍵盤楽器奏者の一人」[73]であったリヒターは、もともとベルリンの出身で、一七六一年にオルガニストとしてケーニヒスベルクへ移り住み、バッハやその息子のカール・フィーリップ・エマーヌエルの作品を演奏して普及に努めた。ライヒャルトは、九歳から十歳まで、リヒターのもとでクラヴィーアを習っている。[74]また、一七七一年から三年間におよぶ職探しの旅ではドレスデンを訪れ、バッハの弟子であったホミリウスとクリストフ・トランシェル（Christoph Transchel, 1721–1800）[75]の二人に会った。ホミリウスが聖母教会のオルガンで即興演奏するのを聴いて、ライヒャルトは彼のことを「極めて優れた宗教音楽作曲家」として高く評価し、彼からバッハの作曲技法や教会音楽における奉仕の精神について学んだ。[76]トランシェルはホミリウスと比べるとあまり個性的な芸術家ではなかったが、ライヒャルトは彼のことも、バッハの流儀を守った優れた鍵盤楽器奏者であり、極めて繊細な音楽批評家の一人とみなしている。[77]そして、ドレスデンの次に訪れたベルリンでは、J．P．ザーロモンの演奏でバッハのヴァイオリンの独奏曲をいくつか耳にし、とりわけバッハの音楽の特徴でもある器楽的ポリフォニーに満足した。[78]

ライヒャルトがヘンデルについて初めて知ったのは、同じ職探しの旅で、ドレスデンよりも少し前に訪れたライプツィヒでのことであった。一七七一年に出会ったヒラーは、第一章第一節第1項で述べたように、若きライヒャルトに声楽の作曲家として生きる道を勧めたが、その際には、ハッセやヘンデルの音楽の魅力を引き合いに出して説得したという。[79]そしてライヒャルトは、一七七四年の謝肉祭の時期に訪れたベルリンでようやく、ヘンデルのオラトリオを聴き、その印象を『音楽に関する注意深い旅人の書簡』第一巻に記録している。[80]たしかに、ライヒャルトは「ヘンデルの合唱の影響力に恍惚となった」[81]が、まだこの時点では、ヘンデルに対して批判的な発言を遠慮していない。なぜなら、当時のライヒャルトにとって優れた教会音楽作曲家は、グラウンであったからである。ライヒャルトによれば、ヘンデルの音楽には自然で感動的な歌が欠如していることがよくあり、彼は教会音楽にさえ、正しい感情と良き趣味によって正当と認められないような機知を用いることが多いという[82]。

しかし、次第にライヒャルトの態度に変化が現れる。一七八二年の『音楽芸術雑誌』第一巻では、バッハとヘンデルの音楽から感取されたことが具体的に叙述されている。まず、その目次からも容易に気づく点は、ヘンデルの作品が多数取り上げられていることである。第一部ではオラトリオ《アレクサンダーの饗宴 *Alexander's Feast*》のアリオーソが、第二部ではオペラ《忠実な羊飼 *Il pastor fido*》のアリアが、第三部では《アレクサンダーの饗宴》の合唱とアリアの一部が、そして第四部では《メサイア》のアリアと《ハープシコード組曲 *Suites de pièces*》第一巻の第五番[83]から一部が掲載されていて、彼の評価はいずれも好意的である[84]。それに対して、バッハの作品は第四部に取り上げられた《平均律クラヴィーア曲集 *Das wohltemperierte Klavier*》第二巻のへ短調のフーガのみであるが、その曲とともに『ヨハン・ゼバスティアン・バッハについて *Johann Sebastian Bach*』という小論が掲載されている。

大変興味深いのは、ライヒャルトがこの小論でバッハを、パレストリーナの場合と同様に「極めて偉大な和声の大家」（傍点筆者）とみなし、バッハとヘンデルの音楽の印象を、ゲーテがストラスブールの大聖堂を眼前に抱いた感動と重ね合わせていることである[85]。既述のとおり、ライヒャルトはかつてヘルダーの論文集『ドイツの本質と芸術について』を読んで「強烈な印象」を受けたが、この論文集にはゲーテの『ドイツ建築について――エルヴィーン・フォン・シュタインバハの霊に』（一七七二年）が収められていた。ライヒャルトはゲーテのこの論文から、かなりの部分を直接引用し、「ここ（大聖堂）に、我々の和声的建築物（バッハやヘンデルの音楽）との深い類似性を感じない人がいるであろうか」（括弧内筆者）と述べている[86]。つまりライヒャルトは、今日ではバロック芸術に分類されるバッハやヘンデルの音楽を、ゴシック的と解釈していたことになるが[87]、彼の言う「深い類似性」とは、芸術の様式上の分類と全く関係がない。彼は様式上の共通点を指摘したかったというよりも、むしろ、ゲーテがストラスブールの大聖堂を「これこそがドイツの建築である」と感じたように[88]、バッハやヘンデルの作品こそがドイツの音楽であると豪語したかったのであろう。しかしその一方で、「もしバッハとヘンデルの二人に、もっと人間や言語、詩についての知識があり、目的のない流儀や慣習をすべて自分から投げ捨てるのに必要な大胆さがあったなら、両者は我々の芸術（音楽）における最高の理想となるであろう」（括弧内筆者）とも書いている[89]。彼は、バッハやヘンデルが詩の言葉を軽んじていたと思っていて、彼らの声楽曲に完全には満足していなかった。また、バッハの器楽、特にクラヴィーアやオルガンのための作品については、鍵盤楽器奏者たちの高度な教則本として価値を認めていたが[90]、その音楽に数学の精神が優勢であるのを見て、バッハには「真実を見極める高度な感覚や表現のための深い感情」が欠如していることも指摘している。そしてライヒャルトは、バッハに欠けていたこの感覚や感情をヘンデルは十分に持っていたと考えており、もしバッハにこれがあれば「ヘンデルよりもはるかに偉大であったかも知れない」と述べている[91]。

このように一七八二年の時点でもまだ、ライヒャルトはヘンデルに対して、バッハより贔屓目に見つつも批判することに躊躇はない。ところが、一七八五年にそれを一変する出来事が起こる。ヘンデル生誕一〇〇年にあたるこの年に、ライヒャルトは宮廷楽長の職を休んでロンドンに出かけている[92]。この旅行による最大の収穫はまさしく、《メサイア》をはじめとするヘンデルの大作をいくつも鑑賞できたことにあった[93]。ライヒャルトは三月十一日にロンドンに到着するやいなや、旅行着のままドルリーレーン劇場へ急行し、ヘンデルのオラトリオ《サムソン *Samson*》の演奏を聴いている[94]。彼にとって、ロンドンでの数週間におよぶ音楽体験は非常に印象深く、ヘンデルが新しい精神を持った人間の手本のように感じられたため、これを契機に彼は《ヘンデルに捧げるカンタータ *Cantate in the Prise of Handel*》の作曲や、『ヘンデルの青春時代 *George Friederich Händel's Jugend*』という短い伝

【図 16】ハレのマルクト広場に立つヘンデル像（筆者撮影）

記の執筆に勤しんでいる。《ヘンデルに捧げるカンタータ》はソプラノと合唱とオーケストラのための作品で、ヘンデルのスタイルで作曲され、プロイセンの王太子（のちの国王フリードリヒ・ヴィルヘルム二世）に献呈された。[95] また『ヘンデルの青春時代』では、ヘンデルは「自由で崇高な魂の持ち主」であり、ハレから順風満帆の人生の旅へ出かけた「真の天才」として描かれている。ライヒャルトの考えていた「真の天才」は自らの方法で進み、思いやりと謙虚さに満ちていて、他人の趣味やわがままに左右されずに常に自分の社会的良心に忠実な人物であったが、ヘンデルこそがまさしく彼の理想とする天才であった。[96]
またヘンデルの音楽は、数学的な緻密さを重視したバッハの場合とは対照的に、「聴衆に対して極めて力強く普遍的な影響力を持つこと」を目標としていたので、音楽の「効果美学」を信じるライヒャルトにとって、より共感できるものとなった。ライヒャルトはヘンデルの宗教曲について、「メロディは単純であるが、ハーモニーは充実している」と感じており、その「厳かで古典的な様式」に基づく作品を、「理想どおりの高貴で素朴な音楽」として賞賛した。[97]

　ライヒャルトのヘンデル熱はますます高まり、彼は自分の編集していた雑誌で幾度もヘンデルの音楽を紹介した。そして、その軽快な文章によってヘンデルの音楽的遺産を守る、ドイツで初めてのヘンデル擁護者として有名になった。たとえば、彼は『音楽芸術雑誌』第二巻（一七九一年）で、第六部にオペラ《タメルラーノ（ティムール）*Tamerlano*》からカヴァティーナを、第七部にオペラ《ジュリアス・シーザー *Giulio Cesare*》からアリアを、第八部にオペラ《ラダミスト *Radamisto*》からアリアを選んで楽譜を掲載し、それぞれに解説を書いている。(98) ライヒャルトは、ヘンデルの作品の一部しか知らなかったにもかかわらず、彼の描いたヘンデルのイメージは、この当時において最も包括的であったと言われている。(99)

その一方で、ライヒャルトによるバッハの音楽への理解は深まらなかった。一七九六年の『音楽年鑑』に記されたバッハの紹介文では、一七八二年に書いた小論『J. S. バッハについて』からいくつかの文章がそのまま引用され、バッハは相変わらず「極めて偉大な和声の大家」として描写されている。(100) そしてライヒャルトは、「バッハ自身もオルガンやクラヴィーアの演奏の名手として、奏者たちの最高の手本であったように、彼のクラヴィーアやオルガンのための作品は、これらの格調高い楽器が存続する限り、奏者たちの高度な教則本であり続けるであろう」と述べ、バッハの考案した運指法や奏法などを賞賛している。しかし、彼の声楽曲に関しては、「たとえ着想豊かで最高の仕事であろうと、たとえ表現の面において力強く真に躍動感に満ちていようと、彼の声楽曲からは、純粋な良き趣味や言語と詩に対する知識があまりにも大きく欠如していることが分かってしまう」と批判している。ライヒャルトは、彼の声楽曲も永久に、思索家で勤勉な芸術家にとっての「真の研究対象」であり、「合唱のための素晴らしい練習曲」として後世に残ると説明を補足しているが、やはりバッハの声楽曲には抵抗を感じていたようである。(101) なぜなら、ライヒャルトは声楽においては、詩の言葉を重視した自然で単純なメロディを理想としていたが、対位法の技術を駆使したバッハの声楽には、それは望めないと考えていたからである。ベルリン・ジングアカデミーのファッシュはこのことを知っていて、一七九四年八月二十六日に行なわれたジングアカデミーの稽古中に、「J. S. バッハのモテット三番の練習を始めたが、思いがけず作曲家のライヒャルト氏が入ってきたので練習を中断した」という。(102)

このようにライヒャルトは、バッハよりもヘンデルの音楽に夢中になった。それゆえ、一八〇六年に『ベルリン音楽新聞』で展開された、ライヒャルトとバッハ崇拝者フォルケル[103]の対決は、注目に値するであろう。ゲッティンゲンの音楽学者フォルケルは、バッハの最初のまとまった評伝である『ヨハン・ゼバスティアン・バッハの生涯、芸術、作品について *Ueber Johann Sebastian Bachs Leben, Kunst und Kunstwerke*』（一八〇二年）を著したことで、十九世紀のバッハ・ルネサンスに貢献した人物である。このバッハ伝では、彼の生涯のみならず、その作品や作曲方法、演奏方法、弟子の養成などについても語られており、彼の功績がドイツの国民的財産として顕彰されている。バッハとヘンデルは同じ一六八五年に生まれ、ともに飛びぬけて秀でた才能を示し、それぞれドイツとイギリスで博した名声も拮抗していた。そのため、彼らの活躍していた当時から何かと比較されることが多く、フォルケルも時に直接的に時に間接的に両者を比較しながら、バッハの優位性を主張しようとした。[104]

『ベルリン音楽新聞』では三回にわたり、このフォルケルのバッハ伝に対するライヒャルトの批評が掲載されている。ライヒャルトはヘンデルの擁護者としてフォルケルに対抗し、彼の一方的な主張を手厳しく非難している。たとえば、第一回目の記事では、バッハのフーガに匹敵するようなものは、どのような作曲家にも創作できないとするフォルケルに対して、ライヒャルトは「フォルケル氏がヘンデルやほかの同時代のマイスターたちのフーガを、バッハのものほど知らず、それらを徹底的に研究する必要性を感じなかったと思うしかない」と述べている。[105] 第二回目の記事では、フォルケルがバッハの才能や彼の音楽の高い芸術性を主張しようとするあまりに、フランソワ・クープラン（François Couperin, 1668–1733）やラモー、ハッセ、グルックなど、ヘンデル以外の作曲家についても過小評価している点を挙げ、フォルケルの見解の偏狭さを指摘している。[106] そして、第三回目の記事では、フォルケルがバッハを対位法や鍵盤楽器の大家として賞賛するだけでは飽き足らずに、偉大な声楽作曲家としても称揚したことに対して、ライヒャルトが大いに反論している。たしかにライヒャルトは、バッハの声楽曲ではデクラマツィオーンが不自然で装飾が過ぎる点が許容できなかった(107)。しかし、オルガン奏者であったフォルケルは、そもそもバッハの声楽にはほとんど関心がなく(108)、あらゆる点において優れた理想のバッハ像というものを作り上げたかっただけなのである。

ライヒャルトはフォルケルに反駁しながらも、バッハは本来「彼自身の流儀において大変偉大である」として、次のように述べている。

我々の芸術における、ほかの流派の極めて偉大なマイスターたちが、バッハと並んで立とうとも、それによって彼が軽んじられることは少しもないであろうし、彼を賞賛するために、ほかの者たちを過小評価する必要など少しもない(109)。

つまり、ライヒャルトが『ベルリン音楽新聞』で三回にもわたって批判したかったのは、バッハの音楽というよりも、他を貶めてバッハを賞賛するというフォルケルの方法であったと言える(110)。彼はヘンデル信奉者として、必要以上にヘンデルが攻撃されていると感じて、居ても立ってもいられなかったのであろう。

ライヒャルトは、幼いころから当然のように知っていたバッハを、ヘンデルと同列の神のような崇拝の対象にはできなかったものの、バッハが彼にとって尊敬すべき作曲家の一人であったことは確かである。なぜなら、ライヒャルトのギービヒェンシュタインの自宅の居間には、バッハの肖像画が掲げられていて、そこで毎日のように行なわれた家庭音楽会では、イタリアの古楽やヘンデルの《メサイア》の一部と同様に、バッハのコラールも歌われていたからである(111)。彼がバッハよりもヘンデルを好んでいたことは明白であるが、かつてはヘンデルの声楽曲についても批判的であったので、一七八五年のロンドンでの経験がよほど強烈な印象を彼に与えたのであろう。

以上のように、ライヒャルトはハーマンやヘルダーの影響から、宗教音楽の世俗化の問題と向き合うことになり、「真の教会音楽」をイタリアやドイツの過去の音楽に求めた。新しい教会音楽を頽廃的と捉えた彼も、ウィーン古典派による交響ミサ曲やオラトリオに関心がなかったわけではないが、これに対しては慎重な態度を示している。ライヒャルトは一八〇一年一月五日にベルリンで《天地創造 *Die Schöpfung*》を聴き、ライプツィヒ『一般音楽新聞』の書簡体による批評文で、次のような感想を述べた。

最近のドイツ芸術のあらゆる作品の中で、ハイドンの《天地創造》は最も特異で、自由であることに疑いはありません。それは比較するものがないために、容易には評価できません。私の知り得た、この作品についての文書や口頭による賞賛や批判から、すぐに気づいたことがあります。この大変特異な作品を考察する際には、オラトリオの古い理論、もしそのようなものがあるとすればですが、それに基づいていては駄目であり、かのマイスターの呼び方に従うなら、このオラトリオは音楽美学者たちにとって新しい課題になります。彼らは、もはや辛辣さも刺激もなくなった古い理論と、少なくとも同じくらい価値のある新しい理論を、探し出さなければならないでしょう。[112]

ライヒャルトはこの作品から大いに感銘を受け、「ハイドンはこれまでと同様に彼の時代の最高の手本であり続ける」と絶賛した。[113] ライヒャルトにとって、そもそもハイドンの音楽は幼いころから親しんでいたものであり、ハイドンは偉大な作曲家のうちの一人であった。ライヒャルトは、《天地創造》に一芸術作品として感動したものの、宗教曲としては、従来のオラトリオの理論では説明できないような、斬新さを感じている。つまり彼は、これを「真の教会音楽」として受け容れるには、まだ熟考を要するという慎重な態度を示しており、結論を急がずに未来に委ねていると言えるであろう。(114)

(3)　ライヒャルトによる古楽の保護活動と宗教音楽作品

本節第1項と第2項で考察したように、ライヒャルトは「真の教会音楽」の模範を、パレストリーナ様式のア・カペラ音楽やヘンデルのオラトリオなど、イタリアやドイツの過去の音楽に見出した。また、ライヒャルト自身も作曲家として宗教音楽を多数書いており、中には彼の他界後にも長く愛されて、演奏され続けた作品もある。第3項では、まずライヒャルトによる古楽の保護活動に目を向けて、彼が過去の音楽を一般に普及させ、後世に伝えるためにどのような手段を講じたのか明らかにしたい。そして、彼はその「真の教会音楽」の理想を自作の宗教音楽に、いかに反映させたのか考察する。

既述のとおり、ライヒャルトはイタリアの図書館でパレストリーナなどの過去の大家たちの楽譜の収集を積極的に行ない、パレストリーナに関しては九曲のミサ曲と七曲のモテットの写譜を所有していた。(115)また、彼の収集品とは別に、ベルリンにはすでにフリードリヒ大王の妹アンナ・アマーリア王女のコレクションがあった。彼女の音楽顧問を務めていたキルンベルガーが、自分の恩師であった大バッハの作品を中心として、ハンス・レーオ・ハスラー（Hans Leo Haßler, 1564–1612）やパレストリーナの時代にまで遡って、たくさんの楽譜を収集しており、それが王女のコレクションの一部を成していた。この膨大なコレクションは、十九世紀のバッハ復活運動に大変役立つものとなったが、アンナ・アマーリアの他界（一七八七年）後は、彼女の遺言により、ヨーアヒムスタールのギムナジウムに管理が一任されていた。これについてライヒャルトは、一七九一年の『週刊音楽新聞』で、「王女の遺言のために自由にならないので埋もれているも同然」と嘆いており、その後は、収集されていた

【図17】カール・フリードリヒ・ツェルター

楽譜の目録を作成し、このコレクションの存在を世間にアピールした。なお、目録作成にはツェルターが協力している[116]。またライヒャルトは、ファッシュによる一七九一年のベルリン・ジングアカデミーの設立にも、深く関わっていた。ジングアカデミーは、一八二九年三月十一日に当時まだ二十歳であったメンデルスゾーンの指揮によって、バッハの《マタイ受難曲》の復活公演を成功させたアマチュアの合唱団である[117]。ファッシュは、かつてC. Ph. E. バッハとともにフリードリヒ大王の宮廷チェンバロ奏者として活躍していた。宮廷楽長アグリーコラの他界後、ライヒャルトが新楽長に就任するまでの約一年間楽長代理を務め、ライヒャルトとは一七七六年以来の知り合いであった[118]。ライヒャルトが一七八三年のイタリア旅行の際、オラツィオ・ベネヴォリ（Orazio Benevoli, 1605–1672）の一六声部のミサ曲の楽譜を持ち帰り、ファッシュに贈呈したことで一層親しくなった[119]。そして、そのミサ曲の研究がファッシュの音楽人生に大きな転機を与え、ファッシュは、古楽を普及させようというライヒャルトの努力を実現するために、その研究と紹介を目的としてベルリン・ジングアカデミーを創立した。この合唱団は、ファッシュ自身が書いた一六声部のミサ曲[120]を演奏することによって活動を開始したが、次第に大バッハの作品も取り入れるようになった。ライヒャルトも、この合唱団のために比較的大きな規模の宗教作品をいくつか書いていて、彼らのもとを可能な限り頻繁に訪れた。なぜなら、彼らの演奏会ではライヒャルトの自作だけでなく、イタリアやドイツの様々な古楽を聴くことができ、その一部には初めて耳にするものもあったためである。虚栄心や利欲抜きで「物事への純粋な愛から」この合唱団を設立し、優秀に育て上げたファッシュを、ライヒャルトは「偉大で謙虚な芸術家」として大変尊敬し、「その最高に愛すべき、真心のこもった人柄」に好意を持っていた。[121] ファッシュは一八〇〇年六月三日までその指揮を務めていたが、彼の後継者になったのはツェルターであり、ツェルターもこのアマチュア合唱団の発展のために大いに貢献した。[122] ベルリン・ジングアカデミーの活動は、十九世紀前半に次第にその価値が認められていくが、ライヒャルトは早くも一八〇五年の時点で、『ベルリン音楽新聞』に小論『ベルリンのジングアカデミー *Die berlinische Singeakademie*』を発表し、ファッシュとツェルターによる教会音楽の保護活動の功績を称えている。[123]

ここでライヒャルトとツェルターの人間関係についても触れておくと、両者が確実に対面したと考えられるのは、一七九八年十一月十八日のファッシュの六十二歳の誕生会のことであったが、文書の上では一七九〇年代の初めから交流が始まっている。[124] ライヒャルトは一七九一年に刊行した『音楽芸術雑誌』第二巻に、ツェルターの処女作（クラヴィーア音楽）の批評文を書き、[125] その翌年には、今度はツェルターが批評家として、ライヒャルトとクンツェンが編纂していた『週刊音楽新聞』に協力している。[126] また、この新聞にはヨハン・ヴィルヘルム・ルートヴィヒ・グライム（Johann Wilhelm Ludwig Gleim, 1719–1803）の詩にツェルターが作曲した《プロイセン愛国者のための歌 *Lied für Preußische Patrioten*》も掲載され、それ以降、ライヒャルトの編集したリート集や刊行物などで、ツェルターのリートが積極的に紹介された。[127] ライヒャルトは、一七九四年に宮廷楽長の職を追われ、一七九六年にゲーテやシラーと不和に陥ったが、それらの出来事もツェルターとの友好関係には影響することなく、その後も二人は同業者として互いに助け合っている。[128] 建設業のかたわら音楽家を目指すという異色の経歴を持つツェルターは、ライヒャルトに対して少々遠慮がちであり、芸術家としてのライヒャルトには心から敬意を表していた。一八一四年にライヒャルトが孤独のうちに他界すると、ツェルターは翌年九月にライヒャルトの墓を訪れており、その後もライヒャルトの娘でリート作曲家のルイーゼの活動を父親のように見守り、時に支援している。[129]

また、ツェルターの日記によると、一八二九年九月二十六日には、すでに人手に渡ってしまったギービヒェンシュタインの庭園を訪問し、ライヒャルトを偲んだという[130]。

第一章第一節第3項でも述べたように、ライヒャルトは一七八三年のベルリンで、フランスを手本に「コンセール・スピリテュエル」を始めたが、この公開演奏会でも、積極的にイタリアの古楽やヘンデルのオラトリオなどを紹介した[131]。本来彼は、この演奏会によって自作を披露しようとしただけでなく、一般市民たちの音楽の趣味を向上させることも目指していた。したがって、演奏される曲目も耳に心地よいだけの娯楽音楽ではなく、「繊細で趣味のよい聴衆」を養成するための芸術作品でなければならなかった[132]。一七八〇年ごろまで、ベルリンの愛好家たちにとって音楽への参加体験は、仲間同士の集いしかなく、高度な芸術目的を満足させるには不十分であった。国王の室内楽演奏会には、ほんのわずかな客しか招待されなかった。おまけにベルリンにはコンサートに相応しい空間も不足していた。それゆえ、ライヒャルトは四旬節の間の毎週火曜日に、午後五時から八時まで宗教的なコンサートを開催し、そのために宮廷楽団のメンバーや旅回りの楽器の名手たちを動員した。入場料はかなり高価（一人当たり一ターラー）であったので、「裕福で名声のある人々しか訪れることができなかったが、それによってその集まりに何らかの特別な意味が与えられた」という。すべての聴衆に、「注意がほかの物事に向けられないように」平易な言葉で作品を解説したプログラムが手渡されたことは、大変好評であった[133]。このような演奏曲目への手ほどきは、ベルリン市民にとって大変新鮮なことであり、宮廷楽長が自ら進んで、聴衆を音楽芸術へ近づけようと努力するなどということは、通常では考えられなかった。そもそも、演奏会の段取りそのものが厳格に決められていることも珍しかった。「コンセール・スピリテュエル」の第一部には、必ず宗教作品が演奏された。もちろん彼は自分自身の曲も披露したが、同時代の作曲家や古い時代の巨匠たちの作品を積極的に紹介し、ヘンデルのオラトリオや、パレストリーナやレオなどのイタリアの「楽聖たち」の音楽に対して、聴衆の興味を喚起しようと努めた[134]。そして、このような芸術的要求の高い作品によって、彼はベルリンの知識人や愛好家たちに新しい音の響きや音楽の本質について教え、彼らの趣味をライヒャルト自身の芸術観に近づけようとしたのである。

また、一七八五年にロンドンで初めてヘンデルの《メサイア》を聴いて、大いに感銘を受けたライヒャルトは、この作品をドイツでも演奏して広めようとしている[135]。まず、帰国後間もなくポツダムで演奏会を開催し、自らの指揮でこの作品を披露している[136]。当時、ファッシュのもとで作曲を学んでいたツェルターは、この演奏会で《メサイア》を知り、「この音楽にそれまでに一度も類似の経験のないようなものを感じて」いる。演奏会が夜九時に終わると、ツェルターはこっそり会場から抜け出して、ベルリンまで人気のない道を選んで、「感動の涙を流しながら」歩いて帰ったという[137]。さらに、今日ではヘンデルの出身地として、毎年「ヘンデル音楽祭」が盛大に開催されるハレでも、初めて彼の作品が演奏されたのは一八〇三年のクリスマスのことであり、その際にはライヒャルトと彼の恩師であるヒラーが尽力した。彼らは、当時フリードリヒ大学の音楽監督兼マルクト教会のオルガニストであったダーニエル・ゴットロープ・テュルク（Daniel Gottlob Türk, 1750–1813）を説得し、モーツァルトの編曲によるヘンデルの《メサイア》をハレで初演することに成功した[138]。それを契機に翌年も《メサイア》が再演され、その後はオラトリオ《ユダス・マカベウス *Judas Makkabäus*》も演奏された。この史実は一般的にはあまり知られていないが、ハレにおけるヘンデル・ルネサンスと呼ばれている[139]。

このような演奏活動のほかには、一七八五年にパレストリーナとヘンデルの楽譜を復刻することによって、彼らの作品を世の中に普及させようと努力した[140]。ライヒャルトはオリジナルの作品をほかの演奏形態にアレンジしたり、近代的な手法で編曲したりすることに反対であったので、原曲に極めて忠実な復刻版を作成している。それゆえに、ライヒャルト版は古楽の研究において重要性のあるものになった。また、既述のように、彼自身が編集し執筆していた音楽雑誌や新聞などで、イタリアの古楽やヘンデル、バッハの楽譜を掲載し、それに解説をつけて紹介した。中でも、彼の『音楽芸術雑誌』は音楽家のみならず、幅広い世代の知識人たちに愛読されて、ジャン・パウルやヴァッケンローダー、ホフマンらの宗教音楽観にも影響を与えている。

さて、作曲家としてのライヒャルトは宗教的な音楽を数多く書いたが、厳密な意味での「教会音楽」は一つも作曲していないと言える。なぜなら、彼は常に「自由な精神の持ち主」であり続けようとして、決して特定の宗派や教団などに属さなかったからである。[141] 彼の母親は大変信心深く、敬虔主義者のニーコラウス・フォン・ツィンツェンドルフ伯爵（Nikolaus von Zinzendorf, 1700–1760）が設立したヘルンフート同胞教会の活動に、積極的に参加していた。一七五六年に始まった七年戦争に、ライヒャルトの父親が軍楽隊のオーボエ奏者として出かけたため、母親は四年間何の支援もないまま、五人の子供たちを貧困から守らなければならなかった。こうした苦境に直面し、彼女はますますヘルンフート同胞教会との関係を密にしたという。[142] ライヒャルトは、敬虔主義の影響下にあったハーマンやクロイツフェルトと親交を結び、積極的な勧誘を受けたにもかかわらず、彼自身が敬虔主義に傾倒することはなかった。ライヒャルトは職探しの旅の途中で、一七七三年にヘルンフートの町を訪れているが、クロイツフェルトに宛てた手紙で、「この教義がなくても私がまだ良き人間であり、神に愛される存在であり、それゆえにキリスト教徒であり得る間は、もし世界がすべてヘルンフート派になっても、私はそれに染まらないでしょう」と書いている。[143] また、神秘主義はライヒャルトにとって、ただ上辺だけの雰囲気的な体験でしかなく、カトリック教会は明らかに彼の嫌悪の対象であった。そしてフリーメーソンに対しても、友人の多く（たとえばクラウディウスやヘルダー、フォス、シラーなど）がロッジの会員で、自身もこの秘密結社のために歌を書いたこともあったが、彼は拒絶的な態度を示していた。[144]

若きライヒャルトはとりわけベルリン社会の影響で、合理的、批判的精神に基づいた啓蒙思想に非常に強く結びついていたので、キリスト教会の伝統的権威や旧来の思想を謙虚に受け容れることができなかった。彼は宗教団体に限らず、政治的クラブなど特定の集団に所属することを徹底して拒絶した。彼によれば、「自由に考え、判断すること」は人間の尊厳に属していて、あらゆる点で独立した見解を持つことは、理知的な人間の放棄できない特権であった(145)。つまりライヒャルトは、何ものからも束縛されることなく己の人生を貫き、完全に「自由な精神の持ち主」であり続けたかったのである。ただし、ライヒャルトが完全な無神論者であったわけではない(146)。宗教的な根源現象は常に彼の身近に存在し、時折そうした宗教的感動から創作がなされた。彼は永遠の生を信じ、自ら作曲した音楽作品の中で神の崇高さを賞賛している。そして、何よりもパレストリーナからレオに至る一連のア・カペラ音楽は彼を虜にし、イタリアやドイツのルネサンス期の宗教画や、ストラスブールの大聖堂などの宗教的空間も、彼の心をとらえて離さなかった(147)。しかし、それは優れた芸術作品に接した時の感動的で個人的な心の動きと同じであって、本来の礼拝や信仰との結びつきとは関係なかった。既述のとおり、パレストリーナ・ルネサンスはライヒャルトとともに始まるとも言えるが、その始まりは彼の篤い信仰からではなく、優れた芸術に対するごく個人的な感動体験によるものであったことになる。

このようにライヒャルトは特定の宗派に結びつくことを拒んだので、宗教音楽を教会以外の場所で聴くことも厭わず、作曲する場合も、オラトリオなどの比較的大きな規模の宗教作品は、神聖な礼拝堂よりも、むしろ空間の広さを重視したコンサートホールやオペラハウスで演奏するために書いた。たとえば、一七八三年に彼はメタスタージオのイタリア語台本によるオラトリオ《イエス・キリストの受難 *La Passione di Gesù Cristo*》を作曲しているが、規模が大きく教会では演奏できなかったため、一七八三年四月十五日と一七八四年四月八日の「コンセール・スピリテュエル」で自らの指揮により披露した(148)。この作品は、一七八五年に訪れたロンドンやパリでも演奏されたが、特にロンドンでは大成功を収め、それを契機に彼を次期宮廷作曲家に迎え入れようという話も持ち上がったほどである。[149] また、一七八六年に国王フリードリヒ・ヴィルヘルム二世のために作曲した《テ・デウム *Te Deum laudamus*》は、一七八九年十二月二十日にベルリン大聖堂で初演されたが、[150] これも独唱と二重合唱、オーケストラのために書いた大規模な曲で、彼の非教会的な考え方を明白に示している。

そのほかにも、宮廷楽団やベルリン・ジングアカデミーなどの合唱愛好家団体のために書いたモテットや詩篇などがあるが、ザルメンによれば、音楽作品としてはオーケストラ伴奏つきのカンタータや合唱オードのほうに重要性があるという。[151] 一七八四年にはカンタータ《救世主の勝利 *Sieg des Messias*》が、メクレンブルク＝シュヴェリーン公フリードリヒ（Friedrich, 1717–1785）のために作曲された。フリードリヒ公は七年戦争以降、倹約と敬虔主義に基づいた政治を行ない、祝祭カンタータやオペラ、演劇の上演などをすべて禁止していた。その代わりにルートヴィヒスルストの町で、パリの「コンセール・スピリテュエル」などを手本とした教会音楽の演奏会を開催して、一般に公開した。ライヒャルトは《救世主の勝利》のほかに、《詩篇六五篇 *Der 65. Psalm*》もフリードリヒ公のために書いているが、この二つの作品はルートヴィヒスルストの演奏会のレパートリーとなった。[152] 同年に、クラウディウスのテキストによる《クリスマス・カンティレーネ *Weihnachts-Cantilene*》も作曲された。[153] ライヒャルトは対位法を人工的で不自然であり、避けるべきものと考えていたため、[154] 彼の合唱曲はリートのように楽節構造の明確な、和声法的な音楽であった。この曲でもフーガよりも素朴な表現的旋律法を重視し、全体的にポリフォニーの流れるような動きはない。

ライヒャルトは一七八五年に訪れたロンドンでヘンデルの音楽に大変感銘を受けて、一時対位法への拒絶的態度を緩和し、《ヘンデルに捧げるカンタータ》を作曲した。ヘンデルのスタイルで作られたこの英語のカンタータは、前出の《イエス・キリストの受難》とともに当時のプロイセン王太子（のちの国王フリードリヒ・ヴィルヘルム二世）に献呈された。[155] 一七八六年にフリードリヒ大王が他界すると、ライヒャルトは、新王フリードリヒ・

ヴィルヘルム二世から引き続き宮廷楽長に任命され、《フリードリヒ大王のための追悼カンタータ *Trauercantate auf den Tod Friedrichs des Großen*》の作曲の依頼を受けた。新王は彼の作品や上演に大変満足し、彼はこのカンタータで大成功を収めた。フリードリヒ・ヴィルヘルム二世は先王とは異なり、ライヒャルトに芸術家としての自由を与えたため、彼のこの作品での成功は、ベルリンの音楽文化における古い時代の終焉と新しい時代への移行を象徴する出来事となった。[156]

その後しばらく、宗教音楽は作曲されなかったが、比較的長い中断ののちに作られたのが晩年の作品群である。これは、一八〇五年以降に作曲されたゲーテやシラーの詩によるリートと並んで、ライヒャルトの円熟期の作品となる。一八〇八年のカンタータ《ミルトンの朝の歌 *Miltons Morgengesang*》はクロプシュトックのテキストによるもので、ライヒャルトがカッセルの宮廷劇場の総支配人を務めていた時に作曲したものである。《フリードリヒ大王のための追悼カンタータ》とともに、彼の宗教曲を代表する作品と言える。[157] 部分的にハイドンの後期オラトリオに近い印象を与えるこの曲は、ベルリン・ジングアカデミーと創立者ファッシュのために書かれている。[158] ファッシュの後継者のツェルターの手紙によると、一八二一年八月二十八日には、ジングアカデミーがこの曲を演奏してゲーテの誕生日を祝ったという。[159] さらに、ライヒャルトの死後一四年が経った一八二八年にもなお、《ミルトンの朝の歌》は、この合唱団の年間のレパートリーになっている。[160] また、ツェルターの弟子であり、ジ

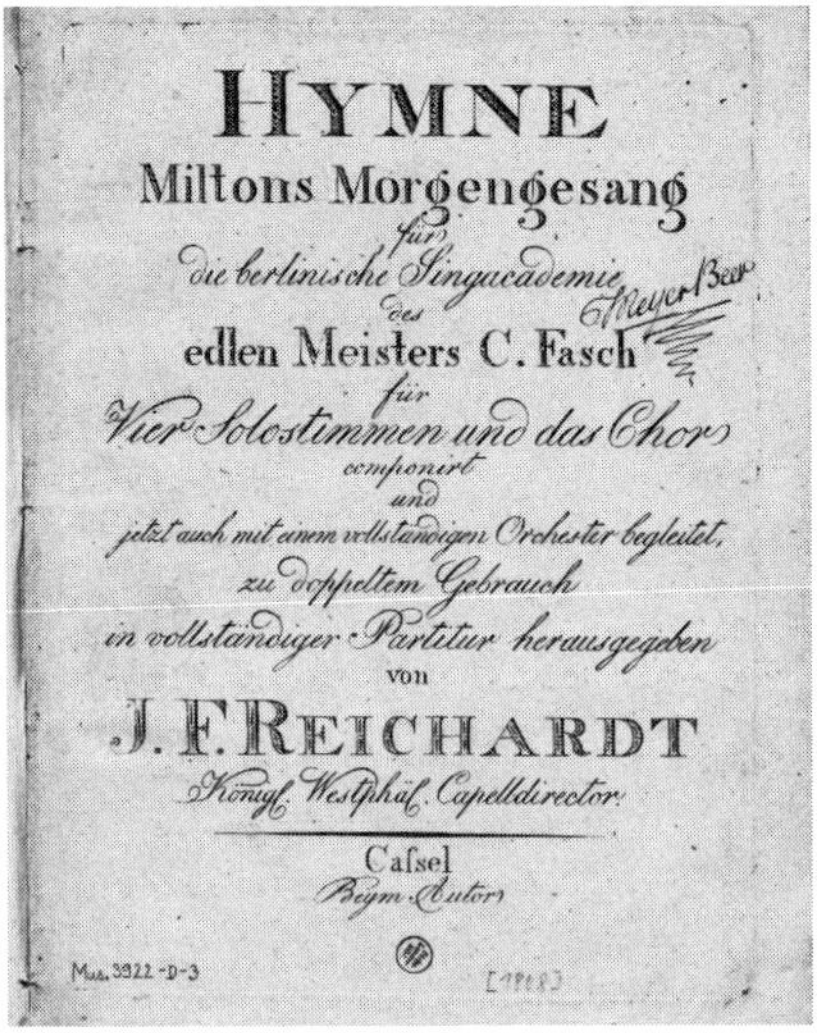

【図 18】ライヒャルトのカンタータ《ミルトンの朝の歌》の表紙

ングアカデミーとも関係の深かったメンデルスゾーンは、ライヒャルトを「心の気高い人」として尊敬していた。彼はデュッセルドルフ市の音楽監督を務めていた時に、ニーダーライン音楽祭で《ミルトンの朝の歌》を演奏しようと一八三三年の末から計画し、一八三五年六月七日と八日に実現している。そして一八三五年四月三日の父親宛ての手紙には、次のように書いている。

> （こちらのオーケストラや歌手で演奏できるように編曲しているうちに）私は、この作品を改めて非常に好きになりました。特に、星や月、四大が歌われている曲や最終曲が素晴らしいです。「そしてこの闇の中で我々が邪悪の心を起こしたなら Und schlich in dieser Nacht was Böses sich vielleicht in unser Herz」という歌詞の部分などは、とてもロマン的で詩情豊かになっていき、その都度改めて私を感動させ嬉しい気分にさせます。ですから、このように心の気高い人のために功績を立てられることは、私にとって喜びです。[161]（括弧内筆者）

一八一〇年の《プロイセンのルイーゼ王妃のための追悼カンタータ *Cantate auf den Tod der Königin Luise von Preußen*》は、C. ブレンターノの書いたテキストによるものである。[162] ルイーゼ王妃は、ライヒャルトを宮廷楽長として雇用した、三人目の国王フリードリヒ・ヴィルヘルム三世の妻で、音楽に大変関心を持ち、ライヒャルトのもとで声楽を学んでいた。彼女は、一八〇六年のイェーナ＝アウアーシュテットの戦いで大敗を喫したプロイセンのために、ナポレオンに直接交渉した愛国の王妃として、絶大な人気と尊敬を集めていたが、一八一〇年に肺炎のために亡くなった。かつてライヒャルトは、フランス革命の思想に理解を示し、宮廷を追われたこともあったが、フリードリヒ・ヴィルヘルム三世夫妻の人間的な温かさに触れ、また、ライヒャルト自身もナポレオン軍による追撃を受けて、彼の中から革命的な思想はすっかり消えてしまった。[163] ヴィルヘルム・ドーロによれば、この曲でライヒャルトは「芸術家の高貴な荘厳さ」を示し、プロイセンへの「愛国心」を披瀝したという[164]。ブレンターノとの共同制作によるものは、《一八一〇年十月十五日のベルリン大学落成式のためのカンタータ *Cantate auf die Einweihung der Berliner Universität am 15. Oktober 1810*》もあるが、この曲の楽譜は消失してしまった[165]。クロプシュトックのオードによる《新世紀 *Das neue Jahrhundert*》（一八一四年）は、ライヒャルトの白鳥の歌となったが、この作品には新世紀への憧れと国家の復興と新生、そして自由と平和への願いが込められている。ザルメンによれば、このオードでは「高貴な単純性」へ向かっての最後の躍進が見られ、世俗性と宗教性の別が止揚されているようであり、愛国的情熱と宗教的感動が同等に際立っているという[166]。

ライヒャルトの宗教音楽では、彼が「真の教会音楽」の模範とみなしたイタリアやドイツの過去の音楽をそのまま模倣しようとはしておらず、リートやジングシュピールの場合と同様に、詩の言葉の持つリズムや親しみやすいメロディ、響きの美しい和声が重視されている点が特徴である。対位法の使用は必要最低限に抑えられており、言葉が一つ一つ聞き取りやすい。彼はパレストリーナやバッハを、対位法ではなく和声の大家とみなし、ヘンデルの音楽に「高貴な単純性」を見出したが、彼の宗教音楽はそれらの理想を具現した一つのスタイルを成している。また、メンデルスゾーンが彼の《ミルトンの朝の歌》を「ロマン的」であると捉えた点も特筆に値する。第二章第三節で考察したように、ライヒャルトの作品を「ロマン的」とするか否かは、当時の人々の間でも見解が大きく分かれていた。

このようにライヒャルトは、宗教音楽の分野において、作曲家としても作品を多数書くことで貢献したが、後世への影響力という観点から考えれば、音楽評論家やジャーナリスト、教育家、そして演奏家として古楽の保護育成のために活動することにより、一層大きな功績を残している。なぜなら、「真の教会音楽」に関する彼の主張は、数十年の時を経て広く一般に浸透し、そのひたむきな努力は彼の死後にようやく結実することになるからである。

第三節　ライヒャルトの与えた影響について

(1)　ヴァッケンローダーの宗教音楽観と「ベルクリンガー」像

ヴァッケンローダーの音楽思想は、先行研究においては、ゲッティンゲンの音楽学者フォルケルの感化を受けているとみなされることが多いが[167]、これまで論述してきたことからも明白なように、フォルケルは様々な点でライヒャルトと対立する見解を持った音楽家であり、ヴァッケンローダーはむしろライヒャルトと親しく交流していた。それゆえに第1項ではこの点を考慮しつつ、ヴァッケンローダーの音楽観が、いかなる環境下で形成されたのか考察したい。

またそれと同時に、ヴァッケンローダーの音楽家小説の主人公「ヨーゼフ・ベルクリンガー」についても注目する。『芸術を愛する一修道僧の心情の吐露』に収められた『音楽家ヨーゼフ・ベルクリンガーの数奇な音楽人生 *Das merkwürdige musikalische Leben des Tonkünstlers Joseph Berglinger*』は、音楽家小説の嚆矢とも言えるものである。ベルクリンガーの後には、ホフマンの楽長クライスラーやフランツ・グリルパルツァー(Franz Grillparzer, 1791–1872)のウィーンの辻音楽師、トーマス・マン(Thomas Mann, 1875–1955)の『ファウスト博士 *Doktor Faustus*』の作曲家レーヴァーキューンなどが続く[168]。ヴァッケンローダーが創造したベルクリンガーという人物は、作者自身の精神的自画像とも言うべき性格を多く持っていて、夭折するという点に関しても、まるで自己の人生を予言したかのようであると言われている[169]。その一方で、この内的分裂の問題を抱えた芸術家像は、ここでは、モーリッツの『アントーン・ライザー *Anton Reiser*』の主人公と極めて類似しているという見解もあるが、この作品とライヒャルトの関係性について指摘したいと思う。

ヴァッケンローダーの音楽観の特徴は、非常に宗教的であるという点にある。『ベルクリンガーの数奇な音楽人生』では、重要な場面で必ず宗教音楽が流れている。ベルクリンガーは、教会で聴いたオラトリオやカンティレーネにとりわけ感銘を受けて、音楽家の道を志すことになり、楽長となった彼が悲運の最期を遂げるのも、自作の受難曲を復活祭に熱演して間もなくのことであった。[170] また、ベルクリンガーが初めて聴いた音楽であり、忘れられない「非常に魅力的で心を打つ歌詞」として、カトリックの聖歌である《悲しみの聖母》の一部も引用されている。[171] しかも、ベルクリンガーは宗教とは無関係の、世俗音楽の演奏会においても、「まるで教会にいるかのように、まさに敬虔の念を持ちつつ耳を傾けて」いる。[172] それは、作品そのものが宗教のために書かれたか否かにかかわらず、ベルクリンガー、すなわちヴァッケンローダーにとって、あらゆる音楽は神聖なものであったからである。そもそも芸術は、魂の内奥にある神秘的で秘密めいた「幽暗な感情」を、象徴的に描写するものであり、しかも一個人の手による創作ではなく、「超人間的な方法で」神の御手が働くものである。[173] すなわち芸術は「天にその源泉を持っている」ために、芸術の中の芸術である音楽は、どのような種類のものであっても神聖であり、音楽の演奏される場所は教会に等しく、「敬虔な気持ち」で鑑賞することになるのである。[174] ヴァッケンローダーのこのような宗教的な音楽観は、ライヒャルトとも共通するが、とりわけホフマンの思想に影響を与えたという点でも重要である。

また、『芸術の友のための芸術幻想』における小論『あらゆる

【図19】ヴィルヘルム・ハインリヒ・ヴァッケンローダー

芸術の様々な分野について、また特に教会音楽の様々な種類について *Von den verschiedenen Gattungen in jeder Kunst, und insbesondre von verschiedenen Arten der Kirchenmusik*』から、ヴァッケンローダーにとって教会音楽は、「それ以外のすべての種類の音楽を忘れさせてしまう」ほどに、「最も心を奪われる」ものであったことが分かる。[175] 神に捧げられているという理由から「宗教音楽は言うまでもなく、この上なく優れた高貴な音楽である」。また、同様に神に捧げられた詩や絵画も畏敬されるべきであるが、この三つの芸術の中で、音楽が「一番大胆不敵」であるという。なぜなら「音楽の女神は、聞き慣れない翻訳不可能な言葉で、つまり大きな音や激しい動き、変化し続ける様々な音程の和声的調和によって、天の事柄について話す勇気を持っているから」である。[176]

さらにヴァッケンローダーは宗教音楽を次の三種類に分けて考えている。一種類目は、「単純で明朗な」、あるいは「優美で美しいハーモニーで」神の偉大さを称え、その歌詞は「生き生きと丁寧に語られた多くの言葉」から成り、「極めて頻繁に好んで歌われるもの」である。[177] 明言されてはいないが、これは賛美歌を意味しているのであろう。彼が賛美歌を宗教音楽の主要な一分野として挙げたのは、ヘルダーの見解を意識したと推測される。ヘルダーは、ルターと同様に歌によって神を賛美することを重視し、「聖なる音楽の極めて根本的な土台は、恐らく神を賞賛する歌、すなわち賛美歌である」と主張している。[178] 二種類目は、「崇高な種類のもの」であり、「わずかに神に選ばれた独創性を持つ人だけのもの」である。「彼らは、非常に多くの音を素晴らしい色として用いて、偉大なものや崇高なもの、神々しいものを耳のために描く」。その音楽では、「豊かな合唱の歌声」が情熱的に豪華に鳴り響き、「音の大きい、誇らしげなトランペットの響き」が神の偉大さを告げ知らせる。[179] 器楽を伴う合唱曲であることから、恐らくヴァッケンローダーは、比較的規模の大きいミサ曲やオラトリオ、カンタータなどを想定していると思われる。三種類目は、「物静かで謙虚で、いつも悔悛する心を持つ人々」、「世俗的な快活な旋律で神に語りかけるのは敬虔さが足りないと考える人々」、「神の完全な荘厳さを、大胆にも自分たち人間の営みに取り入れることを、傲慢で向こう見ずであると思う人々」のための音楽である。それは「賛美歌に似た古い教会音楽」であり、「ゆっくりと深い音の響き」を持ち、和音の変化もゆったりとしていて、極めて単純な隣り合う和音への移動にとどまっているという。[180]改悛詩篇の一部も引用されていることから、イタリア・ルネサンス期以降のア・カペラの教会音楽を意味していると思われる。[181]このようにヴァッケンローダーは教会音楽を三種に分類しているが、いずれの形式も高く評価しようというのが彼の考え方である。

次に、ヴァッケンローダーがなぜ教会音楽に強い関心を示し、宗教的な音楽観を抱くに至ったか、その理由を考察したいと思う。ギムナジウム時代から彼に音楽を教えていた人物が、ベルリン・ジングアカデミーを創立したファッシュであったことも、当然のことながら一因と考えられるであろう。ヴァッケンローダーは、のちにジングアカデミーの指導者になるツェルターとも親交があった。[182]また、一七九三年の春にはエアランゲンで学生生活を開始し、学業のかたわらティークとともに古い中世都市のバンベルクやニュルンベルクなどを訪れている。この旅で彼らがデューラーの絵画に興味を持ち、さらにドイツの中世に深い憧憬を抱くようになったことはよく知られている。ヴァッケンローダーは、それまで縁のなかったカトリックの神秘に心打たれ、七月十三日にバンベルクでカトリックの荘厳ミサにも参加している。[183]

ヴァッケンローダーは一七九三年の秋から一年間はゲッティンゲン大学で学んでいるが、その間に、フォルケルの『音楽通史 *Allgemeine Geschichte der Musik*』第一巻（一七八八年）とキルンベルガーの『純粋作曲技法』を図書館で借りて、研究していたことが分かっている。フォルケルは、当時ゲッティンゲン大学の音楽監督、並びにオルガン奏者を務めていた。従来の研究では、ヴァッケンローダーがフォルケルのもとで音楽を学び、彼の思想に素直に従ったという説もある。たしかに、ヴァッケンローダーはまだベルリンにいたころから、フォルケル自身や彼の書物に興味を示し、一七九二年十一月十七日には、すでにゲッティンゲンにいたティークに宛てて、「優れた音楽批評家のフォルケル教授と知り合うようなことがあったら、彼について教えてくれないか。［……］彼は僕にとって興味深い人です」と書いている。[184] しかし、そもそもヴァッケンローダーがフォルケルに関心を持ったのは、ライヒャルトが同年の『月刊音楽誌』で三回にわたり、フォルケルの『音楽通史』第一巻に対して論評を加え、その見解を批判したからである。[185] また、ティークは手紙でフォルケルについて、「良き趣味の持ち主かどうか大変疑わしい」し、「とても低級に見える」と伝え、ヴァッケンローダーをたびたび失望させている。[186] それゆえ、ヴァッケンローダーがゲッティンゲン大学時代に、実際にフォルケルの指導を受けた可能性は極めて低いと考えられる。

フォルケルは『音楽通史』で、「音楽は我々の感情の表現」であり、「芸術の第一のねらいは、共鳴する感覚や感情を呼び起こすことである」と書いていて、[187] 先行研究では、この点がヴァッケンローダーの思想に受け継がれたとみなされている。[188] しかし、フォルケルの主張する感情とは、バロック音楽におけるような類型化された「情緒」のことである。この「情緒」とは、人間の様々な気持ちを客観的に対象化したもの、すなわち共同体的地盤を前提にした心情のことを意味している。それに対して、ヴァッケンローダーの言う感情とは個人的で主観的な心の動きや気分であり、魂の内奥にある神秘的で秘密めいた「幽暗な感情」であった。[189] そして、この筆舌に尽くしがたい「幽暗な感情」を表現するのに最も適した芸術が、彼にとっては音楽であったのである。つまり、フォルケルにとっての「情緒」とヴァッケンローダーにとっての「感情」は、全く別種のものであり、両者はともに「音楽は我々の感情の表現である」と主張しているものの、その見解には大きな差異があると言える。それゆえ、ヴァッケンローダーはこの『音楽通史』を批判的な気持ちで読んだであろうし、この点に関しては、むしろモーリッツやライヒャルトから多くを学んだと考えられる。ライヒャルトが一七九二年の『月刊音楽誌』で示した見解には、ヴァッケンローダーの音楽観との類似性が見出せる。[190] また、『音楽通史』とともに図書館で借りたキルンベルガーの『純粋作曲技法』にも、ヴァッケンローダーは関心を持てなかったに違いない。J．S．バッハの献身的な弟子であったキルンベルガーは、ドイツの対位法における厳格な伝統を支持し、ロココやシュトゥルム・ウント・ドラングといった新しい潮流から、盛期バロックの遺産を守ろうとした。[191]『純粋作曲技法』は和声学上重要な書であるが、ヴァッケンローダーにとって作曲上の細々とした規則は、自由な感情の表出を妨げる束縛としか考えられなかった。彼は対位法を単なる「数学上の法則」、「危な気な骨組と檻」とみなしている。[192]

このように様々な体験を経て、ヴァッケンローダーの宗教的な音楽観は形成されたが、ローゼ・カーントも指摘するように、「ヴァッケンローダーに影響を与えた一番重要な作曲家はライヒャルト」であった。[193]ライヒャルトは自分の息子と同い年のヴァッケンローダーを可愛がり、『心情の吐露』を出版する手助けをしたが、それだけでなく、彼の著書や音楽思想もヴァッケンローダーにとって良い刺激となった。ライヒャルトの書物の中で最も影響力のあったものは、『音楽芸術雑誌の精神 *Geist des musikalischen Kunstmagazins*』であった。これは、彼が『音楽芸術雑誌』の第一巻（一七八二年）と第二巻（一七九一年）の主要項目だけをまとめて、一七九一年に改めて出版したものである。この『音楽芸術雑誌の精神』は、北ドイツで多く書かれていた従来の音楽理論や音楽実践のための専門書とは異なり、学問的に系統立てて記述する方法ではなく、音楽の根本問題に対する著者の基本姿勢を、テーマ別に分けて読者に示そうとした点が新鮮であった。このような表現形式をヴァッケンローダーも自作に取り入れており、『芸術幻想』では「器楽」や「教会音楽」、「音楽全般」など、ライヒャルトと共通するテーマも扱っている。[194]

また、彼らには宗教音楽に関する考え方においても類似性が見られる。本章第二節第1項で考察したように、ライヒャルトは音楽を「天からの贈り物」とし、「真の教会音楽は音楽の最高の目的である」と考えていたが、[195]ヴァッケンローダーも「宗教音楽は言うまでもなく、この上なく優れた高貴な音楽」とみなしており、両者の音楽観は近似していると言える。[196] また、ライヒャルトは、宗教音楽によって敬虔な心が刺激され、世俗的な日常から解放されること、「我々自身を越えて、予期できないほど高揚する感情」を、宗教音楽の本来の目的と主張しているが、[197] この点でもヴァッケンローダーの意見と一致している。彼の描いた音楽家ベルクリンガーは、教会音楽を聴いて「突然、魂に大きな翼が広がって不毛の荒野から助け上げられ、どんよりした雲の幕が目の前から消え去り、自分が明るい天に舞い上がるような」感じを体験している。そしてこの「霊妙な熱狂的信心」と「この世の低俗な惨めさ」との闘いが彼を苦悩させるのである。[198]

両者の見解の相違は、ライヒャルトの場合、当時の新しい宗教音楽の衰退を嘆き、過去の音楽に「真の教会音楽」を求めたのに対して、ヴァッケンローダーにはそのような現状批判は見られない点である。ライヒャルトにとって「真の教会音楽」とは、パレストリーナらによるイタリアの古楽やヘンデルのオラトリオなどであったが、ウィーン古典派による交響ミサ曲やオラトリオに関しては、その評価に慎重な態度を示していた。それに対して、ヴァッケンローダーは様々な形式の教会音楽を、すべて容認しようとしている。ただし、ヴァッケンローダーが器楽を用いる比較的大規模な宗教曲を容認しているとはいえ、夭逝した彼が、どの程度まで新しい宗教音楽を知っていたか不明である。なぜなら、彼は音楽の知識があったにもかかわらず、具体的な作曲者名や曲名の記載を一切避けているからである。恐らくバッハの宗教音楽はほとんど知らなかったと思われるが、[199] もしバンベルクのミサなどで体験した音楽が古典派による交響曲的なものであったならば、彼の音楽観はホフマンにも繋がる非常に斬新な考え方であったと言える。また、もしその音楽がバロック期の教会音楽にとどまっているのであれば、ライヒャルトの価値観と本質的に大差はないということになるであろう。説明を補足するならば、ヴァッケンローダーと行動をともにしていたティークは、ライヒャルトと同様に、ウィーン古典派による交響ミサ曲やオラトリオを「真の教会音楽」とみなすことに反対する態度を貫き、その価値を認めようとしたホフマンと意見が対立した。[200]

さて、次に「ベルクリンガー」像とライヒャルトの共通点について論じたいと思う。ライヒャルトが若いころに著し、未完に終わった自伝的教養小説『のちにグリエルモ・エンリコ・フィオリーノと呼ばれる有名な作曲家ハインリヒ・ヴィルヘルム・グルデンの生涯』では、音楽と音楽家が社会的に低い価値しか与えられていないことに苦悩する、主人公の姿が描写されている。[201] そして、このテーマは、ヴァッケンローダーの『ベルクリンガーの数奇な音楽人生』においても重視されているが、ここではこの自伝的教養小説ではなく、ライヒャルト自身の音楽家としての経験とベルクリンガーのそれを比較してみたい。[202]

ヴァッケンローダーの音楽家小説では、貧しい青年ベルクリンガーが父親の反対を押し切って音楽家を目指し、楽長にまで上り詰めるが、芸術の理想と現実社会における音楽の価値の低さという両者の落差に悩み、しまいには身の破滅を招く。もちろん、ライヒャルトは主人公ベルクリンガーとは性格も異なり、父親の反対を押し切って楽長になったわけではない。しかし、彼の一七七三年二月十三日付けのクロイツフェルトに宛てて書かれた手紙からも分かるように、音楽家としての彼は「分別がなく悪趣味であることの多い上流階級のわがままに」服従させられていることを嘆き、「私が心底から敬愛している非常に価値の高い芸術を、私の雇い主の気に入るようにして社交の楽しみのために空しく演奏」するならば、「芸術と私自身を娯楽の手段へと貶める」ことになると考えていた。[203] 既述のとおり、ライヒャルトはフリードリヒ大王時代の宮廷楽長の仕事には、芸術家として到底満足できなかったため、リートやジングシュピールなどの作曲や音楽批評活動に専念することにより、宮廷外に生きがいを探し求めた。独立した音楽家への強い憧れの気持ちを抱き、宮廷での正装でもある鬘をつけなかったことも彼の反骨精神の表れである。[204] また、一七九〇年にはカントの『判断力批判』に没頭し、音楽は一般に、「文化というよりも娯楽」に過ぎないとみなされているという厳しい現実を再確認している。しかしそれと同時に、カントの美学をもとに、批評家として音楽の美的価値の向上のために一層尽力することを宣言している。[205] つまり、上流階級の娯楽でしかない音楽を、文化に引き上げるために努力することを誓ったのである。そしてその翌年には一五年務めた仕事場を離れて、ギービヒェンシュタインへ移る準備を始めている。ヴァッケンローダーがライヒャルトと知り合ったのは一七八九年ごろであり、ライヒャルトが主人公のベルクリンガーと同様に、音楽の現実と理想の齟齬に思い悩んでいた時期であった。しかも、一七九四年にライヒャルトは宮廷楽長の任を突然解かれ、世の辛酸を嘗めている。[206]

楽長になったベルクリンガーは決して幸福ではなかった。音楽を創造するには、「すべての旋律が［……］逃れられないただ一つの数学上の法則に基づいている」ことを知り、「作曲法の危な気な骨組と檻の中を、あちこちよじ登ることを初めに覚えなければならなかった」。[207] 職場では音楽以外のこと、すなわち「あらゆる忌まわしい嫉妬や陰険な態度、あらゆる不快で堅苦しい礼儀作法や人あしらい、宮廷の意志への芸術のあらゆる服従」に煩わされ、挙句の果てに「芸術家は単なる微力な道具に過ぎない」のか、また、「芸術は現実のこの世の生活では、トランプ遊びやその他のあらゆる気晴らしと同じような役割しか果たさない」のかと落ち込んだ。そして、最終的に彼は「この文化をすべて放棄して、スイスの素朴な羊飼いのいる山地へ遁走し、どこにいても郷愁を覚えるアルプスの歌を、羊飼いとともに奏でたい」と考えるに至る。[208] これはまさしく当時のライヒャルトの境遇そのままである。数学が苦手であったために対位法を嫌ったライヒャルトは、[209] 完全にポリフォニーから離れて、宮廷ではフリードリヒ大王をはじめとするあらゆる嫌がらせに耐え、それでもなお音楽は娯楽でしかないのかということを再認識し、ギービヒェンシュタインへと遁走するのである。

ただ、ベルクリンガーと大きく違うのは、芸術における創作と享受のどちらが自分に適していたかという点では苦しまず、この苦悩によって自滅せずに済んだことである。ライヒャルトは音楽の現実と理想の問題を自分の音楽作品の質を上げること、さらに音楽批評によって周囲を教育し、芸術としての音楽の質を上げることで解決しようとしている。恐らくベルクリンガーの悩みは、音楽家になるべきか迷っていたヴァッケンローダー自身の心境の表れであり、自滅という結末は彼のロマン主義的想像力が作り出したものであると考えられる。つまり、ライヒャルトはベルクリンガーそのものではないにせよ、彼の活動と心の履歴がかなり投影されて作り上げられた人物像であるとは言えないだろうか。

(2) ホフマンの宗教音楽観と古楽の保護活動

第2項では、ホフマンの宗教音楽観に着目し、彼が「真の教会音楽」をめぐる論争において果たした役割を明らかにする。古楽の保護活動に対するホフマンの姿勢は、大いにライヒャルトの感化を受けていると考えられるため、両者の見解の共通性にも関心を向けながら考察を進めたい。

ホフマンにとって、音楽ほど人間の内面を精神化することによって生じる芸術、ひたすら純粋に精神的で大気のように霊妙な表現方法を必要としている芸術はほかになかった。彼は、「音楽というものは、その内面的で独特な本質からすれば宗教的な礼賛にほかならず、音楽の起源は宗教にしか、教会にしか探し出せない」と述べている。(210) ロマン主義の芸術観の特徴の一つとして、あらゆる芸術の根源を宗教に求め、さらに芸術の中の芸術を音楽とみなす考え方があるが、まさしくホフマンの音楽観もその傾向を示している。また彼は、古代の異教世界と近代のキリスト教世界における音楽について、次のように考えている。古代にも音楽と絵画の二つの芸術は一応存在していたが、彫刻の支配力に圧倒されていた。絵画の面では遠近法も色彩法もなく、音楽の面では旋律も和声も知られておらず、存在していたのは正確なリズムのみであった。(211) キリスト教世界では、異教世界で十分に伸びることのできなかった音楽と絵画の芸術の芽が、見事に生長し開花して、たくさんの実をつけることになった。

しかし、ホフマンにとっては、古代の異教世界の音楽と同様に、キリスト教初期のアンブロジオ聖歌[212]やグレゴリオ聖歌もリズム的であり、和声と旋律の要素がないゆえに興味の対象とはならず、そのほかの中世の多声宗教音楽も、次のルネサンス期の宗教音楽を準備する一つの段階にほかならなかった[213]。それゆえ、彼は「パレストリーナとともに、教会音楽の最も盛んな時代が始まると言っても異論はない」と断言している[214]。

このように音楽を近代のキリスト教世界の所産とみなす見解は、十九世紀初頭のロマン主義の芸術観において見られるものである。既述のとおり、A.W.シュレーゲルは一八〇一年から一八〇四年にかけてベルリンで行なった「文芸と芸術に関する講義」や、一八〇八年の春にウィーンで行なった「演劇芸術と文学に関する講義」で、同様の考えを示しており[215]、ライヒャルトの音楽観に影響を与えている。ライヒャルトも最終的には宗教性の強いロマン主義的な音楽観を抱くに至り、一八〇九年の『ウィーンへの旅路で書かれた私信』では、「音楽の起源と本質は全く精神的で宗教的でロマン的であり」、「古代人たちはそれ（近代的な音楽）を知らなかったし、それどころか全く思いつきもしなかった」（括弧内筆者）と述べている[216]。つまり、ホフマンとライヒャルトは、音楽の起源を宗教と捉えた点、宗教音楽の歴史がルネサンス期のパレストリーナらによる「和声的」教会音楽から始まると考えた点で、一致するのである。

今日では一般的に、卓越したポリフォニーの名手として知られるパレストリーナは、ライヒャルトと同様にホフマンにとっても、大胆に和音を操る和声の大家であった[217]。ホフマンによると、パレストリーナの音楽では協和音が実に効果的に使われていて、聴く人の感情がえも言われぬ力にとらえられ、極めて崇高なものへと高められるという[218]。パレストリーナの音楽におけるその他の長所は、無駄な転調がないだけではなく、メロディの無理な跳躍や世俗的な装飾などを寄せつけようとしない「偉大で、高貴な単純さを持つ様式」にあった[219]。なぜなら、こうした単純性が保たれなければ、教会の高い丸天井に音の響きが残り、速度が速くなればなるほど音同士が重なり合って、全体が不明瞭で聴き取りにくくなるためである。[220] ホフマンにとってパレストリーナは教会音楽の「マイスター」であり、その高貴にして威厳に満ちた簡素な様式は、最も望ましいものであった。[221] またホフマンは、パレストリーナのみならず、イタリアにおける後継者たちの教会音楽も、真に神聖で一貫性の保たれた様式ゆえに理想的なものとみなした。彼のこのような考え方は、まさしくライヒャルトの見解と一致している。ホフマンは一八一四年版の『新旧の教会音楽 *Alte und neue Kirchenmusik*』[222] で、ライヒャルトの『音楽芸術雑誌』に掲載されたパレストリーナの楽譜について言及しているため、彼がライヒャルトの意見を参考にしていたことは明白である。[223]

　ホフマンは、J. S. バッハやヘンデル、ハッセを「信仰や愛の力で内面が強化されている神聖なグループの一員」と考えている。[224] つまり、ドイツの過去の優れた音楽家たちも、明らかにパレストリーナなどの作曲家たちとは別の集団に属しているが、敬虔な信仰心ゆえに教会音楽の「マイスター」であり得たのである。ホフマンは、バッハの作品に触れるたびに内なる恐怖や戦慄に襲われると表現しているが、[225] このことは彼がバッハの芸術を真の「ロマン的」音楽に値するものとみなしており、バッハを優れた作品を生み出す天才芸術家であると認めていたことを意味する。なぜならホフマンの主張によれば、真の音楽とは「戦慄や恐怖、驚愕、苦痛という取っ手を引き、ロマン主義の本質である、まさしくあの無限の憧憬を呼び覚ます」ものであり、[226] そのような音楽を生み出せるのは天才作曲家のみだからである。ホフマンは一八一四年に執筆した批評文『ライヒャルトのピアノ・ソナタへ短調 *Johann Friedrich Reichardt, Klaviersonate f moll*』でも、「器楽と声楽の両方で同じように偉大であり得た」音楽の英雄として、バッハの名を挙げているほか、彼を「徹底した和声の大家」（傍点筆者）と呼んでいる。[227] このことから、ホフマンがライヒャルトと同様に、パレストリーナのみならずバッハをも、和声を駆使する巨匠と捉えていたことが判明する。[228] さらにヘンデルに関しては、一八一四年版の『新旧の教会音楽』の中で、彼の《メサイア》を「純粋に聖書の言葉に依拠し、メロディの豊かな表現やハーモニーの美しい作用があり、感動させる威厳や力を持っているという点において、オラトリオの中のオラトリオである」と絶賛している。[229] このように、パレストリーナらによるイタリアの古楽のみならず、バッハやヘンデルなどの宗教曲も優れたものとして賛美したという点において、ホフマンはライヒャルトと近似した見解を持っていたと言える。ただ、ライヒャルトが熱狂的なヘンデル擁護者であったのに対して、ホフマンは明確に表明してはいないが、バッハの支持者であったようである。

しかし、ウィーン古典派による交響ミサ曲やオラトリオを「真の教会音楽」とみなすかどうかという点においては、ホフマンはライヒャルトと見解を異にしている。既述のとおり、ライヒャルトはこの問題に関心がなかったわけではなく、慎重な態度を示していた。ホフマンも基本的には、十八世紀末から十九世紀初頭にかけて作られた教会音楽を厳しく批判しており、高貴で威厳に満ちた簡素な様式によって書かれたイタリアの巨匠たちの古い音楽は、新しい教会音楽よりも優れていることを無条件に認めるとしている。また、新しい教会音楽のように楽器の表現の豊かさを借りて、宗教曲が華麗なものを追い求めることは許されないと述べている。さらに、楽器が多く用いられることにより、歌唱がなおざりにされる新しい傾向には反対であり、器楽による富をどの程度まで教会に持ち込めるかという問題は、まだ決着がついていないとしている。[230] ところがホフマンはその一方で、音楽家に真の守護霊ゲーニウスさえ存在すれば、楽器による豊かな表現力という財産を、神聖で威厳に満ちた教会音楽にも適用できるのではないかとも考えている。そして、そのような稀なる精神の深さを持つ作曲家として、ハイドンやモーツァルト、ベートーヴェンの名を挙げているのである。[231]

つまり、ホフマンの主張する「真の教会音楽」とは、それが新しい時代のものか過去のものかに関係なく、音楽家が自己の内部に宿る誠実で敬虔な精神に刺激されて神を賞賛し、天国の奇跡を音楽の素晴らしい音色で語った結果、自然に生まれてくるものである。音楽家は、神を信じ恍惚とした状態で、内面から流れ出た神聖な歌をただひたすらに書き留めるが、こうして誕生した教会歌のみが、真に敬虔であり本物である[232]。また、ミサ曲の歌詞は、言葉の一連の流れのうちに、宗教心を高揚させる導きの糸として、切っ掛けを与える役割を担うに過ぎず、あらゆる趣の中で魂のうちに正当な共鳴を覚醒させるものであるという[233]。このように宗教歌の言葉を「象徴的な暗示」として捉える見解は、彼がオペラのアリアの歌詞に対して抱いていた考え方とも共通しており、彼はそれを「単に感情を象徴的に表すものに過ぎない」と述べている[234]。ホフマンは教会音楽とオペラ・セリアにおける密接な関係性について示唆しており、教会音楽と同じくオペラの分野においても、十九世紀初頭の堕落した傾向を批判している。彼はオペラにおいて、イタリア人の魅惑的な歌とドイツ人の表現力豊かな器楽をバランスよく結びつけることを理想としたが、教会音楽においても同様のことを主張しようとしている。つまり、イタリア人のア・カペラ様式の古楽が優れているのは当然のこととして、それにドイツ人の音楽の財産である器楽を、過度にならないように上手く調和させることによって、衰退してしまった教会音楽を救済しようというのがホフマンの提案である[235]。

さて、ライヒャルトが「真の教会音楽」をイタリアやドイツの過去の音楽に求め、それらを保護するために行なった対策は、本章第二節第3項で詳述した点をまとめると、次のようになる。それは、楽譜の収集や復刻、アンナ・アマーリア王女のコレクションの目録作成、一七九一年にファッシュが設立したベルリン・ジングアカデミーの活動への協力、彼が開始した公開演奏会「コンセール・スピリテュエル」や彼の家庭音楽会で、イタリアの古楽やヘンデルのオラトリオ、バッハのコラールを演奏し紹介すること、種々の音楽雑誌や新聞に、それに関連する記事や楽譜を掲載することなどであった。

ホフマンもライヒャルトと同様に、十八世紀後半から十九世紀初頭にかけての宗教音楽の在り方に不満を感じており、その原因は、過去の巨匠たちの優れた音楽がほとんど演奏されないこと、もしくは正しい方法で紹介されないことにあると考えている。ホフマンによれば、古い教会音楽をコンサートホールや劇場で演奏することは、本来教会の儀式と一体であるはずの音楽の品位を損ねることにも繋がり、大変望ましくない。また逆に、教会で宗教音楽以外の楽曲を演奏することも、教会という神聖な場所を汚すことになるという。[236] このような当時の状況を改善するのに相応しい対策として、彼は具体的に次のような二つの提案をしている。一つは、ベルリン・ジングアカデミーの活動を国家が保護すべきだということである。[237] ジングアカデミーは合唱音楽の研究団体で、管弦楽つき、またはア・カペラの大合唱の公演を目的としており、主にバッハを中心とした古い宗教音楽作品の復活を手掛けていたが、創設者ファッシュとライヒャルトは友人同士であり、ライヒャルトはジングアカデミーの設立にも深く関わっていた。一八二二年に他界したホフマンが、この団体とメンデルスゾーンによる《マタイ受難曲》の蘇演を耳にすることはなかったが、彼はこのジングアカデミーの活動を高く評価していた。そしてもう一つの提案は、ライヒャルトが『音楽芸術雑誌』で行なっていたように、積極的に過去の優れた教会音楽を多数紹介することである。それは、若い作曲家たちにパレストリーナやレオ、スカルラッティなどの巨匠たちの名を記憶させる良い切っ掛けになり、素晴らしい作品に触れることは彼らの啓蒙にも役立つからである。[238]

このように、「真の教会音楽」をめぐる問題において、ホフマンはライヒャルトと近似した態度を示していた。ホフマンが上述のような二つの提案をしたのは、一八一四年版の『新旧の教会音楽』においてであるが、この論文で彼は、ライヒャルトの『音楽芸術雑誌』の名を具体的に示しながら、その誌面で紹介された教会音楽やその作曲家について言及している。[239] こうしたことから、彼がライヒャルトの見解を強く意識していたことは容易に推測できる。しかも、ライヒャルトはこの論文の書かれた一八一四年の六月二十七日に他界している。ホフマンはすでに六月二十一日に出版者ゴットフリート・クリストフ・ヘルテル（Gottfried Christoph Härtel, 1763–1827）に宛てて「この教会音楽についての論文は完成に近づいている」と書き送っているが、完成稿を出版者に送付したのは七月十一日であるため、[240]恩師の死もこの論文に少なからず影響を与えていると考えられる。なぜなら、特にホフマンの二つの提案からは、ライヒャルトの遺志を引き継ごうという、彼の意気込みさえも感じられるからである。

ここで、十九世紀のドイツにおける、大きな二つの宗教音楽の復興運動に目を向けておきたい。それは、パレストリーナ様式のア・カペラの教会音楽を保護する動きとバッハ・ルネサンスである。ホフマン以降の動向に注目すると、特にティボーの活躍が目立ち、彼の『音芸術の純粋性について』（一八二四年）は、ア・カペラ様式の教会音楽の復興運動に多大な影響を与えたものとして重視されている。ティボーはハイデルベルク大学のローマ法の教授であったが、アマチュアながら合唱団を組織して古楽の保護活動を行なっていた。[241]楽譜も積極的に収集し、ヨーロッパ各地から様々な音楽資料を取り寄せている。彼の著書は瞬く間に大きな反響を巻き起こし、[242]メンデルスゾーンなどの音楽家たちの活動にも刺激を与えた。ハイデルベルクの学生時代にティボーと交流のあったシューマンは、『音楽の座右の銘 *Musikalische Haus- und Lebensregeln*』で子供たちに向けて、「ティボーの『音芸術の純粋性について』は立派な音楽書である。大きくなったら、それをよく読みなさい」と推奨している。[243]

ティボーは、十九世紀初頭の音楽を頽廃したものとみなし、宗教曲への楽器の使用を批判した。ハイドンやモーツァルトの交響ミサ曲やオラトリオに対してさえも厳しい態度を取り、音楽の純粋性が具現している理想的なものとして、パレストリーナやヘンデルの作品を賞賛した。彼は多様な音楽資料に基づきながら、忘れ去られた過去の教会音楽が極めて純粋であること、それは我々の遺産であり保護するに値することを切々と訴えている。[244]恐らく、彼は合唱団の運営という実践的な体験のみならず、過去の「真の教会音楽」をめぐる論評に多く目を通しているはずである。なぜなら、細かな差異はあるにしても、彼の主張はライヒャルトがすでに十八世紀末に公表していた見解と、内容がほぼ一致するからである。[245]ティボーがライヒャルトと面識があったかどうかは不明であるが、彼は一七九三年にケーニヒスベルク大学でカントのもとで学び、一八〇二年にはイェーナでゲーテやシラー、フォスらと親交を結んでいることなどから、ライヒャルトの存在は当然知っていたと考えられる[246]。

それでは、なぜこのように独創的とは言いがたい彼の主張が、当時の多くの人々に受け容れられ、注目を浴びることになったのであろうか。それは、ライヒャルトがティボーに三〇年も四〇年も先駆けて『音楽芸術雑誌』などで主張したことが、一八二〇年代になってようやく一般に理解され、その努力が報われ始めたからである。もちろん一八一〇年代にホフマンが、恩師の過去の主張に再び注目するよう呼び掛けたことも軽視できない。また、ファッシュやツェルターの合唱活動もこれに貢献している。彼らの活動は主にバッハの作品の演奏を目的としていたが、十九世紀には、彼らのジングアカデミーやリーダーターフェルを模した合唱団体がドイツ各地で結成された。つまり、ティボーのアマチュア合唱団も、このような時代の流れの中で誕生している。ティボーの活動や見解は決して新しいものではなかったが、恐らく彼の古楽復興運動に向けられた尋常ならざる熱意が、多くの人々の心に響いたのであろう。一八二七年にティボーのもとを訪れた十八歳のメンデルスゾーンは、九月二十日の母親宛ての手紙に、「彼はイタリアの古楽に対して僕の目を開かせ、彼のほとばしる情熱でそれに興味を持たせてくれました。彼は語る時に興奮気味で熱狂的なので、僕はそれを百花繚乱の話し方と呼ぶことにします」と書いている[247]。ティボー以降も、ア・カペラ様式の古楽の復興運動はそれ自体の反省と修正を伴いながら、様々な形で行なわれていった。たとえば、グレゴリオ聖歌とパレストリーナ的音楽を模範としてカトリック教会音楽の改革を目指すセシリア運動、過去の作曲家の音楽学的な発掘や再認識、それに基づく全集版の刊行などである。

次に、もう一つの復興運動バッハ・ルネサンスに注意を向けたい。十九世紀に入り、この復興運動に先鞭をつけたのがフォルケルであった。彼は『ヨハン・ゼバスティアン・バッハの生涯、芸術、作品について』[248]（一八〇二年）で、バッハの偉大さに注目することを熱烈な調子で呼び掛けた。この評伝はバッハ作品集の出版に先駆けて、その案内書として書かれたが、フォルケルはその序文で次のように語っている。

（バッハの作品集を編纂するという）この計画は、芸術そのものにとってあらゆる点で非常に有利であるだけでなく、その種の何ものにもましてドイツという名の名誉になるに違いない。ヨハン・ゼバスティアン・バッハが我々に残してくれた作品は、ほかのどの国民もこれに値するものを示すことのできない、大変貴重な国家的遺産である。[249]（括弧内筆者）

ドイツ民族の遺産であるバッハの芸術を保存することは国民の義務であると、人々の愛国心に訴えるような書き方をしているのが特徴的であるが、フォルケルの思想的背景には、明らかにナショナリズムがある。

今日の通説では、バッハは一七五〇年に他界して以降しばらく忘れられていたとされるが、実際は、彼の芸術を伝承する流れは細々とではあっても続いていて、バッハは知る人ぞ知る存在であった。特に、オルガンやクラヴィーアなどの器楽曲は、彼の生前から比較的よく普及して知られていた。それに対して、声楽曲の多くは教会音楽であり、楽譜はほとんど出版されず、教会で演奏されなければ忘れられる運命にあった。つまり、バッハの他界後忘れられていたのは声楽であり、十九世紀のバッハ・ルネサンスにおける主要目的は、宗教音楽家としてのバッハを再評価することにあった。[250] それゆえに、ライヒャルトとホフマンが早い時点から、バッハの器楽のみならず声楽にも着目していることは特筆に値するであろう。彼らの故郷のケーニヒスベルクでは、オルガン奏者のリヒターやポドビエルスキーが活躍し、バッハの作品の普及に尽力していた。前者はライヒャルトの、後者はホフマンの音楽教師であり[251]、ライヒャルトもホフマンもこの教師たちの努力によって、バッハの音楽の価値を子供のころから知っていた。[252] さらにライヒャルトは、一七七一年から三年間におよぶ職探しの旅でドレスデンを訪れて、バッハの弟子であったホミリウスとトランシェルの二人に会い、特にホミリウスからも多くを学んでいる。[253]

ところが、フォルケルはバッハ崇拝者として熱弁を振るったにもかかわらず、ほとんどバッハの器楽にしか興味がなかったと言ってもよい。オルガン奏者であった彼は、器楽の作曲家や演奏家としてのバッハを高く評価していたが、教会音楽を中心とする声楽作品には関心を示さなった。たとえば、彼はバッハ伝の第九章で、バッハが残した作品を印刷されたものと印刷されなかったものに分けて紹介しているが、その大部分が器楽であり、声楽は少数にとどまっている。[254] またフォルケルは、ライヒャルトやホフマンと同様に、新しい時代の教会音楽の衰退を問題視していたが、ライヒャルトとホフマンが「真の教会音楽」を積極的に探し求めて、それを発見できたのに対し、フォルケルは熱烈に支持していたバッハの教会音楽にさえ、理想を見出せなかったのである。[255]

フォルケルは十九世紀に入ってもなお啓蒙主義的な立場を取り、音楽の歴史をバッハにおいて頂点に達する「洗練された趣味」に向かって進むものと考えた。それゆえに、バッハ以降の音楽はすべて頽廃的とみなし、ヘンデルやグルック、ハイドン、モーツァルト、ベートーヴェンなどの芸術の価値を認めようとしなかった。[256] 既述のとおり、『ベルリン音楽新聞』でライヒャルトはヘンデル擁護者として、バッハの音楽しか高く評価しようとしないフォルケルに対して、反証を挙げて論駁することになった。[257] またホフマンも、フォルケルがグルックのオペラに理解を示さなかったことをたびたび取り上げて酷評し、ヴァッケンローダーやティークも、彼のことを「良き趣味の持ち主かどうか大変疑わしい」と批判している。[258] しかし、そのような偏向した思想を持っていたにもかかわらず、彼が十九世紀のバッハ・ルネサンスに、大いに貢献したことは確かである。というのも、フォルケルのバッハ伝がドイツの音楽界に浸透し始めると、人々は改めてバッハを追想し、再び彼の作品に対して関心を持つようになったからである。

そして、ベルリン・ジングアカデミーが弱冠二十歳のメンデルスゾーンの指揮により、《マタイ受難曲》を一〇〇年ぶりに再演したのは一八二九年三月十一日のことであった。メンデルスゾーンも、バッハの作品に幼いころから親しんでいた。なぜなら、彼の大叔母のザーラ・レヴィ（Sara Levy, 1761–1854）は、バッハの息子のヴィルヘルム・フリーデマンとカール・フィーリップ・エマーヌエルの弟子であり、彼の家庭では大バッハの音楽に接する機会が多かったからである。メンデルスゾーンが《マタイ受難曲》を蘇演する切っ掛けとなったのは、一八二三年のクリスマスに、ザーラ・レヴィの姉であり、彼の祖母のバベッテ・ザロモン（Babette Salomon, 1749–1824）からその筆写譜をプレゼントされたことであった。ツェルターから音楽理論と作曲を学び、十一歳の時からジングアカデミーで歌っていた彼は、この大曲を研究して自ら演奏したいと望むようになった。恩師の協力もあって、蘇演は劇的な成功を収めた。するとたちまち、バッハ・ルネサンスの大きな波が一般の人々までも浸し始め、バッハの声楽曲に注目が集まった。[259]没後一〇〇年の一八五〇年には「バッハ協会」が結成され、体系的で批判的なバッハ全集の編纂が計画かつ実行されるに至り、ロマン派時代の神聖な天才バッハ像というものが築かれることになったのである。[260]

以上、十九世紀のドイツにおける二つの宗教音楽の復興運動に目を向けたが、これらの運動に対するライヒャルトとホフマンの役割は看過できない。ティボーの『音芸術の純粋性について』が出版されたのは一八二四年のことであったが、それよりもライヒャルトは三〇年から四〇年ほど前、ホフマンは一〇年以上前に、パレストリーナ様式の教会音楽の高貴な単純性に注目し、保護が必要であることを訴えていた。また、バッハ・ルネサンスに先立って、ライヒャルトとホフマンが幼いころからバッハの音楽に親しみ、器楽のみならず声楽の価値をも認めていた点は特筆に値する。そして、《マタイ受難曲》の蘇演を耳にすることなくこの世を去った二人が、すでにベルリン・ジングアカデミーの活動を高く評価していたのは、彼らに先見の明があったことの証であろう。たしかに、ホフマンの見解は、ライヒャルトがかつて提案していたものと近似しているが、恩師の主張を風化させることなく次世代に伝えたという点において、ホフマンは非常に大きな役割を果たしたと言える。

(3) 大聖堂に喩えられた音楽

ホフマンは『クライスレリアーナI』に収められた『極めてとりとめなき断想 *Höchst zerstreute Gedanken*』で、J. S. バッハの二重合唱モテットとパレストリーナ様式によるイタリアの教会音楽の関係について、両者の優劣を議論してみたところで見解の一致はあり得ないとしながら、「ストラスブールの大聖堂とローマのサン・ピエトロ大聖堂の関係」に等しいと解釈している。[261] さらに批評文『ベートーヴェンのミサ曲ハ長調 *Beethoven, C dur-Messe*』や一八一九年版の『新旧の教会音楽』の中でも、ハイドンやモーツァルト、ベートーヴェンの教会音楽の魅力を語るために、バッハの場合と同様な喩えを持ち出している。つまり、ウィーン古典派による新しい教会音楽とイタリアの古い教会音楽の関係もまた、「ストラスブールの大聖堂とローマのサン・ピエトロ大聖堂の関係」に等しいというのである。[262] 第3項では、この比喩表現に主眼を置いて考察を進めたい。なぜなら、最初にバッハの音楽をストラスブールの大聖堂に喩えたのはライヒャルトであり、この比喩は当時の多くのドイツ人が好んで用いた表現だからである。しかもその背後には、イタリアやフランスの芸術に対するドイツ人たちのコンプレックスが隠れている。

本章第二節第2項ですでに述べたように、ライヒャルトは『音楽芸術雑誌』第一巻（一七八二年）に収められた小論『J. S. バッハについて』で、ゲーテが執筆した『ドイツ建築について』（一七七二年）の一部分を直接引用し、バッハとヘンデルの音楽の印象をゲーテがストラスブールの大聖堂を前にして抱いた感動に重ね合わせている。そしてライヒャルトは、「ここ（大聖堂）に、我々の和声的建築物（バッハやヘンデルの音楽）との深い類似性を感じない人がいるであろうか」（括弧内筆者）と述べている。[263]『ドイツ建築について』は、ゲーテが一七七

○年から一七七一年にかけてストラスブールに留学した時の経験をもとに、書かれたものである。[264] フランス的教養を身につけるという当初の目的とは逆に、ゲーテにとってこの滞在期は、フランス文化からの離反の過程、つまりドイツ語とドイツ文化の持つ独自の価値を発見する過程となった。ゲーテは『ドイツ建築について』の中で、大聖堂とその伝説的建造者シュタインバハ[265]を賞賛し、「これこそがドイツの建築、我々の建築である。イタリア人が自らの建築を自慢するには無理があるし、ましてやフランス人は言及に値しない」と述べた。[266] また彼は、フランス的芸術観を支配している「近代の安直な美に対する軟弱な学説」を排撃し、そのような芸術の「無意味な如才のなさ」に対して、「意義深い粗野さ」を対置している。そして、荒削りながらも一つの感情が個性的な全体を作り上げている芸術、「こうした特徴のある芸術こそが唯一の真の芸術である」と高らかに宣言しているのである。[267] このように、当時顧みる人もなかったゴシック建築の美に注目し、ドイツ民族の様式とみなしたのは、ドイツにおけるゴシック再評価の最も早い例に属していた。[268]

ライヒャルトは、バッハやヘンデルの音楽をストラスブールの大聖堂と結びつけ、今日ではバロック芸術に分類される音楽をゴシック的と解釈していた。しかし、バッハやヘンデルの音楽をバロック様式の芸術とする考えが一般化したのは、ずっと後の二十世紀のことである。[269] また、ゴシックとは、元来ゲルマン民族の一種族ゴート族の野蛮な建築様式という意味で、ルネサンス期のイタリア人が侮蔑的に使った言葉に由来しており、しかも実際はゴート族と直接の関連性はないという。[270] ゲーテはそれをすべて踏まえた上で、主観的に判断してゴシック建築の起源をドイツにあるとしているが、恐らくライヒャルトも自分が感じるままに、バッハやヘンデルの音楽とゴシック建築を関連づけたと考えられる。構築的な美を持つ彼らの音楽と、空間の垂直性が強調されたゴシック建築に、ライヒャルトが何らかの共通性を見出したのは確かであるが、むしろ芸術上の様式とは無関係に、二つを結びつけることで、彼はバッハやヘンデルの作品こそがドイツの音楽であるということを強調したかったのである。既述のとおり、ホフマンは「真の教会音楽」をめぐる問題においてライヒャルトの見解を強く意識し、一八一四年版の『新旧の教会音楽』では彼の『音楽芸術雑誌』についてたびたび言及している。[271] それゆえにホフマンは、当然この『J. S. バッハについて』も知っていたと思われる。

ゲーテの論文からちょうど二〇年後に、『一七八六年から一七八八年にかけてのあるドイツ人のイタリア旅行 *Reisen eines Deutschen in Italien in den Jahren 1786 bis 1788*』で、イタリアとドイツの建築を比較したのがモーリッツであった。彼は、その第一巻第一部（一七九二年）で、南部における壮麗なカトリックの宗教芸術と、北部における控えめなプロテスタントのそれとの対比を、テーマとして扱っている。[272] そして、モーリッツから影響を受けたのがヴァッケンローダーである。[273] ヴァッケンローダーは、『芸術幻想』に収められた『サン・ピエトロ大聖堂 *Die Peterskirche*』という小論で、大聖堂の「計り知れない壮麗さ」とその建設に関わった幾多の人々に敬意を表した。[274] また、ヴァッケンローダーは『心情の吐露』の中の『芸術を愛する一修道僧による、我々の畏敬すべき祖先アルブレヒト・デューラーへの追慕』で、芸術を比較することは「享受の危険な敵である」という立場を取りながらも、ドイツへの愛国心を控えめに示している。そして、「真の芸術は、ただイタリアの空や荘厳な丸屋根、コリント様式の円柱のもとにおいてのみ発展するのではない。尖った屋根や細かく波打った装飾のある建物、ゴシック様式の塔のもとにも育つのである」と発言した。ヴァッケンローダーは音楽ではなく、ラファエロとデューラーの絵画における功績を称えるためにこの表現を用いているが、[275] ホフマンはこれを音楽に置き換えている。つまり、イタリアの建築にパレストリーナ様式の教会音楽を結びつけ、ドイツの建築にはバッハの音楽を関連づけて、さらにウィーン古典派の宗教音楽もプラスしたのである。ただし、ヴァッケンローダーやホフマンはドイツの芸術の優秀性を強調しつつも、イタリアの芸術に対して敬意を払うことも忘れていない。

音楽史上において興味深いのは、その後この比喩表現を模倣する者が続出するという点である。[276] ただし、引き継がれていくのは、ライヒャルトが『J．S．バッハについて』で主張した、「バッハの音楽＝ゴシック建築」という部分である。バッハの音楽をゴシック的と把握する考え方は、一八二一年版の『学術芸術百科事典 *Allgemeine Enzyklopädie der Wissenschaften und Künste*』の中で、ウェーバーによって書かれたバッハの項目においても見られる。そこには、「その極めて美的な対位法の絡み合いから、バッハの崇高な精神は、芸術性の高い教会である真のゴシック様式の大聖堂を建てた」とある。(277) また、一八二九年三月十四日の『詩や文学、批評のためのベルリン交流紙 *Berliner Conversations-Blatt für Poesie, Literatur und Kritik*』には、バッハの《マタイ受難曲》の蘇演について、次のような論評が掲載された。

今日のベルリンで、バッハの受難曲が再び聴衆の知るところとなったことを、非常に重視する。ゲーテはゴシックの教会建築の深遠な芸術性を再認識し、フランスかぶれをしていた同時代人たちにそれを理解させたが、そのゲーテに贈るのと同じ感謝の気持ちを、F．メンデルスゾーン氏にも贈りたい。(278)

この論評は、当時はまだ学生であったが、のちに歴史学者となるヨハン・グスタフ・ドロイゼン（Johann Gustav Droysen, 1808–1884）によるものである。彼は、ゲーテがストラスブールでゴシック建築を再発見したという偉業と、メンデルスゾーンがバッハの宗教曲を再演したという功績を重ね合わせ、ともに称えている。ドロイゼンもまた、単に再発見という同一の行為にとどまらず、ゴシック建築とバッハの音楽に共通性があると見ているのである。

さらに、のちにライプツィヒのトーマス教会のカントルになったモーリッツ・ハウプトマン（Moritz Hauptmann, 1792–1868）と、その友人でバッハ崇拝者のフランツ・ハウザー（Franz Hauser, 1794–1870）の二人の間で交わされた手紙にも、同様の表現が見られる。一八三二年十一月十六日にハウプトマンは、十月二十日にカッセルで演奏された《マタイ受難曲》について言及しながら、「それ（ゴシック様式の教会）とフーガの見事な構造は本質的に同じものである」（括弧内筆者）と明言している。そして様々な例を挙げながらドイツとイタリアの芸術を比較し、ドイツの音楽はゴシック建築のように「垂直方向に奥深く」、「ロマン的」であり、「我々（ドイツ人）は、彼ら（イタリア人やフランス人）にはない交響曲や四重奏曲、ソナタを持っており、要するに生来彼らより音楽的である」（括弧内筆者）と述べている。[279] 一方ハウザーは、一八三三年三月三十一日にドレスデンで、イタリア人のフランチェスコ・モルラッキ（Francesco Morlacchi, 1784–1841）の指揮により《マタイ受難曲》が演奏されたのを受けて、純粋にドイツ的なものであるゴシック的なバッハの音楽を、イタリア人には理解できないとして批判した。[280]

このようにして、「バッハの音楽＝ゴシック建築」という関係性ができあがったが、なぜこれほどまでに強固に、「バロック」の音楽と「ゴシック」の大聖堂が結びつけられたのであろうか。パレストリーナによって確立された、ルネサンス期のカトリック教会音楽が、カトリックの総本山として長い歴史を持つ、ルネサンス様式の大聖堂と並べられる理由は明白であるが、「バッハの音楽＝ゴシック建築」の関係性を納得するためには、多少の謎解きを必要とするであろう。そもそもライヒャルトが、バッハやヘンデルの音楽とストラスブールの大聖堂を結びつけたのは、いずれも「ドイツ的」だからである。バッハやヘンデルはドイツの優れた音楽家であり、大聖堂はゲーテが「ドイツの建築」として高く評価したものであった。つまり、ライヒャルトが両者を関連づけようとした、その意図の背景にあったものは、ドイツ固有の芸術の優秀性を強調する愛国的な精神である。

ヴァッケンローダーは、デューラーの絵画をゴシック建築と結びつけたが、彼とホフマンの場合に共通しているのは、それらの芸術が「ドイツ的」だという上に、「ロマン的」だという要素が加わったことである。彼らにとっては、ゴシック様式の建築もドイツ・ルネサンスの絵画もバッハの芸術も、さらにはウィーン古典派の交響ミサ曲さえも、皆「ロマン的」な魅力を放っていた。ただし、この場合の「ロマン的」とは芸術の様式や形式上のロマン主義とは異なるものである。ヴァッケンローダーはニュルンベルクやバンベルクを訪れてデューラーと中世の栄光を発見し、その内的感動を『心情の吐露』で熱狂的に語っているが、この中世賛美や内面性はドイツ・ロマン派の特徴でもあった。また、ホフマンの考える「ロマン的」なものとは、多種多様なものを指すために定義づけが難しいが、キリスト教芸術全般も、彼にとっては「ロマン的」なものであり得た。既述のとおり、彼は古代の異教世界と近代のキリスト教世界を相対立する両極とみなし、それは彫刻と音楽という芸術に置き換えられると考えた。彼にとって最も「ロマン的」な芸術である音楽の起源は、宗教であり教会であって、ゴシックの大聖堂もまた「ロマン的」な存在である。(281)

さらにドロイゼンのような若い世代の場合には、「ドイツ的」で「ロマン的」だという上に、「再発見」という要素が加わる。かつてゲーテによってドイツ民族の様式として「再発見」されたゴシック建築に、愛国的な傾向の強いロマン主義者たちが注目し、それがゴシック復興運動に繋がった。たとえば数百年来、未完成であったケルンの大聖堂が、一八四二年に建設が再開されて一八八〇年にようやく完成している。(282)また、長らく忘れられていたバッハの教会音楽も「再発見」されて、メンデルスゾーンの《マタイ受難曲》の復活公演とともに再び日の目を見ることになった。こうした二つの復興運動に勢いを与えたのは、ナポレオン戦争を通じて沸き立ったナショナリズムであった。ライヒャルトやホフマンにとっては、バッハの音楽は幼いころから親しんでいるものであり、「再発見」とは無関係であったが、若いドロイゼンにとっては、忘却のかなたから発掘されたドイツ民族の「大変貴重な国家的遺産」であった。こうしてバッハの音楽とゴシック建築の結びつきは、ドイツ固有の芸術を求める民族主義的な欲求と、中世賛美というロマン主義的な憧憬と、さらに自国の優れた文化の再発見という三つの要素によって、さらに堅固なものになった。

このような結びつきは、バッハ復興運動にとっては大変都合のよいことであった。なぜなら、ゴシック建築と同様に、バッハの音楽は「ドイツという名の名誉になる」民族の誇りとして、滞ることなく速やかに多くの人々に受容されたからである。「バッハの音楽＝ゴシック建築」という考え方は、ゴシック建築の再発見者ゲーテを友人に持つライヒャルトに端を発し、その後彼の弟子のホフマンに受け継がれていったが、たとえ本来、ライヒャルトとホフマンには再発見や復興という意図がなかったとしても、彼らはともにバッハ・ルネサンスに一役買ったとは言えないであろうか。

第五章

ライヒャルトと器楽

第一節　器楽作曲家としての活動

第二章と第三章で考察したように、ドイツ固有のオペラであるジングシュピールやリートの発展において、ドイツ北部と、オーストリアを含むドイツ南部とでは大きな差異があった。たとえば北ドイツでは、「あまりにルター的」[1]と揶揄されるほどに、単純で素朴な音楽から成る歌つき芝居や、民謡を手本として歌いやすさを追求した有節リートが作られたのに対して、ウィーンでは、器楽的な表現も豊かでイタリア・オペラのようなアリアを伴うジングシュピールや、詩の言葉よりも旋律の美しさや伴奏の役割を重視した通作リートが誕生した。こうした音楽文化の相違を考えるには、ドイツの北と南という地理的位置関係で見るよりも、カール・ダールハウスが指摘するように、プロテスタント地域としての北部とカトリック地域としての南部に分類したほうが、より理解しやすいかも知れない。彼によれば、重要なのはイタリアからの距離であり、イタリアに近く同じカトリック地域であるウィーンのほうが、より音楽的特徴が色濃くなるという[2]。また、現代の西洋音楽史において、十八世紀後半から十九世紀初頭にかけての音楽の中心地はウィーンであり、北ドイツの音楽はローカルなものとして軽視されることが多い。つまり、モーツァルトのジングシュピールや、シューベルトの芸術リートが注目されることはあっても、ライヒャルトのジングシュピールやツェルターの有節リートが日の目を見ることは、まずないのが現実である。こうした事情は、器楽の分野においても全く同様であった。第一節ではまず、南北の器楽の特徴について説明した後で、ライヒャルトとベルリン楽派の音楽の関係性を考察したいと思う。

十八世紀中葉のドイツ北部の器楽を理解する上で、「情緒説」の時代における「感情の統一の理論」は非常に重要である。バロック後期には、音楽の目的を感情の表出や喚起とみなして、その目的を達成するために音楽を一種の言語のように用いる考え方、すなわち「情緒説」と呼ばれる美学理論があった。[3] また、「感情の統一の理論」とは、一つの楽曲においては同一の情緒とその様々な変形を表現し、変化を与えてもせいぜい類似の情緒を表すだけにとどめるという考えである。たとえば、ゴットホルト・エーフライム・レッシング（Gotthold Ephraim Lessing, 1729–1781）は「各々の部分で、異なり矛盾する感情が表現されているシンフォニアは、音楽の怪物である。一つのシンフォニアでは、ただ一つの感情が支配しなければならない」と言っている。[4] したがって、この理論によれば、一つの楽曲内における表現の対立や感情のコントラスト、様々な情緒の衝突は不自然とされた。それに対してドイツ南部の地域、主にウィーンでは、十八世紀半ばから後半にかけて次第に器楽が発展し、音楽における性格的対比や多様性を認める傾向が強まってくる。そして、それはソナタ形式に、第一主題と性格的に対照をなす第二主題を導入するという形で、音楽的実践において顕著に表れる。この変化をもたらしたのがウィーン古典派であり、彼らの音楽にはテーマの対比、調のコントラスト、急なリズムの動きの変化が積極的に取り入れられた。[5]

このように器楽の分野においても、ドイツの北部と南部とでは音楽の価値観に差が生じていた。ライヒャルトは、すでに九歳の時に故郷のケーニヒスベルクで、七年戦争によって捕虜となったオーストリア人たちがウィーンの音楽を奏で、イタリアの歌を歌うのを聴いていた。その後も、若いうちからヨーロッパ中を旅することで、音楽の様式の多様性については理解しているはずであった。[6] それにもかかわらず、やはり彼も北ドイツの音楽的価値観に長年縛られていた。特に、彼が一七七一年に出発した職探しの旅が、彼のその後の方向性を決定づけたと考えられる。この旅で彼は、ダンツィヒやベルリン、ライプツィヒ、ドレスデンなど北ドイツの諸都市を巡ったのち、一七七三年にはカールスバート（現チェコ領カルロヴィ＝ヴァリ）やプラハにまで足を延ばしている。しかし、そこまで行っていながら、あと少しのところでウィーン行きを取りやめている。ザルメンによれば、これは単なる気まぐれではなく、ライヒャルトの「南ドイツ、オーストリアの趣味への内なる回避の表れ」であり、ベルリンやベルリン楽派がライヒャルトの本拠地となる兆しであるという。しかし、まだこの時点では長年の夢であったイタリア行きは断念していない。[7] そして、再びベルリンに戻って、謝肉祭の時期に上演されたグラウンのオペラに接し、ポツダムのF. ベンダや、ハンブルクのC. Ph. E. バッハのもとを訪れると、ライヒャルトはついにイタリア旅行の計画も取りやめてしまう。こうして、グラウンやベンダ、C. Ph. E. バッハらに代表されるベルリン楽派に従い、ドイツ南部の趣味への離反が決定的になっていくのである。ライヒャルトはこうした「自分の音楽上の信仰告白」を、一七七五年に執筆した『ベルリンの音楽についての書簡 *Schreiben über die Berlinische Musik*』に「真の信念と、真心をもって記録」している。[8]

この時期のライヒャルトは、ベルリン楽派の中でも特にベンダとC. Ph. E. バッハの二人と懇意にしている。その理由は、ライヒャルトは幼いころからヴァイオリンと鍵盤楽器の英才教育を受けており、ヴァイオリンのベンダ、クラヴィーアのバッハとしてこの二人に憧れ、尊敬の念を抱いていたからである。ベンダはライヒャルトの父親の友人でもあったが、ベンダへの崇拝は、ライヒャルトがヴァイオリンを習ったファイヒトナーの影響が大きいと考えられている。ベンダの弟子であったファイヒトナーは、バルト海沿岸地方の貴族でロシア大使のヘルマン・フォン・カイザーリング伯爵（Hermann von Keyserling, 1696–1764）に仕えており、一七六三年に大使の随員として、たまたまケーニヒスベルクに長逗留していた。彼は幼いライヒャルトに、ベンダのヴァイオリン技法を教え込み、その才能に期待してストラディヴァリのヴァイオリンを贈っている。[9] ベンダはヴァイオリン奏者として、フリードリヒ二世の王太子時代から彼の楽団に入り、一七七一年以来コンサートマスターを務めていた。ベンダのヴァイオリン演奏は、悲愴的なアダージョに真価が発揮されたが、急速なソナタの楽章を美しく弾くことにかけても当代随一であったと言われている。ライヒャルトは職探しの旅でベンダと親しくなり、『音楽に関する注意深い旅人の書簡』の中で、崇拝するベンダと出会えた時のこの上ない喜びと彼のヴァイオリン奏法の素晴らしさについて、生き生きと描写している。[10] ライヒャルトがフリードリヒ大王の宮廷楽長の候補者として名乗り出た際にも、ベンダは彼に様々な助言を与え、支援している。ライヒャルトが大王の好んだグラウンやハッセ風のオペラを、直接大王に送ったのも、ベンダのアドバイスがあったからである。音楽の才能に恵まれたベンダの娘ユリアーネは、のちにライヒャルトの妻となり、ベンダは彼の義父となった。[11]

ライヒャルトがC.Ph.E.バッハと知り合ったのも、職探しの旅で訪れたハンブルクでのことであった。彼はJ.S.バッハの次男にあたり、長年フリードリヒ二世の宮廷のチェンバロ奏者として活躍したが、次第に宮廷での扱いに不満を覚え、一七六七年にようやく自由の身になってからはハンブルクへ移り住んでいた。[12] ライヒャルトは子供のころから、リヒターのクラヴィーアの授業を通じてC.Ph.E.バッハの作品を知っていた。幼いライヒャルトはすでに、リヒターが主催するケーニヒスベルクの演奏会で、その作品を披露する腕前があったという。そして、職探しの旅の初期にダンツィヒで行なったコンサートでも、ベンダやファイヒトナーによるヴァイオリン作品のほか、C.Ph.E.バッハのクラヴィーア曲も演奏している。[13] ライヒャルトはハンブルクで、かねてから憧れていた「我々の中で最も偉大な人物」と実際に出会えたことについて、『音楽に関する注意深い旅人の書簡』でかなり興奮気味に語っている。対面の際に、ライヒャルトはC.Ph.E.バッハ自身の生演奏を堪能し、クラヴィーア・ソナタの自筆譜をもらっている。[14]「バッハ」の名前は、ライヒャルトの数多くの著書の中に登場するが、彼が「バッハ」と言えばJ. S. バッハではなく、このC. Ph. E. バッハのことである。当時、父親のバッハの名が世間から次第に忘れられていったのに対し、息子のバッハは非常に高く評価されていて、特に彼のクラヴィーア・ソナタは、ハイドンやモーツァルト、ベートーヴェンらの創作に多大な影響を及ぼした。また、カール・フィーリップ・エマーヌエルは、大バッハの息子たちの中では誰よりも父を尊敬し、バッハ家の音楽的伝統への忠誠を強く意識していたが、十九世紀にバッハ・ルネサンスが起こると、皮肉なことに彼の名声は父の偉大な影に隠されてしまった。ライヒャルトが大バッハの優秀な息子たちのうち、偉大で独創的な作曲家として尊敬していたのは、カール・フィーリップ・エマーヌエルだけである。(15) C. Ph. E. バッハが執筆した『クラヴィーア奏法試論』全二部（一七五三年、一七六二年）は、ライヒャルトにとってクラヴィーア奏法の聖典とも言うべきものであった。(16) バッハとはのちに不和に陥ってしまったが、(17) 一七八八年に彼が亡くなると、ライヒャルトは『音楽芸術雑誌』第二巻に追悼歌を詠んでいる。(18)

このようにライヒャルトはベルリン楽派に深く傾倒し、北ドイツの音楽理論に長い間束縛され続けた。それゆえに、一七八二年の『音楽芸術雑誌』第一巻で述べられた次のような発言は、ライヒャルトの器楽観を理解する上で非常に重要である。

> それぞれの器楽曲にただ一つの性格を与えるか、または、いくつかの曲から構成される作品の場合には、一つの感情に真に微妙な差異を施すか、一つの感情から別の感情へほんの少しずつ推移させようとすれば、恐らく上手くいくであろう。(19)

一七八二年の時点では、彼はまだ先人たちの理論、すなわち「感情の統一の理論」にとらわれていた。彼によれば、「喜びと悲しみ」には「それぞれに別の表現方法」があるはずなのに、このような正反対の感情を「この上なく不適切な方法で混合した」結果生まれたのが、当時の「新しい音楽」であり、「極めて不自然なソナタ、交響曲、協奏曲などである」という。[20] 一七八〇年代にはベルリン楽派を代表する音楽家たちの多くが、相次いでこの世を去り、[21] ウィーンではハイドンやモーツァルトらによって新しい様式による器楽が次々と誕生した。そのような状況下で、ライヒャルトの心も次第にベルリン楽派から離れていくが、彼がこの「感情の統一の理論」から新しい一歩を踏み出すのはなかなか困難であった。[22] ウィーン古典派の音楽に見られるテーマの対比、調のコントラスト、急なリズムの動きの変化に順応するにはまだ時間を要した。そして、ライヒャルトがウィーン古典派の音楽の真価に気づくのは、ようやく十九世紀に入ってからのことであるが、この経緯については本章第二節で改めて詳述したいと思う。

さて、ライヒャルトも作曲家として、交響曲や独奏協奏曲、鍵盤楽器やヴァイオリン、フルートのためのソナタなど、多数の器楽曲を残している。しかし、その大半はマンハイム楽派やベルリン楽派を手本としていて、彼の声楽曲ほど重要性はないと考えられている。彼の器楽を理解する上で看過できない点は、彼が若いころに楽器の名手を目指していたということである。[23] 主にヴァイオリンと鍵盤楽器の演奏をしていた彼は、自分自身の持っている演奏技術を最大限に誇示できる作品を必要としていた。そのため、独奏楽器が映えるように工夫されてオーケストラがその伴奏を担うという形式の協奏曲が、一七七二年から一七七四年までの間に集中的に作曲された。九曲のチェンバロ協奏曲と二曲の二重協奏曲、一曲のヴァイオリン協奏曲【譜例14】があるが、そのほとんどが職探しの旅の期間中に、様々な演奏の機会と必要性に応じて作曲された作品である。[24] 中でも、最も魅力のある作品はヴァイオリン協奏曲で、F. ベンダの作品で訓練した指さばきを誇示できるように、多くの装飾が施されている。しかし一七七五年以降、彼は一切この分野に挑戦していない。また、ヴァイオリン・ソナタやフルート・

【譜例 14】ライヒャルト　ヴァイオリン協奏曲（ヴァイオリン・ソロ冒頭）

ソナタに関しても、ヴァイオリン・ソナタは一七八五年を最後に創作されておらず、フルート・ソナタは一七八七年に書かれた二曲だけにとどまっている。推測の域を出ないが、恐らく彼はこれらの分野にはあまり魅力を感じておらず、自分の書いた作品にも十分に満足していたわけではないのであろう[25]。

注目に値するのは、交響曲とピアノ・ソナタの二つの領域である。なぜなら、ライヒャルトはようやくウィーン古典派の器楽の素晴らしさに目覚めたその晩年に、この二つの分野で自分の限界に挑戦しているからである。既述のとおり、「感情の統一の理論」は長年彼にとって不可欠なものであった。それゆえに、彼の交響曲でもソナタでもほとんどのものが、内的なまとまりが重視されたために、対立するテーマというものは存在せず、第一主題も第二主題も同じような印象のものになっている。また、交響曲では曲全体の「感情の統一」を図るために、モーツァルトやハイドンの場合とは異なり、メヌエットの楽章が挿入されていない[26]。そして、交響曲について論ずる際に気をつけなければならないのは、ライヒャルトを含む当時の多くの作曲家たちが、オペラの冒頭でオーケストラが奏する導入的な曲、すなわち序曲に相当する曲と、コンサートのための交響曲を長い間区別していなかった点である。ライヒャルトは、一七八五年から一七八六年にかけて作曲した《ティムール》以降、舞台作品の序曲と劇内容の関連性を密にし、各々の作品のために専用の序曲を書くようになったので[27]、その後約三〇年間、交響曲の作曲には従事していない。しかし最晩年の一八一四年には、二曲の交響曲、すなわち《戦争交響曲 *Schlacht-Symphonie*》と《ヴィトリア序曲 *Overtura di Vittoria*》を創作している[28]。ザルメンの指摘によれば、これらの最後の交響曲には、表現方法の面で、ベートーヴェンの交響曲第三番やそのほかの中期のオーケストラ作品との関連性が見られるという[29]。

また、ライヒャルトは、チェンバロからクラヴィコードを経てピアノへと発展した鍵盤楽器のために、三三曲のソナタと舞踏曲、変奏曲など、そのほかにもいくつかの小品を作曲している。初期の作品ではベルリン楽派の流儀に従っていたが、次第にこの手本から離れ、一七八二年ごろからは、ちょうど当時行なっていた民謡調のリートの作曲や民謡収集、教会音楽研究などの影響から、より自然で簡素な様式へと移行していった。その際には、ソナタ形式から離れて、ラモーやクープランを手本とした小品や、ファンタジー形式の自由なクラヴィーア曲などに没頭している。そして、彼が最後にたどり着いたのがウィーン古典派の様式である。(30) 一八〇九年以降に書かれた三曲のピアノ・ソナタ【譜例15】は、ウィーンで実際に耳にしたベートーヴェンのピアノ・ソナタや、ベートーヴェン自身の力強いピアノ演奏などから刺激を受けている。(31) しかし、ウィーン古典派を手本とした彼の最後の器楽曲は、それでもまだ初期のスタイルから抜け切れておらず、その点を弟子のホフマンが一八一四年のライプツィヒ『一般音楽新聞』で舌鋒鋭く批判している。

ホフマンはライヒャルトに対して一方ならぬ敬意を表していたが、それと同時に恩師の限界にも気づいていた。

たまに先生がこの作曲という領域で多少失敗することがあったとしたら、それは恐らく次のような点に原因があるようであった。悟性というものは、ただひたすらに想像力を抑制しようとする傾向があるが、身につけられた外形に関する美的見解が、悟性の働きをあまりにも促し過ぎた。想像力は、あらゆる束縛を断ち切りながら大胆にひらりと舞い上がり、無意識のまま熱狂している時のように、天上の不可思議な国から下界へと弦の音を響かせる。そして、その音色は我々の心にこだまする。(32)

これは、ホフマンが書いた批評文『ライヒャルトのピアノ・ソナタへ短調』からの引用である。この批評文でホフマンは明らかに、ライヒャルトのこの晩年の試みを失敗とみなしている。ホフマンにとって器楽とは、「ほかの芸術（たとえば文芸）の援助も混入も一切はねつけて、この芸術にしか認められない独自の本質を純粋に表現

【譜例 15】ライヒャルト　ピアノ・ソナタへ短調

する」もの、「あらゆる芸術の中で最もロマン的なもの」であり、それには十分な想像力が必要であった[33]。つまり、彼がライヒャルトのピアノ・ソナタの価値を認めようとしなかったのは、その作品においてライヒャルトの悟性が想像力を強く抑え過ぎてしまっており、「ロマン的」とは言えなかったからである。

　またホフマンは、ピアノ曲の作曲には高度な演奏技法のみならず、ハーモニーに関する極めて深い知識が必要であるとしているが、それは、ピアノほどハーモニーに役立つ楽器はないと考えていたためである[34]。彼によれば、「ピアノほど、指いっぱいの音を含む分厚い和音でハーモニーの国を包み込み、その国の財宝をこの上なく見事な姿や形にして、識者の前で広げてみせる楽器は恐らくほかにないであろう」という[35]。そして、この楽器の特性を十分に心得て、最適な方法で活用したのがベートーヴェンであった。彼は「真にハーモニーの奥義を極め」、「ハーモニーによって人間の心に感銘を与えることのできる」作曲家の一人であった。[36] また、この「新しい時代に全く新たに発明された楽器」であるピアノは、[37] 従来のチェンバロやクラヴィコードとは違い、音に持続性があって強弱の変化をつけることもできるため、芸術における感情の流露を重んじた当時の思潮に上手く適合し、新しいロマン主義音楽の強力な担い手となった。ホフマンは、ピアノ文化のこの急速な発展にライヒャルトが完全に取り残されていることも指摘している。[38]

ただし、書き添えておきたいのは、器楽においてはライヒャルトよりもベートーヴェンに軍配を上げたホフマンも、声楽、特にリートの分野では、単純な形式の中に詩人の感情を高度に表現できる大家として、ライヒャルトには最高の敬意を抱いていたという点である。ホフマンは、「ほかの音楽の分野では真に偉大で確実な地歩を占めた」ライヒャルトには、不向きなピアノ曲などではなく、「心地よく素晴らしい歌曲をもっとたくさん作ってほしい」と述べている。[39] たしかに、弟子のホフマンが指摘したように、晩年のライヒャルトの器楽における試みは不完全なまま終わってしまったかも知れないが、ライヒャルトは器楽の分野においても、最期まで飽くなき挑戦を続けていたことが分かるのである。

第二節　ウィーン古典派との関係

(1) ハイドンとモーツァルトの音楽の真価を認める過程

ライヒャルトは、ドイツ北部と南部の器楽の間に生じた深い溝をなかなか克服できなかったが、一八〇〇年ごろにようやくウィーン古典派の音楽の真価を認め、彼自身もそれを手本に器楽を作曲しようという意欲を見せていた。この第二節では、ウィーン古典派の代表的な作曲家ハイドン、モーツァルト、ベートーヴェンの三人とライヒャルトの関わりについて、また、彼がその「新しい音楽」を次第に理解するに至った経緯について考察したい。

ライヒャルトは、ハイドンの音楽に幼いころから親しんでいた。[40] 故郷のケーニヒスベルクで公開コンサートが始まったのは一七七五年ごろのことで、それ以前、市民が音楽を鑑賞できたのは、上流階級の邸宅などで行なわれるプライベートな演奏会だけであった。[41] ライヒャルトはヴァイオリンや鍵盤楽器を見事に演奏する神童として、そのような場に頻繁に出入りしていたため、早くから優れた芸術に接することができた。特に、七年戦争が終結に近づいた一七六二年に彼は、ケーニヒスベルクに連行されたオーストリア人捕虜たちがハイドンの初期の作品であるカッサツィオーネを演奏するのを聴いており、[42] 後年『ウィーンへの旅路で書かれた私信』に、当時の思い出を次のように記している。

ハイドンはカッサツィオーネを初期の陽気な四重奏曲と呼んでいたが、そのうちの一曲は、私がごく幼いころに鑑賞した曲であり、神童と呼ばれていたころの私の十八番の中で、最も美しいものであった。そして、精神的な内容と性格が常に膨らんでいく彼の四重奏曲は、私に極めて良質な心の糧と教養、それと同時にこの上なく魅力的な楽しみを与えてくれた。［……］こうしたことを私は、心の底から感動せずには思い出すことができない。[43]

ケーニヒスベルク大学での自由奔放な学生時代には、法学の勉強よりも遊びに興じ、親しい学友たちと室内楽の演奏も楽しんだようであるが、その中にはハイドンの作品も含まれていた。[44] また、職探しの旅で立ち寄ったライプツィヒでは、ヒラーが主催していたコンサート（一七七二年）で、ハイドンや、同じくウィーン古典派の作曲家であるヨハン・バプティスト・ヴァンハル（Johann Baptist Vanhal, 1739–1813）の交響曲を聴いている。ライヒャルトの才能を高く評価していたヒラーは、ライヒャルトの作曲したハイドンやヴァンハル風の交響曲や協奏曲も、自分のコンサートのプログラムに積極的に取り入れたという。[45] 一七七五年には、ケーニヒスベルクの元帥フォン・デア・グレーベン（Von der Gröben）の家庭で行なわれた、「ハイドンの素晴らしい四重奏曲」の演奏に、ライヒャルトも参加した。[46] このようにライヒャルトは早くからハイドンの音楽に親しみ、愛着を感じていた。『音楽芸術雑誌』第一巻（一七八二年）では、ハイドンの作品の中でも特に《ロシア四重奏曲 *Russische Quartette*》[47] を賞賛して、「これらの作品は、極めて独創的な思いつきと生き生きとした好ましい機知に満ちている。恐らくハイドンほど多くの特異性や多様性と、多くの快適性や大衆性とを結びつけた作曲家はかつていなかったであろう」と書いている。[48] 一七八三年にライヒャルトは、ウィーンで皇帝ヨーゼフ二世に謁見しているが、ハイドンを批判した皇帝とは意見が合わなかったと述べている。皇帝がハイドンを批判したのは、皇帝に近侍するヴァイオリニストのフランツ・クライビヒ（Franz Kreibich, 1728–1797）がハイドンの敵対者で、ハイドンの交響曲がほとんど演奏されなかったからであるという。[49] また、ハイドンの芸術を支持するライヒャルトの姿勢は、彼がベルリンで主催していた「コンセール・スピリテュエル」のプログラムにも表れていて、彼はベルリンの聴衆たちにハイドンの交響曲を積極的に紹介しようとしていた。[50]

しかし、ハイドン自身は一七八一年に《ロシア四重奏曲》を作曲した際に、これらの作品を「全く新しい特別な様式で」書いたと示唆していたが、[51] ライヒャルトはそれに全然気づいていなかった。なぜなら、ライヒャルトはハイドンを、C. Ph. E. バッハと同じグループに属する旧世代の作曲家とみなしていたからである。ライヒャルトはライプツィヒ『一般音楽新聞』に掲載された自伝や『音楽芸術雑誌』第一巻においても、二人の名前を並べて[52]、「ハイドンとC. Ph. E. バッハがいるだけでも、我々ドイツ人には独自の流儀があって、我々の器楽はすべての中で最も注目すべきものであると大胆に主張できるであろう」と述べている[53]。彼は一八〇〇年を少し過ぎるまで、ハイドンの作品を前古典派の領域へと組み入れていて、ハイドンの音楽の新しさに気づくにはまだ時間を要した。たとえば、ライプツィヒ『一般音楽新聞』の一八〇〇年十月二十五日付けの書簡体による批評文では、ハイドンのト長調の交響曲について、「私は長い間ハイドンの交響曲を聴いていませんでしたが、かつてこのマイスターの素晴らしい作品が私に与えたのと同じ懐かしい印象を、再び感じることになりました」と書いている[54]。

このようにライヒャルトは、幼いころからハイドンの作品に親しみ、彼のことを大いに尊敬していたが、それに対してモーツァルトの作品は、一八〇八年ごろまでほんの一部しか知らなかった[55]。つまり、ライヒャルトにとって長い間、ハイドンは明らかにモーツァルトよりも偉大な存在であった。ライヒャルトがモーツァルトの真の偉大さを把握できたのは、ようやく十九世紀になってからのことであり、ライヒャルトは自分とほぼ同世代であるモーツァルトに対して、作曲家として同等の資格があると自負していた。もちろん、ライヒャルトはモーツァルトの作品を全く評価していなかったわけではない。一七八三年にウィーンを訪れた際には、モーツァルト自身には会えなかったものの、彼のいくつかの作品を初めて耳にして「素晴らしく美しかった」と感想を述べている[56]。また、一七八七年一月二十四日のフリードリヒ大王の追悼演奏会では、宮廷楽長として、モーツァルトのアリアを選曲している[57]。

しかしライヒャルトは、モーツァルトの音楽を公然と批判することにも遠慮はなかった。モーツァルトの《皇帝ティトゥスの慈悲》の批評文では、このオペラの欠点、たとえば「イタリアの旧来の形式を盲目的に模倣している」、「言葉を無頓着に、そしてしばしば非常識に扱っている」、「表現が一面的である」、「正反対の性格やスタイルを混合している」、「和声を無頓着で軽薄に取り扱っている」、そして「歌手のための奇抜な技巧や程度の低い装飾音を加えている」点などを列挙して、厳しく批判した。[58] また、ライヒャルトは続けて次のようにも述べている。

当然尊敬されるべき我々の同国人のこのオペラ作品は、その中のいくつかの楽節や部分がどれほど美しいと評価されていようとも、彼が声楽の作曲家というより、はるかに偉大な器楽の作曲家であったということを改めて証明している。それどころか大抵の場合、彼は声楽作品においても単に器楽の作曲家でしかなく、ただ心地よく上手くできた器楽のメロディに、歌詞をつけるということが実に多かった。[59]

つまり、当時のライヒャルトにとってモーツァルトは声楽の作曲家ではなく、あくまでも器楽の作曲家であった。同様のことは、モーツァルトよりもはるかに尊敬していたハイドンにも当てはまった。ハイドンへの賛美は器楽の分野にとどまり、声楽の分野では、ライヒャルトは自らの才能に自信を持っていて、自分に優先権があると考えていた。しかし、フリードリヒ・ヴィルヘルム二世は劇場音楽よりもコンサート音楽を好み、フリードリヒ大王の愛したハッセやグラウンのオペラの代わりに、ハイドンやモーツァルトの器楽に価値を置くようになった。[60] そして、国王はウィーン古典派との関係を強めるために、一七八九年にモーツァルトやディッタースドルフをベルリンに招待している。[61] ライヒャルトは、声楽の分野の指導的立場は誰にも譲れないという自負があったため、正歌劇のほかに、ジングシュピールやリートなどを多数書くことで彼らに対抗した。

一七九六年にライヒャルトは、《集いの楽しみのためのリート集》第一巻を編集しているが、その歌集にはハイドンやモーツァルト、ディッタースドルフのリートを一切採用しなかった。その理由は、「これらの卓越した作曲家たちが、我々の最高の詩人たちの作品をあまり扱わずに、それどころかリートをリート本来の性質に従って作曲しなかった」という点にあるという[62]。また、同年に出版された『音楽年鑑』でライヒャルトは、自分の考えるリートの定義を述べてから、ハイドンのリート集に関して批評し、彼のリートはリートではなく、その上歌詞も大抵の場合リートではないと主張している。「このような偉大な芸術家が、なぜ気安くそのような駄句に作曲したのか、ほとんど理解できない」と述べ、さらに、ハイドンの人気のあるメロディに誰かが後から歌詞をつけた替え歌ではないかとも疑っている。モーツァルトのリートもまた、ライヒャルトにとっては、単に「人気のあるイタリアの手法による、とても好ましいオペレッタのカヴァティーナであり、リートではなく、少なくともドイツのリートではない」という[63]。

既述のとおり、ライヒャルトはヨーロッパ各地の民謡を収集していたが、ハイドンとレーオポルト・アントニーン・コジェルフ（Leopold Antonín Koželuh, 1747–1818）がイギリスとスコットランドの民謡集を編纂した時に、ハイドンが「近代的な扱い」をして民謡の「原型」を壊してしまったことを、厳しく批判している[64]。ライヒャルトは民謡の編曲は極めて控えめにし、なるべく手の加えられない状態で紹介されなくては、研究の上で意味がないと考えていた[65]。また、一八〇四年の十二月十六日と二十三日にベルリンで行なわれたコンサートでは、モーツァルトの編曲によるヘンデルの《メサイア》が演奏されたが、ライヒャルトはその演奏の「失敗」の一因がモーツァルトのアレンジの仕方にあると考えている。その編曲は、主に管楽器を増やすことによって音の強化を図ったものであったが、それにより「この高貴な芸術作品の真の性質」や、「その静かな偉大さ」、「内なる輝き」などが損なわれているという。モーツァルトは「この古い芸術作品の内なる性質を見誤っている」とも述べている[66]。

このようにライヒャルトは、ハイドンやモーツァルトがリートや民謡、宗教音楽などの声楽曲に対して理解がないことを批判した。それでもハイドンは器楽の作曲家として偉大であったのに対して、モーツァルトは長い間、彼と対等な立場にいるライバルでしかなかった。[67] そしてライヒャルトは、モーツァルトが作曲の極めて重要な基本法則に違反しているということを確信して疑わなかった。[68] その理由は、両者の音楽に対する基本的な姿勢が全く異なっていた点にある。彼らはともに音楽を学ぶためにイタリアへ赴いたが、モーツァルトが最新のオペラや室内楽を吸収しようと努力したのに対して、ライヒャルトはルネサンス時代の古い教会音楽に魅了され、図書館で楽譜の収集に勤しんだ。声楽における音楽と歌詞の関係性についての見解も違っていた。モーツァルトは、《後宮からの逃走》を作曲していた一七八一年十月十三日に、父親に宛てた手紙で次のように述べている。

オペラでは、まさしく詩は音楽の従順な娘でなくてはなりません。［……］オペラでは音楽が完全に支配していて、人々は音楽に夢中になっているうちにすべて（台本が悲惨なことなど）を忘れます。［……］些事にとてもこだわる作曲家は、常に音楽とともに破滅するでしょう。オペラでは、芝居を理解していて自分で何か主張できる優秀な作曲家と、真の不死鳥のような分別のある詩人が一緒に手を組むのが一番良いのです。［……］もし、私たち作曲家が常に私たちの規則（まだ、より良いものを何も知らなかった昔は、全く問題がなかったのですが）にとても忠実に従おうとしたら、詩人が役に立たない台本を書くのと全く同様に、私たちも役に立たない音楽を作ることになるでしょう。[69]

つまり、モーツァルトにとってオペラの主役は常に音楽であり、ライヒャルトが確信していたように、モーツァルトは優れた音楽を書くためには、多少の規則違反は仕方ないと考えていたようである。それに対して、ライヒャルトにとって声楽における主役は詩や台本であり、すでに第二章と第三章で考察したように、彼は詩の言葉を重視した作曲法を主張していた。彼は、声楽においては音楽家よりも詩人の優位を信じ、音楽は歌や役者のパントマイム、ダンスなどを支えるものと考えていた。[70]

ところが、十九世紀に入るとライヒャルトの中に、ハイドンやモーツァルトの芸術に対する新しい見方が芽生えてくる。彼がようやくハイドンの新しさに気づいたのは、一八〇一年一月五日、ベルリンで《天地創造》を聴いた時のことであった。ライヒャルトは大いに感銘を受け、「ハイドンはこれまでと同様に彼の時代の最高の手本であり続ける」と絶賛したが、それと同時に、この作品が「オラトリオの古い理論」では説明のできないものであることを認め、「新しい理論」の考案の必要性を感じている。[71]

また、ライヒャルトは自分とは異なった芸術観を持ったモーツァルトの音楽に対しても、遅くとも最後のパリ旅行の間（一八〇二―一八〇三年）には理解を示し始めている。彼はモーツァルトにおける想像力と判断力、感情と思考のバランスのよさに注目した。『パリからの私信』の中の一八〇二年十二月二十四日付けの書簡からは、彼がモーツァルトのオペラに「ほぼ終始一貫して保たれた心地よさ」や「統一性」、「ロマン的で愛らしい性質」を感じていたことが分かり、一八〇三年三月二十六日付けの書簡からは、ハイドンのみならずモーツァルトも、「ロマン的な芸術における高度なレベルに達した」音楽家の代表とみなしていたことが判明する。[72] 一八〇四年の《新・集いの楽しみのためのリート集 *Neue Lieder geselliger Freude*》第二巻には、モーツァルトのリートを三曲採用している。[73] そして、一八〇六年の『ベルリン音楽新聞』に掲載された、モーツァルトの《イドメネオ *Idomeneo*》についての批評文では、「我々の願望をすべて満たし、ほぼ最上と思われる期待をさらに上回る作品」、「極めて純粋な芸術作品」として絶賛している。また、「モーツァルト自身によって驚くほど発展した器楽は、彼が現れるまで聴いたことのないような見事な豊かさを手に入れたが、彼もこの作品でその器楽の表現力の豊かさを応用した」とも述べている。[74] ライヒャルトが最も高く評価した点は、モーツァルトが全体的にイタリア形式を尊重しているにもかかわらず、主人公イドメネオにおいて「異質な混合物の全くない、偉大で徹頭徹尾純粋な節度のある勇ましい性質」が統一されていることであった。ライヒャルトはこの作品は「一つの性質」によってのみ特徴づけられていて、「偉大で高貴な形式と卑小で滑稽な形式の冒瀆的な混合」が全く見られないことを賞賛し、彼自身が尊重していた「感情の統一の理論」が実現されていることにも満足感を覚えている。[75]

　さらに一八〇八年には、ライヒャルトのそれまでの音楽的価値観を覆すような事態となる。ライヒャルトはその前年の末にジェローム・ボナパルト王の命令に従って、カッセルの劇場総支配人に就任したが、ここでウィーン古典派の音楽と真剣に向き合うことになった。ライヒャルトは自分の舞台作品である《イェーリとベーテリ》や《愛と忠誠》も上演したが、カッセルの観客はもっと華麗なオペラ、たとえばケルビーニやグルック、アンドレ＝エルネスト＝モデスト・グレトリ（André-Ernest-Modeste Grétry, 1741–1813）、メユールなどの作品を望んだ。上演される演目の中には、モーツァルトの《皇帝ティトゥスの慈悲》と《ドン・ジョヴァンニ》もあり、ライヒャルトは必要に迫られて彼のオペラを研究することになったのである。ザルメンの指摘によれば、「このようにモーツァルトのオペラを研究することにより、ウィーン古典派の舞台作品に対してごく自然に感激し、それとともに、北ドイツよりも南ドイツの様式のほうが優れているとようやく認識するに至った。この一八〇八年という年に、多くの若いころの理想像が崩壊した」。つまり、ライヒャルトは「ベルリンの音楽の古臭さを率直に認めなければならず」、ウィーン古典派に対する彼の理解は次第に肯定的になっていったという。[76]

　一八〇八年の十月末、ライヒャルトはカッセルの劇場を辞職し、イタリア・オペラ用の歌手との契約という表向きの理由をつけて、ウィーンへと向かった。これが、ライヒャルトにとって二度目で最後のウィーン旅行となったが、彼はついにハイドンとの初の対面を果たすことができた。ライヒャルトが最晩年のハイドンから受けた歓待や、そして「老ハイドンと過ごした感動的な光景」については、『ウィーンへの旅路で書かれた私信』に詳しく描かれている。[77]その年末にはモーツァルトの未亡人コンスタンツェを訪問しているが、[78]ライヒャルトは何度もチャンスがあったにもかかわらず、モーツァルト本人には一度も会っていない。一七八三年のウィーン訪問では、グルックには面会できたもののモーツァルトは留守であった[79]。また、一七八八年にモーツァルトの《後宮からの逃走》がベルリンの王立国民劇場でも上演され、その翌年にモーツァルトがベルリンの宮廷に招かれたが、ライヒャルトはゲーテとの親交を深めるためにヴァイマルに出かけていて会えなかった[80]。ライヒャルトが初めてモーツァルトの芸術と真剣に向き合い、彼の音楽を集中的に研究し、理解し、そしてそれに対する偏見もなくなった時、すでにモーツァルトはこの世にはいなかったのである。

彼はウィーンで、一八〇九年三月十二日に行なわれた十四歳のイグナーツ・モシェレス（Ignaz Moscheles, 1794–1870）のコンサートを聴いている。その際、モシェレスはモーツァルトのピアノ協奏曲の独奏を担当し、自分自身の作曲した交響曲を指揮した。ライヒャルトはその批評文で、この若者は声楽の作曲家に向いていると判断し、「器楽曲には恐らく、彼の全性質から推測されるよりも、もっと多くの想像力と特異性が必要である」と述べている。続けて、ハイドンとモーツァルトの器楽に言及し、彼らの器楽を次のように絶賛している。

ハイドンとモーツァルトが、古代だけでなく、ほかのどのような時代も知らなかったような芸術を創造し、それと同時に最高峰へと導いてしまった後に、器楽において何か重要なことや偉大なことを成し遂げるためには、メロディを作り出すどんな研究や才能ももはや不十分である[81]。

このようにライヒャルトは、晩年になってようやくハイドンとモーツァルトの音楽に最高の賛辞を呈することができたのである。さらに、モーツァルトのジングシュピールについては、一八一二年三月十七日付けのティーク宛ての書簡で「モーツァルトがその中で最高のことが成し遂げられたのは、本当にシカネーダーやその仲間たち

の御蔭である。《魔笛》と《ドン・ジョヴァンニ》がなかったら完全なモーツァルトとは言えないであろう」と述べている。(82)

(2) ベートーヴェンの才能への高い評価

ライヒャルトがベートーヴェンと初めて会ったのは、一七九六年のベルリンであったと考えられている。ベートーヴェンは前年の末にウィーンを出発し、プラハ、ドレスデン、ライプツィヒを経てベルリンへ演奏旅行に来ていた。ベルリンに滞在したのは五月末から七月初旬までで、フリードリヒ・ヴィルヘルム二世の宮廷で数回にわたり、御前演奏を行なっている。(83) ライヒャルトはこの時期、宮廷楽長としての職を解かれていたために、この宮廷での演奏を耳にすることはなかったはずであるが、一八〇八年にウィーンのベートーヴェン宅を訪問した際に、彼との「再会」を喜んでいることから、一七九六年の時点ですでに、両者は知り合っていたとみなされている。(84) 一八〇〇年以前にはまだ、ライヒャルトがベートーヴェンの作品を積極的に取り上げて批評することはない。しかし、ギービヒェンシュタインの常連客であった医学生アードルフ・ミュラー（Adolph Müller, 1784–1811）の言説により、ライヒャルトが早くもベートーヴェンの音楽にたびたび接していたことが分かる。(85)

一八〇五年になると、ライヒャルトは自ら編集している『ベルリン音楽新聞』に、ベートーヴェンに関する批評文を頻繁に掲載し始めるが、彼のベートーヴェンに対する評価はまだ安定していない。たとえば第三号に掲載された、ベートーヴェンの歌曲《アデライーデ》についての評者不明の記事には、「本来、恋人の名のついたイタリアの単純な芝居に由来するリートを、このように規模を拡張させて大げさに扱うことは、いかなる批評や趣味によっても良いとみなされることは絶対にない」と書かれている。ベートーヴェン自身もこの作品を「独唱とクラヴィーア伴奏のためのカンタータ」として作曲しており、リートとしては扱っていないが、評者にとってはその詩の扱い方こそが問題であった。そして、完全に通作による作曲法や「目立って顕著なコントラスト」、言葉に対する「間違ったアクセントづけ」などが批判の対象となっている。[86] 厳しいリート観を持っていたライヒャルトも恐らく同意見であり、それゆえにこの記事を採用したと考えられる。そのほかにもライヒャルトは『ベルリン音楽新聞』に、ベートーヴェンの交響曲第一番の、突如として下属調の属七の和音から始まる冒頭部を批判した記事や、[87] 交響曲第三番のあらゆる箇所が「音楽の作法に違反していて支離滅裂である」として非難した、ウィーンからのコンサート報告などを掲載している。[88]

ただし、ライヒャルトはベートーヴェンの音楽を批判しつつも、彼の影響力に注目していた。『ベルリン音楽新聞』にライヒャルト自身が執筆した、ベートーヴェンのシェーナ[89]とアリア《ああ、不実なる者よ *Ah perfido!*》に対する批評文でのことである。彼は、テンポのゆったりした部分と速い部分の「際立った対比が、結局のところ［……］全体の悲劇的な効果を台なしにしてしまっている」と欠点を指摘しているが、その一方で、ベートーヴェンに対して次のようなことを助言している。

ベートーヴェン氏は、真の芸術家に相応しい自尊心をもって、公表した自身の作品を見直すべきであり、才能のある新人が手本に選びたがるマイスターに、自分が数えられていることを決して忘れてはならない。なぜなら、新人を純粋で良質のセンスや正しい芸術規範から逸脱させ、多数の過ちへと誘導してしまう可能性があり、強制力があるからである。

つまりライヒャルトは、ベートーヴェンに若者たちの手本として、「目立つようなあらゆること」は避けるべきであると注意を促しながらも、同時に彼のことを「才能と技術のある」芸術家として評価し始めているのである。[90]

当時、ベートーヴェンの芸術の理解に慎重な態度を示したのはライヒャルトだけではなく、のちにベートーヴェンの良き理解者となるロホリッツでさえも、自身で編集していた『一般音楽新聞』にベートーヴェンの批判的記事を載せている。[91] たとえばそれは、ベルリンのコンサートにおける、一八〇四年十一月の交響曲第二番や十二月十五日のピアノ協奏曲第一番についての批評、翌年一月二十三日と四月九日における交響曲第三番についてのウィーンからの報告などである。[92] いずれも匿名の記事であるが、共通するのはベートーヴェンの「十分な独創性」や「精力的で才能豊かな精神」、またその音楽における「メロディの豊かさ」や「美しさ」を認めつつも、「音楽の作法に違反していて奇抜」な部分を短所とみなし、「統一性」や「分かりやすさ」に欠けることを批判している点である。このような事例が、いかにベートーヴェンの音楽がオリジナリティーに富んでおり、いかに当時の人々に強い衝撃を与えたかを明確に物語っている。

すでに述べたように、ライヒャルトはカッセルで過ごした一八〇七年の末から約十か月の間、モーツァルトのオペラ研究を積極的に行ない、次第にウィーン古典派の音楽に対する理解を深めた。そして、彼はカッセルから直接ウィーンへと赴き、一八〇八年の十一月三十日にはベートーヴェンのもとを自ら訪れて、彼との「再会」を果たしている。このウィーン旅行中に、ライヒャルトはベートーヴェンと幾度か会い、ベートーヴェンの作品を彼自身の演奏で聴く機会にも恵まれて、いよいよその芸術を真に理解する時が到来した。この貴重な体験を、ライヒャルトは『ウィーンへの旅路で書かれた私信』に記録しており、その中でベートーヴェンの音楽と才能を高く評価している。

ライヒャルトがベートーヴェンのもとを訪れた時、彼はエルデーディ伯爵夫人アンナ・マリー（Anne Marie Erdödy, 1779–1837）の家を間借りしていた。その住まいは「広かったが、雑然としていて淋しい感じ」であり、彼自身も初めは「不機嫌」であった。しかし、すぐに二人は打ち解けて互いに再会を喜び合った。彼は「はっきりと物を言う性格で、見た目はキュクロプスのようであった」が、ライヒャルトの「知りたかったことについても、大変正直に愛想よく話してくれた」という[93]。このようにライヒャルトはベートーヴェンの印象を描写しているが、実はベートーヴェン側は、作家コリンの執筆した四幕物の抒情的戯曲『ブラダマンテ』のことで、ライヒャルトに対して面白くない感情を抱いていた。もともとコリンから作曲の依頼を受けたのはベートーヴェンであったが、双方の意志疎通が上手くいかず、結局その作曲はライヒャルトが引き受けることになった。このことで、ベートーヴェンはかなり屈辱的な思いをしたようで、いつまでも根に持っていた[94]。

それゆえに、ベートーヴェンはライヒャルトとの再会時、よほど気まずい思いをしたのであろうか、すぐに改めてライヒャルトを自宅に招待している[95]。その時は、病のために外出できないエルデーディ伯爵夫人や彼女の幼い三人の子供たちも一緒に、ベートーヴェンの音楽やライヒャルトの作曲したゲーテ歌曲を楽しんだ。そして、ベートーヴェンが一時間ほどピアノで即興演奏した時のことである。「彼の芸術的感性の極めて奥深いところから」溢れ出たその音楽は、「天上の芸術の最大限の高みと深みにおいて、絶妙の能力と器用さによって」演奏されたので、その素晴らしさにライヒャルトは「恐らく一〇回ほど、この上なく熱い涙を流し」、「自分が極めて恍惚とした状態であることを、彼に伝える言葉が全く見つからなかった」という[96]。ライヒャルトはベートーヴェンのピアノ音楽に圧倒されて感涙にむせんだが、このようなライヒャルトの態度、すなわち純粋な器楽を「天上の芸術」とみなし、その価値を認めて称揚する態度は、完全にロマン主義的であると言っても過言ではない。なぜなら、ロマン主義の音楽思想において器楽は、声楽のように言葉を介さずとも人間の感情を直接表出できる自律的なものであり、それと同時に非常に宗教的な存在だからである。

ライヒャルトがウィーンに滞在していたころは、ベートーヴェンにとってちょうど、作家ロマン・ロランが「傑作の森」と名づけた時期、つまり彼が中期の名作を次々と生み出した時期にあたる。特に一八〇八年は多くの名作が誕生した年で、十二月二十二日には交響曲第五番と第六番の初演を含む、歴史的な大演奏会がアン・デア・ウィーン劇場で行なわれた。ライヒャルトも聴衆の一人としてその場に居合わせ、その時の様子を事細かに記録している。

昼にロプコヴィッツ侯から、彼の桟敷席に一緒に来ないかとの親切な誘いがあり、私は心から感謝してその誘いにのった。私たちはその席で厳寒の中、六時半から十時半まで耐え抜いて、度を越してやり過ぎてしまうことは往々にしてあるものだと、身をもって経験したと感じた。侯爵の桟敷席は二階にあって、オーケストラが演奏しベートーヴェンが真ん中で指揮していた舞台にとても近かったので、たび重なる演奏のミスによってかなり苛立ったにもかかわらず、とても温厚で繊細な侯爵と同様に、私はコンサートが完全に終わる前に席を立つ気にはならなかった。(97)

この大演奏会が失敗に終わったことは多くの歴史的資料が伝えているが、(98)その原因は何と言ってもその演奏曲目の多さにある。交響曲二曲にピアノ協奏曲、(99)《合唱幻想曲 *Chorfantasie*》という大規模な四作品のほかに、ミサ曲からの抜粋やピアノ曲、声楽曲までもが含まれていた。(100)その上、「可哀そうなベートーヴェンは［……］この催しでたびたび強い抵抗にあい、ほとんど支持してもらえなかった。歌手やオーケストラもいろいろなところから集められた人たちから成っていて、どの曲も最高難度であったのに、演奏される予定のすべての曲を完全にリハーサルすることが一度もできていなかった」という。(101)また、この大演奏会のフィナーレを飾る《合唱幻想曲》では、オーケストラの奏者たちは途中でどこを弾いているのか分からなくなり、混乱に陥った。すると「ベートーヴェンは極度な芸術への熱意から、もはや聴衆の存在も場所柄も忘れて、ストップして最初からやり直すと叫んだ」。それに対してライヒャルトは、「その瞬間、もっと早く出て行く勇気があればよかったのにと思った」と述べている。[102]したがって、会場や演奏がライヒャルトの描写どおりであったとするならば、とても音楽を鑑賞できる環境にはなかったと言えるであろう。ライヒャルトがプログラムの後半で演奏された交響曲第五番を聴いて、「大規模で入念に仕上げられた、長過ぎる交響曲」という印象しか持たず、その魅力に気づかなかったとしても驚くにはあたらない。[103]

その代わりに、年が明けて一八〇九年一月に行なわれたピアノ奏者マリー・ビゴー（Marie Bigot, 1786–1820）の家庭音楽会で、ライヒャルトはベートーヴェンのピアノ・ソナタ五曲とピアノ三重奏曲を何曲か聴き、次のような感想を述べている。

すべての作品には流れ出る想像力や、言葉では無理でも音楽では表現できるような感情の深みがある。そしてその音楽も、ひたすら芸術のために生き、芸術とともに眠らずに夢を見て、夢を見ながら眠らないでいるような芸術家の心の中にしか入って行かないし、そういう心の中からしか生み出されない。

また、五曲のピアノ・ソナタについてライヒャルトは、「どれもこれも見事であり、一人の芸術家の大いに満たされた豊かな人生における絶頂を極めていた」と語った。[104]彼はこの時、ベートーヴェンの器楽から「流れ出る想像力」や「言葉では無理でも音楽では表現できるような感情の深み」を感じ取っているが、彼のこのような音楽観は、まさしくヴァッケンローダーとティークが『芸術の友のための芸術幻想』で語った見解と一致していると言える。[105]彼らはこの論文の中で、具体的な作曲者名や曲名を明かさずに形而上的な音楽論を展開しているが、ライヒャルトはこのウィーン旅行での体験を通じて、彼らロマン派の音楽観とベートーヴェンの器楽とをしっかり結びつけたのである。

さらに別のコンサート（一八〇八年十二月十五日）でライヒャルトは、ハイドンとモーツァルト、ベートーヴェンの弦楽四重奏曲を聴き、「三人の真のフモリストたちが、それぞれの個性に従いながら、どのようにしてこの分野をさらに先へと発展させたのか、こうした順番で聴き比べられるのは私には大変興味深い」と述べた。[106] そして彼らの器楽の特徴を、それぞれ「園亭」、「御殿」、「塔」という比喩表現を用いながら描写しているが、これに関しては、次の第3項でホフマンの記述と比較しながら詳しく紹介したい。この時ライヒャルトはベートーヴェンの弦楽四重奏曲を特に気に入り、それを高くそびえる壮大な塔建築に喩えることで、彼の音楽に対して「大胆で反抗的」という一つのイメージを作り上げた。こうしたイメージは次第に多くの人々に受容されて広がり、十九世紀を通じて支配的になっていく。アルフレート・クリストリープ・カーリッシャーの言葉を借りれば、まさしくライヒャルトは、「全く稀な独創性に満ちた真のベートーヴェンの精神を理解する能力があり、ベートーヴェンの素晴らしさを、熱狂的な話し方や書き方で飽くことなく伝え続けた最初の卓越した人物」であった。[107]

(3) ライヒャルトとホフマンの見解の比較

今日でも、ウィーン古典派を代表する作曲家として、ハイドン、モーツァルト、ベートーヴェンの名を三位一体のように連ねることはよくある。アルノ・フォルヒェルトは、ハイドンとモーツァルトの二人組から、それにベートーヴェンが加わって三人組になり、彼らの音楽的特徴が比較されるようになったのは、一八一〇年七月にライプツィヒ『一般音楽新聞』に掲載されたホフマンの批評文『ベートーヴェンの交響曲第五番』からであると解釈している。[108] しかし既述のとおり、ライヒャルトがこの三人の弦楽四重奏曲を聴き比べたのは、一八〇八年十二月十五日であり、[109] この時の彼の的確な批評が『ウィーンへの旅路で書かれた私信』という形で出版されたのは、一八〇九年であった。この紀行文は政治的な意味でも物議を醸したので、ホフマンの関心を引いた可能性も高い[110]。第3項では、ハイドン、モーツァルト、ベートーヴェンの三巨匠の名を連ねてその音楽を比較する習慣は、ライヒャルトから始まったということを改めて確認し、ライヒャルトとホフマンの批評文に見られる類似の表現を対比することで、それらの一層深い解釈を目指したい。

たしかに、ライヒャルトも一八〇五年に『ベルリン音楽新聞』を創刊した当初は、まだハイドンとモーツァルトの名の後にベートーヴェンの名を記していない。ライヒャルトは序文で、当時のベルリンにおける音楽的状況の推移について次のように書いている。

（C．Ph．E．）バッハや（J．G．）グラウン、（F．）ベンダの器楽作品は次第に力を失い、ついにはハイドンやモーツァルト、そして彼らの後継者たちの天才的でロマン的な作品に、完全に屈した[111]。（括弧内筆者）

この時点でベートーヴェンはまだ、「彼らの後継者たち」の中にまとめられているが、すでに考察したとおり、ライヒャルトはこの一八〇五年に次第にベートーヴェンの才能に気づき始める。また、ライヒャルトは『ベルリン音楽新聞』の編集者として、第一巻第四六号に美学者クリスティアン・フリードリヒ・ミヒャエリス（Christian Friedrich Michaelis, 1770–1834）の『音楽の崇高についての若干の所見 *Einige Bemerkungen über das Erhabene der Musik*』を掲載している。この小論では、ハイドンとモーツァルトに加えてベートーヴェンの名が並べられており、フォルヒェルトの指摘によれば、この三巨匠の組み合わせが現れたのは、恐らくこれが史上初めてであるという[112]。ただし、ミヒャエリスの記述は単に三人の名前の例示に過ぎず、彼らそれぞれの創作の傾向が述べられているわけではない[113]。したがって、ハイドン、モーツァルト、ベートーヴェンの三人組による音楽の比較が最初に行なわれたのは、ライヒャルトの『ウィーンへの旅路で書かれた私信』であると考えられる。

それではここで、ライヒャルトとホフマンの表現を比べながら解釈したい。ホフマンのテキストには『ベートーヴェンの器楽 *Beethovens Instrumental-Musik*』を用いる。『ベートーヴェンの器楽』は、ライプツィヒ『一般音楽新聞』に匿名で掲載された、批評文『ベートーヴェンの交響曲第五番』（一八一〇年）と『ベートーヴェンの二つのピアノ三重奏曲 *Beethoven, Zwei Klaviertrios Op.70*』（一八一三年）が、一つにまとめられたものであり、のちに『カロ風の幻想作品集 *Phantasiestücke in Callots Manier*』の『クライスレリアーナI』の中に収められた。[114] ホフマンが「新しい」器楽、すなわち「ロマン的」な音楽の創始者として評価したのは、ライヒャルトと全く同様のハイドン、モーツァルト、ベートーヴェンの三人組であった。ホフマンによると、「ハイドンとモーツァルトの二人の音楽を溢れんばかりの愛をもって観察し、内奥の本質を突きとめた」のがベートーヴェンであり、「この三巨匠の器楽曲は同じロマン的精神に包まれているが、それは、この芸術独自の本質が同じように深く捉えられているからである」という。[115] また、改めて確認しておきたい点は、ホフマンもライヒャルトと同様にウィーン古典派の音楽を「ロマン的」であると解釈しているが、この場合の「ロマン的」とは音楽から受ける印象を表しており、今日の音楽史における「ロマン主義音楽」とは異なるものである。

まず、ハイドンの音楽についてライヒャルトは、「ハイドンはそれを、彼の愛らしい独特な性質から湧き出る純粋で明るい源泉から作り出した。それゆえに、無邪気さや明朗な気分において、常に卓越している」と述べて、「愛らしく幻想的な園亭」に譬えている。[116] それに対して、ホフマンは次のように述べている。

子供らしい明朗な心の表現が、ハイドンの作品では支配的である。彼の交響曲は我々を果てしなく広がる緑の森へ、幸せな人間たちの陽気で賑やかな雑踏の中へと連れて行く。若者と乙女たちが輪舞しながら漂い、通り過ぎて行く。笑顔の子供たちが木の陰や薔薇の茂みに隠れて相手を窺い、ふざけながら花を投げ合っている。まるで罪というものを知る前の、永遠の青春のさなかの愛と至福に満ちた生。悩みもなく、苦しみもない。ただ、はるかな夕焼け空に漂う、近づこうとも遠ざかろうともしない愛しい姿に対する甘美で切ない憧れだけである。その姿がそこにある限り夜にはならない。なぜならその姿こそが、山や森を炎のように照らす夕焼けだからである。[117]

さらに、「ハイドンは、人間生活の中の人間的なものをロマン的に解釈する。彼は多くの人々にとって、どちらかというと比較しやすく、分かりやすい作曲家である」という。[118] ホフマンの描写のほうがより文学的であり、文体も流麗であるが、両者が主張していることは「明朗」、「純粋」、「幸福」でありながらなおかつ「幻想的」、「ロマン的」という点で一致している。

次に、モーツァルトの音楽についてライヒャルトは、「モーツァルトのより力強い性質やより豊かな想像力はさらに広がっていき、いくつもの楽曲で彼の内なる本質の高みや深みを表現した」と述べ、モーツァルトはハイドンの「園亭」を基礎にして、その上に「自分の御殿を建てた」と譬えている。[119] ホフマンの見解は次のようである。

霊界の奥深くまで我々を連れて行くのはモーツァルトである。恐怖が我々を取り巻くが、ひどい苦痛はなく、それはむしろ無限を予感させるものである。愛と憂いが優美な精霊の声となって響く。淡い赤紫色の薄明の中で夜が始まり、我々は名状しがたい憧憬に駆られて、輪舞する者たちの跡を追って行く。彼らは、ともにその輪に加わるようにと親しげに手招きしながら、永遠なる天空の舞を舞って雲間を漂う。[120]

さらに、モーツァルトは「むしろ内なる精神に住む超人間的なもの、不可思議なものを求める」作曲家であるという。[121] 両者の見解に共通する点は、モーツァルトの「より豊かな想像力」によって人間の内面世界における奥深い部分が表現されていると把握していること、また、その音楽に「優美さ」を感じていることである。ライヒャルトはモーツァルトについて、「彼自身もまた実際に演奏の名手であり、それゆえに一層演奏者たちに期待することも多かった。そして、技巧を凝らした作品にも比較的多くの価値を置いた」と述べて、自分と同時代を生きた、優秀な演奏家としてのモーツァルトにも目を向けている。[122] それに対して、ホフマンのほうは彼が愛してやまなかった《ドン・ジョヴァンニ》の作曲者というイメージが先行しているように思われる。「霊界の奥深くまで我々を連れて行く」という表現は、ドン・ジョヴァンニの悲惨な最期を連想させると同時に、ジャン・パウルの『美学入門 *Vorschule der Ästhetik*』からの影響も感じさせる。ジャン・パウルは人間の内面世界を「無限の国」と呼んでいるが、そこは、肉体という有限性を持たないあらゆる超自然的存在の国である。そして「途方もないものや測りがたいものがその深淵を開く」と、「無限の憧憬か、あるいは名状しがたい至福のいずれか」が現れるという。さらにジャン・パウルは、「無限という広大な夜の闇の中で人間は、希望よりも恐怖を抱くことのほうが多い」が、その理由は喜びよりも、「苦痛」という肉体的感情のほうが感じやすいことにあると説明している。[123] ただし、ホフマンにとってモーツァルトの音楽は「恐怖」を感じさせるが、「ひどい苦痛はなく、それはむしろ無限を予感させるもの」であり、その音楽が導く世界も完全な夜ではなく「淡い赤紫色の薄明」であり、夜の始まりである。ホフマンはモーツァルトよりもベートーヴェンの音楽によって、より一層ジャン・パウルの精神世界に近づくことになる。なお、大変印象的なのは、ライヒャルトが「内なる本質の高みや深み」という単純な表現で説明した精神世界が、ひとたびジャン・パウルとホフマンの言葉の魔法にかかると、豊かな幻想的な世界として描出され、生まれ変わるという点である。[124]

最後にベートーヴェンの音楽に関して、ライヒャルトは次のように語っている。

ベートーヴェンはこの御殿にすでに早くから住み慣れていて、彼自身の性質を独自の形式で表現するには、大胆で強固な塔を増築することしか彼に残されていなかった。先端を折らなければ、誰も容易にはさらにその上に何かを建てられないような塔である。何度も私は、サン・ピエトロ大聖堂の上に丸屋根という形で見事なパンテオンを建てるという、ミケランジェロの誇り高く怖いもの知らずな考えを思い出した。[125]

一方ホフマンの感想は、以下のようである。

ベートーヴェンの器楽曲も同じように、途方もないものや測りがたいものの国を我々に開いてくれる。燃えるような光がこの国の深い夜を貫いて走ると、我々は巨大な影に気づく。それは上へ下へと揺れ動きながら徐々に包囲を狭め、我々を閉じ込めて滅ぼすが、ただ無限の憧憬の痛みだけが残る。歓呼の音となって一挙に高まった愉悦が皆、無限の憧憬のうちに沈み滅んでいく。そしてこの痛みは、愛や希望、喜びを消耗させても破壊せずに、あらゆる情熱による完全に調和のとれた和音で我々の胸を張り裂こうとするが、この痛みの中でのみ我々は生き続け、魅惑された見霊者となる。

そして、「ベートーヴェンの音楽は戦慄や恐怖、驚愕、苦痛という取っ手を引き、ロマン主義の本質である、まさしくあの無限の憧憬を呼び覚ます」という。[126] ライヒャルトもホフマンも、彼の音楽に「大胆」、「強固」、「巨大」といった印象を持っている点において類似している。既述のようにホフマンは、モーツァルトの場合よりも一層、ジャン・パウルの描写した人間の内面世界に近づいている。なぜなら、ベートーヴェンの音楽が感じさせる「恐怖」は、「無限の憧憬の痛み」という「苦痛」を伴い、我々を「深い夜」という精神世界の奥底へと導くからである。

ライヒャルトとホフマンによるウィーン古典派の三巨匠の比較表現について総括すると、ハイドンから始まって、モーツァルト、ベートーヴェンと時代が進むにつれて、その音楽が天を目指して突き進むように発展していくイメージを抱いていたのがライヒャルトであり、人間の精神界の奥深い闇へと入り込んで内的な充実をはかる様を思い描いたのがホフマンということになる。ライヒャルトにとって、ハイドンの音楽は「愛らしく幻想的な園亭」であり、モーツァルトはそれを基礎に増築して「自分の御殿」を造り、ベートーヴェンはさらにその上に「大胆で強固な塔」を建てた。ホフマンにとって、ハイドンの音楽は「夕焼け空」であり、それがモーツァルトでは「淡い赤紫色の薄明」に、ベートーヴェンでは「深い夜」になっていく。それゆえにホフマンは、三人の中でもベートーヴェンを、内面世界の最も奥を描写できる芸術家、「純粋にロマン的な作曲家」とみなしているのである。(127)

以上のように、両者の見解を比べたことによって類似性も多々見られたが、これだけでは、ホフマンが交響曲第五番の批評を執筆する前に、ライヒャルトの『ウィーンへの旅路で書かれた私信』(一八〇九年)を知っていたという証拠にはならないであろう。ただし、ベートーヴェン自身を含めてゲーテやアルニム、ブレンターノなど、「ロマン派の宿泊所」の客たちの多くがこれを読んでいたことは確かである。(128) また、『一般音楽新聞』を出版していたブライトコプフは、ライヒャルトの音楽活動を若いころから支援しており、ちょうど一八〇九年から一八一一年にかけて彼の作曲したゲーテ歌曲集を出版している。一八〇九年は、ホフマンがこの『一般音楽新聞』において批評活動を開始した年でもある。さらに、オットー・ヤーンの『モーツァルト *W. A. Mozart*』（一八五六―一八五九年）では、ライヒャルトとホフマンによるウィーン古典派の三巨匠の対比が紹介されており、しかもライヒャルトによる比較は「有名である」と書かれている。(129) このようなことから、ホフマンがライヒャルトの紀行文を知っていても何の不思議もない。

そして、この二人がウィーン古典派の三巨匠の音楽を比較したことにより、それ以後、ハイドンとモーツァルト、ベートーヴェンの名は三位一体のように不可分になり、その音楽が様々なものに譬えられるという習慣が十九世紀を通じて続くことになる。たとえば、アードルフ・ベルンハルト・マルクスは一八二四年の『ベルリン一般音楽新聞』において、ハイドンを客観的で具象的、モーツァルトを主観的で抒情的な傾向を持つ作曲家とすることで、アンチテーゼとして対立させ、ベートーヴェンを主観と客観の両傾向を統一した作曲家とみなしている。(130) また、ヨハン・アマデーウス・ヴェント（Johann Amadeus Wendt, 1783–1836）は、一八三六年の『主にドイツにおける音楽の現状について *Über den gegenwärtigen Zustand der Musik, besonders in Deutschland*』で、ヘーゲルの美学に倣って、ハイドンからベートーヴェンまでの音楽の変化の過程を、象徴的、古典的、ロマン的という三段階の芸術発展モデルに置き換えて説明した。(131) つまり、ヴェントはモーツァルトに「美の頂点」を見て、すでにベートーヴェンには「芸術の終焉」を感じている。さらに、一八四六年の『ウィーン一般音楽新聞』では、ユーリウス・ヴェントという筆名を用いた評者が、ハイドンは純粋無垢な子供らしい心で感じる巨匠、モーツァルトは青年らしい熱狂的感情に満たされた巨匠、ベートーヴェンは芸術をいわば大人に成長させた巨匠であるとしている。そして、マルクスの場合と同じく弁証法的に、ハイドンに見られる外から活気づけられた感情と、モーツァルトに見られる外へと溢れ出る感情とが、ベートーヴェンによって統一されると考えた。(132)

そのほかにも、三人の作品はそれぞれ「朝、昼、晩」や「春、夏、秋」などあらゆるものに譬えられ、「ドイツ音楽の三英雄」と言えば、彼らを指すことになっていく。[133] さらに、十九世紀前半のドイツにおけるナショナリズムの高まりとともに、器楽こそがドイツ固有の芸術であり、彼らの音楽こそがドイツ民族の精神を代表するものであるという考えが生まれる。つまり、ライヒャルトやホフマンの発言が十九世紀における無数の模倣者たちのモデルになり、「ドイツ音楽の三英雄」誕生の源になったのである。また、現代の我々からすれば理解しがたいが、ライヒャルトとホフマンのように、ウィーン古典派の音楽を「ロマン的」と表現することも、多くの模倣者によって繰り返された。それは、時代がさらに下ってこの三巨匠の音楽が規範的と感じられ、彼らの活躍した時代がドイツ音楽の古典期とみなされるようになるまで、続くことになった。一八三〇年代になるとハイドンやモーツァルトの音楽は、次第に新鮮さを失っていくが、それと同時に彼らの芸術に古典的なものが感じられるようになる。ただし、ベートーヴェンの音楽については意見が分かれ、規範性が認められないという理由から古典的とは言えないとする見解や、ハイドンやモーツァルトとともに、ベートーヴェンも含めて「ドイツ音楽の偉大な時代」とする見方などがあった。結局、今日では「ウィーン古典派」として三巨匠をまとめて一つのエポックとするのが一般的であるが、これはライヒャルトの影響下で作り上げられた三位一体の構成と一致している。[134]

第三節　ライヒャルトの音楽美学思想

(1)　音楽とは何か

ライヒャルトの場合、音楽批評だけでなく、音楽美学に関する発言にも興味深いものが多々あるが、彼はこれをテーマとしたまとまった著書は残さなかった。ザルメンによれば、ライヒャルトの見解は哲学的に十分とは言えないというが、[135] 彼のように作曲と同じほど、思想に重点を置いた音楽家は少ないであろう。それゆえに第1項では、彼が雑誌や新聞に書いた論評から、音楽美の本質に関する所見を中心にまとめておきたい。彼の音楽美学思想を考察することは、器楽のみならず声楽も含んだ音楽全般が問題となり、「ライヒャルトと器楽」について論ずるという本章の目的から多少逸脱するかも知れない。しかし、十八世紀後半から十九世紀初頭までの時代においては、音楽の中でも器楽をどう捉えていたのかという点が、その美学思想の新しさを判断する一つの指標となるため、あえて本章でこのテーマを取り扱いたいと思う。

まず、ライヒャルトにとって音楽とは、どのようなものであったのだろうか。彼は、音楽の本質は言語的機能にあると見て、『音楽芸術雑誌』第一巻で「あらゆる高度な芸術は、原初は至るところで人間が神々と交わす言語であった」と述べている。[136] 十八世紀の前半には、多くの著述家が音楽と言語の類似性を指摘し、言葉の修辞学を模範とした旋律作法を唱えた。この理論は、音楽を演説や文学とほぼ同質のものと認め、それぞれの「音型」が独特な意味や概念を持つと考えてそれを作曲に適用するもので、「音型説」と呼ばれる。聴き手もその「音型」についての知識をもとに、その音楽の意味を解釈した。[137] たとえば、ヨハン・マッテゾン（Johann Mattheson, 1681–1764）は主著『完全なる楽長 *Der vollkommene Capellmeister*』で、音楽を「響きの演説」と呼び、修辞学に基づいた作曲法について論じている。[138] またフォルケルは、十八世紀後半においてもなお『音楽通史』第一巻（一七八八年）で、音楽と雄弁術には著しい類似性があると主張している。[139] しかし、ライヒャルトは一七九二年の『月刊音楽誌』で三回にわたり、フォルケルの『音楽通史』第一巻に対する批評を掲載し、音楽と言語の本質を同一視することに異論を唱えている。ライヒャルトは、「歌と雄弁術は、両者が芸術になった瞬間から互いに離れ、二度と出会うことはない」と述べ、結局のところ「言語の知識によって、音楽を正確かつ完全に理解できるようになることはない」との見解を示した。[140] つまり、フォルケルもライヒャルトも、音楽の本質を説明するのに「言語」という言葉を使用しているが、その意味は大きく異なるのである。ライヒャルトの場合は、音楽が自立した芸術であるという考えを強く擁護しているため[141]、「言語」という言葉を、何かを描写するものという機能的な意味合い、つまり比喩として用いている。したがって、音楽の本質が「神々と交わす言語」であるという彼の考え方は、「音型説」とは基本的に違うものであり、それを越えた音楽の新しい見方であった。

ライヒャルトは音楽の対象、すなわち音楽は何を表現するのかという問題については、「音楽の唯一の対象は人間の内面である」と端的に答えを出している[142]。ここで言う「人間の内面」とは「心」や「感情」そのもののことを意味していて、彼にとって音楽とは個人的で主観的な感情を表出するものであった。この点においても、ライヒャルトとフォルケルの見解は異なっている。たしかに、フォルケルは『音楽通史』の中で、「音楽は我々の感情の表現である」と主張しているが[143]、彼にとっての感情とはバロック音楽におけるような、人間の多様な気分を客観的に類型化した「情緒」のことであった。つまり、同じ感情の表現であっても、フォルケルはバロック的「情緒」を音楽の雄弁術で語り、ライヒャルトはありのままの感情を音楽という神秘な言語で語るのである。このように音楽の本質を精神的なものとみなす考え方も、ライヒャルトの音楽観を理解する上で重要である。彼は音楽における数学的で物理的な事柄や現象などによる、意識的な計算ではなく、それよりも無意識的で奥の深い「魂の秘密の計算」に関心があった[144]。それゆえ、一七九一年十一月十七日にゲーテがライヒャルトに対して音響学への協力を求めたにもかかわらず[145]、彼はその依頼を断っている。このように、ライヒャルトは音楽が言語的機能を持ち、魂の感動の直覚的な発露を可能にする芸術であると考えていたが、この思想はモーリッツやヘルダー、ジャン・パウル、ロマン派の詩人たちが主張したものと類似している。彼らもまた、人間の内面を日常の言語では語り尽くせない世界とみなし、音楽はその精神世界を直接表現できる神秘な言語であると捉えていた[146]。

しかし、ライヒャルトにとって、音楽における感情の表出は度を越したものになってはならず、彼が長年とらわれていた「感情の統一の理論」に見られるように、全体的に統一感があって控えめでなければならなかった。十八世紀に対立する概念とされた、悟性と感情の問題については、彼は両者のバランスのとれた状態を理想としていた。[147] それゆえに、感情のない悟性の芸術も、抑制のない感情表現もどちらも相応しくないと考えて、悟性万能の啓蒙思想とも、感情や内発的生命力を強調するシュトゥルム・ウント・ドラングの運動とも距離を取っていた。すでに一七七四年に彼は、真の音楽家は「正しい感情」を持っている上にさらに「慎重さと経験」がなければならないと述べている。[148] ただし、一転して一七八二年には、感情の発露こそが「芸術家の真の自由」であり、「芸術家の表現に真実味を与える」と発言しているが、[149] グルックのオペラなどを体験するようになると、音楽における真の感情表現の重要性を悟り、感情を抑制できることが、心の能力の中で最も優れていると考えるようになった。[150]

音楽の目的については、一七七〇年代には「心」や「悟性」に働きかけること、あるいは心を揺り動かす「感動」であるとみなしていた。[151] しかし、第四章第二節第1項でも考察したように、彼の見解は次第に宗教的なものへと変化していく。一七八二年には「芸術の起源と目的は神聖なもの」と言っているが、この時点ではまだ、キリスト教だけではなく古代の多神教をも意識した表現であった。それに対して、一七九一年には「真の教会音楽」こそが「音楽の最高の目的である」と述べ、[152] 彼の関心は次第に古代の異教的なものから、キリスト教的なものに移行する。そして最終的には、一八〇九年の『ウィーンへの旅路で書かれた私信』で語った、「音楽の起源と本質は全く精神的で宗教的でロマン的である」という見解に至るのである。[153] 以上のことから、ライヒャルトにとって音楽とは感情を表出するものであり、精神的で宗教的で、自律性のある表現芸術であることが明白になった。

さて、ライヒャルトは十八世紀に流行した「趣味」という表現をしばしば用いているが、当時の傾向に従って、美の概念を倫理的なものにまで拡張し、この「趣味」という言葉に道徳的な役割も担わせている。彼は芸術を享受する側と同様に、芸術を創作する側にも「良き趣味」、「良質で明確な趣味」、「正しく洗練された趣味」が必要であることを繰り返し訴えている。[154] また、十八世紀には模倣と自然の概念が音楽美学上で重要な位置を占めていた。しかし、彼にとっては「人間の内面」が音楽の主要な対象であり、音楽による「自然の模倣」には肯定的ではない。[155] したがって、対象をありのままに忠実に写す、いわば写実的な自然の模倣を程度の低い音画と考え、良き趣味には相応しくないとみなした。つまり、風や雷、鳥の鳴き声などをそのまま模写する方法は聴衆の想像力を邪魔するので、作曲家は対象を昇華し「理想化」させて、この問題を克服する必要があると考えた。[156] 作曲家は、人間の内面的自然である感情を表出すべきであり、音楽の中で感情の多様性を統一し、高度な種類の模倣を目指さなければならない。ライヒャルトも自身の作品で、この種の模倣を試みている。たとえば、リートの作曲の際には、音楽が詩の目指すものを十分に再現すること、詩が語る感情や気分全体を音楽で暗示することに終始した。彼は、詩の言葉を一語一語忠実に音楽で説明して音画の手法で描写するのではなく、細部にこだわり過ぎずに全体を捉えて、単純かつ象徴的に表現するのである。[157]

自然と芸術の関係については、ライヒャルトが自然を芸術よりも上位に置いていたことは明白である。既述のとおり、彼は動物や植物、自然をこよなく愛し、自然発生的に誕生した民謡などのささやかな音楽を好んだ。そして、若いころから人工的なものを嫌い、宮廷生活における鬘や白粉などといった人工的な装飾からは、自由になるべきであると考えていた。それにもかかわらず芸術への憎悪はなく、むしろ自然と芸術という推定上の対極が結びついたバランスのよい生き方を求めた。[158] それゆえに、自然と文化の調和したギービヒェンシュタインの庭園は、彼にとってこの世の天国のようなところであり、必要不可欠な唯一の居場所であった。[159] 彼の考えた自然とは、人間に「素質と能力のバランス」を授けて、最高の単純さと高貴さとを等しくそれ自体の中に内包している。

自然は「永遠に創造的であり、決して汲み尽くされず、決して老朽化もしない」[160]。そして、人間の生活が不安定な宿命に支配されているのに対して、自然は「安定していて偉大」であり、「すべてが法則に従って生じ、過ぎ去っていく」という[161]。

ライヒャルトにとって「真の芸術家」とは、「自然と芸術」を互いに調和させることを目指さなければならない。単純で規則正しい自然の法則や秩序を守って音楽作りをするためには、作曲家も「自然自体と同様に単純な」考え方をする必要がある[162]。また、彼は「自由、真実、愛、感銘を与えたいという高貴な衝動が芸術家の本然の姿を形成する」と考えていた[163]。さらに彼は、「研究し工夫し、真の作曲をする芸術家」と「模倣し組み立てる制作者」を、また「生き生きとした表現者」と「機械的な演奏者」を、そして真の「芸術」と「作為的作品」とを明確に区別している[164]。ライヒャルトによれば、「真の芸術家」にとって教養は重要であり、中でも文学的教養によって得られるものが多いという。なぜなら、音楽家は詩人とともに高い地位を分け合っていて、芸術家は純粋な思想家よりも上に位置しているからである。「天上の芸術」である音楽は、彼の考えた精神的階級においては「学問上の問題」よりもずっと高いところにあった[165]。

ライヒャルトは、作曲を自然で天才的な産出であると考えていたが、彼にとって天才とは、「深く燃え立つ感情」や「燃えるような想像力」を持った「思弁的な人間」であり、市民としてこの世にしっかりと根を張った人間であった[166]。「人の役に立つことや、それによって同時代人から拍手喝采を得ること」を常に求めていたライヒャルトは、当時の度を超して高められた「天才」の超人的イメージには同調できなかった[167]。彼の考えていた真の天才とは、たとえばヘンデルのような人物であった。ライヒャルトによれば、ヘンデルは若いころから、ほかの音楽家の作品を研究するという謙虚さを持ちつつも、「その精神は、いつか登り詰めることになる高みを早くも見据えており、その天賦の才は、あまりにもしっかりと自分自身の歩み方をすでに選択していたので、他人の方法では満足できなかった」という。[168]つまり、「他人の趣味やわがまま」に左右されずに、常に「自分の高貴な意志」に従って行動するのが、ライヒャルトにとっての真の天才であった。[169]

ライヒャルトは、音楽が何かを表現するだけでなく聴き手に影響を与える、いわゆる「効果美学」も信じていた。彼は音楽の根本原理を追究しようとする学究的な芸術家であったが、それと同時に音楽を作り出し、演奏する実践的な音楽家でもあったので、音楽が人に与える影響にまで思い及ぶことは当然であった。彼によれば、音楽は「すべての芸術の中で、人間の心に対して最も影響力の大きいもの」であるという。[170]『音楽芸術雑誌』第二巻では、「音楽はすべての芸術の中で最も強く普遍的に、人間へ影響を与える。音楽は聴くために存在するものである。全く耳の聞こえない人ですら、音楽を聴くと自分の体が変化するのを感じる」と述べている。[171]また彼は、音楽は聴くために存在するものであるため、紙の上に楽譜として書かれただけでは不十分であり、実際に演奏されなければならないと考えた。[172]音楽作品の価値はその構造ではなく、どれほど魔力的な効果があるかによって決まるものであった。そして、彼の主張する音楽の魔力的効果には、人間の肉体や精神への影響力や道徳的倫理的な力などがあった。[173]

まず音楽の肉体や精神への影響力についてであるが、彼はグルックの《タウリスのイフィゲニア》やヘンデルの合奏協奏曲への批評文で、音楽の神経系への作用について言及している。[174]この場合、音楽は「全く耳の聞こえない人」にも影響を与えるという彼の発言からも明白なように、音波の聴神経への作用だけではなく、体全体の神経系への刺激を示唆していると考えられる。また、彼は精神への作用について説明する際に、再び「人間の内面」という言葉を用いている。「人間の内面」である「心」や「感情」は、音楽の唯一の対象であるだけでなく、音楽を聴くことで覚醒して変化する。しかもそれによって、「人間の内面」がより改善され教化される。これが道徳的倫理的な力となるのである。

ライヒャルトは音楽の魔力的効果の中でも、「音楽は道徳的感情に作用する」ということを強く信じていた。

いわゆる質の劣る不純な音楽も同様に影響力を持っているため、彼によれば、作曲家は良い音楽を創作できるように、善良で偉大な人間でなければならないという[175]。また、ライヒャルトは音楽の個人への刺激のみならず、社会全体への影響も考えていた。音楽には社会倫理的な効果があり、民衆を教育して調和のとれた社会を形成する力があるとみなした[176]。さらに彼の考えた「真の芸術家」は、世界にできるだけ多くの良い音楽を提供することで祖国の役に立ち、真の道徳的目的を満たすという責務を負っている[177]。

これまでにも考察したように、ライヒャルトのジングシュピールやリーダーシュピール、リートなどの音楽作品の多くは、民衆教育を目的として書かれている。ベルリンでは一般市民を対象とした公開演奏会「コンセール・スピリテュエル」を開催し、ギービヒェンシュタインの自宅では、教養ある愛好家たちを集めて家庭音楽会を開いた。そして、その集いのためにポケット版のリート集を出版し、ジングシュピールなどの舞台芸術も家庭で楽しめるように、クラヴィーア編曲版にして多数提供した[178]。こうした彼の努力はすべて、音楽の力によって「感性生活や良き趣味の洗練」をし、一般市民を正しい道に導くことがねらいである[179]。また、彼の民衆教育のための活動は、音楽はこの世の最高の利益であり、万人に平等に与えられるべき財産であるという、音楽社会学的見地にも基づいている。彼は、音楽は聖職者や貴族、市民、農民といった身分制社会の制約から解放されて、あらゆる人の共有財産として容易に近づけるものでなければならないと考えた[180]。そして若いころから、音楽や音楽家が上流階級に奉仕しなければならない点に疑問を感じていて、一七七三年には「音楽は［……］分別がなく悪趣味であることの多い上流階級のわがままに、どれほどひどく振り回されることか」と嘆いている[181]。彼によれば、音楽はすべての人の生活に根を下ろさなければならず、音楽によって人の幸せは決まるという。なぜなら、音楽ほど容易に人間同士を近づけて結びつけるものはないからである[182]。彼は、音楽には人の心を明るくしたり、抑圧から解放したりする、重要な社会的機能があると信じていた。

(2) 声楽と器楽の価値をめぐるパラダイム変換とライヒャルト

第2項で考察しておきたい点は、十八世紀後半から十九世紀初頭にかけて起こった、声楽と器楽の価値をめぐるパラダイム変換において、ライヒャルトが取った立場に関することである。ここでは、声楽より劣ると考えられていた器楽が次第に重視されていく過程に注目するが、まず、器楽が評価される以前の状況を概観すると次のようになるであろう。

器楽が優れた表現力を持つものとして独自の意義を認められるようになったのは、古代から始まる音楽の長い歴史の中では、ごく最近のことで、それ以前は声楽が音楽における主流であった。音楽で重要なのは詩の言葉であり、言語と結びついた歌こそが「真の音楽」とされた。そのため長い間音楽は、その諸契機を詩の言葉に頼っていた。つまり、旋律は言葉の流れを、リズムは言葉の調子を、そして形式は詩の構造を基盤としていた。このように声楽に圧倒されていた器楽が、急激に発展して質量ともに声楽に匹敵するようになったのは、ようやく十七世紀前半、つまりバロック音楽の時代に入ってからのことである。それまで歌を支える伴奏としての機能しか持たずにいた器楽は、調性や拍子、主題という自らの法則を形成し、声楽曲の転用や編曲からも離れて独自の地位を築き上げた。ところが十八世紀半ばになっても、特に音楽美学上においては、依然として器楽は声楽より劣った音楽とみなされ、器楽の価値はなかなか認められなかった(183)。

それでは一体なぜ、長い間、器楽は声楽よりも劣るものとみなされたのか。その原因の一つは、十八世紀の合理主義的理念に基づく音楽観にあった。合理主義においては、概念として把握し得るものが重視されたため、言語を媒体としている声楽のほうが優れているとされた。なぜなら、その表現は「明確」かつ具象的であり、音楽の意味づけも非常に簡単だからである。また同時に、歌詞の内容によって聴衆を道徳的に教化することもできた。

そしてバロック音楽の「情緒説」も、音楽は何かを意味していなければならないという理念に、まさしく合致したものであった。「情緒説」では、客体化され類型化された人間の感情の描写こそが音楽の目的であると考えられていたために、感情表現の明瞭さという点において、人声を伴った声楽は器楽よりもその目的に適しているとされた。つまり、この「情緒説」の理論を最も理想的に具体化できるのがオペラであり、特にアリアは、個別化された情緒を描写するのに最適な音楽であった。[184] これに対して、純粋な器楽は詩人による支配を欠いているため、その表現は「不明確」かつ抽象的で非合理的である。それを合理主義的に解決するには、器楽に何らかの意味を付与しなければならなかった。たとえば、それには「娯楽」という主要目的が与えられた。当時流行した舞踏組曲には、人々の心を元気に明るくする作用があるという意味づけがなされ、フーガのような一定の楽節技法も、姿勢の統一性という点において合理主義的であるとみなされた。[185]

次に、器楽の価値が認められるまでの長くて困難な道のりを、ライヒャルトと同世代の北ドイツの知識人たち、ゲーテやヘルダー、モーリッツの音楽観に注目しながら考察し、ライヒャルトの見解と比較したい。

ゲーテは生涯、合理主義的な音楽観から離れられなかった。彼にとって音楽とは声楽を意味し、器楽は単に歌を伴奏し支えるものでしかなかった。彼は『ヴィルヘルム・マイスターの修業時代』の中で、「何の言葉も意味も持たない」器楽は、「私たちの眼前をひらひら飛び回る蝶や色鮮やかな美しい小鳥に似ている」と述べている。器楽も「蝶」や「小鳥」のように美しさを感じさせるものではあったが、声楽のように聴き手の気持ちを魅了し、心を奪うほどの力は持っていなかった。[186] 彼の『音響論 *Tonlehre*』の草案にも、「楽器は人間の声の代用品である。楽器は人間の声よりも下位のものである。しかし、心のこもった巧みな取り扱いによって、人間の声と同等のものに高められる」とある。[187] このように声楽偏重の音楽観を持っていた彼は、音楽以外の制約から解かれた、純粋な器楽を理解できなかった。ゲーテはJ．S．バッハの器楽を愛好していたが、あるフーガを「天啓に導かれた数学の問題」に喩えたり、管弦楽組曲第三番の序曲を聴いて、「めかし込んだ人々が整然と列をなして大階段を降りてくる様子」を連想したりと、音楽を具象的なものに置換して理解しようとしており、理性の目で見ようとしている。[188]

しかし、ゲーテが器楽に悟性や理性では解明できない何らかの魅力を感じていたことは確かである。彼が晩年に好んで口にしていた言葉の中に「デモーニッシュ」なものという表現がある。「デモーニッシュ」なものとは、「筆舌に尽くしがたい宇宙と生命の謎」のことを言い、神や人間、悪魔、天使のいずれの性質とも異なっていて、「偶然」や「摂理」に類似したものであるという。[189] 彼は、ニコロ・パガニーニ（Niccolò Paganini, 1782–1840）が演奏するヴァイオリンの音楽を聴いて理解できなかったものの、その迫力には圧倒された。そして、その原因を「デモーニッシュ」なものが働いたことによると分析している。[190] また彼は、「ロマン的」で感傷的な音楽は、聖と俗が混合した冒瀆的なものであり、人々を惑わせると考えていた。[191] それゆえに、ベートーヴェンの器楽を聴いて、「世界が朽ち果てる」かも知れないという危惧の念を抱き、それを「ロマン的」なものとして拒絶している。[192] 彼にとって「デモーニッシュ」なものと「ロマン的」なものは、ともに「悟性や理性では解明できないもの」であるが、その違いは、「デモーニッシュ」なものが力強さや圧倒的なパワーを感じさせる肯定的イメージを持つのに対して、「ロマン的」なものは弱々しく否定的で、人々を不安な気持ちに陥らせるという点にある。[193] このように彼は、「デモーニッシュ」や「ロマン的」という概念で、理性では把握できない器楽の世界を捉えようとした。しかし、自然科学実験などの客観的かつ分析的手法を通じて、世界を理性の目で見ようとした彼にとって、器楽は曖昧模糊として摑みどころのない対象であり、一番遠く離れた存在であったと言えよう。そのため、彼は器楽の表現の「不明確」さに、高い価値を見出すことができなかった。彼は一八三二年に他界するまで、これを何とか理解しようと奮闘し続けたが、十九世紀の新しい音楽に触れる機会に恵まれながらも、結局、自分の音楽思想の体系化に生かすことはできなかった。

ヘルダーの場合は、ゲーテとは異なり、その晩年において器楽の自律性を認めている。しかもヘルダーは一七六九年という早い時期に、「音楽は相互に密接な関係にある一連の感情を呼び起こすが、それは真実であっても明瞭ではなく、直観的でもなく、ただ極めて幽暗なものに過ぎない」と述べて、音楽の表現はそもそも「不明確」であり曖昧であることを明言している。[194] ヴァッケンローダーが『芸術を愛する一修道僧の心情の吐露』で、芸術の表すものは「幽暗な感情」であることを主張するのは一七九六年なので、[195] この点においてヘルダーの見解は、ロマン派の音楽観の先駆的特徴を示していると言えるであろう。ただし、「幽暗」という言葉の使用法に注目すれば、ヴァッケンローダーはその言葉を肯定的に捉え、「幽暗な感情」を直接表現できるものとして器楽の優秀さを賛美したのに対し、ヘルダーは否定的に捉えており、器楽の価値もすぐに認めたわけではなかった。ヘルダーは、器楽の本質に迫るような発言をしながらも、まだ『言語起源論 *Abhandlung über den Ursprung der Sprache*』（一七七〇年）では、言語と歌を明確に区別していない。当時の彼にとって言語は一種の歌であり、音楽の不可欠な部分であって、言語のない音楽は不完全であった。[196] また『ツェツィーリア』（一七九三年）でも、彼は宗教音楽の前提を声楽と考え、しかもオペラのようにドラマチックなものではなく、単純で素朴であり真実味のあるものを理想とした。[197] この時点ではまだ、彼は古い教会歌や古い民謡の力を重視しているため、声楽優位の音楽観から脱却できていない。

しかし、一八〇〇年の『カリゴネー *Kalligone*』でようやくヘルダーは、音楽は人間の感情を表現することができ、音楽自体がすでに言葉のない言語であるという考えに至る。[198] 彼にとって、器楽は言語から解放されたことによって、人間の不可視な精神世界へ直接入って行けるものであり、その点において、ほかのどの芸術よりも優れた崇高なものとなった。[199] また、彼が言う「不可視な国」とは神の世界であることは明白である。彼によれば、

【図20】カール・フィーリップ・モーリッツ

「信心」の力によって、音楽を言葉や舞踏、身振りなどのあらゆる世俗的なものから切り離して超越させ、最後に残った純粋な楽の音で、人間の魂は神と語らうことができるという。[200]純粋な器楽と精神の世界を「信心」によって結びつけ、音楽に宗教的な音調を持ち込んだ点において、ヘルダーが最終的に到達した音楽思想はロマン派の音楽観と非常に近いと言える。さらに彼は、移ろいやすく取り留めのない器楽の魅力を表現するために、「無限の憧憬」という言葉を用いているが、これはロマン派の芸術観を語る上で重要なキーワードとなるものである。ただし、ダールハウスが指摘しているように、ヘルダーがこの言葉を用いたのは一八〇〇年であり、モーリッツやジャン・パウル、ヴァッケンローダーの使用時期よりも遅れている。[201]

それに対して、作家で美学者のモーリッツの音楽観は、ジャン・パウルやロマン派の詩人たちの思想に非常に大きな影響を与えたと考えられている。[202] 一七八五年に出版されたモーリッツの小説『アンドレーアス・ハルトクノプフ――あるアレゴリー *Andreas Hartknopf. Eine Allegorie*』は、彼の芸術観を知る上でも貴重な書であり、音楽についての記述も散見される。まず冒頭には仮報告として「文字は人を殺し、霊は人を生かす」という、聖書の「コリント人への第二の手紙」第三章第六節の言葉が引用されている。[203] 本来、この文字とは旧約聖書の律法を、霊とは新約聖書の聖霊、すなわちキリストの福音を表しており、文字で書かれた掟ではなく神の教えに従えという内容である。しかし、モーリッツはこの文言に異なった意味を持たせている。物語の終盤でもこの言葉は現れて、そしてこう続く。

ハルトクノプフは笛を鞄から取り出し、自分の教養の素晴らしい朗読に続けて、それに相応しい調子の音楽を奏でた。つまり、彼は即興的に演奏することで、理性の言語を感性の言語へと翻訳した。なぜなら、音楽は彼の教養を伝えるのに役に立ったからである。[204]

モーリッツはここで「理性の言語」と「感性の言語」という語句を用いているが、それは我々が日常使用している言語と、その日常の言語では名状しがたいものを自由に描出できる感覚的言語、すなわち音楽を示している。つまり、モーリッツの言う「文字は人を殺し、霊は人を生かす」とは、日常の言語による描出の限界と音楽による無限の表現の可能性を意味しているのである。

さらにモーリッツは、音楽の神秘的な力と作用について次のように述べている。

ああ、このメロディの響きには何と大きな秘密があるのだろう。この響きは上がったり下がったりしながら、言葉では表現できない感性の言語を語っている。さらに言語の境界の外側であるここには、何と広大な理念の領域が広がっていることか。[205]（傍点筆者）

誰もが人生で少なくとも二、三度は経験したことがあるだろうが、たとえば遠方から聞こえる全く何でもない音が、何らかの魂の調子によって、実に見事な感銘を魂に与える。それはまるで、筆舌に尽くしがたい悲哀へと心を陥らせる無数の思い出や無数の陰鬱な観念が、この音によって蘇るかのようである。[206]

モーリッツが「感性の言語」である音楽を、「理性の言語」である日常の言語よりも上位に置いていることは明白である。そして、音楽は聴く者の心の琴線に触れて、魂に遥かな精霊の国の予感や無限への憧憬を呼び覚ますのである。

しかし、主人公のハルトクノプフは感覚的美である音楽の力を認めながらも、「音楽をまた高度な詩とも結びつけ」ており、「精神を洗練したものに高めるため、または情熱を鎮めるために」詩も必要としている。[207] つまり、見落としてはならないのは、モーリッツは器楽を称揚しながらも、同様に声楽の価値も高く評価している点である。さらに、彼は『ハルトクノプフ』で音楽について論じたにもかかわらず、その考えを深めることなく、一七八六年から翌年にかけてイタリアに滞在したのちは、興味の対象を造形芸術へと移してしまった。一七八八年には、論文『美の造形的模倣について *Über die bildende Nachahmung des Schönen*』で古典主義的美学の輪郭を草案したが、そこでは音楽の問題はすっかり後退してしまっている。[208]

これらのライヒャルトと同世代の知識人たちの生年は、ゲーテが一七四九年、ヘルダーがそれよりも五年早い一七四四年、モーリッツが一七五六年であるが、彼らの世代にとって器楽の新しい価値を理解することは、一つの大きな課題であった。ゲーテは生涯にわたり、この課題に取り組んだが、合理主義の壁に阻まれて結局解決できなかった。ヘルダーは晩年になってようやく、その壁を乗り越えた。モーリッツは極めて早い時期に、しかも容易にその課題を解決したが、彼の関心は長続きしなかった。ヘルダーが最終的にたどり着いた宗教的器楽観や、モーリッツが『ハルトクノプフ』で見せた器楽の美的価値の一時的な考察は、たしかに非常にロマン主義的であり、独立した器楽を理解する上での大きな一歩であったと言える。しかし、それだからと言って、モーリッツやヘルダーがウィーン古典派の器楽を積極的に評価したというわけでもなく、彼らの音楽美学に関する思想も非常に抽象的で断片的であり、体系化されることはなかった。それは一体なぜであろうか。

ダールハウスはその原因を、ドイツの北部と南部の、あるいはプロテスタントとカトリックの地域の文化的断絶にあると見ている。(209) 北ドイツの知識人たちとウィーン古典派の作曲家たちは、同じ時代を生きたにもかかわらず、両地域の精神的な距離は実際以上に遠かったのである。北ドイツの知識人たちはウィーンで作曲されていた実際の器楽をほとんど知らず、ウィーンの作曲家たちにとって音楽美の理論的体系などは興味の外であった。もちろん北ドイツの人々もモーツァルトのオペラは観たが、交響曲などの器楽には関心がなく、また耳にする機会もほとんどなかったと推測される。ヘルダーの論文には、モーツァルトの名前が登場するが、彼にとってモーツァルトは《魔笛》や《ドン・ジョヴァンニ》、《フィガロの結婚 *Le nozze di Figaro*》、《コシ・ファン・トゥッテ *Così fan tutte*》などのオペラの作曲家であり、器楽の作曲家ではない。(210)

さて、ライヒャルトも声楽を重視した音楽観を持っていたことは明白であり、何よりもリートやジングシュピールに片寄った彼の創作の傾向が、そのことを物語っている。また彼は、「すべての器楽は、初めはきっと声楽の単なる模倣であり、要するに歌の真似事であったに違いない。[……] 楽器の発明によって、[……] 器楽は間もなく歌から引き離された」と述べている。さらに、「(リートにおける) 楽器の伴奏は、どうしても必要な場合でも歌を補助するだけで、それ以上のものであってはならない」(括弧内筆者) と主張しており、こうした発言からも、彼が声楽を重んじていたことが分かる。(211) しかしライヒャルトは同時に、音楽が自立した表現芸術であることも認め、『音楽芸術雑誌』第一巻 (一七八二年) では次のような見解を示している。

音楽とは、感情や情熱を模倣しなくても、それ自体すでに音楽として楽しみごとである。別に我々を悲しませたり、陽気にしたり、驚かせたりする必要はない。音がただ好ましく混じり合うだけで、気持ちよく耳を刺激して楽しませてくれる。さらに音楽は、音が技巧的かつ多様に重なり合い、それらが不協和音になったり協和音に戻ったりすることによって、心地よく悟性に働きかけ、そうした高尚な方法で我々を喜ばせてくれる。最終的に、音楽はこの二つの楽しみを一つに結びつけることができる。このような点が、なぜ一定の感情や情熱すら表現することのない純粋な器楽に、それでもなお喜びを見出せるのかということの理由である。またそれは、次のような状況の理由でもある。つまり、耳を心地よく刺激するマンハイムの器楽は、純然たる愛好家にとりわけ人気があり、悟性に働きかけるいわゆるベルリンの音楽は、博学な知識人にとりわけ人気がある。そして両者を思慮深く結びつけたものは、考えに偏りのない感情豊かな知識人に、器楽におけるこの上ない楽しみを与えるのである。(212)

これはまさしく、ライヒャルトが器楽の自律的価値を認めていたことの証言である。つまり、音楽は何も意味しなくても、それ自体芸術として価値があり、器楽の効果というものはただ音の響きに基づいているというのが、彼の考えであった。「音がただ好ましく混じり合う」というのはメロディを、「音が技巧的かつ多様に重なり合う」というのはハーモニーを意味するが、ライヒャルトは前者を感性的、後者を悟性的とみなし、ハーモニーをメロディより知性的で高尚なものと把握している。(213) さらに、マンハイム楽派(214)の音楽を旋律的で感性的、ベルリン楽派の音楽を和声的で悟性的と分析し、両者がバランスよく調和した音楽を理想としていたことが分かる。

このようにライヒャルトは、すでに一七八二年の時点で器楽の独自性を認めていた。つまり、従来声楽よりも劣っているとみなされていた器楽に、声楽と同等の価値を見出したのである。ただ、音楽を「楽しみごと」や「心地よい」もの、「悟性に働きかける」ものとする彼の考え方は、合理主義的かつ啓蒙主義的とは言えないであろうか。また、彼が当時まだ固く信じていた「感情の統一の理論」も、「情緒説」時代の遺産とも言うべきものであり、すでに時代遅れになりつつあったのではないか。しかし、パウル・ジーバーも指摘しているように、たしかにライヒャルトは「感情の統一の理論」においては古い考えにとらわれていたが、ほかの多くの点では、合理主義時代の美学専門用語を用いている場合もあるものの、彼の見解は必ずしも古くない[215]。しかも彼の音楽観は、多種多様な経験を通じてとどまることなく常に進化し続けた。

たとえば、『音楽芸術雑誌』第二巻の書かれた一七九一年になると、ライヒャルトは「音楽の唯一の対象は人間の内面である」と発言し、音楽は魂の感動の直覚的な発露を可能にする芸術であると考えるようになる[216]。また、音楽による表現は「明確」か「不明確」かという問題についても、「不明確」であると主張している[217]。そして、表現における非具象性を音楽の弱点や劣った部分と考えるのではなく、むしろ、ほかの芸術よりも表現力の点で秀でているとみなした。つまり、言葉を持たない音楽は表現の抽象性ゆえに、名状しがたい個人的で主観的な感情を表出できるとして、器楽に特別な価値を見つけたのである[218]。彼のこのような見解は、音楽美学の歴史から見ても新しい考え方であった。なぜなら、合理主義的音楽観において、言葉を伴う声楽は表現が「明確」であるがゆえに重視されたが、次第に器楽は、表現が「不明確」であるがゆえに、その独自の意義が認められるようになっていくからである。したがって、ライヒャルトの見解は明らかに「情緒説」の世代とは異なるものであった[219]。ただし注意すべき点は、彼が器楽に特別な価値を見出したからと言って、声楽に対する優位を主張しているわけではないということである。彼にとって器楽と声楽の価値はあくまでも同等であり、両者に優劣の差はない。

さらに、音楽がほかの芸術よりも優れているという考え方は、ライヒャルトの中で次第に強まっていく。初めは、どの芸術も一様に平等であると考えていたものが[220]、一七九一年に音楽は、「すべての芸術の中で最も強く普遍的に、人間へ影響を与える」もの、「魔術的芸術の中で最も美しいもの」、「芸術の中で最も崇高で偉大なもの」になり、一八〇五年には「芸術における神性」となった[221]。そして、ウィーン古典派の作品を研究することによって、その秀逸さに気づくと、ライヒャルトは音楽を「無限なるものの最高の表現」とみなし、「音楽の起源と本質は全く精神的で宗教的でロマン的である」という見解に至っている。[222] ロマン派の詩人たちの思想によれば、音楽はその非素材性ゆえに人間の感情を純粋に表現できるものであり、ほかのいかなる芸術にも増して、魂を無限なるものへと導くことができる宗教的でロマン的な存在であった。つまり、ライヒャルトの最終的な音楽観はこれとまさしく同様であり、極めてロマン主義的であると言っても過言ではない。

彼の見解がいつごろからロマン主義的な傾向を示し始めたか明確に示すことはできないが、第四章第二節第1項で指摘したように、その先駆的な特徴はかなり早い時期から見られる。『音楽芸術雑誌』の第一巻（一七八二年）と第二巻（一七九一年）における彼の発言を比較すると、第一巻の時点では、音楽はほかの高度な芸術と同様に、古代の多神教をも含めた意味で「神聖なもの」であった。ただし、彼はすでに器楽が自律性のある表現芸術であることを認め、さらに、音楽には自分自身や時空を超えて「超越」させる力があると信じていた。[223] 第二巻では、音楽があらゆる芸術の中で最も影響力の大きな、崇高で偉大なものへと変化している。また、興味の対象も異教的古代からキリスト教的近代へと次第に移り変わり、音楽とは人間の内面を表出するものであるとの考えに至っている。[224] たしかに、彼がウィーン古典派の音楽に対して、「ロマン的」という言葉を具体的に使用し始めるのは一八〇〇年以降になるが、彼の音楽思想は、一七九〇年前後にはすでにロマン主義の先駆的な特徴を示していたことが分かるのである。

興味深い点は、ライヒャルトの音楽観の変遷を考察すると、音楽思想史の流れそのものをたどっている、しかも通常よりも一歩先んじて進んでいるように思えることである。バロック音楽の「情緒説」に基づいた「感情の統一の理論」に従うことから始まって、啓蒙主義的な道徳観念を音楽に持ち込んだり、また、感性と悟性の調和や全体のまとまりを重んじて、古典主義的な高貴な単純性を目指したりしながらも、最終段階においては、宗教性の強いロマン主義の音楽思想に行き着いている。ライヒャルトが前出の北ドイツの知識人たちと大きく異なる点は、器楽の自律性を受け容れた上で、さらにそれをウィーン古典派の音楽と結びつけたことである。彼はゲーテと同様にベートーヴェンの器楽を「ロマン的」と解釈したが、ゲーテはその音楽に不安を感じて拒絶したのに対し、ライヒャルトは「天上の芸術」とみなして、その真の芸術的価値をも見抜くことができたのである。[225]ゲーテとライヒャルトはともに声楽の分野においては、単純で素朴な民謡調のリートを理想として、音楽の象徴性や普遍性、全体性を重んずるなど、多くの点で共通する価値観を持っていた。しかし器楽の分野においては、「ロマン的」なものを受容できたか否かという点で、最終的に両者の見解には大きな開きが生じた。

十九世紀初頭において、一七七〇年生まれのベートーヴェンの芸術に理解を示し、その器楽を熱狂的に賛美したのは、ホフマンやベッティーナ・ブレンターノなど、ベートーヴェンと同世代かあるいは彼よりも若い世代の人々が多かった。それに加えて、一般的に人はある程度の年齢に達すると、若い時代に形成された価値観や固定観念に縛られて、なかなか新しいものを受け容れられない傾向がある。こうしたことを考慮すると、ライヒャルトが年を重ねてもなお新しい音楽を受容できたのは、彼が鋭い観察眼で世の趨勢を見極め、それに素早く適応できる柔軟な思考の持ち主であったからだと言えよう。たしかに、彼はゲーテとは違って音楽の専門家ではあるが、同じ北ドイツの音楽家であっても、ツェルター（一七五八年生まれ）がベートーヴェンを理解したのは一八一六年であり、ライヒャルトが他界した後のことであった。ゲーテと同年の音楽家フォルケルは、十九世紀のバッハ・ルネサンスの功労者として重要であるが、音楽の歴史をバッハにおいて頂点に達したものとし、それ以後の音楽を頽廃的と捉えたため、[226]ベートーヴェンの器楽に理解を示さなかった。彼がウィーン古典派の音楽のみならず、ヘンデルやグルックなどの芸術の価値さえも認めようとしなかったことは注目に値するであろう。また、実践を重んずる大抵の作曲家や演奏家は、音楽の美学的側面や歴史などに関心を持たないが、それに対してライヒャルトは、音楽を通じてその時代や世界を把握しようとした非常に稀有な存在である。ダールハウスが指摘したような、ドイツの北部と南部における理論と実践の乖離に関して、旅行好きで社交的なライヒャルトはすでに十九世紀初頭の時点で気づいていた[227]。彼とロマン派の音楽観の関連については、次の第3項で改めて考察したいと思うが、彼の最終的な音楽観はホフマンに比肩する新しさを持ったものである。

(3) ロマン主義の音楽思想との関係

第3項では、ジャン・パウルとヴァッケンローダー、ティーク、ホフマンの四人の器楽観について論ずる。ジャン・パウルに着目する理由は、ブルーメも指摘するように、「E. T. A. ホフマンを別にして、ジャン・パウルほどロマン主義の音楽思想の形成のために決定的に貢献した人はほかに存在しない」という点にある[228]。また、ヴァッケンローダーとティークが『芸術幻想』(一七九九年)で展開した音楽論は、ロマン派の器楽観の嚆矢とみなされており特筆に値する。さらにホフマンは、この三人の見解に大いに触発されて、音楽の専門家の立場からその思想をさらに発展させたため、ここで彼らの器楽観について考察を加えることは有意義であると思われる。そして最終的には、彼らとライヒャルトの見解の関係性を論述したい。

ジャン・パウルにとって、モーリッツの『ハルトクノプフ』(一七八五年)は特別な作品であった[229]。ジャン・パウルはモーリッツと同様に、音楽は「無限の憧憬」を呼び覚ます芸術であり、名状しがたいものを表現する力を持つものと考え[230]、この問題を『ヘスペルス、あるいは四十五日の犬の郵便集配日 *Hesperus oder 45 Hundsposttage*』(一七九五年)で取り上げている。「犬の郵便集配日十九日目」では、カール・シュターミッツ(Carl Stamitz, 1745–1801)のある器楽曲[231]が、野外コンサートで演奏された時の様子が描写されている。ジャン・パウルは初め、この音楽が耳から入って心へと染み渡る様子や、その時の精神の有り様を「日常の言語を用いて」語ろうとするが[232]、次第にもどかしくなり、形而上的世界へと入って行くことになる。彼は物語の語り手として、主人公に直接、次のように話し掛けている。

親愛なるヴィクトールよ。人間にはかつて一度も満たされなかった大きな願望がある。それは名もなく、自分の対象とするものを探しているが、君の与える名とはどれも違うし、どのような喜びとも違っている。［……］この大きくて恐ろしい願望は、我々の心を高めてくれるが痛みを伴う。ああ、我々は卒倒した人のように、この世にいながらにして天に昇ることになるのである。どうしても名を与えることのできないこの願望について、我々の弦の音と響きが人間の心に教えてくれる。そして、憧れに満ちた心はますます激しく泣き、もはや気持ちを抑えられなくなって、嘆き悲しみながら恍惚として音の響きの中へと叫ぶ。なにしろ、君たちが与える名はどれも、私には物足りないからである。(233)

つまりジャン・パウルは、モーリッツが『ハルトクノプフ』で述べたように、「感性の言語」である音楽は「理性の言語」である日常の言葉よりも表現力に富んでいるために、音楽が語るものを言葉で描出するには限界があると指摘しているのである。(234)

またジャン・パウルが、音楽の描写するものは人間の内面世界であり、音楽は非常に宗教的なものであると考えた点にも、注目しておきたい。彼は、音楽についての覚書で次のように語っている。

音楽においてはほかの誰も我々に語らず、我々が自分自身に語る。我々はただ自分自身のこと、つまり自分の未来と自分の過去を聴く。それゆえに、音楽は時間に溶けて流れるにもかかわらず、我々は時間の重要性を感じない。なぜなら語っている、あるいは鳴り響いている心はいつまでも残るからである。

音楽は神聖なものであり、芸術の中の聖母マリアである。それは極めて神聖なもの以外、何も生み出すことはできない。[235]

彼にとって器楽は、声楽のように文学との結びつきがないために、音楽以外の何かを語るのではなく、人間の内面を直接、言葉を介さずに語るのである。これと類似した表現は、『生意気盛り』などほかの作品にも繰り返し登場するため、彼の音楽に関する所見の中で、重要なものの一つであることが分かる。[236] また、彼の音楽観が宗教的である理由は、祖父と父親がプロテスタント教会のカントル兼オルガン奏者であったという点にもあるだろう。音楽は無限の表現力を持ち人間の精神を映し出すという思想や、神聖なものであるとする考え方は、ヴァッケンローダーとティークによるロマン主義の音楽美学のまさしく先駆的存在となっている。

ヴァッケンローダーは、『芸術幻想』に収められた『音楽の不思議 *Die Wunder der Tonkunst*』の中で、音楽について以下のように語っている。

感情を保存するために様々な素晴らしい発明がなされ、こうしてすべての芸術が生まれた。しかし私には、音楽がこの発明の中で最も不思議なものであると思われる。なぜなら、音楽は人間の感情を超人間的な方法で描写し、我々の心の動きをすべて、非物質的に、軽やかなハーモニーという黄金の雲の衣を着せて、我々の頭上に示すものだからである。そして音楽は、我々が普段の暮らしでは知り得ない言語、どこで、いかにして覚えたか分からない言語、ただ天使の言葉であるとしか考えられない言語を語るものだからである。音楽は、我々の心における極めて多様で矛盾した動きを、同一の美しいハーモニーへと立ち返らせ、喜びと悩み、絶望と崇拝とを、同じ調和的な音調で思いのままに操る唯一の芸術である。それゆえに音楽は、魂の真の晴れやかさを我々に流し込んでくれるものでもあり、人間が手に入れることのできる最も美しい貴重な宝でもある。(237)

このように音楽は、その曖昧で神秘的な言語で人間の感情を表出するが、それと同時に聴く者の心から、悩みや疑いといった負の感情を取り除き、晴れやかにしてくれるものであった。また、『音楽特有の内面的本質と現代器楽の精神論 *Das eigenthümliche innere Wesen der Tonkunst, und die Seelenlehre der heutigen Instrumentalmusik*』によれば、音楽が卓越している点は、「思想の深みや感性の力、幽暗で空想的な意義深さといった性質をそのような謎めいた方法で融合させることができる」こと、「それ自体すでに崇高な精神に満たされているような基本要素」、すなわち音という基本要素を持ち、言葉を用いずとも「人間の心の奥底にある神秘な流れ」そのものを表現できることなどである。(238) それゆえに「音という鏡において、人間の心は自分自身を知るに至り、音によって我々は感情を感じることを覚える」という。(239) さらに、彼にとって音楽とは、「(音楽を説明しようと)言葉を探すこの世の切ない努力から自分を救い出し、音楽の多種多様な光によってその輝かしい雲の中に包み込んで、万人を愛する神の懐かしい抱擁へと高め上げてくれる」(括弧内筆者)宗教であった。(240)

ティークは『色彩 *Die Farben*』の中で、次のように述べている。

音楽は精霊の残した最後の気配であり、この上なく純良なエレメントである。目には見えない細流から養分を吸収するように、魂の内奥に隠された夢が、そのエレメントから英気を養う。音楽は人間の周りで戯れ、何も欲さず、すべてを欲する。音楽は言語よりも精確で、もしかすると人間の思考よりも繊細な道具である。

精神は音楽をもはや手段や道具として用いることはできず、むしろ音楽は事柄自体である。それゆえに、音楽はそれ自体の魔法圏の中に存在し、鳴り響いている。(241)

この場合の音楽とは器楽のことを意味し、聴く者の魂に栄養を与え、言語、あるいは思考よりも高度な方法で精神や感情を表出する。(242) また、『交響楽 *Symphonien*』によれば彼にとって音楽とは、「あらゆる芸術の中で最も幽暗」であり、「信仰の究極の秘密、神秘主義、完全な啓示宗教」である。そして、「音楽の巨匠たちには、ほかのどのような巨匠たちも敵わないだろう〔……〕と思うことがたびたびある」ほど、音楽は極めて優れた芸術なのである。(243)

このように、ヴァッケンローダーとティークの見解はほぼ一致しているが、この二人もジャン・パウルと同様に、モーリッツの感化を受けていると考えられる。(244) というのも、ヴァッケンローダーとティークはライヒャルトの仲介により、ベルリンの芸術アカデミーで行なわれたモーリッツの一般向けの公開講座を聴講した経験もあったからである。(245) たとえば、モーリッツは「感性の言語」である音楽を「理性の言語」である日常の言語よりも、内的発露の点において優位に置いたが、(246) ヴァッケンローダーとティークも音楽の真の意味について語る中で、言葉という表現法の限界について触れ、音楽における表現の無限の可能性を賞賛している。また、彼らが「幽暗」という表現を肯定的な意味で使用しているのも、モーリッツからの影響である。モーリッツは『美の造形的模倣について』の中で、「幽暗な予感において、自然の高貴で偉大な全体」とその繋がりの中にある「最高の美」を把握できるのは、「明瞭に見極める思考力や、さらに生き生きと表現する想像力、極めて明るく輝く開かれた感受性」を持つ天才的な芸術家のみであるとしている。(247) なお、当然のことながら彼ら二人とモーリッツの見解には相違点も存在するが、それは宗教的敬虔さの有無である。モーリッツが帰依していたのは信仰の世界よりも美の世界であったが、ヴァッケンローダーとティークはロマン主義の芸術観に宗教的な音調を持ち込み、芸術の唯一の基盤として信仰心を据えようと試みた。(248) この考え方はモーリッツの思想とは大きく異なり、むしろ「真の教会音楽は音楽の最高の目的である」と考えたライヒャルトや、幼いころから教会音楽に親しんでいたジャン・パウル、「信心」によって音楽と神の世界を結びつけたヘルダーの宗教的な音楽観に近似していると考えられる。(249)

ジャン・パウルの小説では、『ヘスペルス』で描写されたシュターミッツの器楽のように、音楽がところどころで重要な役割を果たす。作品に関する情報が不十分であることが多いものの、(250) 彼の文章にはハイドンやグルック、モーツァルトなどの名前が時折現れるので、彼がどのような音楽を聴いていたのか、ある程度は想像できる。一方、ヴァッケンローダーとティークの音楽論においては具象性を欠き、作曲家たちの名前が一切登場しない。(251) そのため、彼らがいかなる音楽から触発されて、既述のような器楽観を持つに至ったのか知ることは難しい。しかしティークの『交響楽』には、作曲者名は伏せられているが、一つだけ具体例が示されている。それは、ライヒャルトがシェイクスピアの演劇『マクベス』につけた音楽であり、ライヒャルトの成功作の一つであった。ティークはその序曲を大絶賛し、「このような感銘を与えてくれた巨匠や音楽をほかには全く知らない。序曲では、あらゆる精神的な力が休むことなく一層激しく活動し、あらゆる音楽的な脈動が眩暈のするほど急激に変化するのを感じた」と述べている。(252) ただしここで確認しておくべき点は、ティークが「交響楽」と呼んでいるのは、ライヒャルトの劇付随音楽の一部であって、今日的な意味での交響曲でもなければ、いわゆる「絶対音楽」としての純粋な器楽でもないということである。

ティークがこの序曲を「交響楽」とする理由は、十八世紀末においてもなお、今日的な意味での交響曲だけでなく、オペラなどの大規模な声楽曲や演劇などの冒頭に置かれる序曲もまた「交響楽」、あるいはイタリア語で「シンフォニア」と呼ばれていたからである。(253) ティークは「交響楽」と、低級なオペラ作曲家たちが適当にアリ

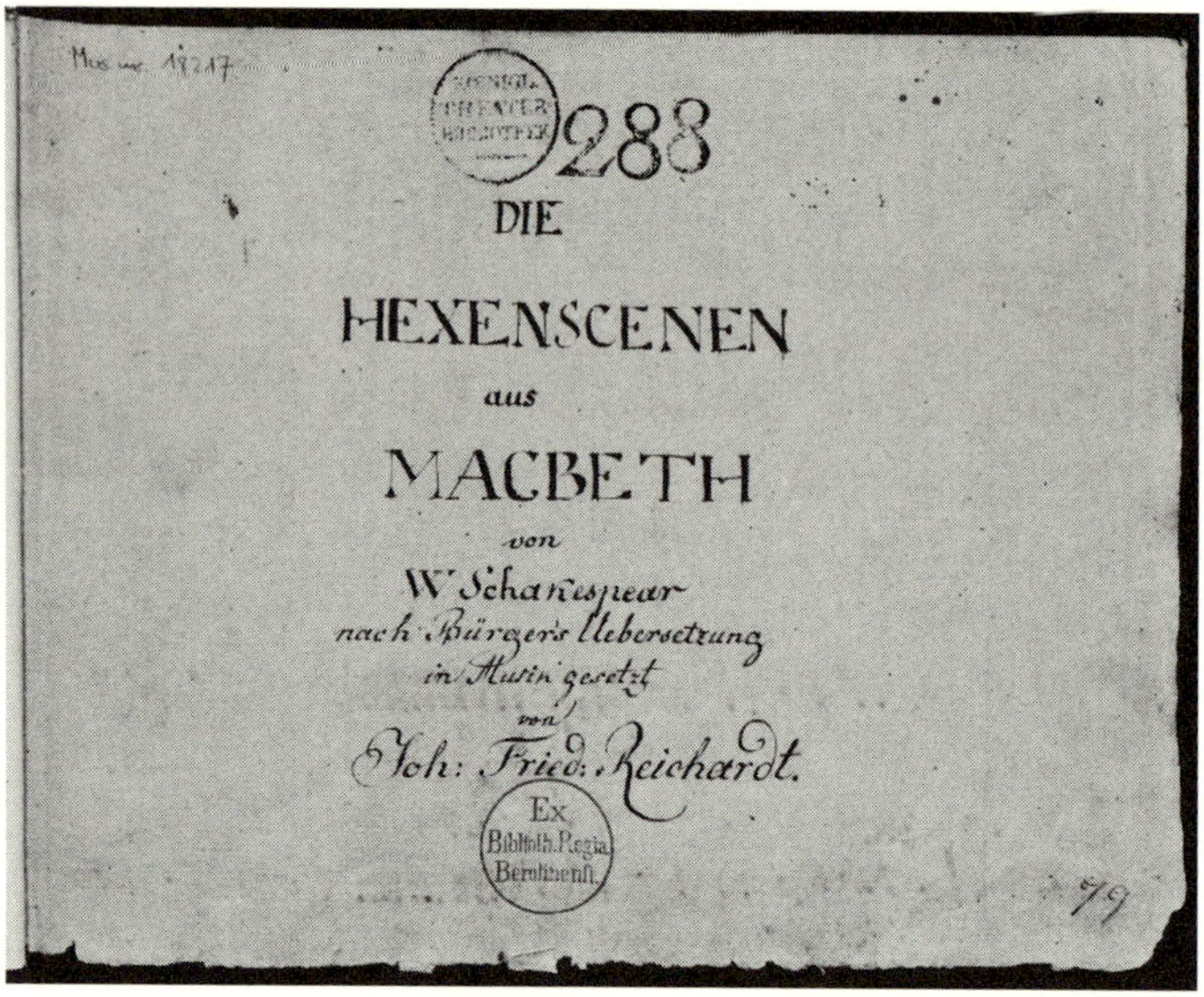
288
DIE
HEXENSCENEN
aus
MACBETH
von
W. Schakespear
nach Bürger's Uebersetzung
in Musik gesetzt
von
Joh: Fried: Reichardt.
Ex Biblioth. Regia Berolinensi.

【図 21】ライヒャルトの劇付随音楽《マクベス》「魔女たちの場」の表紙

アのメロディを継ぎ合わせて作った序曲の混同は、「交響楽」の俗化につながるとして非難した。[254] それにもかかわらず、ティーク自身もヴァッケンローダーも「交響楽」の定義が曖昧であり、時には自立した器楽曲に、時には声楽作品の序曲に対してこの言葉を使用している。しかも、自立した器楽として「交響楽」という言葉を用いる時も、必ずしも器楽の一分野としての交響曲を意味してはおらず、単に、ある程度編成の大きな器楽合奏のことを表していることもある。ティークは、器楽が最終的に到達する最高の勝利を「交響楽」とみなして、「独奏楽器のためのソナタ、精妙な三重奏曲、四重奏曲は、いわばこうした芸術の完成形への訓練である」と述べた。たしかにこの場合、「交響楽」は、ソナタの中で最も規模が大きい交響曲を意味しているとも解釈できる。しかし、ティークは器楽の一分野としての交響曲ではなく、演奏の規模に注目して「勝利」という言葉を用いていると考えられる。なぜなら、ティークは声楽の勝利を「多声の豊かな合唱曲」としているからである。[255] もし、器楽の勝利が交響曲であるならば、声楽の勝利もオペラやオラトリオなどの声楽の一分野でなければならない。つまり、声楽の勝利が独唱や二重唱、三重唱ではなく「多声の豊かな合唱曲」という形態であるならば、器楽の勝利は、楽曲の形式やジャンルに関係なく大規模な合奏曲ということになるのである。[256] 当時、交響曲はまだ誕生したばかりの新しい分野であり、音楽家以外の人々には、言葉自体の定義もまだ十分に浸透していなかったと推測できる。[257] ヴァッケンローダーとティークの二人の器楽観は、十九世紀半ばの「絶対音楽」の概念を予見しているとも言われているが、彼らが耳にしていた器楽は、ライヒャルトやツェルターのサークル周辺で聴けるものに限られていた。恐らく二人はハイドンの交響曲は知っていたであろうが、モーツァルトのものを知っていた可能性は低い。『芸術幻想』が発表された当時は、まだベートーヴェンの交響曲は誕生していなかった。[258]

次に、ホフマンの『ベートーヴェンの器楽』に注目し、彼の音楽観について考察する。ホフマンはこの冒頭で、音楽の中でも特に器楽を賛美して次のように述べている。

自立した芸術としての音楽を問題にするならば、いつも器楽のみを念頭に置くべきではなかろうか。器楽はほかの芸術（たとえば文芸）の援助も混入も一切はねつけて、この芸術にしか認められない独自の本質を純粋に表現している。これこそがあらゆる芸術の中で最もロマン的なもの、唯一純粋にロマン的であると言ってよいであろう。というのも、無限なるものだけが器楽の主題だからである。［……］音楽は人間に未知の国を開いて見せてくれる。その世界は人間を取り巻く外部の感覚世界とは何も共有せず、そこでは人間は類型化されたあらゆる感情を置き去りにして、言葉では表現不可能な憧れに身を捧げる。[259]

つまりホフマンにとって、独立した一つの芸術としての音楽とは、声楽と違って、言葉による制約を一切受けない器楽のことである。そして器楽は、筆舌に尽くしがたい人間の内面世界を直接描出できるがゆえに、芸術の中で「最もロマン的」な存在であった。また第四章第三節第2項で考察したように、ホフマンの音楽思想も宗教的な傾向を示しており、彼は音楽の起源を教会にあるとみなしている。[260]

このような器楽観は、ヴァッケンローダーとティークがすでに『芸術幻想』（一七九九年）で示した、形而上的な音楽思想とほぼ一致する。また既述のとおり、ホフマンのベートーヴェン評は、ジャン・パウルの『美学入門』（一八〇四年）から多くの影響を受けている。つまり、ホフマンが『ベートーヴェンの器楽』で示した音楽思想は、それまでに誰も言及したことのない全く斬新なものというよりは、むしろ、すでに公で多く語られていたことであった。それゆえに、彼の書いたこの作品の新しさは、当時あまり理解されていなかったベートーヴェンの器楽の価値を認めたこと、ヴァッケンローダーやティークの形而上的な音楽思想と具体的な器楽曲とを結びつけたことにあった。この作業も、すでにライヒャルトが紀行文『ウィーンへの旅路で書かれた私信』（一八〇九年）で行なっているが、精緻な作品分析をした上でその価値を判断したという点において、ホフマンのほうが本格的であると言える。[261]

また、特筆に値するのは、ホフマンがベートーヴェンの器楽に魅力を感じたのは、その動的な勇壮さや劇的な緊張感よりも、むしろ「高貴なる単純性」や「全体の統一性」といった、もっと「厳粛」かつ「崇高」で静的な点だということである。しかも、ホフマンはベートーヴェンの作品が、情熱の赴くままに頭に浮かんだ音楽を書きつけるという類の天才的産物ではなく、楽想を練り形式を整えるなどの綿密で入念な計画性のもとに生み出された、「高度な思慮深さ」によるものであることを主張している。[262] このような「単純性」と「統一性」を重視する見解は、ホフマンにとって、器楽に限らず声楽の分野でも重要な原理原則であったことは、これまでの考察からも明らかである。ホフマンは、グルックのオペラや第二次ベルリン・リート派の歌曲、パレストリーナ様式の教会音楽などに見られる「高貴なる単純性」や「全体の統一性」を規範とみなしていたが、これらはいずれもライヒャルトの影響によるものであった。ホフマンの批評文では、「霊界」や「深い夜」、「精霊」といった不気味で恐ろしいものを想像させる言葉が頻繁に用いられ、誇張した表現も多々見られるために、彼の求めた音楽は、もっと幻想的な雰囲気を持ち、情緒的で甘美なものではないかという錯覚を抱かせる。それゆえに、我々はホフマン自身の作曲した器楽曲が意外にシンプルであることや[263]、彼が今日の音楽史におけるロマン派の音楽には関心を示さずに、ウィーン古典派の音楽を「ロマン的」とみなして賛美していたという事実に驚かされるのである[264]。ホフマンが実際に求めた音楽は、その流麗な文体とは裏腹に、単純性や統一性、緻密な構築を重視したものであり、彼の音楽観は一般に思われている以上に古い習慣や流儀に依拠したものであった。

さらに確認しておきたい点は、ホフマンはベートーヴェンの器楽の創作能力を絶賛したが、声楽の作曲に関してはかなり厳しい見方をしていたことである。ホフマンの見解によれば、ベートーヴェンは無限の国で感じられたものを、言葉を介さずに自由に表現する器楽ではその本領を発揮できるが、文学によって制約を受けて、何か特定のものを描出しなければならない声楽の世界では、自分の能力を生かすことができないという[265]。それゆえにベートーヴェンは、オペラではグルックやモーツァルト、スポンティーニの、リートではライヒャルトの、そして宗教音楽ではパレストリーナやJ.S.バッハ、ヘンデルの才能に及ばないということになる。ホフマンがベートーヴェンを尊敬していたのは、「我々の極めて偉大な器楽作曲家[266]」としてであって、彼を何にでも秀でた万能の芸術家と位置づけているわけではない。その証拠に、スポンティーニの円熟期のオペラやその才能に対する、ホフマンによる惜しみない絶賛の言葉は、ベートーヴェンへの賛辞と同じくらい熱狂と興奮に満ちている[267]。

それにもかかわらず、今日のベートーヴェン研究では、ホフマンがベートーヴェンを神格化し、神に代わる「新たな〈絶対者〉」とみなした最初の人物であると、誤解されている例も少なくない[268]。たしかにベートーヴェンは、一八二七年に他界してしばらくすると神的存在として崇拝されて、彼の伝記は「神話」に作り変えられる。そして、ホフマンの『ベートーヴェンの器楽』はその「神話」の嚆矢とされたのである。しかし、既述のようにホフマン自身は、ベートーヴェンの優秀さだけでなく欠点も指摘しており、彼が高く評価した音楽家たちの中から、ベートーヴェンだけを神に匹敵する存在として崇めるつもりはなかったと考えられる。

ところで、『ベートーヴェンの器楽』の冒頭でホフマンが定義したように、「自立した芸術としての音楽」とは器楽のことだけを意味すると考えるならば、文学作品との強い結びつきを必要とする声楽は、どのような位置づけになるのであろうか。第二章から第四章までの各章で考察したように、ホフマンは声楽の価値も非常に高く評価していた。作曲家としての活動においては、むしろ器楽よりも声楽の作品制作に力を注いでいたとも言え、彼の代表作《ウンディーネ》もまた声楽である。この疑問に関しては、彼は次のように説明している。

歌の場合は、詩が言葉によって特定の情緒を暗示するので、音楽の魔術的な力はほんの数滴たらせばどんな飲み物も見事な味わいにする賢者の霊液のような働きをする。オペラが我々に与えてくれる、情熱や愛、憎しみ、怒り、絶望などいずれの感情も、音楽はロマン主義による赤紫色の薄光で包み込む。そして生活の中で感じられたものまでが、我々を生活から連れ出し、無限の国に導いてくれる。[269]

この言葉から判明するのは、ホフマンが決して声楽を器楽に比べて劣っていると解釈していないということである。彼は声楽を音楽の一分野というよりは、文学と音楽(すなわち器楽)が結びついたものと位置づけており、言葉の芸術に音楽の魔力が作用することによって、その芸術はより一層優れたものになると考えていた。[270]

器楽の美的価値を主張しながら声楽も愛したホフマンと同様に、ジャン・パウルやヴァッケンローダー、ティークも決して声楽を器楽より劣ったものとは考えていない。これまでの考察からも、彼らがどちらかといえば声楽に親しみを感じていたことは明白である。ゲオルク・シューネマンによれば、ジャン・パウルの証言には十八世紀の古い価値観が残っており、彼が純粋な器楽よりも声楽に一層の共感を覚えていたことが表れているという。たとえば、ジャン・パウルは「オペラは最も偉大である」と考えたが、それはオペラが文学と結びついているだけでなく、歌手たちの演技や舞台装置などの絵画的要素によって視覚にも訴えるからである。[271] また、彼はハイドンの《天地創造》を大層気に入り、一八〇〇年五月二十三日と二十六日、そして十二月二十八日の計三回、ベルリンで鑑賞している。[272] 友人の音楽家パウル・エーミール・ティエリオ（Paul Emil Thieriot, 1780–1831）に宛てた一八〇一年一月十七日の手紙では、「私は天地創造をまるで目にしたかのようでした」と熱狂的に語り、音楽を視覚化しようとしている。[273] 既述のとおり、ヴァッケンローダーはライヒャルトの《エルヴィーンとエルミーレ》に大いに感動し、「ロマン的熱狂が漲っている」という感想を残している。[274] 彼の『音楽家ヨーゼフ・ベルクリンガーの数奇な音楽人生』では、重要な場面でいつも、オラトリオやカンティレーネ、受難曲などの宗教的な声楽曲が流れている。[275] そして、短命であったヴァッケンローダーに対してティークは長命を保ち、ベートーヴェンと親しく交流した。しかし、ティークはベートーヴェンの音楽の才能を認めつつも、彼の音楽の趣味は比較的古いものに基づいていたために、ベートーヴェンの器楽を理解するには至らなかった。[276] むしろ、彼はモーツァルトのオペラの熱狂的なファンであり、リートの分野でもベートーヴェンよりも、ライヒャルトの単純で素朴な有節歌曲を愛した。[277] 宗教曲に関しても、パレストリーナらによるア・カペラの音楽を支持し、器楽の表現力を存分に発揮できる交響ミサ曲には反対した。[278] ウェーバーとの友情関係についてはすでに言及したが、彼らはともに協力し合いながらイタリア・オペラの流行を終わらせて、ドイツ・オペラを発展させようと努力している。[279]

最後に、ロマン主義の音楽思想が形成された過程と、その過程において、ライヒャルトが果たした役割についいて総括したい。これまで述べてきたように、音楽の歴史が始まって以来、器楽は声楽よりも美学上劣るものとされており、十八世紀後半になってもなお、感情表現の明瞭さの点で人声を伴った声楽は優れていると考えられていた。このような状況下でモーリッツは、「感性の言語」である器楽には、「理性の言語」である日常の言葉を超えた表現力があることを発見し、[280] それがヴァッケンローダーやティークの音楽思想の基礎となった。つまり、器楽は表現の不明瞭さゆえに、筆舌に尽くしがたいものを描出できると発想を転換することによって、その美的意義を主張することが可能になったのである。この際のライヒャルトの貢献度は非常に高く、ヴァッケンローダーとティークは、彼の仲介によってモーリッツと知り合えただけでなく、彼自身の思想や音楽にも感化された。既述のとおり、ライヒャルトの思想は、一七九〇年前後にはすでにロマン主義の先駆的な特徴を示していた。また彼の音楽の中では、特に劇付随音楽《マクベス》がティークに与えた影響は絶大であった。ヴァッケンローダーは、この作品には言及していないが、《エルヴィーン》に対する感想からも明らかなように、ライヒャルトの音楽はヴァッケンローダーの想像力をも十分に刺激するものであったと考えられる。このようにヴァッケンローダーとティークは、モーリッツやライヒャルトの影響のもとで、それまで過小評価されていた器楽の価値を引き上げるために、熱狂的にその長所を称揚した。[281]

十八世紀末に『心情の吐露』や『芸術幻想』で展開された音楽論は、形而上的かつ抽象的であったが、ライヒャルトやホフマンが、このロマン的思想とウィーン古典派の音楽とを結びつけるという役目を担った。当時の北ドイツの知識人たち、特に音楽家以外の人々にとって、ウィーンを含む南ドイツの音楽文化はまだ遠い存在であったが、ライヒャルトとホフマンはともに作曲家であると同時に評論家であったことから、この北の音楽思想と南の音楽作品を繋げることができたのである。[282] ただし、これによってロマン派の音楽思想が古典派の音楽作品と関連づけられるという齟齬が生じることになった。ダールハウスはこの状況を、「古典派音楽美学を欠いた古典派音楽とロマン派音楽を欠いたロマン派音楽美学が同時期に存在したという、文化史上の図式を混乱させる逆説的な同時性」と説明している。[283]さらに十九世紀に入っても、ゲーテの世代の知識階層は、なかなか合理主義的な声楽優位の考え方から脱却することができなかったため、ホフマンは一八一三年の『ベートーヴェンの器楽』においてもなお、器楽の美的意義を詳細に説明する必要があった。

しかし、ジャン・パウルの小説を読みながら育ったシューマン[284]の世代になると、もはや器楽が自由な表現力と独自の価値を持つことは自明なことになる。シューマンは、友人ヘルマン・ヒルシュバッハ（Hermann Hirschbach, 1812–1888）に宛てた一八三九年六月三十日付けの手紙に、「これまでの人生において、私は声楽曲を器楽曲より劣るものであると考えていましたし、一度も偉大な芸術と思ったことはありませんでした」と記している。[285]彼の言葉は、ヴァッケンローダーやティークが十八世紀末に懸命に主張したことがようやく受容されて、器楽に優れた価値があるのは当然と考える新世代が誕生したことを象徴している。シューマンは、器楽の中でもソナタを「高貴な分野」とみなし、ソナタ形式を最高の音楽形式として称揚している。そして、これがベートーヴェンを最高峰とするドイツ器楽の崇拝へと繫がっていく。彼は、ロッシーニのオペラをはじめとするイタリアの声楽を俗音楽と考えて、その一方で、ベートーヴェンらによるドイツの器楽を「高尚な」音楽として賞賛することにより、「ベートーヴェン崇拝」の伝統を打ち立てた。[286]シューマンの音楽批評における論調はかなり差別的で辛辣であるが、その背景には、ナポレオン戦争を通じて沸き立ったナショナリズムがあった。

たしかに、ロマン派の詩人たちも器楽の美的価値を熱狂的にアピールしたが、シューマンの場合とは異なり、決して声楽を劣ったものとは考えていない。彼らは声楽に対する器楽の優位を主張したというよりは、むしろ、それまで劣ったものとされていた器楽について、声楽との対等な評価を求めている。つまり、器楽を賞賛する彼らの音楽思想と、声楽を好む実際の趣味とは全く矛盾していない。このような点において、彼らの見解はライヒャルトのものと極めて類似している。なぜなら、ライヒャルトも器楽が自立した表現芸術であることを認め、声楽と同等の価値があることを主張しているからである。ロマン派の詩人たちにとってもライヒャルトにとっても、器楽は名状しがたい個人的で主観的な感情を純粋に表現できるがゆえに優れていたが、声楽も器楽に劣らず、ロマン的かつ宗教的な存在であった。またホフマンは、ベートーヴェンを天才器楽作曲家の一人として絶賛したが、シューマンのように、ドイツを代表する神のような音楽家とみなすことはできなかった。(287) ホフマンのベートーヴェン評は、彼の作品の古典的な部分、つまり「高貴な単純性」や「全体の統一性」などに高い価値を認めている点が特徴的である。こうした部分にも、シューマンよりもむしろ、ライヒャルトの価値観との共通性を見出せると言える。

結論

作曲家としてのライヒャルトが最も成功した分野は、民謡調リートをはじめとする極めて単純な有節リートであることに異論はないであろう。ゲーテもロマン派の詩人たちも皆、ライヒャルトをリートの大家として高く評価していた[1]。メンデルスゾーンは十九世紀半ばにおいてもなお、ライヒャルトのリートを「ほかのどの国にもないような、完全に正真正銘のドイツ・リートである」と述べて[2]、彼の功績を称えている。長い間、第二次ベルリン・リート派の作品が主流であった北ドイツでは、シューベルトのリートはなかなか受け容れられなかった。なぜなら、ドイツの北部と南部では、その作曲理念が異なっていたからである。ライヒャルトにとってリートとは、「民謡が歌える声であれば誰でも楽しめるように、ある種の感情を単純で分かりやすく音楽的に表出するもの」であった。そして「その本来の価値は歌の統一性の中にあり、楽器の伴奏は、どうしても必要な場合でも歌を補助するだけで、それ以上のものであってはならな」かった[3]。つまり、シューベルトの通作リートはこの定義から外れているために、北ドイツにおいて、リートではないと判断されたのである。また、ライヒャルトやゲーテ、アルニムの発言に見られるように、民謡から霊感を受けて創作した詩も、「民謡調の装い」を凝らしたリートも、いずれは民謡になるという考え方があった[4]。将来の民謡である民謡調リートを守ることは、民族固有の文化である民謡を保護することに匹敵し、そうした理由からも、北ドイツの人々はリートというジャンルの純粋性に強く拘泥したのではないかと考えられる。

宮廷楽長としてのライヒャルトは、初めはハッセやグラウン風のイタリア・オペラを作曲することを余儀なくされたが、次第に自由な創作も許されるようになり、グルックのオペラを手本として、イタリア語やフランス語の正歌劇を書いた。しかし、ライヒャルトの歌劇作曲家としての功績は、本格的なドイツ・オペラの確立のために、ゲーテと共同で制作したジングシュピールのほうにあるだろう。それまで民衆の楽しみでしかなかったジングシュピールを「王立」の劇場で上演したことは、当時としては革新的な試みであり、一大事件であった。[5] ゲーテとの共同制作後も、ライヒャルトはドイツ・オペラの発展のために様々なことに挑戦している。《精霊の島》のように、ホフマンの《ウンディーネ》やウェーバーの《魔弾の射手》に匹敵するロマン主義オペラを作曲する一方で、リーダーシュピールという新しいジャンル、すなわち劇中に挿入される歌の部分がすべて民謡調リートや単純な有節歌曲だけから成る歌唱劇も創始した。[6]

ドイツにおけるイタリア・オペラの流行を終わらせようと、ドイツ固有のオペラの発展に尽力したライヒャルトとゲーテにとって、当初ウィーンのジングシュピールはライバルでしかなかった。それゆえ、両者のうち特にライヒャルトは、同じ作曲家として、モーツァルトの才能を評価するのに時間を要した。[7] それに対してロマン派の若い詩人たちは、すでに青春時代にモーツァルトのオペラを体験して身近に感じていたために、彼らによるモーツァルトの受容は早かった。彼らの中には、北ドイツの「歌つき芝居」から発展したライヒャルトの作品よりも、音楽的に表現の豊かなモーツァルトのオペラを支持する者も多く、後者をより「ロマン的」とみなした。[8] ロマン派の詩人たちにとって、モーツァルトはもはや北ドイツのライバルではなく、ドイツを代表する「我々の」天才作曲家であり、新たな好敵手、すなわち敬意を払うべき競争相手はイタリアであった。要するに、ライヒャルトの世代にとって、ドイツの北部と南部の価値観の相違が問題であったのに対して、ロマン派の世代にとっては、十九世紀のナショナリズムの高揚とも関連して、次第にドイツとイタリアという二国間の文化の違いに、問題の本質が変化していくのである。さらに、一八三〇年代に音楽評論家としての活動を開始したシューマンの世代になると、イタリア文化に対してあからさまに敵意を示し、イタリアの声楽は低俗であり、高尚なドイツの器楽の足元にも及ばないと主張することになる[9]。たしかに、すでにホフマンにも、器楽における「力強い表現」や「豊かさ」はドイツ人が育んだものであるという意識はあった[10]。しかし彼は、オペラではドイツの優れた器楽とイタリアの魅惑的な歌の両方が、バランスよく結びつくことが重要であると考えていた。ホフマンの念頭にはまだ、イタリアを打倒しなければならない敵として見る考え方はないと言える[11]。

ライヒャルトの世代にとって、ドイツ北部と南部の価値観の違いは大きかった。器楽の分野においても、彼はベルリン楽派の古い理論からなかなか脱却できなかったが、次第にウィーン古典派の器楽への理解を深めていき、晩年にはそれを手本に作曲も試みている[12]。しかし、その作品に対して弟子のホフマンは、悟性が想像力を強く抑え過ぎてしまい、「ロマン的」な音楽とは言えないとして厳しく批判した[13]。ホフマンが理想としていたウィーン古典派の音楽とは異なり、ライヒャルトの作品に不足していたものは、自由で想像力豊かな音楽的表現であった。ライヒャルトの作品の中で「ロマン的」であると評価されたものは、《エルヴィーンとエルミーレ》や《クラウディーネ・フォン・ヴィラ・ベラ》、《精霊の島》、《ミルトンの朝の歌》、《マクベス》などであったが、これらの音楽はほぼすべてが声楽であり、《マクベス》も文学と結びついた劇付随音楽であって、純粋な器楽ではないということが特徴である。ロマン派の詩人たちがたびたび指摘する、自由な想像力の不足というライヒャルトの弱みは、ポエジーの世界から完全に独立した「音楽のための音楽」において、魅力ある世界を作り上げられなかった点にある。ただし別の言い方をすれば、ベートーヴェンは「ただ言葉によって規定された情緒のみが、無限の国で感じられたものとして描写される」声楽においてはあまり成功しなかったが[14]、ライヒャルトはベートーヴェンとは逆に、文学からインスピレーションを得て創造性を発揮できるタイプであったと考えられる。この点を、ホフマンは音楽評論家として的確に見抜いていた。[15] しかし、ティークが『交響楽』でロマン主義的な器楽論を展開しながらも、その執筆の切っ掛けとなった音楽は、ライヒャルトの《マクベス》序曲であり、いわゆる「絶対音楽」ではなかったという事実は、特筆に値するであろう。[16]

ライヒャルトはドイツ語圏初の本格的な音楽ジャーナリストであり、音楽評論家としての活動は、彼の功績の中で最も重要なものの一つである。彼は若い世代の関心を、最新の優れた音楽のみならず、古い時代の価値ある音楽にも向けようとした。たとえば、ベルリンでは十九世紀半ば過ぎまでグルックがドイツの英雄として愛され続けたが、この現象はほかの都市では見られない異例なことであり、ライヒャルトらによるジャーナリズムの支えがなければ考えられないことであった。[17] ホフマンをはじめとするロマン派の詩人たちの多くも、グルックのオペラ改革に敬意を表した。またライヒャルトは、ロンドンでヘンデルのオラトリオの本格的な演奏を体験してからというもの、ドイツで初めてのヘンデル擁護者として有名になった。ヘンデルの音楽を積極的に後世に広めようとし、ハレのヘンデル・ルネサンスにも貢献している。[18] そして、初めて訪れたイタリアでパレストリーナの教会音楽を再発見し、その後はパレストリーナ様式で書かれたイタリアの古楽の紹介に努めた。[19] 彼の活動は、のちのハイデルベルクのティボーによる古楽復興運動や、カトリック教会音楽の改革を目指すセシリア運動に繋がっていくものとして、重視されるべきである。

さらに、ライヒャルトは言語表現の上でも優れた着想の持ち主であり、皆が模倣したくなるような比喩表現の発想にも長けていた。例を挙げるなら、一七八二年にはJ.S.バッハやヘンデルの音楽の印象を、ゲーテがストラスブールの大聖堂を眼前に抱いた感動と重ね合わせた。[20] この比喩は、ホフマンによって早速踏襲されたのち、[21]「バッハの音楽＝ゴシック建築」という部分だけが残って、愛国的な傾向の強いロマン主義者たちによって好んで使用された。バッハの音楽とゴシック建築の二つは彼らにとって、ドイツが外国に対して誇れる崇高で偉大な芸術であり、さらに再発見されたという共通点を持つ、ロマン的魅力溢れるものであった。また、ライヒャルトは一八〇八年末に、ウィーンでハイドンとモーツァルト、ベートーヴェンの弦楽四重奏曲を聴き、彼らの音楽をそれぞれ「愛らしく幻想的な園亭」、その園亭を基礎にして建設された「御殿」、その御殿の上に建て増しされた「大胆で強固な塔」に喩えて比較した。[22] 一八一〇年にはホフマンが、同様にウィーン古典派の三巨匠の音楽を三位一体のように並べて比較し、[23] その後これに倣う者が十九世紀を通じて続出した。ライヒャルトのアイディアを多くの人が真似し、しかも長期にわたって模倣者が存在したということは、彼に時代を先取りする才能が備わっていて、批評家としての優れた資質があったことの証であろう。

ライヒャルト自身も気づいていたように、ドイツの南部と比較して北部には音楽評論や音楽理論を好む傾向があったことは確かであるが、[24] とはいえ、ライヒャルトは音楽について実に多くを語った音楽家であった。大抵の実践的な音楽家は、その芸術の本質について論じようとはしないし、音楽美学に関心のある学者は、演奏や作曲についての知識が乏しく、抽象論に陥りがちである。当時、ライヒャルトほど、両方の知識においてバランスのとれた人物はいなかったであろう。ホフマンも彼のその点を賞賛し、「ライヒャルトのように完璧な美的教育を、豊かな音楽の知識や深遠な思想、活発で感じやすい精神と結びつけた作曲家はめったにいなかった」と書いている。[25] そして、この音楽批評の分野で彼の後に続くことになったのが、ホフマンでありシューマンであった。

ライヒャルトが目指した音楽批評とは、音楽美について追究するだけでなく、民衆の教育のために音楽の理想的なイメージを作ることであった。彼は若いころから、音楽を単なる特権階級の「娯楽」から、庶民たちの「文化」や芸術へと高めるためには、専門家による教育的批評が必要であると考えていた。つまり彼は、音楽を提供する側と享受する側を橋渡しする案内人としての役割を、自ら買って出たのである。彼は音楽批評以外にも、民衆教育を目的として、一般市民を対象とした公開演奏会「コンセール・スピリテュエル」を開催し、その際には、聴衆に平易な言葉で作品を解説したプログラムを配布した。また、歌の集いのためにポケット版のリート集を出版し、家庭でもジングシュピールを楽しめるように、クラヴィーア編曲版にして多数提供した[26]。そもそも、彼のジングシュピールやリーダーシュピール、リートなどの音楽作品の多くは、民衆教育を目的として書かれていた。そして、ギービヒェンシュタインの自宅では、毎日のように教養ある愛好家たちを集めて家庭音楽会を開いた。この音楽会は、集いの客たちも一緒に歌に参加するという楽しい娯楽の場であると同時に、パレストリーナやヘンデル、J.S.バッハ、グルックなどの音楽について知る学びの場にもなっていた。こうした活動は、十九世紀に盛んになった個人のサロンでのコンサートや、食事やおしゃべりをしながら詩の朗読やコーラスを楽しむ私的な集い、古楽の保護を目的とした合唱活動などの嚆矢である。ゲーテもこの家庭音楽会に魅力を感じて、自分専用の「家庭小楽団」を結成した[27]。

このように積極的で活動的で、「あらゆる人々に対して、信じられないほどのお人好しで世話好き[28]」であったライヒャルトは、ドイツの音楽界のみならず、文学界にも大きな影響を及ぼした。義理の息子と同年のヴァッケンローダーとティークを可愛がり、彼らに音楽を教えた。一七八九年ごろ、ベルリンのフリードリヒ通りにあったライヒャルトの住まいは、まだギムナジウムの生徒であった二人にとってまさに「優れた学校」であり、彼らは芸術的価値観の形成の上で、大いにモーリッツやライヒャルトの感化を受けた[29]。ヴァッケンローダーの描いた音楽家ヨーゼフ・ベルクリンガー像も、そのような環境下で誕生している。『芸術を愛する一修道僧の心情の吐露』に関しては、ライヒャルトは自分の雑誌『ドイツ』でその一部を紹介し[30]、タイトルの決定から出版の世話までしている。アルニムとブレンターノの『少年の魔法の角笛』の出版の際には、自分で長年収集していた民謡を惜しげもなく提供した。『ベルリン音楽新聞』には、アルニムの論文『民謡について』を掲載し、自ら『角笛』に対する好意的な書評も執筆している[31]。ホフマンは本格的に音楽家として始動する前に、ライヒャルトのもとに弟子入りしたが、ライヒャルトの作曲家としての仕事のみならず、著述家としての活動にも触発された。ホフマンは、ライヒャルトの崇拝していたグルックをテーマとした小説（『騎士グルック』）で、音楽評論家としてデビューしている。そして、何よりもギービヒェンシュタインのライヒャルト邸は、訪れた客たちが創作のための着想を得る、絶好の場所として重要であった。詩人たちは、ギービヒェンシュタイン城跡とザーレ川に臨んだ風光明媚な庭園や、ライヒャルトの娘たちが歌う美しいコーラス、御者や使用人たちの奏でるヴァルトホルンの響きから、インスピレーションを受けた。

さて、序論で指摘したようにザルメンの主張によれば、「ライヒャルトはドイツ・ロマン派の支援者になったが、しかし彼自身がこの若々しい思潮に同調することは全くできなかった」というが[32]、実際はどうであったのだろうか。これまでの論考を踏まえて、最後にこの問題についてまとめておきたい。たしかに、彼の音楽作品に対しては、彼の仲間たちの間でも「ロマン的」か否かの点で評価が分かれたが、彼の音楽観は十分に「ロマン的」であったと言える。しかも、ロマン主義の先駆的特徴はすでに一七九〇年前後から表れている。彼は一七八二年に器楽が自律的価値を持つと判断し、一七九一年には、その表現の抽象性ゆえに名状しがたい個人的な感情を表出できる、との見解を示している[33]。彼も初めは声楽優位の音楽観を持っていたが、一七八二年に器楽の自律性を認めたことで、声楽と器楽における価値の平等を肯定したことになる。最終的に、彼は音楽を「無限なるものの最高の表現」とみなし、「（音楽の）起源と本質は全く精神的で宗教的でロマン的である」（括弧内筆者）という見解に至っている[34]。また、この問題と関連してロマン主義の音楽思想の定義について言及すると、一八〇〇年前後のロマン派の詩人たちの音楽観を、従来の定説のように「器楽優位の思想」とすることは事実と異なるため、定説の見直しが必要である。本来、ロマン派の詩人たちは器楽の優位を唱えたというよりは、ライヒャルトと同様に、器楽にも声楽と同等の価値があることを訴えている。長い間、声楽に劣るとされていた器楽に自律的価値を与えようと、その美的意義を誇張し過ぎたために、器楽を偏愛しているとの誤解を招いたのである。むしろ彼らは声楽を愛好し、その価値も高く評価している。

ライヒャルトは「ロマン的」という言葉を音楽に適用した時期も早く、『パリからの私信』(一八〇二—一八〇三年)でモーツァルトやハイドンの音楽を「ロマン的」と形容している。[35] 彼は、ベートーヴェンの音楽の価値も早期に認めた評論家の一人である。ただし、彼の「ロマン的」という言葉は、今日的な意味でのロマン主義音楽に対してではなく、彼の主観に従って「魅力的で偉大な」ものや「新しくて優れた」ものに対して用いられた。ロマン派の詩人たちも、音楽に対して「ロマン的」という言葉を主観に従って使っており、その点においてライヒャルトの使用法とほぼ一致する。しかも、ヴァッケンローダーやティークが器楽論を書いた当時、彼らが鑑賞していた音楽は、ライヒャルトやツェルターのサークル周辺で演奏されるものに限られていて、彼らはベートーヴェンはおろか、モーツァルトの交響曲さえも聴いたことがなかったと考えられる。ホフマンも「ロマン的」という言葉を多用しているが、彼の価値観はグルックやモーツァルトといった、今日の西洋音楽史における古典派の音楽に基づいて形成されていて、一般に思われている以上に古い習慣や流儀に依拠していたと言うことができる。作曲法に関しても、頭の中で完全に作曲してから楽譜に書くことや、細部にこだわらずに全体を把握すること、音楽は文学から直接必然的な産物として生まれることなど、グルックやライヒャルトの方法を踏襲している。[36] 今日、ロマン派オペラの代表作の一つとされるウェーバーの《魔弾の射手》に対しては、ホフマンは自己の評価を表明することをあえて避けた。[37]

ホフマンは、ベートーヴェンの器楽を極めて「ロマン的」であるとして絶賛したが、その動的な勇壮さや劇的な緊張感よりも、むしろ、「高貴なる単純性」や「全体の統一性」といった、もっと「厳粛」かつ「崇高」で静的な面に注目し、それを高く評価した。[38] ホフマンの批評文では、しばしば誇張した表現が用いられて文体が流麗であるために、彼の求めた音楽はもっと幻想的な雰囲気を持ち、情緒的で甘美なものではないかという錯覚を抱かせる。彼にとってベートーヴェンは、極めて偉大な器楽作曲家ではあるが、決して神に代わる「新たな〈絶対者〉」[39]などではなく、あくまでスポンティーニを天才オペラ作曲家とみなしたことと同列の意味合いで、優れていた。ホフマンにとってのドイツの英雄は、オペラにおけるグルックやモーツァルト、宗教音楽におけるJ．S．バッハやヘンデルである。リートの分野では、ライヒャルトやツェルターを真のマイスターとして賞賛した。[40]

ゲーテもベートーヴェンの音楽を「ロマン的」とみなしたが、彼にとって「ロマン的」で感傷的な音楽は、聖と俗が混合した冒瀆的なものであり、人々を惑わせるものであった。[41]ゲーテは合理主義に基づいた音楽観に生涯とらわれていて、器楽の自律性を認められなかった。また、ゲーテと同年のフォルケルも非常に保守的な音楽家であり、好奇心旺盛なライヒャルトと対照的な存在である。ライヒャルトは早いうちからロマン主義的な音楽観を持ち、イタリアの古楽からベートーヴェンの器楽に至るまで、新旧の幅広い音楽に関心を示した。それに対して、フォルケルは十九世紀に入ってもなお前世紀的な価値観にとどまり、J．S．バッハより後の時代の音楽を頽廃的と捉えていたため、ロマン派の詩人たちから厳しい批判を受けた。[42]しかも、バッハの熱烈な支持者であったにもかかわらず、彼の教会音楽にはほとんど興味を持たなかった。たしかに、ライヒャルトもベルリン楽派の音楽や「感情の統一の理論」などの古い価値観から離れるのに苦労したが、ゲーテや同世代の知識人たちの音楽観と比較することによって、彼の思考の柔軟性や世の趨勢を見極める能力の高さが明白になった。つまり全体を総括するならば、ライヒャルトの音楽観は、従来の説よりもずっと進歩的で新しく「ロマン的」である。そしてロマン派の詩人たちによる音楽観は、一般に考えられている以上に古い音楽や価値観に依拠し、ライヒャルトの感化を強く受けている。それゆえに、両者の見解は近似していると結論できるのである。

シューバルトは『音楽美学の理念』の中で、「この人物（ライヒャルト）とともに［……］ベルリンの音楽の全く新しい時代が始まった」（括弧内筆者）として、ライヒャルトの音楽活動を高く評価した上で、その人並みはずれた行動力について次のように述べた。

彼はあまりにも性急に時流に逆らい、同時に理論熱と流行熱の両方を操作しようとしたために、多くの敵を作ってしまった。それゆえ、きっとこの人物の功績は、後世になってようやく認められることになるであろう。しかし、彼が自分で達成できるよりも多くのことを望んでいるのは確かである。彼はいわば、敬虔な音楽の信者なのである。(43)

シューバルトは一七九一年に他界しており、その後のライヒャルトの活躍を知らないにもかかわらず、この引用文からはすでに、彼の行動力が驚異の目を見張るものであったことが読み取れる。たしかに、当時の人々にとって、ライヒャルトの言動は「時流に逆らって」いるようにしか見えなかったかも知れないが、今日の視点に立てば、それは時代に先んじていたのであり、彼の向かおうとしていた方角は決して見当違いではなかった。つまり、彼は非常に先見の明のある、批評家に相応しい才能の持ち主であった。彼がすでに十八世紀に始めていたことで、十九世紀に一種のブームになったものを挙げればきりがない。常に時代の先を行こうとするライヒャルトの態度は、保守的な人々には、常軌を逸した振る舞いに感じられたであろうし、新奇を好む若者たちの目には、非常に魅力的に映ったであろう。ライヒャルトという人物は、宮廷楽長という肩書からは全く想像できない、ほかに類を見ない非常にユニークな存在である。これまでのライヒャルト研究は、ほとんどが音楽学者の功績によって支えられてきたが、ライヒャルトは文学の側面からも十分にアプローチが可能な研究対象であると言える。特に、ドイツ・ロマン派の文学作品への影響は大きいであろうし、本書ではあまり言及できなかった、シュレーゲル兄弟やノヴァーリス、グリム兄弟などとの彼の交友関係にも、興味深いテーマが多数発見できそうである。ライヒャルト研究は、まだなお開拓の余地がある分野であり、ギービヒェンシュタインの思い出の地さながらに、「ロマン的」魅力溢れる魔法の庭である。

略記号一覧

注や楽譜出典、図版出典、参考文献一覧では、以下の略記号を使用している。

AMZ　Rochlitz, Friedrich/Härtel, Gottfried Christoph/Fink, Gottfried Wilhelm/Hauptmann, Moritz/Lobe, Johann Christian (Hrsg.): Allgemeine musikalische Zeitung. Leipzig 1798–1848

BMZ　Reichardt, Johann Friedrich (Hrsg.): Berlinische musikalische Zeitung. 2 Bde. Berlin/Oranienburg 1805–1806

FA　Goethe, Johann Wolfgang von: Sämtliche Werke. Briefe, Tagebücher und Gespräche. 40 Bde. Hrsg. v. Dieter Borchmeyer, Frankfurt a. M. 1985ff.

FBA　Brentano, Clemens: Sämtliche Werke und Briefe. Frankfurter Brentano-Ausgabe. Hrsg. v. Jürgen Behrens u. a., Stuttgart 1975ff.

HSW　Herders sämmtliche Werke. 33 Bde. Hrsg. v. Bernhard Suphan, Hildesheim/New York 1994

JPW　Jean Paul: Werke. 6 Bde. Hrsg. v. Norbert Miller, München 1960–1988

MA　Goethe, Johann Wolfgang von: Sämtliche Werke nach Epochen seines Schaffens. Münchner Ausgabe. 21 Bde. Hrsg. v. Karl Richter, München 1985ff.

MGG　Die Musik in Geschichte und Gegenwart. Allgemeine Enzyklopädie der Musik. 17 Bde. Hrsg. v. Friedrich Blume. Kassel 1949–1986

MK　Reichardt, Johann Friedrich: Musikalisches Kunstmagazin. 2 Bde. Berlin 1782–1791

SchGG 11　Gedichte von Goethe in Compositionen seiner Zeitgenossen. Hrsg. v. Max Friedlaender, (Schriften der Goethe-Gesellschaft. Bd. 11), Weimar 1896

SWB	Wackenroder, Wilhelm Heinrich: Sämtliche Werke und Briefe. 2 Bde. Hrsg. v. Silvio Vietta u. Richard Littlejohns, Heidelberg 1991
WA	Hoffmann, Ernst Theodor Amadeus: Sämtliche Werke. Winkler-Ausgabe. 6 Bde. München 1967ff.
WAA	Arnim, Ludwig Achim von: Werke und Briefwechsel. Weimarer Arnim-Ausgabe. Hrsg. v. Roswitha Burwick, Tübingen 2000ff.

注

序論

（1）ライヒャルトは第二次ベルリン・リート派の一員であり、彼らの理想としたリートについては、J．A．P．シュルツの《民謡調によるリート集》の序文に明確に示されている。（Johann Abraham Peter Schulz: Lieder im Volkston. Berlin 1782ff. ND Das Erbe deutscher Musik. Bd. 105. Hrsg. v. Walther Dürr und Stefanie Steiner, unter Mitarbeit v. Michael Kohlhäufl, München 2006,［Abbildung 2, Vorbericht］.）

（2）ニール・ザスロー編『啓蒙時代の都市と音楽』樋口隆一監訳、音楽之友社、一九九六年、二九一—二九八頁参照。

（3）たとえば、ドナルド・ジェイ・グラウトとクロード・ヴィクター・パリスカの『新西洋音楽史』を参照しても、シューベルトのリートやモーツァルトのオペラの扱いに対して、北ドイツの民謡調リートやジングシュピールの解説は非常に短い。（D．J．グラウト、C．V．パリスカ『新西洋音楽史』戸口幸策・津上英輔・寺西基之共訳、音楽之友社、一九九八年、中巻、二五二、二五六—二五八、三二二—三二五頁、下巻、七九—八一頁参照。）

（4）ホフマンは一八〇九年に、ライプツィヒ『一般音楽新聞』に掲載された小説『騎士グルック』で、音楽評論家としてデビューした。シューマンは一八三一年に、やはりライプツィヒ『一般音楽新聞』に寄稿して文筆活動を開始した。彼は、のちに自ら『音楽新報 *Neue Zeitschrift für Musik*』の編集長を務めている。（Vgl. Eckart Kleßmann: E. T. A. Hoffmann. Frankfurt a. M./Leipzig 1988, S. 128; S. 15. 藤本一子『シューマン』音楽之友社、二〇〇八年、四一—四四頁参照。）

(5)ティボーはハイデルベルク大学のローマ法の教授であったが、『音芸術の純粋性について』を著し、アマチュアながら合唱団を組織して古い教会音楽の保護活動を行なった。メンデルスゾーンは十九世紀のバッハ・ルネサンスに貢献したが、「ヘンデル復興においても先駆者的役割を果たした」と考えられている。(ハンス・クリストフ・ヴォルプス『メンデルスゾーン』尾山真弓訳、音楽之友社、二〇〇四年、三二―三七、六三―六四頁参照。)

(6)リーダーシュピールとは、劇中に挿入される歌の部分がすべて民謡調リートや単純な有節歌曲だけから成る歌唱劇のことであり、ライヒャルトが一八〇〇年に創始したジャンルである。

(7)Renate Moering: Arnims künstlerische Zusammenarbeit mit Johann Friedrich Reichardt und Louise Reichardt. Mit unbekannten Vertonungen und Briefen. In: Neue Tendenzen der Arnimforschung. Hrsg. v. R. Burwick u. B. Fischer, Bern/Frankfurt a. M./New York/Paris 1990, S. 200ff.

(8)ツェルターは、ライヒャルトと同様に第二次ベルリン・リート派を代表する作曲家であり、シューベルトに先立ちゲーテの多くの詩にメロディをつけた。また、シラー亡き後のゲーテの親友としても知られている。

(9)Bettine von Arnim: Werke und Briefe. 4 Bde. Hrsg. v. Walter Schmitz u. Sibylle von Steinsdorff, Frankfurt a. M. 1986–2004, Bd. 2, S. 400f.

(10)Ibid., S. 376. ベッティーナが名前を挙げている音楽家のうちフンメルというのは、フリードリヒ・ハインリヒ・ヒンメルの誤りである。ヒンメルもヴィンツェンツォ・リーギニ(Vincenzo Righini, 1756–1812)も、ライヒャルトと同様にベルリンの宮廷楽長を務めた音楽家で、両者はともにライヒャルトのライバルであった。なお、ヨハン・ネーポムク・フンメル(Johann Nepomuk Hummel, 1778–1837)はモーツァルトの弟子のピアノ奏者で、一八一九年にヴァイマルの宮廷楽長になり、ゲーテと親交を結んだ。

(11)ロマン・ロラン『ゲーテとベートーヴェン』新庄嘉章訳、新潮社、一九六六年、三九―四〇頁。

(12)たとえば、日本ゲーテ協会による『ゲーテ年鑑』第一九巻(一九七七年)は、「ゲーテと音楽」に関する特集号であるが、ロランの影響が色濃く見られる論文も少なくない。最近の研究では、ゲーテと作曲家の関係を問題とするよりも、彼の音楽教育論や音響学などを対象とするものが増えつつあるため、ロランの名はあまり見なくなった。しかし、今日でも「ゲーテとベートーヴェン」をテーマにする際には、ロランの存在は無視できないであろう。（青木やよひ『ゲーテとベートーヴェン――巨匠たちの知られざる友情』平凡社、二〇〇四年、一三頁参照。）

(13) 《眠れ、可愛い子よ、眠れ》は、《子供のためのリート集》第一巻（一七八一年）や《ドイツの良き母親たちのための子守歌》（一七九八年）に収められており、歌詞は民間伝承によるものである。『少年の魔法の角笛』第三巻には、„Schlaf, Kindlein, schlaf" で始まる『子羊たちの朝の歌 *Morgenlied von den Schäfchen*』という民謡が掲載されているが、当時すでに人気のあったライヒャルトのメロディに合うように、C.ブレンターノが手を加えている。《森はもう色づいている》は、J.G.v.ザリス＝ゼーヴィスの詩にライヒャルトが曲をつけたものである。また、有名なドイツ民謡《小鳥ならば》は、ライヒャルトのリーダーシュピール《愛と忠誠》の挿入歌として歌われ、この民謡の旋律は、ゲーテとの共同制作によるジングシュピール《イェーリとベーテリ》の序曲【譜例3・一一〇頁】のテーマとしても用いられた。それゆえに、《小鳥ならば》もライヒャルトによって作曲されたとする説もあるが、これは彼の創作ではない。（Reichardt: Lieder für Kinder aus Campes Kinderbibliothek. 4 Bde. Hamburg 1781–1790, Bd. 1, S. 9; Wiegenlieder für gute deutsche Mütter. Leipzig 1798, S. 20ff.; FBA 8, S. 294ff.; 9–3, S. 521ff.; Reichardt: Liederspiele. Tübingen 1804, S. 29.）

(14) ギービヒェンシュタイン城跡の地下にも、ライヒャルトや「ライヒャルトの庭園」について紹介したパネルが展示されている。

(15) この表題は、ゲーテの詩『プロメテウス』からの引用である。フィッシャー＝ディースカウは、多数の書籍を残したが、リート作曲家に関する研究書も多く、シューベルトやシューマン、ヴォルフのほかツェルターについての本も出版しており、大変研究熱心であった。

(16) 伴奏はマリーア・グラーフによるハープによるもので、主にゲーテとシラーの詩による歌曲が録音されており、

「オルフェオ ORFEO」より発売された。そのほかにもフィッシャー＝ディースカウは、一九八四年にツェルターのリートを、一九九五年にはゲーテの詩によるリート（一九七〇年のライブ録音）を、CD化している（いずれもORFEO）。近年、ライヒャルトの音楽作品は、ゲーテ時代の音楽やシューベルト以前のリートに対する関心から、様々な機会に録音されているため接しやすくなった。

（17）一九八九年九月の研究発表会のテーマは「革命期の作曲家兼著述家ヨハン・フリードリヒ・ライヒャルト」であり、二〇〇二年十一月のテーマは「順応と挑戦の狭間で――ヨハン・フリードリヒ・ライヒャルト」であった。また二〇〇二年には、デュッセルドルフのゲーテ博物館やフライブルク大学などでも、ライヒャルトに関する特別展示が行なわれている。(Schriften des Händel-Hauses in Halle, Bd. 8, Halle 1992, S. 6f.; Bd. 19, Halle 2003, S. 5ff.)

（18）一九九九年のコロキウムのテーマは「ライヒャルトの作曲によるゲーテのリートとジングシュピール」であった。(Ibid., Bd. 19, S. 6f.)

（19）「ヘンデル・ハウス」の特別展示の案内「ゲーテ、彼の詩は音楽的である――ヨハン・フリードリヒ・ライヒャルトの没後二〇〇年を記念して」（二〇一四年四月十一日―二〇一五年一月三十一日）と、ハレ市の二〇一四年（三―十二月）の催し事の小冊子『出発と変革――このテーマのための内容と行事』の一六―一七頁を参照のこと。

（20）二〇〇二年にザルメンは、ライヒャルトの自伝的記述（雑誌などに掲載された断片的なもの）を、『ヨハン・フリードリヒ・ライヒャルト、陽気な旅人――ある音楽家兼文筆家の回想録』として一冊にまとめて、ライヒャルトとゲーテの往復書簡集なども出版している。なお、一九六三年以前の先行研究については、ザルメンの『ライヒャルト論』の七―一二頁を参照のこと。(Walter Salmen[Hrsg.]: Johann Friedrich Reichardt. Der lustige Passagier. Erinnerungen eines Musikers und Literaten. Berlin 2002; Volmar Braunbehrens/Gabriele Busch-Salmen/Walter Salmen[Hrsg.]: J.F. Reichardt – J. W. Goethe Briefwechsel. Weimar 2002.)

（21）たとえば、リューディガー・ザフランスキーによるホフマン研究やシルヴィオ・ヴィエッタによるヴァッケンローダー研究などにおいても、ライヒャルトに関することでは、この論文が参照されている。（Rüdiger Safranski: E. T. A. Hoffmann. Das Leben eines skeptischen Phantasten. München/Wien 1984, S. 505f.; SWB 1, S. 375ff.）

（22）Reichardt: Goethes Lieder, Oden, Balladen und Romanzen mit Musik. 4 Bde. Leipzig 1809–1811. ND Das Erbe deutscher Musik. Bd. 58/59. Hrsg. v. Walter Salmen, München/Duisburg 1964–1970. ザルメンは、本来ライヒャルトの歌集には掲載されていない一四曲を付録として補足している。

（23）一九六七年には正木光江の『ヨーハン・フリードリッヒ・ライヒャルトの歌曲について』、一九八三年には村田千尋の『伴奏の成立――J．F．ライヒャルトのリートにおけるクラヴィーア声部の変遷』、一九九八年には拙論『E．T．A．ホフマンとJ．F．ライヒャルト――ホフマンの音楽観に関する一考察』、そして二〇〇九年にはウィーン出身のシュテファン・トゥルンマー＝フカダの日本語による論文『J．F．ライヒャルトの「音楽的芸術雑誌」に見られる音楽観の位置づけ』が書かれている。なお、村田論文は「芸術リートの成立」をテーマとして執筆された四つの論文のうちの一部を成しており、ほかの『音楽的朗誦の概念の成立』、『有節と通作――芸術リートの成立』、『民謡調リートと芸術リート――芸術リートの成立』においてもライヒャルトのリートに関連する事柄が多く取り上げられている。また、最新の情報を追記すると、本書の出版準備中の二〇一七年二月に村田による『J．F．ライヒャルトのリート研究、その1――出版楽譜の概要』が執筆されている。

（24）たとえば、前出の『ゲーテ年鑑』第一九巻（一九七七年）に掲載された論文を参照すると、ライヒャルトという人物について説明があっても数行程度である。ただし、ライヒャルトの作曲によるゲーテのリートに限定すれば、「ゲーテと音楽」というテーマの枠内においても、石井不二雄による詳しい研究がある。（石井不二雄「ゲーテ歌曲概観（一）」関西ゲーテ協会『ゲーテ年鑑』第一八巻［一九八三年］、二一六―二三一頁参照。）

（25）なぜなら、先行研究の誤りが訂正されることなく、そのまま引用される例も見られるからである。たとえば、ザフランスキーはホフマン伝において、ライヒャルトの《イェーリとベーテリ》に対する「ある批評家」による見解を、ザルメンの論文から引用している。しかし、それは実際ライヒャルト自身が書いたもの（『リーダーシュピールについて』という論文）であり、対象となっている作品も《愛と忠誠》という全く別のものである。（R. Safranski: a. a. O., S. 126; S. 505; AMZ 3［1803］, Sp. 714.）

（26）国際楽譜図書館プロジェクト（International Music Score Library Project）のライヒャルトのウェブページ（http://imslp.org/wiki/Category:Reichardt,_Johann_Friedrich）を参照のこと。確認日二〇一七年十月九日。

（27）Vgl. MK 1 (1782), S. 8; BMZ 1 (1805), S. 331.

（28）Walter Salmen: Johann Friedrich Reichardt. Komponist, Schriftsteller, Kapellmeister und Verwaltungsbeamter der Goethezeit. Zürich 1963. ND Hildesheim 2002, S. 73; SWB 2, S. 648f. ヴァッケンローダーとライヒャルトの出会いについては、第一章第一節第3項で詳述する。

（29）W. Salmen: Reichardt. S. 93; Jean Pauls Persönlichkeit. Zeitgenössische Berichte. Hrsg. v. Eduard Berend, München/Leipzig 1913, S. 12ff. ジャン・パウルとライヒャルトの出会いについては、第一章第一節第4項で詳述する。

（30）Brockhaus. Allgemeine deutsche Real-Encyclopädie für die gebildeten Stände. 10 Bde. Leipzig 1819–1820, Bd. 4, S. 814. クリスティアン・ヴィルヘルム・ポドビエルスキーに関しては第一章の注（155）を参照のこと。

（31）W. Salmen: Reichardt. S. 95.

（32）Gerhard Allroggen: E. T. A. Hoffmanns Kompositionen. Ein chronologisch-thematisches Verzeichnis seiner musikalischen Werke mit einer Einführung. Regensburg 1970, S. (25). 百科事典の文章がホフマン自身によるものであることは、一八一八年五月七日に彼が書いたフリードリヒ・アルノルト・ブロックハウス（Friedrich Arnold Brockhaus, 1772–1823）宛ての手紙によって証明される。

（33）WA 5, S. 377. ホフマンは、同じく『《オリンピア》についての追記』の中で、「この文章の執筆者は、こうした（ライヒャルトの）弟子たちの一人に当然数えられるべきであろう」（括弧内筆者）とも書いている。（WA 5, S. 376.）

（34）W. Salmen: Reichardt. S. 74. ザルメンは次のようにも発言している。「ライヒャルトは娘のルイーゼのように、〈宗教の世界、つまり教会に大いに関心を持つこと〉はなかったので、［……］この点に関しても、彼の周辺におけるロマン派の思潮との結びつきは断たれたままであった」。また、一九七八年の旧東ドイツのハンス＝ギュンター・オッテンベルクの研究においても、ライヒャルトの音楽美学思想の基本的立場は啓蒙主義のままであったとみなされている。ただしオッテンベルクは、ライヒャルトの思想には時々ロマン主義的な傾向も見られるが、ヴァッケンローダーやティークの思想のような一貫性がないとしている。（Ibid., S. 156; Hans-Günter Ottenberg: Die Entwicklung des theoretisch-ästhetischen Denkens innerhalb der Berliner Musikkultur von den Anfängen der Aufklärung bis Reichardt. Leipzig 1978, S. 80ff.）

（35）　本書では、「ロマン的、ロマン派、ロマン主義」のほか、「古典的、古典派、古典主義」という言葉を多用するが、文学上の分類は東京大学出版会の『ドイツ文学史』に、音楽上の分類はグラウトとパリスカの『新西洋音楽史』に準拠する。それゆえに、音楽上のロマン主義は、十八世紀末にすでに始まっていた文学上のロマン主義よりも少し遅れて誕生することになる。また、音楽観や音楽思想に関しては、ヴァッケンローダーやティーク、ホフマンなどのドイツ・ロマン派の詩人たちの発言内容を基準として、「ロマン主義」という言葉を使用する。なお、このいずれの分類にも当てはまらない場合、あるいは、その言葉自体を強調する場合には、鉤括弧をつけることにより、ほかと区別する。（藤本淳雄他『ドイツ文学史』東京大学出版会、一九九〇年、一〇四―一五六頁、D. J. グラウト、C. V. パリスカ『新西洋音楽史』中巻、二二四―三六四頁、下巻、一七―一二五頁。）

（36）　Vgl. MK 1 (1782), S. 84.

（37）　根岸一美・三浦信一郎編『音楽学を学ぶ人のために』世界思想社、二〇〇四年、六〇頁、国安洋『音楽美学入門』春秋社、一九九三年、二一〇頁。

（38）　Vgl. SWB 1, S. 221f.; S. 243f.

（39）　WA 1, S. 43.

第一章　ライヒャルトの豊かな音楽生活

（1）ケーニヒスベルクは、七年戦争中（一七五六―一七六三年）の一時期ロシアに占領されたこともあったが、一七七二年の第一次ポーランド分割ののちに、プロイセン州に代わって設置された東プロイセン州の州都となる。

（2）ヘルダーの出身地は、プロイセン州の町モールンゲン（現ポーランド領モロンク）であったが、彼はケーニヒスベルク大学で医学と神学を学んでいる。

（3）BMZ 1 (1805), S. 215f.

（4）ライプツィヒ『一般音楽新聞』には、「この都市では音楽の精神が、教養のある階層にしっかりと、しかも広く一般的に浸透している。これは、もっと音楽の盛んな大都市と同程度である。その熱狂ぶりは本年特に高まりを見せている。［……］公開であれ私的なものであれ、ここで開催される演奏会の多さはこの熱狂ぶりを証明している」とある。ケーニヒスベルクで公開演奏会が始まったのは一七七五年ごろのことである。（AMZ 2［1800］, Sp. 477f.; Vgl. R. Safranski: a. a. O., S. 46.）

（5）BMZ 1, S. 216; Vgl. W. Salmen: Reichardt. S. 22f.

（6）BMZ 1, S. 216. マリーアはケーニヒスベルクの銀行家と結婚したが一八〇五年ごろ亡くなり、ヨハンナは未婚のまま早世した。ヨハン・フリードリヒと最も仲が良かったゾフィーは、簿記係で秘書のヤーコプ・ヴィルヘルム・ドーロ（Jakob Wilhelm Dorow）と結婚したが、彼らの息子が、のちに外交官兼考古学者になるヴィルヘルム・ドーロである。ハーマンは、ゾフィーの新しい家庭とも親しい関係にあった。

（7）BMZ 1, S. 218; S. 279; S. 313f.

（8）田辺秀樹『モーツァルト』新潮社、一九八八年、二六―四七頁参照。レーオポルト・モーツァルト（Leopold Mozart, 1719–1787）は一七六二年以降、娘のマリーア・アンナ（Maria Anna Mozart, 1751–1829）や息子のヴォルフガング・アマデーウスを連れて、ヨーロッパ中を演奏して回っている。彼らの大移動に比較すればライヒャルト父子の旅行範囲は非常に狭いが、演奏旅行の開始時期はライヒャルト父子のほうが早い。十八世紀後半のヨーロッパで活躍した女性歌手G・E・マーラ＝シュメーリングの幼少時代も同様であり、音楽家が幼い娘や息子を連れて各地を演奏旅行することは、当時よく行なわれていた。

（9）W. Salmen: Reichardt. S. 21.

（10）Vgl. Ibid., S. 22; BMZ 1, S. 333. ライヒャルトはクロイツフェルトの五編の詩に音楽をつけている。

（11）Immanuel Kant: Werke. 10 Bde. Hrsg. v. Wilhelm Weischedel, Darmstadt 1983, Bd. 8, S. 426ff.; Carl Dahlhaus: Klassische und romantische Musikästhetik. Laaber 1988, S. 49ff. カントの音楽観とライヒャルトの音楽批評活動の関連については、本章第二節を参照のこと。

（12）ベンダはライヒャルトにとって尊敬に値するヴァイオリン奏者であり、ライヒャルトの父親の友人でもあった。ライヒャルトはこの旅の途上でベンダ家を二度訪問し、のちに妻となるユリアーネとも出会っている。（Reichardt: Briefe eines aufmerksamen Reisenden die Musik betreffend. 2 Bde. Frankfurt/Leipzig 1774–1776, Bd. 1, S. 161ff.）

（13）シュレーターは歌手、女優、作曲家として知られ、一時ライヒャルトとは恋仲であった。ゲーテとも交流を持ち、のちにヴァイマルの宮廷劇場で活躍した。（Vgl. Lothar Hoffmann-Erbrecht u. Anna Amalie Abert: Johann Adam Hiller.［Artikel in MGG 6］, Sp. 409ff.; Wilfried Brennecke: Schröter［Familie］.［Artikel in MGG 12］, Sp. 86ff.）

（14）C・Ph・E・バッハは一七六七年以来ハンブルクに移り住んでいたが、長年プロイセンの宮廷で活躍した音楽家であることから、ベルリン楽派の一人に数えられる。彼は、ライヒャルトにとって憧れの鍵盤楽器奏者であった。（Reichardt: Briefe eines aufmerksamen Reisenden. Bd. 2, S. 10f.）

（15）AMZ 16（1814）, Sp. 21ff.

（16）BMZ 1（1805）, S. 61.

（17）Hans Michael Schletterer: Johann Friedrich Reichardt. Sein Leben und seine musikalische Thätigkeit. Bd. 1, Augsburg 1865, S. 101ff.

(18) Ibid., S. 102. このライヒャルト伝は、ライヒャルトの娘フリーデリーケ・フォン・ラウマー（Friederike von Raumer, 1790–1869）の協力のもとに執筆されたが、ライヒャルトの生涯の一七九四年までを描いて、未完で終わっている。（W. Salmen: Reichardt. S. 9.）

(19) H. M. Schletterer: a. a. O., S. 110. ブライトコプフは、一七一九年にベルンハルト・クリストフ（Bernhard Christoph Breitkopf, 1695–1777）が創業した楽譜出版社で、現存するものとしては最も長い歴史を持つことでも知られる。ただし一七九六年以降、社名はブライトコプフ・ウント・ヘルテルとなっている。ゲーテもライプツィヒ大学の学生時代にブライトコプフ家と交流を持った。ライヒャルトがライプツィヒを離れてからも、ブライトコプフ家は彼の音楽活動を支援し続けて、ライヒャルトの最後のゲーテ歌曲集（Göthe's Lieder, Oden, Balladen und Romanzen. Leipzig 1809–1811）の出版にも協力している。

(20) Hermann von Hase: Johann Adam Hiller und Breitkopfs. In: Zeitschrift für Musikwissenschaft. 2. Jg. Leipzig 1919–1920, S. 8; Beiträge zur Breitkopfischen Geschäftsgeschichte. In: Zeitschrift für Musikwissenschaft. 2. Jg. Leipzig 1919–1920, S. 465ff.

(21) H. M. Schletterer: a. a. O., S. 104. 九月八日のコンサートの後、ケーニヒスベルクにいたころからの知り合いで、ライプツィヒ大学で学ぶクールラント（現ラトヴィア領クルゼメ）やリーフラント（現リヴォニア、エストニアとラトヴィアにまたがる地域名）出身の友達が、次のコンサートを開催してくれた。そのコンサートによって、ライヒャルトの生活は一時的に安定したという。

(22) バーニーは、イギリスのオルガン奏者で音楽学者である。音楽史を執筆する資料収集のために、一七七〇年にはフランスとイタリアへ、一七七二年にはオランダとドイツ、オーストリアへ旅行した。ライヒャルトは一七八五年のロンドン旅行の際にバーニーと知り合い、音楽について討論している。（Vgl. W. Salmen: Reichardt. S. 28; S. 59.）

(23) Carl Burney's, der Musik Doctors, Tagebuch seiner Musikalischen Reisen. Übersetzt v. Johann Joachim Christoph Bode, Hamburg 1773, Bd. 3 (Durch Bähmen, Sachsen, Bradenburg, Hamburg und Holland), S. 266.

（24）マックス・フォン・ベーン『ドイツ十八世紀の文化と社会』飯塚信雄他訳、三修社、一九八四年、四四五―四四六頁。

（25）L. Hoffmann-Erbrecht u. A. A. Abert: J. A. Hiller. (Artikel in MGG 6), Sp. 410ff.

（26）当時のベルリンでは、オペラ歌手はイタリアから呼ぶのが一般的であったので、彼女は唯一例外のドイツ人女性歌手であった。バーニーは、「彼女はト音から三点ホまで、極めて力強くそして軽やかに歌う。私は、声のなめらかさにかけても喉の技能にかけても、彼女にかなう者はいないと思う。［……］彼女は、とても上手なヴァイオリン奏者たちが初見で弾くのに苦労した曲を、即座に楽譜を見ずに歌った」と書いている。(Carl Burney's, der Musik Doctors, Tagebuch seiner Musikalischen Reisen. Bd. 3, S. 75.)

（27）L. Hoffmann-Erbrecht u. A. A. Abert: J. A. Hiller. (Artikel in MGG 6), Sp. 416ff.; Johann Adam Hiller: Lebensbeschreibungen berühmter Musikgelehrten und Tonkünstler neuerer Zeit. Leipzig 1784, S. 310f.

（28）L. Hoffmann-Erbrecht u. A. A. Abert: J. A. Hiller. (Artikel in MGG 6), Sp. 410f.

（29）BMZ 1 (1805), S. 61. ライヒャルトは、さらに続けてヒラーへの感謝の気持ちを綴っており、J．A．ハッセやヘンデルの音楽を詳しく知ることができたのもヒラーの御蔭であると述べている。

（30）『ドイツの本質と芸術について』には、ヘルダーとゲーテによる論文のほかに、『ゴシック建築についての試論 *Versuch über die Gothische Baukunst*』（パオロ・フリズィ［Paolo Frisi, 1728–1784］）と『ドイツの歴史 *Deutsche Geschichte*』（ユストゥス・メーザー［Justus Möser, 1720–1794］）の二つが収められている。ヘルダーの『オシアン』には、ゲーテの『野ばら』の誕生に繋がった民謡も掲載されている。(HSW 5, S. XVIff.; S. 194.)

（31）H. M. Schletterer: a. a. O., S. 176.

（32）ゲーテは『ヴィルヘルム・マイスターの遍歴時代』の「遍歴者たちの精神による考察」の中で、「教会音楽の神聖さと、民衆のメロディの陽気でおどけた感じは二つの軸であり、その周りを真の音楽が回っている」と語っている。決定稿が発表されたのは一八二九年なので、ライヒャルトはゲーテより半世紀も早くに、この音楽の

「二つの軸」の存在を感じ取っていたことになる。（FA 10, S. 565; Vgl. W. Salmen: Herder und Reichardt. In: Herder-Studien. Würzburg 1960, S. 105.）

(33) AMZ 15 (1813), Sp. 601.

(34) ライヒャルトはフリードリヒ大王にオペラ《雅やかな宴》を提出するにあたって、ベンダに仲介を依頼した。しかしベンダはライヒャルトに、作品をフリードリヒ大王に直接送るように指示している。そして、その際には手紙を添えて、《雅やかな宴》が国王の好きなハッセやC. H. グラウンの作品を手本に書かれていることをアピールするよう、アドバイスした。（Vgl. AMZ 15, Sp. 601ff.）

(35) フリードリヒ大王の宮廷楽長を務めたのは、初代がグラウン（在職一七四〇—一七五九年）、二代目がアグリーコラ（在職一七五九—一七七四年）であり、ライヒャルトは三代目で最後の楽長であった。

(36) ライヒャルトは自伝で、フリードリヒ大王が音楽に詳しかったことについて言及している。またバーニーは、大王のフルートの腕前について「彼の演奏は多くの点において、私がこれまでに聴いたフルートの演奏、すなわち愛好家だけでなくプロ奏者による演奏を含めても、どれよりも勝っていた」と感想を述べている。（Vgl. AMZ 15, Sp. 610ff.; Carl Burney's, der Musik Doctors, Tagebuch seiner Musikalischen Reisen. Bd. 3, S. 110.）

(37) フリードリヒ大王がフランス文化から強い影響を受けて、ヴォルテール（Voltaire, 1694–1778）を招き、主として使用した言語はフランス語であったということはよく知られている。十八世紀半ば過ぎまでドイツの上流階級はフランスの文化的優位を信じて疑わなかった。また、学識者たちは著述の中では若い時から鍛えられたラテン語を用いた。そして、宮廷音楽はイタリア・オペラが中心であり、ドイツ固有の文化や言語は完全に軽視されていた。さらに驚いたことに大王は、ドイツ人の音楽家を雇用することによって、自分はドイツ音楽の保護者であると自負していたという。彼は、当時のドイツ人作曲家たちが作っていたものは、イタリア音楽でありドイツ音楽ではなかったということを見落としていた。（マックス・フォン・ベーン、前掲、二一—二二頁参照。Vgl. Wilhelm Bode: Die Tonkunst in Goethes Leben. 2 Bde. Berlin 1912, Bd. 1, S. 165.）

(38) カストラートとは、少年期の声を保つために去勢した男性歌手のことである。喉頭は子供のまま成人の肺活量と胸郭を持つため、広い音域と力強い響きの声が特徴である。十六世紀から十八世紀までのイタリアで人気を博し、フリードリヒ大王の宮廷でも活躍した。（マックス・フォン・ベーン、前掲、四三三―四三四頁、戸口幸策『オペラの誕生』東京書籍、一九九五年、一一六―一五五頁参照。）

(39) J. G. グラウンは、優れたヴァイオリン奏者であると同時に、前古典派の器楽分野における最も重要な作曲家の一人である。フリードリヒ二世には王太子時代から仕え、一七四〇年より宮廷楽団のコンサートマスターを務めた。グラウンの他界後にコンサートマスターになったのがベンダである。クヴァンツはフルート奏者兼作曲家で、フリードリヒ二世のフルートの師としても知られている。大王のために約三〇〇曲のフルート協奏曲と一五〇曲以上のフルート・ソナタを作曲した。著書に『フルート演奏試論』（一七五二年）がある。

(40) マックス・フォン・ベーン、前掲、四三二―四三六頁参照。

(41) ニール・ザスロー編、前掲、二七四頁参照。ライヒャルトは自伝の中で、「フリードリヒ大王にとって芸術と学問は、政治や戦闘の後で、休養の喜びを与えるものでしかない」と書いている。（AMZ 15[1813], Sp. 613.）

(42) AMZ 15, Sp. 613f.; BMZ 1(1805), S. 1.

(43) ニール・ザスロー編、前掲、二九七頁参照。

(44) 指揮者としてのライヒャルトは十八世紀後半においてすでに、指揮台から弓や指揮棒で指示を出し、作品の解釈者として自分の意志を演奏に反映させようとした。当時一般的であった指揮法は、チェンバロの前に座った楽長が通奏低音の和音と体の動きで合図を送る方法であった。彼は音の強弱や響き、オーケストラの楽器の配置、コンサートの場合には演目の構成に至るまで、すべて細かく決めようとした。こうしたことからも、ライヒャルトは極めて新しい考えの持ち主であり、十九世紀的な音楽家であったことが分かる。（Vgl. W. Salmen: Reichardt. S. 248f.; Friedrich Blume: Klassik.[Artikel in MGG 7], Sp. 1079.）

(45) ライヒャルトが最初にグルックのメロディを聴いたのは、一七七四年にハンブルクのクロプシュトックを訪れた時のことであった。のちにクロプシュトックの妻となるヨハンナ・エリーザベト・フォン・ヴィンテム（Johanna Elisabeth von Winthem, 1747–1821）の美しい歌声で、クロプシュトックのオードをグルックのメロディで聴いている。しかし、この時はグルックのメロディが気に入らず、大胆にも自分で作曲し直したという。一八一四年の自伝で彼は当時を思い出して、「あのメロディはライヒャルトの最高のメロディの一つであり続けている」と述べている。（AMZ 16［1814］, Sp. 23.）

（46）ライヒャルトはフリードリヒ大王と初めて会った際に、グルックのオペラ改革を賞賛して大王の怒りを買っている。彼はこの時すでに、ベルリンの宮廷でもグルックに倣ってオペラ改革を始めようと考えていた。（AMZ 15［1813］, Sp. 611f.）

（47）AMZ 15, Sp. 613.

（48）AMZ 15, Sp. 633ff.

（49）リトルネロとは、十七世紀と十八世紀のオペラなどにおいて、アリアの前奏、間奏、後奏として反復される器楽的な部分のことである。

（50）AMZ 15, Sp. 610f.

（51）ライヒャルトは、切り貼りして修繕した作品を「継ぎ接ぎオペラ Opernflickwerk」と呼んでいる。（Reichardt: An das musikalische Publikum, seine französischen Opern Tamerlan und Panthée betreffend. Hamburg 1787, S. 16.）

（52）Arnold Schering u. Walter Niemann (Hrsg.) : Neue Zeitschrift für Musik. Bd. 101, Leipzig 1905, S. 739.

（53）AMZ 15, Sp. 672f.; BMZ 1 (1805), S. 1.

（54）Reichardt: An das musikalische Publikum. S. 5.

（55）H. M. Schletterer: a. a. O., S. 123.

（56）ライヒャルトは、父親のような都市音楽師としての生き方を受け容れられなかった。彼は自伝的教養小説『のちにグリエルモ・エンリコ・フィオリーノと呼ばれる有名な作曲家ハインリヒ・ヴィルヘルム・グルデンの生涯』の中で、主人公の父親のことを「芸術を極めて低級で軽蔑的な生業に貶めた［……］何の変哲もない楽師」と描写している。（Reichardt: Leben des berühmten Tonkünstlers Heinrich Wilhelm Gulden nachher genannt Guglielmo Enrico Fiorino. 1. Theil, Berlin 1779, S. 1.）

（57）ライヒャルトがリートやジングシュピールも作曲するようになった背景には、リート作曲家J．A．P．シュルツや詩人ゲーテとの友情がある。（Vgl. W. Bode: a. a. O., Bd. 1, S. 172.）

（58）ユリアーネ自身も優れたクラヴィーア奏者で歌手であり、作曲もした。彼女との間に生まれた三人の子供のうち、第二子のルイーゼはリート作曲家として後世に名を残した。第一子のヴィルヘルムは一七八三年に幼くして他界し、第三子は母親と同じユリアーネと名づけられた。（Vgl. W. Salmen: Reichardt. S. 45; S. 53.）

（59）ヨハンナは、著名な聖職者ユーリウス・グスタフ・アルベルティ（Julius Gustav Alberti, 1723–1772）の娘で、前夫は法律顧問で詩人のペーター・ヴィルヘルム・ヘンスラー（Peter Wilhelm Hensler, 1742–1779）であった。ライヒャルトの二人の娘（Louise, Juliane）とヨハンナの三人の連れ子（August Wilhelm, Charlotte, Wilhelmine）はすぐに打ち解けたという。ライヒャルトとヨハンナの間の五人の子供（Johanna, Hermann, Friederike, Sophie, Carl Friedrich）のうち、ヘルマンは学生時代に死亡した。（Vgl. Ibid., S. 56f.）

（60）Paul Sieber: Johann Friedrich Reichardt als Musikästhetiker. Seine Anschauungen über Wesen und Wirkung der Musik. Straßburg 1930. ND Baden-Baden 1971, S. 10ff.

（61）W. Salmen: Reichardt. S. 227f.; Wilhelm Dorow: Erlebtes aus den Jahren 1790–1827. 4 Bde. Leipzig 1843–1845, Bd. 3, S. 27.

（62）L. Hoffmann-Erbrecht u. A. A. Abert: J. A. Hiller. (Artikel in MGG 6), Sp. 410f.

（63）Reichardt: Ueber die musikalische Komposition des Schäfergedichts. In: Deutsches Museum. Bd. 2, Leipzig 1777, S. 286.

（64）Vgl. W. Salmen: Reichardt. S. 48ff.; S. 214f.; S. 248f.

（65）Vgl. F. Blume: Klassik. (Artikel in MGG 7), Sp. 1080ff.

（66）ライヒャルトはパレストリーナやヘンデル、グルックを特別な存在の音楽家と考え、彼らの作品を広く普及させて後世に残すために尽力している。(AMZ 15[1813], Sp. 669ff.)
(67) Ernst Ludwig Gerber (Hrsg.): Historisch-biographisches Lexicon der Tonkünstler. 2 Teile. Leipzig 1790–1792, 2. Teil, Sp. 258.
(68) ただし、その自己顕示欲の強い性格が災いして、多くの人を敵に回すこともあった。ゲーテとの交友が始まる前、彼の歯に衣着せない口の利き方や、それでいてお世辞にも慣れたものの言い方は、ヴァイマルの人々の好みに合わず、そのため彼の音楽的論評までもがしばしば批判された。ゲーテとの付き合いが始まると、「ヘルダー夫人は驚きを隠し得なかった」という。また、アルニムのように、彼のことを「あらゆる人々に対して、信じられないほどのお人好しで世話好きである」(一八〇八年二月六日付けのC・ブレンターノ宛ての手紙)と感じていた人もいた。(W. Bode: a. a. O., Bd. 1, S. 176f.; W. Salmen: Reichardt. S. 152.)
(69) ライヒャルトの《フリードリヒ大王のための追悼カンタータ》は、一七八六年九月九日の埋葬式にポツダムの宮殿内の教会で、ライヒャルト自身の指揮によって演奏された。フリードリヒ・ヴィルヘルム二世は、彼の作曲にも演奏にも大変満足したという。ライヒャルトは、新王の登場によって、これまでの宮廷内の閉塞した音楽的状況が変化することを期待した。(正木光江「ヨハン・フリードリッヒ・ライヒアルトの歌曲について」日本音楽学会『音楽学』第一二巻[一九六七年]、一九四頁参照。)
(70) ゲーテの詩のみから成る歌曲集には、一七九四年の《ゲーテの抒情詩集 *Göthe's Lyrische Gedichte*》や一八〇九年から一八一一年にかけて出版された《ゲーテのリートとオード、バラード、ロマンス集》全四巻などがある。当初ライヒャルトはゲーテのジングシュピールをすべて作曲しようと考えていたが、実現したのは《クラウディーネ・フォン・ヴィラ・ベラ》や《エルヴィーンとエルミーレ》、《イェーリとベーテリ》など一部の作品にとどまった。
(71) W. Salmen: Reichardt. S. 28; Dietrich Fischer-Dieskau: Weil nicht alle Blütenträume reiften. Johann Friedrich Reichardt Hofkapellmeister dreier Preußenkönige. Stuttgart 1992, S. 46. その訪問の際、ライヒャルトのヴァイオリンとクラヴィーアのソロ演奏が賞賛の的となり、公妃から一〇〇ターラーの報奨金を受けている。

（72）H. M. Schletterer: a. a. O., S. 310. ヴォルフは一七六八年からヴァイマルの宮廷楽長を務め、ユリアーネの姉で、歌手兼チェンバロ奏者のマリーア・カロリーナ（Maria Carolina Benda, 1742–1820）と一七七〇年に結婚した。ライヒャルトが一七七一年にヴァイマルを訪問したのは、すでにヴォルフの義父となっていたベンダの勧めによるものであった。常に冷たい態度を取り続けたヴォルフに対して、ライヒャルトも遠慮なく批判したが、一七九五年にはヴォルフの伝記を執筆している。（Reichardt: Ernst-Wilhelm Wolff, Herzoglich-Weimarischer Capellmeister. In: Berlinisches Archiv der Zeit und ihres Geschmacks. Jg. 1795, Bd. 1, S. 162–170; S. 273–283.）

（73）カロリーネ・ヘルダー（Caroline Herder, 1750–1809）が書いた一七八〇年九月二十日付けのクネーベル宛ての手紙には、ライヒャルトがゲーテに近づこうとしたが無理であったと記されている。（W. Salmen: Reichardt. S. 50f.）

（74）Ibid., S. 56f.

（75）Ibid., S. 62; S. 65. ライヒャルトはヘルダーについて、「ゲーテと同様に、彼はめったにいないような生まれついての詩人であり、音楽のための感覚や感情も持ち合わせている。私の仕事について、ヘルダーほど正しく所見を述べた人はほかにはいなかった」と考えていた。（Reichardt u. Friedrich Ludwig Aemilius Kunzen [Hrsg.]: Musikalische Monathsschrift. Berlin 1792, S. 94.）

（76）Herders Reise nach Italien. Herders Briefwechsel mit seiner Gattin, vom August 1788 bis Juli 1789. Hrsg. v. Heinrich Düntzer u. Ferdinand Gottfried von Herder, Gießen 1859, S. 338f.; W. Bode: a. a. O., Bd. 1, S. 176f.

（77）FA 30, S. 481f. ライヒャルトは詩篇曲を何曲か書いているが、中でも有名なのは《詩篇六五篇》である。（Vgl. Franziska Seils: Johann Friedrich Reichardt und das Ideal von der „wahren Kirchenmusik". In: Schriften des Händel-Hauses in Halle 8 [1992], S. 67ff.）

（78）ライヒャルトは、ゲーテの詩によるリートを一七八〇年に四曲、一七八一年に一〇曲、一七八三年に一曲、そして一七八八年に三曲書いている。（Vgl. Max Friedlaender: Das deutsche Lied im 18. Jahrhundert. 2 Bde. Stuttgart 1902. ND Hildesheim 1962, Bd. 1/1, S. 194ff.）

（79） Vgl. W. Bode: a. a. O., Bd. 1, S. 185; Albert Emil Brachvogel: Geschichte des Königlichen Theaters zu Berlin. 2 Bde. Berlin 1877–1878, Bd. 2, S. 208f. 拍手は少なかったというが、この初演は、ジングシュピールの歴史において非常に意味深い出来事であった。なぜならドイツ固有のオペラが、イタリア・オペラの作曲を本来の任務とした宮廷楽長の音楽で、しかも「王立」の劇場で上演されたからである。

（80） たとえばゲーテは、《クラウディーネ》でルガンティーノが歌うリート〈キューピッド、やんちゃで我儘な少年〉のライヒャルトの音楽を賞賛している。また、ライヒャルトの甥のドーロに対しては、「私のリートに彼がつけた曲は、私の知っているこの種のものの中で、比類なき最高の出来栄えである」と語っている。（Vgl. FA 39, S. 342f.,［Gespräche mit Eckermann, 8. 4. 1829］; Goethes Gespräche. 4 Bde. Ergänzt und hrsg. v. Wolfgang Herwig, Zürich 1965–1972, Bd. 3–1, S. 880f.,［W. Dorow, 1845, Nr. 5760］.）

（81） Rudolf Anastasius Köpke: Ludwig Tieck. Erinnerung aus dem Leben des Dichters nach dessen mündlichen und schriftlichen Mitteilungen. 2 Bde. Leipzig 1855, Bd. 1, S. 75ff.

（82） Ibid., S. 76.

（83） Ibid., S. 88ff. 二人が六年間のギムナジウム時代（一七八六―一七九二年）のいつごろからライヒャルトのもとを訪れるようになったのかは不明であるが、一七八九年のモーリッツの公開講座より前であることは確かである。（SWB 2, S. 648ff.）

（84） Vgl. Christl Kraßnig: Tieck und die Musik. Ihre Stellung in seinem Werk. Klagenfurt 1943, S. 5ff.; S. 16ff.

（85） Vgl. W. Salmen: Reichardt. S. 96f.

（86） ベルリン・ジングアカデミーは、若きメンデルスゾーンの指揮により、バッハの《マタイ受難曲》の蘇演を成功に導き、バッハ・ルネサンスに貢献した。詳細については、第四章第二節第3項を参照のこと。

（87） Vgl. Ch. Kraßnig: a. a. O., S. 9f.; W. Salmen: Reichardt. S. 73f. ヴァッケンローダーは、一七九五年にファッシュの弟子のツェルターとも知り合い、ティークやその妹の家で開かれていた「文学と音楽の集い」で親交を深めた。

（88） SWB 1, S. 372f.; 2, S. 19ff.

（89） SWB 1, S. 149; S. 373; 2, S. 196.

（90） Erich Neuß: Das Giebichensteiner Dichterparadies. Johann Friedrich Reichardt und die Herberge der Romantik. Halle 1932. ND Hrsg. v. Günter Hartung, Halle 2007, S. 40ff. 現在、ギービヒェンシュタインはハレ市の一部である。

（91） Ibid., Titelblatt; Hans Schulz: Goethe und Halle. Halle 1918, S. 41.「ロマン派の宿泊所」は、現在ハレ市の「ライヒャルトの庭園」という名の市民公園になっているが、家屋の部分は残っていない。

（92） ギービヒェンシュタインの役所における公式記録によれば、一七九四年六月二日にライヒャルトは正式に法的手続きを取っている。（E. Neuß: a. a. O., S. 29.）

（93） ライヒャルトの年俸はフリードリヒ大王時代が一二〇〇ターラー、フリードリヒ・ヴィルヘルム二世時代が二〇〇〇ターラーであった。ルイーゼは、ブランデンブルク＝シュヴェート辺境伯家の出身で、アンハルト＝デッサウ侯（一八〇七年以降公爵）レーオポルト三世（Leopold III., 1740–1817）の妻である。教養があり博識で、多くの芸術家と交流があった。夫妻はともに、ライヒャルトのクラヴィーアとヴァイオリンの演奏を高く評価していたため、ライヒャルトはデッサウの宮廷を頻繁に訪れた。また、バーゼドが創立した「汎愛学舎」があったことも、彼が頻繁にデッサウを訪問した理由の一つであった。（Vgl. W. Salmen: Reichardt. S. 38ff. マックス・フォン・ベーン、前掲、二四八―二五二頁参照。）

（94） Henrik Steffens: Was ich erlebte. Breslau 1842, Bd. 6, S. 84.

（95） デッサウ・ヴェルリッツ庭園は、ライヒャルトのパトロンのアンハルト＝デッサウ侯が、ルソーの「自然へ帰れ」という思想とヨハン・ヨーアヒム・ヴィンケルマン（Johann Joachim Winckelmann, 1717–1768）の美学をもとに、イギリス式で造らせたものである。現在、世界文化遺産に登録されている。ヴァイマルのイルム公園は、ゲーテの指示のもとに造園されたイギリス式庭園であり、園内には彼の別荘がある。庭園も別荘も、ゲーテがヴァイマルに招聘された際に、カール・アウグスト公から下賜された。イルム公園も、現在、「古典主義の都ヴァイマル」の一部として世界文化遺産に登録されている。当時のドイツでは、イギリスの造園術が積極的に取り入れられたが、その理由は、それが感情を表現し刺激できる格好な手段であり、時代の気分に適うものと考えられていたことにあった。(Vgl. E. Neuß: a. a. O., S. 46f. マックス・フォン・ベーン、前掲、三五〇—三五四頁参照。)

(96) フランス式庭園は、ドイツにおいても十八世紀の七〇年代まで基準となっていたが、この種の庭園における自然は、刈り込まれた植え込みによって建築的に構成され、樹木の配列によって遠くまで見通せるように考慮されたものであった。ライヒャルトはフランス式造園術について、パリのシャンゼリゼ通り近辺の印象に言及しながら、「どの並木道を見ても、機械扱いされて不具になってしまった前線部隊を見るようで、私は虫唾が走る」と感想を述べている。(Reichardt: Offne Briefe des Freiherrn Arminius von der Eiche und seines Leibjägers Hans Heidekraut. Während ihres Leid- und Freudelebens in Frankreich zu Ende des Consulats und zu Anfange des Kaiserthums geschrieben. Hamburg 1806, S. 48.)

(97) Vgl. E. Neuß: a. a. O., S. 47. ライヒャルトの庭園の近くにはギービヒェンシュタイン城跡があり、わざわざ人工的なものを置く必要がなかったとも言えるが、彼は若いころから人工的なものを嫌い、宮廷生活における鬘や白粉などといった人工的な装飾からも自由になるべきであると考えていた。(Vgl. W. Salmen: Reichardt. S. 222.)

(98) E. Neuß: a. a. O., S. 47. ライヒャルトが庭園内に植えた木はドイツ国内のものだけでなく、北アメリカから取り寄せたものもあったという。庭には少し勾配があって、それが望みどおりの多様性を与えていた。(Vgl. H. Steffens: a. a. O., S. 84.)

(99) Ibid., S. 85. それにもかかわらず、一八〇四年夏にライヒャルト邸を訪れていたゲーテの息子アウグスト(August von Goethe, 1789–1830)は、庭の木によじ登ってスズメの巣から卵を奪い、スクランブルエッグにして楽しんだという。(E. Neuß: a. a. O., S. 56.)

(100) Ibid., S. 23f.; S. 53. 十八世紀において建物と庭園とは、ほかのどの時代にも例を見ないほどに密接な関わりを持っていた。宮殿などの造りも、一階の庭園側の窓の多くはドアになっていて、内部の空間の延長線上に庭があり、建物の内と外とが自然に結びつけられていた。（マックス・フォン・ベーン、前掲、三四九頁参照。）

（101） H. Steffens: a. a. O., S. 85. ステフェンスは、ライヒャルトの娘ヨハンナ（二番目の妻ヨハンナとの間の子）の夫で、ノルウェー生まれの哲学者、自然研究者であり、一八〇四年にハレのフリードリヒ大学の教授に就任している。

（102） W. Dorow: a. a. O., Bd. 3, S. 53.

（103） グリム兄弟は、一八〇八年にカッセルで劇場総支配人をしていたライヒャルトと知り合い、ヴィルヘルムがギービヒェンシュタインを訪れたのは、その翌年のことである。一八〇六年十月には、ナポレオン軍によって、ギービヒェンシュタインの邸宅は占拠されて財産も略奪されてしまうため、ヴィルヘルムは庭園の最も美しかった時代を知らない。（Vgl. E. Neuß: a. a. O., S. 89ff.）

（104） Ibid., S. 68f. ルイ・フェルディナントはフリードリヒ大王の弟フェルディナント（Ferdinand, 1730–1813）の息子である。伯父にあたる大王と同様に熱心な音楽愛好家で、ベートーヴェンの崇拝者であった。ベートーヴェンのピアノ協奏曲第三番はルイ・フェルディナントに献呈されている。

（105） AMZ 15 (1813), Sp. 636. ステフェンスは、「彼の娘たちは一緒に合唱して歌ったが、それは単純な旋律で深い感銘を与えた。客たちはただ何となくクラヴィーアの周りに集められるのではなく、彼女たちの歌を聴くのが好きであった。暖かく静かな美しい夏の晩に、ヴァルトホルンの伴奏で、物悲しく抒情的なドイツの古い歌が、静かな庭に響いてくることがよくあったが、その印象は魅惑的であった」と述べている。（H. Steffens: a. a. O., S. 84.）

（106） ステフェンスによれば、ライヒャルトは自宅の御者や使用人たちにヴァルトホルンの吹き方を教えて吹かせたという。当時は使用人たちを集めて小楽団を編成することは珍しくなかった。一七二四年のフランクフルトの広報新聞には、ある求職活動中の料理人が自薦のために「ヴァルトホルンが吹けます」と書いている。身近な人たちとの家庭音楽会は、音楽愛好家たちの手軽で費用のかからない音楽の楽しみ方の一つであった。（Ibid., S. 84. マックス・フォン・ベーン、前掲、四四七頁参照。）

（107） MK 1 (1782), S. 3.

（108）アレグザンダー・リンガー編『ロマン主義と革命の時代』西原稔監訳、音楽之友社、一九九八年、一三五―一三八、一四五―一五〇頁参照。リーダーターフェルは、月に一度集まって軽食を取りながら、愛国的で陽気な歌を楽しむサークルであった。二〇名から二五名ほどのメンバーの大半は学問や芸術に秀でた知識人であり、この活動のための出費もかなりのものであったが、入団希望者が殺到したという。ホフマンも、一八一九年にベルンハルト・クライン（Bernhard Klein, 1793–1832）によって設立された「第二のリーダーターフェル」に所属していた。

（109）最初は、ルードルフ・カール・ヘス（Rudolf Karl Heß）がヴァイオリンを弾きながら指揮を執り、宮廷劇場の歌手が歌う四重唱の演奏会であったが、次第にそれが発展していき、ゲーテの「家庭小楽団」の音楽会は半ば公的な催しとして、宮廷劇場でしかも有料で行なわれ、観客も五〇人に上ることもあった。（Vgl. FA 17, S. 214; W. Bode: a. a. O., Bd. 2, S. 8ff.; Gabriele Busch-Salmen/W. Salmen/Christoph Michel: Der Weimarer Musenhof. Stuttgart 1998, S. 74ff.; S. 87ff.）

（110）SWB 2, S. 50ff.

（111）SWB 2, S. 76.

（112）Vgl. SWB 1, S. 270ff.; S. 290ff.; Reichardt (Hrsg.): Deutschland. 4 Bde. Berlin 1796. ND Nendeln 1971, Bd. 3, S. 59ff. 『デューラーへの追慕』は雑誌『ドイツ』の第七号に掲載されたが、この号の最後には、一七九六年の聖ミカエル祭の見本市で、出版社ウンガーが『心情の吐露』を、ラファエロの肖像画の付録つきで販売するという広告も掲載されている。（Ibid., S. 111.）

（113）R. A. Köpke: a. a. O., Bd. 1, S. 221f. これには諸説あり、ライヒャルトが提案したのは「修道僧」の部分だけであるとする説や、ティークが考案したとする説などもあるが、いずれにせよ、ライヒャルトがタイトルの決定に関与したのは確かである。ケプケによると、ライヒャルトは作品の敬虔な素朴さから、レッシングの『賢者ナータン *Nathan der Weise*』の「修道僧」を思い出してタイトルを決めたというが、この点を疑問視する研究者も多い。

（Vgl. SWB 1, S. 270f.; S. 287f.）

（114）SWB 1, S. 235.

（115）Jean Pauls Persönlichkeit. S. 12ff. ライヒャルトは妻に宛てたこの手紙で、ホーフでのジャン・パウルとの出会いについて詳細に語っている。

（116）Vgl. Jean Pauls Briefwechsel mit seinem Freunde Christian Otto. 2 Bde. Berlin 1829, Bd. 2, S. 240.

（117）Ibid., S. 269f.; S. 271ff.; S. 276. ジャン・パウルが友人オットーに宛てた一七九八年七月十八日、二十三日、三十日付けの手紙を参照した。十八日の手紙では、ライヒャルトの娘たちの美しいコーラスについても言及している。

（118）Vgl. Georg Schünemann: Jean Pauls Gedanken zur Musik. In: Zeitschrift für Musikwissenschaft. 16. Jg. Leipzig 1934, S. 396f.

（119）Wahrheit aus Jean Paul's Leben. 8 Bde. Hrsg. v. Ernst Förster u. Christian Otto, Breslau 1826–1833, Bd. 1, S. 124f.

（120）Vgl. G. Schünemann: Jean Pauls Gedanken zur Musik. S. 398f.

（121）シューバルトの『音楽美学の理念』は、彼の死後一五年も経ってからようやく息子によって出版されたが、ジャン・パウルだけでなくホフマンやベートーヴェン、シューマンにも影響を与えた。（Friedrich Blume: Romantik. [Artikel in MGG 11], Sp. 787.）

（122）ゲーテはクラドニの『音響学』に影響を受けて、自らも『音響論』を執筆しようと考えた。クラドニはグラス・ハーモニカの変種である「オイフォーン」と「クラヴィシリンダー」という二つの楽器を発明し、「クラドニの図形」として知られる有名な音響実験によって名声を博した。

（123）Vgl. G. Schünemann: Jean Pauls Gedanken zur Musik. S. 398f.

（124）Vgl. W. Salmen: Reichardt. S. 93f.

（125）Vgl. G. Schünemann: Jean Pauls Gedanken zur Musik. S. 399.

（126）Vgl. E. Neuß: a. a. O., S. 81ff.; R. Moering: a. a. O., S. 198f. アルニムはライヒャルト邸でティークやノヴァーリスとも出会い、交流を深めている。

(127)『ホリンの愛の生活』には、ポレーニという名でライヒャルトが登場し、四人の娘たちとピアノやギターに合わせて合唱曲や古いドイツの歌を歌う場面がある。美しい庭の様子も描写されている。また、アルニムは一八一一年に三幕物の戯曲『ハレとエルサレム *Halle und Jerusalem*』も完成させている。(Ludwig Achim von Arnim: Werke. 6 Bde. Hrsg. v. Roswitha Burwick, Frankfurt a. M. 1989–1994, Bd. 1, S. 60.)

(128)第一巻に収録された『高貴な乙女 *Die hohe Magd*』は、ハローレンの歌の一つである。(Vgl. FBA 6, S. 37f.; E. Neuß: a. a. O., S. 82; S. 86.)

(129)アルニムは一八〇〇年にハレから、ブレンターノは翌年五月にイェーナからゲッティンゲン大学へ移籍した。両者の出会いを一八〇〇年のイェーナであるとする説もある。また、アルニムは一八〇一年六月にゲッティンゲンでゲーテとも出会っている。(Vgl. Ibid., S. 85.)

(130)Reichardt: Vertraute Briefe aus Paris geschrieben in den Jahren 1802 und 1803. 3 Bde. Hamburg 1804, 2. Aufl. Hamburg 1805, Bd. 3, S. 60ff.

(131)『民謡について』における詳細は、第三章第三節第2項を参照のこと。

(132)WAA 32, S. 34.

(133)FBA 6, S. 406; 8, S. 374. アルニムは『角笛』の後書きを二種類(一八〇五年版と一八一八年版)残している。(Vgl. FBA 6, S. 443.)

(134)Vgl. FBA 31, S. 389ff.

(135)ブレンターノは一八〇三年十一月二十九日に、作家のゾフィー・メローと結婚している。彼らは、一八〇四年五月十一日に誕生した長男を六月十九日に、翌年五月十三日に誕生した長女も同様に六月十七日に、生まれて間もなく亡くしている。そして、さらに次の年の一八〇六年十月三十一日には死産し、その際にゾフィーも命を落としている。

(136)FBA 31, S. 374. このアルプス地方の悲しい民謡を歌う際、ブレンターノの念頭に浮かんだのは、ゾフィーと亡くなったばかりの長男アヒムのことであった。この民謡は『角笛』第三巻に、『羊飼いの孤独 *Des Hirten Einsamkeit*』として掲載され、その際「ゼメリ山」という言葉は、グリム兄弟のメルヒェンと共通する「ジメリ山 Simeliberg」に改められた。（Vgl. FBA 8, S. 135; 9–3, S. 243ff.）

（137）エーリヒ・ノイスは、ブレンターノがハレの学生時代（一七九七—一七九八年）から、ライヒャルト邸に出入りしていたと推測しているが、ブレンターノの一八〇五年二月十五日のアルニム宛ての手紙と、それに対する二十七日のアルニムの返信からは、この当時ブレンターノはまだ、ライヒャルトと彼のリートについてあまり知らないことが読み取れる。（Vgl. E. Neuß: a. a. O., S. 85; FBA 31, S. 389ff.; WAA 32, S. 27f.）

（138）FBA 32, S. 10.

（139）Vgl. W. Salmen: Reichardt. S. 103f.

（140）Reichardt: Vertraute Briefe geschrieben auf einer Reise nach Wien und den Oesterreichischen Staaten zu Ende des Jahres 1808 und zu Anfang 1809. 2 Bde. Amsterdam 1810. ND Hrsg. v. Gustav Gugitz, München 1915, Bd. 1, S. 30f.

（141）J. フライというペンネームで執筆した『フランスについての私信』や、自ら編集した月刊誌『フランス』の中で、ライヒャルトはフランスの自由主義的な共和制への支持を表明している。（Reichardt: Vertraute Briefe über Frankreich. 2 Bde. Berlin 1792–1793; Reichardt［Hrsg.］: Frankreich im Jahr 1795. Aus den Briefen Deutscher Männer in Paris. 3 Bde. Altona 1795.）

（142）ライヒャルトの家族は、妻ヨハンナの実家を頼ってハンブルクへ避難した。ライヒャルトがジャコバン派であるという噂は全く出鱈目であり、むしろ彼はジャコバン派を批判していた。しかし、パリからジャコバン派の象徴でもある赤い帽子を持ち帰り、彼の著書『フランスについての私信』の表紙にこの赤い帽子の絵を掲載するなど、彼の態度には不用意な点が多々あった。（Vgl. Reichardt: Vertraute Briefe über Frankreich. Bd. 1, S. 279.）

（143）D. Fischer-Dieskau: Reichardt. S. 226.

（144）ライヒャルトは復職できる可能性は低いと判断し、新しい職を探す努力を始める。たとえば、一七九五年四月七日にヴァイマル宮廷へ赴き、ゲーテにカール・アウグスト公との取り成しを頼み、ヨーロッパ各国のニュースや芸術情報などをレポートする通信員の仕事をしたいと申し出ている。これは実現しなかったが、代わりにシラーから、『詩神年鑑』に掲載する詩に作曲するという仕事の依頼を受けている。この時点までは、ゲーテやシラーとライヒャルトの間の友情関係には何の問題もないかのようであった。（Vgl. Ibid., S. 226ff.; W. Salmen: Reichardt. S. 80; S. 83f.)

（145）FA 17, S. 41f.; 39, S. 559, (Gespräche mit Eckermann, 27. 4. 1825).

（146）Vgl. D. Fischer-Dieskau: Reichardt. S. 238ff.

（147）『クセーニエン』は、ゲーテとシラーが当時の文壇を批判する手段として用いた二行詩形式の風刺短詩である。元来は、古代ギリシアで招かれた客が家の主人と交わす贈り物、特に献詩のことである。（Vgl. Ibid., S. 238ff.）

（148）Vgl. W. Salmen: Reichardt. S. 88.

（149）FA 1, S. 494.

（150）FA 1, S. 597.『ファウスト第一部 *Faust. Der Tragödie erster Teil*』の「ヴァルプルギスの夜」の場のために書かれた補遺にも、ゲーテのライヒャルト批判が見られる。そこでは魔王を単独拝謁する最初の者として、Xという人物が登場するが、これがライヒャルトであると考えられる。Xは魔王におべっかを言う自称民主主義者で、痛烈な風刺の対象となっている。また、「ヴァルプルギスの夜の夢」の場に登場する二枚舌の追従者「風信旗」も、彼のことを意味していると解釈できる。（徳沢得二『ゲーテ「ファウスト」論考』勁草書房、一九六八年、三二二—三三〇頁参照。）

（151）Walter Harich: Jean Paul. Leipzig 1925, (Abschied von Hof), o. S.

（152）ハレやその近郊は、岩塩の採掘できる場所として有名であり、古くから塩の取引によって栄えた。ハレの製塩労働者団体は十五世紀末より存在し、その労働者たちはハローレンと呼ばれる。彼らの一八個の丸い銀ボタンのついた礼服は、今日もなお知られているが、十八世紀のモードに由来するという。

(153) ライヒャルトはルイーゼ王妃に主に声楽を教えていた。この仕事の御蔭で、ライヒャルトは再び宮廷に自由に出入りできた。また、のちにルイーゼ王妃は崩壊寸前のプロイセンをナポレオンから救ったとして、愛国者たちの尊敬を集めたが、一八一〇年に三十四歳の若さで他界した。その際に、ライヒャルトは《プロイセンのルイーゼ王妃のための追悼カンタータ》を作曲している。(Vgl. D. Fischer-Dieskau: Reichardt. S. 256ff.)

(154) Vgl. R. Safranski: a. a. O., S. 129.

(155) ポドビエルスキーは、ライヒャルトの子供時代の音楽教師リヒターと並んで、ケーニヒスベルクの音楽生活に大いに貢献したオルガン奏者である。リヒターがC. Ph. E. バッハの作品を好んで演奏したのに対して、ポドビエルスキーは大バッハの作品を進んで紹介した。ケーニヒスベルクでは、ライヒャルトやホフマンのように、この二人のオルガン奏者に才能を認められて成長した者も少なからずいた。(Vgl. Ibid., S. 49.)

(156) Allgemeine deutsche Real-Encyclopädie für die gebildeten Stände. Bd. 4, S. 814.

(157) ヴィンクラー版のホフマン全集第五巻の索引を参考にすると、ホフマンの批評にライヒャルトの名は少なくとも一〇回（批評文『ライヒャルトのピアノ・ソナタへ短調』については、まとめて一回と数えた）登場し、そのほかには《クラウディーネ》や《精霊の島》、《ブレンヌス》、《ロズモンダ》、《狩人の夜の歌》などのオペラやリート、そして『音楽芸術雑誌』のタイトルが現れる。(WA 5, S. 566f.)

(158) ライヒャルトとホフマンが師弟関係を築いた時期について、ゲルハルト・アルロゲンは一七九八年から一七九九年にかけての冬の数か月間、ザルメンは同じ冬の数週間と推測している。両者が一七九九年から一八〇〇年にかけての冬の時期を除外している理由は、恐らく、一八〇〇年の一月から三月までホフマンが第三次司法試験の勉強に励んでいたことにあると思われる。しかし、その間全くライヒャルトと会わなかったということも証明できない。(Vgl. G. Allroggen: E. T. A. Hoffmanns Kompositionen. S.[25]; W. Salmen: Reichardt. S. 95.)

(159) カイザーはフランクフルトの出身で、劇作家として有名なフリードリヒ・マクシミーリアン・クリンガー（Friedrich Maximilian von Klinger, 1752–1835）を通じて、ゲーテと知り合った。そして、当時フランクフルトに滞在中であった牧師ヨハン・カスパル・ラーヴァター（Johann Kaspar Lavater, 1741–1801）に気に入られた彼は、その勧めに従ってチューリヒに移り、ピアノと音楽理論の個人教授をしていた。

(160) Vgl. R. Safranski: a. a. O., S. 139.

(161) Vgl. E. Kleßmann: a. a. O., S. 78f. ジャン・パウルは、一八〇一年六月二日から十六日までヴァイマルに滞在している。彼とホフマンは、恐らく一八〇〇年にベルリンで知り合っている。ホフマンの当時の婚約者ミンナ・デルファー（Minna Doerffer）の友人に、カロリーネ・マイヤー（Caroline Mayer, 1777–1860）がいたが、彼女の夫になる人物がジャン・パウルであった。ジャン・パウルは一八〇一年にカロリーネと結婚し、ホフマンは一八〇二年にミンナとの婚約を解消している。（Vgl. Jean Pauls Persönlichkeit. S. 12ff.; R. Safranski: a. a. O., S. 121f.）

(162) Der Musiker E. T. A. Hoffmann. Selbstzeugnisse, Dokumente und zeitgenössische Urteile. Hrsg. v. Friedrich Schnapp, Hildesheim 1981, S. 32.

(163) Ibid. ジャン・パウルはホフマンの音楽の才能を高く買っており、ベルリンで《ウンディーネ》が初演されるのを楽しみにしていた。（Vgl. Jean Pauls Persönlichkeit. S. 109.）

(164) デベリンの父親は、ベルリンで劇団を所有していたカール・テーオフィールである。父親の私設劇場はフリードリヒ・ヴィルヘルム二世の芸術改革の一環として、王立国民劇場に格上げされた。（Vgl. A. E. Brachvogel: a. a. O., Bd. 2, S. 3ff.）

(165) WA 5, S. 171. ホフマンはこの批評文で、作曲者が自分であることには言及していない。

(166) Die Briefe Johann Friedrich Reichardts an Goethe. Aus dem Goethe- und Schiller-Archiv. Mitgeteilt v. Max Hecker. In: Jahrbuch der Goethe-Gesellschaft. Bd. 11 (1925), S. 230ff. マックス・ヘッカーは、ライヒャルトのゲーテ宛ての手紙四二通をまとめて、ゲーテ協会の年鑑に掲載している。

(167) FA 32, S. 119ff.

(168) FA 32, S. 256f. ゲーテは五月二十四日の午後三時には、ギービヒェンシュタインからバート・ラウホシュテットに出発している。

（169）Historische Kuranlagen & Goethe-Theater Bad Lauchstädt のウェブページ（http://www.goethe-theater-bad-lauchstaedt.de/das-goethe-theater.html）を参照のこと。確認日二〇一七年十月九日。一八〇二年に新設されたバート・ラウホシュテットの劇場は、幾度かの修復を経ながら、今日もなお、ゲーテがヴァイマルの劇場監督を務めていたころのまま維持されている。一八三四年には、ワーグナーがこの劇場でモーツァルトの《ドン・ジョヴァンニ》を上演し、指揮者としての道を歩み始めた。

（170）FA 17, S. 104.

（171）Goethes Werke. Weimarer Ausgabe. Abtlg. I–IV, 133 Bde. Hrsg. im Auftrage der Großherzogin Sophie von Sachsen, Weimar 1887–1919, III, Bd. 3, S. 57.

（172）Ibid., S. 60.

（173）Ibid., S. 72f.

（174）Vgl. E. Neuß: a. a. O., S. 130f. ゲーテ本人のみならず、一八〇三年には彼の妻クリスティアーネ（一八〇六年に正式に結婚、Christiane von Goethe, 1765–1816）が、一八〇四年には彼の息子アウグストがライヒャルト邸を訪問している。（Ibid., S. 129; S. 56.）

（175）Vgl. W. Salmen: Reichardt. S. 103.

（176）R. Moering: a. a. O., S. 232.

（177）ゲーテがツェルターという音楽家の存在を知ったのは一七九五年である。一七九八年六月十日に、A. W. シュレーゲルから書面でツェルターを紹介されて、彼に対するゲーテの関心はますます高まった。一七九九年八月十一日には、ツェルターからゲーテに宛てて最初の手紙が届き、彼らの文通が開始された。そしてそれ以後、彼らが他界する一八三二年までのおよそ三〇年間に、八七〇通を超える多量の書簡が交わされることになった。ツェルターが初めてゲーテのもとを訪れたのは一八〇二年二月のことである。（August Wilhelm und Friedrich Schlegel im

Briefwechsel mit Schiller und Goethe. Hrsg. v. Josef Körner und Ernst Wieneke, Leipzig 1926, S. 69.）

（178）ライヒャルトは外交官や貴族の集うサロンを訪問し、ヨーロッパ屈指の知識人や芸術家たちと交流した。外務大臣のシャルル＝モーリス・ド・タレーラン＝ペリゴール（Charles-Maurice de Talleyrand-Périgord, 1754–1838）や、ボナパルト夫人ジョゼフィーヌ（Joséphine, 1763–1814）との面会も許され、プロイセン王国の宮廷楽長として丁重にもてなされた。（Vgl. Reichardt: Vertraute Briefe aus Paris. Bd. 1, S. 278ff.; Johann Gottlieb Karl Spazier［Hrsg.］: Zeitung für die elegante Welt. 3. Jg. Leipzig 1803, Sp. 454.）

（179）Reichardt: Vertraute Briefe aus Paris. Bd. 1, S. 158f.; Bd. 2, S. 190f.; Bd. 3, S. 84.

（180）W. Salmen: Reichardt. S. 182f.; Reichardt (Hrsg.): G. v. Schlabrendorf, Napoleon Bonaparte und das französische Volk unter seinem Consulate. Hamburg 1804.

（181）「フリーゲンデス・ブラット」とは、一つまたは複数の詩が掲載された一枚刷りのことで、十五世紀末ごろから年の市などで売られて普及していた。

（182）Vgl. R. Moering: a. a. O., S. 202.『ベルリン音楽新聞』に掲載された《戦争の歌》については、第三章第三節第2項を参照のこと。

（183）ライヒャルトはプロイセン軍の援助や給養のために、寄付金を呼び掛ける記事を新聞に掲載したり、ハレ連隊の兵士の未亡人や孤児たちの救済基金設立を求めて、署名活動を行なったりしている。ナポレオンはプロイセン政府に、シュラープレンドルフ伯の書籍の出版を理由に、ライヒャルトを適切に処罰するよう繰り返し要請していた。また同時に、ナポレオンはライヒャルトを自分の支配下に置こうと考えて執拗に追跡したために、ライヒャルトは逃避行を余儀なくされた。（Vgl. Konstanze Musketa: Musikgeschichte der Stadt Halle. Führer durch die Ausstellung des Händel-Hauses. Halle 1998, S. 50; E. Neuß: a. a. O., S. 135ff.）

（184）デイヴィッド・ジェフリ・チャンドラー『ナポレオン戦争——欧州大戦と近代の原点』君塚直隆他訳、第三巻、信山社、二〇〇三年、九八、一六一—一六七、一九七頁参照。ダンツィヒは、一八〇七年九月九日から一八一三年一月二十二日までの間、ナポレオンにより設立された半独立の州「自由都市ダンツィヒ」となった。

（185）Vgl. W. Salmen: Reichardt. S. 107f. デイヴィッド・ジェフリ・チャンドラー、前掲、九八、一六一―一六七頁参照。

（186）Vgl. R. Moering: a. a. O., S. 203.

（187）Vgl. W. Salmen: Reichardt. S. 109f. この際にゲーテのもとに集まったのは、ライヒャルトとアルニム、ブレンターノのほかに、ブレンターノの姉妹たちベッティーナ、メリーネ（マクダレーネ）、グンダ（クニグンデ）、そしてグンダの夫のサヴィニーであった。（Vgl. R. Moering: a. a. O., S. 203.）

（188）Vgl. E. Neuß: a. a. O., S. 89. アルニムはこの時初めてグリム兄弟と会ったが、ブレンターノと兄弟は一八〇三年以来の知り合いである。兄のヤーコプ（Jacob Grimm, 1785–1863）も弟のヴィルヘルムも、マールブルク大学で法学を学び、ブレンターノの義弟で友人のサヴィニーの弟子であった。また、一八〇六年十月末に妻のゾフィーに死別したブレンターノは、一八〇七年八月二十一日に当時まだ十六歳であったアウグステ・ブースマン（Auguste Bußmann, 1791–1832）と再婚し、カッセルで暮らし始めている。彼は、兄弟の民話の収集の様子を間近で観察し、その非常に緻密な作業に感動を覚えて、アルニムに手紙で報告していた。（Vgl. FBA 31, S. 621.）

（189）D. Fischer-Dieskau: Reichardt. S. 352ff. ヴェストファーレン王国は、一八〇七年から一八一三年まで存在したフランスの衛星国で、国王ジェローム・ボナパルトはナポレオンの末弟であった。首都はカッセル、宮廷はヴィルヘルムスヘーエ宮殿を改名して、ナポレオンスヘーエ宮殿とされた。ハレやギービヒェンシュタインもヴェストファーレン王国の支配下に入ったため、それと同時にライヒャルトもジェロームの臣下の一人になった。

（190）Vgl. W. Salmen: Reichardt. S. 111ff. 一八〇八年四月までカッセルにいたブレンターノは、近くでライヒャルトの様子を眺めていて、彼が国王の家族や聴衆の好みに奉仕するだけの平凡な音楽家に落ちてしまったと感じていた。それにもかかわらず、ブレンターノはライヒャルトから離れずに、翌年の夏にはベルリンのアルニムの所へ向かう途中ギービヒェンシュタインに立ち寄り、ルイーゼ・ライヒャルトやW. グリムと会っている。（Vgl. E. Neuß: a. a. O., S. 89ff.）

(191) Reichardt: Vertraute Briefe geschrieben auf einer Reise nach Wien. Bd. 1, S. 30f. ギービヒェンシュタインに残された家族は、ステフェンスやハレの文献学者フリードリヒ・アウグスト・ヴォルフ（Friedrich August Wolf, 1759–1824）、カッセルからの訪問客W. グリムなどの援助だけを頼りに困窮した生活を送った。

(192) ハイドンやベートーヴェンとの出会いに関しては、『ウィーンへの旅路で書かれた私信』にその時の様子が詳しく描写されている。ライヒャルトによる彼らの音楽に対する見解については、第五章第二節で詳述する。(Ibid., S. 120ff.)

(193) この中に描写されているウィーンの貴族たちの享楽主義や、媚び諂いに反感を感じた読者は少なくなかった。ウィーンで親しく過ごしたベートーヴェンさえもライヒャルトのこの作品を批判した。しかし、ライヒャルト自身は、経済的理由から執筆したので仕方がないと思っていた。（Vgl. W. Salmen: Reichardt. S. 119; S. 171; W. Dorow: a. a. O., Bd. 3, S. 28.）

(194) Reichardt: Vertraute Briefe geschrieben auf einer Reise nach Wien. Bd. 1, S. 318ff.

(195) Reinhold Steig: Achim von Arnim und die ihm nahe standen. 3 Bde. Bern 1970, Bd. 2, S. 335; W. Salmen: Reichardt. S. 171.

(196) FBA 32, S. 195.「アドレス・カレンダー」とは、国家や都市の当局からの情報を知ることができるもので、高位聖職者や上級官吏、新たに国家から委任を受けた者の名前のリストが公開され、さらには行政上、統計上の情報なども掲載されていた。カレンダーという名称は、年に一回発行されていたことに由来する。

(197) ツェルターは、一八一〇年四月四日付けのゲーテ宛ての手紙で、ライヒャルトのベルリン到着時の様子を手短に報告している。（MA 20, S. 232f.）

(198) ラウマーは、ライヒャルトと二人目の妻ヨハンナとの間の娘フリーデリーケの夫である。初めは鉱山監督局の鉱山官としてブレスラウへ来たが、間もなくブレスラウの大学で鉱物学教授の地位を得る。（Vgl. D. Fischer-Dieskau: Reichardt. S. 316; S. 395f.）

(199) 一八〇九年、ブレスラウにシュレージエン・フリードリヒ・ヴィルヘルム大学が設立され、プロイセン王国ではベルリンの大学と並ぶ重要な大学となった。ステフェンスは、勤務先であったハレのフリードリヒ大学が一八〇六年にナポレオンにより閉鎖されたため、一八一一年からこの新設の大学の教授に就任していた。（Vgl. Ibid., S. 395f.）

(200) ナポレオン戦争の最終段階である解放戦争は、一八一三年三月十七日にプロイセン王国がフランスへ宣戦布告したことによって始まった。十月のライプツィヒの戦いを経て、一八一四年三月三十一日のパリ陥落によって、ドイツはナポレオンの支配から解放された。

(201) ロホリッツは、一七九八年から一八一八年までライプツィヒ『一般音楽新聞』の編集者としてドイツの音楽界に大きな影響を与えた。ホフマンに音楽批評を依頼したのもロホリッツである。また、一八〇〇年よりヴァイマルの宮廷顧問官を務め、ゲーテとも親交があった。レーヴェは、ゲーテの『魔王』などのバラードの作曲で有名であるが、器楽も作曲し歌手でもあった。一八一三年まで、ヴェストファーレンの国王ジェローム・ボナパルトの援助を受けてハレで勉学に励んでいたため、彼もギービヒェンシュタインの客の一人であった。彼はライヒャルトの娘ルイーゼとともに二重唱を楽しんだという。（K. Musketa: a. a. O., S. 49.）

(202) AMZ 16 (1814), Sp. 458f.【図1・二頁】も参照のこと。

(203) W. Salmen: Reichardt. S. 125.

(204) AMZ 16, Sp. 459.

(205) Erwin Kroll: Musikstadt Königsberg. Geschichte und Erinnerung. Freiburg 1966, S. 76. クロルは同時にホフマンのことを「近代音楽批評の父」と呼んでいる。

(206) W. Salmen: Reichardt. S. 161ff.

(207) 一七九三年には、『週刊音楽新聞』と『月刊音楽誌』の二つをまとめたものが『音楽家と音楽愛好家のための研究 *Studien für Tonkünstler und Musikfreunde*』という題名で出版された。

(208) Christian Friedrich Daniel Schubart: Chronik 1791. Stuttgart 1791, S. 422. シューバルトやホフマン、シューマンなど、

批評に従事していた音楽家のみならず、ジャン・パウルやヴァッケンローダーなどの作家や詩人たちも、この雑誌を通じて音楽を学んだ。また、ウィーンの皇帝ヨーゼフ二世やグルックもこの雑誌を読んでいた。

(209) ニール・ザスロー編、前掲、二七七頁参照。

(210) マールプルクは作曲家兼音楽理論家であり、弁護士で音楽評論家のクリスティアン・ゴットフリート・クラウゼとともに第一次ベルリン・リート派の中心となった。一七四六年ごろパリで生活し、ヴォルテールやジャン・ル・ロン・ダランベール（Jean Le Rond d'Alembert, 1717–1783）らと親交があった。

(211) Carl Burney's, der Musik Doctors, Tagebuch seiner Musikalischen Reisen. Bd. 3, S. 168.

(212) BMZ 1 (1805), S. 1.

(213) Reichardt: Vertraute Briefe geschrieben auf einer Reise nach Wien. Bd. 1, S. 234ff.

(214) カール・ダールハウスは両地域の音楽の差、あるいは音楽美学が発展したか否かの違いは、イタリアとの距離によって決まると指摘しているが、ライヒャルトはすでに十九世紀初頭において、ドイツ北部と南部の差異に関して、ダールハウスとほぼ同じ見解に達していたことになる。ただしライヒャルトは、ダールハウスのようにプロテスタント地域とカトリック地域という分け方はしていない。(Vgl. C. Dahlhaus: Klassische und romantische Musikästhetik. S. 91ff.)

(215) AMZ 15 (1813), Sp. 671f.

(216) I. Kant: Werke. Bd. 8, S. 426; S. 431f.

(217) Ibid., S. 428ff. カントは、音楽を「一時的な印象」しか与えないものと考えているが、それに対して造形芸術は「永続的な印象」を与えるものであり、音楽よりも優れているとみなした。

(218) Ibid., S. 433f. ゲーテは『ヴィルヘルム・マイスターの遍歴時代』の「遍歴者たちの精神による考察」の中で、絵画と音楽を比較して、「もともと目はあらゆるものを見ることに慣れているので、自然界の醜いものを見ても、さらには描きそこなった絵を見ても、耳触りな騒音を聞く時ほど不快には感じない」と発言している。つまりゲーテも、絵画は下手であってもそれほど周囲に害を与えないが、音楽は場合によって人をひどく不愉快にさせると考えていた。（FA 10, S. 565f.)

(219) Vgl. W. Salmen: Reichardt. S. 23f.

(220) ライヒャルトは、『判断力批判』の第一部第一篇第二章の「崇高の分析論――純粋な美的判断の演繹」における、第四四項「芸術について」から第五〇項「芸術作品における趣味と天才との結びつきについて」までのうち、彼が感銘を受けた言葉を抜書きして、『音楽芸術雑誌』第二巻で紹介している。（MK 2［1791］, S. 87ff.)

(221) MK 2, S. 87. ライヒャルトが批評家として当時の音楽界における指導的立場にいられたのも、カントの助けがあったからこそであった。ライヒャルトは、一七九〇年八月二十八日にカントに宛てて手紙を送っており、その中でも感謝の意を述べている。（Immanuel Kant: Briefwechsel. Auswahl u. Anmerkungen v. Otto Schöndörffer,［Philosophische Bibliothek. Bd. 52 a/b］, Hamburg 1986, S. 469f.)

(222) H. M. Schletterer: a. a. O., S. 123.

(223) Vgl. F. Blume: Klassik. (Artikel in MGG 7), Sp. 1084; W. Salmen: Reichardt. S. 199f. このようにライヒャルトは、音楽批評などの活動を通じて民衆教育のために貢献したが、一度は宮廷から離れたとはいえ、結局のところ生涯、王侯貴族に音楽という娯楽を提供する宮廷楽長でもあり続けた。しかし宮廷楽長としては、かなり個性的で特異な存在であった。

(224) Ibid., S. 200ff.

(225) Reichardt: Vertraute Briefe geschrieben auf einer Reise nach Wien. Bd. 1, S. 195f.

(226) Vgl. W. Salmen: Reichardt. S. 201.

(227) フリードリヒ・ブルーメによると、「ロマン的」という言葉が音楽に初めて用いられたのは、オペラ・コミックの作曲家グレトリの『回想録または随想 *Mémoires ou essais sur la musique*』（一七八九年）であるという。数学者で思想家のコンドルセ（Marie-Jean-Antoine Nicolas de Caritat Condorcet, 1743–1794）も『パリ年代記 *La chronique de*

Paris』の一七九三年四月一日の欄で、メユールの曲を特徴づけるためにこの表現を使用した。いずれもフランス語で書かれたものであり、ライヒャルトによる初めての使用例も『パリからの私信』において見られることから、恐らく音楽における「ロマン的」という表現は、パリから始まったと考えられる。ホフマンは批評文『ベートーヴェンの交響曲第五番』で、明確にウィーン古典派の三巨匠の音楽を「ロマン的」であると書いている。（F. Blume: Klassik.［Artikel in MGG 7］, Sp. 1031; WA 5, S. 35.）

(228) Heinrich Christoph Koch (Hrsg.): Musikalisches Lexikon. Frankfurt a. M. 1802. ND Hildesheim 1964, Sp. 1271; Kurzgefaßtes Handwörterbuch der Musik für praktische Tonkünstler und für Dilettanten. Leipzig 1807, S. 300.

(229) Reichardt: Vertraute Briefe aus Paris. Bd. 1, S. 452; Bd. 3, S. 246. ブルーメは「ジャン・パウルとともに、ハイドンとモーツァルトのロマン的解釈も始まる」と主張している。ジャン・パウルとライヒャルトのうち、どちらがより早くこの言葉を使用したのかは不明であるが、十九世紀初頭のほぼ同時期ではないかと推測できる。（F. Blume: Romantik.［Artikel in MGG 11］, Sp. 793; JPW 2, S. 766.）

(230) 『ギリシア文学の研究について』は、十八世紀末の美学理論の枠組みの中で、古代文学と近代文学の対比を歴史哲学的に考察したものである。F.シュレーゲルは、この時点ではまだ古典文学の絶対的優位を確信していたために、近代文学を積極的に評価していないが、エルンスト・ベーラーはシュレーゲルのこの論文を「ロマン派の文学理論の根源」と呼んでいる。（Friedrich Schlegel: Über das Studium der griechischen Poesie 1795–1797. Hrsg. v. Ernst Behler, Paderborn 1982, S. 13.）

(231) Friedrich Schlegel: Kritische Ausgabe seiner Werke. Hrsg. v. Ernst Behler, Paderborn 1958ff. Bd. 2, S. 198f.

(232) H. Ch. Koch (Hrsg.): Kurzgefaßtes Handwörterbuch der Musik für praktische Tonkünstler und für Dilettanten. S. 202; S. 300.

(233) たとえば、ライヒャルトは「古典的」という形容詞を、一八〇八年にウィーンで行なわれたA. W. シュレーゲルの「演劇芸術と文学に関する講義」についての感想を述べる際に用いており、いずれも文学が対象である。一方、ホフマンは一八一〇年にグルックの悲劇オペラについて述べる際に、音楽を対象として「古典的」という表現を使用している。（Reichardt: Vertraute Briefe geschrieben auf einer Reise nach Wien. Bd. 2, S. 175f.; WA 5, S. 66.）

（234）Arno Forchert: „Klassisch“ und „romantisch“ in der Musikliteratur des frühen 19. Jahrhunderts. In: Die Musikforschung. Bd. 31 (1978), S. 407.

（235）SWB 1, S. 242. ヴァッケンローダーもティークと同様に、音楽を「あらゆる芸術の中で最も若い」と表現している。（SWB 1, S. 217.）

（236）A. Forchert: a. a. O., S. 407.

（237）H. Ch. Koch (Hrsg.): Kurzgefaßtes Handwörterbuch der Musik für praktische Tonkünstler und für Dilettanten. S. 300.

（238）この点に関しては、ロマン派の器楽観と深く関連するため、第五章第三節第3項で詳しく考察したい。

（239）たとえば、ライヒャルトはウィーン古典派の三巨匠のみならず、C. Ph. E. バッハの音楽も「ロマン的」とみなしたが、その場合は「魅力的な、偉大な」という意味合いで、この言葉を使用していると思われる。しかし、「(C. Ph. E.) バッハや (J. G.) グラウン、(F.) ベンダの器楽作品は次第に力を失い、ついにはハイドンやモーツァルト、そして彼らの後継者たちの天才的でロマン的な作品に、完全に屈した」（括弧内筆者）という表現などでは、ベルリン楽派とウィーン古典派の相違点を明確にするために、「ロマン的」という形容詞が用いられている。（AMZ 15［1813］, Sp. 673f.; BMZ 1［1805］, S. 2.）

（240）グラウトとパリスカの『新西洋音楽史』の区分に従えば、ベートーヴェンまでが古典主義音楽の作曲家であり、それ以降、ウェーバーやシューベルト、メンデルスゾーン、シューマンなどが初期のドイツ・ロマン主義音楽の作曲家に該当することになる。ただし、ベートーヴェンを古典主義からロマン主義への橋渡しの役を果たした音楽家とみなす見解もある。（D. J. グラウト、C. V. パリスカ『新西洋音楽史』中巻、三三一―三六四頁、下巻、一七―一二五頁、ヒュー・ミルトン・ミラー『新音楽史』村井範子・松前紀男・佐藤馨共訳、東海大学出版会、一九九三年、一六一頁参照。）

（241）一七九三年二月にヴァッケンローダーは、ライヒャルトの《エルヴィーン》がコンサート形式で演奏されたのを聴き、「ロマン的熱狂が漲っている」として絶賛した。また、ホフマンはJ．S．バッハの二重合唱モテットのうちに、大胆かつ見事で「ロマン的」なゴシック様式の大聖堂が、誇らしげな様子で華麗に天へと聳えるのを見ている。（SWB 2, S. 131; WA 1, S. 50.）

(242) ホフマンは一八〇七年のベルリン滞在期に、作品リストをライプツィヒの音楽出版者アンブロジウス・キューネル（Ambrosius Kühnel, 1770–1813）に送り、自作を売り込んだ。交渉は決裂したものの、この時にキューネルを介してロホリッツと知り合うことができた。『騎士グルック』はのちに、『カロ風の幻想作品集』第一部に収められた。（Vgl. E. Kleßmann: a. a. O., S. 128; S. 154.）

(243) 一八〇九年以降ライヒャルトは、一八一二年に婦人のための年刊雑誌『ウラニア *Urania*』のために、小論『カントとハーマン *Kant und Hamann*』を執筆し、一八一三年と一八一四年に、以前から書き始めていた自伝の一部を、ライプツィヒ『一般音楽新聞』に発表しただけにとどまった。（Friedrich Arnold Brockhaus in Leipzig. Hrsg. v. Heinrich Brockhaus, Leipzig 1872, S. 18f.; AMZ 15, Sp. 601ff.; 16, Sp. 21ff.）

(244) WA 5, S. 279. ライプツィヒ『一般音楽新聞』のために書いた、この『ベルリンの音楽事情についての手紙』は、連載になる予定であったが、第一信のみで終わってしまった。

(245) WA 5, S. 377.

(246) WA 5, S. 203.

(247) E. T. A. Hoffmann: Dichtungen und Schriften sowie Briefe und Tagebücher. 15 Bde. Hrsg. v. Walter Harich, Weimar 1924, Bd. 12, (Nachwort des Herausgebers).

第二章　ライヒャルトとオペラ

(1) 本章第一節では、オペラの中でもイタリア語とフランス語による正歌劇を考察の対象とする。なお、ドイツの喜歌劇、すなわちジングシュピールについては第二節で取り扱う。

（2）AMZ 15 (1813), Sp. 611f.

（3）Carl Burney's, der Musik Doctors, Tagebuch seiner Musikalischen Reisen. Bd. 2 (Durch Flandern, die Niederlande und am Rhein bis Wien), S. 66.

（4）戸口幸策、前掲、三九―一六四頁参照。

（5）D. J. グラウト『オペラ史』服部幸三訳、音楽之友社、一九八五年、二二五―二二六頁、戸口幸策、前掲、一八三―一九四頁参照。《ダフネ》は、ドレスデン近郊のトルガウにあるハルテンフェルス城で、ザクセン選帝侯ヨハン・ゲオルク一世（Johann Georg I., 1585–1656）の娘とヘッセン＝ダルムシュタット方伯ゲオルク二世（Georg II., 1605–1661）の結婚を祝して上演されたが、三十年戦争の惨禍に見舞われ、その楽譜は今日伝わっていない。

（6）D. J. グラウト『オペラ史』、二二九―二四一頁、戸口幸策、前掲、一九三―二〇四頁、マックス・フォン・ベーン、前掲、四三六―四三七頁参照。

（7）戸口幸策、前掲、一八八頁、マックス・フォン・ベーン、前掲、四三二―四三五頁、ニール・ザスロー編、前掲、二七八―二七九頁参照。

（8）ハッセは、一七三一年にドレスデン宮廷に楽長として赴任したのち、三〇年以上この地位にとどまり、ドレスデンのオペラを完全に支配した。一七六三年にフリードリヒ・アウグスト二世が他界すると、ウィーン宮廷に移り、当代随一のナポリ派オペラ作曲家として名声を博した。バーニーはハッセについて「彼はこの世に生きているあらゆる作曲家の中で、最も自然で優雅で分別がある。［……］詩歌と歌声の両方に通じていて、言葉を音で表現したり、歌手のための魅力的で優美なメロディに伴奏をつけたりする際に、天賦の才能のみならず、それと同じくらい豊かな判断力を示している」と述べている。（Carl Burney's, der Musik Doctors, Tagebuch seiner Musikalischen Reisen. Bd. 2, S. 173.）

（9）フリードリヒ大王はハッセのオペラだけでなく、フルート音楽も高く評価した。また、ライヒャルトによれば、大王はグラウンよりハッセのオペラのほうを好んでいたという。（AMZ 15［1813］, Sp. 611.）

（10）メタスタージオはアルカディア派を代表する詩人として活躍し、一七二九年にウィーンの宮廷詩人となった。カール六世（Karl VI., 1685–1740）やマリーア・テレージア（Maria Theresia, 1717–1780）の庇護を受けながら、多くのオペラ・セリアの台本を書いた。ライヒャルトも《オリンピア祭》で、メタスタージオの台本を使用している。

（11）A. E. Brachvogel: a. a. O., Bd. 1, S. 287. メロドラマとは一幕ないし一場で構成されていて、一人ないしは二人の俳優が音楽の伴奏を伴い、レチタティーヴォ・オブリガートの様式で朗誦するものである。一七七五年に作曲されたG. ベンダの《ナクソス島のアリアドネ *Ariadne auf Naxos*》と《メデア *Medea*》によって注目されるようになったジャンルである。メロドラマの手法は、のちにベートーヴェンの《フィデリオ *Fidelio*》の地下牢の場面や、ウェーバーの《魔弾の射手》の狼谷のフィナーレで用いられた。ライヒャルトは、全部で三つのメロドラマを作曲している。（ニール・ザスロー編、前掲、二九三―二九四頁参照。）

（12）この劇場で初めてグルックの作品が紹介されたのは一七八二年のことであるが、オペラではなくバレエ音楽の《ドン・ファン *Don Juan*》であった。つまり、ベルリンの人々は最初、グルックをバレエ音楽の作曲家として知ったことになる。翌年には、彼のオペラ・コミック《思いがけない巡り会い――メッカの巡礼 *La rencontre imprévue. Les pèlerins de la Mecque*》と《だまされた回教の裁判官 *Le cadi dupé*》の二作品が上演されている。（Vgl. A. E. Brachvogel: a. a. O., Bd. 1, S. 319; S. 334.）

（13）AMZ 15, Sp. 665ff.

（14）フックスの『パルナス山への階段』は、一七二五年に出版された古典対位法についての音楽理論書であり、パレストリーナとフックス自身の会話という形式で書かれている。十八世紀に早くもドイツ語、イタリア語、フランス語、英語に翻訳され、同時代および後世の音楽家に少なからぬ影響を与えた。ライヒャルトは皇帝に対して、フックス以降にも北ドイツには深い理論や高度な批評で名高いキルンベルガーがいると反論している。しかし、ヨーゼフ二世はキルンベルガーをはじめとして、北ドイツの音楽家や理論家については全く知らなかったという。なお、キルンベルガーの『純粋作曲技法』は和声学上重要な書であるが、尊敬する大バッハの遺品の中に『パルナス山への階段』があったという理由から、これを手本として書かれている。(Vgl. AMZ 15, Sp. 666.)

(15) AMZ 15, Sp. 667f.「ハーモニー」とは、オーボエ、クラリネット、ホルン、ファゴットそれぞれ二パートずつから成る八重奏のことで、ウィーンでは様々な機会に演奏されて親しまれていた。ヨーゼフ二世が一七八二年に宮廷に管楽八重奏団を常設し、一層盛んになった。ライヒャルトもウィーン滞在中に、この楽団の演奏でモーツァルトの管楽セレナードを聴き、「素晴らしく美しかった」と感想を述べている。

(16) AMZ 15, Sp. 669.

(17) Ch. W. Gluck: Alceste. Wien 1777, (Vorrede) ; Vgl. Alfred Einstein: Gluck. Sein Leben – seine Werke. Kassel/Basel 1987, S. 117.

(18) たとえば、序曲は観客にこれから始まる物語に対する心の準備をさせるものであり、いわば物語の内容を要約するものでなければならず、オーケストラも筋のためにその盛り上がりに応じて扱われるべきであると考えた。

(19) Ch. W. Gluck: Alceste. (Vorrede) ; Vgl. A. Einstein: Gluck. S. 118.

(20) Reichardt: An das musikalische Publikum. S. 8; AMZ 15, Sp. 669ff. グルックとの出会いについては、ライプツィヒ『一般音楽新聞』に掲載されたライヒャルトの自伝に詳しく描かれている。

(21) MK 1 (1782), S. 88ff.

(22) AMZ 15, Sp. 671. デュ・ルレはフランスの詩人で劇作家であるが、ウィーンにフランス大使の随員として来ていた時にグルックと知り合い、グルックのパリでの活躍に大いに貢献した人物である。グルックのために、《アウリスのイフィゲニア》や《タウリスのイフィゲニア》の台本を書き、イタリア語の《アルチェステ》の歌詞をグルックのメロディに合わせてフランス語に翻訳した。

(23) AMZ 15, Sp. 670; Reichardt u. F. L. Ae. Kunzen (Hrsg.) : Musikalisches Wochenblatt. Berlin 1791–1792, S. 53f.

（24）バーニーがウィーンのグルックを訪問した際にも、グルックは「いつもの習慣どおり紙には書き記してないが、心の中ではすっかりできあがっていた《イフィジェニー》を最後まで歌ってきかせた」という。（D. J. グラウト『オペラ史』、三五六—三五七頁。）

（25）MK 1 (1782), S. 204.

（26）AMZ 15, Sp. 670. ライヒャルトの『音楽芸術雑誌』第一巻によると、グルックが《ヘルマンの戦い》をまだ楽譜にしていない理由は、既存の楽器では不十分であり、この作品に相応しい新しい楽器を発明しなければならない点にあるという。グルックが限られた人の前でしか披露しないオードや未完のオペラを、ライヒャルトの前で歌って聴かせたのは、グルックがこの雑誌記事を読んでいたからであると推測される。演奏の際に、グルックは途中でわざわざ歌をとめて、「まずはこの曲に相応しい楽器を発明しなければ」と言ったそうである。

（27）Reichardt: An das musikalische Publikum. S. 8f. ライヒャルトは、そのほかにはA. サリエーリやニコロ・ピッチンニ (Niccolò Piccinni, 1728–1800)、A. サッキーニの作品を観ている。

（28）Ibid., S. 9. ライヒャルトは生涯に何度もパリを訪れ、そのたびに劇場に足を運んでいる。しかし、初回の「筆舌に尽くしがたいほど素晴らしく完璧なパリ上演」という印象は次第に薄れ、彼も歌手たちに「極めて自由で開放的な、よく響く声」が欠けているとか、フランス人には「自由な想像力」や「中庸の感覚」が不足していると批判するようになっていく。(Reichardt: Vertraute Briefe über Frankreich. Bd. 2, S. 41ff.; Vertraute Briefe aus Paris. Bd. 1, S. 187; Musikalischer Almanach. Berlin 1796, [IV. Charakteristik der merkwürdigsten Komponisten], o. S.)

（29）Reichardt: Vertraute Briefe über Frankreich. Bd. 2, S. 44.

（30）W. Salmen: Reichardt. S. 256.

（31）Reichardt: An das musikalische Publikum. S. 9ff.

（32）スカルラッティが自作のオペラやオペレッタで発展させた「イタリア風序曲」は、急・緩・急の三部分から成り、ホモフォニックなスタイルで書かれているのが特色で、前古典派以後発展するシンフォニーの母体の一つと考えられている。

（33） Ch. W. Gluck: Alceste. (Vorrede); Vgl. A. Einstein: Gluck. S. 117.

（34） W. Salmen: Reichardt. S. 319.

（35） ライヒャルトは、一七八六年一月から半年の休暇を取ってフランスに滞在したが、《ティムール》の上演は秋に延期された。八月にフリードリヒ大王が他界し、九月に新王フリードリヒ・ヴィルヘルム二世から、再びフランスに行く許可を得たが、ライヒャルト自身が病気になったためパリには行けなかった。それゆえに、秋の予定であったパリでの上演はさらに先延ばしにされた。この経緯については、ライヒャルト自身が『フランス語オペラ《ティムール》と《パンテイア》に関する観衆への報告』の中で詳しく説明している。《ティムール》は一八〇〇年十月十六日に、王太后フリーデリーケ・ルイーゼの誕生日を祝うためにベルリンの王立国民劇場で初演されている。（Vgl. Reichardt: An das musikalische Publikum. S. 28ff.; AMZ 3［1801］, Sp. 88.）

（36） Vgl. A. E. Brachvogel: a. a. O., Bd. 2, S. 3ff. デベリンの私設劇場は初めベーレン通りにあったが、一七八六年十二月五日にフリードリヒ・ヴィルヘルム二世から、かつての王立フランス劇場を使用してもよいという特権を与えられて、名称を「国民劇場」と改めた。さらに翌年八月一日には「王立国民劇場」となった。

（37） 新王は音楽に限らず、あらゆる点において大王時代の古いスタイルを改革しようとした。たとえば、それはドイツ語にフランス語と同等の権利を持たせようとする決定などであり、彼はドイツ主義を極めて明確に奨励した。デベリンに王立フランス劇場を使用させたのも、こうした彼の考え方を公に示すためであった。（マックス・フォン・ベーン、前掲、一一、二一頁参照。Vgl. BMZ 1［1805］, S. 2.）

（38） 『音楽芸術雑誌』第二巻に《アンドロメダ》から合唱の一部が掲載されている。ザルメンによれば、特に合唱の部分にグルックのスタイルが明らかに見て取れるという。（MK 2［1791］, S. 58; W. Salmen: Reichardt. S. 258.）

（39） Reichardt: An die Freunde der edlen Musik. In: Lyceum der schönen Künste. Berlin 1797, Bd. 1–2, S. 188.

（40） Anonymus: Bemerkungen eines Reisenden über die zu Berlin von September 1787 bis Ende Januar 1788 gegebene öffentliche

Musiken, Kirchenmusik, Oper, Concerte, und Königliche Kammermusik betreffend. Halle 1788, S. 65.

(41) ナウマンは、ハッセの推薦によりドレスデン宮廷に作曲家として仕え、一七七六年に楽長に就任している。ドレスデンにおけるハッセとウェーバーの間の時期の、最も優れた音楽家の一人に数えられる。『音楽芸術雑誌』第二巻に《プロテシラオス》から、ナウマンとライヒャルトがそれぞれ作曲したカヴァティーナの部分が掲載されているが、その比較からも両者の音楽の違いが分かる。（MK 2, S. 76ff.）

(42) ザルメンは《プロテシラオス》のライヒャルトの担当した部分に、グルックの《オルフェオとエウリディーチェ》の影響を見ている。（MK 2, S. 79ff.; W. Salmen: Reichardt. S. 258.）

(43) Reichardt: An die Freunde der edlen Musik. S. 189.

(44) Ibid., S. 190. 特に言及はないが、「かの極めて偉大なドイツの詩人」とはゲーテのことであると推測される。当時、ゲーテはドイツ・オペラの台本として『大コフタ』を執筆していて、一七八九年十一月末にライヒャルトは作曲を開始していた。

(45) フィッシャーはアントーン・ラーフ（Anton Raaff, 1714–1797）の弟子で、一七八〇年のウィーンでのデビュー後、ドイツ初のバス歌手として絶賛を博した。モーツァルトはその声に感銘を受けて、《後宮からの逃走》ではオスミン役を彼に任せた。ライヒャルトは《大コフタ》でもフィッシャーを用いる予定であった。（アッティラ・チャンパイ、ディートマル・ホラント編『モーツァルト、後宮からの誘拐』音楽之友社、一九九七年、一三六―一三九頁参照。）

(46) Reichardt: An die Freunde der edlen Musik. S. 189f.

(47) BMZ 1 (1805), S. 221f.

(48) 一七九一年に王女フリーデリーケはヨーク・オールバニ公フレデリック（Frederick, 1763–1827）と、王女ヴィルヘルミーネはオラニエ公子ウィレム（のちのオランダ王ウィレム一世、Willem I, 1772–1843）と結婚した。この作品は十月七日にも再演された。（Reichardt u. F. L. Ae. Kunzen [Hrsg.]: Musikalisches Wochenblatt. S. 7.）

（49）Reichardt: Briefe eines aufmerksamen Reisenden. Bd. 1, S. 105; MK 1 (1782), S. 163.

（50）Reichardt u. F. L. Ae. Kunzen (Hrsg.): Musikalisches Wochenblatt. S. 9. この新聞の一六頁には、《オリンピア祭》の一部「神々の舞踏」（器楽）が紹介されている。

（51）W. Salmen: Reichardt. S. 262. ライヒャルトはダンスがとても苦手で好きではなかったという。彼の家庭では毎日のように音楽会が開かれたが、ダンス・パーティーはめったに行なわれなかった。ウィーンを訪れた際にも、ドレーアー（オーストリアの民族舞踊曲）やワルツは観客として楽しむだけにとどまった。（Reichardt: Vertraute Briefe geschrieben auf einer Reise nach Wien. Bd. 1, S. 277f.）

（52）AMZ 3 (1801), Sp. 547.

（53）Die Briefe Johann Friedrich Reichardts an Goethe. Aus dem Goethe- und Schiller-Archiv. S. 227. ライヒャルトは一八〇五年四月二十一日付けのゲーテ宛ての書簡で、《ロズモンダ》に対するツェルターの反応をこのように記している。

（54）菅原透『ベルリン三大歌劇場――激動の公演史（1900–45）』アルファベータ、二〇〇五年、一六二頁参照。

（55）『ウィーンへの旅路で書かれた私信』によると、ロプコヴィッツ侯の晩餐会で、ライヒャルトは自作のオペラ《ロズモンダ》や《青い怪物》、そしてこの《幸運な難破船》から一部を歌って聴かせている。これが切っ掛けとなって、ロプコヴィッツ侯の私的なコンサートで、ライヒャルトの作品が披露されることになった。（Reichardt: Vertraute Briefe geschrieben auf einer Reise nach Wien. Bd. 1, S. 139ff.）

（56）MK 1 (1782), S. 91.

（57）MK 2 (1791), S. 42ff.; S. 66ff. ライヒャルトは『ベルリン音楽新聞』に、グルックを擁護する目的で、「ハンガリー新聞（第一〇一号）において通俗的な作曲家に貶められてしまった騎士グルックの名誉回復のためのいくつかの言葉」と題した匿名の記事を掲載している。その記事の最後で、グルックについて勉強するには、ジャン・バティスト・アントワーヌ・スアール（Jean Baptiste Antoine Suard, 1732–1817）の編集した『様々な読み物 *Mélanges de littérature*』（一八〇三―一八〇四年）か、ライヒャルトの『音楽芸術雑誌』（第二巻の第七―八号）、そして

『ベルリン音楽新聞』の第二八号（ライヒャルトによる『グルックと彼の《アルミード》について *Etwas über Gluck und dessen Armide*》）を読むことが推奨されている。（BMZ 1［1805］, S. 281f.)

（58） Ch. F. D. Schubart: Chronik 1791, S. 422.

（59） Vgl. Reichardt: Vertraute Briefe über Frankreich. Bd. 2, S. 43f.; Vertraute Briefe aus Paris. Bd. 1, S. 73ff.; Bd. 2, S. 1ff.; Bd. 3, S. 131; Vertraute Briefe geschrieben auf einer Reise nach Wien. Bd. 1, S. 239; Bd. 2, S. 121ff.; An das musikalische Publikum. S. 8ff.; Musikalischer Almanach. (IV. Charakteristik der merkwürdigsten Komponisten), o. S.; Reichardt u. F. L. Ae. Kunzen (Hrsg.): Musikalisches Wochenblatt. S. 2ff.; Musikalische Monathsschrift. Berlin 1792, S. 14ff. 『週刊音楽新聞』の一六〇頁には、グルックの《エコとナルシス *Echo et Narcisse*》の楽譜が掲載されている。

（60） Vgl. BMZ 1 (1805), S. 2ff.; 2 (1806), S. 57ff.

（61） Vgl. W. Salmen: Reichardt. S. 64. ザルメンの記述によると、ライヒャルトがフリードリヒ・ヴィルヘルム二世のもとでグルックのオペラの上演を試みたところ、宮廷内のイタリア派の妨害にあって延期になったという。

（62） AMZ 15 (1813), Sp. 636; Reichardt: Briefe eines aufmerksamen Reisenden. Bd. 2, S. 75ff.; Vertraute Briefe geschrieben auf einer Reise nach Wien. Bd. 1, S. 258. 『ウィーンへの旅路で書かれた私信』には、ライヒャルトがウィーンの貴族たちのサロンを渡り歩きながら、音楽を楽しむ様子が描かれているが、その描写から彼の披露する歌のレパートリーの中にグルックのオペラの一部があったことが分かる。

（63） Ibid., Bd. 2, S. 199ff.

（64） MK 2 (1791), S. 41.

（65） Hermann Kretzschmar: Gesammelte Aufsätze über Musik und Anderes. Bd. 2. Leipzig 1910, S. 207. クレッチュマーによれば、「フリードリヒ大王はオペラ改革について何も知りたがらなかった。ライヒャルトは一七九六年から再びその埋め合わせをした」という。ただし、一七九四年から一七九八年まで宮廷楽長の職を解かれていたライヒャルトが、「一七九六年から」グルックのオペラ上演に関わることは不可能である。恐らくクレッチュマーは、一七九五年にベルリン王立国民劇場でグルックの《タウリスのイフィゲニア》の初演を実現させたのは、ライヒャルトだと誤解しているのではないかと思われる。これを成功に導いたのは、劇場音楽監督のB．A．ヴェーバーである。（Peter Hauschild: Bernhard Anselm Weber.［Artikel in MGG 14］, Sp. 280.）

（66）W. Salmen: Reichardt. S. 338.

（67）Richard Engländer: Gluck und der Norden. In: Acta Musicologica 24（1952）, S. 62ff. ライヒャルトの編集していた音楽雑誌にも、ストックホルムの王立劇場でスウェーデン語による《アルチェステ》が上演されるという予告や、グスターヴ三世のもとでは、パリに劣らぬレベルでグルックのオペラが上演されていたという報告が掲載されている。（MK 1［1782］, S. 104; Reichardt u. F. L. Ae. Kunzen［Hrsg.］: Musikalische Monathsschrift. S. 113.）

（68）R. Engländer: a. a. O., S. 63; S. 73ff.

（69）グスターヴ三世は一七九二年三月十六日、舞踏会の最中に、仮面をつけた暗殺者に背後から拳銃で撃たれた。この暗殺事件は、フランソワ・オーベール（François Auber, 1782–1871）の《グスターヴ三世、または仮面舞踏会 *Gustave III ou Le bal masqué*》やジュゼッペ・ヴェルディ（Giuseppe Verdi, 1813–1901）の《仮面舞踏会 *Un ballo in maschera*》の題材にもなっている。国王の死後、ドロットニングホルム劇場は閉鎖されて一〇〇年以上使用されなかった。二十世紀になってようやく「再発見」された時には、当時の舞台のセットも舞台機構も無傷のまま残っていたという。その中には、グルックのオペラの装置もあった。（ジュリアン・ラシュトン『古典派音楽小史――グルックからベートーヴェンまで』前田直哉訳、音楽之友社、一九九五年、八二頁、ニール・ザスロー編、前掲、三六七頁参照。）

（70）BMZ 2（1806）, S. 59f. クラウスはドイツ出身の音楽家で、一七八一年にグスターヴ三世の宮廷作曲家に任用された。ライヒャルトが一七八三年にウィーンのグルックを訪問した際に、クラウスもストックホルムからグルックに会いに来ていた。ザーロモンは、ラインスベルクにいたプロイセン王子ハインリヒの楽団でコンサートマスターを務めたのちに、ロンドンへ移住している。音楽興行師としても知られ、ハイドンをロンドンに招いている。

シュルツは、ライヒャルトとともに第二次ベルリン・リート派を代表する作曲家である。シュルツもハインリヒ王子の楽団の楽長を務めたことがあったが、その後コペンハーゲンに移り、宮廷楽長になった。ヴェーバーは、グスターヴ三世の宮廷楽長であったゲオルク・ヨーゼフ・フォーグラー（Georg Joseph Vogler, 1749–1814）の弟子で、フォーグラーの助手としてストックホルムでグルックの上演を経験した。一七九五年以降、ベルリンでグルックのオペラの導入や保護を行ない、一八〇四年にプロイセンの宮廷楽長になっている。ライヒャルトは、ヴェーバーがグルックの作品の上演に大いに貢献したことを絶賛し、ベルリンほどグルックの音楽が精魂込めて熱心に演奏されるところはないと述べている。（Vgl. AMZ 15［1813］, Sp. 671; Reichardt: Vertraute Briefe geschrieben auf einer Reise nach Wien. Bd. 2, S. 198f.）

（71）E. L. Gerber（Hrsg.）: Historisch-biographisches Lexicon der Tonkünstler. 1. Teil, Sp. 514ff.; Neues historisch-biographisches Lexikon der Tonkünstler. 4 Teile. Leipzig 1812–1814, 2. Teil, Sp. 344ff.

（72）Ch. W. Gluck: Paride ed Elena. Wien 1770,（Vorrede）. ジュリアン・ラシュトン、前掲、八二頁参照。

（73）Christian Gottfried Schütz. Darstellung seines Lebens, Charakters und Verdienstes. 2 Bde. Hrsg. v. Friedrich Karl Julius Schütz, Halle 1834–1835, Bd. 2, S. 381f. ライヒャルトは一八〇一年四月二十三日付けのシュッツ宛ての書簡で、グルックの《アルチェステ》がベルリンの聴衆に大変感銘を与えて、まだその記憶も新しい中で、「同じ題材に別の音楽をつけてドイツの劇場で上演すること」は「あまりに大胆過ぎる」と述べている。

（74）Reichardt u. F. L. Ae. Kunzen（Hrsg.）: Musikalisches Wochenblatt. S. 53f.; AMZ 15, Sp. 670. ギービヒェンシュタインのライヒャルト邸には、このグルックの肖像画（【図11・七八頁】の模写）と並んで、J. S. バッハの肖像画が飾られていた。

（75）H. Kretzschmar: Gesammelte Aufsätze über Musik und Anderes. Bd. 2. S. 207.

（76）Vgl. Carl Schäffer u. C. Hartmann: Die Königlichen Theater in Berlin. Berlin 1880, S. 3; S. 5; S. 47; S. 66.

（77）ゾルガー『美学講義』西村清和訳、玉川大学出版部、一九八六年、二九三頁。Georg Wilhelm Friedrich Hegel:

Sämtliche Werke. Jubiläumsausgabe. 20 Bde. Hrsg. v. Hermann Glockner, Stuttgart 1964–1968, Bd. 14, S. 193f. ゾルガーによると、近代人にとってオペラは詩ではなく音楽の一ジャンルとなっているが、もしオペラにおいて「すべての詩にひそむ内面的なものを普遍的な形で暗示すること」を目指すのであれば、オペラは「はるかに高次のもの」になることができる。そして、グルックのオペラは「それがこのような目標に最大限接近していることを示している」という。

（78） Vgl. R. Safranski: a. a. O., S. 197ff.

（79） WA 5, S. 346f.; S. 524ff.; AMZ 15, Sp. 642; Sp. 611f. グルックにまつわる話ではないが、『偶然の考え』には、「ライヒャルトがあるアリアにつけ加えたクレッシェンドを、フリードリヒ二世が火災警報のようであると言った」ことなども、ライヒャルトの自伝から引用されている。

（80） WA 5, S. 347; S. 359.

（81） MK 1 (1782), S. 204; AMZ 15, Sp. 669ff.

（82） WA 1, S. 51; 5, S. 367f. ミネルヴァはギリシア神話のアテナと同一視された古代ローマの女神である。アテナは最高神ゼウス（ローマ神話ではユピテル）の娘であるが、ゼウスの頭から武装した姿で誕生したとされている。ホフマンはリートの作曲法についても同様の比喩を用いて説明しており、詩から直接リートのメロディが完全な姿で溢れ出てくることを理想とみなした。（Vgl. WA 5, S. 238.）

（83） WA 3, S. 55f. この「ゼラーピオン原理」は、「ゼラーピオン同人の会」の会員たちが約束し合った詩作の理念である。「ゼラーピオン同人の会」とは、「俗物主義」に対抗して「この上なく崇高なもの」を追究する芸術サークルとして結成された。実際にホフマンはベルリンで、一八一四年十月十二日（ポーランド製のカレンダーでは、この日が聖ゼラーピオンの日とされていた）の晩に、友人のユーリウス・エードゥアルト・ヒッツィヒ（Julius Eduard Hitzig, 1780–1849）やヨハン・フェルディナント・コレフ（Johann Ferdinand Koreff, 1783–1851）、カール・ヴィルヘルム・サリーチェ＝コンテッサ（Carl Wilhelm Salice-Contessa, 1777–1825）らとともに、このサークルを設立している。(Julius Eduard Hitzig: Aus Hoffmann's Leben und Nachlass. 2 Bde. Berlin 1823, Bd. 2, S. 132.)

(84) MK 2 (1791), S. 47f.; S. 52; S. 68f.; S. 104; S. 123. ライヒャルトも初めは、当時の多くの音楽家たちと同様にイタリアへオペラを学びに行く予定であったので、当然のことながらイタリア・オペラの歴史上の重要性はよく理解していた。しかし、一七八三年のイタリア旅行で彼が関心を示したのは、オペラではなく古い教会音楽であった。一時グルックの影響から、フランスでの成功を夢見たこともあったが、一七八九年以降は、ゲーテとともにドイツ・オペラの確立を目指し、ドイツにおけるイタリア・オペラの流行を終わらせようと努力した。

(85) MK 1, S. 89ff.; S. 45.

(86) MK 2, S. 96.『音楽芸術雑誌』第一巻でライヒャルトは、ラモーのオペラが上演されるのを観た経験がないことを告白し、楽譜の上では合唱も、ほかのどの歌も「とても貧弱で力のない印象を受ける」が、「私自身がそれを一度パリで聴くまで、その判断はしないでおく」と書いている。(MK 1, S. 144.)

(87) BMZ 2 (1806), S. 57. デクラマツィオーンとは、歌において言葉を音楽に優先させること、すなわち詩の意味や自然な言い回し、言葉の韻律を重視し、それに忠実である技法のことをいう。リュリとラモーは劇の進展を担うレチタティーヴォを、イタリア・オペラで一般的になっていたレチタティーヴォ・セッコではなく、フランス語の抑揚によく合うように、頻繁に拍子の交替する自由なリズムを持つものにした。ライヒャルトが彼らのデクラマツィオーンを褒めている理由は、この点にあると思われる。

(88) 今日では、グルックがオペラの歴史において果たした役割について述べる際、やはり最も重視するのはオペラ・セリアの改革者としての活動であろう。グラウトも「オペラ史上にグルックを誤りなく位置づけることはむずかしい」としながら、グルックの主な功績を「音楽と詩、つまりオペラの耳に聞える表面と劇的内容の間に、均整のとれたバランスを回復したこと」とみなしている。(D. J. グラウト『オペラ史』、三六二頁参照。)

(89) ホフマンはこのオペラ改革について、「優しく、大抵の場合見事に歌うセイレーンたちの誘惑によって、真の悲劇オペラが追い込まれることになった危機的状況」を、グルックが「真面目なドイツ精神の深み」において感じ取り、改革に乗り出したと説明している。（WA 5, S. 361.）

（90）WA 5, S. 356.

（91）WA 5, S. 357.

（92）WA 5, S. 358f.

（93）十九世紀前半を通じて、パリはヨーロッパのオペラの中心地になり、パリで名を揚げるために多くの作曲家たちがヨーロッパ各地から集まって、競い合った。グルックはその先駆者と言える。ライヒャルトも彼の勧めによりパリでの成功を夢見たが、その挑戦は失敗に終わった。（D. J. グラウト『オペラ史』、四五七頁参照。）

（94）Vgl. Johann Nikolaus Forkel (Hrsg.): Musikalisch-kritische Bibliothek. 3 Bde. Gotha 1778–1779, Bd. 1, S. 53ff. フォルケルはグルックの《アウリスのイフィゲニア》から、多くの譜例を挙げて欠点を指摘している。彼は、十九世紀のバッハ・ルネサンスの功労者として重要な音楽家であるが、音楽の歴史をJ. S. バッハにおいて頂点に達したものとし、それ以後の音楽を頽廃的と捉えたためグルックのオペラを理解しようとしなかった。ホフマンはしばしばフォルケルによるグルック批判について言及し、フォルケルを厳しく非難している。（Vgl. WA 1, S. 54; 5, S. 347; S. 360; S. 535.）

（95）二十世紀初頭のクロード・ドビュッシー（Claude Debussy, 1862–1918）は、グルックがフランス音楽に与えた影響は大きいとしながらも、グルックに対してかなり批判的である。彼によれば、グルックの成功は王妃マリー・アントワネットの仲介の御蔭であり、彼が「ラモーの美しい創造を同化してじぶんのものにした」からこそ実現できたのであって、ラモーの音楽のほうがずっと「古典的」と呼ばれるに相応しいという。（『ドビュッシー音楽論集』平島正郎訳、岩波書店、一九九六年、一二七―一三九、二六五―二七五頁参照。）

（96）D. J. グラウト『オペラ史』、三六三―三六四頁、戸口幸策、前掲、二〇九―二四四頁、『ドビュッシー音楽論集』一二七―一三九、二六五―二七五頁参照。アルフレート・アインシュタインは、オペラ史におけるグルックの功績を非常に高く評価したが、それにもかかわらず、結局グルックが真の後継者を持たなかったことを認めざるを得なかった。（Vgl. A. Einstein: Gluck. S. 215ff.）

（97） C. Dahlhaus: Klassische und romantische Musikästhetik. S. 86.

（98） コッホは、俳優として一七二八年からフリーデリーケ・カロリーネ・ノイバー（Friederike Caroline Neuber, 1697–1760）の一座、一七四八年からゲッティンゲンのヨハン・フリードリヒ・シェーネマン（Johann Friedrich Schönemann, 1704–1782）の劇団で活躍し、一七五〇年にはライプツィヒで自分の劇団を結成した。ヴァイセはアナクレオン派の詩人、劇作家として長期間ライプツィヒで活躍した。童話作家としても偉大な功績を残し、一七七六年から一七八二年にかけてドイツで最初の教育的雑誌『子供の友 *Der Kinderfreund*』（全二四巻）を発行した。（小林英起子「啓蒙の動物寓話における擬人化(1)——レッシングとヴァイセによる描写比較」広島大学大学院『文学研究科論集』第七〇巻［二〇一〇年］、三九頁参照。）

（99） J. A. Hiller: Lebensbeschreibungen berühmter Musikgelehrten und Tonkünstler neuerer Zeit. S. 311f. 当時の北ドイツでは、リートは民謡のように単純で、万人が歌えるようなものでなければならないと考えられていた。

（100） Vgl. Christian Felix Weissens Selbstbiographie. Hrsg. v. Christian Ernst Weiße u. Samuel Gottlob Frisch, Leipzig 1806, S. 324ff. ニール・ザスロー編、前掲、二九一頁、マックス・フォン・ベーン、前掲、四四五頁参照。ヴァイセは、パリで大成功を収めていた台本作家のシャルル・シモン・ファヴァール（Charles Simon Favart, 1710–1792）と女優であるその妻の舞台を観て、台本の筆を執る気になったと語っている。

（101） 北ドイツのジングシュピールは、バラッド・オペラから影響を受けたと指摘されることがあるが、その理由は、ヴァイセの初期の作品《悪魔は放たれた *Der Teufel ist los*》（一七五二年、作曲ヨハン・ゲオルク・シュタントフス［Johann Georg Standfuss, 1756–1759］）が、チャールズ・コフィ（Charles Coffey, gest. 1745）のバラッド・オペラの翻案であるという点にある。のちにヴァイセは、再びこの作品を《変身した女たち、別名、大騒動、第一部》として改作し、今度はヒラーが作曲した。（ニール・ザスロー編、前掲、二九一—二九二頁参照。Vgl. Christian Felix Weissens Selbstbiographie. S. 25ff.）

(102) ヴァイセは自伝の中で、自分とヒラーが、いかに庶民のための歌を作ることに貢献したかという点について語っている。また、その自伝によると、ヒラーはシュルツの《民謡調によるリート集》が出版された際に、「今、民謡が編纂されているが、そんなものを民衆は知らないし、歌わないし、歌えやしない。ヴァイセと私はそうしたタイトルを誇らしげに掲げはしなかったが、私たちのリートは実際に国民によって、ドイツの民衆によって歌われた」と述べたという。今日、ヒラーの曲を耳にすることは難しいが、一九〇七年にマックス・レーガー（Max Reger, 1873–1916）が、ジングシュピール《収穫祭の花輪 *Der Ärndtekranz*》をもとに、管弦楽曲《ヒラーの主題による変奏曲とフーガ *Variationen und Fuge über ein Thema von J. A. Hiller*》を作曲している。（Christian Felix Weissens Selbstbiographie. S. 324ff.）

(103) Vgl. J. A. Hiller: Lebensbeschreibungen berühmter Musikgelehrten und Tonkünstler neuerer Zeit. S. 311.

(104) 戸口幸策、前掲、三一七頁参照。

(105) ニール・ザスロー編、前掲、二九一―二九二頁、戸口幸策、前掲、三一五―三二〇頁参照。

(106) FA 14, S. 357.

(107) 『イタリア紀行 *Italienische Reise*』でゲーテは、『エルヴィーン』（第一稿）の散文的な対話の部分がフランスのオペラ・コミックに似ていることを認めている。また、『詩と真実』には、ストラスブールで出会ったヘルダーが、ゴールドスミスのこの小説を傑作であると言って紹介し、そのドイツ語訳を朗読してくれたとある。ゲーテもこの作品に深い感銘を受けている。（Vgl. FA 15, S. 466f.; 14, S. 464ff.）

(108) ゲーテがヨハン・クリスティアン・ケストナー（Johann Christian Kestner, 1741–1800）に宛てた一七七三年十二月二十五日付けの書簡に、「歌つきの喜劇が間もなくできあがる」とある。この台本には、ライヒャルトのほかに、ヨハン・アンドレやヴァイマルのアンナ・アマーリアなどが作曲している。（FA 28, S. 340ff.）

(109) Christian Felix Weissens Selbstbiographie. S. 156.

(110) シュフの父（Franz Schuch der Ältere, 1716–1763）は、オーストリアのイエズス会修道院から脱走して喜劇役者になり、座長として劇団を率いて北ドイツを興行して回った。父親の死後息子が劇団の座長を継ぎ、一七六五年にベルリンのベーレン通りに劇場を建てた。（マックス・フォン・ベーン、前掲、五八八―五九一頁参照。）

(111) Vgl. Christian Felix Weissens Selbstbiographie. S. 157; A. E. Brachvogel: a. a. O., Bd. 1, S. 225ff. 両者のライバル関係は一七七五年にコッホが他界するまで続いたが、その後デベリンは、ベルリンでの上演特権とコッホのベーレン通りにあった劇場を手に入れている。

(112) Ibid., S. 241f. 一七七二年にフリードリヒ大王はコッホの劇団に対して、「彼の舞台には、ほかの一般的な役者たちとは違う気品がある」という内容の王室文書を公表した。アルベルト・エーミール・ブラハフォーゲルの解釈によれば、これはライバルのデベリンの劇団に対する情け容赦のない非難を表明したものか、あるいは、宮中の女性たちの中で最も大王に影響力のあった、アンナ・アマーリア王女が書かせたものであるという。また、トーマス・バウマンの論文には、「王太子フリードリヒ・ヴィルヘルムがコッホの上演に臨席するのが常であった」とあるが、ブラハフォーゲルも指摘しているように、フリードリヒ・ヴィルヘルムはコッホよりもデベリンの劇団のほうを好んでいた。それゆえに、王位継承後にはデベリンの私設劇場を王立国民劇場にしたと考えられる。（ニール・ザスロー編、前掲、二九三頁。）

(113) Reichardt: Über die deutsche comische Oper nebst einem Anhange eines freundschaftlichen Briefes über die musikalische Poesie. Hamburg 1774, S. 11.

(114) Ibid., S. 12. この作曲法は、ライヒャルトのリートの作曲の仕方とも非常に似ている。ライヒャルトによれば、リートのメロディは詩から自然と流れ出てくるのであり、探し出すものではないという。また、彼はリートの単純性、全体と部分の統一性などを重視した。

(115) Reichardt: Briefe eines aufmerksamen Reisenden. Bd. 1, S. 155f.

(116) W. Salmen: Reichardt. S. 264f.

(117) ヒラーらによるジングシュピールは当時「コーミッシェ・オーパー eine comische Oper」と呼ばれていた。ライヒャルトは一七七四年に『ドイツの喜歌劇（コーミッシェ・オーパー）について』という論文を書いている。また同時期、ジングシュピールに対して「オペレッタ Operette」という表現もよく使用されている。正歌劇は、ドイツ語では「グローセ・オーパー eine große Oper」と呼ばれることが多かった。

（118）シュヴァイツァーは、一七六九年にアーベル・ザイラー（Abel Seyler, 1730–1800）の劇団の楽長になり、一七七三年にはヴィーラントのドイツ語版《アルチェステ》を作曲している。G．ベンダはライヒャルトの義父F．ベンダの弟で、ゴータの宮廷楽長を務めた（後任はシュヴァイツァー）。シュヴァイツァーとG．ベンダは、メロドラマの作曲家としても成功している。アンドレはゲーテの幼なじみでもあり、彼の作曲した《エルヴィーン》は一七七五年五月にフランクフルトの劇場で初演され、七月十七日にはベルリンのデベリンの私設劇場で上演された。アンドレはこの作品によってデベリンに実力を認められ、翌年ベルリンへ招聘されている。

（119）Reichardt: Briefe eines aufmerksamen Reisenden. Bd. 1, S. 153ff. ライヒャルトは、復活祭の見本市のためにライプツィヒを訪れていた、かつてのクラヴィーア教師ヨハン・フリードリヒ・ハルトクノッホと偶然再会し、一七七三年にはハルトクノッホの出版社から、この二作品（クラヴィーア編曲版）と《様々な音楽作品集 *Vermischte Musicalien*》が出版された。（H. M. Schletterer: a. a. O., S. 109f.）

（120）Ibid., S. 107. 同時期にヒラーのもとで学んでいたネーフェは、自分と同様にライヒャルトにもジングシュピールを書くように勧め、友人のためにこの台本を選んだ。

（121）Carl Burney's, der Musik Doctors, Tagebuch seiner Musikalischen Reisen. Bd. 3, S. 264. バーニーは、当時ライプツィヒで活躍していた作曲家として、ヒラーのほかにヨハン・フリードリヒ・ドーレス、ゲオルク・ズィーモン・レーライン（Georg Simon Löhlein, 1725–1781）、ネーフェ、ライヒャルトの名前を挙げている。

（122）この種の大衆的な芝居は、十八世紀初めからウィーンのレオポルトシュタット劇場などで上演されていたが、一七八〇年ごろにはウィーン郊外の劇場で盛んに演じられた。（戸口幸策、前掲、三二〇―三二一頁参照。）

（123）このような伝統のある道化芝居を文学的水準に高めたのが、十九世紀に活躍したフェルディナント・ライムント（Ferdinand Raimund, 1790–1836）とヨハン・ネーポムク・ネストロイ（Johann Nepomuk Nestroy, 1802–1862）であった。ウィーン民衆劇の存在によって、ドイツで消滅してしまった道化芝居の伝統に、我々は今日もなお触れることができる。（宮下啓三『近代ドイツ演劇』慶應通信、一九九二年、六三―六八頁参照。）

(124) シカネーダーは初めアンドレーアス・ショプフ（Andreas Schopf, 1743–1813）一座に、のちにフランツ・ヨーゼフ・モーザー（Franz Joseph Moser, 1717–1792）一座に加わり、一七七八年にモーザーに代わって座長となった。モーツァルトと知り合ったのは、一七八〇年のザルツブルクでのことである。また、一八〇一年にはアン・デア・ウィーン劇場を新設しているが、今日では、当時の建物は部分的にしか残っていない。古い建物の一部である「パパゲーノの門」には、パパゲーノに扮したシカネーダー（《魔笛》の初演時にパパゲーノ役として自ら舞台にも立った）と彼とともに出演した三人の子供たちの姿を見ることができる。（原研二『シカネーダー伝――《魔笛》を書いた興行師』新潮社、一九四九年、三四―三二二頁参照。）

(125) Vgl. Anna Amalie Abert: Christoph Willibald Gluck. (Artikel in MGG 5), Sp. 334.

(126) Vgl. Ibid., Sp. 338ff.

(127) ニール・ザスロー編、前掲、一七四―一七五頁参照。

(128) 同前、一五五―一五七頁、戸口幸策、前掲、三二〇―三二二頁参照。

(129) 《坑夫たち》は、「国民ジングシュピール」のために書かれたオペラの中でも典型的なものであり、様々な演劇様式、たとえば北ドイツのジングシュピールやフランスのオペラ・コミック、イタリアのオペラ・セリア、オペラ・ブッファなどから自由な借用を行ない、折衷的な性格を持っていた。（ニール・ザスロー編、前掲、一五七頁参照。）

(130) モーツァルトのジングシュピールは、《後宮からの逃走》と《魔笛》の二つがよく知られているが、そのほかに《バスティアンとバスティエンヌ *Bastian und Bastienne*》や《劇場支配人 *Der Schauspieldirektor*》などがある。彼の作品には、ジングシュピールのみならず諸々の様式が用いられており、《イドメネオ》と《皇帝ティトゥスの慈悲》はオペラ・セリアで、《フィガロの結婚》や《コシ・ファン・トゥッテ》などはオペラ・ブッファで、《ドン・ジョヴァンニ》はドラマ・ジョコーソで書かれている。ドラマ・ジョコーソとは、オペラ・セリアとオペラ・ブッファの二つの様式を折衷したものである。（戸口幸策、前掲、作曲家別主要作品表、三五―三六頁参照。）

(131) 松田聡「一七八五年十月―八八年二月のウィーンの宮廷劇場におけるジングシュピールの公演」大分大学教育福祉科学部『研究紀要』第二四巻第一号（二〇〇二年）、二五―四〇頁、「十八世紀後半のウィーン宮廷劇場におけるジングシュピール」大分大学教育福祉科学部『研究紀要』第二九巻第二号（二〇〇七年）、一一三―一二七頁参照。

(132) ブレツナーのこのジングシュピールは、アンドレの音楽で一七八一年五月二十五日以降一二回にわたり、ベルリンにあるデベリンの私設劇場で上演された。（Vgl. A. E. Brachvogel: a. a. O., Bd. 1, S. 314.）

(133) シュテファニーとモーツァルトはブレツナーの許可を得ずに台本を改作し、作曲したために、ブレツナー本人から一七八二年と一七八三年の二度にわたり抗議を受けた。（アッティラ・チャンパイ、ディートマル・ホラント編『モーツァルト、後宮からの誘拐』、一九一、一九三―一九六頁参照。）

(134) 戸口幸策、前掲、三二二、三五七―三五八頁。ベルリンの王立国民劇場で最初にモーツァルトの作品が上演されたのは一七八八年のことで、作品は《後宮》であった。翌年、フリードリヒ・ヴィルヘルム二世はモーツァルトとディッタースドルフをベルリンへ招待している。（Vgl. A. E. Brachvogel: a. a. O., Bd. 2, S. 171ff.）

(135) Ibid., S. 107.

(136) W. Salmen: Reichardt. S. 266.

(137) MK 1 (1782), S. 161ff.

(138) Vgl. W. Bode: a. a. O., Bd. 1, S. 175ff.

(139) ゲーテが生涯に書いたリブレットは、断片も含めると全部で一〇作品にのぼる。そのうち完成したのはこの六作品、未完に終わったのは『不似合いの家族たち *Die ungleichen Hausgenossen*』、『魔笛第二部』、『ライオンの椅子 *Der Löwenstuhl*』、『フェラデディンとコライラ *Feradeddin und Kolaila*』の四作品である。『ファウスト第二部』をゲーテの言葉どおりオペラに含めれば、一一作品になる。

(140) FA 29, S. 585, (Goethe an Kayser, 20. 6. 1785). ゲーテは『戯れ』を、ヴァイマルのみならず、ウィーンやミュンヘンでも上演したいと考えていたようである。

(141) Vgl. Reichardt: An die Freunde der edlen Musik. S. 189f. ライヒャルトは一七八九年に、フィッシャーやマーラ＝シュメーリングなどのドイツ人歌手たちのために書いたイタリア・オペラ《ブレンヌス》で、大成功を収めた。同じころに作曲していたゲーテのジングシュピール《大コフタ》(未完)にも、フィッシャーが歌うことを想定して書いたリートがある。本章第一節第2項でも触れたように、当時ライヒャルトはそろそろベルリンにおけるイタリア・オペラの流行を終わらせたいと考え、ゲーテに協力を仰いだのである。

(142) Heinrich Philipp Carl Bossler (Hrsg.): Musikalische Korrespondenz der teutschen Filarmonischen Gesellschaft für das Jahr 1792. Speyer 1792, Sp. 208. 結局、実現したのは第一巻の《エルヴィーン》(一七九三年)と、三〇曲のゲーテ歌曲が収められている第二巻の《ゲーテの抒情詩集》(一七九四年)、そして第三巻の《イェーリ》(一七九〇年代)のみであった。(Vgl. Katharina Mommsen [Hrsg.]: Die Entstehung von Goethes Werken in Dokumenten. Begründet v. Momme Mommsen, Berlin 2006ff., Bd. 2, S. 213.)

(143) Vgl. W. Bode: a. a. O., Bd. 1, S. 177. ライヒャルトは五月初頭にもヴァイマルに行っており、この時にゲーテはヘルダーと、ライヒャルトの《クラウディーネ》を「もう一度」聴いている。(Vgl. H. Düntzer u. F. G. v. Herder [Hrsg.]: a. a. O., S. 355.)

(144) Vgl. W. Bode: a. a. O., Bd. 1, S. 185; A. E. Brachvogel: a. a. O., Bd. 2, S. 208f. この際に主役を演じたのは、モーツァルトの義姉アロイジア・ランゲ(Aloisia Lange, zwischen 1759 u. 1761–1839)であった。ブラハフォーゲルによれば、この《クラウディーネ》の公演は、それまで重視されていなかったジングシュピールが、イタリア・オペラと同様に王立の劇場で活発に上演されるようになる兆しであったという。実際にそれ以後、国王フリードリヒ・ヴィルヘルム二世はジングシュピールの公演に、ほぼ定期的に臨席するようになった。

(145) Ibid., S. 107; S. 171ff. すでに一七八七年九月三日にはライヒャルトの《蹄鉄工》も上演されているが、一回限りで打ち切りになっている。モーツァルトの《後宮からの逃走》は、翌年十月十六日の王妃フリーデリーケ・ルイーゼの誕生日を祝して上演された。

(146) Vgl. C. Schäffer u. C. Hartmann: a. a. O., S. 14; W. Salmen: Reichardt. S. 67; S. 266; Alfred Orel: Goethe als Operndirektor. Bregenz 1949, S. 122; S. 165. ベルリンでは、一七八九年七月二十九日から一七九九年二月二十日までの間に六回上演されている。ヴァイマルでは、レチタティーヴォの部分を散文に直して上演した。

(147) アンドレの《エルヴィーン》がフランクフルトやベルリンで上演されたほかには、一七八〇年六月十三日に、イグナーツ・フォン・ベーケ（Ignaz von Beecke, 1733–1803）の《クラウディーネ》（第一稿）がウィーンの国民劇場で初演されたが、あまりに不評であったため二度で打ち切りになっている。（Vgl. Ursula Kramer: Claudine von Villa Bella in den Vertonungen von Ignaz von Beecke und Johann Friedrich Reichardt. In: Schriften des Händel-Hauses in Halle 19 [2003], S. 328; S. 340.）

(148) Vgl. W. Bode: a. a. O., Bd. 1, S. 188f.; Markus Waldura: Zur Genese von Goethes Libretti zu Reichardts Goethe-Opern. In: Schriften des Händel-Hauses in Halle 19 (2003), S. 322. この作品は、ライヒャルトのジングシュピールの中で唯一ＣＤ化（二〇〇四年）されている。西ドイツ放送（ＷＥＲ３）とＣＰＯの共同制作で、アンドレーアス・シュペリング指揮、カペラ・コロニエンシスの演奏である。

(149) Christoph Martin Wieland (Hrsg.): Der neue Teutsche Merkur vom Jahre 1798. Weimar 1798, Bd. 1, S. 349.

(150) W. Salmen: Reichardt. S. 267.

(151) ゲーテは一七八四年六月二十八日のカイザー宛ての手紙で、この新種のオペラをカイザーとともに制作したいと述べて、『戯れ』を書いている。（Goethes Werke. Weimarer Ausgabe. IV, Bd. 6, S. 317f.）

(152) FA 15, S. 425; S. 449; S. 466ff.; S. 509ff. ゲーテは『エルヴィーン』と『クラウディーネ』の第一稿を「歌つき芝居」、オペラ・ブッファ風に改作した第二稿を「ジングシュピール」と呼んでいる。（Vgl. FA 4, S. 503; S. 589; 5, S. 627; S. 661.）

(153) MK I (1782), S. 161.

(154) Vgl. M. Waldura: a. a. O., S. 322.

(155) Reichardt: Über die deutsche comische Oper. S. 7; S. 22f.

(156) この歌は、のちにリーダーシュピール《万歳》にも採用される。（Reichardt: Goethes Lieder, Oden, Balladen und Romanzen mit Musik. ND Das Erbe deutscher Musik. Bd. 59, S. 99.）

(157) ダ・カーポ・アリアとは、十八世紀の前半で最も頻繁に用いられたアリアの形式で、A–B–Aの三部形式を取る。

(158) Reichardt u. F. L. Ae. Kunzen (Hrsg.): Musikalisches Wochenblatt. S. 168.

(159) このほかにも、《大コフタ》（未完）や《リラ》による共同企画はあったが、楽譜がすべて現存するものは前出の三作品に限られる。一七九一年ごろに作曲された《リラ》は楽譜の大半が散逸し、ごく一部がゲーテ歌曲集などに残っているだけである。（Reichardt: Goethes Lieder, Oden, Balladen und Romanzen mit Musik. ND Das Erbe deutscher Musik. Bd. 58, S. 98f.）

(160) Vgl. C. Schäffer u. C. Hartmann: a. a. O., S. 45. ベルリンでは二四年間に三七回上演された。

(161) アルフレート・オレルの報告によれば、《イェーリ》はヴァイマル宮廷劇団によって、一八〇四年六月九日から一八一六年十月三十日までの間に二四回上演された。ただし、この回数にはヴァイマルだけでなくラウホシュテットやライプツィヒ、ハレでの公演も含まれる。ハレには一八一一年二月三日に新しい劇場が開設されて、ヴァイマル宮廷劇団による上演は同年八月二十四日に行なわれた。（Vgl. Hans-Joachim Kertscher: „... von der innigsten Rührung bis zum ausfahrendsten Zorn“ – Goethes Bemühungen um das Singspiel *Jeri und Bätely*. In: Schriften des Händel-Hauses in

Halle 19［2003］, S. 386; A. Orel: Goethe als Operndirektor. S. 138ff.; W. Salmen: Reichardt. S. 123; S. 270.）

（162） FA 5, S. 1071f.,（Kommentar）.

（163） ゲーテは『イェーリ』もイタリア旅行から戻ったのちに改作しているが、この作品はフィナーレの部分が長過ぎたために、前の二作品とは異なり、韻文のテキストを散文に書き換えている。（M. Waldura: a. a. O., S. 323ff.）

（164） AMZ 3（1801）, Sp. 716.『イェーリ』はカイザーのために書いた台本であったが、彼は結局作曲しなかった。ゲーテはカール・ジークムント・フォン・ゼッケンドルフ（Karl Siegmund von Seckendorff, 1744–1785）がつけた音楽が気に入らなかったため、ライヒャルトに作曲を依頼した。（Vgl. FA 29, S. 232ff.,［Goethe an Kayser, 29. 12. 1779］.）

（165） Reichardt: Liederspiele. S. XII.

（166） ライヒャルトは、《イェーリ》の後半が「この愛らしく素朴な題材にしては、あまりにも立派過ぎる喜歌劇の様式で書かれている」点を指摘し、ゲーテが前半と同じように後半を書き直してくれれば全体がリーダーシュピールとして扱えると考えていた。（AMZ 3, Sp. 716f.）

（167） Bernhard Seyfert: Das musikalisch-volkstümliche Lied von 1770–1800. In: Vierteljahrsschrift für Musikwissenschaft X, Leipzig 1894, S. 41; S. 91.

（168） FA 39, S. 342.『クラウディーネ』は、ライヒャルト以外にも多くの音楽家が作曲している。たとえば、一七八〇年にウィーンの国民劇場で初演されたイグナーツ・フォン・ベーケによるものや、一八一〇年にミュンヘンで初演されたヨハン・クリストフ・キーンレン（Johann Christoph Kienlen, 1783–1829）によるもの（一八一一年にシュトゥットガルト、一八一八年にベルリンで上演）、一八一五年に作曲されたシューベルトによるものがある。のちには、フンパーディンクも曲をつけている。（Vgl. U. Kramer: a. a. O., S. 327ff.; C. Schäffer u. C. Hartmann: a. a. O., S. 14.）

（169） Vgl. FA 15, S. 555; S. 512f. この歌は、『クラウディーネ』の第二幕でルガンティーノが歌うリートであるが、『イタリア紀行』によるとゲーテの愛唱歌でもあったようである。ライヒャルトの作曲によるものは、ザルメンの編集によるゲーテ歌曲集に楽譜が掲載されている。（Reichardt: Goethes Lieder, Oden, Balladen und Romanzen mit Musik. ND Das Erbe deutscher Musik. Bd. 59, S. 82f.）

（170）FA 29, S. 611ff., (Goethe an Kayser, 22.[-23.] 12. 1785).

（171）FA 30, S. 492f., (Goethe an Reichardt, 15. 6. 1789); S. 513f., (28. 2. 1790); Goethes Werke. Weimarer Ausgabe. IV, Bd. 9, S. 136f., (29. 6. 1789).

（172）一七八九年にゲーテの依頼で開始された《大コフタ》の作曲は、すでに一部が仕上がっていた。当時有名であったバス歌手フィッシャーの声を想定して書かれたリート（一七八九年十一月に完成）は、《コフタの歌 *Kophtisches Lied*》としてゲーテ歌曲集に掲載されている。（Reichardt: Goethes Lieder, Oden, Balladen und Romanzen mit Musik. ND Das Erbe deutscher Musik. Bd. 58, S. 55.）

（173）FA 15, S. 509f. ゲーテは『イタリア紀行』で、「歌劇というものは良くできたものであれば、朗読だけでは決して十分な効果が表れないものである。詩人が想像した観念すべてを表現するためには、まず音楽がそれに加わらなければならない」と言っている。

（174）一七九〇年十月二十五日付けのライヒャルト宛ての書簡では、「オペラに着手すれば、私は今多くのことを諦めなければならないでしょう。このような活動すべてに対して、気が向きません。でも、もし国王がそれを命じて下されば喜んで従い、奮起し、全力で仕事するのですが」と書いている。当時、彼は自然科学研究に夢中になっていて、一七九一年十一月十七日には、ライヒャルトに対して音響論の研究に協力してほしいという手紙を送っている。しかし、ライヒャルトはこの依頼を断っている。（FA 30, S. 559f.; Goethes Werke. Weimarer Ausgabe. IV, Bd. 9, S. 289ff.）

（175）FA 30, S. 561.

（176）喜劇『大コフタ』が上演された後に、ゲーテはライヒャルトに対して、これをもとにオペラを作ることは容易であると述べている。なぜなら、すでに物語の内容は周知させることができたので、オペラ・ブッファの形式による言葉や表現の制約があっても、少ない言葉でオペラの筋を大胆に進めることができる、と考えたからである。しかし、『大コフタ』のオペラ化は実現しなかった。（FA 30, S. 618f.,［Goethe an Reichardt, 29. 7. 1792］.）

（177）従来の多くの研究で指摘されているように、『魔笛第二部』の着想の多くは『ファウスト第二部』に取り入れられた。ゲーテは『魔笛第二部』の執筆を諦めてもなお、劇場監督などの経験を通じて、オペラの理想について思案していた。そして最終的には、オペラにおいて音楽が優れているのは当然のことであるが、台本も音楽抜きで上演できるほど素晴らしくなければならない、と考えるに至った。（Vgl. FA 39, S. 281f.,［Gespräche mit Eckermann, 9. 10. 1828］.）

（178）Vgl. Reichardt: An die Freunde der edlen Musik. S. 190. 十八世紀末のドイツでは、オペラをコンサート形式で披露することも多かった。

（179）Elisabeth von Stägemann: Erinnerungen für edle Frauen. Leipzig 1846, S. 230.

（180）H. Ch. コッホの『音楽辞典』の巻末には、音楽上の発明や改革などに貢献した人物のリストが付録として掲載されているが、ライヒャルトはリーダーシュピールの創始者として紹介されている。（H. Ch. Koch［Hrsg.］: Musikalisches Lexikon. Sp. 1799.）

（181）MK 2（1791）, S. 5; W. Salmen: Reichardt. S. 228.

（182）Ibid., S. 265.

（183）たとえば、《エルヴィーン》や《イェーリ》などもクラヴィーア編曲版で販売された。（Reichardt: Erwin und Elmire. Ein Singspiel in zwei Acten, Clavierauszug. Berlin 1793; Jery und Bätely. Ein Singspiel in einem Aufzuge von Göthe, Clavierauszug. Berlin 1801.）

（184）Vgl. W. Salmen: Reichardt. S. 228. 第一章第一節第3項で述べたように、ライヒャルトはヒラー以外にも、バーゼドやペスタロッチなどの汎愛主義教育家とも交流があった。

（185）AMZ 3（1801）, Sp. 712.

(186) AMZ 3, Sp. 709.

(187) AMZ 3, Sp. 712f.

(188) ライヒャルトの著書『リーダーシュピール *Liederspiele*』（一八〇四年）は、前書きの部分はライプツィヒ『一般音楽新聞』第三巻に掲載された彼の小論『リーダーシュピールについて』を修正したものであり、本編は三つのリーダーシュピール《愛と忠誠》、《万歳》、《芸術と愛》の台本から成っている。

(189) Vgl. C. Schäffer u. C. Hartmann: a. a. O., S. 55.

(190) AMZ 3, Sp. 714f.

(191) AMZ 3, Sp. 711f.; Reichardt: Goethes Lieder, Oden, Balladen und Romanzen mit Musik. ND Das Erbe deutscher Musik. Bd. 58, S. 12ff; Bd. 59, S. 90ff.; Deutsche Volkslieder. 168 Volkslieder und volkstümliche Lieder. Hrsg. v. Ernst-Lothar von Knorr, Stuttgart 1962, S. 64; S. 103.

(192) AMZ 3, Sp. 714.

(193) Vgl. C. Schäffer u. C. Hartmann: a. a. O., S. 47.

(194) AMZ 3, Sp. 715f.《クラウディーネ》の第一幕の〈女の子たちと仲良くやっていく〉が、この作品の中でも歌われる。また、ゲーテのリート《救出 *Rettung*》や《夜 *Die Nacht*》、《漁師》なども挿入されている。（Reichardt: Goethes Lieder, Oden, Balladen und Romanzen mit Musik. ND Das Erbe deutscher Musik. Bd. 58, S. 48ff.; Bd. 59, S. 4ff.）

(195) Vgl. C. Schäffer u. C. Hartmann: a. a. O., S. 52.

(196) Reichardt: Goethes Lieder, Oden, Balladen und Romanzen mit Musik. ND Das Erbe deutscher Musik. Bd. 58, S. 8ff.; Bd. 59, S. 90ff.《イタリア》は、『ヴィルヘルム・マイスターの修業時代』の中のミニョンの歌「君よ知るや南の国」である。一七九五年から一七九六年にかけて『ヴィルヘルム・マイスター』が四冊本で発表された際、ライヒャルトが作曲した七篇の詩の楽譜も付録として添えられた。

(197) Vgl. C. Schäffer u. C. Hartmann: a. a. O., S. 34.

（198）Vgl. W. Salmen: Reichardt. S. 268. カール・アウグスト公による一八〇一年三月一日付けのゲーテ宛ての手紙には、《精霊の島》について「本当に美しい音楽がその中にはあります」と書かれている。また、シラーも一八〇一年十月五日付けのクリスティアン・ゴットフリート・ケルナー（Christian Gottfried Körner, 1756–1831）宛ての書簡で、「数週間後にライヒャルトがベルリンから来るのを、我々は心待ちにしています。彼はこちらで、《精霊の島》の稽古をつけて上演させる予定です」と述べている。（Friedrich von Schiller: Werke und Briefe. 12 Bde. Hrsg. v. Klaus Harro Hilzinger u. a., Frankfurt a. M. 1988ff., Bd. 12, S. 580.）

（199）モーツァルトのオペラの序曲は、アリアやある場面の旋律を一部使用することはあっても、作品全体の雰囲気を伝える役割にとどまっている。一八〇五年に初演されたベートーヴェンの《フィデリオ》においても、序曲はオペラから全く独立したものになっている。それに対して《魔弾》の序曲は、初めのホルンのテーマ以外はすべてオペラの旋律から成り立っていて、ワーグナーの初期、中期の作品にもその影響が見られる。（D. J. グラウト『オペラ史』、五四七頁参照。）

（200）Reichardt: Die Geisterinsel. Berlin 1799. ND Hrsg. v. Thomas Bauman, New York/London 1986, S. 2ff.

（201）Anonymus: Die Geisterinsel, Oper in drei Akten von Gotter, Musik von Reichardt. In: Berlinisches Archiv der Zeit und ihres Geschmacks. Jg. 1798, Bd. 2, S. 300.

（202）Vgl. B. Seyfert: a. a. O., S. 41.

（203）ゴッターの台本には、民謡調のメロディでという指示書きがある。（Friedrich Wilhelm Gotter: J. F. Reichardt. Die Geisterinsel.［Tredition Classics］, Hamburg 2013, S. 47.）

（204）AMZ 3 (1801), Sp. 712. 台本では、ミランダとフェルナンドがそれぞれソロで歌ってから、デュエットで歌うことになっているが、楽譜ではソロの部分がカットされている。（F. W. Gotter: J. F. Reichardt. Die Geisterinsel. S. 66; Reichardt: Die Geisterinsel. S. 302ff.）

（205）ニール・ザスロー編、前掲、二九七頁参照。

（206）Briefe von und an August Wilhelm Schlegel. Hrsg. v. Josef Körner, Wien 1930, Bd. 1, S. 76.

（207）C. Schäffer u. C. Hartmann: a. a. O., S. 95; S. 109.

（208）Reichardt: Vertraute Briefe geschrieben auf einer Reise nach Wien. Bd. 1, S. 139ff.

（209）ルドヴィーコ・アリオスト（Ludovico Ariosto, 1474–1533）によるイタリア・ルネサンス期の叙事詩『狂えるオルランド *Orlando Furioso*』をもとに書いた四幕物の抒情的戯曲である。

（210）平野昭『ベートーヴェン』新潮社、一九九四年、八四頁参照。

（211）Vgl. Reichardt: Vertraute Briefe geschrieben auf einer Reise nach Wien. Bd. 1, S. 118ff. ライヒャルトが作曲することを知って焦ったベートーヴェンは、ただちにコリンに宛てて手紙を送り、「激怒なさった偉大な詩聖、どうかライヒャルトの件はなかったことにして下さい。あなたの詩には私の楽譜をお選び下さい。私はあなたをそのことで困らせないようお約束いたします」と書いている。（Ibid., S. 147.）

（212）その後、総譜は行方不明になった。（Vgl. Ibid., S. 119.）

（213）『ブラダマンテ』の件に加えてライヒャルトは、自分の後任として、カッセルの劇場総支配人の職を引き受けようとしていたベートーヴェンに対し、「あらゆる努力をして」思いとどまるよう助言したという。ベートーヴェンはそのことにも憤りを感じ、一八〇九年四月五日付けのカッセルへの返信で、「私にはとりわけ、ライヒャルト氏の性格を疑う理由がとてもたくさんあります。［……］ですから、いずれにしても私のほうがより信用に値すると思います」と書いている。結局ベートーヴェンは、エルデーディ伯爵夫人アンナ・マリーの提案によって、数名の有力貴族たちから終身年金を受け取ることになり、ウィーンにとどまった。（Ibid., S. 147. 平野昭『ベートーヴェン』新潮社、一九九四年、九九―一〇三頁参照。）

（214）「クセーニエン論争」によってシラーから激しい攻撃を受けたにもかかわらず、ライヒャルトは、シラーの没後五年の一八一〇年には彼の歌曲集を出版している。また、同年の一月四日にはシラーの未亡人シャルロッテに、もしまだ作曲の可能なシラーの詩があれば曲をつけさせてほしいという内容の手紙を書いており、七月にはゲーテ夫人を介して歌曲集を贈呈している。そして、その翌年にはこのオペラを完成させた。（Vgl. W. Salmen: Reichardt. S. 89f.）

(215) AMZ 13 (1811), Sp. 275f. この批評文で、《潜水者》は「ロマン的オペラ」と呼ばれている。

(216) 《シャクンタラー》は四世紀後半から五世紀前半にかけて成立した、古代インドのサンスクリットによる韻文音楽劇であり、インド文学最大の傑作とされる。十八世紀後半、インドにおけるイギリスの覇権が確立し、一七八四年に東インド会社がイギリス政府の管轄下に置かれると、インド学、東洋学がイギリスをはじめとしてヨーロッパ各地に広がっていった。インドの神話や文学は、ヨーロッパの文学者たち、特にドイツ・ロマン派の詩人たちに東洋への憧憬を抱かせた。ティークもこの題材にロマン的魅力を感じ、オペラ化を思い立ったと考えられる。

(217) W. Salmen: Reichardt. S. 122f.

(218) Vgl. AMZ 3 (1801), Sp. 716; C. Schäffer u. C. Hartmann: a. a. O., S. 32; S. 51. フリードリヒ・ヴィルヘルム三世の宮廷楽長であったヒンメルが作曲した《陽気と熱狂 *Frohsinn und Schwärmerei*》は、一八〇一年にベルリンで三回上演されている。ライヒャルトはこの作品について、自分の意図するリーダーシュピールとは違っていたが好評であったと伝えている。一八〇四年にベルリンの宮廷楽長になったヴェーバーは、コツェブーの台本による《コサックと義勇兵 *Der Kosack und der Freiwillige*》を作曲したが、この作品は一八一三年十一月二十七日から一八一五年十二月十六日までの間に七回上演された。

(219) シュテーゲマンのサロンの常連客の中には詩人ヴィルヘルム・ミュラー（Wilhelm Müller, 1794–1827）もいて、このリーダーシュピールのために全体の半分にあたる五つの詩を提供し、水車小屋の娘に恋する徒弟として、上演にも参加したという。水車小屋の娘は、シュテーゲマンの娘ヘートヴィヒ（Hedwig von Staegemann, 1799–1891）が演じた。その後、ミュラーはプロローグとエピローグのついた二三の連作詩『美しき水車小屋の娘』（一八二一年）を仕上げている。（Vgl. Willi Kahl: Ludwig Berger.［Artikel in MGG 1］, Sp. 1692.）

(220) Vgl. C. Schäffer u. C. Hartmann: a. a. O., S. 41.

(221) フンパーディンクは妹アーデルハイト・ヴェッテ（Adelheid Wette, 1858–1916）の頼みでリーダーシュピールを書いたが、家族の反応が大変良かったために規模を拡大することを決意したという。彼は、リーダーシュピールの形式で《白雪姫 *Schneewittchen*》（一八八八年）も作曲している。（Vgl. Wilhelm Pfannkuch: Engelbert Humperdinck. [Artikel in MGG 6], Sp. 944ff.)

(222) Vgl. C. Schäffer u. C. Hartmann: a. a. O., S. 14. ホフマンは、ベルリンで《クラウディーネ》の最終公演を観たと考えられる。

(223) Vgl. Ibid., S. 34; S. 45; S. 55; AMZ 3 (1801), Sp. 547.

(224) WA 5, S. 170f.; S. 458. ホフマンはゲーテの作品に関して、「『リラ』と『多感の凱歌 *Der Triumph der Empfindsamkeit*』の二つは、恐らくわずかな修正で素晴らしいオペラの台本になるが、批評者の知る限り一度も作曲されていない。『エルヴィーンとエルミーレ』につけられた音楽は、時代遅れになってしまっている」と書いている。ただし、彼は《エルヴィーン》の音楽について、ライヒャルトのもの（一七九〇年作曲）ではなく、アンドレのもの（一七七五年作曲）を指して発言している。

(225) WA 5, S. 203; S. 566f.

(226) Vgl. W. Salmen: Reichardt. S. 98; S. 262f.; AMZ 3, Sp. 547.

(227) WA 5, S. 376f.

(228) WA 3, S. 183.

(229) WA 5, S. 356.

(230) WA 5, S. 62f.

(231) Vgl. E. Kleßmann: a. a. O., S. 101; Der Musiker E. T. A. Hoffmann. S. 45. ホフマンは、一八〇四年に作曲した二幕物のジングシュピール《陽気な楽士たち *Die lustigen Musikanten*》（台本C・ブレンターノ）の総譜に初めて「アマデーウ

ス」の名前を使っている。

(232) タイトルが「ドン・ジューアン」とドイツ語表記になっている理由は、当時のドイツでは原語によるオペラ上演は珍しく、ほとんどの場合がドイツ語翻訳によるものであったことにある。十九世紀のベルリンの公演記録を見ると、イタリア・オペラもフランス・オペラも多くのものがドイツ語のタイトルで表記されている。（Vgl. C. Schäffer u. C. Hartmann: a. a. O., S. 33; S. 43; S. 57; S. 66; S. 79; S. 88.）

(233) WA 5, S. 363.

(234) Vgl. WA 5, S. 368.

(235) WA 5, S. 363f.; S. 537. 原文でホフマンはグルックをアイスキュロスとしているが、文脈から明らかにソフォクレスの誤りである。

(236) WA 5, S. 62; S. 64; S. 66f.

(237) 音楽における「古典的」、「ロマン的」という表現の使用に関しては、第一章第二節を参照のこと。

(238) たとえば、グルックとモーツァルトのオペラの説明には、「古典的」と「ロマン的」という言葉が、文学におけるのと同様に対概念として用いられている。それに対して、ベートーヴェンの劇付随音楽《エグモント》の序曲では、表現上の性質において、この悲劇の「深みのある、真にロマン的な傾向」が尊重されているが、作曲法においては「古典的」手法が用いられているという。つまりホフマンにとっては、同じ音楽が「ロマン的」であると同時に「古典的」でもあり得るのである。この場合は、両者が対概念として使用されておらず、全く関連性がない。（WA 3, S. 82; 5, S. 64; S. 66; S. 171f.）

(239) WA 5, S. 364; S. 368.

(240) ヴォルテールの悲劇に基づき、ミシェル・デュラフォア（Michel Dieulafoy, 1762–1823）とシャルル・ブリフォー（Charles Brifaut, 1781–1857）が、このオペラの台本を執筆した。フランス語版は一八一九年にパリのオペラ座で初演された。ホフマンのこの仕事は翻訳というよりはむしろ台本の改作であり、それに従ってスポンティーニも新たに曲をつけ直している。

（241）D.J.グラウト『オペラ史』、五四六—五四八頁参照。オペラの歴史において《魔弾の射手》は、ドイツのロマン派オペラを軌道に乗せ、ドイツの劇場での長期にわたるイタリア・オペラの支配に致命的な一撃を与えた画期的作品とみなされている。

（242）Vgl. R. Safranski: a. a. O., S. 475f.

（243）Vgl. E. Kleßmann: a. a. O., S. 382f.

（244）一八二一年の秋以降、ホフマンは『《オリンピア》の追記』の最終号も書けないほどに多忙を極め、次第に容体が悪化した。翌年二月には、脊髄から広がり始めた麻痺がすでに両手にまで及んだ。（Vgl. WA 5, S. 532; R. Safranski: a. a. O., S. 482.）

（245）Vgl. W. Salmen: Reichardt. S. 122f.

（246）Vgl. Ch. Kraßnig: a. a. O., S. 10f.; R. A. Köpke: a. a. O., Bd. 1, S. 233f. 初めは、シェイクスピアの『お気に召すまま *As You Like It*』をオペラ化する予定であったが、途中からティークの創作による台本『怪物と魔法の森 *Das Ungeheuer und der verzauberte Wald*』で準備を進めることになった。

（247）ティーク全集の第三配本のための前書きを引用した。これは、彼自身が一八二九年五月にドレスデンで書いたものである。一七八七年にライヒャルトは、シェイクスピアの演劇『マクベス』（G.A.ビュルガーの翻訳）に、序曲と「魔女たちの場」のための音楽をつけており、成功を収めている。ティークはこの劇音楽を大絶賛し、中でも序曲は彼の器楽観を決定づける重要な役割を果たした。（Ludwig Tieck's Schriften. 28 Bde. Hrsg. v. Georg Reimer, Berlin 1828–1854, Bd. 11, S. LIII.）

（248）Briefe an Ludwig Tieck. 4 Bde. Ausgew. u. hrsg. v. Karl von Holtei, Breslau 1864, Bd. 3, S. 104–107.

（249）Vgl. Ch. Kraßnig: a. a. O., S. 7f.

（250）R. A. Köpke: a. a. O., Bd. 1, S. 87.

（251）L. Tieck's Schriften. Bd. 17, S. 324.

（252）ライヒャルトがモーツァルトの音楽の真価を認める過程については、第五章第二節第1項で詳述する。

（253）L. Tieck's Schriften. Bd. 17, S. 325; S. 330ff.; Vgl. Ch. Kraßnig: a. a. O., S. 18ff.

（254）L. Tieck's Schriften. Bd. 17, S. 333f.

（255）Ibid., S. 334f.

（256）Vgl. Ch. Kraßnig: a. a. O., S. 14f. たとえば、ティークが一八二一年に『ドレスデンの舞台上演に関する演劇論上の見解 *Dramaturgische Bemerkungen über die Aufführungen auf der Dresdener Bühne*』を『ドレスデン夕刊新聞』に発表するのに、ウェーバーが協力している。ティークの朗読会では、スペインの劇作家たちの作品が多く取り上げられたが、すでに劇付随音楽《プレツィオーザ *Preciosa*》を完成させていたウェーバーは、さらにスペインのオペラ素材に対する関心を深めていった。またウェーバーは、芸術家としての人生経験や音楽観などを散りばめた、『音楽家の生涯 *Tonkünstlers Leben*』という長編小説を執筆していたが、ティークはそれを完成させることを彼に再三勧めている。両者の交友関係については、ウェーバーの息子マックス（Max Maria von Weber, 1822–1881）の書いた伝記に「ウェーバーのティークとの関係」という項がある。（Vgl. M. M. v. Weber: Carl Maria von Weber. 3 Bde. Leipzig 1864–1866, Bd. 2, S. 272–274.）

（257）Vgl. Reichardt: An das musikalische Publikum. S.28ff.; C. Schäffer u. C. Hartmann: a. a. O., S. 82. 原語はフランス語であるが、J. O. H. シャウムによるドイツ語訳で、一八〇〇年十月十六日から一八〇一年八月七日までの間に六回上演された。

（258）Briefe Goethe's und der bedeutendsten Dichter seiner Zeit an Herder. Hrsg. v. Heinrich Düntzer u. Ferdinand Gottfried von Herder, Frankfurt a. M. 1858, S. 314f.

（259）Ibid., S. 315.

（260）JPW 2, S. 766. ホフマンもグルックをソフォクレスに、モーツァルトをシェイクスピアに喩えている。（Vgl. WA

5, S. 363f.)

（261）Vgl. G. Schünemann: Jean Pauls Gedanken zur Musik. S. 388.

（262）Vgl. Jean Pauls Persönlichkeit. S. 108.

（263）Ibid., S.144. 一八一七年八月十八日から二十二日までの間に、フォスが息子アーブラハム（Abraham Voß, 1785–1847）へ書いた手紙による。ジャン・パウル自身も同月十九日に、妻に宛てた手紙で、このマンハイムの上演について感想を述べている。「《ヴェスタの巫女》は、その美しさによって本当に私を解きほぐし、私から力を奪いました。あの響きにのって私はこの世から飛んで行きそうでした」。彼はマンハイムのほかにバイロイトでも、《ヴェスタの巫女》を観ている。（Julia Cloot: Geheime Texte. Jean Paul und die Musik. Berlin/New York 2001, S. 57.）

（264）G. Schünemann: Jean Pauls Gedanken zur Musik. S. 389.

（265）SWB 2, S. 131.

（266）SWB 2, S. 106f. ヴァッケンローダーは一七九八年二月十三日に二十四歳の若さで他界した。（Vgl. SWB 2, S. 656.）

（267）Vgl. SWB 2, S. 649ff.

（268）Vgl. SWB 2, S. 86; S. 102.

（269）ただしライヒャルトは、義弟のティークとは親称 „du“ で呼び合う仲であったのに対して、アルニムとは最後まで敬称 „Sie“ を使って話す間柄のままであった。

（270）Vgl. R. Moering: a. a. O., S. 200f.; Reichardt: Le Troubadour italien, français et allemand. Berlin 1806. エーリヒ・ノイスは、《朝の挨拶》をブレンターノの詩によるものとし、歌曲集《吟遊詩人》にはアルニムだけでなくブレンターノのリートが多く含まれていると述べているが、それは誤りである。この歌曲集には、タイトルどおりイタリア語やフランス語の歌曲も多く掲載されていて、ドイツ語のものはアルニムやゲーテ、ティークの詩によるものが多い。リートのみならず、オペラやジングシュピールからの抜粋も含まれている。（E. Neuß: a. a. O., S. 86.）

（271）BMZ 1（1805）, S. 36.『ベルリン音楽新聞』の第九号には歌詞だけでなく、楽譜も掲載されている。この二重唱曲はアルニムも気に入っていたようであり、のちに長編小説『ドロレス伯爵夫人の貧困と富裕と罪と償い』に添付されたリート集（全八曲）にも選ばれた。

(272) Vgl. WAA 32, S. 28f.; S. 32. 宮廷歌劇場での稽古を観るのは禁止されており、アルニムは柱の後ろに隠れて見学していたが、国王が二人の息子を連れて入ってきたために途中で逃げ出したという。既述のとおり、ホフマンはライヒャルトの舞踏音楽を高く評価していたが、アルニムもこの舞踏シーンの多い作品に感動したようである。

(273) WAA 31, S. 65.

(274) FBA 6, S. 408.

(275) 恐らくアルニムは、《魔笛》でパパゲーノの歌う〈おいらは鳥刺し〉のような民謡調で有節形式のアリアを思い浮かべながら、モーツァルトが民謡のように優れた「極めて単純なメロディ」を書くことのできる音楽家であると発言していると思われる。また彼は、たとえ歌手が「楽器まがいの喉」で技巧を凝らして歌っても、聴く者を不安にさせるだけであり、それならば楽器の音色のほうがずっと優れていると考えていた。（FBA 6, S. 413.）

(276) FBA 32, S. 28; S. 33f.

(277) FBA 32, S. 33f. フェルディナンド・パエール（Ferdinando Paer, 1771–1839）はイタリア人のオペラ作曲家であり、初めはウィーンで活躍した。ドレスデンの宮廷楽長をしていた時にナポレオンに気に入られ、一八〇七年にパリで楽長に就任している。ペーター・フォン・ヴィンター（Peter von Winter, 1754–1825）はマンハイム出身のオペラ作曲家で、ウィーンで音楽を学んだのちにミュンヘンで活躍した。ゲーテの『イェーリ』や『戯れ』にも作曲している。既述のとおり、ホフマンはモーツァルトのオペラを「ロマン的」と捉えて手本にするのは難しいと考えたが、ブレンターノも同意見であることが分かる。（Vgl. WA 5, S. 66f.）

(278) FA 39, S. 342. (Gespräche mit Eckermann, 8. 4. 1829).

(279) Vgl. Philipp Christoph Kayser u. J. W. v. Goethe: Scherz, List und Rache. Singspiel in vier Akten, Erstausgabe nach dem Urtext von Hermann Dechant, Wien 1999, S. X; FA 29, S. 371ff., (Goethe an Kayser, 10. 9. 1781); S. 618ff., (Goethe an Kayser, 23. 1. 1786).

カイザーはグルックが少し前に卒中の発作を起こし、もはや弟子は取らないことを知っていたために、この提案を拒んでいる。そのかわりに彼は、イタリアでオペラの勉強をすることになった。

(280) FA 39, S. 281f., (Gespräche mit Eckermann, 9. 10. 1828) ; A. Orel: Goethe als Operndirektor. S. 177; S. 190. この作品はもともとフランス語のオペラで、原題は《二日間 *Les deux journées*》という。女性の純愛による救済をテーマとする一種の救済劇であり、ベートーヴェンの《フィデリオ》に影響を与えたとされる。

(281) FA 39, S. 220, (Gespräche mit Eckermann, 29. 1. 1827). マイヤベーアはツェルターの弟子の一人でもあった。

(282) Goethes Gespräche. Bd. 3-1, S. 186f., (J. Ch. Lobe, 7. 1820, Nr. 4787).

(283) Vgl. Ibid., S. 796, (M. M. v. Weber, 7. 1825, Nr. 5677) ; FA 39, S. 282, (Gespräche mit Eckermann, 9. 10. 1828). ロマン・ロラン、前掲、一一九―一二〇頁参照。

(284) グルックのオペラはモーツァルトの場合とは異なり、決して「ロマン的」ではないにもかかわらず、ロマン派の詩人たちからも賞賛されている。ホフマンによれば、グルックのオペラ・セリアは教会音楽と同様に、「ロマン的」なものの代わりに神聖なものと結びついているという。(WA 3, S. 89.)

(285) Briefe von und an August Wilhelm Schlegel. Bd. 1, S. 76.

(286) ブルーメも、ティークやホフマン、ジャン・パウルなどによってモーツァルトは「ロマン的」と解釈されたと述べているが、ロマン主義のモーツァルト像には行き過ぎが多く、潤色や誇張、狂信が潜んでいる点を指摘している。また、繰り返しになるがライヒャルトもモーツァルトのオペラを「ロマン的」とみなしていた。(Vgl. F. Blume: Romantik. [Artikel in MGG 11], Sp. 788f.)

(287) BMZ 2 (1806), S. 11.

(288) ロマン派の器楽観については、第五章第三節第3項を参照のこと。

(289) WA 1, S. 318; 5, S. 363.

(290) ライヒャルトにとって声楽における歌詞は音楽を決定づける非常に重要な役割を担っていたが、モーツァルトにとってオペラの主役は常に音楽であり、両者の価値観には大きな差があった。ライヒャルトとモーツァルトの価値観の差に関しては第五章第二節第1項を参照のこと。

第三章　ライヒャルトとリート

（1）「リート」という言葉は非常に多義的で、純粋に文学的なリートもあれば、音楽の分野においても、歌詞のないピアノ曲の中にリートという名称を持つもの（無言歌）がある。本書では基本的に、ドイツ語の歌詞による独唱用歌曲（場合によっては、合唱でも歌えるものを含む）で、しばしばピアノなどによる伴奏を持つ創作歌曲の意味でリートという言葉を使用する。

（2）ジュリアン・ラシュトン、前掲、二一一頁。しかし、十八世紀のリートの研究にも力を入れていたマックス・フリートレンダーによれば、《魔王》は「ライヒャルトの最も優れたリート」であり、「精霊に同一の音で歌わせるという極めて単純な方法で、不気味で超自然的なものの印象を与えることのできた作曲者の着想は天才的である」という。（SchGG 11, S. 142.）

（3）彼ら三人はほぼ同世代であるが、ツェルターが本格的にリートを作曲するようになったのは一七九〇年代後半であり、ライヒャルトとシュルツに比べて二〇年以上も遅い。

（4）この《メロディつきオード集》のほか第一次ベルリン・リート派の作品については、フリートレンダーの著書『十八世紀のドイツ・リート』第一巻第二部の譜例集から、その一部を知ることができる。（M. Friedlaender: Das deutsche Lied im 18. Jahrhundert. Bd. 1/2.）

（5）Christian Gottfried Krause (Hrsg.): Oden mit Melodien. 1. Teil. Berlin 1753, (Vorbericht).

（6）この傾向をよく示している例として、パロディの流行が挙げられる。パロディとは、一般的には既成の楽曲から旋律あるいは歌詞を借用して作曲を行なう方法であるが、当時は既成のリートや器楽曲（舞踏曲など）のメロディに、新たに詩をつけることが流行った。(Vgl. Hermann Abert: Goethe und die Musik. Stuttgart 1922, S. 64.)

(7) クラウゼの《メロディつきオード集》第一巻の序文の前半には、「繰り返されるメロディはどの詩節にも適応する」という、有節形式を前提とした発言が見られる。また、彼は歌詞の選択についても言及しており、音楽は「情緒を表現する言語」であって、「あまりに比喩に富んだ」詩は音楽で描写できないために選ばなかったとしている。(Ch. G. Krause [Hrsg.]: Oden mit Melodien. 1. Teil. [Vorbericht].)

(8) 通奏低音に支配されていたメロディが、バスから独立して優位に立つことは、詩を重視した音楽づけを目指すベルリン・リート派にとって最も重要なことである。(村田千尋「伴奏の成立――J. F. ライヒャルトのリートにおけるクラヴィーア声部の変遷」日本音楽学会『音楽学』第二九巻［一九八三年］、一七五頁参照。)

(9) クラウゼらが手本とした十八世紀のフランス歌曲の例が、フリートレンダーの『十八世紀のドイツ・リート』第一巻第二部の巻末の譜例集に掲載されている。(M. Friedlaender: Das deutsche Lied im 18. Jahrhundert. Bd. 1/2, S. 346f.)

(10) H. Abert: a. a. O., S. 65.

(11) J. A. P. Schulz: Lieder im Volkston. ND Das Erbe deutscher Musik. Bd. 105, (Abbildung 2, Vorbericht).

(12) B. Seyfert: a. a. O., S. 38f.

(13) H. Abert: a. a. O., S. 68f.

(14) ヴァルター・デュルは、シューベルトの《糸を紡ぐグレートヒェン》が作曲された一八一四年に、「芸術リート」が誕生したとするのが通説であると断言している。本書における「芸術リート」の定義も、これに従うことにする。「芸術リート」の原語は「クンストリート Kunstlied」であるが、この言葉は、広義には「民謡 Volkslied」の対義語として「創作リート」全体を指す。それゆえに、本書では「芸術リート」という訳語は上述の意味でのみ使用し、その他の場合は「創作リート」という表現を用いる。(ヴァルター・デュル『19世紀のドイツ・リート――その詩と音楽』喜多尾道冬訳、音楽之友社、一九八七年、七頁。)

（15）Walter Wiora: Das deutsche Lied zur Geschichte und Ästhetik einer musikalischen Gattung. Wolfenbüttel/Zürich 1971, S. 98.

（16）エヴラン・ルテールは、リートは本質的にロマン主義的であるため、厳密な意味での「古典リート」はなかったと言い切っている。（エヴラン・ルテール『フランス歌曲とドイツ歌曲』小松清・二宮礼子訳、白水社、一九九〇年、七七頁参照。）

（17）同前、八四頁。

（18）W. Wiora: a. a. O., S. 99.

（19）厳密に言うと、ヴィオーラは十七世紀のバロック・リートも含めて「技巧を抑えた創作リート」と命名している。（Ibid., S. 105ff.）

（20）Ibid., S. 108.

（21）エヴラン・ルテール、前掲、七六―七七頁。ルテールは、偉大な作曲家たちはリートには二次的な場所しか与えていなかったとして、十八世紀のリートを「下等な」種目であるとみなしている。

（22）W. Wiora: a. a. O., S. 110. アーベルトも、十八世紀のリート作曲家の「意識的な自己限定」について言及している。（Vgl. H. Abert: a. a. O., S. 62.）

（23）F. Blume: Klassik. (Artikel in MGG 7), Sp. 1076.

（24）「朗誦リート」とは、詩の意味や言葉の自然な言い回し、韻律などを重視し、言葉を音楽に優先させて作曲するリートのことである。

（25）M. Friedlaender: Das deutsche Lied im 18. Jahrhundert. Bd. I/1, S. 188f. ライヒャルトはすでに一七八〇年から、少しずつゲーテの詩に作曲し始めているが、一七九四年にライヒャルトのメロディによる《ゲーテの抒情詩集》が出版され、まとまったゲーテ歌曲が誕生していることから、フリートレンダーは第三創作期の開始を一七九四年に設定したと思われる。

（26）たとえば正木光江は、ライヒャルトの創作期の区分について定見はないとしながらも、フリートレンダーの見解に従って考察を進めている。また、ベルンハルト・ザイフェルトは、ライヒャルトの豊かな創造力が発揮されるのは一七七九年からであるとし、一七九五年から世紀転換期にかけて次第に民謡調の要素が消えていくと主張している。また、村田千尋によると、一七七〇年代がゲネラルバス・リートを含む古い様式に依拠した時期、八〇年代と九〇年代が二段譜表によるクラヴィーア・リートの全盛期、一八〇〇年以降が「芸術リート」の確立期であるという。（正木光江、前掲、二〇一頁、村田千尋「伴奏の成立」、一八〇頁。B. Seyfert: a. a. O., S. 66ff.）

（27） M. Friedlaender: Das deutsche Lied im 18. Jahrhundert. Bd. I/1, S. 188ff. たとえば、フリートレンダーはユストゥス・フリードリヒ・ヴィルヘルム・ツァハリエー（Justus Friedrich Wilhelm Zachariae, 1726–1777）の詩に曲をつけた《ファンタジー *Phantasie*》のレチタティーヴォの部分を、グルックの影響が見られる例として挙げている。また、正木光江の指摘によれば、ライヒャルトの第一創作期の作品は、グルックの《夏の夜 *Die Sommernacht*》（クロプシュトック作詞）の「つつましさと抒情をもって」おり、G. ベンダやC. Ph. E. バッハの感化も受けているという。（正木光江、前掲、二〇五頁。）

（28） M. Friedlaender: Das deutsche Lied im 18. Jahrhundert. Bd. I/1, S. 189f.; H. Kretzschmar: Geschichte des neuen deutschen Liedes, Teil 1. Von Albert bis Zelter. Leipzig 1911, S. 292. 村田千尋は、この時期のライヒャルトの作品には、ゲネラルバス・リートを含む、第一次ベルリン・リート派よりもさらに古い様式のものが多く、このような傾向は一七八〇年代の初めまで続いていることなどから、フリートレンダーの提唱した創作期区分には必ずしも賛成できないと主張している。（村田千尋「伴奏の成立」、一七三―一七四頁。）

（29） Johann Nikolaus Forkel (Hrsg.): Musikalischer Almanach für Deutschland auf das Jahr 1782. Leipzig 1781, S. 91.

（30） Reichardt: Briefe eines aufmerksamen Reisenden. Bd. 1, S. 41ff.; S. 170.

（31） Vgl. W. Salmen: Reichardt. S. 45.

（32） 一七八〇年代にベルリン楽派を代表する音楽家たちの多くが、相次いでこの世を去っていることから、一七八〇年ごろにはすでにベルリン楽派の求心力も低下していたと考えられる。

（33） Vgl. W. Salmen: Reichardt. S. 52; S. 57; S. 83.

（34） AMZ 3 (1801), Sp. 153ff.; Sp. 169ff.; Sp. 597ff.; Sp. 613ff.; Sp. 629ff.

（35） MK 1 (1782), S. 172.

（36） ザルメンは、ライヒャルトがこうした活動によって、十九世紀の音楽におけるビーダーマイアーにかなり影響を与えたことを指摘している。（W. Salmen: Reichardt. S. 301.）

（37） 《眠れ、可愛い子よ、眠れ》については、序論の注(13)を参照のこと。《起きてごらん、私の愛しい人》は、フリードリヒ・ニコライが編集した楽譜つきの民謡集『優雅な小年鑑』に掲載された。（Reichardt: Lieder für Kinder aus Campes Kinderbibliothek. Bd. 1, S. 9; Wiegenlieder für gute deutsche Mütter. S. 20ff.; C. Brentano: a. a. O., Bd. 8, S. 294f.; Bd. 9-3, S. 521ff.; Friedrich Nicolai [Hrsg.]: Eyn feyner kleyner Almanach. 2 Bde. Berlin/Stettin 1777–1778, Bd. 2, S. 8ff.）

（38） 《狩人の夜の歌》と《五月の歌》は、最初《ヘルダーやゲーテなどによるオードとリート集 *Oden und Lieder von Herder, Göthe, und andern*》（一七八一年）に収められた。《すみれ》は、『ベルリン月刊誌 *Berlinische Monatsschrift*』（一七八三年）で紹介されたが、一七八〇年に作曲された別の版も存在する。ジングシュピール《エルヴィーンとエルミーレ》の中で歌われる《すみれ》は、三重唱で歌うようにアレンジされている。《野ばら》は、《音楽の花束 *Musikalischer Blumenstrauß*》（一七九二年）に掲載されたが、のちにリーダーシュピール《愛と忠誠》の挿入歌として用いられた。（Reichardt: Goethes Lieder, Oden, Balladen und Romanzen mit Musik. ND Das Erbe deutscher Musik. Bd. 59, S. 91ff.）

（39） SchGG 11, S. 137.

（40） F. v. Schiller: Werke und Briefe. Bd. 11, S. 417. 手紙の受け取り手のシャルロッテは、シラーがルードルシュタットに旅行した際に知り合ったレンゲフェルト家の次女で、翌一七九〇年にシラーと結婚している。

（41） Ibid., Bd. 12, S. 27. この手紙でシラーは、ライヒャルトに対して「素晴らしい友人であるあなたが、私の年鑑のために作曲して下されば、どれほど私のためになるかということは、あなたにわざわざ申し上げる必要はありませんね」と書いている。

（42）Briefwechsel zwischen Schiller und Cotta. Hrsg. v. Wilhelm Vollmer, Stuttgart 1876, S. 103f. ゲーテの『恋人の近くに』は、ツェルターのリート《君を思う *Ich denke dein*》（フリーデリーケ・ブルーン［Freiderike Brun, 1765–1835］作詞）につけられた替え歌、いわゆるパロディである。ゲーテはツェルターのメロディを大層気に入り、この詩を書いたが、その経緯を全く知らなかったシラーはライヒャルトに作曲を依頼した。ライヒャルトは、のちにこの詩に新たな曲をつけている。（Vgl. W. Bode: a. a. O., Bd. 1, S. 219ff.; Friedrich von Schiller［Hrsg.］: Musen-Almanach für das Jahr 1796. Neustrelitz 1796, S. 5.）

（43）F. v. Schiller: Werke und Briefe. Bd. 12, S. 30f.

（44）Vgl. F. v. Schiller (Hrsg.) : Musen-Almanach für das Jahr 1796. S. 1; S. 22; S. 32; S. 55.

（45）Marbacher Schillerbuch II. Hrsg. v. Otto Günther, Stuttgart/Berlin 1907, S. 292ff.

（46）W. Wiora: a. a. O., S. 75; G. W. F. Hegel: Sämtliche Werke. Bd. 14, S. 141f.

（47）Vgl. W. Salmen: Reichardt. S. 299f.; B. Seyfert: a. a. O., S. 68.

（48）Vgl. Ibid., S. 69.

（49）正木光江、前掲、二〇三頁参照。シラーのドラマのモノローグにも、この朗誦曲の手法が用いられている。

（50）Vgl. B. Seyfert: a. a. O., S. 67. この手本となったのが、グルックの音楽であった。

（51）Jack M. Stein: Poem and Music in the German Lied. From Gluck to Hugo Wolf. Massachusetts 1971, S. 34. ザルメンも同様の見解を示し、朗誦曲において「ライヒャルトの名人芸」が十分に証明されていると見ている。（W. Salmen: Reichardt. S. 307.）

（52）Vgl. Ibid., S. 309. 村田千尋の指摘によれば、第一創作期においても通作歌曲が多いが、それはオペラ・アリア的思考の表れと解釈できるという。そして、有節形式の全盛期である第二創作期を挟んで、再び第三創作期には通作歌曲が増える。（村田千尋「伴奏の成立」、一八〇頁。）

（53）同前、一七六―一七七頁参照。従来、ライヒャルトの作品において二段譜表から三段譜表へ移行し、伴奏が歌声部から解放されて独自の役割を果たすようになるのは、一七九五年のことであるとされてきた。しかし、村田論文では詳細なデータの分析により、この楽譜書法の転換期は一八〇〇年とすべきであることを証明している。（Vgl. W. Salmen: Reichardt. S. 312. 正木光江、前掲、二〇一頁参照。）

（54）ライヒャルトは、シラーの『理想』に三回作曲している。最初の二回は独唱曲として、三回目は四声の合唱曲として曲をつけている。『理想』に限らず、シラーの詩には何度も作曲し直したものがあり、このようなことからも音楽化の難しい作品が多かったことが分かる。（Reichardt: Schillers lyrische Gedichte. Leipzig 1810. ND Das Erbe deutscher Musik. Bd. 125. Hrsg. v. Rainer Gstrein u. Andreas Meier, München 2005, S. 5ff.）

（55）「ホルン五度」とは、独特の快さを伴う隠伏五度の一種のことである。ヴァルトホルンのメロディの特色を模している。

（56）スタインの解釈によれば、ライヒャルトは第一次ベルリン・リート派の制約から、リートの旋律や和声的効果、伴奏を解放することによって、シューベルトにより近づいたという。（J.M. Stein: a. a. O., S. 32.）

（57）Reichardt: Oden und Lieder von Göthe, Bürger, Sprickmann, Voß und Thomsen. Berlin 1780.（Auch ein guter Rath statt der Vorrede）. フリートレンダーは『十八世紀のドイツ・リート』で、この一七八〇年の《オードとリート集》の「序文代わりの良きアドバイス」を取り上げているが、一七七九年の《オードとリート集》のものと取り違えて掲載している。（M. Friedlaender: Das deutsche Lied im 18. Jahrhundert. Bd. 1/1, S. 190; S. 194.）

（58）ヴィオーラは、このような作曲法は「歌われる有節リートがいかにして成立したかを示す本質的なものではあるが、一つの方法であるに過ぎない」と述べている。その理由は、旋律が歌詞によって予め形作られるという命題は、歌詞がリート的な詩の場合にのみ通用し、すべての有節リートに当てはまるわけではないことにあるという。（W. Wiora: a. a. O., S. 23.）

（59）これは、ゲーテがA. W. シュレーゲル宛ての手紙（一七九八年六月十八日付け）で、ツェルターのリートについて述べた言葉であるが、ライヒャルトも同じリート観を持っていた。(FA 31, S. 559f.)

(60) Reichardt: Musikalischer Almanach. (V. Neue deutsche Lieder), o. S.

(61) Reichardt: Oden und Lieder von Uz, Kleist und Hagedorn. Grottkau 1782, (Vorrede); B. Seyfert: a. a. O., S. 67.

(62) 一八二〇年一月三十日付けのツェルター宛ての手紙から、ゲーテも、作曲家が「音楽の豊かさで、この根本的には裸の存在である詩に服を着せて、世の中に紹介してくれる」のを望んでいたことが分かる。(FA 36, S. 23f.)

(63) BMZ 1 (1805), S. 13.

(64) MK 1 (1782), S. 3.

(65) Vgl. W. Wiora: a. a. O., S. 116ff. シュルツもライヒャルトと同様の考えであったことは、彼の《民謡調によるリート集》第一巻（再版、一七八五年）の序文からも明白である。(J. A. P. Schulz: Lieder im Volkston. ND Das Erbe deutscher Musik. Bd. 105, [Abbildung 2, Vorbericht].)

(66) Reichardt: Oden und Lieder von Uz, Kleist und Hagedorn. (Vorrede); B. Seyfert: a. a. O., S. 67.

(67) W. Salmen: Reichardt. S. 300. ザルメンによれば、ライヒャルトは通常は詩を変えることなく、詩人に忠実に従おうとしたが、時々「改善」という介入もせざるを得なかったという。たとえば、シラーの詩『追憶の秘密 *Das Geheimnis der Reminiscenz*』の二九詩節のうちから、一二詩節のみを作曲のために選んだり、またゲーテの『恋人の近くに』にメロディをつけるために、第三節の構成と内容をほんの少し修正したりしている。

(68) Reichardt: Musikalischer Almanach. (V. Neue deutsche Lieder), o. S.; Vertraute Briefe geschrieben auf einer Reise nach Wien. Bd. 1, S. 315.

(69) Vgl. W. Wiora: a. a. O., S. 106. 村田千尋「伴奏の成立」、一七六頁。中には「二声（三声、四声）で歌うことも可」という曲も存在する。また、一つの歌曲集の中に独唱曲と合唱曲とが混在する例を挙げると、《ゲーテのリートとオード、バラード、ロマンス集》では《五月の歌》は「四声で歌うことも可」であり、次の《彩られたリボンで *Mit einem gemalten Band*》は「二声で歌うことも可」である。さらに次の《旅人の夜の歌 *Wanders Nachtlied*》の第一稿はソロ・リートとして、第二稿は四声合唱として書かれている。（Reichardt: Goethes Lieder, Oden, Balladen und Romanzen mit Musik. ND Das Erbe deutscher Musik. Bd. 58, S. 45f.)

（70） Reichardt (Hrsg.): Lieder geselliger Freude. 2 Bde. Leipzig 1796–1797, Bd. 2, S. 12ff.

（71） W. Salmen: Reichardt. S. 225ff.; S. 302.

（72） Ibid., S. 227f.; W. Dorow: a. a. O., Bd. 3, S. 27.

（73） Reichardt (Hrsg.): Lieder geselliger Freude. Bd. 2, S. VIII, (Vorrede).

（74） Reichardt: Oden und Lieder von Göthe, Bürger, Sprickmann, Voß und Thomsen. (Auch ein guter Rath statt der Vorrede).

（75） Vgl. W. Salmen: Reichardt. S. 310.

（76） Reichardt: Musikalischer Almanach. (V. Neue deutsche Lieder), o. S.

（77） Reichardt (Hrsg.): Lieder geselliger Freude. Bd. 2, S. V, (Vorrede).

（78） Friedrich Rochlitz: Für Freunde der Tonkunst. Leipzig 1830, Bd. 3, S. 406. ライヒャルト自身も『音楽年鑑』で、「芸術的な訓練を受けた声による歌唱」や「腕のよいクラヴィーア奏者による伴奏」は、真のリートには必要ないとの見解を示している。（Reichardt: Musikalischer Almanach. [V. Neue deutsche Lieder], o. S.)

（79） シュルツも《民謡調によるリート集》第一巻（再版、一七八五年）の序文で、「主要なものから副次的なものへ、つまり言葉から音楽へと注意をそらす」芸術性豊かな伴奏や、楽器による前奏や間奏、後奏を「リートに害を与える無駄なもの」として否定している。（J. A. P. Schulz: Lieder im Volkston. ND Das Erbe deutscher Musik. Bd. 105, [Abbildung 2, Vorbericht].)

（80） Reichardt (Hrsg.): Lieder geselliger Freude. Bd. 2; Vgl. M. Friedlaender: Das deutsche Lied im 18. Jahrhundert. Bd. 1/1, S. 204. そのほかにも、ハープの使用も可能であるとしている曲もある。それは、たとえばゲーテの詩による《憧れ *Sehnsucht*》（憧れを知る人だけが）などである。ハープは一八〇〇年ごろ、パリやロンドン、そしてベルリンのサロンでとりわけ高貴な女性たちの楽器として贔屓にされていた。その上、一八一〇年ごろにはフランスのエラールによってダブル・アクション・ハープが開発され、以前よりも多様な調で演奏できるようになり用途も広がった。

（81）Reichardt (Hrsg.): Lieder geselliger Freude. Bd. 2, S. V–VII, (Vorrede).

（82）Vgl. W. Salmen: Reichardt. S. 22; BMZ 1 (1805), S. 333.

（83）Vgl. H. M. Schletterer: a. a. O., S. 176.

（84）Vgl. W. Salmen: Reichardt. S. 235ff.; MK 1 (1782), S. 154f.; BMZ 2 (1806), S. 40 u. erste Beilage.

（85）Vgl. BMZ 2, S. 180.

（86）Reichardt: Liederspiele. S. 29.

（87）Reichardt: Briefe eines aufmerksamen Reisenden. Bd. 1, (Vorbericht).

（88）BMZ 1, S. 396.

（89）MK 1, S. 4. フリートレンダーによると、この『音楽芸術雑誌』における民謡論は一七八一年の《ドイツ人のための楽しいリート集 *Frohe Lieder für deutsche Männer*》の序文がもとになっているという。（Vgl. M. Friedlaender: Das deutsche Lied im 18. Jahrhundert. Bd. 1/1, S. 195ff.）

（90）特に民謡は歌うものであるという考えは、当時の知識人たちの共通認識であった。ヘルダーやゲーテ、アルニム、ブレンターノもそのように考えていたが、彼らの具体的な見解については本章第三節を参照のこと。なお、アルニムは民謡を船乗りにとっての羅針盤に喩えている。（Vgl. HSW 25, S. 332f.; FA 1, S. 646; 14, S. 751; BMZ 1, S. 396; FBA 6, S. 414.）

（91）Heinrich Wilhelm Schwab: Sangbarkeit, Popularität und Kunstlied. Studien zu Lied und Liedästhetik der mittleren Goethezeit 1770–1814. Regensburg 1965, S. 137ff. シュヴァープの研究では、作品番号の有無や、リート集の出版における対象や目的の違いなどに注目することで、リートの作品価値に対する作曲家の意識の変化を考察している。

（92）W. Salmen: Reichardt. S. 312.

（93）シュヴァープは、《子供のためのリート集》や《集いの楽しみのためのリート集》などにおいてはライヒャルトトの作品意識は低いが、一七七九年以降の、詩人たちの名を冠した《オードとリート集》などには、文芸作品に取り組もうとする彼の努力の萌芽が見られると考えている。そして、《ゲーテの抒情詩集》（一七九四年）や《ゲーテのリートとオード、バラード、ロマンス集》（一八〇九―一八一一年）、《シラーの抒情詩集》（一八一〇年）において、彼の作品意識は最高潮に達しているという。また、ライヒャルトの意識の変化が伴奏の役割の拡大に表れているとするならば、彼がリートに作品意識を抱いた時期は一八〇〇年ごろ（村田説）ということになる。（H. W. Schwab: a. a. O., S. 160f. 村田千尋「伴奏の成立」、一七七頁。）

（94）Reichardt: Musikalischer Almanach. (V. Neue deutsche Lieder), o. S. ライヒャルトが、ウィーンの作曲家たちによる声楽曲の価値をなかなか認めようとしなかった点については、第五章第二節第1項で詳述する。

（95）Reichardt (Hrsg.): Lieder geselliger Freude. Bd. 1, S. VIII–IX, (Vorbericht des Herausgebers).

（96）BMZ 1, S. 9.

（97）第三創作期においてもライヒャルトは、ザリス＝ゼーヴィスの詩による《森はもう色づいている》（一七九九年）や、『少年の魔法の角笛』に掲載された詩による《オーデンヴァルトに立つ木 *Es steht ein Baum im Odenwald*》（一八一〇年）などの民謡調リートも作曲し、それらは今日でも民謡のように親しまれている。（Vgl. Deutsche Volkslieder. 168 Volkslieder und volkstümliche Lieder. S. 64; S. 90f.）

（98）Reichardt: Vertraute Briefe geschrieben auf einer Reise nach Wien. Bd. 1, S. 43. この第五書簡（一八〇八年十一月十二日付け）において彼は、間もなく《ゲーテのリートとオード、バラード、ロマンス集》が、ブライトコプフ・ウント・ヘルテル社から出版される予定であることについて言及している。また、彼は同じ書簡の中で、「もし私の作品のうちの一つに、自分で批評を書いてみたいという衝動に駆られることがあるなら、極めて特別な存在であるゲーテの詩につけた比較的大規模な作品に対するものになるに違いない」と述べている。こうした言葉からも、ゲーテという詩人がライヒャルトにとっていかに重要な存在であったのか、読み取ることができる。（Ibid., S. 42f.）

(99) ライヒャルトは遅くとも一七八〇年にはこの見解に至っている。(Vgl. Reichardt: Oden und Lieder von Göthe, Bürger, Sprickmann, Voß und Thomsen.［Auch ein guter Rath statt der Vorrede］; Oden und Lieder von Uz, Kleist und Hagedorn.［Vorrede］.)

(100) シュルツは《民謡調によるリート集》第一巻(再版)の序文で、「リートの詩の調子と音楽の調子は、驚くほど類似していなければならない。メロディは、その進み方が決して歌詞の歩調より速くても遅くてもならず、体に服がぴったり合うように、言葉に朗誦や拍節を少しのずれもなく適合させなければならない。そのほかには、とても歌いやすい音程、すべての声に相応しい音域、そして極めて単純な転調によって流れ続けるようでなければならない。また、最終的にはあらゆる部分の関係がこの上なく完璧でなければならず、要するに、それによってメロディに、この小規模な分野のすべての作品にとって不可欠な仕上げが施されるのである」と述べ、こうしたことによってようやく、リートに「民謡調の装い」が与えられると主張している。(J. A. P. Schulz: Lieder im Volkston. ND Das Erbe deutscher Musik. Bd. 105,［Abbildung 2, Vorbericht］.)

(101) Reichardt: Schillers lyrische Gedichte. ND Das Erbe Deutscher Musik. Bd. 125, S. 52ff. ライヒャルトは前者について、「長いレチタティーヴォの演奏を苦手とする方々にとって、このメロディは、いくつかの連に分けられた詩の冒頭に役立つかも知れません。ほかの方々は、きっと後の作曲法(朗誦曲のほう)をお好みでしょう」(括弧内筆者)と記している。

(102) Vgl. W. Salmen: Reichardt. S. 306f. その限られた人々の中には、ヘルダーがいたという。

(103) MK 1 (1782), S. 62.

(104) W. Wiora: a. a. O., S. 116f.; F. Blume: Klassik. (Artikel in MGG 7), Sp. 1076.

(105) アルフレート・アインシュタイン『シューベルト——音楽的肖像』浅井真男訳、白水社、一九九六年、四七頁参照。

(106) ヴァルター・デュル、前掲、七頁。

（107） Franz Schubert. Die Erinnerungen seiner Freunde. Hrsg. v. Otto Erich Deutsch, Leipzig 1957, S. 40f.; S. 288; S. 290.

（108） Goethes Gespräche. Bd. 3–1, S. 161f., (J. Ch. Lobe, 4. 1820, Nr. 4761). ローベが、シュルツやライヒャルト、ツェルターのリートの代わりにゲーテに勧めたのは、ウェーバーのほかにはモーツァルトやベートーヴェンの作品であった。注目に値するのは、二人の会話にシューベルトの名前が出てこないという点である。後述するように、一八二〇年の北ドイツではまだシューベルトの音楽はほとんど知られていなかった。

（109） HSW 25, S. 332f. ただし、当時収集され編纂された多くの民謡集と同様に、ヘルダー自身が編纂した『民謡集』にも楽譜はついていない。

（110） FA 39, S. 611f.

（111） ゲーテは『ヴィルヘルム・マイスターの遍歴時代』で、綿密な方法で作り上げられた詩のリズムが、音楽家によって台なしにされることがよくあると不平を言い、それと同時に、リートの作曲において音楽家は詩人に畏敬の念を抱くべきであるということを示唆している。(Vgl. FA 10, S. 520.)

（112） FA 39, S. 81, (Gespräche mit Eckermann, 4. 12. 1823).

（113） Vgl. Reichardt: Oden und Lieder von Göthe, Bürger, Sprickmann, Voß und Thomsen. (Auch ein guter Rath statt der Vorrede).

（114） MA 20, S. 47.

（115） FA 36, S. 51f.

（116） Goethes Gespräche. Bd. 3–1, S. 880f., (W. Dorow, 1845, Nr. 5760). ゲーテはライヒャルトの甥のドーロに対してこのように語り、これに続けて、「私はギービヒェンシュタインで、あなたの伯父さんと大変幸せな日々を過ごした」と述べている。

（117） FA 29, S. 233, (Goethe an Kayser, 29. 12. 1779). 『イェーリとベーテリ』の作曲をカイザーに依頼した時の手紙で、ゲーテはジングシュピールの中で歌われるリートとアリア、レチタティーヴォの違いについて述べている。『魔王』も『漁師の娘』の劇中歌であるが、リートは登場人物がどこかで聞き覚えて自然と口ずさむ歌であるという前提があるため、民謡のように分かりやすく誰にでもすぐに歌えるものでなければならなかった。

（118）ゲーテにとって「楽器は声の伴奏をするだけのもの」であった。つまり、伴奏はリートを歌う人の声を誘導し支える役割を果たせば、それで十分であり、楽器には人声ほどに状況描写や心理表現をすることはできないと思っていた。（FA 9, S. 482.）

（119）一八三一年に作家のフリードリヒ・クリストフ・フェルスター（Friedrich Christoph Förster, 1791–1868）が、彼の里子で音楽の神童と言われたカール・エッカート（Karl Eckert, 1820–1879）を連れてゲーテを訪問しており、その際に『魔王』につける音楽のことが話題になった。シューベルトの《魔王》はすでに一二年も前に作曲されていたにもかかわらず、フェルスターやエッカートはまだシューベルトの音楽について知らなかった。（Vgl. Goethes Gespräche. Bd. 3–2, S. 797f.,［F. Förster, 1873, Nr. 6888］.）

（120）村田千尋『シューベルト』音楽之友社、二〇〇四年、六八―七六頁参照。シューベルトの友人レーオポルト・フォン・ゾンライトナーは、シューベルトがウィーンで高く評価されるようになったのは一八二〇年からであると回想している。（Vgl. Franz Schubert. Die Dokumente seines Lebens. Hrsg. v. Otto Erich Deutsch, Kassel/New York 1964, S. 101.）

（121）WA 5, S. 239.

（122）ライヒャルトやツェルターはリートを作曲する際に、部分よりも全体のまとまりを重視し、全体を分かりやすく単純に、そして特徴的に表現することを目指していた。また、ゲーテはリートのメロディでは「全体の特徴が巧みに捉えられていて」、「細部においても全体が再び感じられる」ことを望んでいた。しかし、アルフレート・アインシュタインによれば、シューベルトは想像力の人間であり、彼にとってはその「細部への関心」こそが重要であったという。（Vgl. Reichardt: Oden und Lieder von Uz, Kleist und Hagedorn.［Vorrede］; B. Seyfert: a. a. O., S. 67; FA 32, S. 331,［Goethe an W. v. Humboldt, 14. 3. 1803］. アルフレート・アインシュタイン、前掲、六八―六九頁参照。）

（123）WA 5, S. 206.

（124）WA 5, S. 203.

（125）WA 5, S. 34.

（126）WA 5, S. 36.

（127）WA 5, S. 175.

（128）WA 5, S. 237f.

（129）十九世紀後半から二十世紀初頭にかけてのフランスやウィーンで全盛を誇った、今日の意味でのオペレッタではなく、十八世紀後半から十九世紀前半におけるジングシュピールのことを指している。

（130）WA 5, S. 173f.

（131）ベートーヴェンの二つのクレールヒェンの歌に関しては、【譜列11と13】で示したもののほかに、以下の楽譜も参照した。Ludwig van Beethoven: Werke. Hrsg. v. Beethoven-Archiv, München 1961ff., Abt. 9, Bd. 7, S. 41–51; S. 79–82.

（132）FA 5, S. 474f.

（133）FA 5, S. 504f. クレールヒェンが母親と住む家で、エグモントの訪問を待ちわびながら口ずさむ歌である。さらにクレールヒェンと母親の会話から、子供を寝かしつけられるような旋律でなければならないことが分かる。このような状況設定からも、ゲーテはクレールヒェンの歌をアリアではなくリートとして書いたと考えられる。

（134）ライヒャルトがこの時期に作曲したのは、ゲーテの戯曲では『ゲッツ・フォン・ベルリヒンゲン *Götz von Berlichingen*』や『ファウスト第一部』、『トルクァート・タッソー *Torquato Tasso*』、『クラヴィーゴ *Clavigo*』などの付随音楽である。ライヒャルトは最も成功した『エグモント』の付随音楽の一部を、家庭でも演奏できるようにクラヴィーア用に編曲している。（Vgl. W. Salmen: Reichardt. S. 283f.）

（135）平野昭『ベートーヴェン』新潮社、一九九四年、一〇四頁参照。一八一一年四月十二日に、ベートーヴェンはゲーテに宛てて手紙を書き、《エグモント》の楽譜を、ブライトコプフ・ウント・ヘルテル社を通じて送呈すると報告している。その手紙をゲーテに届けたフランツ・オリーヴァ（Franz Oliva, 1786–1848）は、五月四日にゲーテ宅で、ベートーヴェンの音楽（恐らく《エグモント》のクレールヒェンの歌）をピアノで披露した。ゲーテはそれが全く気に入らなかったにもかかわらず、六月二十五日にはベートーヴェンに宛てて感謝状を送っている。《エグモント》の楽譜が届いたのは、ゲーテの日記によると翌年の一月二十三日のことであった。（Vgl. Ludwig van Beethoven: Briefwechsel. Gesamtausgabe. 7 Bde. Hrsg. v. Sieghard Brandenburg, München 1996–1998, Bd. 2, S. 185; Goethes Gespräche. Bd. 2, S. 644f.; S. 648f., [S. Boisserée, 2. /4. 5. 1811, Nr. 3425; 6. 5. 1811, Nr. 3427]; FA 33, S. 684f.; Goethes Werke. Weimarer Ausgabe. III, Bd. 4, S. 255.)

(136) C. Schäffer u. C. Hartmann: a. a. O., S. 20.

(137) MA 20, S. 322.

(138) ホフマンは、ヴィルヘルム・フリードリヒ・リーム（Wilhelm Friedrich Riem, 1779–1857）のリート集の批評で、「極めて単純ではあるがとても感動的なライヒャルトのリート」として、この《喜びと悲しみに満ちて》【譜例12・一八六頁】と《狩人の夜の歌》【譜例5・一一七頁】の二曲を例に挙げている。この二曲のリートはホフマンが特に好んでいたもので、後者は『牡猫ムルの人生観 *Lebensansichten des Katers Murr*』の第一巻第二章にも登場する。なお、このリートはティークの『長靴をはいた牡猫 *Der gestiefelte Kater*』（第二幕第二場の冒頭）でも歌われる。（Vgl. WA 2, S. 454; 5, S. 175; S. 239; L. Tieck's Schriften. Bd. 5, S. 206.）

(139) WA 5, S. 238.

(140) ホフマンは、そのほかのリートの条件として「大抵リトルネロは存在しない」と述べているが、リトルネロとは歌の前奏・間奏・後奏として反復される器楽的な部分で、十七世紀と十八世紀のアリアや歌曲によく見られた。つまり、ホフマンは楽器による伴奏部も単純なものを理想としていたことになる。（Vgl. WA 5, S. 238f.）

(141) WA 1, S. 292. ホフマンの『カロ風の幻想作品集』には第一部と第二部の二つの『クライスレリアーナ』が存在するが、便宜上、前者を『クライスレリアーナⅠ』、後者を『クライスレリアーナⅡ』と呼ぶことにする。

(142) WA 5, S. 239. 古代ローマ信仰において、ゲーニウスは人や家、家族、土地などに宿る守護霊を指し、翼を持った姿で描かれることが多い。カントは「恐らく天才（Genie）という言葉はゲーニウスに由来するであろう。ゲーニウスとは、人間が誕生すると同時に与えられる各人の主要守護霊であり、独創的な着想はこの守護霊の示唆に因る」と述べている。ホフマンはゲーニウスという言葉を頻繁に使用しているが、カントと同様の意味で用いていると考えられる。（I. Kant: Werke. Bd. 8, S. 407.）

（143）L. Tieck's Schriften. Bd. 17, S. 329. ティークの考えるリートの定義は、これまでに確認したライヒャルトやゲーテ、ホフマンの見解と完全に一致する。またティークは、朗誦上の正確さや、部分を調和させて全体の統一を目指すことの重要性は、リートだけではなくオペラや演劇にも共通する問題であり、十九世紀の新しい作品にはこの点が欠けていると感じていた。

（144）Ibid., S. 329f. ベートーヴェンが作曲したゲーテのリートは、《五月の歌》や《モルモット *Marmotte*》、《新しき愛、新しき生》、《憧れ》、《ミニョン *Mignon*》（君よ知るや南の国）、《メフィストの蚤の歌 *Flohlied des Mephisto*》、《悲しみの喜び *Wonne der Wehmut*》、《彩られたリボンで》など多数ある。

（145）Vgl. G. Schünemann: Jean Pauls Gedanken zur Musik. S. 393.

（146）Reichardt: Liederspiele. S. 22.

（147）JPW 2, S. 834f. ジャン・パウルの言うライヒャルトのリート集とは、一七九八年に出版された《愛と孤独のリート集》第一巻のことである。（Reichardt: Lieder der Liebe und der Einsamkeit zur Harfe und zum Clavier. 2 Bde. Leipzig 1798–1804, Bd. 1, S. 10.）

（148）Vgl. G. Schünemann: Jean Pauls Gedanken zur Musik. S. 394. ジャン・パウルは、晩年にはシューベルトの《魔王》に理解を示したというが、それはあくまでも例外的であり、彼が好んで聴いたリートはライヒャルトやツェルターのものであった。

（149）AMZ 26（1824）, Sp. 426; F. Schubert. Die Dokumente seines Lebens. S. 243ff. ここでは、形式の自由な歌が民謡を手本とした素朴なリートよりも価値の低いものと考えられている。

(150) AMZ 30 (1828), Sp. 42; F. Schubert. Die Dokumente seines Lebens. S. 465f.

(151) H. Ch. Koch (Hrsg.) :Musikalisches Lexikon. Sp. 901.

(152) G. W. F. Hegel: Sämtliche Werke. Bd. 14, S. 197.

(153) F. Schubert. Die Dokumente seines Lebens. S. 101.

(154) ドレスデンのシューベルトはカトリック宮廷教会つきの音楽家で、一八一七年四月十八日には出版社に宛てて返信を送り、「このような駄作を全く無礼な方法で貴社へ送付したのは誰なのか知り、私の名前を悪用する主を見つけ出すためにも、私は写しを保管するつもりです」と述べている。(F. Schubert. Die Dokumente seines Lebens. S. 51f.)

(155) ミルダー＝ハウプトマンはサリエーリの弟子で、初めはウィーンの劇場で活躍し、ベートーヴェンの《フィデリオ》初演の際にはレオノーレを歌った。一八一六年からプロイセン宮廷歌劇場の歌手としてベルリンで活躍していた。メンデルスゾーンによるバッハの《マタイ受難曲》復活公演（一八二九年）の際にも、ソリストとして参加している。ライヒャルトは、一八〇八年にウィーンを訪れた際にグルックのイフィゲニアを彼女の歌で聴き、「私が生涯においてイタリアやドイツ、フランス、イギリスでこれまでに聴いた中で、最も美しく力強い、純粋な声」と絶賛している。(H. Kühner: Pauline Anna Milder-Hauptmann. [Artikel in MGG 9], Sp. 294f.; Reichardt: Vertraute Briefe geschrieben auf einer Reise nach Wien. Bd. 1, S. 116f.)

(156) 村田千尋『シューベルト』、七六―八五頁、アルフレート・アインシュタイン、前掲、三四七―三五四頁参照。

(157) Vgl. Ernst Hilmar: Franz Schubert. Hamburg 1999, S. 113. 村田千尋『シューベルト』、三八頁参照。一八二一年一月三十日の『ドレスデン夕刊新聞』に、ウィーンからの報告という形で、シューベルトのリートを賞賛する記事が載っている。

(158) 一八二四年十二月十二日にシューベルトは、ミルダー＝ハウプトマンから彼の音楽を賞賛する手紙を受け取っている。オペラ作曲家としての成功を目指していたシューベルトは、ベルリンでオペラ《アルフォンゾとエスト

レラ *Alfonso und Estrella*》が上演されることを期待して、彼女にその楽譜と、さらに《ズライカⅡ》をつけて送付した。結局オペラの上演の夢は叶わなかったが、彼女の歌によってリートの演奏会が成功したことで、ベルリンでも彼の名が知られるようになった。シューベルトの最後のリート《岩の上の羊飼い *Der Hirt auf dem Felsen*》も彼女のために書かれたものである。（D. フィッシャー＝ディースカウ『シューベルトの歌曲をたどって』原田茂生訳、白水社、一九九七年、三二〇、三三〇―三三一、四三八―四四〇頁参照。）

(159) F. Schubert. Die Dokumente seines Lebens. S. 289.

(160) Ibid., S. 299.

(161) Adolf Bernhard Marx (Hrsg.) : Berliner allgemeine musikalische Zeitung. 2. Jg. Berlin 1825, S. 224. この評者は、通作歌曲において作曲家が「あらゆる瞬間において詩人に忠実に付き添って」いる点を賞賛したが、ホフマンはこの点を「全体を捉えられずに細部にこだわっている」と非難している。（WA 5, S. 239.）

(162) A. B. Marx (Hrsg.) : Berliner allgemeine musikalische Zeitung. 2. Jg. S. 413. ゲーテの一八二六年春の対話録には、シューベルトの《魔王》について「非常に多くの人々に賞賛されているこの作曲」という表現がある。ただし、ゲーテ自身はこの作品には理解を示していない。（Goethes Gespräche. Bd. 3-2, S. 621, [J. G. v. Quandt, Frühjahr 1826, Nr. 6562].）

(163) 一八二八年三月二十六日にシューベルトは、ウィーンの楽友協会で自作のみによるリサイタルを行ない、ライプツィヒやベルリンの『一般音楽新聞』でもある程度好意的にその報告がなされた。このようにして徐々に、北ドイツでもシューベルトの名が知られるようになったが、彼は同年十一月十九日には帰らぬ人となり、自作のみによるリサイタルも生涯で一度きりになってしまった。（村田千尋『シューベルト』、一一四―一一八頁参照。Vgl. AMZ 30 [1828], Sp. 307f.; A. B. Marx [Hrsg.] : Berliner allgemeine musikalische Zeitung. 5. Jg. Berlin 1828, S. 215.）

(164) アルフレート・アインシュタイン、前掲、四七頁参照。Vgl. W. Salmen: Reichardt. S. 117f.; B. Seyfert: a. a. O., S. 42. ライヒャルトの《野ばら》【譜例4・一一七頁】は、シューベルトの作曲に影響を与えたと言われている。両者の《野ばら》を比較すると、四つの同じ音が連なっていること、同じト長調であること、同じ二拍子系であることなどが類似点として挙げられる。ただし和声の面において、ライヒャルトはほとんど主和音と属和音（属七の和音）の使用にとどまっているのに対して、シューベルトはドッペルドミナンテを効果的に用いて、一時属調（ニ長調）に転調するなど、多様さを見せている。（Franz Schubert: Neue Ausgabe sämtlicher Werke. Hrsg. v. der Internationalen Schubert-Gesellschaft, Serie IV: Lieder. Bd. 1, Teil a, Kassel/Basel/Tours/London 1970, S. 24; Reichardt: Goethes Lieder, Oden, Balladen und Romanzen mit Musik. ND Das Erbe deutscher Musik. Bd. 58, S. 12.）

（165）Felix Mendelssohn Bartholdy: Briefe aus den Jahren 1830 bis 1847. Hrsg. v. Paul Mendelssohn Bartholdy, Leipzig 1870, S. 570f.

（166）Heinrich Heine: Historisch-kritische Gesamtausgabe der Werke. 16 Bde. Hrsg. v. Manfred Windfuhr, Hamburg 1973–1997, Bd. 8/1, S. 201, (Drittes Buch). ハイネはここで「これらの民謡を読んでほしい」と書いている。ライヒャルトやヘルダー、ゲーテが、民謡は読むものではなく歌うものであると考えていたことについてはすでに触れたが、後述するように、アルニムとブレンターノも同様の考えを持っていた。

（167）Vgl. FBA 31, S. 393.

（168）WAA 31, S. 65f.

（169）WAA 31, S. 66.

（170）アルニムがこの手紙で、シュルツやライヒャルトとともにモーツァルトの名前を挙げている点については、第二章第三節ですでに取り上げた。

（171）R. Steig: a. a. O., Bd. 2, S. 374. 一八一〇年二月十四日のベッティーナ宛ての手紙から引用した。

（172）FA 10, S. 520. ゲーテの「教育州」における教育理念については、拙論「Goethes Ansicht über die Musikerziehung. Gesang als die erste Stufe der Bildung」『ゲーテ年鑑』第五三号（二〇一一年）の四二—五八頁を参照のこと。

（173）一八〇二年八月中旬から九月初頭までの間に書かれた、アルニムのヨハン・フリードリヒ・ツェルナー（Johann Friedrich Zöllner, 1753–1804）宛ての手紙の中に、ペスタロッチの名前が登場する。ベルリンの牧師ツェルナーは、プロイセンの国家教育の問題に取り組み、ペスタロッチの教授法を研究していた。スイス滞在中にアルニムが、ペスタロッチと知り合ったかどうかは不明であるが、ペスタロッチの学園のあったブルクドルフを訪れた可能性は高いという。また、アルニムは同時期（一八〇二年九月以降と推定されている）に、ペスタロッチについて小論も執筆している。（WAA 31, S. 84; S. 571; L. A. v. Arnim: Werke. Bd. 6, S. 121f.）

(174) WAA 31, S. 210. すでに第一章第一節第5項で述べたように、アルニムは一八〇三年三月にパリでライヒャルトと再会しており、伯爵はライヒャルトの友人である。

(175) FBA 31, S. 39.

(176) WAA 31, S. 225; S. 229f.

(177) 『リート仲間のリート集』を出版するための努力は、『角笛』第一巻の出版後も続けられて、アルニムが一八〇六年三月十二日に書いたブレンターノ宛ての手紙には、「『リート仲間のリート集』は間もなく発行できるでしょう。君の妹のベッティーナのメロディ以外は、ライヒャルトのも彼の娘のも君のも僕のメロディも皆、そのリート集に調和するでしょう。君のリートを清書しておいて下さい」とある。このように、このリート集は楽譜つきで出版される予定であったが、結局実現しなかった。（WAA 32, S. 165.）

(178) Vgl. FBA 31, S. 374.

(179) FBA 6, S. 406.

(180) FBA 31, S. 392.

(181) WAA 32, S. 27.

(182) たとえば、ブレンターノは一八〇六年六月一日のアルニム宛ての書簡で、『角笛』のためにアンゼルム・エルヴァート（Anselm Elwert, 1761–1825）から譲り受けた一つの詩『父の嘆き *Vaters Klage*』に、ライヒャルトか娘のルイーゼに作曲を頼んでくれないかと述べている。二人の娘を亡くしたばかりのエルヴァートを元気づけたかったようである。エルヴァートも一七八四年に、民謡集『印刷されずに残された古い歌謡 *Ungedruckte Reste alten*

Gesangs』を出版している。（WAA 32, S. 251ff.）

（183）WAA 32, S. 34.『優雅な小年鑑』については、本節第2項で詳述する。ライヒャルトから譲られた民謡であることが明確なのは、『粉屋の悪だくみ *Müllertücke*』であり、『音楽芸術雑誌』にライヒャルトの解説と楽譜が掲載されている。『ベルリン音楽新聞』に楽譜が掲載されている『幼児を殺した女 *Die Kindermörderin*』も、『角笛』に『この世の掟 *Weltlich Recht*』として採録された。この民謡はカール・ゴットリープ・ホルスティヒ（Carl Gottlieb Horstig, 1763–1835）の解説によると、ホルスティヒ自身が収集しメロディを記憶したものを、ライヒャルトが楽譜に書き取ったという。（Vgl. MK 1［1782］, S. 99f.; BMZ 2［1806］, S. 40 u. erste Beilage; FBA 6, S. 205ff.; 7, S. 201.）

（184）WAA 32, S. 68.

（185）Adam Oehlenschläger: Meine Lebens-Erinnerungen. Ein Nachlaß. 4 Bde. Leipzig 1850, Bd. 2, S. 19.

（186）ライヒャルトの朗読の技術の高さについては、当時の多くの人々が証言している。画家でルイーゼ・ライヒャルトの婚約者でもあったフランツ・ガライス（Franz Gareis, 1775–1803）は、「木の下に座りながら、家族にJ. H. フォスの『ルイーゼ』を朗読する」ライヒャルトの姿を描いた。ザルメンは、ライヒャルトのこのような並はずれた言語に関する能力が、特にゲーテのリートを作曲する際に役立ったと考えている。（W. Salmen: Reichardt. S. 248.）

（187）一月二十六日のアルニムの誕生日には、リーダーシュピールに挿入される予定であった一つの詩に、ライヒャルトが曲をつけてプレゼントしている。（Vgl. R. Moering: a. a. O., S. 202.）

（188）『民謡について』は『ベルリン音楽新聞』第一巻の第二〇—二三号、第二六号に掲載されている。（BMZ 1［1805］, S. 80; S. 83; S. 86ff.; S. 90f.; S. 103.）

（189）Vgl. WAA 32, S. 27; S. 48.

（190）この「読者に向けた後書き」では、『民謡について』を完成させて『角笛』に掲載することを彼に勧めたのもライヒャルトであったと書いている。この論文の掲載については、ブレンターノには一切相談しなかったという。

(FBA 6, S. 443.)

(191) FBA 6, S. 409f. アルニムは、「それぞれの土地の感覚から離れないこと」の大切さを訴え、外国語よりもドイツ語、さらには方言を重視した。

(192) FBA 6, S. 423; S. 430.

(193) FBA 6, S. 421; S. 429.

(194) 「金羊毛皮」とはギリシア神話の中の宝物であり、人間の言葉を話し、空を飛ぶ黄金の雄羊の毛皮である。ギリシアの英雄イアーソーンは、コルキスにあるこの宝を手に入れるために、アルゴー船の乗組員たちとともに冒険の旅に出た。アルニムは、民間に伝承されているものは、それほどに探す価値のある宝であると主張している。(Vgl. FBA 6, S. 441.)

(195) FBA 6, S. 441. ブレンターノも『祖先の女の日記から *Aus dem Tagebuch der Ahnfrau*』（一八三六年）の中で、民間伝承について似たような表現を用いて説明している。「人々は互いに童話を語りあった。それらは結晶化して真実らしい体裁をなしていたが、しかし真実そのものではなかった。口から口へと語り継がれて、我々のところまで転がり流れてきて、それらは小石のように丸みを帯びて色とりどりになった。我々もそれで遊ぶのである」。(FBA 18–3, S. 457f.)

(196) FBA 6, S. 414.

(197) MK 1 (1782), S. 4.

(198) FBA 6, S. 413.

(199) FBA 6, S. 407f. 「水中へと半ば引き入れられ、半ば沈む」という表現は、『漁師』の „Halb zog sie ihn, halb sank er hin“ から取られている。アルニムは『民謡について』の中でゲーテの作品をたくさん引用しているが、その理由は、すでに紹介した一八〇二年七月九日のブレンターノ宛ての書簡にもあるように、彼が「ゲーテは［……］民衆から愛されなければなりません」と考えていた点にある。(FA 1, S. 302f.; WAA 31, S. 65.)

(200) FBA 6, S. 408.

(201) ライヒャルトも十九世紀初頭に同様の見解を示しているが、この点に関しては、第四章第二節第1項で詳述したい。

(202) FBA 6, S. 432. イソップの寓話では、コウノトリとキツネは浅い皿や首の細長い瓶から食事することを強いられて、騙し騙される関係にあるが、アルニムのコウノトリとキツネは双方に都合のよい深皿から、一緒に食事する仲の良い関係である。

(203) FBA 6, S. 432f.

(204) Vgl. F. Nicolai (Hrsg.): Eyn feyner kleyner Almanach. 2 Bde. Berlin/Stettin 1777–1778. エルンスト・シャーデ『ルートヴィヒ・エルクと近代ドイツ民謡学の展開』坂西八郎訳、エイジ出版、一七九八年、二三―二六頁参照。

(205) BMZ 1 (1805), S. 395f.

(206) BMZ 1, S. 396.

(207) BMZ 1, S. 397; nach S. 399. 正確には、『角笛』に付録として掲載されたアルニムの論文『民謡について』の中で紹介されているリートである。

(208) アルニムは一八〇六年に九つの『戦争の歌』を「フリーゲンデス・ブラット」の形で印刷しているが、その点については第一章第一節第5項を参照のこと。ツィンクグレーフは十七世紀のドイツの詩人兼出版者で、彼の詩は一六二二年に成立し、『軍人賛美 *Soldaten Lob*』(一六三二年)に収められたという。アルニムは、この詩をヨハン・ミヒャエル・モシェロシュ(Johann Michael Moscherosch, 1601–1669)の作品『フィランダー・フォン・ジッテヴァルトの不可思議かつ偽りなき幻影 *Wunderliche und Wahrhafftige Gesichte Philanders von Sittewald*』から引用したと注をつけている。たしかに、『ベルリン音楽新聞』に掲載された『民謡について』ではその注どおりであったが、『角笛』に収録するために改訂された『民謡について』では、この詩は「フリーゲンデス・ブラット」版で普及していたものに取り換えられており、以前のものとは歌詞がかなり異なっている。また、ヘルダーもこの詩をモシェロシュの同じ作品から『民謡集』に採録し、『戦闘の歌 *Schlachtlied*』とタイトルをつけている。この『戦闘の歌』はアルニムのものと比較すると、倍以上の長さである。（BMZ 1, S. 87; FBA 6, S. 427f.; HSW 25, S. 498ff.）

（209） R. Moering: a. a. O., S. 241, (Reichardt an Arnim, 9. 3. 1808). 民謡研究者のルートヴィヒ・エルク（Ludwig Erk, 1807–1883）は、ニコライの『優雅な小年鑑』を研究し、この民謡集のメロディは「真の民謡」によるものは、ごくわずかであり、大半はニコライ自身かライヒャルトによって作曲されたものであることを明らかにした。しかしエルクは、特に第一巻一五番の詩にライヒャルトがつけたメロディは、「真に民謡的性質が保たれていて、その陰にほとんどライヒャルトの存在を感じなかった」と、判断が困難であったことを告白している。（Ludwig Erk [Hrsg.]: Neue Sammlung deutscher Volkslieder mit ihren eigenthümlichen Melodien. Bd. 2–3, Berlin 1842, S. 15; F. Nicolai [Hrsg.]: Eyn feyner kleyner Almanach. Bd. 1, S. 92ff.）

（210） J. W. v. Goethe: Schöne Künste. Des Knaben Wunderhorn. Alte deutsche Lieder. In: Jenaische allgemeine Literatur-Zeitung. 3. Jg. Jena 1806, Bd. 1, Sp. 137; FBA 8, S. 375.

（211） WAA 32, S. 27. 前出のコッホの『音楽辞典』では、「リート」の項目に民謡について次のような説明がある。「その内容が国の地域の様子や、風習、家庭的な生活、様々な社会的身分の特別な活動などと関係があれば、それは民謡と呼ばれる」。つまり、民謡であるかどうかは内容によって決まり、自然発生的に誕生したかどうかや、伝承によるものかどうかは重視されていない。（H. Ch. Koch [Hrsg.]: Musikalisches Lexikon. Sp. 903.）

（212） たとえば、エルクも民謡を書き換えることには強く反対した研究者の一人であった。しかし、彼はそれと同時に『角笛』の中のいくつかのテキストについては原詩に忠実である点を賞賛している。また、一八五一年にはベッティーナから、夫アルニムの遺稿をもとに『角笛』第四巻を出版してほしいと依頼されたという。（エルンスト・シャーデ、前掲、二七―三一頁参照。）

（213） Vgl. Ludwig Achim von Arnim u. Clemens Brentano (Hrsg.): Des Knaben Wunderhorn. Alte deutsche Lieder. Neu bearbeitet v.

Anton Birlinger u. Wilhelm Crecelius, 2 Bde. Wiesbaden 1874–1876.

（214）ブレンターノもアルニムと同様に原詩に手を加えている。山下剛によれば、アルニムよりもブレンターノのほうが「素材を尊重しながら」改作を行なったが、ブレンターノにとっても「民謡とか芸術詩といった区別はなかった」という。また、グリム兄弟は『子供と家庭の童話集 *Kinder- und Hausmärchen*』のための収集活動で、庶民の間に伝承されたものを原初の姿を損なわないように細心の注意を払ったと主張しているが、彼らでさえもかなりの加筆修正を行なっていることが、今日の研究から明らかになっている。アルニムは当初から、グリム兄弟は収集したものをそのまま再現してはおらず、それを作家として詩的にまとめていると指摘していたという。（山下剛「クレーメンス・ブレンターノと『少年の魔法の宝角』」『獨逸文學』第八六号［一九九一年］、六六―六七頁、野口芳子「グリムとアルニムのメルヒェン論争」『獨逸文學』第八六号［一九九一年］、九〇頁参照。）

（215）Vgl. E. Neuß: a. a. O., S. 89.

（216）ブレンターノは、しばらくカッセルで二番目の妻アウグステとの生活を続けていたが、早くも破綻を来し、一八〇八年四月にアルニムのいたハイデルベルクへと移り住んでいる。アルニムはハイデルベルクで『角笛』の印刷を監督していた。

（217）ライヒャルトはカッセルで初めてグリム兄弟と知り合った。ライヒャルトが劇場総支配人の職を辞し、カッセルに来ていた彼の家族がギービヒェンシュタインに戻る際に、弟のヴィルヘルム・グリムが同行した。ギービヒェンシュタインには一八〇九年三月三十一日に到着している。体の弱かったヴィルヘルムは、それ以前にも著名な医師ヨハン・クリスティアン・ライル（Johann Christian Reil, 1759–1813）とともに保養旅行で、二度ほどこの土地を訪れたことがあったという。ヴィルヘルムは一八〇九年の年末までギービヒェンシュタインに滞在し、十一月二十五日にはライヒャルトの誕生日をともに祝った。（Vgl. E. Neuß: a. a. O., S. 89ff.）

（218）R. Moering: a. a. O., S. 241. この手紙の文章は、『角笛』のためだけでなく、『隠者新聞』にもライヒャルトの曲を自由に使ってもよいという意図で書かれている。

（219）Vgl. R. Moering: a. a. O., S. 203f. これ以前に、アルニムはルイーゼ・ライヒャルトの歌曲集《森の小唄集 *Waldliederlein*》の印刷もツィマーに依頼したが、断られている。

（220）一九五八年にエーリヒ・シュトックマンは、『角笛』が出版された当時すでに作曲されていたメロディを集めて編集した。ライヒャルトによるメロディも多く掲載されている。これにより、アルニムとブレンターノの夢であった、楽譜つき民謡集の出版がようやく実現されたことになる。（Vgl. Des Knaben Wunderhorn in den Weisen seiner Zeit. Hrsg. v. Erich Stockmann, Berlin 1958.）

（221）Vgl. L. A. v. Arnim: Werke. Bd. 1, S. 677ff. アルニムは一八〇八年九月に『角笛』第二巻、第三巻が無事に出版されると、カッセル経由でベルリンに戻っている。一八〇九年には国務に携わる職を探すが、上手くいかなかった。

（222）ラジヴィウ侯は元来リトアニアの貴族で、一七九六年にフリードリヒ大王の姪ルイーゼ（Luise, 1770–1836）と結婚した。アルニムの『ドロレス伯爵夫人』はラジヴィウ侯に献呈された。（Vgl. R. Moering: a. a. O., S. 226.）

（223）ベッティーナは一八一〇年二月十四日にアルニムから作曲の依頼を受けて、三月初頭には二曲のリートを彼のもとへ送っており、そのうちの一曲が採用された。ベッティーナは同年五月にウィーンでベートーヴェンと出会い、彼の音楽に夢中になっている。その冬には、婚約者アルニムの勧めでツェルターに和声学を習ったが、彼女はツェルターの保守性に強く反発した。ベートーヴェンの音楽に心酔していた彼女にとって、恐らくライヒャルトやツェルターの音楽は物足りなく感じられたのであろう。（『ベートーヴェンの手紙』小松雄一郎編訳、岩波書店、一九八二年、上巻、一九九、二四八―二五〇頁参照。）

（224）Vgl. R. Moering: a. a. O., S. 205ff.

（225）Vgl. Ibid., S. 207.

（226）L. A. v. Arnim: Werke. Bd. 6, S. 472ff.

（227）FBA 8, S. 374. そのほかには、ツェルターとF．H．ヒンメルの名がある。アルニムの説明によれば、ツェルターは男性合唱団「リーダーターフェル」のためにいくつかの酒宴の歌を作曲したという。ヒンメルは、一八〇九年ごろに《一二の古いドイツの歌、少年の魔法の角笛》を出版している。(Friedrich Heinrich Himmel: Zwölf alte deutsche Lieder des Knaben Wunderhorn, mit Begleitung des Pianoforte［oder der Guitarre, v. August Hader gesetzt］. Leipzig 18--.)

(228) Exzerpte Achim von Arnims zu unveröffentlichten Briefen. Hrsg. v. Roswitha Burwick. In: Jahrbuch des Freien Deutschen Hochstifts (1978), S. 386. アルニムはこの手紙の中で、かつてライヒャルトの功績について何か書くつもりであったこと、故人に対する義務を果たしていないという感情をいまだに密かに持っていることを告白している。(Vgl. L. A. v. Arnim: Werke. Bd. 6, S. 1404.)

(229) Vgl. E. Neuß: a. a. O., S. 94; S. 182f.; C. F. Zelter: Darstellungen seines Lebens. S. 295.

(230) Achim und Bettina in ihren Briefen. Briefwechsel Achim von Arnim und Bettina Brentano. 2 Bde. Hrsg. v. Werner Vordtriede, Frankfurt a. M. 1981, Bd. 2, S. 744. ライヒャルトは一八〇五年七月二十三日のアルニム宛ての手紙で、将来「あなたの腰掛石」が高貴な樹冠で影になるように、美しくかつ極上の桜の木を一本植えたいが、秋になったら手伝ってくれないかと書いている。アルニムにとっては非常に思い出深い石である。(WAA 32, S. 68.)

(231) L. A. v. Arnim: Werke. Bd. 6, S. 881f.

第四章　ライヒャルトと宗教音楽

(1) セシリア運動とは、グレゴリオ聖歌とパレストリーナ様式の音楽を模範として、近代の非典礼的な音楽を教会から排除しようとする、カトリック教会音楽の浄化運動のことを指す。フランツ・クサーヴァー・ヴィット(Franz Xaver Witt, 1834–1888)らによって一八六八年に「ドイツ語圏内セシリア協会」が設立されて、この運動がさらに広がっていき、他の諸国にもセシリア協会が設立された。

(2) フォルケルは、『ヨハン・ゼバスティアン・バッハの生涯、芸術、作品について』の第七章で、バッハの弟子たちを紹介し、その功績についてまとめている。(Johann Nikolaus Forkel: Ueber Johann Sebastian Bachs Leben, Kunst

und Kunstwerke. Leipzig 1802, S. 37ff.）

（3）フォルケル『バッハの生涯と芸術』柴田治三郎訳、岩波書店、一九九六年、一一三頁。

（4）樋口隆一『バッハ』新潮社、一九九四年、一七一頁参照。モーツァルトはこの時に、聖トーマス教会のオルガンで即興演奏を行なった。ドーレスはそれを聴いて感動し、まるで老バッハが蘇ったかのようであると語ったという。（田辺秀樹、前掲、一四〇頁参照。）

（5）ホミリウスは、フォルケルのバッハ伝の第七章でも、バッハの注目すべき弟子の一人として紹介されている。「ドレスデンのホミリウスは、優秀なオルガン奏者であるだけでなく、教会のための卓越した作曲家でもあった」と書かれている。（J. N. Forkel: Ueber Johann Sebastian Bachs Leben, Kunst und Kunstwerke. S. 42.）

（6）バロック音楽においては、ルネサンス時代から守られた「古様式」と当世風の自由な「新様式」、さらに二つが混合された様式とが共存していたが、「古様式」以外のスタイルで書かれたミサ曲が、「協奏ミサ曲 Messa concertata」と呼ばれた。協奏ミサ曲では、独唱や通奏低音、複合唱と独唱群と楽器群によるコンチェルタート法などの音楽的手段が駆使された。（Handbuch der musikalischen Gattungen. 17 Bde. Hrsg. v. Horst Leuchtmann, Siegfried Mauser u. Thomas Hochradner, Laaber 1993–2010, Bd. 9［Messe und Motette］, S. 189ff.）

（7）Vgl. F. Blume: Klassik.（Artikel in MGG 7）, Sp. 1071.

（8）Vgl. F. Blume: Romantik.（Artikel in MGG 11）, Sp. 825.「交響ミサ曲 die symphonische Messe」では、協奏ミサ曲に比べると一層作曲家の個人的な表現が可能になり、ソナタ形式やロンド形式といった交響曲のスタイルが用いられることもあり、合唱と独唱とが自由な形態をとり、オーケストラの役割が自律的で主導的である。（Handbuch der musikalischen Gattungen, Bd. 9［Messe und Motette］, S. 270ff.）

（9）マックス・フォン・ベーン、前掲、一五六―一五八、二九三―二九四頁参照。

（10）F. Seils: a. a. O., S. 67f.

（11）Johann Georg Hamann: Sämtliche Werke. Historisch-kritische Ausgabe. 6 Bde. Hrsg. v. Josef Nadler, Wuppertal 1999, Bd. 2,

S. 143–150.
（12）Ibid., S. 145f.
（13）新約聖書に収められた四つの福音書の一つ「マタイによる福音書」（第六章第二四節）からの引用である。
（14）J. G. Hamann: a. a. O., S. 146f.
（15）Ibid., S. 146.
（16）パトリック・バルビエによると、ルソーはカストラートを厳しく批判して、「できることなら、この唾棄すべき習慣を告発し非難する羞らいと人間らしさの声を聞かせようではないか。カストラートを求めるあまり、不埒な行為を助長するような君主たちはその声を聞いて、様々な形で自分たちが人類という種の保存の妨げになっていることに、一度顔を赤らめなくてはならない」と主張しているという。（パトリック・バルビエ『カストラートの歴史』野村雅人訳、筑摩書房、一九九五年、二二〇頁。）
（17）J. G. Hamann: a. a. O., S. 147.
（18）Ibid., S. 147f.
（19）Ibid., S. 148.
（20）HSW 11, S. 70ff. このような価値観から、ヘルダーはヘンデルの《メサイア》やクロプシュトックの賛歌を称揚している。特に《メサイア》に関しては、「すべてがとても単純であり、言葉は聖書から引用されている」点を強調している。さらにヘルダーは、「古代の威厳や荘重さ」の名残が、我々の礼拝においても「完全には消えないでほしい」と望んでいる。（HSW 11 S. 72f.; S. 66.）
（21）HSW 16, S. 256.
（22）HSW 16, S. 261.
（23）HSW 16, S. 260; 11, S. 66.
（24）HSW 16, S. 265.

（25）ルターは、もし神学者でなかったなら音楽家になっていたに違いない、と自ら語るほどに、子供のころから音楽に親しみ、歌やリュートの演奏も上手く、ポリフォニックな音楽を作曲する能力も十分にあったという。このように音楽を深く愛していた彼は、音楽に神学に次ぐ位置と意義を与えているが、その理由は、神学と同様に音楽もまた、人間の魂を鎮めて元気づけることができる点にあった。（海老沢敏『音楽の思想――西洋音楽思想の流れ』音楽之友社、一九七九年、七八―八九頁参照。）

（26）Vgl. W. Salmen: Reichardt. S. 22f.; S. 35; S. 38; S. 53; S. 65.

（27）Vgl. Ibid., S. 65. 一七八六年の夏に、ハンブルクの主任牧師のポストが空いたために、ライヒャルトはヘルダーがその地位に就けるように世話しようとしたが、結局失敗に終わった。（Vgl. Ibid., S. 62.）

（28）Vgl. Reichardt u. F. L. Ae. Kunzen (Hrsg.): Musikalische Monathsschrift. S. 94.

（29）Vgl. F. Seils: a. a. O., S. 68.

（30）ヴィンターフェルトは裁判官を本職としていたが、カルヴァン派の立場から教会音楽論を展開した。彼はJ．S．バッハの宗教音楽の芸術的価値を認めつつも、音楽の芸術的自由の制限されるカルヴァン派の教会においては、典礼の一環としてバッハの宗教音楽を演奏することは適切でないと考えた。また、ミュンヘンの聖ミヒャエル教会のオルガン奏者のエットは、十六世紀から十八世紀までの合唱音楽の復興に貢献し、カトリック教会のために宗教音楽を多数書いた。そして、プロスケは初期セシリア運動の推進者で、「ドイツ語圏内セシリア協会」を設立したヴィットの師である。初め医師であったが、神学の研究と教会音楽の改革に専心し、パレストリーナ復興運動の担い手の一人となった。（小林義武『バッハ復活――19世紀市民社会と音楽運動』春秋社、一九九七年、六七―七二頁、福地勝美「F．X．ヴィットとJ．E．ハーベルト――セシリア運動内のドイツ派とオーストリア派の対立をめぐって」成城大学『成城美学美術史』第一六号［二〇一〇年］、四〇頁参照。）

（31）W. Salmen: Reichardt. S. 285.

（32）Reichardt: Briefe eines aufmerksamen Reisenden. Bd. 1, S. 51ff. フリードリヒ大王の寵愛を受けたオペラ作曲家グラウ

ンとハッセは、宗教音楽も多数残している。ライヒャルトは、ハッセの教会音楽にも豊かな表現力や美しい歌があるとしながらも、真の教会音楽らしさが足りないと感じていた。彼によれば、和声の豊かなグラウンの音楽は教会向き、大きな効果を有するハッセの音楽は劇場向きであるという。特にグラウンの《イエスの死 *Der Tod Jesu*》は、一七五五年に初演されて以来非常に人気が高く、何十年もの間ベルリン・ジングアカデミーにより、聖金曜日の音楽として演奏された。しかし、一八二九年以降はバッハの《マタイ受難曲》がこれに代わった。

(33) Ibid., Bd. 2, S. 56.

(34) Reichardt: J. B. Pergolesi, Stabat Mater, in einem Clavierauszuge. In: Allgemeine deutsche Bibliothek. Bd. 33, 1. St. Berlin/Stettin 1778, S. 163. ペルゴレージは、イタリア・ナポリ楽派のオペラ作曲家である。幕間劇として作曲した《奥様女中 *La Serva padrona*》で大成功を収め、オペラ史に大きな変革をもたらした。宗教作品の中では、この《悲しみの聖母》が有名である。この曲は当時大変人気があったが、一方で、真の教会音楽として相応しいかどうか議論の対象となった。ライヒャルトはこの曲に対する批評文で、「個々の点を見れば、美しさと同じくらい作曲法上の誤りがたくさん見つかる。しかし、全体として見れば、これまでも常に広く感銘を与え愛されてきたし、これからもずっと多くの人々に愛されるであろう」と好意的な見解を述べている。

(35) MK 1 (1782), S. 1.

(36) MK 1, S. III; S. 206f.; HSW 25, S. 377; 11, S. 65ff.; S. 71ff. 『音楽の力』は、トーマス・パーシー（Thomas Percy, 1729–1811）の編集した『イギリス古詩拾遺 *Reliques of Ancient English Poetry*』（一七六五年）に収められた英語の詩をヘルダーが翻訳したものである。

(37) MK 1, S. 179ff.

(38) MK 1, S. 8. ライヒャルトはクロプシュトックの詩の「極めて民衆的な感じ、この上なく高貴な単純性、最高に表現力豊かで絵画的な韻律構造」を絶賛し、「真の音楽のための音楽的ポエジーの理想」とみなしている。

(39) MK 1, S. 135.

（40） MK 1, S. 213.

（41） Vgl. F. Seils: a. a. O., S. 67f.

（42） Vgl. W. Salmen: Reichardt. S. 55; S. 207.

（43） MK 2 (1791), S. 17.

（44） MK 2, S. 55.

（45） MK 2, S. 56.

（46） Reichardt u. F. L. Ae. Kunzen (Hrsg.): Musikalisches Wochenblatt. S. 83.

（47） ただしライヒャルトは、グレゴリオ・アレグリ（Gregorio Allegri, 1582–1652）については批判的である。アレグリはローマ楽派の作曲家で、イタリア各地の聖堂の聖歌隊員を務めたのち、システィナ礼拝堂の歌手になった。彼はシスティナ礼拝堂聖歌隊のために多くの作品を残したが、中でも有名なのが九声部の《ミゼレーレ *Miserere*》である。これは毎年聖週間に必ず歌われて、門外不出の秘曲として筆写を禁じられていた。一七七〇年に十四歳のモーツァルトが訪れて、記憶をもとにこの曲を完全に書き取ったという逸話はよく知られている。ライヒャルトも《ミゼレーレ》をシスティナ礼拝堂で聴いているが、その演奏は到底彼の満足できるものではなかったため、好意的な評価を与えることができなかった。（Vgl. Ibid., S. 76.）

（48） ホフマンは音楽批評を書く際に、ゲルバーのこの辞典を愛用していた。一八一二年から一八一四年にかけて、『新音楽史・人名辞典 *Neues historisch-biographisches Lexikon der Tonkünstler*』も出版されており、ライヒャルトの追加情報も少なからず採用されている。ゲルバーは、ライヒャルトが「幅広い知識と、有意義な旅によって積み重ねられた多様な経験」によって、不十分な点を補足してくれたことに感謝の意を表している。（Vgl. WA 5, S. 226f.; S. 332; E. L. Gerber［Hrsg.］: Neues historisch-biographisches Lexikon der Tonkünstler. 3. Teil, Sp. 217f.; W. Salmen: Reichardt. S. 185.）

（49） Reichardt u. F. L. Ae. Kunzen (Hrsg.): Musikalisches Wochenblatt. S. 3ff.

（50）Reichardt u. F. L. Ae. Kunzen (Hrsg.) : Musikalische Monathsschrift. S. 67; S. 98.

（51）W. Salmen: Reichardt. S. 286f.; MK 2, S (1791). 62.

（52）MK 2, S. 55f.

（53）MK 1 (1782), S. 7.

（54）MK 1, S. 179.

（55）Reichardt: Schreiben über die Berlinische Musik. S. 5f.

（56）MK 2, S. 16.

（57）ただし、『音楽芸術雑誌』第二巻の冒頭に掲載された『音楽 *Die Tonkunst*』という狂想詩では、音楽は「天からの贈り物」とみなされているものの、まだ「神々」という言葉も使用されており、彼において異教的古代に対する興味が完全になくなったわけではない。(MK 2, S. 2.)

（58）Reichardt: Vertraute Briefe geschrieben auf einer Reise nach Wien. Bd. 2, S. 178.

（59）Vgl. Ibid., S. 173ff. ライヒャルトがウィーンに到着したのは一八〇八年十一月末であったので、実際の講義は聴いていないが、彼はその後出版された講義原稿を読んでいる。

（60）A. W. シュレーゲルは、一八〇一年から一八〇四年までの毎年冬に次のような内容で公開講座を行なっている。第一回（一八〇一―一八〇二年）「芸術学 *Die Kunstlehre*」、第二回（一八〇二―一八〇三年）「古典文学の歴史 *Geschichte der klassischen Literatur*」、第三回（一八〇三―一八〇四年）「ロマン的文学の歴史 *Geschichte der romantischen Literatur*」。

（61）August Wilhelm Schlegel: Ueber dramatische Kunst und Literatur, Vorlesungen. 3 Bde. Heidelberg 1809–1811, Bd. 1, S. 14f.

（62）August Wilhelm Schlegel: Geschichte der klassischen Literatur. (Kritische Schriften und Briefe. Bd. 3), Stuttgart 1964, S. 14. ただし、A. W. シュレーゲルの発言においては、音楽の三要素であるリズム、和声、旋律のうち旋律の要素が欠けているため、ここでは筆者が補った。リズムを古代的、和声と旋律を近代的なものとする考え方は、十九世紀初頭のロマン主義の芸術観において広く見られる。

(63) Reichardt: Vertraute Briefe geschrieben auf einer Reise nach Wien. Bd. 2, S. 178.

(64) ライヒャルトとシュレーゲル兄弟が出会ったのは一七九六年のことであった。兄弟はライヒャルトの政治雑誌『ドイツ』に協力を惜しまず、特に弟のフリードリヒは積極的に寄稿した。その後もフリードリヒは、ライヒャルトの雑誌『芸術のためのリュツェーウム *Lyceum der schönen Künste*』の執筆兼編集の仕事をする予定であったが、方針の違いから不和になり、一七九七年十二月十六日の『一般文学新聞インテリゲンツ・ブラット *Intelligenz-Blatt der Allgemeinen Literatur-Zeitung*』で、ライヒャルトに対して絶縁宣言をしている。一七九八年四月にはシュレーゲル兄弟の手により新しい雑誌が発行され、それは、ライヒャルトの『リュツェーウム』に対抗して『アテネーウム』と名づけられた。ただし、絶縁宣言にもかかわらず、ライヒャルトとシュレーゲル兄弟は一七九八年以降も交流を続けている。（Samuel Paul Capen: Friedrich Schlegel's Relations with Reichardt and His Contributions to „Deutschland“. [Publications of the University of Pennsylvania, Series in Philology and Literature. Vol. IX, No. 2], Philadelphia 1903, S. 37ff.; Friedrich Schlegel: Vermischte Anzeigen. In: Intelligenz-Blatt der Allgemeinen Literatur-Zeitung vom Jahre 1797. Sp. 1352.）

(65) MK 1 (1782), S. 7.

(66) MK 2 (1791), S. 55.

(67) Vgl. W. Salmen: Reichardt. S. 205f.

(68) MK 1, S. 22.

(69) Vgl. W. Salmen: Reichardt. S. 158f.

(70) Vgl. MK 1, S. 4; S. 45; S. 89ff.; 2, S. 34; BMZ 2 (1806), S. 38.

(71) ハンス・クリストフ・ヴォルプス、前掲、六三―六四頁参照。

(72) 教会のために多くの作品を書いたバッハに対して、ヘンデルは若い時からイタリア・オペラを志向し、彼のオラトリオはオペラの延長線上にあったと言っても過言ではない。しかしライヒャルトにとって、彼のオラトリオ、とりわけ《メサイア》は特別な存在であり、ヘンデルは宗教音楽作曲家として重要であった。

(73) BMZ 1 (1805), S. 51.

(74) Vgl. W. Salmen: Reichardt. S. 17f. ライヒャルトは一七六一年と一七六二年に、まだ少年であったにもかかわらず早くもその才能が認められて、リヒターの主催する演奏会に出演し、C. Ph. E. バッハとヨハン・ショーベルト (Johann Schobert, um 1720–1767) の作品を披露している。

(75) ホミリウスと同様にトランシェルも、フォルケルのバッハ伝の第七章で、バッハの重要な弟子の一人として紹介されている。彼は「洗練されたクラヴィーア奏者であり、優れた音楽教師であった」という。(J. N. Forkel: Ueber Johann Sebastian Bachs Leben, Kunst und Kunstwerke. S. 43.)

(76) Reichardt: Briefe eines aufmerksamen Reisenden. Bd. 2, S. 109; Vgl. W. Salmen: Reichardt. S. 29f. ライヒャルトはライプツィヒでヒラーと出会い、彼の紹介でドレスデンのホミリウスのもとへ向かった。ヒラーはホミリウスの弟子であった。

(77) Vgl. Reichardt: Briefe eines aufmerksamen Reisenden. Bd. 2, S. 121.

(78) Vgl. H. M. Schletterer: a. a. O., S. 140f.

(79) D. Fischer-Dieskau: Reichardt. S. 48. ライヒャルトは、『ベルリン音楽新聞』でヒラーへの感謝の気持ちを綴っていて、ハッセやヘンデルの音楽を詳しく知ることができたのもヒラーの御蔭であると述べている。(BMZ 1, S. 61.)

(80) Reichardt: Briefe eines aufmerksamen Reisenden. Bd. 1, S. 53; S. 82ff. 第四書簡では、ベルリンでヘンデルのオラトリオ《ユダス・マカベウス》を聴いた時の体験が述べられている。

(81) H. M. Schletterer: a. a. O., S. 140.

(82) Reichardt: Briefe eines aufmerksamen Reisenden. Bd. 1, S. 53.

(83) 《調子のよい鍛冶屋 *The Harmonious Blacksmith*》という通称で知られる曲である。

（84）MK 1 (1782), S. 42ff.; S. 92f.; S. 136ff.; S. 191ff.; S. 202. たとえば、ライヒャルトは《アレクサンダーの饗宴》のアリオーソについて、「真の朗誦」や「軽やかに美しく流れる高貴な歌」、「ハーモニーの純粋性や円滑な導き方」、「リズムの取り方や伴奏のつけ方の正しさ」、「すべての部分の統一性」の点で、「音楽表現のこの上ない真実と美の手本として」賞賛している。

（85）MK 1, S. 196ff.

（86）MK 1, S. 197; Vgl. FA 18, S. 113ff. ライヒャルトは、バッハよりもヘンデルの音楽に、より一層ゴシック建築との類似性を感じると断り書きをしている。(Vgl. MK 1, S. 196.)

（87）パウル・ジーバーは、A. W. シュレーゲルの影響によって、ライヒャルトが「ゴシック的」な中世音楽を発見できたとみなしているが、既述のように、彼が「ゴシック的」としているのはバッハやヘンデルの音楽であり、中世の音楽ではない。ライヒャルトがシュレーゲルの「演劇芸術と文学に関する講義」の原稿を読んだのは一八〇九年であり、『J. S. バッハについて』を発表したのは一七八二年であることから、シュレーゲルからの影響は考えられない。またザルメンは、ライヒャルトがヴァッケンローダーとともに古都ニュルンベルクのゴシック建築に夢中になったと解釈しているが、ヴァッケンローダーがティークと一緒に古い中世都市を旅したのは一七九三年のことである。したがって、ゴシック建築に関心を持ったのは、ライヒャルトのほうが一〇年以上も早いことになる。(P. Sieber: a. a. O., S. 52; W. Salmen: Reichardt. S. 207.)

（88）FA 18, S. 115.

（89）MK 1, S. 196.

（90）Vgl. Reichardt: Musikalischer Almanach. (IV. Charakteristik der merkwürdigsten Komponisten), o. S. ライヒャルトは器楽においても、バッハよりヘンデルのほうが優れていると感じていた。バッハは「計り知れないほどに教養があり勤勉である」が、ヘンデルのフーガのほうが一般的にメロディが表現豊かであり、テーマの繰り返しが明白で、あらゆる声部進行が自然で整然としている点で優れていると思っていた。(Vgl. MK 1, S. 197.)

（91）　MK I, S. 196.

（92）　今日ではヘンデルは一六八五年に生まれたとされているが、当時は一六八四年誕生説がヨハン・マッテゾンやバーニーによって流布されて、混乱していた。ライヒャルトも『ヘンデルの青春時代』で彼を一六八四年生まれとしている。それゆえに、一七八四年にロンドンでは、没後二五年と生誕一〇〇年を祝うヘンデル記念祭が盛大に行なわれた。ライヒャルトが訪れた一七八五年にも、ヘンデル記念祭での曲目が繰り返し演奏されたようである。ライヒャルトのロンドン訪問の目的は、ヘンデルの音楽を聴くことだけでなく、ヘンデルと同様に音楽家として評価されることにあったため、ハーマンとメクレンブルク＝シュヴェリーン公フリードリヒ・フランツ一世（Friedrich Franz I., 1756–1837）の推薦状を携えて行った。（Vgl. Reichardt: George Friedrich Händel's Jugend. Berlin 1785. ND In: Händel-Jahrbuch 5［1959］, S. 186; W. Salmen: Reichardt. S. 57f. ニール・ザスロー編、前掲、三五六―三五七頁参照。）

（93）　ハンス・ミヒャエル・シュレテラーのライヒャルト伝によると、ライヒャルトはロンドンで初めて《メサイア》を聴いたという。ザルメンによると、ライヒャルトは職探しの旅で訪れた一七七四年のハンブルクで、すでに《メサイア》を聴いているという。当時ハンブルクで活躍していたC. Ph. E. バッハは、《メサイア》をはじめとして、大バッハやグルック、ハイドンなどの宗教曲や世俗作品を積極的に紹介する公開演奏会を行なっていたため、ライヒャルトが《メサイア》を聴いた可能性もあるだろう。しかし、ライヒャルトの自伝のうち、一八一四年にライプツィヒ『一般音楽新聞』に掲載された記事には、一七七四年のハンブルクでの出来事がまとめられているが、《メサイア》を聴いたという記録は見当たらない。（H. M. Schletterer: a. a. O., S. 449; W. Salmen: Reichardt. S. 210; AMZ 16［1814］, Sp. 21ff.）

（94）　Vgl. W. Salmen: Reichardt. S. 58f. そのほかにも、ロンドンではライヒャルトにとって多くの収穫があった。かつての仕事仲間で歌手のマーラ＝シュメーリングは、一七八四年から一八〇二年までロンドンで活躍していた。彼女はライヒャルトのために、限られた人たちしか入場できない「古楽コンサート」を聴くのに、あらゆる手立てを講じて助けてくれたという。また、有名な音楽学者バーニーと討論する機会もあった。（Vgl. Reichardt u. F. L. Ae. Kunzen［Hrsg.］: Musikalisches Wochenblatt. S. 137f.)

(95) Vgl. W. Salmen: Reichardt. S. 58. ザルメンの『ライヒャルト論』の五八―五九頁には、ライヒャルトが王太子に宛てた一七八五年六月二十四日の手紙が掲載されているが、それは、一七九一年の『週刊音楽新聞』の第一七、一八、一九、二二号に収められた四つの公開書簡と並んで、ライヒャルトのロンドン旅行の重要な情報源である。(Reichardt u. F. L. Ae. Kunzen［Hrsg.］: Musikalisches Wochenblatt. S. 130ff.; S. 137ff.; S. 147f.; S. 171f.)

(96) Reichardt: George Friederich Händel's Jugend. S. 186; S. 196.

(97) Reichardt u. F. L. Ae. Kunzen (Hrsg.): Musikalisches Wochenblatt. S. 138f.; S. 148; S. 171.

(98) MK 2 (1791), S. 49f.; S. 69ff.; S. 94f.; S. 101f.; S. 122f.

(99) Vgl. W. Salmen: Reichardt. S. 210.

(100) Reichardt: Musikalischer Almanach. (IV. Charakteristik der merkwürdigsten Komponisten), o. S.

(101) Ibid.

(102) Georg Schünemann: Die Singakademie zu Berlin. Kassel 1941, S. 17.

(103) フォルケルはゲーテと同じ一七四九年の生まれで、一七七〇年にゲッティンゲン大学のオルガン奏者になり、一七七九年に音楽監督に任命された。彼は作曲もしたが、バッハ伝など著書に重要なものが多い。彼の主著は『音楽通史』全二巻（一七八八年、一八〇一年）であり、未刊に終わったとはいえ、ドイツにおける音楽史記述の基礎を据えたものとして、今日でも大いに尊重されている。

(104) たとえば、フォルケルはバッハ伝の序文で「私は、ヨハン・ゼバスティアン・バッハと個々の作曲家を比較することに関わろうとはしなかった」と述べながらも、「彼とヘンデルの比較を読みたい人は」、『一般ドイツ叢書 *Allgemeine deutsche Bibliothek*』第八一巻第一号の二九五―三〇三頁を参照するように指示している。そこには、ある匿名の執筆者による批評文が掲載されており、ヘンデル支持者のイギリス人バーニーとヘンデル自身の音楽が攻撃されている。(J. N. Forkel: Ueber Johann Sebastian Bachs Leben, Kunst und Kunstwerke. S. IXf.; Anonymus: Auszug eines Schreibens aus --- vom 27sten Febr. 1788. In: Allgemeine deutsche Bibliothek. Bd. 81, 1. St. Berlin/Stettin 1788, S. 295ff.)

(105) BMZ 2 (1806), S. 149.

(106) BMZ 2, S. 157f.

(107) ライヒャルトはバッハの声楽を「副専門分野」と呼んでいる。(BMZ 2, S. 201f.)

(108) フォルケルはバッハの楽譜を大量に収集していたが、声楽と器楽の作品数を比較すると声楽が極めて少ない。楽譜の数で比較しても、声楽はモテット集の出版譜一点と偽作の一点を含めて一二点であるのに対して、オルガン作品は出版譜四点のほかに筆写譜は一一〇点であるという。(西原稔「フォルケルのバッハ・コレクションの歴史的意義」『桐朋学園大学研究紀要』第三六号［二〇一〇年］、三二頁参照。)

(109) BMZ 2, S. 149.

(110) ただしザルメンの研究によれば、フォルケルとライヒャルトは友人関係にあったという。フォルケルはライヒャルトの『音楽芸術雑誌』第一巻を五部も予約注文し、ライヒャルトは『ベルリン音楽新聞』で、ピアノ奏者やオルガン奏者たちにフォルケルのバッハ伝を研究するように勧めている。(Vgl. W. Salmen: Reichardt. S. 212; BMZ 2, S. 66.)

(111) Vgl. Reichardt u. F. L. Ae. Kunzen (Hrsg.): Musikalisches Wochenblatt. S. 54; W. Salmen: Reichardt. S. 109.

(112) AMZ 3 (1801), Sp. 290.

(113) AMZ 3, Sp. 294.

(114) ウィーン古典派による交響ミサ曲やオラトリオが「真の教会音楽」として相応しいかどうかという問題は、十九世紀に古楽の復興運動と並行して盛んに論じられた。ホフマンをはじめとするロマン派の詩人たちによるこの問題への取り組みに関しては、本章第三節第2項で詳しく論じたい。なお、ライヒャルトと同世代のシラーは、一八〇一年一月五日にクリスティアン・ゴットフリート・ケルナーに宛てた手紙で、《天地創造》について、「性格のないごたまぜ」であまり喜びを感じなかったと書いている。それに対して、ベルリン・ジングアカデミーの指揮を執り、長年バッハの宗教音楽などに取り組んできたツェルターは、《天地創造》を絶賛している。一八二〇年五月十三日のゲーテ宛ての手紙では、特にオーケストラによる前奏部分を「全世界の中で最も素晴らしいもの」であると褒め称えている。(F. v. Schiller: Werke und Briefe. Bd. 12, S. 549; MA 20, S. 603f.)

(115) W. Salmen: Reichardt. S. 207.

(116) Wilhelm Krabbe: Anna Amalia, Prinzessin von Preußen. (Artikel in MGG 1), Sp. 485f.; Reichardt u. F. L. Ae. Kunzen (Hrsg.): Musikalisches Wochenblatt. S. 17.

(117) この合唱団が設立された当時、演奏会というものは作曲家たちの新作発表の場であったため、ジングアカデミーの演奏会のように、過去に遡って歴史上の作曲家の作品を紹介するということは非常に珍しかった。

(118) Vgl. Reichardt: Briefe eines aufmerksamen Reisenden. Bd. 1, S. 104.

(119) Vgl. MK 2 (1791), S. 123. ベネヴォリは、イタリア初期バロック音楽の重要な作曲家で、一六四四年からオーストリアで活躍し、一六四六年にはローマの聖マリア・マッジョーレ教会の楽長に就任している。数多くの教会音楽を残し、しばしば分割合唱様式による大掛かりな曲を書いた。

(120) 『音楽芸術雑誌』第二巻に、ファッシュの一六声部のミサの「キリエ・エレイソン」と八声部のミサの「クリステ・エレイソン」の部分が紹介されている。(MK 2, S. 106ff.)

(121) Reichardt: Karl Fasch. In: Lyceum der schönen Künste. Berlin 1797, Bd. 1–2, S. 129.

(122) ジングアカデミーは一七九一年の設立当時、歌う茶会程度の集いであったが、次第に発展し、ファッシュが他界したころには団員数は一〇〇名ほどになっていた。その後もツェルターの努力により、声楽学校や合奏学校が付設されて専用のコンサートホールも完成し、ドイツの主導的な教会音楽研究団体へと成長した。十九世紀にはベルリンを手本として、ジングアカデミーという名の合唱団が、ウィーン、ライプツィヒ、ハレなど各地に設立された。第二次世界大戦後の東西ドイツの分断により、一九六三年に東ベルリンに新たにジングアカデミーが設立されて、現在ベルリンには二つのジングアカデミー（Sing-Akademie zu Berlin と Berliner Singakademie）が存在する。彼らは、バッハの復活公演に尽力したツェルターとメンデルスゾーンの合唱曲や歌曲を、忘却の淵から救う活動もしている。

(123) Vgl. BMZ 1 (1805), S. 29ff.

(124) Johann-Wolfgang Schottländer: Zelters Beziehungen zu den Komponisten seiner Zeit. In: Jahrbuch der Sammlung Kippenberg. Bd. 8 (1930), S. 141f.

(125) Vgl. MK 2, S. 38f.; S. 63.

(126) ツェルターは一七九二年二月十日にベルリンで開催された愛好家コンサートについて、報告文を執筆している。(Reichardt u. F. L. Ae. Kunzen [Hrsg.]: Musikalisches Wochenblatt. S. 150.)

(127) Ibid., S. 184. ライヒャルトは、自ら編集した《音楽による詞華集 *Musikalische Blumenlese*》や《音楽の花束》、《集いの楽しみのためのリート集》、《新・集いの楽しみのためのリート集》などで、ツェルターのリートを紹介した。

(128) 一八〇五年五月六日付けのツェルター宛ての書簡では、『ベルリン音楽新聞』への積極的な協力を求め、ツェルターのいくつかの論文を掲載させてほしいと依頼している。(Vgl. J.-W. Schottländer: a. a. O., S. 144ff.)

(129) Vgl. Ibid., S. 146; W. Salmen: Reichardt. S. 125. ルイーゼが音楽教師ヨハン・ヘルマン・クラージング（Johann Hermann Clasing, 1779–1829）とともに、ハンブルクにジングアカデミーを設立する際に、ツェルターはあらゆる方法で彼女を援助している。

(130) Carl Friedrich Zelter: Darstellungen seines Lebens. Hrsg. v. Johann-Wolfgang Schottländer, Hildesheim/New York 1978, S. 295.

(131) キルンベルガーがフォルケルに宛てた一七七九年十月二十六日の手紙から、ライヒャルトがその当時すでに、フランスを手本に「コンセール・スピリテュエル」をベルリンでも行なおうとしていたことが分かる。また、メクレンブルク＝シュヴェリーン公フリードリヒが、ルートヴィヒスルストの町で開催していた教会音楽の演奏会を、ライヒャルトも気に入っていた。(Vgl. W. Salmen: Reichardt. S. 43; S. 48; F. Seils: a. a. O., S. 70.)

（132）H. M. Schletterer: a. a. O., S. 363.

（133）Vgl. Ibid., S. 357ff.; W. Salmen: Reichardt. S. 49. 当時はまだ、音楽は王侯貴族の娯楽であり、彼らの社交の場を盛り上げる彩りに過ぎなかったが、ライヒャルトの考えでは、音楽は芸術として集中して聴くべきであり、「演奏の際にはどんな場合も静けさが最も大切な必要条件」であった。それゆえに、彼は足で拍子を取る指揮法を嫌った。（Vgl. Reichardt: Vertraute Briefe geschrieben auf einer Reise nach Wien. Bd. 1, S. 164f.）

（134）シュレテラーのライヒャルト伝には、一七八三年と一七八四年の「コンセール・スピリテュエル」で取り上げられた演目がすべて掲載されている。（H. M. Schletterer: a. a. O., S. 654ff.）

（135）Vgl. Ibid., S. 449. ライヒャルトはヘルダーやフォスとともに、ほかのどの作品よりも《メサイア》を高く評価した。ヘルダーは《メサイア》を音楽の英雄叙事詩と呼び、フォスは「最初から最後まで、すべてはとにかく神のようである」と絶賛した。（BMZ 1［1805］, S. 6; Abraham Voß［Hrsg.］: Briefe von Johann Heinrich Voß, 3 Bde. Leipzig 1840, Bd. 1, S. 295ff.）

（136）恐らくライヒャルトの演奏会は、彼がロンドンとパリの旅から戻った一七八五年末と一七八六年一月上旬（一月十一日には再びパリ旅行の許可を国王から得ている）の間に、行なわれたのではないかと推測される。聴衆の一人であったツェルターがポツダムのファッシュのもとで作曲を学んでいたのは、一七八四年から一七八六年までの間である。（Vgl. C. F. Zelter: Darstellungen seines Lebens. S. 146f.; S. 255; W. Salmen: Reichardt. S. 60f.）

（137）C. F. Zelter: Darstellungen seines Lebens. S. 255; Vgl. S. 146f.

（138）テュルクはライヒャルトと同様にヒラーの弟子であったが、一七八一年三月二十一日にブライトコプフに宛てた手紙で《メサイア》について、「残念ながら、この曲は期待していたほどではありませんでした。ライヒャルトなら、我々の時代にとってこれはもはや楽曲などというものには収まらない、と書きたいことを書くでしょうが」と述べている。それにもかかわらず、ヒラーとライヒャルトの二人がテュルクを説得できたのは、恐らくモーツァルトの編曲による《メサイア》だったからであろう。テュルクはモーツァルトの熱狂的崇拝者であった。

ただし、ライヒャルト自身はモーツァルトの編曲を気に入らず、『ベルリン音楽新聞』でモーツァルトは「この古い芸術作品の内なる性質を見誤っている」と厳しく批判している。(K. Musketa: a. a. O., S. 41; S. 44; W. Salmen: Reichardt. S. 212; BMZ 1, S. 5f.)

(139) K. Musketa: a. a. O., S. 44. ハンス・クリストフ・ヴォルプスによれば、メンデルスゾーンは一八三三年以降ニーダーライン音楽祭などでヘンデルのオラトリオを演奏することで、「十九世紀のヘンデル復興においても先駆者的役割を果たした」という。ただし、既述のようにヒラーやライヒャルトは、メンデルスゾーンよりも三〇年以上前から、この活動に熱心に取り組んでいる。ライヒャルトは『ベルリン音楽新聞』で、「今は亡き」ヒラーこそがヘンデルの音楽を普及させた「第一人者」であると述べて、彼の後に続き「ドイツの偉大な芸術家である」ヘンデルの音楽を、「ドイツの全聴衆」で守っていくべきであると主張している。(ハンス・クリストフ・ヴォルプス、前掲、六三―六四頁。BMZ 1, S. 335ff.)

(140) Vgl. W. Salmen: Reichardt. S. 211. そのほかにもライヒャルトは、一七九〇年から一七九五年にかけて自作の宗教曲をクラヴィーア伴奏用に編曲して、四巻本の曲集《ツェツィーリア *Cäcilia*》を出版している。第二巻と第四巻の序文には、この後すぐにイタリア・ルネサンスの教会音楽の曲集を作る予定であると書いている。(Reichardt: Cäcilia. 4 Bde. Berlin 1790–1795, Bd. 2, Bd. 4,[Vorbericht].)

(141) W. Dorow: a. a. O., Bd. 3, S. 151.

(142) Vgl. BMZ 1, S. 221f.; S. 255ff.

(143) H. M. Schletterer: a. a. O., S. 132.

(144) Vgl. W. Salmen: Reichardt. S. 155f.

(145) Reichardt: Vertraute Briefe aus Paris. Bd. 3, S. 370.

(146) W. Dorow: a. a. O., Bd. 3, S. 151.

(147) Vgl. MK 1 (1782), S. 196ff.; 2 (1791), S. 16ff.

（148）H. M. Schletterer: a. a. O., S. 655f. 一七八三年四月十五日に《イエス・キリストの受難》の一部が、一七八四年四月八日に全体が演奏された。また、ライヒャルトの四巻本の曲集《ツェツィーリア》にも、この受難曲の一部が編曲されて掲載されている。

（149）W. Salmen: Reichardt. S. 58f. ライヒャルトが王太子（のちの国王フリードリヒ・ヴィルヘルム二世）に宛てた一七八五年六月二十四日付けの書簡を参照のこと。三月二十三日にはバッキンガム宮殿で、ライヒャルトの《詩篇六四篇 *Der 64. Psalm*》と《イエス・キリストの受難》が演奏され、二日後の二十五日にはイギリス国王の命令でこの受難曲が再び取り上げられて、新たに《詩篇六五篇》も披露されたという。

（150）A. E. Brachvogel: a. a. O., Bd. 2, S. 196. 一八〇九年にケルナーはドレスデンの聖母教会で《テ・デウム》を聴き、十二月一日の息子テーオドール（Theodor Körner, 1791–1813）宛ての手紙で、「とても出来がよくないと思った」と書いている。（Theodor Körners Briefwechsel mit den Seinen. Hrsg. v. Viktor Goldschmidt, Books on demand 2012, S. 72f.）

（151）W. Salmen: Reichardt. S. 288.

（152）Vgl. F. Seils: a. a. O., S. 68ff.

（153）ザルメンは、この《クリスマス・カンティレーネ》もフリードリヒ公のために書かれたとしているが、アンドレア・パーレントはそれを誤りであると指摘している。（Andrea Palent: Johann Friedrich Reichardts „Weihnachts-Cantilene" von 1784. Eine werkgeschichtliche, analytische Standortbestimmung. In: Schriften des Händel-Hauses in Halle 8 [1992], S. 75; W. Salmen: Reichardt. S. 290.）

（154）BMZ 2 (1806), S. 125ff.

（155）Vgl. W. Salmen: Reichardt. S. 58f. ライヒャルトが王太子に宛てた一七八五年六月二十四日付けの書簡を参照のこと。

（156）Vgl. H. M. Schletterer: a. a. O., S. 352f. この《フリードリヒ大王のための追悼カンタータ》はCDで聴くことができる。弟子のホフマンの《独唱、合唱および管弦楽のためのミゼレーレ *Miserere für Soli, Chor und Orchester*》と組み合わされた盤で、「コッホ＝シュヴァン KOCH=SCHWANN」から一九八八年に発売されている。《追悼カンタータ》はゲルト・アルブレヒト指揮、ＲＩＡＳ室内合唱団、ベルリン放送交響楽団による演奏、《ミゼレーレ》はローラント・バーダー指揮、ケルン放送合唱団、ケルン放送交響楽団による演奏である。

(157) 《ミルトンの朝の歌》もＣＤ録音がある。ツェルターの《ヨハンナ・ゼーブス *Johanna Sebus*》とメンデルスゾーンの《マグニフィカト *Magnificat*》との組み合わせで、ベルリン・ジングアカデミー（ディートリヒ・クノーテ指揮、シュターツカペレ・ベルリン）による演奏である。「カプリッチョ CAPRICCIO」から一九八七年に発売された。

(158) Reichardt: Hymne, Miltons Morgengesang. Cassel 1808. 表紙には「気高い巨匠Ｃ．ファッシュのベルリン・ジングアカデミーのために」と書かれている。【図18】を参照のこと。

(159) MA 20, S. 666, (Zelter an Goethe, 20. 8.–20. 9. 1821).

(160) MA 20, S. 1104f., (Zelter an Goethe, 5. 3. 1828).

(161) F. Mendelssohn Bartholdy: a. a. O., S. 283; S. 327f. この作品の四曲目の「ソプラノ・ソロと合唱」では「星」が、六曲目の「テノール・ソロと合唱」では「月」が、七曲目の「バス・ソロと合唱」では「四大」がテーマになっている。「そしてこの闇の中で我々が邪悪の心を起こしたなら」という歌詞は「最終合唱」で現れ、その部分は弱音（*p*）で低声部から始まる。次第に各声部の音が重なり合って、強音（*ff*）で神に呼び掛け、「その邪念を払ってほしい」と乞い願う。(Reichardt: Hymne, Miltons Morgengesang. S. 33ff.; S. 46ff.; S. 51ff.; S. 96ff.)

(162) Vgl. Johann Baptist Heinrich: Clemens Brentano. Köln 1878, S. 47. ベートーヴェンがこのカンタータの作曲の依頼を断ったため、ライヒャルトが引き受けたという。(W. Salmen: Reichardt. S. 121.)

(163) D. Fischer-Dieskau: Reichardt. S. 254ff.; S. 378f.

(164) W. Dorow: a. a. O., Bd. 3, S. 43f.

(165) Vgl. J. B. Heinrich: a. a. O., S. 47.

(166) W. Salmen: Reichardt. S. 295f. ザルメンはまた、「ライヒャルトが高齢を理由に、自分の人生や創作を諦めながら終えたのではなく、最期まで力強く、同時代の人々や芸術の発展の流れを素早く受け容れる心を持ち続けたことを、この白鳥の歌《新世紀》は明白に示している」とも述べている。

(167) たとえばシルヴィオ・ヴィエッタは、フォルケルがヴァッケンローダーに与えた影響を非常に重視し、フォルケルをゲッティンゲン大学時代の彼の教師とみなしている。(Vgl. SWB 1, S. 362ff.)

(168) Vgl. SWB 1, S. 360.

(169) ヴァッケンローダー『芸術を愛する一修道僧の真情の披瀝』江川英一訳、岩波書店、二〇一一年、二〇五―二〇六頁参照。

(170) SWB 1, S. 132ff.; S. 143ff.

(171) SWB 1, S. 135; S. 364f.《悲しみの聖母》は、キリスト処刑の際の聖母の悲しみを描写した宗教詩で、十三世紀の詩人ヤコポーネ・ダ・トーディ（Jacopone da Todi, 1230–1306）によるものであると推定されている。《悲しみの聖母》には、パレストリーナやオルランド・ディ・ラッソ（Orlando di Lasso, 1532–1594）、ペルゴレージなど、そのほかにも多くの作曲家が音楽をつけており、ヴァッケンローダーがどの作曲家によるメロディでこの聖歌を知っていたのかは不明である。ただしペルゴレージの音楽については、当時、真の教会音楽として相応しいかという点で議論になっていて、ライヒャルトは一七七八年に好意的な批評を書き、ティークも大変気に入っていた。(Reichardt: J. B. Pergolesi, Stabat Mater, in einem Clavierauszuge. S. 165.)

(172) SWB 1, S. 133.

(173) SWB 1, S. 98; S. 207.

(174) SWB 1, S. 72; S. 133.

(175) SWB 1, S. 210.

(176) SWB 1, S. 211.

(177) Ibid.

(178) HSW 16, S. 256. ヴァッケンローダーが書き残したものには、書簡を含めて、ヘルダーの名はほとんど登場しないため、ヴァッケンローダーはライヒャルトの『音楽芸術雑誌』からヘルダーの宗教音楽観を学んだ可能性もある。ライヒャルトは『音楽芸術雑誌』にヘルダーの『神学研究に関する書簡』から、「ルターが音楽を神学と並んで、つまり第二の神学としていかに賞賛しているかということを読みなさい」という部分を引用している。ヴァッケンローダーも『心情の吐露』の中の『芸術を愛する一修道僧による、我々の畏敬すべき祖先アルブレヒト・デューラーへの追慕』で、ルターが「人間の精神によるすべての学問や芸術の中で、第一級の場所を占めるものは神学に次いで音楽である」と主張している点を指摘し、この考えに感銘を受けたことを告白している。(MK 1 [1782], S. 206f.; SWB 1, S. 92.)

(179) SWB 1, S. 211f.

(180) SWB 1, S. 212.

(181) 改悛詩篇とは、旧約聖書詩篇のうち第六、三二、三八、五一、一〇二、一三〇、一四三の七篇のことで、ラッソが作曲した《ダヴィデの改悛詩篇集 *Psalmi Davidis poenitentiales*》が有名である。

(182) Vgl. SWB 1, S. 362f.; 2, S. 655f.

(183) Vgl. SWB 1, S. 301.

(184) SWB 2, S. 84.

(185) Reichardt u. F. L. Ae. Kunzen (Hrsg.): Musikalische Monathsschrift. S. 43ff.; S. 78ff.; S. 129ff.

(186) SWB 2, S. 86; S. 102; S. 108. ティークは一七九二年十一月三十日に、ヴァッケンローダー宛ての返信で、フォルケルがディッタースドルフの作品《けちん坊ヒエロニムス》を特に好んでいることについて言及し、彼の音楽家としての才能を批判した。十二月十一日にはヴァッケンローダーもそれに同意し、「フォルケルの趣味にはがっかりした」と述べている。

(187) Johann Nikolaus Forkel: Allgemeine Geschichte der Musik. 2 Bde. Leipzig 1788–1801, Bd. 1, S. 46; S. 64.

(188) ヴィエッタは、「フォルケルは［……］描写される情緒に従って音楽の表現様式を分類しているが、ヴァッケンローダーは彼のこの考えに十分従い、それどころか、この方法を積極的に用いようとしている」と解釈している。またダールハウスは、フォルケルが音楽と雄弁術の類似性を主張し、ヴァッケンローダーが音楽を言語に喩えていることから、前者が後者の見解に影響を与えたと考えている。しかし、この点においても両者の見解は全く異なっていた。詳しくは、第五章の注(237)を参照のこと。（SWB 1, S. 377.『ダールハウスの音楽美学』森芳子訳、音楽之友社、一九九三年、五六頁。）

(189) SWB 1, S. 98.

(190) 一七九二年のライヒャルトの見解については、第五章第三節第1項で紹介する。

(191) ライヒャルトは、宮廷楽長になる前からキルンベルガーとの折り合いが悪かった。キルンベルガーは、ライヒャルトの単純でホモフォニーの楽曲作法を批判し、彼のことを「惨めな罪人」、「音楽で高く評価されたベルリンの恥」、「極悪な詐欺」とまで呼んで蔑んだ。（Vgl. W. Salmen: Reichardt. S. 26; S. 39f.; Alfred Einstein [Hrsg.]: Zeitschrift für Musikwissenschaft, 2. Jg. Leipzig 1919–1920, S. 19; S. 466.）

(192) SWB 1, S. 139f.

(193) Rose Kahnt: Die Bedeutung der bildenden Kunst und der Musik bei W. H. Wackenroder. (Marburger Beiträge zur Germanistik, 28), Marburg 1969, S. 104.

(194) Vgl. SWB 1, S. 374ff.

(195) MK 2 (1791), S. 2; S. 16.

(196) SWB 1, S. 211.

(197) MK 2, S. 55.

(198) SWB 1, S. 132; S. 144.

(199) フォルケルが開催していたゲッティンゲン大学の演奏会では、バッハの器楽が彼の独奏で披露されることはしばしばあったが、バッハのカンタータなどが歌われた可能性は極めて低いという。この行事で演奏された声楽作品は、ヘンデルやグラウン、C・Ph・E・バッハ、G・ベンダ、ハッセ、ニコロ・ヨンメッリ（Niccolò Jommelli, 1714-1774）、ロレなどのオラトリオであった。恐らく当時、ヴァッケンローダーもティークも、バッハの器楽は聴いたことがあっても、声楽はほとんど知らなかったと推測できる。（西原稔「フォルケルのバッハ・コレクションの歴史的意義」、三五頁参照。）

(200) Vgl. L. Tieck's Schriften. Bd. 4, S. 427f. ティークがこのような宗教音楽観を持つに至った理由は、当然ライヒャルトとの交流にもあると考えられるが、別のもっと決定的な体験にあった。それは、フィンケンシュタイン伯爵（Friedrich Ludwig Karl Finck von Finckenstein, 1745-1818）との出会いであり、マトリッツの伯爵家で行なわれていたイタリアの古楽の保護活動であった。（Vgl. Ch. Kraßnig: a. a. O., S. 11.）

(201) Reichardt: Leben des berühmten Tonkünstlers Heinrich Wilhelm Gulden nachher genannt Guglielmo Enrico Fiorino. 1. Theil. この自伝的教養小説については、一七七九年に青春時代を描いた第一部が出版されたが、続きは出版されなかった。

(202) ヴィエッタは、この作品に影響を与えたものとしてモーリッツの『アントーン・ライザー』、ヴィルヘルム・ハインゼ（Wilhelm Heinse, 1746-1803）の『ヒルデガルト・フォン・ホーエンタール *Hildegard von Hohenthal*』、ライヒャルトの自伝的教養小説『作曲家ハインリヒ・ヴィルヘルム・グルデンの生涯』の三作品を挙げているが、ハインゼとライヒャルトの作品からの影響はそれほど重視していない。（Vgl. SWB 1, S. 359.）

(203) H. M. Schletterer: a. a. O., S. 123. ライヒャルトの自伝的教養小説でも、上流階級によって音楽や音楽家が見下されるという経験が描写されている。

(204) W. Salmen: Reichardt. S. 214ff.; S. 222.

(205) I. Kant: Werke. Bd. 8, S. 431ff.; MK 2 (1791), S. 87.

(206) ヴァッケンローダーが『心情の吐露』を仕上げたのは一七九五年のこととみなされているが、それはライヒャルトが失職して間もないころであった。
(207) SWB 1, S. 139.
(208) SWB 1, S. 141f. 特に宮廷内の閉鎖的でいびつな人間関係や窮屈な礼儀作法、また宮廷人たちの音楽や音楽家に対する慇懃無礼な態度などは、外部の人間にはなかなか分からないものであり、ライヒャルトのように実際に宮廷内にいた者にしか知り得ないことであろう。なお、キルンベルガーがライヒャルトに示した軽蔑的態度については、本章の注(191)を参照のこと。
(209) Vgl. W. Salmen: Reichardt. S. 15f.
(210) WA 3, S. 409.
(211) Vgl. WA 3, S. 409f.
(212) アンブロジオ聖歌とは、ローマ・カトリック教会に伝わる地方聖歌の一つである。ミラノの大司教アンブロジウス（Ambrosius, 339–397）に由来し、八世紀以降この名称が用いられている。その旋律は東方聖歌や古ローマ聖歌の影響を窺わせるものであり、今日もなおミラノ地方を中心として歌われている。
(213) Vgl. WA 3, S. 410. ホフマンは十七世紀のリュリのオペラについて、「旋律や和声のない古代音楽のようなものを想起させる」と言っている。オペラには美しいメロディとオーケストラの表現の豊かさが必要であると考えていたホフマンにとって、リュリのオペラは魅力的ではなかったが、それよりもさらに古い時代の宗教音楽は、興味の対象にさえならなかった。（Vgl. WA 5, S. 357.）
(214) WA 3, S. 411; 5, S. 214.
(215) A. W. Schlegel: Geschichte der klassischen Literatur. S. 14.
(216) Reichardt: Vertraute Briefe geschrieben auf einer Reise nach Wien. Bd. 2, S. 178.
(217) WA 3, S. 411f. ライヒャルトはパレストリーナの作品に「偉大なる大胆さと和声の豊かさ」を感じていた。（MK 2[1791], S. 17.）

(218) Vgl. WA 3, S. 411f.

(219) MK 2, S. 56.「偉大で、高貴な単純さを持つ様式」というのは、ライヒャルトが『音楽芸術雑誌』で述べた言葉であるが、ホフマンも同意見であったことは明らかである。

(220) WA 3, S. 407.

(221) WA 3, S. 411. ホフマンによると、パレストリーナの作曲活動は、絵画で言うならイタリアの盛期バロックの画家ピエトロ・ベレッティーニ（Pietro Berettini, 1596–1669）やドイツのA. デューラーの作品に匹敵しており、宗教訓練にほかならないという。

(222) 論文『新旧の教会音楽』は一八一四年八月末から九月初頭にかけて、ライプツィヒ『一般音楽新聞』に掲載された。それは、前年七月に書かれた批評文『ベートーヴェンのミサ曲ハ長調』と一つにまとめられて、一八一九年に同一の『新旧の教会音楽』というタイトルで、四巻本の『ゼラーピオン同人作品集』（第二巻第四章）に収められた。つまり、一八一四年の論文と『ゼラーピオン同人作品集』に収められたものは、同じタイトルを持ちながらも内容が異なるため、本書では前者を一八一四年版、後者を一八一九年版と呼んで区別する。

(223) Vgl. WA 5, S. 216.

(224) WA 3, S. 413. ヘンデルはハレの生まれであるが、生涯の約三分の二をイギリスで過ごした。しかもイギリスに帰化し、彼の英語名はジョージ・フリデリック・ハンデル（George Frideric Handel）というが、ライヒャルトもホフマンもドイツを代表する音楽家とみなしている。

(225) WA 1, S. 50f. この「恐怖」や「戦慄」という言葉は、ホフマンが「ロマン的」な音楽の世界を表現する際に必ず登場するキーワードであり、ジャン・パウルの影響を受けていると考えられるが、この点については第五章第二節第3項で詳しく論じたい。

(226) WA 1, S. 43. これは、ホフマンがベートーヴェンの器楽について述べた有名な言葉である。

(227) WA 5, S. 204f. ホフマンは器楽と声楽の両方で成功した音楽家として、バッハのほかには、ヘンデルとモーツァルトの名前を挙げている。

(228) ライヒャルトはバッハを「極めて偉大な和声の大家」と考えていた。なお、ベートーヴェンもバッハを「和声の元祖」として敬っていた。（MK 1 [1782], S. 196; Robert Schumann [Hrsg.]: Neue Zeitschrift für Musik. Bd. 6, Leipzig 1837, S. 76.）

(229) WA 5, S. 226.

(230) Vgl. WA 3, S. 413f.

(231) Vgl. WA 3, S. 407f.

(232) WA 5, S. 231.

(233) WA 3, S. 406. ホフマンによれば、ミサ曲の歌詞には普遍性があり、いくらでも多様に音楽的な取り扱いができるので、同じ歌詞であってもそれぞれに全く異なる「キリエ」や「グローリア」が誕生することになるという。また彼は、「最近は教会音楽のために荘重な歌詞を書く詩人が見つけにくくなったかも知れない」とも述べている。ベートーヴェンのミサ曲に添えられたドイツ語による翻訳は、「モダンでわざとらしく不自然で、回りくどく」、「かつてのラテン語による聖歌の内的本質には全く手が届きそうもない」と批判している。（WA 3, S. 414f.）

(234) WA 5, S. 237.

(235) ダールハウスは、ホフマンが声楽に対する器楽の優位を主張し、十九世紀の頽廃した教会音楽とオペラを「絶対器楽の精神から再生できるに違いないという考えにとりつかれていた」と解釈している。そして、そのように解釈した場合に生じる様々な矛盾点を指摘し、ホフマンの主張は理想論でしかないと結論づけている。しかし、優位に立つ器楽によって地に落ちた声楽を救い上げるという考え方は、そもそもホフマンの主張とは異なっている。彼は声楽と器楽のバランスのよい結びつきを理想としており、器楽が声楽よりも優れているとは考えていなかった。（C. Dahlhaus: Klassische und romantische Musikästhetik. S. 113ff.）

(236) WA 5, S. 234f.

（237） WA 5, S. 234. ベルリン・ジングアカデミーの活動がプロイセン国家によって保護されるべきであるというホフマンの提案は、一八一七年に実現している。ジングアカデミーの指揮者であったツェルターは、一八〇九年にベルリン芸術アカデミーの音楽部門の教授になり、プロイセンの音楽教育を監督する立場になった。一八一七年にジングアカデミーは、国家公認団体の権利を取得し、ツェルター自身が築き上げたプロイセンの音楽保護制度にしっかり守られることになった。（Sing-Akademie zu Berlin のウェブページ［http : //www.sing-akademie.de/42-0-1800-1832.html］参照。確認日二〇一七年十月九日。）

（238） WA 5, S. 235.

（239） WA 5, S. 216ff. ホフマンはパレストリーナだけでなく、レオやベネデット・マルチェッロ（Benedetto Marcrello, 1686–1739）、スカルラッティ、ニコラ・ポルポラ、フェオ、ファッシュなどに関することも、ライヒャルトの『音楽芸術雑誌』を参考にしていると考えられる。これらの作曲家の作品の一部は『音楽芸術雑誌』に掲載されている。（Vgl. MK 1［1782］, S. 180ff.; 2［1791］, S. 19ff.; S. 52f.; S. 98; S. 106ff.）

（240） WA 5, S. 468f. ホフマンは当時、ロホリッツとヘルテルの推薦で、ライプツィヒとドレスデンを巡回公演していたヨーゼフ・ゼコンダ（Joseph Seconda, 1761–1820）のオペラ団の音楽監督になり、ロホリッツやヘルテルと同じライプツィヒにいた。第一章第一節第5項でも述べたとおり、ロホリッツはライヒャルトの葬儀にも出席し、『一般音楽新聞』に弔辞も書いている。そのため、ホフマンがこの論文の完成前にライヒャルトの死について知っていた可能性は高い。

（241） ローマ法教授としてのティボーは、ドイツにも一般市民法を制定する必要性があると主張し、それに反対するサヴィニーと法典論争を繰り広げたことで有名である。古楽の保護活動については、一八一四年にカロリーネ・ルードルフ（Karoline Rudolf）邸で歌唱訓練の集まりを開催したことが契機となり、それがティボーの自宅で毎週定期的に行なわれる合唱団の活動に発展した。ティボー邸での歌の夕べの様子は、ヤーコプ・ゲッツェンベルガー（Jakob Götzenberger, 1802–1866）の素描に描かれている。（海老沢敏、前掲、一三九―一四〇頁、ハンス・クリストフ・ヴォルプス、前掲、三五頁参照。）

(242) 初版が刊行された二年後の一八二六年には大幅に改訂された第二版が出版されて、彼の死後もなお一八五三年には第三版が、一八九三年には第七版が出版されている。（海老沢敏、前掲、一四〇頁参照。）

(243) R. Schumann: Gesammelte Schriften über Musik und Musiker. Bd. 2, S. 167.『音楽の座右の銘』（全六八条）は、一八四九年一月に出版された《少年のためのアルバム *Album für die Jugend*》に付録として添えられた。

(244) ティボーは、第二章で「コラール以外の教会音楽」の歴史を概観しているが、「最近」の教会音楽を「オペラ様式」と呼んで批判し、ハイドンやモーツァルトのミサ曲にさえ厳しい評価を下している。第六章では「楽器の利用について」述べ、モーツァルトによるヘンデルの《メサイア》の編曲を分析し、その欠点を指摘している。また、第七章では「偉大な巨匠たちの作品の詳細な比較」を行なって、パレストリーナとヘンデルの二人を非常に高く評価し、彼らの作品において「古典的なもの」や「純粋性」という理念が実現されていると考えた。（Anton Friedrich Justus Thibaut: Ueber Reinheit der Tonkunst. 2. Ausg. Heidelberg 1826, S. 61ff.; S. 136ff.; S. 145ff.）

(245) さらに共通する点を補足すると、ライヒャルトもモーツァルトの《メサイア》の編曲について批判している。また、ティボーが『音芸術の純粋性について』の第二版で書き加えた内容には、民謡の保護を訴える章（第三章）もある。（Vgl. BMZ 1［1805］, S. 5f.; A. F. J. Thibaut: a. a. O., S. 74ff.）

(246) 海老沢敏、前掲、一三八―一三九頁参照。

(247) Wilhelm Adolf Lampadius: Felix Mendelssohn Bartholdy. Ein Gesammtbild seines Lebens und Wirkens. Leipzig 1886, S. 42f. メンデルスゾーンはティボーとの出会いを契機に、モテット《あなたはペテロ *Tu es Petrus*》を作曲している。また、のちのデュッセルドルフ市音楽監督時代には、教会音楽の選択も彼に委ねられていたため、パレストリーナなどの古楽を中心に演奏している。（ハンス・クリストフ・ヴォルプス、前掲、三三、六八頁参照。）

(248) この評伝は、ゴットフリート・ヴァン・スヴィーテン男爵（Gottfried van Swieten, 1733–1803）に献呈されている。一七七〇年から一七七七年までオーストリア大使としてベルリンに駐在したスヴィーテン男爵は、キルンベルガーに師事したことで、すっかりバッハの芸術に魅せられて、帰国後バッハの名をウィーンの音楽界に知らしめた。ハイドンやモーツァルトは、スヴィーテン男爵から大きな影響を受けて、バッハの技法を自作に取り入れている。（Vgl. J. N. Forkel: Ueber Johann Sebastian Bachs Leben, Kunst und Kunstwerke. S. III. 樋口隆一、前掲、一七四―一七五頁参照。）

(249) J. N. Forkel: Ueber Johann Sebastian Bachs Leben, Kunst und Kunstwerke. S. V.

(250) フォルケルのバッハ伝が出版された一八〇二年までに刊行されたバッハの声楽曲は、シェメッリ歌曲集（全六九曲のうち三曲だけがバッハ作）とカンタータ《神は我が王 *Gott ist mein König*》、四声のコラール（キルンベルガーとC. Ph. E. バッハが四巻に分けて刊行）のみであった。バッハの教会用合唱曲の体系的な出版が始まったのは、バッハ没後一〇〇年を記念して「バッハ協会」が設立された一八五〇年以降のことである。（フォルケル、前掲、一五頁、小林義武『バッハ復活』、四七―四八頁参照。）

(251) エッカルト・クレースマンはホフマンもリヒターのもとでピアノを習ったとしている。（E. Kleßmann: a. a. O., S. 22.）

(252) Vgl. R. Safranski: a. a. O., S. 49.

(253) Vgl. W. Salmen: Reichardt. S. 17; S. 29f.

(254) Vgl. J. N. Forkel: Ueber Johann Sebastian Bachs Leben, Kunst und Kunstwerke. S. 49ff.

(255) Vgl. Jürgen Heidrich: Protestantische Kirchenmusikanschauung in der zweiten Hälfte des 18. Jahrhunderts Studien zur Ideengeschichte „wahrer“ Kirchenmusik. Göttingen 2001, S. 8ff.

(256) フォルケル、前掲、二〇五―二〇六頁参照。

(257) Vgl. BMZ 2 (1806), S. 149f.; S. 157ff.; S. 201f. ライヒャルトがフォルケルのバッハ伝に明確な対決姿勢を示したのに対して、ツェルターの態度は非常に曖昧である。一八〇二年にフォルケルの『バッハ伝』が出た時に、ツェルターはライプツィヒ『一般音楽新聞』に書評を執筆しており、最初のバッハ伝刊行の意義を評価している。しかし、ツェルターが所有していた『バッハ伝』にはほぼ全頁にわたり厳しい批判が書き込まれていて、ツェルターの身近な人物たちは彼のフォルケルに対する対抗意識を十分に理解していたという。（西原稔「フォルケルのバッハ・コレクションの歴史的意義」、三七頁参照。AMZ 5 [1803], Sp. 361ff.）

(258) WA 1, S. 54; 5, S. 347; S. 360; SWB 2, S. 86; S. 102.

(259) 小林義武『バッハ復活』、九―一四、二二―二四頁、ハンス・クリストフ・ヴォルプス、前掲、三三―三七頁参照。メンデルスゾーンの偉業の背景には、ベルリン・ジングアカデミーを指導して、長年粘り強くバッハの声楽曲を練習してきたファッシュやツェルターの努力があったことを忘れてはならないであろう。この演奏会は、ベルリンの知識階層へ大きな刺激を与えた。聴衆の中には、ヘーゲルやシュライアーマッハー、ハイネ、ヨハン・グスタフ・ドロイゼン、スポンティーニ、レーヴェ、ルートヴィヒ・レルシュタープ（Ludwig Rellstab, 1799–1860）、アードルフ・ベルンハルト・マルクスなどがいた。

(260) なお、この「バッハ協会」の設立やバッハ全集の出版のために、シューマンが果たした役割は非常に大きい。彼は音楽評論家としてジャーナリスティックな側面から、バッハ運動に長年にわたって貢献した。一八三七年五月五日の演奏会評では、「ドイツ国民がバッハの全作品を完全に収集し、出版しようと決意すれば、得るところは大であり、またそうすべき時が来たのではなかろうか」と書いている。（R. Schumann [Hrsg.]: Neue Zeitschrift für Musik. Bd. 6, S. 146.）

(261) WA 1, S. 50.

(262) WA 3, S. 407; 5, S. 156.

(263) MK 1 (1782), S. 196f. ゲーテは『ドイツ建築について』で、「主和音」や「メロディ」という音楽用語を使って大聖堂の芸術美について語っているため、ライヒャルトはこれに触発されたのかも知れない。（FA 18, S. 117.）

(264) ゲーテは同じ『ドイツ建築について』というタイトルで、一八二三年にも論文を書いている。（FA 21, S. 479ff.）

(265) シュタインバハは、一二八四年に大聖堂の建築を命じられた棟梁である。ゲーテの時代には、彼は大聖堂全体の建立に関わったと考えられていたが、現在は大聖堂のファサードの下部のみを制作したとされている。(『ゲーテ全集』第一三巻、潮出版社、一九九四年、四二五頁参照。)
(266) FA 18, S. 115.
(267) FA 18, S. 116f.
(268) 棚橋信明「一八四二年のケルン大聖堂建設祭におけるカトリック勢力とプロイセン国王」『横浜国立大学教育人間科学部紀要　Ⅲ社会科学』第一五集(二〇一三年)、四五頁参照。ヨーロッパ的視野で見れば、ゴシックの再発見は十八世紀中葉のイギリスのプレ・ロマン派に始まっている。
(269) ブルーメによると、音楽史において「バロック」という言葉が一つの様式期を意味する表現として一般化したのは、ようやく一九二〇年ごろになってからであるという。この用語は、一九一一年のフーゴ・リーマンによる『音楽史提要 *Handbuch der Musikgeschichte*』ではまだ現れないのに対して、一九二二年のハンス・ヨーアヒム・モーザーの『ドイツ音楽史 *Geschichte der deutschen Musik*』では使用されている。(Friedrich Blume: Barock. [Artikel in MGG 1], Sp. 1278ff.)
(270) ゲーテ自身も、「ゴシック」という言葉が隣国人の用いた侮蔑的で否定的な表現であることを知っており、ゴート人が本当にこのように建築していたことを証明するのは決して容易ではないと言っている。(FA 18, S. 115f.)
(271) Vgl. WA 5, S. 216; S. 235.
(272) Karl Philipp Moritz: Reisen eines Deutschen in Italien in den Jahren 1786 bis 1788. Hrsg. v. Karl-Maria Guth, Berlin 2015, S. 89f. この旅行記は、雑誌『イタリアとドイツ *Italien und Deutschland*』(一七八九年)から編集したものである。
(273) Vgl. SWB 1, S. 295; S. 387.
(274) SWB 1, S. 177ff. ゲーテも『ドイツの建築芸術について』で、イタリアの建築を代表するものとして、サン・ピエトロ大聖堂について言及している。ただしゲーテは、ドイツのゴシック建築こそが自然の法則に根ざす真の芸術であり、イタリアの建築は古代芸術を模倣するだけの亜流に過ぎないと主張している。(FA 18, S. 111.)

（275） SWB 1, S. 95f. ゲーテも『ドイツの建築芸術について』で、デューラーについて触れている。ゲーテによれば、デューラーは「男性的」であり「ひどく堅苦しい姿」を描くが、ヨハン・コンラート・ゼーカッツ（Johann Conrad Seekatz, 1719–1768）のように女性受けを狙った聖人画家よりも好ましいという。（FA 18, S. 117f.）

（276） 小林義武『バッハ復活』、二七―二九頁参照。

（277） Carl Maria von Weber: Artikel J. S. Bach. In: Allgemeine Enzyklopädie der Wissenschaften und Künste. Hrsg. v. Johann Samuel Ersch u. Johann Gottfried Gruber, Section 1, Teil 7, Graz 1970, S. 28f.

（278） Martin Geck: Die Wiederentdeckung der Matthäuspassion im 19. Jahrhundert. Die zeitgenössischen Dokumente und ihre ideengeschichtliche Deutung. (Studien zur Musikgeschichte des 19. Jahrhunderts. Bd. 9), Regensburg 1967, S. 58.

（279） Briefe von Moritz Hauptmann, Kantor und Musikdirektor an der Thomasschule zu Leipzig an Franz Hauser. 2 Bde. Hrsg. v. Alfred Schöne, Leipzig 1871, Bd. 1, S. 99ff.

（280） 小林義武『バッハ復活』、二九、三七頁。

（281） このように音楽を近代のキリスト教世界の所産とみなす見解は、十九世紀初頭の美学において広く見られるものであり、ヘーゲルも古代音楽にはリズムしかなく、キリスト教時代になって初めて和声と旋律が発展したと考えた。彼の『美学講義』によると、芸術史は古代エジプトの「象徴的」様式、古代ギリシアの「古典的」様式、そして中世以降におけるキリスト教芸術の「ロマン的」様式の三つに分類される。キリスト教芸術においては、精神や理念によって物質的制約が克服されているがゆえに、「ロマン的」であるという。（WA 3, S. 409f.; G. W. F. Hegel: Sämtliche Werke. Bd. 12, S. 403ff.; Bd. 14, S. 208f.）

（282） 棚橋信明、前掲、四五頁参照。

第五章　ライヒャルトと器楽

（1）Ludwig Nohl: Mozart. Stuttgart 1863, S. 284. ルートヴィヒ・ノールは、「北ドイツの作曲家たちシュヴァイツァーや（G.）ベンダ、ヒラー、すなわちジングシュピールの創作者たちは、ウィーンの人々の趣味に合わせるにはあまりにルター的であった」（括弧内筆者）と書いている。

（2）C. Dahlhaus: Klassische und romantische Musikästhetik. S. 91ff. ただし、ダールハウスは音楽美学がドイツ北部では発展し、南部では発展しなかった理由を論ずるために、プロテスタントとカトリックの地域差について言及している。

（3）ここで言う感情とは、個人的で主観的な気持ちや心の動きではなく、人間の多様な気分を客観的に類型化したもの、すなわち共同体的な地盤を前提にした心情を意味している。この種の感情は特別に「情緒 Affekt」と呼ばれ、この情緒と音楽との関係を論ずる当時の理論が「情緒説 Affektenlehre」と名づけられた。情緒説においては、個々の音楽的要素がどのような感情的機能と結びついているのかが問題となり、その一方で様々な情緒を描き分けるためにどのような音楽的手段を用いればよいのかが探究された。つまり、バロック音楽の作曲家は自分の内面を告白する詩人ではなく、一定の類型化された情緒を公式的表現によって描写する画家である。（国安洋、前掲、二〇三—二〇四頁参照。）

（4）Gotthold Ephraim Lessing: Werke. 5 Bde. Ausgewählt v. Karl Balser, eingeleitet v. Thomas Höhle, Berlin 1982, Bd. 4, S. 134. シンフォニアの説明については、第二章第一節第2項を参照のこと。レッシングは、舞台作品における序曲や器楽の間奏曲などを指してシンフォニアと言っている。

（5）Vgl. F. Blume: Klassik. (Artikel in MGG 7), Sp. 1053ff.

（6）Vgl. W. Salmen: Reichardt. S. 19f.

（7）Ibid., S. 31f. ライヒャルトはその後に訪れたベルリンで、初めてのイタリア語オペラ《雅やかな宴》を完成させ、宮廷楽長アグリーコラに提示して助言を仰いでいる。なぜなら、彼は職探しの旅をさらに続けてサンクトペテルブルクまで行くか、あるいは当初の目的どおりイタリアに行って、このオペラで自己アピールをしようと考えていたためである。

（8）Reichardt: Schreiben über die Berlinische Musik. S. 5.

（9）Vgl. BMZ 1 (1805), S. 313f.; S. 323ff.

（10）Reichardt: Briefe eines aufmerksamen Reisenden. Bd. 1, S. 161ff. ただし、ベンダ自身は痛風のために演奏できず、ライヒャルトはベンダの息子カール（Carl Benda）のヴァイオリンを通じて彼のアダージョ奏法を体験している。その演奏は、父親のベンダのお墨付きをもらうほど大変に素晴らしく、忠実に父親の奏法を模倣したものであったという。

（11）Vgl. AMZ 15 (1813), Sp. 601ff.; W. Salmen: Reichardt. S. 45.

（12）C. Ph. E. バッハは、ハンブルクでヨハンネウム・ラテン語学校の楽長と五つの主要教会の音楽監督を兼任していた。それ以外にも公開演奏会を企画し、ヘンデルの《メサイア》をはじめとして大バッハやグルック、ハイドンらの宗教曲や世俗作品、自作などを紹介する活動をしていた。（Vgl. Ernst Fritz Schmid: Carl Philipp Emanuel Bach. [Artikel in MGG 1], Sp. 928ff.）

（13）Vgl. W. Salmen: Reichardt. S. 17f.; S. 25.

（14）Reichardt: Briefe eines aufmerksamen Reisenden. Bd. 2, S. 10f. ライプツィヒ『一般音楽新聞』に掲載されたライヒャルトの自伝の一部にも、ハンブルクでC. Ph. E. バッハと出会った時のことが記されている。（AMZ 16 [1814], Sp. 29f.）

（15）Vgl. Reichardt: Musikalischer Almanach. (IV. Charakteristik der merkwürdigsten Komponisten; IX. Anekdoten), o. S. ライヒャルトは歴史上の様々な音楽家の偉業を後世に伝えるために伝記や逸話を執筆している。C. Ph. E. バッハに関してはまとまった伝記を書かなかったが、『音楽年鑑』の第四章の紹介文や、第九章の逸話、『週刊音楽新聞』に掲載したゲルバーの『音楽史・人名辞典』に対する補足事項などで、彼の伝記的な情報を示している。（Reichardt

u. F. L. Ae. Kunzen［Hrsg.］: Musikalisches Wochenblatt. S. 65.）

（16）ライヒャルトは、音楽の著述家を「実践的」、「歴史的」、「批判的」の三つに分類しているが、彼自身は実践的な分野の書物は執筆していない。それは、C. Ph. E. バッハの『クラヴィーア奏法試論』やクヴァンツの『フルート演奏試論』（一七五二年）に対して、遠慮があったからであるという。（Vgl. Reichardt: Musikalischer Almanach.［Nachbericht］, o. S.; W. Salmen: Reichardt. S. 167.）

（17）たとえば、一七七七年八月九日にC. Ph. E. バッハがブライトコプフに宛てた手紙からは、彼が音楽批評のことでライヒャルトに立腹していることが分かる。また彼は、ライヒャルトには音楽の著述家として十分な研究が足りないと考えて、「音楽のほらふき」と呼んでいる。（Vgl. W. Salmen: Reichardt. S. 129; Johann Georg Meusel［Hrsg.］: Miscellaneen artistischen Inhalts, 17. Heft. Erfurt 1783, S. 294.）

（18）MK 2 (1791), S. 93.

（19）MK 1 (1782), S. 25.

（20）Ibid.

（21）たとえば、クヴァンツは一七七三年、キルンベルガーは一七八三年、F. ベンダは一七八六年、C. Ph. E. バッハは一七八八年に他界している。そして、フリードリヒ大王が亡くなったのも一七八六年である。

（22）ライヒャルトにとって、作品全体における感情の統一という考え方は器楽だけでなく、オードやアリア、リートなどの声楽においても重要であった。（P. Sieber: a. a. O., S. 91f.）

（23）ライヒャルトは自伝的教養小説『のちにグリエルモ・エンリコ・フィオリーノと呼ばれる有名な作曲家ハインリヒ・ヴィルヘルム・グルデンの生涯』の中で、幼いころから「ヴィルトゥオーゾ」として旅していたことを告白している。（Reichardt: Leben des berühmten Tonkünstlers Heinrich Wilhelm Gulden nachher genannt Guglielmo Enrico Fiorino. 1. Theil, S. 2.）

（24）Vgl. W. Salmen: Reichardt. S. 322. ヴァイオリン協奏曲は、ライヒャルトの恩師の一人であるファイヒトナーに献呈された。

（25）ライヒャルトは、子供のころからヴァイオリンの「ヴィルトゥオーゾ」として活躍していたにもかかわらず、のちに音楽における名人芸に対して反感を抱くようになった。『パリからの私信』で彼は、真の芸術家は「すべての能力において均整がとれるように教育された人間」であるのに対して、ヴィルトゥオーゾは「ただそれ自体奇妙であることも多い、この上なく偏った才能を備えた人間」であると書いている。さらに、『ベルリン音楽新聞』では、「そもそも私ライヒャルトは、決してヴィルトゥオーゾとして旅していたのではなく、ヴィルトゥオーゾとして活動したのは、一七七一年に初めてライプツィヒを訪れた際の公開コンサートのただ一度きりである」と述べて、自分の過去を隠そうとしている。（Reichardt: Vertraute Briefe aus Paris. Bd. 3, S. 250; BMZ 1［1805］, S. 101.）

（26）Vgl. Reichardt u. F. L. Ae. Kunzen［Hrsg.］: Musikalisches Wochenblatt. S. 91. 交響曲にメヌエットの楽章を挿入したのはハイドンであるとされている。ハイドンもモーツァルトも三楽章制の交響曲から出発し、のちには四楽章制を主体にした。ベートーヴェンは交響曲第二番から、メヌエットの代わりにスケルツォを採用している。

（27）Vgl. W. Salmen: Reichardt. S. 319.

（28）一八一三年三月十七日に、プロイセン王国がフランスへ宣戦布告したことによって解放戦争が始まり、六月のスペインにおけるヴィトリアの戦いや十月のライプツィヒの戦いを経て、一八一四年三月三十一日にパリが陥落すると、ドイツはようやくナポレオンの支配から解放された。この二曲の交響曲は、ドイツ国民が歓喜に沸き高揚感に浸る中で作曲された。ライヒャルトに先立って一八一三年には、ベートーヴェンが《ウェリントンの勝利 *Wellingtons Sieg oder die Schlacht bei Vittoria*》を作曲している。ベートーヴェンのこの曲は交響詩的な描写音楽であるが、ツェルターやC. ブレンターノなどに絶賛され、初演当初は熱狂的に歓迎された。（J.-W. Schottländer: a. a. O., S. 198ff.; FBA 33, S. 107f.［Brentano an Beethoven, 8. 12. 1813］.）

（29）W. Salmen: Reichardt. S. 321.

（30） Vgl. Ibid., S. 328ff.
（31） ライヒャルトはウィーン旅行の際、ベートーヴェンの自宅やコンサート会場で彼の作品を多数聴く機会を得た。ライヒャルトの晩年に書いた三曲のピアノ・ソナタのうち、ヘ短調のソナタは、ハレのヘンデル・ハウスで二〇〇二年に録音されたCDで（奏者はアントーン・ヴァルター）、聴くことができる。（Vgl. Reichardt: Vertraute Briefe geschrieben auf einer Reise nach Wien. Bd. 1, S. 147ff.; S. 166f.; S. 205ff.; S. 269.）
（32） WA 5, S. 203.
（33） WA 1, S. 41.
（34） Vgl. WA 5, S. 205. ホフマンは『ベートーヴェンの器楽』において、「ピアノはメロディよりもハーモニーに一層役立つ楽器である」と述べている。（Vgl. WA 1, S. 46f.）
（35） WA 1, S. 46. ライヒャルトはハーモニーをメロディより知性的で高尚なものと把握していた。ホフマンも「ハーモニーの国」の「財宝」を「識者の前で広げてみせる」と述べていることから、同じように考えていたことが分かる。（MK 1[1782], S. 84.）
（36） WA 1, S. 47f. ホフマンはベートーヴェンのほかに、J. S. バッハとモーツァルトもピアノ曲の作曲に向いていると考えていた。
（37） WA 5, S. 205. ピアノは十九世紀初頭にまさしくロマン主義の楽器になった。ピアノ・ソナタのようなピアノのための小品は十九世紀に特有な曲種の一つであり、市民の家庭における音楽生活や音楽教育に特に貢献した。また、ピアノが各家庭に広まったことにより、音楽の大衆化が進み、当時発展段階にあったリートの分野の普及促進にも重要な役割を果たした。（西原稔『ピアノの誕生』講談社、一九九五年、一二〇―一五四頁参照。）
（38） WA 5, S. 205. このようにホフマンは、ライヒャルトのピアノ・ソナタに対して厳しく批判した。しかし、一八一九年の秋にジャン・パウルは、「ライヒャルトやホフマンのように非常に思慮深い作曲家は、ハイドンやモーツァルトなどの比較的単純な頭に浮かぶ魂の音を、自分の中に一度も聴いたことがない」と記している。つまりジャン・パウルは、ライヒャルトのソナタを批判したホフマンの音楽もまた理性的であり、ハイドンやモーツァルトの「ロマン的」な音楽とは違うと感じていたのである。(Der Musiker E. T. A. Hoffmann. S. 512.)

(39) WA 5, S. 206. この批評の冒頭でホフマンは、ライヒャルトが自分自身の持つ傾向とは違う分野の作曲に挑戦したことに驚いている。また、ライヒャルトのように詩と音楽の統合に昔から慣れているような人はすぐに、悟性と想像力の統合にも慣れるであろうとも言っている。しかし、この批評文が発表された数か月後に、ライヒャルトは他界した。(WA 5, S. 203f.)

(40) Vgl. BMZ 1 (1805), S. 324.

(41) E. Kleßmann: a. a. O., S. 25f.; R. Safranski: a. a. O., S. 48ff.; W. Salmen: Reichardt. S. 19. ライヒャルトの音楽教師リヒターは、一七七六年に「愛好家のための音楽会」を組織し、それがケーニヒスベルクにおける一般公開の演奏会の嚆矢となった。リヒターの演奏会のように、ただ音楽を聴くためだけの目的で大勢の人々が一堂に会するというのは、歴史的に見て新しい現象であり、ケーニヒスベルクはほかのドイツの都市と比べて音楽文化が進んでいた。ザルメンは公開演奏会の開始を一七七五年としている。

(42) Vgl. W. Salmen: Reichardt. S. 19. カッサツィオーネとは十八世紀後半に非常に流行し、野外で演奏するように作られた器楽の一形式である。

(43) Reichardt: Vertraute Briefe geschrieben auf einer Reise nach Wien. Bd. 2, S. 28.

(44) Vgl. W. Salmen: Reichardt. S. 21.

(45) D. Fischer-Dieskau: Reichardt. S. 45; S. 48f.

(46) H. M. Schletterer: a. a. O., S. 177f.; Vgl. AMZ 15 (1813), Sp. 605f.

(47) 《ロシア四重奏曲》とは、一七八一年に作曲された第三七番から第四二番までの六曲を指し、この名称は、のちにロシア皇帝になったパーヴェル・ペトロヴィチに献呈されたことに由来する。ハイドンはこの六曲によって新しい書法を見出し、弦楽四重奏曲を古典的な完成へと導いた。その後の多くの弦楽四重奏曲に影響を与えたという点において、音楽史上重要な作品である。

(48) MK 1 (1782), S. 205.

(49) AMZ 15, Sp. 665ff.

(50) シュレテラーのライヒャルト伝に掲載された、一七八三年と一七八四年のプログラムによると、一二回の演奏会のうち、一七八三年三月十一日と十八日、四月八日、十五日、一七八四年三月十一日の計五回、ハイドンの交響曲が披露されている。ただし、一〇〇曲以上ある交響曲の中でどの曲が演奏されたのかは不明である。(H. M. Schletterer: a. a. O., S. 654ff.)

(51) Hans-Josef Irmen: Joseph Haydn. Leben und Werk. Köln/Weimar/Wien 2009, S. 169.

(52) AMZ 15, Sp. 673f.; MK 1, S. 25; S. 87; S. 205.

(53) MK 1, S. 205.

(54) AMZ 3 (1801), Sp. 130.

(55) たとえば、ベルリンで楽譜出版をしていたヨハン・カール・フリードリヒ・レルシュタープ (Johann Carl Friedrich Rellstab, 1757–1813) は、一八〇〇年までにモーツァルトに関するものは《人気歌曲集 *Favoritgesänge*》しか販売していない。このように楽譜も手に入らない状況下では、モーツァルトの音楽の十分なイメージは形成できなかったと考えられる。(W. Salmen: Reichardt. S. 317.)

(56) AMZ 15, Sp. 668. ライヒャルトはウィーンで、モーツァルトの管楽セレナードなど、何曲かを聴いている。また、彼は自伝でこの時にモーツァルトの《コシ・ファン・トゥッテ》も観たと書いているが、このオペラの初演は一七九〇年であることから、何か別の演目と間違えたものと思われる。(AMZ 15, Sp. 665.)

(57) Vgl. W. Salmen: Reichardt. S. 317.

(58) Reichardt (Hrsg.): Deutschland. Bd. 1, S. 270.

(59) Ibid.

（60）BMZ 1 (1805), S. 1f.

（61）Vgl. W. Salmen: Reichardt. S. 66f. この時ライヒャルトは、モーツァルトには会えなかったが、ディッタースドルフは自宅に招待して歓待したという。

（62）Reichardt (Hrsg.): Lieder geselliger Freude. Bd. 1, S. VIII-IX, (Vorbericht des Herausgebers).

（63）Reichardt: Musikalischer Almanach. (V. Neue deutsche Lieder), o. S. 引用文の「カヴァティーナ」とは、オペラやオラトリオにおける、アリアよりも単純な形式を持つ独唱のことである。

（64）BMZ 2 (1806), S. 101; Reichardt: Vertraute Briefe geschrieben auf einer Reise nach Wien. Bd. 2, S. 21.

（65）Vgl. BMZ 2, S. 180.

（66）BMZ 1, S. 5f.

（67）一七八八年以来、ベルリンの王立国民劇場でモーツァルトのオペラが上演されるようになると、その人気にライヒャルトの作品は敵わなかった。カッセルの劇場総支配人を務めた時代も、ライヒャルトは自作の上演を試みたが、観客が望んだのはモーツァルトのオペラのほうであった。(Vgl. W. Salmen: Reichardt. S. 80; S. 112f.)

（68）ティークはライヒャルトに連れられて、《ドン・ジョヴァンニ》のベルリン初演を観に行ったが、ティークによれば、ライヒャルトは「この作品の間違った趣味について、上演の最中やその後でずっと批判し続けた」という。(L. Tieck's Schriften. Bd. 17, S. 324.)

（69）Mozart, Wolfgang Amadeus: Briefe und Aufzeichnungen. Gesamtausgabe. 7 Bde. Hrsg. v. der Internationalen Stiftung Mozarteum Salzburg. Gesammelt u. erläutert v. Wilhelm A. Bauer u. Otto Erich Deutsch, New York/Kassel 1962ff., Bd. 3, S. 167f.

（70）Vgl. Reichardt: Musikalischer Almanach. (V. Neue deutsche Lieder), o. S.

（71）AMZ 3 (1801), Sp. 290; Sp. 294.

（72）Reichardt: Vertraute Briefe aus Paris. Bd. 1, S. 452; Bd. 3, S. 246.

（73）Reichardt (Hrsg.): Neue Lieder geselliger Freude. 2 Bde. Leipzig 1799–1804, Bd. 2, S. 40f.; S. 45ff.; S. 51f. 《落着き *Gleich-*

muth》と《春の初めに *Zum Frühlingsanfang*》、《満足 *Zufriedenheit*》の三曲である。

（74）BMZ 2 (1806), S. 11. ホフマンも、モーツァルトのオペラにおける功績は、ドイツ的な器楽の表現の豊かさとイタリア的な魅力的な歌を結びつけたことにあると考えた。（WA 5, S. 363.）

（75）BMZ 2, S. 11f.

（76）W. Salmen: Reichardt. S. 112f.

（77）Reichardt: Vertraute Briefe geschrieben auf einer Reise nach Wien. Bd. 1, S. 120ff. ライヒャルトがハイドンと会ったのは、一八〇八年十一月末であるが、その半年後にハイドンは他界している。

（78）Ibid., S. 195f. コンスタンツェは、その数年前にギービヒェンシュタインを訪れたが、あいにくライヒャルトは不在であった。そうした理由から、今度は彼がウィーン郊外にいるコンスタンツェのもとを訪問したという。

（79）AMZ 15 (1813), Sp. 665ff.

（80）Vgl. W. Salmen: Reichardt. S. 66f. ライヒャルトの行動は意図的ではなかったにせよ、その後、彼が音楽的で華麗なウィーンの声楽ではなく、詩を重視した単純で素朴な北ドイツの声楽の主唱者となることを象徴するかのような出来事である。

（81）Reichardt: Vertraute Briefe geschrieben auf einer Reise nach Wien. Bd. 2, S. 107. この引用文で、ライヒャルトが音楽を「古代［……］も知らなかったような芸術」としている理由は、第四章第二節第1項で触れたように、彼がウィーン滞在中にA. W. シュレーゲルの影響から、古代には旋律的で和声的な近代の音楽は存在しなかったという結論に達した点にある。

（82）Briefe an Ludwig Tieck. Bd. 3, S. 110.

（83）国王は、自分の楽団の首席チェロ奏者であるジャン＝ピエール・デュポール（Jean-Pierre Duport, 1741–1818）とベートーヴェンが共演した二曲のチェロ・ソナタ（第一番と第二番）に大変感動し、この作品を献呈したベートーヴェンに対して、ルイ金貨をいっぱいに詰めた金の煙草入れを与えたという。（平野昭『ベートーヴェン』

新潮社、一九九四年、四七頁参照。）

（84） Reichardt: Vertraute Briefe geschrieben auf einer Reise nach Wien. Bd. 1, S. 124. ベートーヴェンは、一七九六年のベルリン旅行の際に、ファッシュやツェルターのジングアカデミーも訪れている。さらにジングアカデミー主催の演奏会にも、少なくとも二回出演した。ただしヘルムート・ロースは、ライヒャルトが一七九六年にベートーヴェンに会った可能性をはっきりと否定している。（石多正男他『ベートーヴェン・ルネサンス』音楽之友社、一九九六年、四二―四三頁参照。Vgl. Helmut Loos: Beethoven zwischen Wien und Berlin. In: Wiener Musikgeschichte, Annäherungen – Analysen – Ausblicke. Wien/Köln/Weimar 2009, S. 200.）

（85） Vgl. Adolph Müller: Briefe von der Universität in die Heimath. Leipzig 1874, S. 76; S. 82; S. 95; S. 100. ベートーヴェンよりもさらに若い世代のミュラーは、モーツァルトやベートーヴェンの支持者で、ライヒャルトの音楽については次のように批判的であった。「ライヒャルトやV. リーギニの作品は、モーツァルトやベートーヴェンの音楽と正反対である。［……］（後者は）機知に富んでいて、細部までよく考えられている。それに対してライヒャルトの作品はだらだらとピーピー鳴っているだけである」（括弧内筆者）。しかし、ライヒャルトはミュラーのように若い世代からも刺激を受けつつ、ベートーヴェンの音楽への評価を定めていった。

（86） BMZ 1 (1805), S. 9. 歌詞はフリードリヒ・フォン・マティソン（Friedrich von Matthisson, 1761–1831）によるが、ベートーヴェンは言葉の繰り返しなどを自由にアレンジして用いている。詩を重視したリート観を持っていたライヒャルトにとって、歌詞を大胆にアレンジすることは考えられなかった。

（87） BMZ 1, S. 7. このような曲の開始方法は、当時（一八〇四年十二月十六日）としてはよほど衝撃的であったのか、「広々としたオペラ劇場での大規模な演奏会のオープニングには相応しくない」と批判されている。

（88） BMZ 1, S. 174. 一八〇五年五月二日付けのコンサート報告である。

（89） シェーナとは、オペラで歌われる劇的で迫力のある独唱のことで、レチタティーヴォと比較すると、より自由で情感を伴ったものである。アリアの導入部として歌われることが多い。

（90） BMZ 1, S. 379f.
（91） ベートーヴェンの音楽は初期の作品から難解であったため、ハイドンはベートーヴェンにピアノ三重奏曲第三番について、作品の出版をまだ差し控えたほうがよいと助言したという。また、一七九九年六月には恐らくロホリッツと思われる批評家が、ベートーヴェンのヴァイオリン・ソナタ第一番から第三番までの三曲を批判している。しかし、新しい世代はベートーヴェンの音楽のこの難解さこそが天才の証であるとして、賞賛するようになっていく。（石多正男他、前掲、一三四頁参照。）
（92） AMZ 7 (1805), Sp. 145f.; Sp. 197f.; Sp. 321f.; Sp. 501f.
（93） Reichardt: Vertraute Briefe geschrieben auf einer Reise nach Wien. Bd. 1, S. 124f. キュクロプスとは、ギリシア神話に登場する額の真ん中に目を持つ、野蛮な一つ目の巨人のことである。
（94） Vgl. Reichardt: Vertraute Briefe geschrieben auf einer Reise nach Wien. Bd. 1, S. 118ff.; S. 147. オペラ《ブラダマンテ》についての詳細は第二章第二節第3項を参照のこと。
（95） Ibid., S. 147. ベートーヴェンは、その後も何度かライヒャルトを招待している。たとえば、ベートーヴェンのピアノ三重奏曲第五番と第六番の二曲の初演の際にも、ライヒャルトを招いている。演奏はベートーヴェン自身とイグナーツ・シュパンツィヒ（Ignaz Schuppanzigh, 1776–1830）らによって行なわれた。シュパンツィヒはベートーヴェンの忠実な友で、アンドレイ・ラズモフスキー伯爵（Andrej Rasumowsky, 1752–1836）が雇っていた弦楽四重奏団の第一ヴァイオリン奏者であった。ホフマンは一八一三年にこの二曲について批評を書いており、この批評が『ベートーヴェンの器楽』の一部を成している。（Ibid., S. 166f.）
（96） Ibid., S. 148f.
（97） Ibid., S. 205.
（98） イグナーツ・フォン・ザイフリート（Ignaz von Seyfried, 1776–1841）やベートーヴェンの弟子のフェルディナント・リース（Ferdinand Ries, 1784–1838）、カール・ツェルニー（Carl Czerny, 1791–1857）の証言や、ライプツィヒ

『一般音楽新聞』の記事など多くの記録が残されている。（平野昭『ベートーヴェン』新潮社、一九九四年、九六頁参照。Vgl. AMZ 11 [1809], Sp. 267ff.）

（99）《合唱幻想曲》とは、《ピアノ・合唱・管弦楽のための幻想曲 *Fantasie für Klavier, Chor und Orchester*》の通称である。ベートーヴェンはオーケストラと合唱とを組み合わせることに初めて挑戦しており、交響曲第九番における《歓喜に寄す *An die Freude*》を連想させるメロディも登場することから、この曲は、のちの交響曲第九番の先駆となる作品と言われている。

（100）ライプツィヒ『一般音楽新聞』によると、当日のプログラムは以下のようであった。「第一部Ⅰ．田園交響曲（第五番）［……］、Ⅱ．アリア［……］、Ⅲ．ラテン語による賛歌、合唱と独唱を伴う教会様式で作曲、Ⅳ．ピアノ協奏曲［……］、第二部Ⅰ．大交響曲ハ短調（第六番）、Ⅱ．ラテン語による聖歌、合唱と独唱を伴う教会様式で作曲、Ⅲ．ピアノのための幻想曲［……］、Ⅳ．ピアノのための幻想曲、次第に管弦楽が導入され、最後にフィナーレとして合唱が加わって終わる」。このプログラムでは、第一部最初の田園交響曲が「第五番」、第二部最初のハ短調の交響曲が「第六番」となっており、今日の数え方と反対である。アレグザンダー・ウィーロック・セイヤーは、今日の交響曲第六番「田園」のほうが先に完成したのではないかと指摘している。（AMZ 11, Sp. 267f.）

（101）Reichardt: Vertraute Briefe geschrieben auf einer Reise nach Wien. Bd. 1, S. 205f. グスタフ・グーギッツの注釈によると、この演奏会の日にオーケストラの主力メンバーはブルク劇場の別のコンサートに出演していて、いくつものパートを、よそから来た不慣れな音楽家たちが担当しなければならない状態であったという。

（102）Ibid., S. 208. 当時の様々な供述や報告を総合すると、この演奏会の失敗の一番の原因は《合唱幻想曲》にあったことが分かる。

（103）Ibid., S. 207. この演奏会で、交響曲第五番のたった四音から成る珍しい主題や、この作品で初めて交響曲に加えられたトロンボーンやコントラファゴット、ピッコロといった管楽器の新しい響きが、当時の聴衆にどのような印象を与えたのか、ほかの証言はほとんど残されていない。（平野昭『ベートーヴェン』新潮社、一九九四年、九八頁参照。）

（104） Reichardt: Vertraute Briefe geschrieben auf einer Reise nach Wien. Bd. 1, S. 269.

（105） Vgl. SWB 1, S. 207f.

（106） Reichardt: Vertraute Briefe geschrieben auf einer Reise nach Wien. Bd. 1, S. 185. ライヒャルトは、ハイドン、モーツァルト、ベートーヴェンの三人を「フモリスト」、彼らの弦楽四重奏曲を「フモールに富んでいる」と表現している。また、ライプツィヒ『一般音楽新聞』における批評文では、ハイドンの作品を聴くと、「あたかもヨリックの著作を読んでいるような気分になる」と書いている。「ヨリック」とは、イギリスの作家ローレンス・スターン（Laurence Sterne, 1713–1768）の代表作、未完の長編小説『紳士トリストラム・シャンディの生涯と意見 *The Life and Opinions of Tristram Shandy, Gentleman*』に登場する人物名で、スターンの分身的存在である。ライヒャルトはハイドンの音楽と、スターンの奔放な諧謔や言語的実験に富んだ文体に、何か共通するものを見出したのであろう。「フモール」とはロマン的滑稽のことであり、ジャン・パウルの芸術観の中心をなす非常に重要な概念である。ジャン・パウルもまたハイドンの音楽に「フモール」を感じていたことから、ライヒャルトはジャン・パウルの思想からも影響を受けていると考えられる。（Ibid., S. 164; AMZ 3[1801], Sp. 130; JPW 5, S. 132.『ゲーテ全集』第八巻、潮出版社、一九九四年、四三六頁参照。）

（107） Alfred Christlieb Kalischer: Beethoven und seine Zeitgenossen. 4 Bde. Berlin/Leipzig 1908–1910, Bd. 1 (Beethoven und Berlin), S. 59. ザルメンは、ライヒャルトは他界する一〇年前までウィーン古典派の音楽を正しく評価できず、頑強にその意見を変えなかったと批判している。たしかに、ウィーン古典派の音楽に対するライヒャルトの考えに変化が生じたのは一八〇〇年前後であり、少々遅かったかも知れない。しかし、ライヒャルトはハイドンとモーツァルトを器楽の作曲家として早くから評価しており、彼らの声楽曲の価値を認めたのが遅れただけである。ベートーヴェンの器楽に対する理解は、むしろ早いほうである。（W. Salmen: Reichardt. S. 201.）

（108）A. Forchert: a. a. O., S. 411. このように、十九世紀初頭の音楽批評において新たな動きが出てくるのはホフマン以降と解釈したのは、フォルヒェルトだけではない。ロースは、ライヒャルトが『ウィーンへの旅路で書かれた私信』でベートーヴェンの器楽を高く評価した点に言及しつつも、それは、たまたまウィーンの雰囲気と優秀な演奏家たちによって導き出されたに過ぎないと考えている。そして、ツェルターと同世代のライヒャルトには、その世代の価値観でしか判断できないはずであるという理由から、ライヒャルトによる評価は、新しい世代のホフマンによるものとは全く違うと主張している。（H. Loos: a. a. O., S. 201f.）

（109）Reichardt: Vertraute Briefe geschrieben auf einer Reise nach Wien. Bd. 1, S. 185.

（110）Vgl. W. Salmen: Reichardt. S. 119; S. 171.

（111）BMZ 1 (1805), S. 2.

（112）A. Forchert: a. a. O., S. 411.

（113）BMZ 1, S. 180. ミヒャエリスは、「ハイドンやモーツァルト、ベートーヴェンなどのいくつかの大規模な交響曲では、内部構造や精神的傾向が、英雄叙事詩の大掛かりな構想や性質に似ていると思われる」と書いているが、「など」という言葉からも分かるように、この場合は三人の名前の単なる例示であると考えられる。

（114）WA 1, S. 775.

（115）WA 1, S. 42. ホフマンによると、十八世紀後半以来器楽が高い価値を持つようになったのは、楽器の改良や演奏者の技術向上によって表現手段が容易になっただけではなく、天才作曲家たちが音楽独自の本質を奥底まで完全に見抜くことができたからであるという。彼は、音楽を造形芸術と対極にあるものと考えていたため、音を造形的に扱おうとした作曲家たち、たとえば標題的な交響曲を書いたディッタースドルフなどを批判している。（Vgl. WA 1, S. 41f.; 5, S. 34.）

（116）Reichardt: Vertraute Briefe geschrieben auf einer Reise nach Wien. Bd. 1, S. 185.「園亭」の原語は „Gartenhaus" であるが、ガルテンハウスには素人でも組み立てられる小屋のようなものから、庭園などに設けられた東屋や、そこで十分に生活できるような立派な建築物に至るまで、様々な規模のものが存在する。一八〇八年十一月末にライヒャルトがハイドンを訪ねた際、ハイドンはウィーン郊外の「小さいけれども、とても可愛らしいガルテンハウス」に住んでいたという。ハイドンは二階にいたということから、このガルテンハウスは二階建て以上の比較的大きな建物であったと考えられる。恐らくライヒャルトはハイドンが実際に住んでいた家を思い浮かべながら、この言葉を使用しているのであろう。なお、ゲーテのイルム公園にある別荘もガルテンハウスと呼ばれる。(Ibid., S. 121.)

(117) WA 1, S. 42.

(118) WA 1, S. 43.

(119) Reichardt: Vertraute Briefe geschrieben auf einer Reise nach Wien. Bd. 1, S. 185.

(120) WA 1, S. 42f. ホフマンは、この引用部分の後に「たとえばモーツァルトの変ホ長調交響曲は、白鳥の歌という名で知られている」と記している。しかし、この変ホ長調交響曲とは第三九番のことを指しており、その後に第四〇番と第四一番が続くため、モーツァルトの最後の交響曲ではない。

(121) WA 1, S. 43.

(122) Reichardt: Vertraute Briefe geschrieben auf einer Reise nach Wien. Bd. 1, S. 185.

(123) ただし、ジャン・パウルが『美学入門』の第二三節「ロマン的な詩の源泉」(第五プログラム「ロマン的文学について」)でこのような表現を用いているのは、主に、音楽ではなく文学について語るためである。彼はここで、シラーやシュレーゲル兄弟、のちのK. W. F. ゾルガーやヘーゲルとよく似たカテゴリーで、キリスト教的近代と異教的古代を対比する文学理論を素描している。(JPW 5, S. 93f.; Vgl. C. Dahlhaus: Klassische und romantische Musikästhetik. S. 105ff.)

(124) C. ブレンターノやティークが、ライヒャルトには「ロマン的なものにおいては全く資質を欠いている」、「ポエジーにおける幻想性へのセンスはほぼ完全に欠けていた」と批判しているのは、ライヒャルトの書いた物のこうした表現力の不足を指摘していると考えられる。（FBA 32, S. 33f.; L. Tieck's Schriften. Bd. 11, S. LIII.）

（125）Reichardt: Vertraute Briefe geschrieben auf einer Reise nach Wien. Bd. 1, S. 185. ミケランジェロは、七十一歳の時に当時建設中であったサン・ピエトロ大聖堂の造営主任に任命されており、現在のドームは彼の計画に基づいて建設された。サン・ピエトロ大聖堂の近くにある万神殿パンテオンは、一二〇年ごろにハドリアヌス帝が再建した、古代ローマ最大の円蓋建築で、ミケランジェロはこれを「天使の設計」として大絶賛している。ライヒャルトが言いたいのは、ミケランジェロがサン・ピエトロ大聖堂の大円蓋の設計にあたり、彼の理想とする建築物であるパンテオンを大聖堂本体の上に建てて丸屋根としたということであると考えられる。（熊倉洋介他『西洋建築様式史』美術出版社、一九九八年、四二―四四、九五―九八、一一四―一一五頁参照。）

（126）WA 1, S. 43. ホフマンは、一八一九年版の『新旧の教会音楽』の中でも類似した表現を用いて、「ベートーヴェンの守護霊ゲーニウスは、いつも好んで恐怖や驚愕という取っ手を引く」と述べている。また、ジャン・パウルの『美学入門』でも、人間の内面世界についての描写で、既述のような「無限の国」や「途方もないものや測りがたいもの」、「無限の憧憬」、「夜」、「恐怖」、「苦痛」という言葉のほかに、「苦痛という取っ手」という表現も登場する。ただし、ホフマンの「苦痛という取っ手」の原語は „die Hebel ... des Schmerzes" であるが、ジャン・パウルは „die Handhabe des Schmerzes" という言葉を使用している。（Vgl. WA 3, S. 408f.; JPW 5, S. 93f.）

（127）WA 1, S. 43.

（128）Vgl. W. Salmen: Reichardt. S. 119; S. 171.

（129）Otto Jahn: Wolfgang Amadeus Mozart. 4 Bde. Leipzig 1856–1859, Bd. 4, S. 745f.

（130）Vgl. A. B. Marx (Hrsg.): Berliner allgemeine musikalische Zeitung. 1. Jg. Berlin 1824, S. 165ff.; A. Forchert: a. a. O., S. 414.

（131）Vgl. Johann Amadeus Wendt: Über den gegenwärtigen Zustand der Musik, besonders in Deutschland. Göttingen 1836, S. 4ff.; A. Forchert: a. a. O., S. 412. ヴェントはライプツィヒ出身の哲学者、音楽美学者で、ライプツィヒ大学ののちにゲッティンゲン大学でも教鞭を執った。彼はかつて、一八一五年のライプツィヒ『一般音楽新聞』に掲載された論文では、ハイドン、モーツァルト、ベートーヴェンの違いを、考え抜かれた計画どおりの様式、有機的な様式、奇抜で自由な様式としていた。(Vgl. AMZ 17[1815], Sp. 345ff.; Sp. 382ff.)

(132) Vgl. Julius Wend: Berlioz und die moderne Symphonie. Ein Beitrag zu einer Philosophie der Musik. In: Wiener allgemeine Musik-Zeitung. 6. Jg. Wien 1846, S. 157f.; A. Forchert: a. a. O., S. 414.

(133) Ibid., S. 411f.

(134) Vgl. Ibid., S. 410ff.

(135) W. Salmen: Reichardt. S. 191.

(136) MK 1 (1782), S. 7.

(137) 特に、こうした「音型」とバロック音楽における「情緒」を結びつけたものを「情緒説」と呼ぶ。

(138) Johann Mattheson: Der vollkommene Capellmeister. Hamburg 1739, S. 26.

(139) 修辞学の原理に基づいた作曲法をテーマとした書籍の多くは十八世紀前半に書かれたが、フォルケルの『音楽通史』と同じ時期に書かれたものに、コッホの『作曲入門試論 *Versuch einer Anleitung zur Composition*』全三巻(一七八二―一七九三年)がある。(D・J・グラウト、C・V・パリスカ『新西洋音楽史』中巻、二三六頁参照。)

(140) Reichardt u. F. L. Ae. Kunzen (Hrsg.): Musikalische Monathsschrift. S. 43f.

(141) Vgl. MK 1, S. 84.

(142) MK 2 (1791), S. 5.

(143) J. N. Forkel: Allgemeine Geschichte der Musik. Bd. 1, S. 46.

(144) ゴットフリート・ヴィルヘルム・ライプニッツ(Gottfried Wilhelm Leibniz, 1646–1716)は、音楽による感覚的快は「魂の無意識的な計算」に支えられていると考えていた。パウル・ジーバーによると、ライヒャルトの「魂の秘密の計算」はライプニッツの「魂の無意識的な計算」と驚くほど一致しているという。(P. Sieber: a. a. O., S. 60f.)

(145) FA 30, S. 593f.

(146) モーリッツとヘルダーの思想については本節第2項で、ジャン・パウルとロマン派の詩人たちの見解については第3項で詳述する。

(147) W. Salmen: Reichardt. S. 193. シラーも音楽の本質を感情の表現にあると考えていて、それと同時に、『人間の美的教育について *Über die ästhetische Erziehung des Menschen*』などでは人間性の両側面、すなわち理性的なものと感性的なものとの古典的調和を説いている。この点では、シラーとライヒャルトの見解に類似性があると言える。（Vgl. P. Sieber: a. a. O., S. 65.）

(148) Reichardt: Briefe eines aufmerksamen Reisenden. Bd. 1, S. 34f. 三年後の一七七七年には、現状を批判して「ほとんどの作曲家は、文芸に対する知識もなければ、内省や哲学的思索によって正された感情も、洗練された悟性もない。一言で言って、ほとんどの音楽家には教育が足りない」と述べている。（Reichardt: Ueber die musikalische Komposition des Schäfergedichts. S. 285.）

(149) MK 1, S. 6.

(150) Vgl. P. Sieber: a. a. O., S. 87; W. Salmen: Reichardt. S. 193.

(151) Reichardt: Schreiben über die Berlinische Musik. S. 5f.

(152) MK 1, S. 7; 2, S. 16.

(153) Reichardt: Vertraute Briefe geschrieben auf einer Reise nach Wien. Bd. 2, S. 178.

(154) Reichardt u. F. L. Ae. Kunzen (Hrsg.): Musikalisches Wochenblatt. S. 146; MK 1, S. 111; 2, S. 96.

(155) ライヒャルトにとって、音楽は感情を表出するものであり自律的な芸術であったため、外界に存在する何かを模倣する必要はなかった。（Vgl. MK 1, S. 84; 2, S. 5.）

(156) Vgl. Reichardt: Vertraute Briefe geschrieben auf einer Reise nach Wien. Bd. 2, S. 176. ゲーテも音楽においては、高度な種類の模倣を目指すべきであると考えていた。ザルメンは、ライヒャルトがヨハン・ゲオルク・ズルツァーの模倣美学を受け容れられなかったとみなしているが、ズルツァーの模倣に対する考え方はライヒャルトのそれと非常に近似している。なぜなら、ズルツァーもまた感情の表出が音楽の課題であって、写実的な自然の模倣は程度が低く、理想化の意味を含めた自由な模倣が重要であると考えていたからである。（W. Salmen: Reichardt. S. 194. 植村耕三「ズルツァーの美学事典の音楽思想――18世紀ドイツ音楽思想に関する一考察」『美學』第一六巻第二号［一九六五年］、四四―四五頁参照。）

(157) Reichardt: Oden und Lieder von Uz, Kleist und Hagedorn. (Vorrede); B. Seyfert: a. a. O., S. 67.

(158) Vgl. W. Salmen: Reichardt. S. 222ff.

(159) Vgl. Reichardt: Vertraute Briefe geschrieben auf einer Reise nach Wien. Bd. 1, S. 30f.; Bd. 2, S. 140. ライヒャルトはギービヒエンシュタインの庭園に、当時流行していた庭園装飾建築、たとえば古代ローマの遺跡を思わせるような人工的な廃墟や、東洋風の仏塔や橋などを一切置かなかった。（Vgl. E. Neuß: a. a. O., S. 47.）

(160) Reichardt: Vertraute Briefe geschrieben auf einer Reise nach Wien. Bd. 1, S. 8.

(161) W. Salmen: Reichardt. S. 222.

(162) BMZ 1 (1805), S. 54; S. 86.

(163) MK 1 (1782), S. 2.

(164) Reichardt: Etwas über Musik. In: Berlinisches Archiv der Zeit und ihres Geschmacks. Jg. 1795, Bd. 1, S. 78. ゲーテも『プロピュレーエンへの序言 *Einleitung in die Propyläen*』で、「自分で法則を定める真の芸術家」と「盲目的な衝動に従い、法則を無視する芸術家」を分けて考えている。（FA 18, S. 469.）

(165) Vgl. BMZ 2 (1806), S. 114f.; MK 1, S. 82; Reichardt: Vertraute Briefe geschrieben auf einer Reise nach Wien. Bd. 1, S. 285.

(166) W. Salmen: Reichardt. S. 251; S. 219.

(167) Reichardt: Briefe eines aufmerksamen Reisenden. Bd. 1, (Vorbericht). 「超人」とは、特にフリードリヒ・ニーチェ（Friedrich Nietzsche, 1844-1900）の哲学における中心概念として有名であるが、ゲーテやヘルダーも用いた言葉で

ある。たとえば、ゲーテの『ファウスト第一部』には、地霊が、恐れおののいているファウストに対して、「何と惨めな恐怖心に、超人であるお前が襲われていることか」と嘲る場面がある。

(168) Reichardt: George Friedrich Händel's Jugend. S. 190.

(169) Reichardt: Briefe eines aufmerksamen Reisenden. Bd. 2, S. 45. ライヒャルトはカントの「天才」の定義にも関心があり、『判断力批判』の「芸術」と「天才」について書かれた部分から、感銘を受けた言葉を抜書きして、『音楽芸術雑誌』第二巻で紹介した。（MK 2［1791］, S. 87ff.）

(170) BMZ 1 (1805), S. 51.

(171) MK 2, S. 5.

(172) Reichardt: Briefe eines aufmerksamen Reisenden. Bd. 1, (Vorbericht).

(173) ゲーテも音楽に魔力的効果があると信じていた。特に音楽には、聴く人の心を癒す「治癒の力」や子供たちの人格の陶冶に役立つ「教育の力」があると考えていた。（Vgl. FA 2, S. 462; 8, S. 79; 10, S. 416ff.; S. 519.）

(174) BMZ 2 (1806), S. 57ff.; Reichardt u. F. L. Ae. Kunzen (Hrsg.): Musikalisches Wochenblatt. S. 138.

(175) MK 2, S. 5.

(176) Vgl. MK 1 (1782), S. 8; BMZ 1, S. 331.

(177) Vgl. Reichardt: An die Jugend. Aufmunterung zum reinen und richtigen Gesang, als ein Theil der guten Erziehung in unsern Zeiten. In: Ephemeriden der Menschheit. 11. St. Basel 1777, S. 40; Ueber die musikalische Komposition des Schäfergedichts. S. 286.

(178) Vgl. W. Salmen: Reichardt. S. 214ff.

(179) P. Sieber: a. a. O., S. 107.

(180) Vgl. W. Salmen: Reichardt. S. 214f.

(181) H. M. Schletterer: a. a. O., S. 123.

(182) Vgl. Reichardt: Vertraute Briefe geschrieben auf einer Reise nach Wien. Bd. 1, S. 204.

(183) 国安洋、前掲、二〇八―二〇九頁参照。このような声楽優位の傾向は、フランスのセバスチャン・ド・ブロッサール（Sébastien de Brossard, 1655–1730）やドゥニ・ディドロ（Denis Diderot, 1713–1784）、ダランベール、ルソーなどの音楽観に見られる。ドイツでも、一七三九年にヨハン・マッテゾンは『完全なる楽長』の中で、「器楽は単なる人間の声の模倣にほかならない」と明確に述べている。十八世紀の後半になっても、ズルツァーは『芸術総論』全二巻（一七七一年、一七七四年）において、「音楽は詩と一体になり、声楽と器楽が結びついて初めて、完全な効果を発揮するものである」と書いている。（J. Mattheson: a. a. O., S. 8; Johann Georg Sulzer: Allgemeine Theorie der schönen Künste. 2 Bde. Leipzig 1771–1774, Bd. 1, S. 559.）

(184) 国安洋、前掲、二〇三―二〇七頁参照。

(185) Vgl. Hans John: Goethe und die Musik. Langensalza 1927, S. 78f.; H. Abert: a. a. O., S. 49ff.

(186) Vgl. FA 9, S. 482. これに対して、一八三〇年代に音楽批評活動を始めたシューマンは、その批評の中でオペラのアリアを「蝶」に、交響曲などの器楽を「巨大生物」に喩えて、「蝶」は色とりどりの鱗粉を取り除いてしまえば惨めな姿であるが、「巨大生物」は死んでもなお骨が化石となって残り、後世に影響を及ぼすと主張している。つまりゲーテは器楽を、シューマンは声楽を、たしかに美しいが得るものがないという意味で「蝶」に譬えており、彼らにおいては声楽と器楽の価値観が全く逆であることが分かる。（Robert Schumann: Gesammelte Schriften über Musik und Musiker. 2 Bde. Hrsg. v. Martin Kreisig, Leipzig 1914, Bd. 1, S. 128.）

(187) FA 25, S. 182.

(188) Goethes Gespräche. Bd. 2, S. 899, (E. Genast, Nr. 3930); F. Mendelssohn Bartholdy: a. a. O., S. 16, (F. Mendelssohn an Zelter, 22. 6. 1830).

(189) FA 39, S. 452, (Gespräche mit Eckermann, 28. 2. 1831); FA 14, S. 839ff. ゲーテは、親友シラーと知り合った偶然性にも「デモーニッシュ」なものを感じている。（FA 39, S. 323, [Gespräche mit Eckermann, 24. 3. 1829].）

(190) MA 20, S. 1275, (Goethe an Zelter, 9. 11. 1829); FA 39, S. 456, (Gespräche mit Eckermann, 2. 3. 1831).

（191）FA 10, S. 565.

（192）Goethes Gespräche. Bd. 2, S. 648f., (S. Boisserée, 6. 5. 1811, Nr. 3427).

（193）FA 39, S. 324, (Gespräche mit Eckermann, 2. 4. 1829) ; S. 456, (Gespräche mit Eckermann, 2. 3. 1831).

（194）HSW 4, S. 161f.

（195）SWB 1, S. 98.

（196）たとえば、ヘルダーは『言語起源論』の中で、人間の声と言語、歌の関係について次のように発言している。「最初の人類の言語は歌であった」が、単なる動物的な「感情の叫び声」から直接、歌が発生したと考えるのは短絡的であり、それには、人類の言語によってあらゆる被造物に名前をつけるという過程が必要であった。「すると自然全体が歌い、音を奏でた」。そして「人間の理性が必要とし、感性が理解し、声帯が表現できるすべての声が調和して人類の歌になった」。つまりヘルダーにとって歌とは、「人間の声が奏でる自然な音階の範囲内で、あらゆる被造物を言語で表現したもの」である。（HSW 5, S. 58.）

（197）HSW 16, S. 256; S. 265.

（198）HSW 22, S. 269.

（199）HSW 22, S. 187. ヘルダーは、雑誌『アドラステア *Adrastea*』全六巻（一八〇一―一八〇三年）に書いた論文『ヘンデル *Händel*』でも、「器楽は身振りを伴わず、単に感情の流れや動きを拠り所にしているだけであり、そのようにして音楽はまさに不可視な精神的な領域へ入って行く」と述べている。（HSW 23, S. 568f.）

（200）HSW 22, S. 186.

（201）C. Dahlhaus: Klassische und romantische Musikästhetik. S. 31.

（202）Ibid., S. 35. ダールハウスによれば、「モーリッツはカントの『判断力批判』（一七九〇年）の二年前（一七八八年）に、古典主義的自律美学について述べた。『アンドレーアス・ハルトクノプフ』（一七八五―一七八六年）では、ジャン・パウルの『ヘスペルス』（一七九五年）の一〇年前に、キーワードを使って言うならば、多感的な

「心情の吐露」から「無限の憧憬」への移行を果たした。また『新しいツェツィーリア *Neue Cecilia*』（一七九三年）では、ヴァッケンローダーの『芸術を愛する一修道僧の心情の吐露』（一七九七年）に数年先駆けて、芸術を宗教として熱狂的に崇めた」という。

(203) Karl Philipp Moritz: Andreas Hartknopf. Eine Allegorie (1786). Faksimiledruck. Hrsg. v. Hans Joachim Schrimpf, Stuttgart 1968, o. S. (Vorbericht). 山本惇二『カール・フィリップ・モーリッツ——美意識の諸相と展開』鳥影社、二〇〇九年、二一〇頁参照。

(204) K. Ph. Moritz: Andreas Hartknopf. S. 133.

(205) Ibid., S. 73. ただし、この場合のメロディというのは、器楽ではなくハルトクノプフが歌うリートのメロディを指している。

(206) Ibid., S. 134f.

(207) Ibid., S. 137f.

(208) 山本惇二、前掲、二一一頁。

(209) C. Dahlhaus: Klassische und romantische Musikästhetik. S. 92.

(210) Vgl. HSW 23, S. 336; S. 345.

(211) MK 1 (1782), S. 24; Reichardt: Musikalischer Almanach. (V. Neue deutsche Lieder), o. S.

(212) MK 1, S. 84. この引用文にある「感情や情熱を模倣」すること、または「一定の感情や情熱」を「表現する」ことは、バロック時代の「情緒説」を指している。

(213) ハーモニーを知性的で高尚なものとする見解は、ホフマンにも見られる。(Vgl. WA 1, S. 46.)

(214) マンハイム楽派とは、十八世紀後半にプファルツ選帝侯カール・テーオドール（Karl Theodor, 1724–1799）の宮廷で活躍した音楽家のグループのことである。ボヘミア出身のヴァイオリン奏者ヨハン・シュターミッツ（Johann Stamitz, 1717–1757）を中心として、管弦楽の演奏法に新しい傾向をもたらし、ソナタ形式を中心とする多楽章形式の確立に貢献した。また、ライヒャルトが指摘しているように、ヴァイオリンなどの旋律楽器を中心としたホモフォニックな様式を導入している。モーツァルトがマンハイム楽派から影響を受けたことはよく知られているが、ライヒャルトも演奏と創作の両側面において刺激を受けている。（Vgl. W. Salmen: Reichardt. S. 248f.; S. 319ff.)

(215) P. Sieber: a. a. O., S. 94ff.

(216) MK 2 (1791), S. 5.

(217) MK 2, S. 38.

(218) たとえば、一八〇九年一月に行なわれたピアノ奏者マリー・ビゴーの家庭音楽会でベートーヴェンの器楽を聴き、ライヒャルトは「すべての作品には流れ出る想像力や、言葉では無理でも音楽では表現できるような感情の深みがある」と感想を述べた。（Reichardt: Vertraute Briefe geschrieben auf einer Reise nach Wien. Bd. 1, S. 269.)

(219) Vgl. P. Sieber: a. a. O., S. 86.

(220) 一七八二年にはまだ、「あらゆる高度な芸術は、原初は至るところで人間が神々と交わす言語であった」と述べて、音楽を特別視していない。（MK 1[1782], S. 7.)

(221) MK, 2 (1791), S. 5; S. 41; BMZ 1 (1805), S. 31.

(222) Reichardt: Vertraute Briefe geschrieben auf einer Reise nach Wien. Bd. 2, S. 29; S. 178.

(223) MK 1, S. 7; S. 84.

(224) MK 2, S. 5; S. 41.

(225) MK 1, S. 148f.

(226) フォルケル、前掲、二〇五—二〇六頁参照。フォルケルは非常に保守的な音楽家であり、生涯、バロック音楽における情緒説や啓蒙主義や合理主義の価値観から離れられなかった。

(227) この点に関しては第一章第二節を参照のこと。

(228) F. Blume: Romantik. (Artikel in MGG 11), Sp. 792.

(229) ジャン・パウルはこの作品に共鳴して、暗唱できるまで繰り返して読み、自分の作品にその技法を反映させているという。彼は一七九二年六月にモーリッツと文通を開始し、それと同時に『ヘスペルス』と『巨人 *Titan*』の執筆に取り掛かっている。（山本惇二、前掲、一〇五頁参照。）

(230) ジャン・パウルは、『美学入門』における第二三節「ロマン的な詩の源泉」（第五プログラム「ロマン的文学について」）で、音楽について「漠然とした憧れを与える」もの、あるいは「漠然としたロマン的性格」を持つものと説明している。彼にとって「無限の憧憬」の芸術は音楽である。(JPW 5, S. 93f.)

(231) ダールハウスは、この野外コンサートで演奏されたのはC. シュターミッツの「交響曲」であると解釈しているが、ジャン・パウルは曲名を明記しておらず、オーケストラによる器楽曲であることしか分からない。ゲオルク・シューネマンによると、ジャン・パウルはホーフで、シュターミッツのヴィオラ・ダモーレの音楽を聴いているという。シュターミッツはヴィオラ・ダモーレ協奏曲を複数作曲しており、そのうちの一曲を鑑賞した際の体験がもとになって、この野外コンサートの場面が書かれた可能性がある。(Vgl. C. Dahlhaus: Klassische und romantische Musikästhetik. S. 31; G. Schünemann: Jean Pauls Gedanken zur Musik. S. 387; S. 391.)

(232) JPW 1, S. 775.

(233) JPW 1, S. 776.

(234) Vgl. K. Ph. Moritz: Andreas Hartknopf. S. 73; S. 133ff.

(235) Denkwürdigkeiten aus dem Leben von Jean Paul Friedrich Richter. Bd. 4, S. 163.

(236) 『生意気盛り』第一巻の第一三番「見事な斑紋のあるベルリンの大理石 *Berliner Marmor mit glänzenden Flecken*」には、「聖なる音楽は人間に過去と、一度も体験していない未来を示す」とある。また、音楽についての覚書には、「視覚を使う時間が長ければ長いほど、現在に対する想像力はますます制約を受ける。しかし、一つの音が長く続けば続くほど、そのヴィブラートがより多くの未来を支える」と書かれている。(JPW 2, S. 660; Denkwür-

digkeiten aus dem Leben von Jean Paul Friedrich Richter. Bd. 4, S. 164.)

(237) SWB 1, S. 207f. ヴァッケンローダーは、ここで音楽を一種の「言語」であると語っている。ダールハウスによると、音楽は「響きの演説」であるとしたマッテゾンの考えを、一七八八年にはフォルケルが、一七九七年にはフォルケルからヴァッケンローダーが引き継いだという。たしかに、マッテゾンとフォルケルは音楽と演説に著しい類似性を認めた点で共通しているが、ヴァッケンローダーが言う「言語」とは、日常の言語や演説とは異質のものであり、何かを描写するものとしての比喩表現である。ヴァッケンローダーの主張は、むしろモーリッツやライヒャルトのそれに近似しており、マッテゾンやフォルケルの見解とは全く異なっている。（『ダールハウスの音楽美学』、五六頁参照。）

(238) SWB 1, S. 217; S. 220.

(239) SWB 1, S. 220.

(240) SWB 1, S. 223. このように、ヴァッケンローダーはロマン主義の芸術観に宗教的な音調を持ち込んだため、ゲーテは一八〇二年の『年報 *Annalen*』で、「信心深さを芸術の唯一の基礎と定めようとした」新しい傾向を非難し、明確にその流れから距離を置いた。（FA 17, S. 106f.）

(241) SWB 1, S. 191f.

(242) ティークは『音調 *Die Töne*』の中で、「芸術の巨匠たちは自らの精神を、今やこの上なく神秘的な方法によって、このような楽器で明らかに示し、告げ知らせる」とも述べている。（SWB 1, S. 234.）

(243) SWB 1, S. 241f.

(244) SWB 1, S. 294ff.

(245) R. A. Köpke: a. a. O., Bd. 1, S. 75ff.

(246) Vgl. K. Ph. Moritz: Andreas Hartknopf. S. 133.

(247) K. Ph. Moritz: Schriften zur Ästhetik und Poetik. Kritische Ausgabe. Hrsg. v. Hans Joachim Schrimpf, Tübingen 1962, S. 76. モ

ーリッツは公開講座の内容に関する短い予告文においても、「美を観照し判定する際の幽暗な感情」という表現を用いている。既述のとおり、ヘルダーも一七六九年にすでに「幽暗」という言葉を使用しているが、その意味はまだ否定的である。（山本惇二、前掲、三五二―三五三頁参照。HSW 4, S. 161f.）

（248） 山本惇二、前掲、三五四頁参照。ただし、ダールハウスの指摘によると、長編小説『新しいツェツィーリア』（一七九三年）の遺稿断片において、モーリッツにも芸術を宗教として崇める表現が見られるという。（C. Dahlhaus: Klassische und romantische Musikästhetik. S. 35.）

（249） MK 2 (1791), S. 16; G. Schünemann: Jean Pauls Gedanken zur Musik. S. 396f.; HSW 22, S. 186. ただし、ヘルダーの『カリゴネー』が書かれたのは、ヴァッケンローダーの死後のことである。

（250） Vgl. G. Schünemann: Jean Pauls Gedanken zur Musik. S. 389f.

（251）『心情の吐露』や『芸術幻想』で展開される音楽論は非常に抽象的であるが、ティークは『ファンタズス *Phantasus*』（一八一二―一八一六年）や『音楽の悩みと喜び』（一八二四年）などにおける音楽論では、具体的な例を挙げながら記述している。

（252） SWB 1, S. 245. ティークは一八二九年五月にも、「我が友は『マクベス』の魔女たちの場面に見事な音楽をつけた」と書いている。ライヒャルトの劇付随音楽《マクベス》は、一七八七年十二月二十八日のベルリン王立国民劇場での初演以来大変好評で、一八〇六年までの四〇回の上演で用いられた。ティークだけでなく、シラーもこの音楽を高く評価している。一八〇〇年五月十四日にヴァイマルでシラーのアレンジによる『マクベス』が初演された際には、ライヒャルトの音楽が一部使用された。シラーの四月二十六日付けのイフラント宛ての手紙から、彼が特に「魔女たちの場」のための音楽を好んでいたことが明らかになる。（L. Tieck's Schriften. Bd. 11, S. LIII; Vgl. W. Salmen: Reichardt. S. 281ff.; C. Schäffer u. C. Hartmann: a. a. O., S. 56; Hildegard Franz u. Beate Agnes Schmidt: Johann Friedrich Reichardts *Hexenscenen aus Schakespears Macbeth*. Überlieferung und Aufführungstraditon im 18. und 19. Jahrhundert. In: Musik und Theater. Hrsg. v. Detlef Altenburg, Bd. 1［2012］, S. 157.）

(253) シンフォニアの説明については、第二章第一節第2項を参照のこと。

(254) SWB 1, S. 245f.

(255) SWB 1, S. 243f.

(256) ヴァッケンローダーも「交響楽」を「少年少女の快活な合唱隊」に、「楽音」を「歌詞」に譬えて、「交響楽」を「合唱」と同等のものと捉えていることから、恐らくティークと同様の考えであったと思われる。（SWB 1, S. 133.）

(257) 音楽家のライヒャルトでさえも、一七八五年から一七八六年にかけて作曲したフランス語オペラ《ティムール》を作曲するまで、コンサート用シンフォニーとオペラの序曲の区別をしていなかった。（Vgl. W. Salmen: Reichardt. S. 319.）

(258) ハイドンの交響曲は、ライヒャルトが「コンセール・スピリテュエル」で、ベルリンの聴衆たちに積極的に紹介していた。モーツァルトの器楽については、音楽評論家のライヒャルトでさえも一七九〇年代の北ドイツにおいては、楽譜を読むことでしか知り得ず、しかも一部しか知らなかった。ベートーヴェンは、ライプツィヒ『一般音楽新聞』第一巻（一七九九年）では、まだ作曲家ではなく「非常に優れたピアニスト」として紹介されている。ベートーヴェンやモーツァルトの交響曲が、ベルリンのコンサートでも演奏されるようになったのは、一八〇五年前後であると考えられる。（Vgl. H. M. Schletterer: a. a. O., S. 654ff.; AMZ 1［1799］, Sp. 366; 7［1805］, Sp. 145; BMZ 1［1805］, S. 7; 2［1806］, S. 19.）

(259) WA 1, S. 41.「類型化されたあらゆる感情」とは、「情緒説」の理論に基づいて、客観的に個別化された人間の感情のことを指している。ホフマンは器楽本来の魅力を語ることで、この種の感情の描写を音楽の目的としていた古い考え方を覆そうとしている。

(260) WA 3, S. 409.

(261) ライヒャルトは、たとえば一八〇九年一月にウィーンで聴いたベートーヴェンのピアノ三重奏曲やピアノ・ソナタを、ロマン主義の音楽思想と結びつけている。ただし、『ウィーンへの旅路で書かれた私信』は書簡体による紀行文の形式を取っているため、そこでは楽曲や演奏に対するライヒャルトの個人的な感想が述べられるにとどまっている。それに対してホフマンは、特に『ベートーヴェンの器楽』としてまとめる前の音楽批評文の段階で、実際に楽譜を引用し詳細に分析した上で、楽曲のどの部分がロマン主義的特徴を持っているのか具体的に述べている。(Vgl. Reichardt: Vertraute Briefe geschrieben auf einer Reise nach Wien. Bd. 1, S. 269.)

(262) WA 1, S. 43f.; S. 47ff.

(263) ブルーメは、「たしかにホフマン自身の音楽作品は、彼の美学的見解から期待すると失望させられる。それは、たとえばベッティーナ・ブレンターノの唯一の詩が、彼女の熱狂的な著作の読者をがっかりさせるのと似ている」と述べている。(F. Blume: Romantik. [Artikel in MGG 11], Sp. 787.)

(264) たとえば、ホフマンはドイツ・ロマン派オペラの嚆矢とされるウェーバーの《魔弾の射手》やシューベルトの芸術リートには関心を示さなかった。また、ベートーヴェンが最後の五年間に書いた作品（交響曲第九番や《ミサ・ソレムニス *Missa solemnis*》など）や、新ロマン派の音楽は聴くことができずに他界している。

(265) WA 1, S. 43.

(266) WA 5, S. 451.

(267) ホフマンは『スポンティーニのオペラ《オリンピア》についての追記』で、「スポンティーニは真の守護霊ゲーニウスの持ち主であり、天来の霊感を抱いている。たしかに様式の面においては、芸術の新しい時代の大家たちを手本にしているが、そのほかの面においては昔の真に偉大な巨匠たちの意向に完全に従って、彼の中にオペラの本来の姿が生じた」と大絶賛している。(WA 5, S. 370.)

(268) 『「楽聖」ベートーヴェンの誕生』では、ホフマンはベートーヴェンを「神なき時代」の「新たな〈絶対者〉」と位置づけたと解釈されている。（西原稔『「楽聖」ベートーヴェンの誕生』、二九四―二九五頁、石多正男他、前掲、一〇三、一三四頁参照。）

(269) WA 1, S. 42.

(270) 『クライスレリアーナI』の中の『愛しき霊よ *Ombra adorata!*』では、イタリアのソプラノ歌手ジローラモ・クレシェンティーニ（Girolamo Crescentini, 1762–1846）のアリアを聴いて心打たれ、「これまでに一度もない感動を味わいながら、この世の汚辱を超えて、力強くはばたき飛び上がる」気分を味わったことが描写されている。つまり、ホフマンが器楽のみならず声楽にも、聴く人の心を名状しがたい無限の憧れで満たす力があると考えていたことが分かる。（WA 1, S. 35.）

(271) G. Schünemann: Jean Pauls Gedanken zur Musik. S. 464f.; S. 477f.

(272) Vgl. Ibid., S. 391; C. Schäffer u. C. Hartmann: a. a. O., S. 76. 当時の劇場の上演記録によると、《天地創造》はベルリンの王立劇場では一八〇〇年五月二十三日から一八二三年四月二十三日までの間に計四回演奏されている。

(273) Denkwürdigkeiten aus dem Leben von Jean Paul Friedrich Richter. Bd. 1, S. 431. ジャン・パウルは『美学入門』の第二五節「ロマン主義の実例」（第五プログラム「ロマン的文学について」）でも、「ハイドンは《天地創造》において音楽で絵を描いている」と述べている。（JPW 5, S. 100.）

(274) SWB 2, S. 131.

(275) SWB 1, S. 132ff.; S. 143ff.

(276) Vgl. Ch. Kraßnig: a. a. O., S. 13f. ティークは『ファンタズス』で、ベートーヴェンは「非凡」であるとしながらも、「彼は音楽的な意図を追求して自分の中で静かにしていることは滅多になく、むしろ暴力的な変更によって飛び急ぎ、休みのない戦いにおいてさえも、幻想から逃げようとしているようである」として、彼の音楽には理解を示さなかった。（L. Tieck's Schriften. Bd. 4, S. 427f.）

(277) Vgl. Ibid., Bd. 17, S. 324; S. 329f.; Bd. 11, S. LIII.

(278) Vgl. Ibid., Bd. 4, S. 425; S. 427ff.

(279) Vgl. Ch. Kraßnig: a. a. O., S. 14f.

（280） Vgl. K. Ph. Moritz: Andreas Hartknopf. S. 73; S. 133ff.

（281） Vgl. SWB 1, S. 130ff.

（282） ライヒャルトやホフマンのような音楽評論家であっても、当時はまだ多くの場合、実際の演奏を聴くことなく、楽譜から解釈して批評せざるを得なかったことは、注目に値するであろう。

（283） C. Dahlhaus: Klassische und romantische Musikästhetik. S. 92.

（284） シューマンは、「音楽の先生よりもこの人（ジャン・パウル）から、私は対位法について多く学んだ」（括弧内筆者）と譬えるほどに、夢中になって彼の書物を読み、自分の音楽評論に彼の言葉を積極的に活用したという。彼が、シューベルトの交響曲第八番《ザ・グレイト *Die Große*》を「たとえばジャン・パウルによる四巻本の分厚い長編小説のように天上的に長い」と述べたことは、よく知られている。（Robert Schumanns Briefe. Neue Folge. Hrsg. v. F. Gustav Jansen, Leipzig 1904, S. 149.）

（285） Robert Schumanns Briefe. S. 158.

（286） R. Schumann: Gesammelte Schriften über Musik und Musiker. Bd. 1, S. 123ff.; S. 127f.; Bd. 2, S. 10f. シューマンはベートーヴェンのほかに、模範とすべき特別な作曲家としてJ. S. バッハの名を挙げている。（藤本一子、前掲、四四頁参照。）

（287） ホフマンにとって、六歳しか年の離れていないベートーヴェンは、神格化するには若過ぎた。ベートーヴェンを神のように崇拝した世代は、たとえばシューベルトやメンデルスゾーン、シューマン、ワーグナーなどであり、いずれもベートーヴェン自身よりもずっと若い世代である。

結論

（1） Vgl. Goethes Gespräche. Bd. 3–1, S. 880f.,（W. Dorow, 1845, Nr. 5760）; WA 5, S. 239; L. Tieck's Schriften. Bd. 17, S. 329f.; JPW

2, S. 834f.; WAA 32, S. 27.

（2） F. Mendelssohn Bartholdy: a. a. O., S. 571.

（3） Reichardt: Musikalischer Almanach. (V. Neue deutsche Lieder), o. S.

（4） Vgl. FA 39, S. 611f., (Gespräche mit Eckermann, 3. 5. 1827); Jenaische allgemeine Literatur-Zeitung, 3. Jg. Bd. 1, Nr. 18, Sp. 137f.; R. Moering: a. a. O., S. 241; WAA 32, S. 27.

（5） Vgl. W. Bode: a. a. O., Bd. 1, S. 185; A. E. Brachvogel: a. a. O., Bd. 2, S. 208f.

（6） Vgl. H. Ch. Koch: Musikalisches Lexikon. Sp. 1799.

（7） Vgl. Reichardt: Vertraute Briefe aus Paris. Bd. 1, S. 452; Bd. 3, S. 246; W. Salmen: Reichardt. S. 112f.

（8） Vgl. WA 5, S. 363; FBA 32, S. 33f.; L. Tieck's Schriften. Bd. 17, S. 324.

（9） たとえば、シューマンはヴィルヘルム・ロイリング（Wilhelm Reuling, 1802–1877）のピアノ三重奏曲の批評で、「イタリア芸術の最高峰は、まだ真のドイツ芸術の初歩の段階にも達していない」と断言し、ドイツ芸術が高尚でありレベルの高いことを強調している。また、モーリッツ・ハウプトマンとフランツ・ハウザーの間で交わされた手紙にも同様の表現が見られることから、すでに一八三〇年代のドイツの音楽界では、このような見解が一般的なものになっていたと推測される。（Vgl. R. Schumann: Gesammelte Schriften über Musik und Musiker. Bd. 2, S. 89; Briefe von Moriz Hauptmann, Kantor und Musikdirektor an der Thomasschule zu Leipzig an Franz Hauser. Bd. 1, S. 102.）

（10） WA 5, S. 363.

（11） Vgl. WA 1, S. 318f. ホフマンは宗教音楽の分野においても、イタリア人の優れた歌に、ドイツ人の財産である器楽を過度にならないように上手く調和させることにより、衰退してしまった教会音楽を救済したいと考えていた。

（12） Vgl. W. Salmen: Reichardt. S. 332ff.

（13） Vgl. WA 5, S. 203ff.

（14） WA 1, S. 43.

(15) Vgl. WA 5, S. 204.

(16) Vgl. SWB 1, S. 244.

(17) Vgl. C. Dahlhaus: Klassische und romantische Musikästhetik. S. 86.

(18) Vgl. K. Musketa: a. a. O., S. 44; BMZ 1 (1805), S. 335ff.

(19) Vgl. W. Salmen: Reichardt. S. 285f.

(20) Vgl. MK 1 (1782), S. 196f.

(21) Vgl. WA 1, S. 50; 3, S. 407f.

(22) Reichardt: Vertraute Briefe geschrieben auf einer Reise nach Wien. Bd. 1, S. 185.

(23) Vgl. WA 5, S. 35f.

(24) Vgl. BMZ 1 (1805), S. 1.

(25) WA 5, S. 203.

(26) Vgl. W. Salmen: Reichardt. S. 214ff.

(27) Vgl. G. Busch-Salmen/W. Salmen/C. Michel: a. a. O., S. 74ff.

(28) W. Salmen: Reichardt. S. 152.

(29) R. A. Köpke: a. a. O., Bd. 1, S. 75ff.

(30) Vgl. Reichardt (Hrsg.): Deutschland. Bd. 3, S. 59ff.

(31) Vgl. BMZ 1 (1805), S. 80; S. 83; S. 86ff.; S. 90f.; S. 103; S. 395ff.

(32) W. Salmen: Reichardt. S. 74.

(33) Vgl. MK 1 (1782), S. 84; 2 (1791), S. 5; S. 38.

(34) Reichardt: Vertraute Briefe geschrieben auf einer Reise nach Wien. Bd. 2, S. 29; S. 178.

(35) Reichardt: Vertraute Briefe aus Paris. Bd. 1, S. 452; Bd. 3, S. 246.

（36）WA 3, S. 80f.; S. 83.

（37）Vgl. Der Musiker E. T. A. Hoffmann. S. 538; S. 542.

（38）WA 1, S. 44ff.

（39）西原稔『「楽聖」ベートーヴェンの誕生』、二九四頁。

（40）Vgl. WA 5, S. 239.

（41）Vgl. FA 10, S. 565.

（42）フォルケル、前掲、二〇五—二〇六頁参照。WA 1, S. 54; 5, S. 347; S. 360; SWB 2, S. 86; S. 102.

（43）Christian Friedrich Daniel Schubart: Ideen zu einer Ästhetik der Tonkunst. Hrsg. v. Ludwig Schubart, Wien 1806. ND Hildesheim/Zürich/New York 1990, S. 93f.

年譜

年号	ライヒャルトの生涯	関連する出来事
一七四〇年代		四〇年、フリードリヒ二世即位。四九年、ゲーテ誕生。
一七五二年	十一月二十五日に、ケーニヒスベルクの音楽家ヨハン・ライヒャルトの第三子として生まれる（ヨハン・フリードリヒには二人の姉マリーアとヨハンナがいる）。	
一七五四年（一歳）	妹ゾフィーの誕生。	
一七五六年（三歳）	弟が誕生するが一年足らずで死亡。父親が軍楽隊のオーボエ奏者として出征する。四年間の貧困生活。母親はヘルンフート同胞教会の活動に積極的に参加する。	七年戦争開始（六三年まで）。
一七五九年（六歳）	このころ父親が七年戦争から戻り、音楽の英才教育が始まる。	
一七六一年（八歳）	八歳になると、父親に連れられてリガからダンツィヒまでの範囲を演奏して回る。ハルトクノッホにクラヴィーアを習う。早くもその才能が認められて、リヒターの主催する演奏会に出演する（翌六二年も）。	ベルリン出身のオルガン奏者リヒターがケーニヒスベルクに移住。
一七六二年（九歳）	九歳と十歳の時に、クラヴィーアをリヒターに師事。	
一七六三年（十歳）	ケーニヒスベルクを旅行中のファイヒトナーから、フランツ・ベンダのヴァイオリン奏法を習う。	
一七六八年（十五歳）	十五歳の時に、法学を学ぶためにケーニヒスベルク大学へ入学。	

	カントやハーマン、クロイツフェルトらに支えられて、三年間の学生生活を送る。	
一七七〇年（十七歳）		ストラスブールでゲーテとヘルダーが邂逅。
一七七一年（十八歳）	三年間の職探しの旅に出る。ベルリン、ポツダム、ライプツィヒなどを訪問。フランツ・ベンダらベルリン楽派の音楽家たちや、ヒラーと出会う。	プロイセンの宮廷楽長グラウン死去。
一七七二年（十九歳）	ライプツィヒからドレスデンへ。J. S. バッハの弟子のホミリウスとトランシェルに会う。	
一七七三年（二十歳）	プラハやカールスバートに滞在したのち、ウィーン行きを諦める。	ヘルダーの編集による論文集『ドイツの本質と芸術について』の出版。
一七七四年（二十一歳）	謝肉祭の時期のベルリンで、初めてヘンデルのオラトリオを聴く。その後訪れたハンブルクでは、C. Ph. E. バッハやクロプシュトックと知り合う。九月にケーニヒスベルクへ帰るが、すぐに病気になる。『音楽に関する注意深い旅人の書簡』第一巻出版。	年末、プロイセンの宮廷楽長アグリーコラ死去。
一七七五年（二十二歳）	プロイセンの宮廷秘書官としてラグニットに赴任。アグリーコラが他界したことを知り、九月二十六日、フリードリヒ二世に直接オペラ《雅やかな宴》を提出。	ゲーテがヴァイマル宮廷に入る。
一七七六年（二十三歳）	フリードリヒ二世に気に入られ、謝肉祭後にプロイセンの宮廷楽長に就任する。	リヒターがケーニヒスベルクで公開演奏会を開始。
一七七七年（二十四歳）	ユリアーネ・ベンダと結婚する。第一子ヴィルヘルムの誕生。	
一七七八年（二十五歳）		バイエルン継承戦争（七九年まで）。

一七七九年（二十六歳）	一月半ばに、パトロンのアンハルト＝デッサウ侯レーオポルト三世とその妻ルイーゼのもとを訪れる。二月二十五日にメロドラマ《ケファロスとプロクリス》がデベリンの私設劇場で初演される。第二子ルイーゼの誕生。	継承戦争が原因で、王立宮廷歌劇場で二年近くオペラが上演されず。
一七八〇年（二十七歳）	八月にヴァイマル宮廷を訪問。親戚の宮廷楽長ヴォルフを頼るが、ゲーテとの距離は縮まらない。	
一七八二年（二十九歳）	妻や二人の子供とともにケーニヒスベルクに帰省し、ハーマンと再会する。十月、『音楽芸術雑誌』第一巻を出版。	
一七八三年（三十歳）	第一子の死。パリの「コンセール・スピリテュエル」を手本に、ベルリンで公開演奏会を開始。第三子ユリアーネが誕生するが、五月九日に妻が他界。最初のイタリア旅行へ出かけ、パレストリーナの教会音楽を再発見する。ウィーンで皇帝ヨーゼフ二世に謁見し、グルックのもとを訪問する。十二月十四日に、未亡人のヨハンナ・アルベルティと再婚。	
一七八四年（三十一歳）	このころメクレンブルク＝シュヴェリーンのフリードリヒ公と交流。フリードリヒ公のために、《救世主の勝利》や《詩篇六五篇》を作曲する。	ロンドンでヘンデル記念祭（一六八四年誕生説による）。
一七八五年（三十二歳）	ロンドンとパリへ旅行するために、半年間の休暇を取る。ロンドンでは、《メサイア》をはじめとするヘンデルの大作をいくつか鑑賞。自作のオラトリオや詩篇曲も演奏して、高い評価を得る。六月二十八日に初めてのパリ訪問。グルックのオペラに感動し、自分自身もパリで成功することを夢見る。ベルリンへ戻る。	
一七八六年（三十三歳）	彼のフランス語オペラ《ティムール》と《パンテイア》の初演	八月十七日、フリードリヒ二世没。フ

	が予定されていたため、二度目のパリ旅行へ。フリードリヒ二世の訃報に接し、至急ベルリンに帰る。新王により宮廷楽長に任命される。再びフランス行きの許可を得るが病気に罹り、二作品の上演も無期延期となる。	リードリヒ・ヴィルヘルム二世即位。九月にゲーテがイタリア旅行へ出発（一年半）。新王によって、ベルリンの芸術生活の改善が急速に進められる。
一七八七年（三十四歳）	十二月二十八日に、シェイクスピアの『マクベス』がベルリンの王立国民劇場で上演され、ライヒャルトのつけた音楽が好評を博す。	八月、デベリンの劇場が王立国民劇場になる。十二月、王立宮廷歌劇場の改装が終了する。
一七八八年（三十五歳）	一月十一日に、オペラ《アンドロメダ》が宮廷歌劇場で初演される。三度目のパリ滞在で運試しをするが、失敗に終わる。	モーツァルトの《後宮からの逃走》がベルリンの国民劇場で上演される。
一七八九年（三十六歳）	ナウマンと共作したオペラ《プロテシラオス》が、一月から二月にかけて上演される。四月二十三日、ヴァイマル滞在中にゲーテと親しくなり、これ以後二年間、積極的に共同制作を行なう。七月二十九日にジングシュピール《クラウディーネ・フォン・ヴィラ・ベラ》が、シャルロッテンブルク宮殿内の劇場で初演される。十月十六日の王妃の誕生日には、彼のイタリア語オペラの中で最も成功した作品《ブレンヌス》が披露される。	フランス革命が始まる。フリードリヒ・ヴィルヘルム二世が、モーツァルトとディッタースドルフをベルリンに招待。このころ、ティークとヴァッケンローダーがライヒャルトのもとを訪れる。二人は、芸術アカデミーでのモーリッツの公開講座に通う。
一七九〇年（三十七歳）	三月八日に、二度目のイタリア旅行に出かける。ヴェネツィアでゲーテと会う。六月にベルリンへ戻り、カントの『判断力批判』を読んで、改めて音楽評論家としての活動に力を注ぐ。重病を患い、しばらく公の場に出られなくなる。	カントの『判断力批判』の出版。
一七九一年（三十八歳）	『音楽芸術雑誌』第二巻を出版。一月二十三日、国王に辞表を提出するが保留となり、三年間の有給休暇が与えられる。五月に初めてギービヒェンシュタインへ行き、農場を借りる。十月、	ファッシュがアマチュア合唱団ベルリン・ジングアカデミーを創立。

	クンツェンとともに『週刊音楽新聞』を出版する。十月三日、オペラ《オリンピア祭》の初演。	
一七九二年（三十九歳）	一月初頭に四度目のフランス旅行へ出かける。『週刊音楽新聞』が、七月から『月刊音楽誌』になる。	
一七九三年（四十歳）	ライヒャルトがフランス革命の思想に同調していることが問題となる。危険を回避するため、一時ライヒャルト一家はプロイセン国外に逃げる。	
一七九四年（四十一歳）	国王との直接交渉の結果、ベルリンでの宮廷楽長の仕事は謝肉祭の時期のみで、それ以外はギービヒェンシュタインにいることを許される。初夏に、ギービヒェンシュタインの農場を購入することを決意。十月二十八日に突然、国王からの一通の短い手紙により、宮廷楽長の職を解かれる。	ゲーテとシラーの二人の仲が急速に接近。
一七九五年（四十二歳）	四月七日にヴァイマル宮廷へ赴く。カール・アウグスト公に、ヨーロッパ各国のニュースや芸術情報などをレポートする通信員の仕事をしたいと申し出る。シラーから、『詩神年鑑』に掲載する詩への付曲を依頼される。	ゲーテの『ヴィルヘルム・マイスターの修業時代』が翌九六年にかけて発表される（ライヒャルトの楽譜が付録として添付される）。
一七九六年（四十三歳）	ゲーテやシラーとの関係が悪化し、文壇風刺詩『クセーニエン』によって攻撃を受ける。ライヒャルトも政治雑誌『ドイツ』で反撃する。秋には事態が好転。彼は恩赦を受けて、ハレ近郊のシェーンベックの製塩所長に任命される。	九月にジャン・パウルがホーフの市庁舎で開かれた演奏会へ行き、ライヒャルトと出会う。ヴァッケンローダーの『芸術を愛する一修道僧の心情の吐露』の出版。
一七九七年（四十四歳）	新王の妃ルイーゼに、家庭教師として音楽を教える。	十一月十六日、フリードリヒ・ヴィルヘルム二世没。フリードリヒ・ヴィルヘルム三世即位。

一七九八年（四十五歳）	再びプロイセンの宮廷楽長の地位に就くが、今回は形だけの名誉職。ベルリンとギービヒェンシュタインを行き来する生活が続く。七月六日に国民劇場でジングシュピール《精霊の島》が初演され、大成功を収める。十一月十八日のファッシュの六十二歳の誕生会で、ツェルターと会う。	二月十三日、ヴァッケンローダー死去。ティークがアマーリエ・アルベルティと結婚し、ライヒャルトの義弟になる。七月にジャン・パウルがギービヒェンシュタインに滞在。このころ、ホフマンがベルリンのライヒャルトのもとを訪れ、弟子入りする。
一七九九年（四十六歳）		アルニムやフォス、ノヴァーリスがギービヒェンシュタインを訪問する。
一八〇〇年（四十七歳）	新しいジャンル「リーダーシュピール」を創始。この形式で書かれた《愛と忠誠》が、三月三十一日に国民劇場で初演される。十月十六日に、フランス語オペラ《ティムール》（八六年完成）がようやく舞台に掛けられる。	
一八〇一年（四十八歳）	オペラ《ロズモンダ》で国王から高く評価され、一五〇〇ターラーの報奨金をもらう。ベルリンで、ゲーテの『エグモント』（ライヒャルトの音楽による）の上演。ジングシュピール《イエーリとベーテリ》が初演され、好評を博す。	
一八〇二年（四十九歳）	五度目で最後のパリ旅行へ出かける。パリでは期待以上の待遇を受けるが、ナポレオン体制下で芸術の質が下がったこと、革命によって得られたものが少ないことを感じ、フランス崇拝の気持ちは消える。	ゲーテが初めてギービヒェンシュタインを訪問する（五月二十二日から二十四日までと、七月十七日から二十日まで）。
一八〇三年（五十歳）		兄と教養旅行中のアルニムが、三月にパリでライヒャルトと再会する。五月五日からの五日間、ゲーテがギービヒ

		エンシュタインに逗留。
一八〇四年（五十一歳）	パリの友人シュラープレンドルフ伯が書いたナポレオン批判の論文を、ハンブルクで出版する。アルニムとリーダーシュピールなどの共同制作。	ナポレオン、皇帝即位。八月二十五日に、ハレにいたゲーテがギービヒェンシュタインを訪れる。C. ブレンターノがアルニムとともに、十一月二十五日のライヒャルトの誕生会に参加。
一八〇五年（五十二歳）	『ベルリン音楽新聞』第一巻を編纂し、発行する。歌曲集《イタリアやフランス、ドイツの吟遊詩人》の出版。	アルニムの論文『民謡について』が五回にわたり『ベルリン音楽新聞』に掲載される。五月九日、シラー死去。七月、ゲーテがギービヒェンシュタインに滞在。『少年の魔法の角笛』第一巻の出版。
一八〇六年（五十三歳）	『ベルリン音楽新聞』第二巻の発行。十月にフランス軍によって、ギービヒェンシュタインは占拠され、財産も略奪される。家族はベルリンへ避難。ライヒャルト自身はプロイセンの愛国者として、祖国の防衛に貢献する。	八月、神聖ローマ帝国解体。十月、イエーナ＝アウアーシュテットの戦い。ベルリンの宮廷歌劇場が事実上存続できなくなる。
一八〇七年（五十四歳）	ダンツィヒの防衛戦に参加。メーメルまで逃亡後、重病に罹る。ケーニヒスベルクでアルニムと落ち合い、秋にギービヒェンシュタインへ戻る。十一月に、アルニムとブレンターノを連れてヴァイマルへ行く。年末、フランスの衛星国ヴェストファーレンのジェローム・ボナパルト王の命に従い、カッセルの劇場総支配人に就任。	アルニムも国家に忠誠を尽くして、臨時首都のケーニヒスベルクまで出向く。アルニムとブレンターノはヴァイマル訪問後、『少年の魔法の角笛』第二巻、第三巻の出版準備のために、カッセルのグリム兄弟のもとへ。
一八〇八年（五十五歳）	十月末、オペラ歌手との契約という表向きの理由をつけて、ウィーンへ向かう。ウィーンで晩年のハイドンと会い、ベートー	『少年の魔法の角笛』第二巻、第三巻の出版。ヴィルヘルム・グリムがライ

	ヴェンと再会する。	ヒャルトの家族とともに、カッセルからギービヒェンシュタインへ。
一八〇九年（五十六歳）	コリンの台本によるオペラ《ブラダマンテ》を作曲。『ウィーンへの旅路で書かれた私信』を出版するが、身分制社会を擁護する彼の発言が物議を醸す。	ホフマンがライプツィヒ『一般音楽新聞』で音楽評論家としてデビュー。ヴィルヘルム・グリムが十一月二十五日のライヒャルトの誕生会に参加。
一八一〇年（五十七歳）	三月八日にヴァイマルのゲーテのもとを訪問。これがゲーテとの最後の対面となる。	このころレーヴェがギービヒェンシュタインを訪問する。
一八一一年（五十八歳）	三月十八日に宮廷歌劇場でオペラ《潜水者》の初演。しかし二回で打ち切られ、スポンティーニの《ヴェスタの巫女》に変更される。年金が支払われて生活が安定するが、胃腸病のため休養が必要となる。	六月十八日、宮廷歌劇場とシャウシュピール・ハウス（国民劇場の新名称）が、「王立劇場群」という繋がりのもとに統合され、国民劇場の監督であった俳優のイフラントが総監督になる。
一八一二年（五十九歳）	ティークの台本『シャクンタラー』への作曲を計画する。二人の娘婿ステフェンスとラウマーを頼って、ブレスラウに滞在。彼らとともに解放戦争の準備に参加する。	
一八一三年（六十歳）		十月、ライプツィヒの戦い（プロイセン、オーストリア、ロシア同盟軍、ナポレオン軍撃破）。
一八一四年（六十一歳）	春には、胃疾患が原因で徐々に病み衰える。五月初頭に、ハンブルクに住む娘ルイーゼがギービヒェンシュタインを訪れる。六月二十七日五時十五分に永眠。葬儀にはロホリッツやレーヴェなど少数の友人のみが参列する。	ナポレオン、退位。ウィーン会議（一八一五年まで）。

一八一五年		九月にツェルターがライヒャルトの墓参りをする。
一八一七年	七月二日、生前の借金の問題を解決するために、ライヒャルトの遺品が競売にかけられる。それゆえ、彼の原稿や楽譜などが各地に散らばる。妻ヨハンナはギービヒェンシュタインを離れて、娘シャルロッテのベルリンの家に身を寄せる。	
一八二〇年		七月にウェーバーがギービヒェンシュタインを訪れる。
一八二八年		七月にアルニムがライヒャルトの墓参りをする。
一八二九年		九月にツェルターが再びギービヒェンシュタインを訪れる。

あとがき

本書は、二〇一六年一月、慶應義塾大学大学院文学研究科独文学専攻に博士学位請求論文として提出した『北ドイツ音楽界の指導者J．F．ライヒャルト――彼の音楽活動がドイツの詩人たちに与えた影響について』（同年三月九日に公開論文審査会、四月二十日に学位取得）の主要部分をまとめ直し、加筆修正したものである。初めに、論文審査の主査をして下さった慶應義塾大学文学部の識名章喜教授、副査をして下さった慶應義塾大学文学部の和泉雅人名誉教授、武蔵大学人文学部の光野正幸教授、東京音楽大学の村田千尋教授に、厚く感謝の意を表したい。先生方には平素より、ご専門の立場から数々のご助言とご教示を賜り、貴重な資料を多数提供していただいた。また、本書の刊行にあたっては、独立行政法人日本学術振興会の平成二十九年度科学研究費助成事業（科学研究費補助金・研究成果公開促進費）〔課題番号 JP17HP5046〕の助成を受けている。関係各位には心よりお礼申し上げる。中でも、慶應義塾大学出版会の上村和馬氏と平原友輔氏には、本書の企画段階から完成にいたるまで大変お世話になった。

博士論文は三部構成で、第Ⅰ部は「ライヒャルトの音楽活動と音楽観」、第Ⅱ部は「ゲーテの音楽観との共通点と相違点」、第Ⅲ部は「ホフマンを中心としたドイツ・ロマン派の音楽観への影響について」というテーマになっている。第Ⅰ部では、ライヒャルトの生涯にわたる事績や音楽思想に関する事柄を述べ、第Ⅱ部と第Ⅲ部では、ゲーテやロマン派の詩人たちの音楽生活やライヒャルトとの交流、彼らの音楽的価値観について論じた。そして最終的に、第Ⅰ部から第Ⅲ部までの内容を総合し、当時の北ドイツでライヒャルトが果たした指導的役割の重要性について考察した。しかし第Ⅱ部ではゲーテを、第Ⅲ部ではホフマンをほぼ主役のように扱ってテーマを拡張し過ぎた結果、全体が四〇〇字詰め原稿用紙に換算して二二〇〇枚以上の分量になり、審査をして下さった先生方には多大なるご負担とご面倒をお掛けしてしまった。今回、本書をまとめるにあたって筆者が決めた方針は、第Ⅰ部の「ライヒャルトの音楽活動と音楽観」を中心とし、ゲーテやロマン派の詩人たちの音楽観については、ライヒャルトとの関係において重要な点にのみ言及することである。もっとシンプルに第Ⅰ部を独立させて、ライヒャルトという人物だけに特化した論述も可能であったが、ライヒャルト研究の醍醐味は彼の交際範囲の広さと影響力の大きさを論ずることにあると考えたため、第Ⅱ部と第Ⅲ部で考察した部分も極力残す形にした。博士論文をおよそ半分の長さに圧縮する作業は非常に難航し、ゲーテやロマン派の詩人たちの音楽観については、概論的になってしまった部分も多い。第Ⅱ部と第Ⅲ部の内容のうち本書で取り上げられなかった事柄に関しては、また新たな形で紹介できる機会を探したいと思っている。

筆者がライヒャルトに興味を持ったのは、学部生時代の卒業研究の時に遡る。「『魔王』研究」というテーマで、ゲーテのバラード『魔王』の成立について調べて詩の解釈をし、シューベルトやレーヴェのほか、多くの作曲家によって付曲された音楽を比較分析した。その際に、ライヒャルトはゲーテの友人の一人であり、彼の多くの詩に親しみやすいメロディをつけたリート作曲家であることを知った。また、バリトン歌手のディートリヒ・フィッシャー＝ディースカウ氏による「ゲーテとライヒャルト」についての講演を聴いたことも、非常に印象深い思い出である。この講演会は、氏の『美しき夢のすべてが実を結ぶとは限らぬからとて――三人のプロイセン国王の宮廷楽長ヨハン・フリードリヒ・ライヒャルト』の出版を記念して、上智大学ドイツ語圏文化研究所が主催した行事であった。修士論文では、『ゲーテと音楽――彼の音楽観とその背景』というテーマで、ゲーテが音による芸術にどのように接し、いかなる理想を抱いていたかという点を中心に考察した。その後は、ホフマンをはじめとするロマン派の詩人たちの音楽観に注目し、ライヒャルトとホフマンの師弟関係にも関心を持った。筆者の学部生・大学院生時代の指導教授を務めて下さったのは、今は亡き宮下啓三先生（慶應義塾大学文学部名誉教授）である。先生には研究の初歩から丁寧にご指導いただき、長年にわたって大変お世話になった。本書を刊行することは筆者の研究生活にとって一つの節目となるが、先生に感謝の念を直接お伝えできず残念である。

博士論文のテーマを決める際、ライヒャルトの位置づけは、最初はゲーテとロマン派の詩人たちの間を結ぶ音楽家という程度のものであった。しかし、ライヒャルトについて研究を進めていくうちに、彼が宮廷楽長という肩書からは想像できないような特異な存在であり、ドイツ音楽のみならず、文学にも大きな影響力を持つ重要な人物であることが、次第に明らかになった。しかも、筆者が初めてライヒャルトという音楽家の名を知った学部生時代とは異なり、今日になってようやく、ライヒャルトについて総合的な研究ができる環境が整った。彼の著した書物や音楽批評などの雑誌記事は、その大半が当時出版されたままになっており、少し前まで個人で資料収集するには限界があったが、最近では世界各国の図書館や資料館により、貴重な古い出版物がインターネット上に多く公開されている。また、二〇〇二年と二〇一四年は彼の生誕二五〇年と没後二〇〇年にあたり、それを記念してドイツでは、彼に関する書籍や論文集が相次いで出版ないし再版され、研究発表会や特別展示、演奏会なども催された。

とはいえ、これまでにあまり開拓されていない分野に足を踏み入れることは、先行研究に左右されずに自由に意見が述べられるというメリットがある一方で、独善的な結論に陥る危険性もあり、決して楽な道とは言えない。彼自身の著したものは、ドイツ語のフラクトゥア（亀の子文字）によるものが大半を占めており、それに関する日本語の情報は皆無に等しい。また、彼の音楽作品はまだ十分に整理されておらず、当然のことながら作品番号などと存在しない。彼の著作に比べて、楽譜資料に関してはインターネット上に公開されているものもごく一部にとどまっている。

たしかに、ライヒャルトを研究することは骨の折れる作業であったが、その代わりに筆者が得たものも多かった。一つは、日本でライヒャルトに関心を持つ数少ない研究者のうちの一人、東京音楽大学の村田千尋教授と出会えたことである。先生は、当方の誠に身勝手な申し出にもかかわらず、見ず知らずの筆者と面会して下さり、これまで個人で収集されていたライヒャルトの多くの楽譜の中から、貴重な資料を提供して下さった。もう一つは、これまで滞在する機会のなかったハレと、その市内にあるギービヒェンシュタインを訪問できたことである。ハレの「ヘンデル・ハウス」財団の附属図書館と博物館では、コンスタンツェ・ムスケタ博士とイェンス・ヴェーマン氏のご協力により、ライヒャルトに関する多数の文献や楽譜を閲覧させていただいた。諸氏には、この場を借りて厚くお礼申し上げたい。ご提供いただいた資料はすべて、本研究の作品解釈や音楽観の分析において、非常に大きな役割を果たしている。「ヘンデル・ハウス」には、ライヒャルトの自筆譜はなかったが、彼が生きていた当時の写譜は数多く残っており、それに直接触れさせていただいたことも、忘れられない体験である。ギービヒェンシュタインは、「ヘンデル・ハウス」から路面電車で少し行ったところにあるが、ライヒャルト邸の建物はすでに失われているものの、その広大な庭の大半は、今日もなお「ライヒャルトの庭園」という美しい市民公園として管理されている。ライヒャルト自身が植えた木々は立派に育ち、その下には可愛らしい「青い花」が咲き乱れていた。木々が茂ったことで、庭からは直接ギービヒェンシュタイン城やザーレ川は見えなかったが、城跡も川辺の景観も美しく保たれて、当時のロマン的情緒を今に伝えている。初め庭園内に建てられたライヒャルトの墓は、現在、近隣の聖バルトロメーウス教会の敷地内にある。この小さな教会は、ヘンデルの両親が結婚式を挙げた由緒ある場所でもあるという。

ライヒャルトはこれまで、音楽学においては啓蒙時代の古いタイプのリート作曲家、文学においては単なるゲーテの友人の一人であるとして過小評価され、両研究分野の狭間で、その重要性が見落とされていた人物である。日本では一般的に、この音楽家の存在さえも知られておらず、研究も遅れている。本論でも主張したように、ライヒャルトは決して不遇の作曲家でもなければ、宮廷楽長然とした保守的な音楽家でもなく、特に音楽評論家としては、常に時代の先を行こうとする斬新なアイディアの持ち主であった。しかも、ライヒャルトの周りにいた人物たちは当時のドイツを代表する著名人ばかりである。彼の最初の雇い主は啓蒙専制君主の典型と仰がれたフリードリヒ大王であり、彼の友人知人にはカントがおりゲーテがおり、ロマン派の詩人たちがいて、例を挙げれば枚挙にいとまがない。したがって、本書を通じて一人でも多くの方々に、ライヒャルトという音楽家の存在と彼を取り巻く世界の魅力を知っていただき、それにより彼の従来のイメージを変えることができれば、筆者にとってこれ以上の喜びはない。

最後に、これまでの研究活動を支え、温かい目で見守ってくれた両親に改めて心から感謝の意を表したい。また、夫の吉田真はドイツ文学研究の先輩であり、音楽評論家でもあるが、彼には様々な面で助言や支援をしてもらった。筆者が「近代音楽批評の祖」とも呼ばれるライヒャルトの音楽活動に注目し、この人物を中心として研究を進めようという、少し勇気のいる決断ができたのも、夫の励ましの御蔭であると思っている。

本書の刊行を目前に控えて、再びドイツを訪れている。現在滞在しているライプツィヒは、若きライヒャルトが職探しの旅の途上で逗留し、ブライトコプフ家の人々や恩師のヒラーと出会い、自分の音楽家としての将来について思案した都市である。今日のライプツィヒでは、かつてブライトコプフが楽譜出版業を営んでいた金熊館は、大学のキャンパスの一部になり、ヒラーが初代カペルマイスターに就任したころのゲヴァントハウスは市営の商業施設になっている。街自体は随分変わってしまったにもかかわらず、当時の出来事に思いを馳せながら散策すると、街が違って見えるのは不思議である。ライヒャルトという人物は二五〇年近くの時を超えて、筆者の人生に様々な意味で彩りに満ちた時を提供してくれる。研究対象を見つけることも一つの出会いであるとするならば、このように自然と心惹かれるテーマと巡り会えたことにも大きな幸せを感じる。

滝藤早苗

久しぶりに訪れたライプツィヒにて
二〇一七年八月

滝藤早苗（たきとう　さなえ）
慶應義塾大学大学院文学研究科独文学専攻博士課程単位取得修了。ロータリー財団奨学生としてウィーン大学に留学。博士（文学）。現在、慶應義塾大学講師。1800年前後のドイツにおける文学と音楽の関係を研究テーマにしている。
著書に『ドイツ語がびっくりするほど話せる本』（あさ出版）、共著に『ドイツ語ポケット辞典』（研究社）、共訳にハンス＝ヨアヒム・バウアー『ワーグナー王朝——舞台芸術の天才、その一族の権力と秘密』（音楽之友社）、主要論文に「E. T. A. ホフマンの調性格論——C. F. D. シューバルトの見解との比較」、「ゲーテと音響研究——『音響論』が未完に終わった理由」などがある。

ライヒャルト
——ゲーテ時代の指導的音楽家

2017年12月25日　初版第1刷発行

著　者————滝藤早苗
発行者————古屋正博
発行所————慶應義塾大学出版会株式会社
〒108-8346　東京都港区三田2-19-30
TEL〔編集部〕03-3451-0931
〔営業部〕03-3451-3584〈ご注文〉
〔　〃　〕03-3451-6926
FAX〔営業部〕03-3451-3122
振替　00190-8-155497
http://www.keio-up.co.jp/
装　丁————耳塚有里
印刷・製本——株式会社理想社
カバー印刷——株式会社太平印刷社

Printed in Japan　ISBN 978-4-7664-2489-8

人名索引

ア行

カ行

サ行

タ行

ナ行

ハ行

マ行

ヤ行

ラ行

ワ行

作品名索引

1. ライヒャルトの音楽作品

イタリア語のオペラ

《雅やかな宴 Le feste galanti》（1774 年作曲） 22, 24, 374, 496, 532
《アンドロメダ Andromeda》（1788 年初演） 31, 46, 81, 405, 534
《プロテシラオス Protesilao》（ナウマンとの共作，1789 年初演） 82, 406, 534
《ブレンヌス Brenno》（1789 年初演） 31, 82, 84–85, 113, 125, 389, 420, 534
《オリンピア祭 L'Olimpiade》（1791 年初演） 34, 83, 402, 407, 535
《ロズモンダ Rosmonda》（1801 年初演） 48, 84, 124–125, 134, 389, 407, 536

フランス語のオペラ

《ティムール Tamerlan》（1785–1786 年作曲，1800 年初演） 26, 80, 131, 287, 405, 523, 533, 536
《パンテイア Panthée》（1786 年作曲） 26, 80–81, 405, 533
《幸運な難破船 L'heureux naufrage》（1808 年作曲） 84, 407

ドイツ語のオペラ

《ヘンスヒェンとグレートヒェン Hänschen und Gretchen》（1773 年出版） 99
《アモルの覗きからくり Amors Guckkasten》（1773 年出版） 99
《木こり，別名，三つの願い事 Der Holzhauer, oder: Die drei Wünsche》（1775 年作曲） 103
《蹄鉄工 Der Hufschmied》（1779 年初演） 103, 421
《恋はただ楽しいだけ Liebe nur beglückt》（1780 年台本執筆，作曲） 103
《クラウディーネ・フォン・ヴィラ・ベラ Claudine von Villa Bella》（1789 年初演） 32, 104–107, 109, 111–112, 124–125, 129, 351, 378, 380, 389, 420, (421), 422–423, 426, 430, 534
《大コフタ Der Großkophta》（《欺かれた人々 Die Mystifizierten》1789 年作曲開始，未完） 112–113, 406, 420, 422, 424–425
——《コフタの歌 Kophtisches Lied》（1796 年出版） 424
《エルヴィーンとエルミーレ Erwin und Elmire》（1790 年作曲，1793 年初演） 97, 104–109, 112, 125, 129, 132, 345–346, 351, 378, 399, 415, 417, 420–422, 425, 430, 441
《イェーリとベーテリ Jery und Bätely》（1791 年作曲，1801 年初演） 104, 108–111, 114, 118, 123–125, 129, 298, 365, 367, 378, 420, 422–423, 425, (435), (449), 536
《リラ Lila》（1791 年ごろ作曲） 104, 125, 422, 430
《精霊の島 Die Geisterinsel》（1798 年初演） 48, 118, 120, 123–125, 136, 172, 350–351, 389, 427, 536
《愛と忠誠 Lieb' und Treue》（1800 年初演） 115, 118, 122–125, 155, 167, 193, 298, 365, 368, 426, 441, 536
《万歳 Juchhei!》（《歓喜 Der Jubel》1800 年初演） 116, 422, 426
《魔法の城 Das Zauberschloss》（1801 年作曲，1802 年初演） 121, 128
《芸術と愛 Kunst und Liebe》（1803 年作曲，1807 年初演） 116, 118, 426
《青い怪物 Das blaue Ungeheuer》（1808 年台

本執筆，作曲） 121, 135, 407
《ブラダマンテ Bradamante》（1809 年作曲） 121, 303, 428, 506, 538
《潜水者 Der Taucher》（1811 年初演） 121–122, 429, 538
《シャクンタラー Sakuntala》（1812 年構想のみ） 122, 128, 429, 538

その他の舞台作品

メロドラマ《ケファロスとプロクリス Cephalus und Prokris》（1779 年初演） 75, 533
劇付随音楽《マクベス Macbeth》（1787 年初演） 129, 339–340, 346, 351–352, 432, 522, 534
劇付随音楽《エグモント Egmont》（1791 年作曲，1801 年初演） (50), (124), 180–181, 186–187, (431), 451, (452), 536
—— 《喜びと悲しみに満ちて Freudvoll und leidvoll》（1804 年出版） 180, 186–187, (188–189), 190, 452
—— 《太鼓が鳴り響く Die Trommel gerühret》（1801 年出版） 181–182, (183–185)

リート集・歌曲集など

※括弧内は出版年

《様々な音楽作品集 Vermischte Musicalien》（1773 年） 417
《ゲーテとビュルガー，シュプリックマン，フォス，トムゼンによるオードとリート集 Oden und Lieder von Göthe, Bürger, Sprickmann, Voß und Thomsen》（1780 年） 161
《ヘルダーやゲーテなどによるオードとリート集 Oden und Lieder von Herder, Göthe, und andern》（1781 年） 441
《ドイツ人のための楽しいリート集 Frohe Lieder für deutsche Männer》（1781 年） 446
《子供のためのリート集 Lieder für Kinder》全 4 巻（1781–1790 年） 365, 446
《ウーツとクライスト，ハーゲドルンによるオードとリート集 Oden und Lieder von Uz, Kleist und Hagedorn》（1782 年） 162
《ツェツィーリア Cäcilia》全 4 巻（1790–1795 年） 480–481
《音楽の花束 Musikalischer Blumenstrauß》全 4 巻（1792–1795 年） 441, 478
《ゲーテの抒情詩集 Göthe's Lyrische Gedichte》（1794 年） 378, 420, 439, 447
《音楽による詞華集 Musikalische Blumenlese》（1795 年） 478
《集いの楽しみのためのリート集 Lieder geselliger Freude》全 2 巻（1796–1797 年） 165–166, 170, 294, 446, 478
《愛と孤独のリート集 Lieder der Liebe und der Einsamkeit》全 2 巻 （1798 年，1804 年） 453
《ドイツの良き母親たちのための子守歌 Wiegenlieder für gute deutsche Mütter》（1798 年） 365
《新・集いの楽しみのためのリート集 Neue Lieder geselliger Freude》全 2 巻（1799 年，1804 年） 297, 478
《ロマン的歌曲集 Romantische Gesänge》（1805 年） 171
《イタリアやフランス，ドイツの吟遊詩人 Le Troubadour italien, français et allemand》（1805–1806 年） 133, 537
《ゲーテのリートとオード，バラード，ロマンス集 Göthe's Lieder, Oden, Balladen und Romanzen》全 4 巻（1809–1811 年） 9, 378, 444, 447
《シラーの抒情詩集 Schillers lyrische Gedichte》（1810 年） 172, 447

個々のリート・歌曲など

※括弧内は初めて印刷された年

《ファンタジー Phantasie》（1775 年） 440
《起きてごらん，私の愛しい人 Wach auf,

meins Herzens Schöne》（1778 年） 154, 441
《五月の歌 Mailied》（1781 年） 154, 193, 441, 444, (453)
《漁師 Der Fischer》（1781 年） 208, 426, 459
《救出 Rettung》（1781 年） 426
《狩人の夜の歌 Jägersnachtlied》（1781 年） 116–117, 154, 157, 389, 441, 452
《眠れ，可愛い子よ，眠れ Schlaf, Kindchen, schlaf》（1781 年） 7, 154, 365, 441
《すみれ Das Veilchen》（1783 年） 108, 154, 160, 198, 441
《旅人の夜の歌 Wanders Nachtlied》（第 1 稿，1790 年／第 2 稿，1809 年） 444
《野ばら Heidenröslein》（1792 年） 116–117, 154, 157, 373, 441, 455–456
《彩られたリボンで Mit einem gemalten Band》（1794 年） 444, (453)
《霊の挨拶 Geistes-Gruß》（1794 年） 160
《魔王 Erlkönig》（1794 年） 142–144, (177), (194), (196–198), (395), 437, (449–450), (453), (455), 541
《ラプソディー Rhapsodie》（1794 年） 157
《孤独 Einsamkeit》（1794 年） 118
《歌手 Der Sänger》（1795 年） 116
《イタリア Italien》（君よ知るや南の国，1795 年） 118, 193, 208, 426
《憧れ Sehnsucht》（憧れを知る人だけが，1795 年） 445, (453)
《夜 Die Nacht》（1795 年） 426
《歌の力 Die Macht des Gesanges》（1796 年） 156
《恋人の近くに Nähe des Geliebten》（1796 年） 155, 442, 444
《恋愛歌 Minnelied》（1796 年） 156
《春 Frühling》（1796 年） 156
《少女 Das Mädchen》（1798 年） 118
《青年 Der Jüngling》（1798 年） 118
《最後の願い Letzter Wunsch》（1798 年） 116, 193
《イフィゲニアのモノローグ Monolog der Iphigenia》（1798 年） 173, 198
《森はもう色づいている Bunt sind schon die Wälder》（1799 年） 7, 365, 447
《新しき愛，新しき生 Neue Liebe, neues Leben》（1804 年） 118, (453)
《同盟の歌 Bundeslied》（1804 年） 118
《エウプロシュネーから Aus Euphrosyne》（147–152 行，1805 年／73–86 行，1809 年） 157, 171
《朝の挨拶 Morgengruß》（1805 年） 133, 214, 434
《戦争の歌 Kriegslied》（1805 年） 53, 211, 392, 460
《美しい夜 Die schöne Nacht》（1809 年） 157
《憩いなき恋 Rastlose Liebe》（第 2 稿，1809 年） 159–160, 198
《プロメテウス Prometheus》（1809 年） 157–158, 365
《理想 Die Ideale》（第 2 稿，1810 年） 157
《少女の嘆き Des Mädchens Klage》（1810 年） 160
《ヨハンナのモノローグ Monolog der Johanna》（1810 年） 172
《オーデンヴァルトに立つ木 Es steht ein Baum im Odenwald》（1810 年） 447
《ヨハンナ・ゼーブス Johanna Sebus》（1811 年） 160, (482)

宗教音楽

《イエス・キリストの受難 La Passione di Gesù Cristo》（1783 年初演） 247–248, 481
《詩篇 64 篇 Der 64. Psalm》（1784 年作曲） (32), 481
《詩篇 65 篇 Der 65. Psalm》（1784 年作曲） (32), 248, 379, 481, 533
《救世主の勝利 Sieg des Messias》（1784 年作曲） 248, 533
《クリスマス・カンティレーネ Weihnachts–Cantilene》（1784 年作曲） 248, 481
《ヘンデルに捧げるカンタータ Cantate in the Prise of Handel》（1785 年作曲） 235–236, 248

《テ・デウム Te Deum laudamus》（1786年作曲，1789年初演） 248, 481
《フリードリヒ大王のための追悼カンタータ Trauercantate auf den Tod Friedrichs des Großen》（1786年初演） 249, 378, 481
《ミルトンの朝の歌 Miltons Morgengesang》（1808年作曲） 249–251, 351, 482
《プロイセンのルイーゼ王妃のための追悼カンタータ Cantate auf den Tod der Königin Luise von Preußen》（1810年作曲） 250, 389
《1810年10月15日のベルリン大学落成式のためのカンタータ Cantate auf die Einweihung der Berliner Universität am 15. Oktober 1810》（1810年作曲） 251
《新世紀 Das neue Jahrhundert》（1814年作曲） 251, 483

器楽

ヴァイオリン協奏曲（1773年出版） 285–286, 498
ピアノ・ソナタヘ短調（1813–1814年出版） 263, 288–289, 389
《戦争交響曲 Schlacht-Symphonie》（1814年作曲） 287
《ヴィトリア序曲 Overtura di Vittoria》（1814年作曲） 287

2. ライヒャルトの著作・編集雑誌など

※括弧内は出版年

『ドイツの喜歌劇について Über die deutsche comische Oper』（1774年） 59, 98, 417
『音楽に関する注意深い旅人の書簡 Briefe eines aufmerksamen Reisenden die Musik betreffend』全2巻（1774年，1776年） 58, 98, 152, 224, 233, 283, 532
『ベルリンの音楽についての書簡 Schreiben über die Berlinische Musik』（1775年） 282
『のちにグリエルモ・エンリコ・フィオリーノと呼ばれる有名な作曲家ハインリヒ・ヴィルヘルム・グルデンの生涯 Leben des berühmten Tonkünstlers Heinrich Wilhelm Gulden nachher genannt Guglielmo Enrico Fiorino』（1779年） 58, 259, 376, 498
『音楽芸術雑誌 Musikalisches Kunstmagazin』全2巻（1782年，1791年） 42, 59–60, 62–63, 75, 77, 85, 88, 90–93, 103, 167, 225–226, 228–229, 231, 234, 236, 243, 246, 257, 263, 266, 268, 272, 274, 284, 293, 315, 320, 329, 331–332, 389, 397, 404–407, 412, 446, 458, 470, 476–477, 484, 488, 490, 515, 533–534
——『ヨハン・ゼバスティアン・バッハについて Johann Sebastian Bach』（第1巻） 234, 237, 272, 274–275, 473
『ヘンデルの青春時代 George Friederich Händel's Jugend』（1785年） 235–236, 474
『フランス語オペラ《ティムール》と《パンテイア》に関する観衆への報告 An das musikalische Publikum, seine französischen Opern Tamerlan und Panthée betreffend』（1787年） 26, 405
『週刊音楽新聞 Musikalisches Wochenblatt』（1791–1792年） 59, 83, 228, 241, 243, 395, 408, 475, 497, 535
『月刊音楽誌 Musikalische Monathsschrift』（1792–1793年） 59, 256–257, 315, 395, 535
『フランスについての私信 Vertraute Briefe über Frankreich』全2巻（1792–1793年） 58, 86, 387
『フランス Frankreich』（1795–1800年） 59, 387
『ドイツ Deutschland』（1796年） 40, 47, 59, 354, 384, 471, 535
『音楽年鑑 Musikalischer Almanach』（1796年） 59, 170, 237, 295, 445, 497
『芸術のためのリュツェーウム Lyceum der schönen Künste』（1797年） 471
——『高貴な音楽の友に An die Freunde der edlen Musik』（第1巻第2部） 82

『リーダーシュピールについて Etwas über das Liederspiel』（1801 年） 115, 426
『パリからの私信 Vertraute Briefe aus Paris geschrieben in den Jahren 1802 und 1803』 全 3 巻（第 1 版，1804 年／第 2 版，1805 年） 43, 58, 65, 86, 297, 356, 398, 499
『リーダーシュピール Liederspiele』（1804 年） 426
『ベルリン音楽新聞 Berlinische musikalische Zeitung』 全 2 巻（1805–1806 年） 21, 43, 53, 58–59, 61, 86, 88, 92, 170, 207, 210, 238–239, 243, 270, 297, 300–301, 307, 354, 392, 407–408, 434, 458, 460, 472, 476, 478, 480, 499, 537
——『グルックの《タウリスのイフィゲニア》と《アルミード》について Etwas über Glucks Iphigenia in Tauris und dessen Armide』（第 2 巻） 86, 92
『ウィーンへの旅路で書かれた私信 Vertraute Briefe geschrieben auf einer Reise nach Wien und den Oesterreichischen Staaten zu Ende des Jahres 1808 und zu Anfang 1809』 全 2 巻（1809 年） 45, 55, 58–59, 66–67, 86, 170, 214, 229, 262, 291, 298, 302, 306, 308, 312, 317, 342, 394, 407–408, 509, 524, 538
『カントとハーマン Kant und Hamann』（1812 年） 400

楽譜出典

括弧内の頁数は本書における掲載箇所を示している。

【譜例 1】ライヒャルト《眠れ、可愛い子よ、眠れ》（7 頁）
Reichardt: Wiegenlieder für gute deutsche Mütter. Titelblatt u. S. 20

【譜例 2】ライヒャルト《すみれ》（108 頁）
SchGG 11, S. 17

【譜例 3】ライヒャルト《イェーリとベーテリ》序曲 （110 頁）
Reichardt: Jery und Bätely. Ein Singspiel in einem Aufzuge von Göthe, Clavierauszug. S. 1

【譜例 4】ライヒャルト《野ばら》（117 頁）
Reichardt: Goethes Lieder, Oden, Balladen und Romanzen mit Musik. ND Das Erbe deutscher Musik. Bd. 58, S. 12

【譜例 5】ライヒャルト《狩人の夜の歌》（117 頁）
Ibid., S. 47

【譜例 6】ライヒャルト《魔王》（144 頁）
SchGG 11, S. 64f.

【譜例 7】ライヒャルト《プロメテウス》（158 頁）
Reichardt: Goethes Lieder, Oden, Balladen und Romanzen mit Musik. ND Das Erbe deutscher Musik. Bd. 58, S. 72f.

【譜例 8】ライヒャルト《憩いなき恋》（第二稿）（159 頁）
Ibid., S. 66

【譜例 9】ライヒャルト《霊の挨拶》（160 頁）
Ibid., S. 29

【譜例 10】ライヒャルト《太鼓が鳴り響く》（182 頁）
Ibid., S. 102

【譜例 11】ベートーヴェン《太鼓が鳴り響く》（183–185 頁）
L. v. Beethoven: Sämtliche Lieder für eine Singstimme mit Klavierbegleitung. Hrsg. v. Max Unger, Leipzig/Frankfurt a. M. 1949, S. 189–191

【譜例 12】ライヒャルト《喜びと悲しみに満ちて》（187 頁）
Reichardt: Goethes Lieder, Oden, Balladen und Romanzen mit Musik. ND Das Erbe deutscher Musik. Bd. 58, S. 101

【譜例 13】ベートーヴェン《喜びと悲しみに満ちて》（188–189 頁）
L. v. Beethoven: Sämtliche Lieder für eine Singstimme mit Klavierbegleitung. S. 192f.

【譜例 14】ライヒャルト　ヴァイオリン協奏曲（ヴァイオリン・ソロ冒頭）（286 頁）
Reichardt: Concerto per il violino concertato. Riga 1773, S. 2

【譜例 15】ライヒャルト　ピアノ・ソナタへ短調　（289 頁）
Reichardt: Grande Sonate in f-moll für Klavier. Leipzig 1813–1814, S. 3

図版出典

括弧内の頁数は本書における掲載箇所を示している。

【図 1】 ヨハン・フリードリヒ・ライヒャルト　(2 頁)
アントーン・グラフの油絵（1794 年）をもとにしたカール・トラウゴット・リーデルの銅版画（1814 年）
【図 2】 ギービヒェンシュタイン城とザーレ川（筆者撮影）（8 頁）
【図 3】 E. T. A. ホフマン　(12 頁)
ヴィルヘルム・ヘンゼルの線描画をもとにしたヨハン・ネーポムク・パッシーニの銅版画（1821 年）
【図 4】 ヨハン・アーダム・ヒラー　(19 頁)
アントーン・グラフの油絵／ライプツィヒ大学図書館所蔵
【図 5】 ルートヴィヒ・ティーク　(33 頁)
カール・フォーゲル・フォン・フォーゲルシュタインの油絵をもとにしたラーツァルス・ゴットリープ・ジヒリングの銅版画
【図 6】 ザーレ河畔のギービヒェンシュタイン　(36 頁)
G. ミュラー教授により描かれてヘルクレス・ヘッセルにより彩色された／1800 年ごろベルリンのフランツ・アスナー社による出版物に掲載／ハレ市立資料館所蔵
【図 7】 ライヒャルトの庭からの眺め　(36 頁)
ギービヒェンシュタイン城とクレルヴィッツの製紙工場の方角／アウグスト・ゴットロープ・エーバーハルトの線描画をもとにした J. A. ダルンシュテットの銅版画（1815 年）／フリーゲンコプフ出版社資料館所蔵
【図 8】 ジャン・パウル　(41 頁)
ハインリヒ・プフェニンガーの油絵（1798 年）
【図 9】 ゲーテの腰掛とナイチンゲールの石碑（筆者撮影）（52 頁）
【図 10】 ライヒャルトの墓（筆者撮影）（56 頁）
【図 11】 クリストフ・ヴィリバルト・グルック　(78 頁)
ジョゼフ・デュプレシの油絵（1775 年）／ウィーン美術史美術館所蔵
【図 12】 ヨハン・ヴォルフガング・フォン・ゲーテ　(103 頁)
ヨハン・ハイリヒ・リプスの銅版画（1791 年）／チューリヒ中央図書館所蔵

【図 13】アヒム・フォン・アルニム　(200 頁)
ペーター・エードゥアルト・シュテーリングの油絵 (1804 年)
【図 14】クレーメンス・ブレンターノ　(201 頁)
ヴィルヘルム・フォン・シャードの線描画 (1805 年)
【図 15】ジョヴァンニ・ピエルルイージ・ダ・パレストリーナ　(225 頁)
アンリ=ジョゼフ・エスのリトグラフ (1828 年)
【図 16】ハレのマルクト広場に立つヘンデル像 (筆者撮影)　(236 頁)
【図 17】カール・フリードリヒ・ツェルター　(242 頁)
カール・ベーガス (父) の油絵 (1827 年)
【図 18】ライヒャルトのカンタータ《ミルトンの朝の歌》の表紙　(249 頁)
Reichardt: Hymne, Miltons Morgengesang. Cassel 1808
【図 19】ヴィルヘルム・ハインリヒ・ヴァッケンローダー　(253 頁)
クリスティアン・フリードリヒ・ティークによる大理石のレリーフ (SWB 1, S. 2)
【図 20】カール・フィーリップ・モーリッツ　(326 頁)
カール・フランツ・ヤーコプ・ハインリヒ・シューマンの油絵 (1791 年) ／ハルバーシュタットのグライム・ハウス所蔵
【図 21】ライヒャルトの劇付随音楽《マクベス》「魔女たちの場」の表紙　(340 頁)
Reichardt: Die Hexenscenen aus Macbeth von W. Schakespear nach Bürger's Uebersetzung. Berlin frühestens 1800 (Vgl. H. Franz u. B. A. Schmidt: a. a. O., S. 163ff.) ／ベルリン州立図書館所蔵

参考文献一覧

I. 著作・書簡・日記・対話録など

1) 欧語文献

Arnim, Bettine von: Werke und Briefe. 4 Bde. Hrsg. v. Walter Schmitz u. Sibylle von Steinsdorff, Frankfurt a. M. 1986–2004

Achim und Bettina in ihren Briefen. Briefwechsel Achim von Arnim und Bettina Brentano. 2 Bde. Hrsg. v. Werner Vordtriede, Frankfurt a. M. 1981

Exzerpte Achim von Arnims zu unveröffentlichten Briefen. Hrsg. v. Roswitha Burwick. In: Jahrbuch des Freien Deutschen Hochstifts (1978), S. 298–395

Arnim, Ludwig Achim von: Werke. 6 Bde. Hrsg. v. Roswitha Burwick, Frankfurt a. M. 1989–1994

—— Werke und Briefwechsel. Weimarer Arnim-Ausgabe. Hrsg. v. Roswitha Burwick, Tübingen 2000ff.

—— u. Brentano, Clemens (Hrsg.): Des Knaben Wunderhorn. Alte deutsche Lieder. Neu bearbeitet v. Anton Birlinger u. Wilhelm Crecelius, 2 Bde. Wiesbaden 1874–1876

Beethoven, Ludwig van: Briefwechsel. Gesamtausgabe. 7 Bde. Hrsg. v. Sieghard Brandenburg, München 1996–1998

Bossler, Heinrich Philipp Carl (Hrsg.): Musikalische Korrespondenz der teutschen Filarmonischen Gesellschaft für das Jahr 1792. Speyer 1792

Brentano, Clemens: Sämtliche Werke und Briefe. Hrsg. v. Jürgen Behrens u. a., Stuttgart 1975ff.

Carl Burney's, der Musik Doctors, Tagebuch seiner Musikalischen Reisen. Übersetzt v. Johann Joachim Christoph Bode, Bd. 2 (Durch Flandern, die Niederlande und am Rhein bis Wien), Hamburg 1773

Carl Burney's, der Musik Doctors, Tagebuch seiner Musikalischen Reisen. Übersetzt v. J. J. Ch. Bode, Bd. 3 (Durch Bähmen, Sachsen, Bradenburg, Hamburg und Holland), Hamburg 1773

Dorow, Wilhelm: Erlebtes aus den Jahren 1790–1827. 4 Bde. Leipzig 1843–1845

Erk, Ludwig (Hrsg.): Neue Sammlung deutscher Volkslieder mit ihren eigenthümlichen Melodien. Bd. 2–3, Berlin 1842

Forkel, Johann Nikolaus (Hrsg.): Musikalisch-kritische Bibliothek. 3 Bde. Gotha 1778–1779

—— (Hrsg.): Musikalischer Almanach für Deutschland auf das Jahr 1782. Leipzig 1781

—— Allgemeine Geschichte der Musik. 2 Bde. Leipzig 1788–1801

—— Ueber Johann Sebastian Bachs Leben, Kunst und Kunstwerke. Leipzig 1802
Goethe, Johann Wofgang von: Schöne Künste. Des Knaben Wunderhorn. Alte deutsche Lieder. In: Jenaische allgemeine Literatur-Zeitung. 3. Jg. Jena 1806, Bd. 1, Sp. 137–148
Briefe Goethe's und der bedeutendsten Dichter seiner Zeit an Herder. Hrsg. v. Heinrich Düntzer u. Ferdinand Gottfried von Herder, Frankfurt a. M. 1858
Nachträge zu Goethe-Correspondenzen. Hrsg. v. Franz Thomas Bratranek. In: Goethe-Jahrbuch 4 (1883), S. 230–315
Goethes Werke. Weimarer Ausgabe. Abtlg. I–IV, 133 Bde. Hrsg. im Auftrage der Großherzogin Sophie von Sachsen, Weimar 1887–1919
Goethes Gespräche. 4 Bde. Ergänzt und hrsg. v. Wolfgang Herwig, Zürich 1965–1972
Goethe, J. W. v.: Sämtliche Werke. Briefe, Tagebücher und Gespräche. 40 Bde. Hrsg. v. Dieter Borchmeyer, Frankfurt a. M. 1985ff.
—— Sämtliche Werke nach Epochen seines Schaffens. Münchner Ausgabe. 21 Bde. Hrsg. v. Karl Richter, München 1985ff.
Goethes Gedanken über Musik. Hrsg. v. Hedwig Walwei-Wiegelmann, Frankfurt a. M. 1985
Gotter, Friedrich Wilhelm: J. F. Reichardt. Die Geisterinsel. (Tredition Classics), Hamburg 2013
Hamann, Johann Georg: Sämtliche Werke. Historisch-kritische Ausgabe. 6 Bde. Hrsg. v. Josef Nadler, Wuppertal 1999
Briefe von Moritz Hauptmann, Kantor und Musikdirektor an der Thomasschule zu Leipzig an Franz Hauser. 2 Bde. Hrsg. v. Alfred Schöne, Leipzig 1871
Hegel, Georg Wilhelm Friedrich: Sämtliche Werke. Jubiläumsausgabe. 20 Bde. Hrsg. v. Hermann Glockner, Stuttgart 1964–1968
Heine, Heinrich: Historisch-kritische Gesamtausgabe der Werke. 16 Bde. Hrsg. v. Manfred Windfuhr, Hamburg 1973–1997
Herders Reise nach Italien. Herders Briefwechsel mit seiner Gattin, vom August 1788 bis Juli 1789. Hrsg. v. Heinrich Düntzer u. Ferdinand Gottfried von Herder, Gießen 1859
Herders sämmtliche Werke. 33 Bde. Hrsg. v. Bernhard Suphan, Hildesheim/New York 1994
Hiller, Johann Adam (Hrsg.): Wöchentliche Nachrichten und Anmerkungen, die Musik betreffend. Bd. 2, Leipzig 1767; Anhang zu dem dritten Jahrgange der Nachrichten und Anmerkungen, die Musik betreffend. Leipzig 1769
—— Lebensbeschreibungen berühmter Musikgelehrten und Tonkünstler neuerer Zeit. Leipzig 1784
Hitzig, Julius Eduard: Aus Hoffmann's Leben und Nachlass. 2 Bde. Berlin 1823
Hoffmann, Ernst Theodor Amadeus: Dichtungen und Schriften sowie Briefe und Tagebücher. 15 Bde. Hrsg. v. Walter Harich, Weimar 1924
E. T. A. Hoffmanns Werke. 15 Teile. Hrsg. v. Georg Ellinger, Berlin 1927
E. T. A. Hoffmanns Briefwechsel. 3 Bde. Hrsg. v. Friedrich Schnapp, München 1967–1969
Hoffmann, E. T. A.: Sämtliche Werke. Winkler-Ausgabe. 6 Bde. München 1967ff.
—— Tagebücher. Hrsg. v. Friedrich Schnapp, München 1971

Der Musiker E. T. A. Hoffmann. Selbstzeugnisse, Dokumente und zeitgenössische Urteile. Hrsg. v. Friedrich Schnapp, Hildesheim 1981

Wahrheit aus Jean Paul's Leben. 8 Bde. Hrsg. v. Ernst Förster u. Christian Otto, Breslau 1826–1833

Jean Pauls Briefwechsel mit seinem Freunde Christian Otto. 2 Bde. Berlin 1829

Denkwürdigkeiten aus dem Leben von Jean Paul Friedrich Richter. 4 Bde. Hrsg. v. Ernst Förster, München 1863

Jean Pauls Persönlichkeit. Zeitgenössische Berichte. Hrsg. v. Eduard Berend, München/Leipzig 1913

Jean Paul: Werke. 6 Bde. Hrsg. v. Norbert Miller, München 1960–1988

Kant, Immanuel: Werke. 10 Bde. Hrsg. v. Wilhelm Weischedel, Darmstadt 1983

—— Briefwechsel. Auswahl u. Anmerkungen v. Otto Schöndörffer, (Philosophische Bibliothek. Bd. 52 a/b), Hamburg 1986

Körner, Christian Gottfried: Gesammelte Schriften. Hrsg. v. Adolf Stern, Leipzig 1881

Theodor Körners Briefwechsel mit den Seinen. Hrsg. v. Viktor Goldschmidt, Books on demand 2012

Lessing, Gotthold Ephraim: Werke. 5 Bde. Ausgewählt v. Karl Balser, eingeleitet v. Thomas Höhle, Berlin 1982

Eine Selbstbiographie der Sängerin Gertrud Elisabeth Mara. Mitgetheilt v. Oscar von Riesemann. In: AMZ 10. Jg. (1875), Sp. 497ff.

Marx, Adolf Bernhard (Hrsg.): Berliner allgemeine musikalische Zeitung. 1. Jg.–2. Jg. Berlin 1824–1825; 5. Jg. Berlin 1828

Mattheson, Johann: Der vollkommene Capellmeister. Hamburg 1739

Mendelssohn Bartholdy, Felix: Briefe aus den Jahren 1830 bis 1847. Hrsg. v. Paul Mendelssohn Bartholdy, Leipzig 1870

Meusel, Johann Georg (Hrsg.): Miscellaneen artistischen Inhalts. 17. Heft. Erfurt 1783

Moritz, Karl Philipp: Schriften zur Ästhetik und Poetik. Kritische Ausgabe. Hrsg. v. Hans Joachim Schrimpf, Tübingen 1962

—— Andreas Hartknopf. Eine Allegorie (1786). Faksimiledruck. Hrsg. v. Hans Joachim Schrimpf, Stuttgart 1968

—— Reisen eines Deutschen in Italien in den Jahren 1786 bis 1788. Hrsg. v. Karl-Maria Guth, Berlin 2015

Mozart, Wolfgang Amadeus: Briefe und Aufzeichnungen. Gesamtausgabe. 7 Bde. Hrsg. v. der Internationalen Stiftung Mozarteum Salzburg. Gesammelt u. erläutert v. Wilhelm A. Bauer u. Otto Erich Deutsch, New York/Kassel 1962ff.

Müller, Adolph: Briefe von der Universität in die Heimath. Leipzig 1874

Nägeli, Hans Georg: Die Pestalozzische Gesangbildungslehre nach Pfeiffers Erfindung kunstwissenschaftlich dargestellt im Namen Pestalozzis, Pfeiffers und ihrer Freunde. In: AMZ 11 (1809), Sp. 769ff.

Natorp, Bernhard Christoph Ludwig: Anleitung zur Unterweisung im Singen für Lehrer in Volksschulen. 2 Bde. Essen 1813–1820

Nicolai, Friedrich (Hrsg.): Eyn feyner kleyner Almanach. 2 Bde. Berlin/Stettin 1777–1778

Oehlenschläger, Adam: Meine Lebens-Erinnerungen. Ein Nachlaß. 4 Bde. Leipzig 1850

Pestalozzi, Johann Heinrich: Letters on Early Education. London 1827

—— Sämtliche Werke. Kritische Ausgabe. Hrsg. v. Artur Buchenau, Eduard Spranger u. Hans Stettbacher, Bd. 2, Zürich 1995

Reichardt, Johann Friedrich: Über die deutsche comische Oper nebst einem Anhange eines freundschaftlichen Briefes über die musikalische Poesie. Hamburg 1774

—— Briefe eines aufmerksamen Reisenden die Musik betreffend. 2 Bde. Frankfurt/Leipzig 1774–1776

—— Schreiben über die Berlinische Musik an den Herrn L. v. Sch. in M. Hamburg 1775

—— Ueber die Pflichten des Ripien-Violinisten. Berlin/Leipzig 1776

—— Ueber die musikalische Komposition des Schäfergedichts. In: Deutsches Museum. Bd. 2, Leipzig 1777, S. 270–288

—— An die Jugend. Aufmunterung zum reinen und richtigen Gesang, als ein Theil der guten Erziehung in unsern Zeiten. In: Ephemeriden der Menschheit. 11. St. Basel 1777, S. 32–41

—— J. B. Pergolesi, Stabat Mater, in einem Clavierauszuge. In: Allgemeine deutsche Bibliothek. Bd. 33, 1. St. Berlin/Stettin 1778, S. 162–165

—— Leben des berühmten Tonkünstlers Heinrich Wilhelm Gulden nachher genannt Guglielmo Enrico Fiorino. 1. Theil, Berlin 1779

—— An den Verfasser des Aufsatzes über Kirchenmusiken im deutschen Museum, Oktober 1780. In: Deutsches Museum. Bd. 2, Leipzig 1781, S. 351–359

—— Musikalisches Kunstmagazin. 2 Bde. Berlin 1782–1791

—— George Friederich Händel's Jugend. Berlin 1785. ND In: Händel-Jahrbuch 5 (1959), S. 182–198

—— Schreiben an den Grafen von Mirabeau, Lavater betreffend. Hamburg 1786

—— An das musikalische Publikum, seine französischen Opern Tamerlan und Panthée betreffend. Hamburg 1787

—— Briefe aus London. In: Musikalisches Wochenblatt für das Jahr 1792. Hrsg. v. J. F. Reichardt u. Friedrich Ludwig Aemilius Kunzen, S. 130ff.; S. 137ff.; S. 147f.; S. 171f.

—— u. Kunzen, Friedrich Ludwig Aemilius (Hrsg.): Musikalisches Wochenblatt. Ab Juli 1792: Musikalische Monathsschrift. Berlin 1791–1792

—— Vertraute Briefe über Frankreich. 2 Bde. Berlin 1792–1793

—— Etwas über Musik. In: Berlinisches Archiv der Zeit und ihres Geschmacks. Jg. 1795, Bd. 1, S. 75–78

—— Ernst-Wilhelm Wolff, Herzoglich-Weimarischer Capellmeister. In: Berlinisches Archiv der Zeit und ihres Geschmacks. Jg. 1795, Bd. 1, S. 162–170; S. 273–283

—— Wanderungen und Träumereien im Gebiete der Tonkunst. In: Berlinisches Archiv der Zeit

und ihres Geschmacks. Jg. 1795, Bd. 1, S. 584–593
—— Wanderungen und Träumereien im Gebiete der Tonkunst, Tischgespräche über Kirchenmusik. In: Berlinisches Archiv der Zeit und ihres Geschmacks. Jg. 1795, Bd. 2, S. 355–369
—— Über die Schändlichkeit der Angeberei. Berlin 1795
—— (Hrsg.): Frankreich im Jahr 1795. Aus den Briefen Deutscher Männer in Paris. 3 Bde. Altona 1795
—— (Hrsg.): Deutschland. 4 Bde. Berlin 1796. ND Nendeln 1971
—— Musikalischer Almanach. Berlin 1796
—— Ueber Hildegard von Hohenthal. In: Lyceum der schönen Künste. Berlin 1797, Bd. 1–1, S. 169–196; Bd. 1–2, S. 170–181
—— Karl Fasch. In: Lyceum der schönen Künste. Berlin 1797, Bd. 1–2, S. 129–132
—— An die Freunde der edlen Musik. In: Lyceum der schönen Künste. Berlin 1797, Bd. 1–2, S. 187–192
—— I. A. P. Schulz. In: AMZ 3 (1801), Sp. 153ff.; Sp. 169ff.; Sp. 597ff.; Sp. 613ff.; Sp. 629ff.
—— Brief an einen Freund über die Musik in Berlin. In: AMZ 3 (1801), Sp. 112ff.; Sp. 130ff.; Sp. 185ff.; Sp. 236ff.; Sp. 289ff.
—— Etwas über das Liederspiel. In: AMZ 3 (1801), Sp. 709–717
—— Vertraute Briefe aus Paris geschrieben in den Jahren 1802 und 1803. 3 Bde. Hamburg 1804, 2. Aufl. Hamburg 1805
—— Liederspiele. Tübingen 1804
—— (Hrsg.): Gustav von Schlabrendorf, Napoleon Bonaparte und das französische Volk unter seinem Consulate. Hamburg 1804
—— (Hrsg.): Berlinische musikalische Zeitung. 2 Bde. Berlin/Oranienburg 1805–1806
—— Offne Briefe des Freiherrn Arminius von der Eiche und seines Leibjägers Hans Heidekraut. Während ihres Leid- und Freudelebens in Frankreich zu Ende des Consulats und zu Anfange des Kaiserthums geschrieben. Hamburg 1806
—— Autobiographie. In: BMZ 1 (1805), S. 215ff.; AMZ 15 (1813), Sp. 601ff.; 16 (1814), Sp. 2ff. ND Johann Friedrich Reichardt. Der lustige Passagier. Erinnerungen eines Musikers und Literaten. Hrsg. v. Walter Salmen, Berlin 2002
—— Vertraute Briefe geschrieben auf einer Reise nach Wien und den Oesterreichischen Staaten zu Ende des Jahres 1808 und zu Anfang 1809. 2 Bde. Amsterdam 1810. ND Hrsg. v. Gustav Gugitz, München 1915
—— Kant und Hamann. In: Urania, Taschenbuch für Damen auf das Jahr 1812. ND Hamann und Herder in ihren Beziehungen zur Musik. Hrsg. v. Joseph Müller-Blattau. Königsberg 1931, S. 35–39
—— (Hrsg.): Briefe eines reisenden Nordländers. Cöln 1812
Die Briefe Johann Friedrich Reichardts an Goethe. Aus dem Goethe- und Schiller-Archiv. Mitgeteilt v. Max Hecker. In: Jahrbuch der Goethe-Gesellschaft. Bd. 11 (1925), S. 179–252
J. F. Reichardt – J. W. Goethe Briefwechsel. Hrsg. v. Volkmar Braunbehrens, Gabriele Busch-

Salmen u. Walter Salmen, Weimar 2002
Rochlitz, Friedrich/Härtel, Gottfried Christoph/Fink, Gottfried Wilhelm/Hauptmann, Moritz/ Lobe, Johann Christian (Hrsg.): Allgemeine musikalische Zeitung. Leipzig 1798–1848
Rochlitz, Friedrich: Für Freunde der Tonkunst. Bd. 3, Leipzig 1830
Schering, Arnold u. Niemann, Walter (Hrsg.): Neue Zeitschrift für Musik. Bd. 101, Leipzig 1905
Briefwechsel zwischen Schiller und Cotta. Hrsg. v. Wilhelm Vollmer, Stuttgart 1876
Marbacher Schillerbuch II. Hrsg. v. Otto Günther, Stuttgart/Berlin 1907
Schiller, Friedrich von: Werke und Briefe. 12 Bde. Hrsg. v. Klaus Harro Hilzinger u. a., Frankfurt a. M. 1988ff.
—— (Hrsg.): Musen-Almanach für das Jahr 1796. Neustrelitz 1796
Schlegel, August Wilhelm: Ueber dramatische Kunst und Literatur, Vorlesungen. 3 Bde. Heidelberg 1809–1811
—— Geschichte der klassischen Literatur. (Kritische Schriften und Briefe. Bd. 3), Stuttgart 1964
Briefe von und an August Wilhelm Schlegel. Hrsg. v. Josef Körner, Wien 1930
August Wilhelm und Friedrich Schlegel im Briefwechsel mit Schiller und Goethe. Hrsg. v. Josef Körner u. Ernst Wieneke, Leipzig 1926
Schlegel, Friedrich: Vermischte Anzeigen. In: Intelligenz-Blatt der Allgemeinen Literatur-Zeitung vom Jahre 1797. Sp. 1352
—— Kritische Ausgabe seiner Werke. Hrsg. v. Ernst Behler, Paderborn 1958ff.
—— Über das Studium der griechischen Poesie 1795–1797. Hrsg. v. Ernst Behler, Paderborn 1982
Schubart, Christian Friedrich Daniel: Chronik 1791. Stuttgart 1791
Proben aus Schubarts Aesthetik der Tonkunst. In: Deutsche Monatsschrift. Jg. 1793, Berlin 1793, Bd. 1, S. 79–95
Schubart über Tonkunst. In: AMZ 6 (1804), Sp. 229–231
Schubart, Christian Friedrich Daniel: Ideen zu einer Ästhetik der Tonkunst. Hrsg. v. Ludwig Schubart, Wien 1806. ND Hildesheim/Zürich/New York 1990
Franz Schubert. Die Erinnerungen seiner Freunde. Hrsg. v. Otto Erich Deutsch, Leipzig 1957
Franz Schubert. Die Dokumente seines Lebens. Hrsg. v. Otto Erich Deutsch, Kassel/New York 1964
Schumann, Robert (Hrsg.): Neue Zeitschrift für Musik. Bd. 2; Bd. 6, Leipzig 1835 u. 1837
Jugendbriefe von Robert Schumann. Hrsg. v. Clara Schumann, Leipzig 1886
Robert Schumanns Briefe. Neue Folge. Hrsg. v. Friedrich Gustav Jansen, Leipzig 1904
Schumann, Robert: Gesammelte Schriften über Musik und Musiker. 2 Bde. Hrsg. v. Martin Kreisig, Leipzig 1914
Christian Gottfried Schütz. Darstellung seines Lebens, Charakters und Verdienstes. 2 Bde. Hrsg. v. Friedrich Karl Julius Schütz, Halle 1834–1835
Spazier, Johann Gottlieb Karl (Hrsg.): Zeitung für die elegante Welt. 3. Jg. Leipzig 1803
Stägemann, Elisabeth von: Erinnerungen für edle Frauen. Leipzig 1846

Steffens, Henrik: Was ich erlebte. Bd. 6, Breslau 1842
Sulzer, Johann Georg: Allgemeine Theorie der schönen Künste. 2 Bde. Leipzig 1771–1774
Thibaut, Anton Friedrich Justus: Ueber Reinheit der Tonkunst. 2. Ausg. Heidelberg 1826
Tieck, Ludwig: Gedichte. 3 Bde. Dresden 1821–1823
Ludwig Tieck's Schriften. 28 Bde. Hrsg. v. Georg Reimer, Berlin 1828–1854
Briefe an Ludwig Tieck. 4 Bde. Ausgew. u. hrsg. v. Karl von Holtei, Breslau 1864
Wackenroder, Wilhelm Heinrich: Sämtliche Werke und Briefe. 2 Bde. Hrsg. v. Silvio Vietta u. Richard Littlejohns, Heidelberg 1991
Wagner, Richard: Beethoven. Leipzig 1870
Weber, Carl Maria v.: Artikel J. S. Bach. In: Allgemeine Enzyklopädie der Wissenschaften und Künste. Hrsg. v. Johann Samuel Ersch u. Johann Gottfried Gruber, Section 1, Teil 7, Graz 1970, S. 28f.
Christian Felix Weissens Selbstbiographie. Hrsg. v. Christian Ernst Weiße u. Samuel Gottlob Frisch, Leipzig 1806
Wend, Julius: Berlioz und die moderne Symphonie. Ein Beitrag zu einer Philosophie der Musik. In: Wiener allgemeine Musik-Zeitung. 6. Jg. Wien 1846, S. 157f.; S. 161f.; S. 169f.
Wendt, Johann Amadeus: Über den gegenwärtigen Zustand der Musik, besonders in Deutschland. Göttingen 1836
Wieland, Christoph Martin (Hrsg.): Der Teutsche Merkur 1778, III; 1779, III. Weimar 1778–1779
—— (Hrsg.): Der neue Teutsche Merkur vom Jahre 1798. Weimar 1798
Zelter, Carl Friedrich: Darstellungen seines Lebens. Hrsg. v. Johann-Wolfgang Schottländer, Hildesheim/New York 1978
Anonymus: Bemerkungen eines Reisenden über die zu Berlin von September 1787 bis Ende Januar 1788 gegebene öffentliche Musiken, Kirchenmusik, Oper, Concerte, und Königliche Kammermusik betreffend. Halle 1788
Anonymus: Auszug eines Schreibens aus --- vom 27sten Febr. 1788. In: Allgemeine deutsche Bibliothek. Bd. 81, 1. St. Berlin/Stettin 1788, S. 295–303
Anonymus: Die Geisterinsel, Oper in drei Akten von Gotter, Musik von Reichardt. In: Berlinisches Archiv der Zeit und ihres Geschmacks. Jg. 1798, Bd. 2, S. 295–302

2) 邦語文献

カント『判断力批判』篠田英雄訳，上・下巻，岩波書店，1970 年
『ゲーテ全集』全 15 巻，潮出版社，1979–1992 年
ジャン・パウル『美学入門』古見日嘉訳，白水社，2010 年
フリードリヒ・フォン・シラー『人間の美的教育について』小栗孝則訳，法政大学出版局，2011 年
ゾルガー『美学講義』西村清和訳，玉川大学出版部，1986 年
『ドビュッシー音楽論集』平島正郎訳，岩波書店，1996 年

フォルケル『バッハの生涯と芸術』柴田治三郎訳，岩波書店，1996 年
ヘーゲル『美学』竹内敏雄訳，第 3 巻の中，岩波書店，1996 年
『ベートーヴェンの手紙』小松雄一郎編訳，上・下巻，岩波書店，1982 年
『ホフマン全集』深田甫訳，全 9 巻，創土社，1971–1993 年
リヒャルト・ワーグナー『ニュルンベルクのマイスタージンガー』三宅幸夫・池上純一編訳，白水社，2007 年
ワッケンローデル『芸術幻想』江川英一訳，七丈書院，1944 年
ヴァッケンローダー『芸術を愛する一修道僧の真情の披瀝』江川英一訳，岩波書店，2011 年

II. 楽譜資料

Anna Amalia (Herzogin zu Sachsen-Weimar-Eisenach): Erwin und Elmire. Ein Schauspiel mit Gesang von Goethe. Hrsg. v. Max Friedlaender, Leipzig 1921
Beethoven, Ludwig van: Sämtliche Lieder für eine Singstimme mit Klavierbegleitung. Hrsg. v. Max Unger, Leipzig/Frankfurt a. M. 1949
—— Werke. Hrsg. v. Beethoven-Archiv, München 1961ff.
Breitkopf, Bernhard Theodor: Goethes Leipziger Liederbuch für Singstimme und Klavier. Bearbeitet v. Günter Raphael, Reprint zum 275jährigen Verlagsjubiläum, Wiesbaden 1994
Das große Hausbuch der Volkslieder. Hrsg. v. Walter Hansen, München 1978
Das Musikwerk. Das deutsche Chorlied vom 16. Jahrhundert bis zur Gegenwart. Hrsg. v. Helmuth Osthoff, Köln 1955
Das Musikwerk. Das deutsche Sololied und die Ballade. Hrsg. v. Hans Joachim Moser, Köln 1957
Deutsche Volkslieder. 168 Volkslieder und volkstümliche Lieder. Hrsg. v. Ernst-Lothar von Knorr, Stuttgart 1962
Gedichte von Goethe in Compositionen seiner Zeitgenossen. Hrsg. v. Max Friedlaender, (Schriften der Goethe-Gesellschaft. Bd. 11), Weimar 1896
Gedichte von Goethe in Kompositionen, 2. Bd. Hrsg. v. Max Friedlaender, (Schriften der Goethe-Gesellschaft. Bd. 31), Weimar 1916
Gluck, Christoph Willibald: Alceste. Wien 1777
Himmel, Friedrich Heinrich: Zwölf alte deutsche Lieder des Knaben Wunderhorn, mit Begleitung des Pianoforte (oder der Guitarre, v. August Hader gesetzt). Leipzig 18--
Hoffmann, E. T. A.: Ausgewählte musikalische Werke. 12 Bde. Hrsg. im Auftrage der Musikgeschichtlichen Kommission e. V., Mainz/London/New York 1971–2006
Kayser, Philipp Christoph u. Goethe, J. W. v.: Scherz, List und Rache. Singspiel in vier Akten, Erstausgabe nach dem Urtext von Hermann Dechant, Wien 1999
Krause, Christian Gottfried (Hrsg.): Oden mit Melodien. 1. Teil. Berlin 1753
Reichardt, J. F.: Vermischte Musicalien. Riga 1773
—— Oden und Lieder. 3 Bde. Berlin 1779–1781 (Oden und Lieder von Klopstock, Stolberg,

Claudius und Hölty. Berlin 1779; Oden und Lieder von Göthe, Bürger, Sprickmann, Voß und Thomsen. Berlin 1780; Oden und Lieder von Herder, Göthe und andern. Berlin 1781)
—— Lieder für Kinder aus Campes Kinderbibliothek. 4 Bde. Bd. 1, Bd. 2 (Hamburg 1781); Bd. 3 (Wolfenbüttel 1787); Bd. 4 (Braunschweig 1790)
—— Deutsche Gesänge mit Clavierbegleitung. Leipzig 1788
—— Cäcilia. 4 Bde. Berlin 1790–1795
—— Göthe's Lyrische Gedichte. Berlin 1794
—— Deutsche Gesänge beim Clavier von Matthisson. Berlin 1794
—— (Hrsg.): Lieder geselliger Freude. 2 Bde. Leipzig 1796–1797
—— Gesänge der Klage und des Trostes. Berlin 1797
—— Wiegenlieder für gute deutsche Mütter. Leipzig 1798
—— Lieder der Liebe und der Einsamkeit zur Harfe und zum Clavier. 2 Bde. Leipzig 1798–1804
—— Lieder für die Jugend. 2 Bde. Leipzig 1799
—— (Hrsg.): Neue Lieder geselliger Freude. 2 Bde. Leipzig 1799–1804
—— Deux odes de Frédéric le Grand. Berlin 1800
—— Leonora. Berlin 1800
—— 12 Élégie et Romances avec Accompagnement de Forte-Piano ou Harpe. Oranienburg 1804
—— Romantische Gesänge. Leipzig 1805
—— Le Troubadour italien, français et allemand. Berlin 1806
—— Goethes Lieder, Oden, Balladen und Romanzen mit Musik. 4 Bde. Leipzig 1809–1811. ND Das Erbe deutscher Musik. Bd. 58/59. Hrsg. v. Walter Salmen, München/Duisburg 1964–1970
—— Schillers lyrische Gedichte. Leipzig 1810. ND Das Erbe deutscher Musik. Bd. 125. Hrsg. v. Rainer Gstrein u. Andreas Meier, München 2005
—— Ein Liederkranz. Wolfenbüttel/Berlin 1930
—— Schiller Chöre, zum praktischen Gebrauch für vierstimmigen gemischten Chor. Hrsg. v. Joseph Müller-Blattau, Berlin 1934
—— III Lieder mit Begleitung. Mainz
—— Sonnetti e Canzoni di Petrarca. Berlin
—— „Hänschen und Gretchen“ und „Amors Guckkasten“, zwei Operetten von einem Aufzuge. Riga 1773
—— Claudine von Villa Bella. A Setting of J. W. Goethe's Singspiel in Three Acts. Edited by Robert Meikle u. David Hill, Middleton/Wisconsin 2009
—— Erwin und Elmire. Ein Singspiel in zwei Acten, Clavierauszug. Berlin 1793
—— Jery und Bätely. Ein Singspiel in einem Aufzuge von Göthe, Clavierauszug. Berlin 1801
—— Die Geisterinsel. Berlin 1799. ND Hrsg. v. Thomas Bauman, New York/London 1986
—— Auswahl der vorzüglichsten Gesänge und Tänze aus dem Taucher. Berlin 1812
—— Ouverture dell Opera Protesilao. Berlin um 1789
—— Brenno. Opera seria. Berlin 1789

—— Arie scelte dell' opera Rosmonda. Berlin 1801
—— Ino. Ein musikalisches Drama von Brandes. Leipzig 1779
—— Cephalus und Prokris. Ein Melodrama, im Klavierauszuge. Leipzig 1781
—— Einige Hexenscenen aus Schackespear's Macbeth, im Klavierauszuge. Berlin 1789
—— Ariadne auf Naxos. Eine Cantate. Leipzig 1780
—— La Passione di Gesù Cristo. Berlin 1783–1784
—— Der 65. Psalm (Der Seelen Ruhe ist es) für 4 Sing-Stimmen und Orchester. Partitur und 25 Chor- und Orchesterstimmen
—— Weihnachts-Cantilene. Berlin 1786
—— Te Deum laudamus. 1786
—— Cantus lugubris in obitum Friderici Magni Borussorum Regis. Berlin 1787
—— Trauercantate auf den Tod Friedrich des Zweyten, im Clavierauszuge. Berlin 1788
—— Die Hexenscenen aus Macbeth von W. Schakespear nach Bürger's Uebersetzung. Berlin frühestens 1800
—— Hymne, Miltons Morgengesang. Cassel 1808
—— Konzert in g-moll für Cembalo. 1772
—— Concerto per il violino concertato. Riga 1773
—— 6 Sonaten für Cembalo. 1776
—— 3 Trios für Violine, Viola und Violoncello. 1782
—— Klavierstück über eine Petrarchische Ode. 1782
—— 2 Sonaten für Klavier. 1795
—— 100 leichte Übungsstücke für zwei Waldhörner. Leipzig um 1797
—— 100 leichte Übungsstücke für zwei Violinen oder Clarinetten, Hoboen und Flöten. Leipzig um 1797
—— Grande Sonate in f-moll für Klavier. Leipzig 1813–1814
—— Overtura di Vittoria und Schlacht-Symphonie. 1814
—— Zwei Sonaten für Geige allein. Hannover 1930
—— Sonate in B-dur für Klavier. Wolfenbüttel 1933
—— Kleine Klavierstücke. Leipzig 1939
—— Konzert in Es-dur für Violine und Streichorchester. Kassel/Nagel/New York 1955
—— Sinfonia in G-dur. Hrsg. v. Paul Angerer, Wien 1964
—— Sonate in D-dur für Violine und Gitarre. Frankfurt a. M. 1975
—— Sechs Stücke für Flöte und Gitarre. Frankfurt a. M. 1976
—— Sonate in B-dur für Violine und Gitarre. Frankfurt a. M. 1978
—— Trio in B-dur, für Violine, Viola und Violoncello. Erzhausen 1980
—— Quartett für 2 Violinen, Viola und Violoncello. Düsseldorf 2002
—— Konzert in C-dur für Flöte, Oboe und Fagott
Schubert, Franz: Neue Ausgabe sämtlicher Werke. Hrsg. v. der Internationalen Schubert-Gesellschaft, Serie IV: Lieder. Bd. 1, Teil a, Kassel/Basel/Tours/London 1970

Schulz, Johann Abraham Peter: Lieder im Volkston. Berlin 1782ff. ND Das Erbe deutscher Musik. Bd. 105. Hrsg. v. Walther Dürr und Stefanie Steiner, unter Mitarbeit v. Michael Kohlhäufl, München 2006

Zelter, Carl Friedrich: Fünfzehn ausgewählte Lieder mit einer Einleitung. Hrsg. v. Moritz Bauer, Berlin 1924

—— Fünfzig Lieder für eine Singstimme mit Klavier. Hrsg. v. Ludwig Landhoff, Mainz 1932

III. 研究書・研究論文

1） 欧語文献

Abert, Hermann: Goethe und die Musik. Stuttgart 1922

Albertsen, Lief Ludwig: Goethes Lieder und andere Lieder. In: Deutsche Literatur zur Zeit der Klassik. Hrsg. v. Karl Otto Conrady, Stuttgart 1977, S. 172–188

Allroggen, Gerhard: E. T. A. Hoffmanns Kompositionen. Ein chronologisch-thematisches Verzeichnis seiner musikalischen Werke mit einer Einführung. Regensburg 1970

Bedürftig, Friedemann: Taschenlexikon Goethe. München 1999

Benz, Richard: Goethe und Beethoven. Stuttgart 1948

Beutler, Ernst: Essays um Goethe. Bremen 1957

Bode, Wilhelm: Die Tonkunst in Goethes Leben. 2 Bde. Berlin 1912

Boetius, Susanne: Felix Mendelssohn Bartholdys Schauspielmusiken zu Antigone und Ödipus in Kolonos. In: Theater und 19. Jahrhundert. Hildesheim 2009, S. 15–34

Böteher, Elmar: Goethes Singspiele. „Erwin und Elmire“ und „Claudine von Villa Bella“ und die „oper buffa“. Marburg 1912

Brachvogel, Albert Emil: Geschichte des Königlichen Theaters zu Berlin. 2 Bde. Berlin 1877–1878

Brockhaus, Heinrich (Hrsg.): Friedrich Arnold Brockhaus in Leipzig. Leipzig 1872

Busch-Salmen, Gabriele/Salmen, Walter/Michel, Christoph: Der Weimarer Musenhof. Stuttgart 1998

Canisius, Claus: Goethe und die Musik. München 1999

Capen, Samuel Paul: Friedrich Schlegel's Relations with Reichardt and His Contributions to „Deutschland“. (Publications of the University of Pennsylvania, Series in Philology and Literature. Vol. IX, No. 2), Philadelphia 1903

Citron, Marcia J.: Corona Schröter. Singer, Composer, Actress. In: Music & Letters 61 (1980), S. 15–27

Cloot, Julia: Geheime Texte. Jean Paul und die Musik. Berlin/New York 2001

Dahlhaus, Carl: Zur Entstehung der romantischen Bach-Deutung. In: Bach-Jahrbuch. Bd. 64 (1978), S. 192–210

—— Klassische und romantische Musikästhetik. Laaber 1988

Einstein, Alfred: Gluck. Sein Leben – seine Werke. Kassel/Basel 1987

Engländer, Richard: Gluck und der Norden. In: Acta Musicologica 24 (1952), S. 62–83
Faller, Max: Johann Friedrich Reichardt und die Anfänge der musikalischen Journalistik. Diss. Königsberg 1929
Feldges, Brigitte u. Stadler, Ulrich: E. T. A. Hoffmann. Epoche – Werk – Wirkung. München 1986
Fisch, Samuel: Goethe und die Musik. Frauenfeld 1949
Fischer-Dieskau, Dietrich: Weil nicht alle Blütenträume reiften. Johann Friedrich Reichardt Hofkapellmeister dreier Preußenkönige. Stuttgart 1992
—— Carl Friedrich Zelter und das Berliner Musikleben seiner Zeit. Berlin 1997
Flössner, Franz: Beiträge zur Reichardt-Forschung. Diss. Frankfurt 1928
Forchert, Arno: „Klassisch" und „romantisch" in der Musikliteratur des frühen 19. Jahrhunderts. In: Die Musikforschung. Bd. 31 (1978), S. 405–425
Franz, Hildegard u. Schmidt, Beate Agnes: Johann Friedrich Reichardts *Hexenscenen aus Schakespears Macbeth*. Überlieferung und Aufführungstraditon im 18. und 19. Jahrhundert. In: Musik und Theater. Hrsg. v. Detlef Altenburg, Bd. 1 (2012), S. 157–178
Friedenthal, Richard: Goethe. Sein Leben und seine Zeit. München/Zürich 1999
Friedlaender, Max: Goethes Gedichte in der Musik. In: Goethe-Jahrbuch. Bd. 17 (1896), S. 176–195
—— Das deutsche Lied im 18. Jahrhundert. 2 Bde. Stuttgart 1902. ND Hildesheim 1962
—— Goethe und die Musik. In: Jahrbuch der Goethe-Gesellschaft. Bd. 3 (1916), S. 275–340
Geck, Martin: Die Wiederentdeckung der Matthäuspassion im 19. Jahrhundert. Die zeitgenössischen Dokumente und ihre ideengeschichtliche Deutung. (Studien zur Musikgeschichte des 19. Jahrhunderts. Bd. 9), Regensburg 1967
Glöckner, Ernst: Studien zur romantischen Psychologie der Musik, besonders mit Rücksicht auf die Schriften E. T. A. Hoffmanns. München 1909
Griesinger, Georg August: Biographische Notizen über Joseph Haydn. Leipzig 1810
Guggisberg, Kurt: Philipp Emanuel von Fellenberg und sein Erziehungsstaat. 2 Bde. Bern 1953
Händel-Haus Halle (Hrsg.): Johann Friedrich Reichardt (1752–1814), Komponist und Schriftsteller der Revolutionszeit. (Schriften des Händel-Hauses in Halle. Bd. 8), Halle 1992
—— (Hrsg.): Johann Friedrich Reichardt (1752–1814), Zwischen Anpassung und Provokation; Goethes Lieder und Singspiele in Reichardts Vertonung. (Schriften des Händel-Hauses in Halle. Bd. 19), Halle 2003
Harich, Walter: Jean Paul. Leipzig 1925
Hartung, Günter: Johann Friedrich Reichardt (1752–1814) als Schriftsteller und Publizist. Diss. Halle 1964
Hase, Hermann von: Johann Adam Hiller und Breitkopfs. In: Zeitschrift für Musikwissenschaft. 2. Jg. Leipzig 1919–1920, S. 1–22
—— Beiträge zur Breitkopfischen Geschäftsgeschichte. In: Zeitschrift für Musikwissenschaft. 2. Jg. Leipzig 1919–1920, S. 454–481

Heidrich, Jürgen: Protestantische Kirchenmusikanschauung in der zweiten Hälfte des 18. Jahrhunderts Studien zur Ideengeschichte „wahrer" Kirchenmusik. Göttingen 2001

Heinrich, Johann Baptist: Clemens Brentano. Köln 1878

Hilmar, Ernst: Franz Schubert. Hamburg 1999

Irmen, Hans-Josef: Joseph Haydn. Leben und Werk. Köln/Weimar/Wien 2009

Jahn, Otto: Wolfgang Amadeus Mozart. 4 Bde. Leipzig 1856–1859

Jaklová, Helena: Johann Friedrich Reichardt – Der Künstler als Prometheus. In: Scientific Papers of the University of Pardubice, Series C, Faculty of Humanities 10 (2004), S. 51–61

John, Hans: Goethe und die Musik. Langensalza 1927

Kahnt, Rose: Die Bedeutung der bildenden Kunst und der Musik bei W. H. Wackenroder. (Marburger Beiträge zur Germanistik, 28), Marburg 1969

Kalischer, Alfred Christlieb: Beethoven und seine Zeitgenossen. 4 Bde. Berlin/Leipzig 1908–1910, Bd. 1 (Beethoven und Berlin)

Kertscher, Hans-Joachim: „ ... von der innigsten Rührung bis zum ausfahrendsten Zorn" – Goethes Bemühungen um das Singspiel *Jeri und Bätely*. In: Schriften des Händel-Hauses in Halle 19 (2003), S. 361–388

Kielholz, Jürg: Wilhelm Heinrich Wackenroder. Schriften über die Musik. Musik- und literaturgeschichtlicher Ursprung und Bedeutung in der romantischen Literatur. Frankfurt a. M. 1972

Kleßmann, Eckart: E. T. A. Hoffmann. Frankfurt a. M./Leipzig 1988

Köpke, Rudolf Anastasius: Ludwig Tieck. Erinnerung aus dem Leben des Dichters nach dessen mündlichen und schriftlichen Mitteilungen. 2 Bde. Leipzig 1855

Kramer, Ursula: Claudine von Villa Bella in den Vertonungen von Ignaz von Beecke und Johann Friedrich Reichardt. In: Schriften des Händel-Hauses in Halle 19 (2003), S. 327–360

Kraßnig, Christl: Tieck und die Musik. Ihre Stellung in seinem Werk. Klagenfurt 1943

Kretzschmar, Hermann: Gesammelte Aufsätze über Musik und Anderes. Bd. 2. Leipzig 1910

—— Geschichte des neuen deutschen Liedes, Teil 1. Von Albert bis Zelter. Leipzig 1911

Kroll, Erwin: E. T. A. Hoffmanns musikalische Anschauungen. Nebst einem Anhange über bisher unbekannte Rezensionen Hoffmanns für die Leipziger Allgemeine Musikalische Zeitung. Königsberg 1909

—— Musikstadt Königsberg. Geschichte und Erinnerung. Freiburg 1966

Lampadius, Wilhelm Adolf: Felix Mendelssohn Bartholdy. Ein Gesammtbild seines Lebens und Wirkens. Leipzig 1886

Loos, Helmut: Beethoven zwischen Wien und Berlin. In: Wiener Musikgeschichte, Annäherungen – Analysen – Ausblicke. Wien/Köln/Weimar 2009, S. 195–212

Meißner, Thomas: Erinnerte Romantik. Ludwig Tiecks „Phantasus". Würzburg 2007

Miller, Norbert: E. T. A. Hoffmann und die Musik. In: Zu E. T. A. Hoffmann. Hrsg. v. Steven Paul Scher, Stuttgart 1981, S. 182–198

Moering, Renate: Arnims künstlerische Zusammenarbeit mit Johann Friedrich Reichardt und

Louise Reichardt. Mit unbekannten Vertonungen und Briefen. In: Neue Tendenzen der Arnimforschung. Hrsg. v. R. Burwick u. B. Fischer, Bern/Frankfurt a. M./New York/Paris 1990, S. 198–288

Mommsen, Katharina (Hrsg.): Die Entstehung von Goethes Werken in Dokumenten. Begründet v. Momme Mommsen, Berlin 2006ff.

Moser, Hans Joachim: Goethe und die Musik. Leipzig 1949

Müller-Blattau, Joseph: Der Zauberflöte zweiter Teil. Ein Beitrag zum Thema Goethe und Mozart. In: Neue Folge des Jahrbuchs der Goethe-Gesellschaft. Bd. 18 (1956), S. 158–179

Musketa, Konstanze: Musikgeschichte der Stadt Halle. Führer durch die Ausstellung des Händel-Hauses. Halle 1998

Neuß, Erich: Das Giebichensteiner Dichterparadies. Johann Friedrich Reichardt und die Herberge der Romantik. Halle 1932. ND Hrsg. v. Günter Hartung, Halle 2007

Nohl, Ludwig: Mozart. Stuttgart 1863

Nolte, Eckhard: Lehrpläne und Richtlinien für den schulischen Musikunterricht in Deutschland vom Beginn des 19. Jahrhunderts bis in die Gegenwart. Mainz 1975

Orel, Alfred: Goethe als Operndirektor. Bregenz 1949

—— Mozart auf Goethes Bühne. In: Mozart-Jahrbuch 1953, S. 85–94

Ottenberg, Hans-Günter: Die Entwicklung des theoretisch-ästhetischen Denkens innerhalb der Berliner Musikkultur von den Anfängen der Aufklärung bis Reichardt. Leipzig 1978

Palent, Andrea: Johann Friedrich Reichardts „Weihnachts-Cantilene" von 1784 – Eine werkgeschichtliche, analytische Standortbestimmung. In: Schriften des Händel-Hauses in Halle 8 (1992), S. 71–83

Pauli, Walther: Johann Friedrich Reichardt. Sein Leben und seine Stellung in der Geschichte des deutschen Liedes. Berlin 1903

Pikulik, Lothar: E. T. A. Hoffmann als Erzähler. Göttingen 1987

Prang, Helmut (Hrsg.): E. T. A. Hoffmann. Darmstadt 1976

Pröpper, Rolf: Die Bühnenwerke Johann Friedrich Reichardts; ein Beitrag zur Geschichte der Oper in der Zeit des Stilwandels zwischen Klassik und Romantik, in Verbindung mit dem Verzeichnis der literarischen Werke und einem thematischen Katalog der Bühnenwerke Johann Friedrich Reichardts. 2 Bde. München 1965

Rhode, Karl: Über ein handschriftliches Notenheft aus Goethes Bibliothek. In: Chronik des Wiener Goethe-Vereins. Bd. 23 (1909), S. 31f.

Rüdiger, Wolfgang: Musik und Wirklichkeit bei E. T. A. Hoffmann. Zur Entstehung einer Musikanschauung der Romantik. Pfaffenweiler 1989

Safranski, Rüdiger: E. T. A. Hoffmann. Das Leben eines skeptischen Phantasten. München/Wien 1984

Salmen, Walter: Herder und Reichardt. In: Herder-Studien. Würzburg 1960, S. 95–108

—— Goethe und Reichardt. In: Jahrbuch der Sammlung Kippenberg. Neue Folge, Bd. 1 (1963), S. 52–69

—— Johann Friedrich Reichardt. Komponist, Schriftsteller, Kapellmeister und Verwaltungsbeamter der Goethezeit. Zürich 1963. ND Hildesheim 2002

—— (Hrsg.): Beiträge zur Geschichte der Musikanschauung im 19. Jahrhundert. Regensburg 1965

Schäffer, Carl u. Hartmann, C.: Die Königlichen Theater in Berlin. Berlin 1880

Schletterer, Hans Michael: Johann Friedrich Reichardt. Sein Leben und seine musikalische Thätigkeit. Bd. 1, Augsburg 1865

Schlosser, Horst Dieter: dtv-Atlas zur deutschen Literatur. München 1983

Schmid, Paul: Philipp Emanuel von Fellenberg. Seine pädagogischen Grundsätze und ihre Verwirklichung. Zürich 1937

Schnaus, Peter: E. T. A. Hoffmann als Beethoven-Rezensent der Allgemeinen Musikalischen Zeitung. München/Salzburg 1977

Schottländer, Johann-Wolfgang: Zelters Beziehungen zu den Komponisten seiner Zeit. In: Jahrbuch der Sammlung Kippenberg. Bd. 8 (1930), S. 134–248

Schulz, Hans: Goethe und Halle. Halle 1918

Schünemann, Georg: Jean Pauls Gedanken zur Musik. In: Zeitschrift für Musikwissenschaft. 16. Jg. Leipzig 1934, S. 385–404; S. 459–481

—— Die Singakademie zu Berlin. Kassel 1941

Schwab, Heinrich Wilhelm: Sangbarkeit, Popularität und Kunstlied. Studien zu Lied und Liedästhetik der mittleren Goethezeit 1770–1814. Regensburg 1965

Seifert, Wolfgang: Christian Gottfried Körner. Ein Musikästhetiker der deutschen Klassik. Regensburg 1960

Seils, Franziska: Johann Friedrich Reichardt und das Ideal von der „wahren Kirchenmusik". In: Schriften des Händel-Hauses in Halle 8 (1992), S. 67–71

Serauky, Walter: Musikgeschichte der Stadt Halle. Bd. 2–2, Halle 1942

Seyfert, Bernhard: Das musikalisch-volkstümliche Lied von 1770–1800. In: Vierteljahrsschrift für Musikwissenschaft X, Leipzig 1894, S. 33–102

Sieber, Paul: Johann Friedrich Reichardt als Musikästhetiker. Seine Anschauungen über Wesen und Wirkung der Musik. Straßburg 1930. ND Baden-Baden 1971

Spieß, Heinrich: Philipp Christoph Kayser und Goethes Notenheft vom Jahre 1778. In: Jahrbuch der Goethe-Gesellschaft. Bd. 17 (1931), S. 132–153

Staiger, Emil: Musik und Dichtung. 2. Aufl. Zürich 1959

Stegbauer, Hanna: Die Akustik der Seele. Zum Einfluss der Literatur auf die Entstehung der romantischen Instrumentalmusik und ihrer Semantik. Göttingen 2006

Steig, Reinhold: Achim von Arnim und die ihm nahe standen. 3 Bde. Bern 1970

Steiger, Robert: Goethes Leben von Tag zu Tag. 8 Bde. Zürich 1982–1996

Stein, Jack M.: Poem and Music in the German Lied. From Gluck to Hugo Wolf. Massachusetts 1971

Stockmann, Erich (Hrsg.): Des Knaben Wunderhorn in den Weisen seiner Zeit. Berlin 1958

Streitenberg, Verena: Der Einfluß Goethes und Calderóns auf E. T. A. Hoffmanns Opernwerk. Ettlingen/Baden 1989
Tappert, Wilhelm: Erlkönig. C. Fr. Zelter. In: Musikalisches Wochenblatt. 1. Jg. Leipzig 1870, S. 753–757
Tappolet, Willy: Begegnungen mit der Musik in Goethes Leben und Werk. Bern 1975
Thewalt, Patrik: Die Leiden der Kapellmeister. Zur Umwertung von Musik und Künstlertum bei W. H. Wackenroder und E. T. A. Hoffmann. Frankfurt a. M./Bern/New York/Paris 1990
Voerster, Jürgen: 160 Jahre, E. T. A. Hoffmann-Forschung 1805–1965. Stuttgart 1967
Vogt, Jürgen: Musikalische Bildung – ein lexikalischer Versuch. In: Zeitschrift für Kritische Musikpädagogik (2012), S. 1–25
Waldura, Markus: Zur Genese von Goethes Libretti zu Reichardts Goethe-Opern. In: Schriften des Händel-Hauses in Halle 19 (2003), S. 309–326
Weber, Max Maria von: Carl Maria von Weber. 3 Bde. Leipzig 1864–1866
Wiora, Walter: Das deutsche Lied zur Geschichte und Ästhetik einer musikalischen Gattung. Wolfenbüttel/Zürich 1971

2） 邦語文献

アルフレート・アインシュタイン『シューベルト――音楽的肖像』浅井真男訳，白水社，1996年
青木やよひ『ゲーテとベートーヴェン――巨匠たちの知られざる友情』平凡社，2004年
朝枝倫子「C. F. シューバルトの〈調の性格付け〉とベートーヴェンの歌曲における調の選択」お茶の水女子大学『人文科学紀要』第50号（1997年），227–243頁
天野恵・鈴木信吾・森田学『イタリアの詩歌――音楽的な詩，詩的な音楽』三修社，2010年
荒井秀直「劇場監督としてのゲーテ」『ゲーテ年鑑』第19巻（1977年），191–206頁
石井誠士『シューベルト――痛みと愛』春秋社，1997年
石井不二雄「ゲーテ歌曲概観（一）」関西ゲーテ協会『ゲーテ年鑑』第18巻（1983年），195–344頁
石倉小三郎『ゲーテと音楽』音楽之友社，1951年
石多正男他『ベートーヴェン・ルネサンス』音楽之友社，1996年
和泉雅人「ルートヴィヒ・ティーク『フランツ・シュテルンバルトの遍歴』について」慶應義塾大学独文学研究室『研究年報』第29号（2012年），137–163頁
植村耕三「ズルツァーの美学事典の音楽思想――18世紀ドイツ音楽思想に関する一考察」『美學』第16巻第2号（1965年），42–53頁
――「ケルナーの音楽論における „Charakter“ の概念――古典派の時代の音楽観」『美學』第15巻第2号（1964年），39–54頁
ハンス・クリストフ・ヴォルプス『メンデルスゾーン』尾山真弓訳，音楽之友社，

2004年
海老沢敏『音楽の思想――西洋音楽思想の流れ』音楽之友社，1979年
大武茂樹「フェレンベルグとヘルバルト――ホフヴィルにおける相剋（1）～（3）」常盤短期大学『研究紀要』第32号（2003年），40–49頁；第33号（2004年），72–80頁；第34号（2005年），71–79頁
J. J. クヴァンツ『フルート奏法』荒川恒子訳，全音楽譜出版社，1998年
国安洋『音楽美学入門』春秋社，1993年
熊倉洋介他『西洋建築様式史』美術出版社，1998年
D. J. グラウト『オペラ史』服部幸三訳，音楽之友社，1985年
D. J. グラウト，C. V. パリスカ『新西洋音楽史』戸口幸策・津上英輔・寺西基之共訳，音楽之友社，1998年
ウード・クルターマン『芸術論の歴史』神林恒道・太田喬夫訳，勁草書房，1993年
小林英起子「啓蒙の動物寓話における擬人化（1）――レッシングとヴァイセによる描写比較」広島大学大学院『文学研究科論集』第70巻（2010年），39–51頁
小林義武『バッハ復活――19世紀市民社会と音楽運動』春秋社，1997年
――『バッハ――伝承の謎を追う』春秋社，2004年
小堀桂一郎「ピグマリオン――ルソーとゲーテの一つの出会い」慶應義塾大学藝文学会『藝文研究』第25号（1968年），334–366頁
酒田健一「短調問題のゆくえ」『ゲーテ年鑑』第19巻（1977年），105–119頁
佐々木庸一「ゲーテの『魔笛第2部』の成立」『東京学芸大学紀要』第19集第2部門（1968年），111–121頁
――「ゲーテの音楽観」『一橋論叢』第62巻第3号（1969年），305–311頁
――「ゲーテとパガニーニ」『ゲーテ年鑑』第19巻（1977年），175–190頁
ニール・ザスロー編『啓蒙時代の都市と音楽』樋口隆一監訳，音楽之友社，1996年
属啓成「ゲーテと音楽」『ゲーテ年鑑』第19巻（1977年），1–19頁
リュディガー・ザフランスキー『ショーペンハウアー』山本尤訳，法政大学出版局，1990年
――『E. T. A. ホフマン――ある懐疑的な夢想家の生涯』識名章喜訳，法政大学出版局，1994年
ヴァルター・ザルメン『「音楽家」の誕生――中世から現代までの音楽の社会史』上尾信也・加藤博子訳，洋泉社，1994年
ハインリヒ・シェンカー『ベートーヴェン第5交響曲の分析』野口剛夫訳，音楽之友社，2000年
エルンスト・シャーデ『ルートヴィヒ・エルクと近代ドイツ民謡学の展開』坂西八郎訳，エイジ出版，1798年
エーミール・シュタイガー『音楽と文学』芦津丈夫訳，白水社，1967年
菅原透『ベルリン三大歌劇場――激動の公演史（1900–45）』アルファベータ，

2005年
鈴木甫「ゲーテ音楽」『ゲーテ年鑑』第19巻（1977年），39–57頁
関口博子『近代ドイツ語圏の学校音楽教育と合唱運動』風間書房，2007年
薗田宗人『峰々の対話――ゲーテをめぐる世界』松籟社，1993年
高辻知義「ゲーテとカルル・フリードリヒ・ツェルター――彼らの初期の文通について」『ゲーテ年鑑』第19巻（1977年），159–173頁
高橋義人『形態と象徴――ゲーテと「緑の自然科学」』岩波書店，1988年
棚橋信明「1842年のケルン大聖堂建設祭におけるカトリック勢力とプロイセン国王」『横浜国立大学教育人間科学部紀要　III社会科学』第15集（2013年），45–61頁
田辺秀樹『モーツァルト』新潮社，1988年
カール・ダールハウス『絶対音楽の理念――十九世紀音楽のよりよい理解のために』杉橋陽一訳，シンフォニア，1986年
――『ダールハウスの音楽美学』森芳子訳，音楽之友社，1993年
――『ベートーヴェンとその時代』杉橋陽一訳，西村書店，1997年
デイヴィッド・ジェフリ・チャンドラー『ナポレオン戦争――欧州大戦と近代の原点』君塚直隆他訳，第3巻，信山社，2003年
アッティラ・チャンパイ，ディートマル・ホラント編『モーツァルト，魔笛』音楽之友社，1987年
――『モーツァルト，ドン・ジョヴァンニ』音楽之友社，1995年
――『モーツァルト，後宮からの誘拐』音楽之友社，1997年
――『ウェーバー，魔弾の射手』音楽之友社，2000年
土田貞夫『詩と音楽美の原質』玉川大学出版部，1976年
ヴァルター・デュル『19世紀のドイツ・リート――その詩と音楽』喜多尾道冬訳，音楽之友社，1987年
シュテファン・トゥルンマー＝フカダ「J. F. ライヒャルトの『音楽的芸術雑誌』に見られる音楽観の位置づけ」神戸大学『近代』第101号（2009年），67–88頁
徳沢得二『ゲーテ「ファウスト」論考』勁草書房，1968年
戸口幸策『オペラの誕生』東京書籍，1995年
西川尚生『モーツァルト』音楽之友社，2005年
西原稔『ピアノの誕生』講談社，1995年
――『「楽聖」ベートーヴェンの誕生――近代国家がもとめた音楽』平凡社，2000年
――「フォルケルのバッハ・コレクションの歴史的意義」『桐朋学園大学研究紀要』第36号（2010年），27–46頁
根岸一美・三浦信一郎編『音楽学を学ぶ人のために』世界思想社，2004年
野口芳子「グリムとアルニムのメルヒェン論争」『獨逸文學』第86号（1991年），85–95頁
野村良雄『改訂　音楽美学』音楽之友社，1971年

長谷川悦朗「音楽劇から本格的オペラへ——18世紀中部ドイツをたどった巡業劇団」早稲田大学『演劇研究センター紀要IV』(2005年), 51–56頁
原研二『シカネーダー伝―《魔笛》を書いた興行師』新潮社, 1949年
パトリック・バルビエ『カストラートの歴史』野村雅人訳, 筑摩書房, 1995年
樋口隆一『バッハ』新潮社, 1994年
平井正「ゲーテの『魔笛第2部』」『ゲーテ年鑑』第16巻 (1974年), 241–259頁
平野昭『ベートーヴェン』新潮社, 1994年
——『ベートーヴェン』音楽之友社, 2012年
D.フィッシャー＝ディースカウ『シューベルトの歌曲をたどって』原田茂生訳, 白水社, 1997年
福井栄一郎『音楽美の世界』創文社, 1985年
福地勝美「F.X.ヴィットとJ.E.ハーベルト——セシリア運動内のドイツ派とオーストリア派の対立をめぐって」成城大学『成城美学美術史』第16号 (2010年), 17–47頁
藤縄千艸編『ドイツ・ロマン派画集』国書刊行会, 1985年
藤本淳雄他『ドイツ文学史』東京大学出版会, 1990年
藤本一子『シューマン』音楽之友社, 2008年
アンガス・ヘリオット『カストラートの世界』美山良夫監訳, 国書刊行会, 1995年
マックス・フォン・ベーン『ドイツ十八世紀の文化と社会』飯塚信雄他訳, 三修社, 1984年
前田昭雄『シューベルト』新潮社, 1993年
正木光江「ヨハン・フリードリッヒ・ライヒアルトの歌曲について」日本音楽学会『音楽学』第12巻 (1967年), 193–206頁
松田聡「1785年10月〜88年2月のウィーンの宮廷劇場におけるジングシュピールの公演」大分大学教育福祉科学部『研究紀要』第24巻第1号 (2002年), 25–40頁
——「18世紀後半のウィーン宮廷劇場におけるジングシュピール」大分大学教育福祉科学部『研究紀要』第29巻第2号 (2007年), 113–127頁
三澤寿憙『ヘンデル』音楽之友社, 2007年
光野正幸「ドイツ・オペラ史のなかのE.T.A.ホフマン——オペラ史における1820年前後のベルリーンの状況をめぐって」『武蔵大学人文学会雑誌』第22号 (1991年), 15–28頁
三宅幸夫「ついに叶えり——ベートーヴェンのバッハ受容」『ベートーヴェン全集』第9巻, 講談社, 1999年, 96–106頁
宮下啓三『近代ドイツ演劇』慶應通信, 1992年
ヒュー・M・ミラー『新音楽史』村井範子・松前紀男・佐藤馨共訳, 東海大学出版会, 1993年
村田千尋「音楽的朗誦の概念の成立」日本音楽学会『音楽学』第28巻 (1982年),

156–172 頁
——「伴奏の成立——J. F. ライヒャルトのリートにおけるクラヴィーア声部の変遷」日本音楽学会『音楽学』第 29 巻（1983 年），171–185 頁
——「有節と通作——芸術リートの成立」日本音楽学会『音楽学』第 30 巻（1984 年），145–160 頁
——「民謡調リートと芸術リート——芸術リートの成立」日本音楽学会『音楽学』第 31 巻（1985 年），52–65 頁
——『シューベルト』音楽之友社，2004 年
——「J. F. ライヒャルトのリート研究：その 1——出版楽譜の概要」東京音楽大学『研究紀要』第 40 巻（2017 年），1–27 頁
山下剛「クレーメンス・ブレンターノと『少年の魔法の宝角』」『獨逸文學』第 86 号（1991 年），60–70 頁
山本惇二『カール・フィリップ・モーリッツ——美意識の諸相と展開』鳥影社，2009 年
吉田寛『民謡の発見と〈ドイツ〉の変貌——十八世紀』青弓社，2013 年
——『絶対音楽の美学と分裂する〈ドイツ〉——十九世紀』青弓社，2015 年
吉田真『ワーグナー』音楽之友社，2006 年
吉田六郎『ホフマン——浪漫派の芸術家』勁草書房，1971 年
ジュリアン・ラシュトン『古典派音楽小史——グルックからベートーヴェンまで』前田直哉訳，音楽之友社，1995 年
アレグザンダー・リンガー編『ロマン主義と革命の時代』西原稔監訳，音楽之友社，1998 年
エヴラン・ルテール『フランス歌曲とドイツ歌曲』小松清・二宮礼子訳，白水社，1990 年
ロマン・ロラン『ゲーテとベートーヴェン』新庄嘉章訳，新潮社，1966 年
渡辺健「ゲーテの音楽性をめぐって」『ゲーテ年鑑』第 19 巻（1977 年），21–37 頁
渡辺護『ドイツ歌曲の歴史』音楽之友社，1997 年

IV. 事典・辞書類

Blume, Friedrich (Hrsg.) : Die Musik in Geschichte und Gegenwart. Allgemeine Enzyklopädie der Musik. 17 Bde. Kassel 1949–1986
Brockhaus. Allgemeine deutsche Real-Encyclopädie für die gebildeten Stände. 10 Bde. Leipzig 1819–1820
Finscher, Ludwig (Hrsg.) : Die Musik in Geschichte und Gegenwart. Allgemeine Enzyklopädie der Musik. 17 Bde. Kassel/Stuttgart 1994–2008
Gerber, Ernst Ludwig (Hrsg.) : Historisch-biographisches Lexicon der Tonkünstler. 2 Teile. Leipzig 1790–1792
—— (Hrsg.) : Neues historisch-biographisches Lexikon der Tonkünstler. 4 Teile. Leipzig 1812–1814

Koch, Heinrich Christoph (Hrsg.) : Musikalisches Lexikon. Frankfurt a. M. 1802. ND Hildesheim 1964
—— (Hrsg.) : Kurzgefaßtes Handwörterbuch der Musik für praktische Tonkünstler und für Dilettanten. Leipzig 1807
Leuchtmann, Horst/Mauser, Siegfried/Hochradner, Thomas (Hrsg.) : Handbuch der musikalischen Gattungen. 17 Bde. Laaber 1993–2010, Bd. 9 (Messe und Motette)
Schilling, Gustav (Hrsg.) : Encyclopädie der gesammten musikalischen Wissenschaft oder Universal＝Lexicon der Tonkunst. 6 Bde. Stuttgart 1834–1838, Bd. 4 (1837)

『新音楽辞典』（楽語），音楽之友社，1981 年
『新音楽辞典』（人名），音楽之友社，1982 年
竹内敏雄編修『美学事典』増補版，弘文堂，1974 年